NOMOSSTUDIUM

Prof. Dr. Heribert Ostendorf
Universität Kiel, Generalstaatsanwalt a.D.
Prof. Dr. Janique Brüning
Universität Kiel, Richterin am Oberlandesgericht

Strafprozessrecht

5. Auflage

Die Deutsche Nationalbibliothek verzeichnet diese Publikation in
der Deutschen Nationalbibliografie; detaillierte bibliografische
Daten sind im Internet über http://dnb.d-nb.de abrufbar.

ISBN 978-3-7560-0548-2 (Print)
ISBN 978-3-7489-3870-5 (ePDF)

5. Auflage 2024
© Nomos Verlagsgesellschaft, Baden-Baden 2024. Gesamtverantwortung für Druck
und Herstellung bei der Nomos Verlagsgesellschaft mbH & Co. KG. Alle Rechte, auch die
des Nachdrucks von Auszügen, der fotomechanischen Wiedergabe und der Übersetzung,
vorbehalten.

Vorwort zur 5. Auflage

Das Ziel und die Konzeption des Lehrbuchs wurden im Vorwort zur 1. Auflage formuliert und beibehalten:

„Dies ist ein Lehrbuch für Studenten und Referendare, auch für in Strafsachen noch unerfahrene Richter und Staatsanwälte sowie für Fachfremde, z.B. Schöffen, die sich zum Strafprozess schlau machen wollen. (...) Wissensvermittlung für die Anwendung des Strafverfahrensrechts und kritische Hinterfragung zur Ermöglichung eines eigenen Rechtsstandpunktes. Hierfür werden insbesondere kriminologische Erkenntnisse und die Rechtstatsachenforschung eingesetzt: Rechtswirklichkeit trifft Rechtsanspruch."

Für diese Auflage haben wir die neueste Rechtsprechung und Literatur bis zum 31. März 2024 ausgewertet, wobei wir insbesondere die Gesetzesänderungen durch das Gesetz zur Fortentwicklung der Strafprozessordnung vom 25. Juni 2021 berücksichtigt haben, einschließlich des neuen § 95a StPO. Besonders hervorzuheben sind ferner das Urteil des Bundesverfassungsgerichts zur verfassungswidrigen Ausdehnung der Wiederaufnahme, die Änderungen in der Rechtsprechung des BGH zur Tatprovokation sowie die Entscheidungen des EuGH, des BVerfG sowie des BVerwG zur Vorratsdatenspeicherung.

Unser besonderer Dank gilt Anna Osbahr, die als wissenschaftliche Mitarbeiterin die Überarbeitung strukturiert und koordiniert hat. Weiterhin möchten wir den wissenschaftlichen und studentischen Mitarbeiterinnen und Mitarbeitern – Frederick Gaß, Carlotta Heimann, Luisa Puls, Henrik Schumacher und David Rapp – für ihre engagierte Unterstützung und Mithilfe danken.

Kiel, im April 2024
Heribert Ostendorf
Janique Brüning

Inhaltsübersicht

Abkürzungsverzeichnis		21
§ 1	Einführung: Bedeutung des Strafprozesses und des Strafprozessrechts	25
§ 2	Ziele und Grenzen	28
§ 3	„Täter"-Prävention und „Opfer"-Befriedigung durch Verfahren	36
§ 4	Verfahrensprinzipien	41
§ 5	Auswirkungen europäischer und internationaler Regelungen	47
§ 6	Der Ablauf des Strafverfahrens	60
§ 7	Einleitung des Strafverfahrens/Rolle der Polizei	63
§ 8	Prozessvoraussetzungen und Prozesshindernisse	69
§ 9	Die justiziellen Verfahrensbeteiligten	81
§ 10	Rechte und Pflichten des Beschuldigten	97
§ 11	Zwangs- und Ermittlungsmaßnahmen	109
§ 12	Der Abschluss des Ermittlungsverfahrens	157
§ 13	Rechtsschutz im Ermittlungsverfahren	171
§ 14	Besondere Verfahrensarten	177
§ 15	Die Hauptverhandlung	180
§ 16	Das Beweisverfahren	186
§ 17	Rechtsbehelfe	229
§ 18	Ermittlungsabkürzung (Deal) und Ermittlungshilfe (Kronzeugenregelung)	260
§ 19	Die Perversion: Der Strafprozess im NS-Staat	265
§ 20	Die Wandlung vom klassischen Strafprozess zum ökonomischen Strafprozess	275
Literaturverzeichnis		279
Repetitorium		303
Stichwortverzeichnis		309

Inhaltsverzeichnis

Abkürzungsverzeichnis		21
§ 1	Einführung: Bedeutung des Strafprozesses und des Strafprozessrechts	25
§ 2	Ziele und Grenzen	28
I.	Ziele	28
II.	Grenzen von Wahrheitserforschung und Gerechtigkeitsverwirklichung	32
	1. Entscheidungszwang in der Praxis	32
	2. Rechtsstaatliche Grenzen	33
	3. Tatsächliche Grenzen	33
	4. Strafrechtsdogmatische Verkürzungen bzw. Verallgemeinerungen	34
	5. Prognostische Probleme	34
§ 3	„Täter"-Prävention und „Opfer"-Befriedigung durch Verfahren	36
I.	Individualpräventive Wirkungen beim Beschuldigten	36
	1. Erfahrung von Strafverfolgung	36
	2. Erleben von fairer Konfliktbewältigung	36
	3. Erfahrung von Verantwortungszuschreibung	37
II.	Opferbefriedigung	37
§ 4	Verfahrensprinzipien	41
I.	Unschuldsvermutung (Art. 6 Abs. 2 EMRK)	41
II.	Offizialprinzip	41
III.	Akkusationsprinzip und Untersuchungsgrundsatz	42
IV.	Legalitätsprinzip	42
V.	Grundsatz des gesetzlichen Richters	43
VI.	Grundsatz des rechtlichen Gehörs	43
VII.	Grundsatz der Öffentlichkeit der Hauptverhandlung im Erwachsenenstrafverfahren	44
VIII.	Grundsatz des ne bis in idem – Verbot der Doppelbestrafung	44
IX.	Selbstbegünstigungsprinzip	44
X.	In dubio pro reo	44
XI.	Fair-trial-Prinzip	45
§ 5	Auswirkungen europäischer und internationaler Regelungen	47
I.	Die europäischen Rechtsebenen	47
II.	Recht der Europäischen Union	48
III.	Europäische Menschenrechtskonvention (EMRK)	48
	1. Grundlagen	49
	2. Rechtsweg	49
	3. Rechtsprechung des EGMR	49

IV.	Polizeiliche und justizielle Zusammenarbeit in Strafsachen (PJZS)	51
	1. Prinzip der gegenseitigen Anerkennung	51
	2. Europäischer Haftbefehl	51
	a) Grundlagen	51
	b) Deutschland	52
	3. Europäische Beweisanordnung	53
V.	Strafverfolgungsinstitutionen auf europäischer Ebene	54
	1. Europol	54
	2. Eurojust	54
	3. OLAF	54
VI.	Schengener Durchführungsübereinkommen	54
	1. Ne bis in idem	54
	2. Schengener Informationssystem	55
VII.	Ausblick	55
	1. Corpus Juris	56
	2. Grünbuch	56
	3. Europäische Staatsanwaltschaft	57
VIII.	Völkerrecht	58

§ 6 Der Ablauf des Strafverfahrens 60

§ 7 Einleitung des Strafverfahrens/Rolle der Polizei 63

I.	Strafanzeige und Strafantrag	63
II.	Polizei als Ermittlungsbehörde	64
III.	Doppelnatur der Polizei	66
IV.	„Verpolizeilichung des Ermittlungsverfahrens"	67

§ 8 Prozessvoraussetzungen und Prozesshindernisse 69

I.	Definition	69
II.	Prüfungspflicht	70
III.	Beweispflichtigkeit	70
IV.	Die wichtigsten Prozessvoraussetzungen im Überblick	71
	1. Voraussetzungen für das erkennende Gericht	71
	a) Deutsche Gerichtsbarkeit (§§ 3–7, § 129b StGB; §§ 18, 19 GVG)	71
	b) Rechtsweg nach § 13 GVG	71
	c) Sachliche und örtliche Zuständigkeit des Gerichts	71
	2. Voraussetzungen für den Vorwurf	71
	a) Verbot der Doppelbestrafung – ne bis in idem (Art. 103 Abs. 3 GG)	71
	b) Keine Verjährung (§ 78 StGB)	73
	c) Vorliegen eines Strafantrags bei „reinen"/absoluten Antragsdelikten (§§ 123, 248b StGB) oder einer besonderen Ermächtigung (§ 194 Abs. 3 StGB)	73
	d) Ordnungsgemäße Anklageerhebung durch die Staatsanwaltschaft (§ 151 StPO) und ordnungsgemäßer Eröffnungsbeschluss für die Hauptverhandlung (§ 203 StPO)	73

	3. Voraussetzungen in der Person des Beschuldigten		74
	a) Verhandlungsfähigkeit		74
	b) Strafbarkeit		75
	c) Keine Immunität		75
	4. Streitige Fälle		76
	a) Tatprovokation		76
	aa) Voraussetzungen der Tatprovokation		76
	bb) Rechtsfolgen der Tatprovokation		77
	cc) Gesetzliche Regelung zur Tatprovokation in § 110c StPO-E		78
	b) Begrenzte Lebenserwartung		78
	c) Überlänge des Verfahrens/fair-trial-Prinzip		79
	d) Mediale Vorverurteilung/Prangerwirkung		79
§ 9	**Die justiziellen Verfahrensbeteiligten**		**81**
I.	Die Staatsanwaltschaft		81
	1. Aufgaben und Rechte		81
	2. Stellung im Justizsystem		81
	3. Organisation und Zuständigkeit		83
II.	Das Gericht		84
	1. Rechtsstellung		84
	2. Zuständigkeiten		85
	3. Beteiligung von Schöffen		88
III.	Strafverteidigung		89
	1. Funktion und Rechtsstellung		89
	2. Verteidigungsarten		91
	a) Wahlverteidigung		91
	b) Pflichtverteidigung		91
	c) Zusatzverteidigung		92
	d) Mehrfachverteidigung		93
	3. Verteidigerrechte		93
	a) Kontakt mit dem Beschuldigten		93
	b) Akteneinsicht		94
	c) Eigene Ermittlungen		94
	4. Verteidigerpflichten		95
	a) Beratung		95
	b) Verfahrensbeistand		95
	c) Identitätsstützung		95
	d) Verschwiegenheitspflicht		96
	e) Verteidigungsgrenzen		96
	f) Ausschluss des Verteidigers		96
§ 10	**Rechte und Pflichten des Beschuldigten**		**97**
I.	Beschuldigtenstatus		97
	1. Beginn		97
	2. Ende		99

II.	Rechte des Beschuldigten	100
	1. Anspruch auf rechtliches Gehör (Art. 103 Abs. 1 GG; Art. 6 Abs. 1 S. 1 EMRK; §§ 33, 163a Abs. 1 StPO)	100
	2. Aussageverweigerungs- oder Einlassungsverweigerungsrecht (§§ 136 Abs. 1 S. 2, 163a Abs. 4 S. 2, 243 Abs. 4 S. 1 StPO)	100
	3. Anwesenheitsrecht	101
	4. Recht auf berufsmäßige Verteidigung	102
	5. Beweisantragsrecht (§ 244 Abs. 2–5 StPO) und Rechtsmittelrecht	102
III.	Verbotene Vernehmungsmethoden	103
IV.	Umgehung der Beschuldigtenrechte durch Einschaltung von Privatpersonen	107
V.	Pflichten des Beschuldigten	107

§ 11 Zwangs- und Ermittlungsmaßnahmen ... 109

I.	Identitätsfeststellung (§§ 163b, 163c StPO)	109
	1. Begriff	110
	2. Voraussetzungen	110
	a) Identitätsfeststellung beim Tatverdächtigen	110
	b) Identitätsfeststellung beim Unverdächtigen	111
II.	Körperliche Durchsuchung; Blutprobe; DNA-Analyse (§§ 81e, 81f StPO)	111
	1. Die körperliche Untersuchung des Beschuldigten	111
	a) Zulässigkeitsvoraussetzungen	111
	b) Untersuchungsmethode	113
	c) Verwertbarkeit	113
	2. DNA-Analyse	114
	3. DNA-Analysedatei	114
	4. Reihengentest	115
III.	Schleppnetzfahndung (§ 163d StPO)	116
	1. Begriff	116
	2. Voraussetzungen	117
IV.	Rasterfahndung (§§ 98a ff. StPO)	117
	1. Begriff	117
	2. Voraussetzungen	117
V.	Ausschreibung zur Beobachtung bei polizeilichen Kontrollen (§ 163e StPO)	118
	1. Begriff	118
	2. Voraussetzungen	118
VI.	Automatische Kennzeichenerfassung (163g StPO)	119
	1. Begriff	119
	2. Voraussetzungen	119
VII.	Längerfristige Observation (§ 163f StPO)	119
	1. Begriff	119
	2. Voraussetzungen	120
	3. Maßnahmen zur öffentlichen Fahndung	120

VIII.	Einsatz technischer Mittel (§§ 100c–f, h StPO)	120
	1. Abhören und Aufzeichnen des nichtöffentlich gesprochenen Wortes: „Der Lauschangriff"	120
	a) Akustische Wohnraumüberwachung: „Der große Lauschangriff" (§§ 100c, 100d StPO)	120
	aa) Begriff	120
	bb) Voraussetzungen	121
	cc) Praxis	122
	b) Akustische Überwachung außerhalb von Wohnungen: „Der kleine Lauschangriff" (§ 100f StPO)	122
	aa) Begriff	122
	bb) Voraussetzungen	122
	2. Weitere Maßnahmen außerhalb von Wohnungen (§ 100h StPO)....	123
	a) Begriff	123
	b) Voraussetzungen	123
IX.	Einsatz verdeckter Ermittler (§§ 110a ff. StPO)	124
	1. Begriff	124
	2. Voraussetzungen	124
	3. Befugnisse der VE, § 110c StPO	125
	4. Einsatz nicht offen ermittelnder Polizeibeamter	125
	5. Einsatz von V-Personen	126
X.	Durchsuchungen (§§ 102 ff. StPO)	126
	1. Durchsuchung beim Verdächtigen (§ 102 StPO)	126
	a) Begriff	126
	b) Voraussetzungen	127
	2. Durchsuchung anderer Personen (§ 103 StPO)	127
	3. Nächtliche Hausdurchsuchung (§ 104 StPO)	128
XI.	Beschlagnahme (§§ 94 ff. StPO)	128
	1. Beschlagnahme zur Beweismittelsicherung (§ 94 StPO)	128
	a) Begriff	128
	b) Voraussetzungen	129
	2. Beschlagnahme zur Sicherung der Einziehung oder Unbrauchbarmachung (§ 111b StPO)	129
	3. Postbeschlagnahme (§ 99 StPO)	129
	4. Zurückstellung der Benachrichtigung des Beschuldigten gem. § 95a StPO	130
XII.	Überwachung der Telekommunikation (§ 100a StPO) und Online-Durchsuchung (§ 100b StPO)	131
	1. Systematik der Ermächtigungsgrundlagen und Grundrechtsrelevanz	131
	2. Telekommunikationsüberwachung gem. § 100a Abs. 1 S. 1 StPO ...	132
	a) Anwendungsbereich	132
	aa) Surfen im Internet und Cloud Computing	132
	bb) Zugriff auf E-Mails	133
	b) Voraussetzungen	134
	c) Praxis	135
	3. Quellen-TKÜ gem. § 100a Abs. 1 S. 2, 3 StPO	136

		4. Online-Durchsuchung gem. § 100b StPO	136
		a) Anwendungsbereich	136
		b) Voraussetzungen	137
XIII.		Erhebung von Verkehrsdaten und Funkzellenabfrage (§ 100g StPO), Standortbestimmung (§ 100i StPO) sowie Bestandsdatenauskunft (§ 100j StPO)	137
	1.	Erhebung von Bestands-, Verkehrs- und Standortdaten – Grundlagen zur Vorratsdatenspeicherung	137
	2.	Verkehrsdaten und Funkzellenabfrage gem. §§ 100g, 100k StPO	140
		a) § 100g Abs. 1 StPO	140
		b) § 100g Abs. 2 StPO	141
		c) § 100g Abs. 3 StPO	141
		d) § 100k StPO	141
	3.	Bestandsdatenauskunft gem. § 100j StPO	142
	4.	Standortbestimmung gem. § 100i StPO	142
XIV.		Vorläufige Festnahme (§ 127 StPO)	143
	1.	Das „Jedemanns-Festnahmerecht" gem. § 127 Abs. 1 StPO	143
		a) Auf frischer Tat betroffen	143
		b) Festnahmegrund	144
		c) Umfang der Befugnisse	144
	2.	Das Festnahmerecht der Strafverfolgungsbehörden gem. § 127 Abs. 2 StPO	144
XV.		Untersuchungshaft	145
	1.	Begriff	145
	2.	Materielle Voraussetzungen	146
		a) Dringender Tatverdacht	146
		b) Die Haftgründe	146
		aa) Der Haftgrund der Fluchtgefahr	147
		bb) Der Haftgrund „Schwere des Delikts"	147
		cc) Der Haftgrund der Wiederholungsgefahr	148
		c) Die Verhältnismäßigkeit	149
	3.	Formelle Voraussetzungen	149
		a) Anordnungskompetenz	149
		b) Inhalt des Haftbefehls	150
		c) Bestellung eines Pflichtverteidigers	150
		d) Rechtsschutz	151
	4.	Der Europäische Haftbefehl	151
	5.	U-Haftpraxis	152
		a) Die Anzahl der U-Gefangenen	152
		b) Die Haftgründe	153
		c) Die Dauer der U-Haft	154
XVI.		Die „Hauptverhandlungshaft" (§ 127b StPO)	155
XVII.		Einstweilige Unterbringung (§ 126a StPO)	155
	1.	Begriff	155
	2.	Voraussetzungen	155
XVIII.		Sicherungshaft (§ 230 Abs. 2 StPO)	155
XIX.		Vorläufige Entziehung der Fahrerlaubnis (§ 111a StPO)	156

	XX.	Vorläufige Maßnahmen zur Sicherung der Einziehung und der Wertersatzeinziehung (§ 111b ff. StPO)	156
§ 12		Der Abschluss des Ermittlungsverfahrens	157
	I.	Die Abschlussmöglichkeiten	157
	II.	Einstellungen aus zwingenden Gründen (Legalitätseinstellungen)	158
	III.	Opportunitätseinstellungen	159

- 1. Einstellungen ohne Auflagen ... 160
  - a) § 153 StPO ... 160
    - aa) Voraussetzungen ... 160
    - bb) Einstellungskompetenz ... 161
  - b) §§ 154, 154a StPO ... 162
  - c) §§ 153d, 153c, 154c, 154d, 154e StPO ... 163
- 2. Einstellungen gegen Auflagen ... 163
  - a) § 153a StPO ... 163
    - aa) Voraussetzungen ... 163
    - bb) Ratio legis ... 164
    - cc) Der Verfahrensgang ... 164
    - dd) Die Auflagen und Weisungen ... 165
    - ee) Die Einstellungskompetenz ... 166
  - b) Weitere Möglichkeiten der Einstellung gegen Auflagen ... 166

	IV.	Die Abschlusspraxis der Staatsanwaltschaft	166
	V.	Die Erledigungspraxis der Strafgerichte	167
§ 13		Rechtsschutz im Ermittlungsverfahren	171
	I.	Einleitung/Fortführung des Ermittlungsverfahrens	171
	II.	Rechtsschutz gegen Ermittlungs- und Zwangsmaßnahmen	171

- 1. Richterlich angeordnete Maßnahmen ... 171
- 2. Nicht-richterlich angeordneter strafprozessualer Rechtseingriff ... 173
- 3. Verdeckte Ermittlungsmaßnahmen ... 174
  - a) Der Rechtsbehelf des § 101 Abs. 7 S. 2 StPO ... 174
    - aa) Zuständigkeit ... 174
    - bb) Antragsberechtigung ... 174
    - cc) Frist ... 174
    - dd) Vermutung des Rechtsschutzbedürfnisses ... 174
    - ee) Rechtsmittel ... 175
  - b) Verhältnis zum Rechtsschutz nach §§ 304 ff., 98 Abs. 2 S. 2 StPO analog ... 175
- 4. Rechtsschutz gegen die Art und Weise der Durchführung der Ermittlungs- und Zwangsmaßnahmen ... 175
- 5. Übersicht ... 176

	III.	Sonstige Maßnahmen	176
§ 14		Besondere Verfahrensarten	177
	I.	Das Strafbefehlsverfahren (§§ 407 ff. StPO)	177
	II.	Das beschleunigte Verfahren (§§ 417 ff. StPO)	177
	III.	Die Nebenklage (§§ 395 ff. StPO)	178

IV.	Die Privatklage (§§ 374 ff. StPO)	178
V.	Das Adhäsionsverfahren (§§ 403 ff. StPO)	179
VI.	Das Klageerzwingungsverfahren (§ 172 StPO)	179

§ 15 Die Hauptverhandlung 180

I.	Der Ablauf	180
II.	Das Öffentlichkeitsprinzip	182
III.	Die Verhandlungsleitung	183
IV.	Auschluss und Ablehnung von Richtern (§§ 22 ff. StPO)	183

§ 16 Das Beweisverfahren 186

- I. Strengbeweis- und Freibeweisverfahren 186
- II. Die gesetzlichen Beweismittel 188
  1. Der Zeugenbeweis (§§ 48 ff. StPO) 188
     - a) Begriff und Zeugnisfähigkeit 188
     - b) Pflichten des Zeugen 190
       - aa) Erscheinenspflicht 190
       - bb) Aussagepflicht 191
       - cc) Eidespflicht 191
       - dd) Wahrheitspflicht 191
     - c) Rechte des Zeugen 191
       - aa) Zeugnisverweigerungsrechte 191
       - bb) Erforderlichkeit einer Aussagegenehmigung ... 193
       - cc) Auskunftsverweigerungsrecht 193
       - dd) Sonstige Zeugenschutzmaßnahmen 193
     - d) Der Kronzeuge 195
  2. Der Sachverständigenbeweis (§§ 72 ff. StPO) 196
     - a) Begriff und Auswahl 196
     - b) Ablehnung 197
     - c) Rechte und Pflichten 197
  3. Der Urkundenbeweis (§§ 249 ff. StPO) 197
  4. Der Augenscheinsbeweis (§§ 86 ff., 225 StPO) 198
- III. Allgemeine Grundsätze der Beweisaufnahme 199
  1. Vorbemerkungen 199
  2. Der Amtsaufklärungsgrundsatz (§ 244 Abs. 2 StPO) ... 199
  3. Der Unmittelbarkeitsgrundsatz (§§ 250 ff. StPO) 199
     - a) Formelle Unmittelbarkeit und Ausnahmen 200
     - b) Materielle Unmittelbarkeit und Ausnahmen 200
       - aa) Verlesung von Protokollen über frühere Vernehmungen (§ 251 StPO) 201
       - bb) Gedächtnisunterstützung und Behebung von Widersprüchen (§§ 253, 254 StPO) 201
       - cc) Behördliche und ärztliche Erklärungen (§ 256 Abs. 1 StPO) 201
       - dd) Aussage eines Zeugen, der sich erst in der Hauptverhandlung auf sein Zeugnisverweigerungsrecht beruft (§ 252 StPO) 202

		ee)	Vorhalt	202
		ff)	Zeuge vom Hörensagen	202
		gg)	Einführung von Aussagen verdeckter Ermittler und sonstiger Ermittlungsgehilfen	203
	4.	Der Mündlichkeitsgrundsatz		204
	5.	Der Grundsatz der freien richterlichen Beweiswürdigung (§ 261 StPO)		205
IV.	Der Beweisantrag			205
	1.	Beweisantragsberechtigung		206
		a)	Beweisthema	206
		b)	Beweismittel	206
		c)	Konnexität	206
		d)	Form und Zeitpunkt	207
	2.	Beweisanregungen iwS		207
		a)	Beweisermittlungsantrag	207
		b)	Beweiserbieten	208
		c)	Beweisanregung ieS.	208
	3.	Ablehnung von Beweisanträgen		209
		a)	Unzulässigkeit der Beweiserhebung	209
		b)	Wegen Offenkundigkeit überflüssig (§ 244 Abs. 3 S. 3 Nr. 1 StPO)	209
		c)	Bedeutungslosigkeit der zu beweisenden Tatsache (§ 244 Abs. 3 S. 3 Nr. 2 StPO)	210
		d)	Bereits erwiesene Tatsache (§ 244 Abs. 3 S. 3 Nr. 3 StPO)	210
		e)	Ungeeignetheit des Beweismittels (§ 244 Abs. 3 S. 3 Nr. 4 StPO)	210
		f)	Unerreichbarkeit des Beweismittels (§ 244 Abs. 3 S. 3 Nr. 5 StPO)	210
		g)	Wahrunterstellung (§ 244 Abs. 3 S. 3 Nr. 6 StPO)	210
		h)	Besondere Ablehnungsgründe für Sachverständigenbeweis (§ 244 Abs. 4 StPO)	211
		i)	Besondere Ablehnungsgründe für Augenschein und Auslandszeugen (§ 244 Abs. 5 StPO)	211
		j)	Präsente Beweismittel (§ 245 StPO)	211
V.	Beweiserhebungs- und Beweisverwertungsverbote			212
	1.	Beweiserhebungsverbote		212
	2.	Beweisverwertungsverbote		213
		a)	Gesetzliche Beweisverwertungsverbote	214
		b)	Ungeschriebene Beweisverwertungsverbote	214
			aa) Rechtskreistheorie	214
			bb) Schutzzwecktheorie	215
			cc) Abwägungslehre	215
			dd) Disziplinierungstheorie	215
			ee) Stellungnahme	216
		c)	Fernwirkung („Früchte des verbotenen Baums")	217
		d)	Hypothetischer Ersatzeingriff	218
		e)	Widerspruchslösung des BGH	218

f) Grundrechtliches Verwertungsverbot bei Eingriffen in die Intimsphäre 219
g) Rechtswidrige Beweiserlangung durch Privatpersonen 221
h) Verwertung von unter Folter durch ausländische Behörden erlangten Informationen 222
i) Verdacht der Folter – „in dubio pro reo" bei Verfahrensfehlern? 223
j) Verlesungsverbot nach Zeugnisverweigerung (§ 252 StPO) 224
k) Sonstige wichtige Fallgruppen 226

§ 17 Rechtsbehelfe 229
I. Allgemeines 229
   1. Einleitung 229
   2. Die Beschwer 232
   3. Möglichkeit der Teilanfechtung 233
   4. Rechtsmittelverzicht und -rücknahme 234
   5. Verbot der reformatio in peius 235
II. Die Berufung 236
   1. Zulässigkeit 236
      a) Statthaftigkeit 236
      b) Zuständigkeit 236
      c) Annahme 236
      d) Aktivlegitimation 237
      e) Form und Frist der Einlegung 237
   2. Verfahren 238
      a) Prüfung durch den iudex a quo 238
      b) Vorprüfung durch das Berufungsgericht 238
      c) Hauptverfahren 238
         aa) Vorbereitung der Hauptverhandlung 238
         bb) Die Hauptverhandlung 238
         cc) Entscheidung des Berufungsgerichts 238
         dd) Ausbleiben des Angeklagten 239
III. Die Revision 240
   1. Die Rechtsverletzung 240
      a) Der relative Revisionsgrund des § 337 StPO 241
      b) Die absoluten Revisionsgründe des § 338 StPO 241
   2. Verfahrens- und Sachrüge 243
   3. Zulässigkeit 244
      a) Statthaftigkeit 244
      b) Zuständigkeit 244
      c) Form und Frist 244
      d) Begründung 244
   4. Verfahren 245
      a) Vorprüfung 245
      b) Hauptverhandlung 246
      c) Entscheidung des Revisionsgerichts 246
      d) Die Revisionserstreckung gem. § 357 StPO 248

IV.	Die Beschwerde	248
	1. Arten	248
	2. Die einfache Beschwerde	249
	a) Zulässigkeit	249
	aa) Zuständigkeit	249
	bb) Statthaftigkeit	249
	cc) Beschwerdebefugnis	250
	dd) Form	250
	b) Verfahren	250
	aa) Prüfung durch den iudex a quo	250
	bb) Verfahren im Fall der Nichtabhilfe	250
	c) Die sofortige Beschwerde	251
	d) Die weitere Beschwerde	251
V.	Sonstige Rechtsbehelfe	251
	1. Außerordentliche Rechtsbehelfe	251
	a) Wiederaufnahme des Verfahrens (§§ 359–373a StPO)	251
	b) Wiedereinsetzung in den vorigen Stand (§§ 44–47 StPO)	254
	c) Verfassungsbeschwerde (Art. 93 Abs. 1 Nr. 4a GG, §§ 13 Nr. 8a, 90 ff. BVerfGG)	254
	d) Individualbeschwerde zum EGMR (Art. 34 EMRK)	254
	aa) Zulässigkeit	255
	(1) Zuständigkeit des Gerichtshofs	255
	(2) Parteibezogene Zulässigkeitsvoraussetzungen	256
	(3) Inhaltliche Unzulässigkeitsgründe, Art. 34, 35 EMRK	256
	(4) Rechtswegserschöpfung, Art. 35 Abs. 1 S. 1 Hs. 1 EMRK	256
	(5) Form und Frist	256
	bb) Verfahren	257
	2. Formlose Rechtsbehelfe	258
	a) Gegenvorstellung	258
	b) Dienst- und Sachaufsichtsbeschwerde	258
	c) Urteilsberichtigung	258
§ 18	**Ermittlungsabkürzung (Deal) und Ermittlungshilfe (Kronzeugenregelung)**	260
I.	Ausweitung des Opportunitätsprinzips	260
II.	Die Ermittlungsabkürzung (Deal)	260
	1. Die Justizpraxis vor dem Gesetz zur Verständigung im Strafverfahren	260
	2. Die gesetzliche Regelung	261
	3. Bewertung	262
III.	Ermittlungshilfe (Kronzeugenregelung)	263
§ 19	**Die Perversion: Der Strafprozess im NS-Staat**	265
I.	„Maßnahmenstaat" und „Normenstaat"	265

Inhaltsverzeichnis

II.	Die Unrechtsgesetze	265
	1. Materielles Strafunrecht	265
	2. Prozessuales Unrecht	267
III.	Die Unrechtspraxis	270
IV.	Ein Unrechtsbeispiel: Der Fall Katzenberger	272

§ 20 Die Wandlung vom klassischen Strafprozess zum ökonomischen Strafprozess ... 275

- I. Ersetzung des Legalitätsprinzips durch das Opportunitätsprinzip 275
- II. Verlagerung der Verfahrenshoheit im Ermittlungsverfahren von der Staatsanwaltschaft auf die Polizei ... 275
- III. Zunahme verdeckter Polizeiarbeit zulasten offener Polizeiarbeit 276
- IV. Aufgabe des Mündlichkeitsprinzips zugunsten eines schriftlichen Verfahrens ... 276
- V. Aufgabe der freien Beweiswürdigung ... 276
- VI. Auflösung der Rechtskraftwirkung ... 276
- VII. Auswirkungen auf das materielle Strafrecht ... 276

Literaturverzeichnis ... 279

Repetitorium ... 303

Stichwortverzeichnis ... 309

Abkürzungsverzeichnis

aA	andere, anderer Ansicht
abl.	ablehnend
ABl.	Amtsblatt
AEUV	Vertrag über die Arbeitsweise der Europäischen Union
aF	alte Fassung
AG	Amtsgericht
AO	Abgabenordnung
aA	andere Auffassung
aM	andere Meinung
Anm.	Anmerkung
AnwBl	Anwaltsblatt
AnwK	Anwaltskommentar zur Strafprozessordnung
BayObLG	Bayerisches Oberstes Landgericht
BBG	Bundesbeamtengesetz
BDBOSG	Gesetz über die Errichtung einer Bundesanstalt für den Digitalfunk der Behörden und Organisationen mit Sicherheitsaufgaben
BDSG	Bundesdatenschutzgesetz
BeckOK-PolR Bayern	Beck'scher Onlinekommentar zum Polizei- und Sicherheitsrecht Bayern
BeckOK-StPO	Beck'scher Online-Kommentar zur Strafprozessordnung
BeckOK-StGB	Beck'scher Online-Kommentar zum Strafgesetzbuch
BeckRS	Beck-Rechtsprechung
BewHi	Zeitschrift für Bewährungshilfe, Gerichts- und Straffälligenhilfe
BGBl.	Bundesgesetzblatt
BGH	Bundesgerichtshof
BGHSt	Entscheidung des Bundesgerichtshofs (amtliche Sammlung)
BKA	Bundeskriminalamt
BKAG	Bundeskriminalamtgesetz
BMJV	Bundesministerium der Justiz und für Verbraucherschutz
BND	Bundesnachrichtendienst
BR-Drs.	Bundesratsdrucksache
BT-Drs.	Bundestagsdrucksache
BtM	Betäubungsmittel
BtMG	Betäubungsmittelgesetz
BVerfG	Bundesverfassungsgericht
BVerfGE	Entscheidung des Bundesverfassungsgerichts (amtliche Sammlung)
BVerfSchG	Gesetz über die Zusammenarbeit des Bundes und der Länder in Angelegenheiten des Verfassungsschutzes und über das Bundesamt für Verfassungsschutz (Bundesverfassungsschutzgesetz)

Abkürzungsverzeichnis

BZRG	Bundeszentralregister
bzw.	beziehungsweise
dh	das heißt
DNA	Desoxyribonukleinacid (= Desoxyribonukleinsäure)
DStR	Deutsches Strafrecht
DVJJ	Deutsche Vereinigung für Jugendgerichte und Jugendgerichtshilfe
EG	Europäische Gemeinschaft
EGStGB	Einführungsgesetz zum StGB
EGStPO	Einführungsgesetz zur StPO
EGMR	Europäischer Gerichtshof für Menschenrechte
EGGVG	Einführungsgesetz zum Gerichtsverfassungsgesetz
EGV	Vertrag zur Gründung der Europäischen Gemeinschaft
Einl.	Einleitung
einschl.	einschließlich
EMRK	Europäische Menschenrechtskonvention
evtl.	eventuell
EU	Europäische Union
EuGH	Europäischer Gerichtshof
EuHbG	Europäisches Haftbefehlsgesetz
EUV	Vertrag über die Europäische Union
FG	Festgabe
FS	Festschrift
GA	Goltdammer's Archiv
gem.	gemäß
GewO	Gewerbeordnung
GG	Grundgesetz
ggf.	gegebenenfalls
grds.	grundsätzlich
GS	Gedächtnisschrift
GVG	Gerichtsverfassungsgesetz
GWB	Gesetz gegen Wettbewerbsbeschränkungen
hM	herrschende Meinung
HK-StPO	Heidelberger Kommentar zur Strafprozessordnung
Hrsg.	Herausgeber
hrsg.	herausgegeben
Hs.	Halbsatz
idR	in der Regel
IMEI	International Mobile Equipment Identity
IMSI	International Mobile Subscriber Identity
insbes.	insbesondere
InsO	Insolvenzordnung

IRG	Internationales Rechtshilfegesetz
iS	im Sinne
iSd	im Sinne der, des
IStGH	Internationaler Strafgerichtshof
iVm	in Verbindung mit
JA	Juristische Arbeitsblätter
JGG	Jugendgerichtsgesetz
JK	Jurakartei
JR	Juristische Rundschau
JRG	Gesetz über die internationale Rechtshilfe in Strafsachen
JuS	Juristische Schulung
KG	Kammergericht (Berlin)
KK-StPO	Karlsruher Kommentar zur Strafprozessordnung
KMR-StPO	KMR – Kommentar zur Strafprozessordnung
KritV	Kritische Vierteljahresschrift
KriPoZ	Kriminalpolitische Zeitschrift
LG	Landgericht
MA	Münchener Anwaltshandbuch Strafverteidigung
mAnm	mit Anmerkung
MDR	Monatsschrift für Deutsches Recht
MüKo-StPO	Münchener Kommentar zur Strafprozessordnung
mwN	mit weiteren Nachweisen
nF	neue Fassung
NJ	Neue Justiz
NJW	Neue Juristische Wochenschrift
NK	Neue Kriminalpolitik
NK-StGB	Nomos Kommentar zum Strafgesetzbuch
noeP	nicht offen ermittelnder Polizeibeamter
NStZ	Neue Zeitschrift für Strafrecht
OLG	Oberlandesgericht
OWiG	Ordnungswidrigkeitengesetz
ÖJZ	Österreichische Juristen-Zeitung
PKS	Polizeiliche Kriminalstatistik
RGBl.	Reichsgesetzblatt
RegE	Regierungsentwurf
RiStBV	Richtlinien für das Straf- und Bußgeldverfahren
Rn.	Randnummer
RuP	Recht und Politik
SchlHA	Schleswig-Holsteinische Anzeigen
s.	siehe
SK-StGB	Systematischer Kommentar zum Strafgesetzbuch

SK-StPO	Systematischer Kommentar zur Strafprozessordnung
s.o.	siehe oben
sog.	sogenannte
StA	Staatsanwaltschaft
StGB	Strafgesetzbuch
StPO	Strafprozessordnung
str.	strittig
StraFo	Strafverteidiger Forum
StV	Strafverteidiger
StV-S	Strafverteidiger Spezial
StVG	Straßenverkehrsgesetz
StVollzG	Strafvollzugsgesetz
SSW-StPO	Satzger/Schluckebier/Widmaier, Kommentar zur StPO
TKG	Telekommunikationsgesetz
TKÜ	Telekommunikationsüberwachung
TTDSG	Telekommunikation-Telemedien-Datenschutz-Gesetz
u.a.	unter anderem
VE	Verdeckter Ermittler
vgl.	vergleiche
VO	Verordnung
V-Person	Vertrauens- oder Verbindungsperson der Polizei
VwGO	Verwaltungsgerichtsordnung
zB	zum Beispiel
ZIS	Zeitschrift für Internationale Strafrechtsdogmatik
ZJS	Zeitschrift für das Juristische Studium
ZPO	Zivilprozessordnung
ZRP	Zeitschrift für Rechtspolitik
ZStW	Zeitschrift für die gesamte Strafrechtswissenschaft
zT	zum Teil
zust.	zustimmend

§ 1 Einführung: Bedeutung des Strafprozesses und des Strafprozessrechts

Der Strafprozess bestimmt die Methoden und Regeln, mit deren Hilfe in einem rechtlich geordneten Verfahren Erkenntnisse darüber gewonnen werden, ob und wenn ja, wie eine Person für eine Straftat zur Verantwortung gezogen wird. Die Bedeutung des Strafprozesses ergibt sich aus der Bedeutung der Kriminalität in unserer Gesellschaft. Steigt die Kriminalität, die polizeilich registrierte Kriminalität – erfasst in der Polizeilichen Kriminalstatistik (PKS) –, nehmen auch die Strafverfahren zu, dementsprechend gewinnt das Strafprozessrecht an Bedeutung für die Strafverfolgungsorgane (Polizei, Finanzbehörden in Steuerstrafsachen, StA) und die Strafjustiz.

1

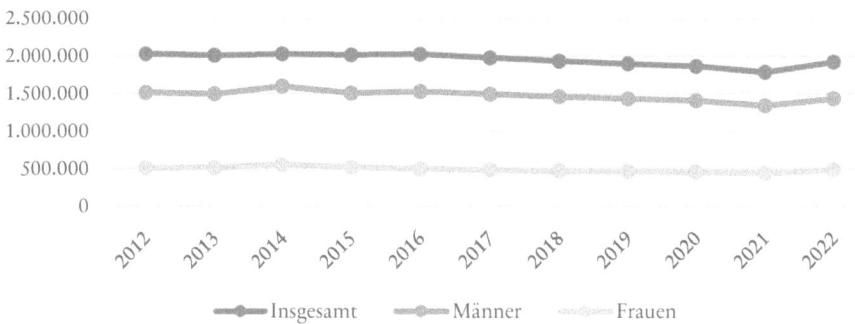

Entwicklung der Tatverdächtigen bei Straftaten insgesamt ohne ausländerrechtliche Verstöße

Quelle: Bundeskriminalamt, PKS 2022.

Aussagekräftiger als die absoluten Zahlen sind die **Häufigkeitszahlen**, dh die Zahlen der polizeilich bekannt gewordenen Fälle berechnet auf 100.000 Einwohner, da damit demographische Veränderungen berücksichtigt werden.

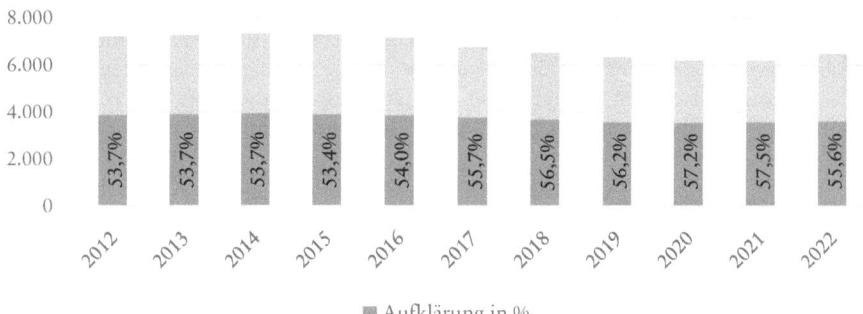

Entwicklung der Häufigkeitszahlen (Fälle pro 100.000 Einwohner) bei Straftaten insgesamt ohne ausländerrechtliche Verstöße

Quelle: Bundeskriminalamt, PKS 2022.

§ 1 Einführung: Bedeutung des Strafprozesses und des Strafprozessrechts

Mit den polizeilichen Zahlen wird aber nur die gesichtete Kriminalität, das **Hellfeld**, aufgezeigt, das **Dunkelfeld** der nicht angezeigten/ermittelten Straftaten bleibt ausgeblendet.[1]

Unabhängig von einem An- oder Absteigen der Kriminalität wird der Strafprozess zunehmend Gegenstand einer Sensationsberichterstattung. In den Medien „verfolgt" die Bevölkerung spektakuläre Strafprozesse. Der Strafprozess gewinnt auf diese Weise symbolische Bedeutung für das Funktionieren des Rechtsstaats. Der strafjustizielle Umgang mit dem Verbrecher wird zudem in Gerichtsshows – verkürzt-plakativ – nachgestellt. Der Strafprozess hat Unterhaltungswert.

2 Für den beschuldigten Bürger bedeutet das Strafverfahren eine Belastung, kann sogar als größere Belastung empfunden werden als die spätere Strafe. Die Einleitung eines Strafverfahrens ist vielfach mit negativen Bewertungen, mit Vorverurteilungen verbunden, die private und berufliche Nachteile mit sich bringen – trotz der Unschuldsvermutung bis zur rechtskräftigen Verurteilung. Die öffentliche Hauptverhandlung führt zu einer Bloßstellung des Angeklagten und kann so eine negative Stigmatisierung hervorrufen. Mit der Verurteilung erhält der Angeklagte das Etikett „verurteilter Straftäter".[2] Das Strafverfahren führt aber nicht nur zu einer Belastung des beschuldigten Bürgers, es räumt dem Beschuldigten bzw. Angeklagten im Rahmen eines fairen Verfahrens auch umfassende (Verteidigungs-)Rechte ein und beschränkt damit die staatlichen Ermittlungsmöglichkeiten. Nach *Franz v. Liszt* ist das Strafgesetzbuch – mit Einschluss des Prozessrechts – „die Magna Charta des Verbrechers".[3] Der Rechtsstaat zeigt sich darin, wie er mit dem Verbrecher umgeht. Nach *Roxin* ist das Strafverfahrensrecht „Seismograph der Staatsverfassung".[4] Das Strafprozessrecht ist **geronnenes Verfassungsrecht**. Wir sprechen in diesem Zusammenhang von dem „aufgeklärten" Strafprozess, dessen geistiger Gründer – u.a. mit der Forderung nach einem Verbot der Folter – der mailändische Gelehrte *Cesare Beccaria* mit seinem aufklärerischen Werk „Dei delitti e delle pene" (Von Verbrechen und deren Strafen) aus dem Jahr 1764 ist.

3 Das Strafverfahren ist abzugrenzen vom Ordnungswidrigkeitenverfahren, das im Ordnungswidrigkeitengesetz geregelt ist. Ordnungswidrigkeiten sind keine Straftaten, sondern werden als Gesetzesverstöße auf der Ebene sog. Verwaltungsunrechts angesehen.[5] Mit ihnen ist kein ethisches Unwerturteil verknüpft. Ordnungswidrigkeiten finden sich in vielen Gesetzen, insbes. auch zur Regelung des Straßenverkehrs (zB die Geschwindigkeitsüberschreitung im Straßenverkehr). Über § 46 OWiG findet die StPO auch im Ordnungswidrigkeitenverfahren Anwendung.

4 Über § 2 Abs. 2 JGG gelten die strafprozessualen Regeln des Erwachsenenstrafrechts (StPO, GVG) subsidiär auch im Jugendstrafrecht. Vorrangig sind die speziellen Verfahrensbestimmungen wie insbes. die Jugendgerichte, die Beteiligung der Jugendgerichtshilfe und der gesetzlichen Vertreter, die sog. Diversion,[6] die U-Haft, das vereinfachte Jugendverfahren, der Ausschluss der Öffentlichkeit und die Einschränkung der Rechts-

---

1 S. hierzu Zweiter Periodischer Sicherheitsbericht der Bundesregierung, 2006, S. 16 ff.
2 Zur Etikettierungstheorie – labeling approach s. *Kunz*, Kriminologie, § 20 Rn. 38.
3 *V. Liszt* (1851–1919), Vorträge und Aufsätze, 1905, 2. Bd., S. 60 (80).
4 *Roxin/Schünemann*, Strafverfahrensrecht, § 2 Rn. 1.
5 Ausführlich zur Abgrenzung des Strafrechts vom Ordnungswidrigkeitenrecht: *Brüning*, Das Verhältnis des Strafrechts zum Disziplinarrecht, 2017, S. 491 ff.
6 Diversion bedeutet Vermeidung des förmlichen Verfahrens mit Anklage und Hauptverhandlung durch Verfahrenseinstellung.

mittel.⁷ Auch in Steuerstrafsachen gelten für die Verfolgung durch die Finanzbehörden „die allgemeinen Gesetze über das Strafverfahren, namentlich die Strafprozessordnung, das Gerichtsverfassungsgesetz und das Jugendgerichtsgesetz" (§ 385 Abs. 1 AO).

Die Regeln des Strafprozessrechts finden sich in einer Vielzahl von Gesetzen, die wichtigsten sind die **Strafprozessordnung** (StPO) und das **Gerichtsverfassungsgesetz** (GVG). In der Rangordnung darüber stehen die Regeln des Grundgesetzes (GG), hier insbes. das **Rechtsstaatsprinzip** gem. Art. 20 Abs. 3 GG sowie die sog. **Justizgrundrechte** der Art. 101 Abs. 1 und Art. 103, 104 GG. Durch die Anrufung des Europäischen Gerichtshofs für Menschenrechte (EGMR) gewinnt die Europäische Menschenrechtskonvention (EMRK) zunehmende Bedeutung, durch europäische Rechtsakte wird der Einfluss des Europarechts verstärkt.⁸

5

Immer ist das Strafprozessrecht in der **zur Zeit des Verfahrens bzw. der Verfahrensentscheidung geltenden Fassung** anzuwenden. Anders verhält sich das im materiellen Strafrecht, bei dem das Gesetzlichkeitsprinzip des Art. 103 Abs. 2 GG, wortgleich im § 1 StGB, gilt, dh das Recht des Tatzeitpunktes (Ausnahme: Maßregeln der Besserung und Sicherung, § 2 Abs. 6 StGB), modifiziert für mildere Änderungen gem. § 2 Abs. 3 StGB. Mit dem Inkrafttreten neuer Verfahrensregeln sind die Strafverfolgungsbehörden und die Strafgerichte gem. Art. 20 Abs. 3 GG an das – neue – Gesetz gebunden, unabhängig von den Regeln zum Tatzeitpunkt. Soweit Verfahrensregeln auch materielles Strafrecht beinhalten, wie bei der Verjährung (§§ 78 ff. StGB), kommt es auf den rechtlichen Schwerpunkt an.⁹

6

---

7 Zum sachlichen Anwendungsbereich des Jugendstrafrechts s. *Ostendorf/Drenkhahn*, Jugendstrafrecht, Rn. 28 ff.
8 S. hierzu § 5.
9 Zur Rechtsnatur der Verjährung s. NK-StGB/*Saliger*, Vor §§ 78 ff. Rn. 3 ff.; s. hierzu auch § 8 Rn. 2, 15.

§ 2 Ziele und Grenzen

I. Ziele

1 Die Ziele des Strafverfahrens ergeben sich aus dem Programm des materiellen Strafrechts. Die Normen des materiellen Strafrechts, die Straftatbestände, sollen Rechtsgüter schützen, deren Verletzung bzw. Gefährdung der Gesetzgeber als besonders sozialschädlich einstuft, indem sie ein bestimmtes Verhalten verbieten oder gebieten. Jede Straftat ist damit ein Angriff auf ein besonders schützenswertes Rechtsgut und stellt die Geltung des durch den Straftatbestand normierten Handlungsverbots in Frage. Dadurch wird das Vertrauen in die Normgeltung geschwächt. Würde man auf die Straftat nicht mit einer Strafe reagieren, dann entstünde der Eindruck, dass der Straftatbestand und das durch diesen geschützte Rechtsgut nicht mehr schützenswert ist.[1] Durch die Normstabilisierung hat das Strafrecht eine generalpräventive Wirkung, wobei die Verhängung der Strafe an sich spezialpräventiv bei dem Verurteilten wirkt. Da die verhängte Strafe ihrerseits in die Rechtsgüter des Verurteilten eingreift, bewirkt das Strafrecht „**Rechtsgüterschutz durch Rechtsgüterverletzung**"[2]. Das Strafrecht ist damit das schärfste Steuerungsinstrument des Staates, weil durch eine Geld- oder Freiheitsstrafe in der Regel am härtesten in Rechtspositionen des Bürgers (Freiheit und Eigentum) eingegriffen wird: **ultima ratio**. Allerdings gibt es staatliche Sanktionen, die als gravierendere Rechtseinbuße empfunden werden als die Verhängung einer Kriminalstrafe. Von Ausländern wird etwa die – anschließende – Ausweisung häufig als härtere Sanktion empfunden. Gleiches gilt für einen Beamten, dessen Beamtenverhältnis gem. § 41 BBG nach Verurteilung wegen einer vorsätzlichen Tat zu einer Freiheitsstrafe von mindestens einem Jahr endet. Weitere Sanktionsmöglichkeiten sind etwa der Ausschluss von Unternehmen von der Vergabe öffentlicher Aufträge (§§ 123, 124 GWB) oder die Gewerbeuntersagung gem. § 35 GewO.

2 Dieses „strafrechtliche Programm" verwirklicht sich hinsichtlich der Strafandrohung erst im Strafprozess – aber auch nur teilweise. Die Strafankündigung für den Diebstahl gem. § 242 StGB, dem am häufigsten begangenen Delikt, „wird mit Freiheitsstrafe bis zu fünf Jahren oder mit Geldstrafe bestraft", dieses apodiktische Strafversprechen stimmt aus drei Gründen nicht:

- Viele Diebstähle werden nicht bei der Polizei bekannt oder nicht angezeigt (Dunkelfeld der Kriminalität).[3]
- Viele Täter werden nicht ermittelt; die polizeiliche Aufklärungsquote betrug im Jahr 2022 bei Diebstahl insgesamt 29,8 %, dh umgekehrt von 100 angezeigten Diebstählen konnte in über 70 Fällen kein Tatverdächtiger ermittelt werden.[4]
- Nur ein geringer Teil der Täter wird tatsächlich mit einer Freiheits- oder Geldstrafe bestraft; bei sehr vielen, insbes. bei Ersttätern, wird das Verfahren aus Opportunitätsgründen gem. §§ 153, 153a StPO eingestellt, und zwar mit oder ohne Auflagen, im Erwachsenenstrafrecht häufig gegen die Zahlung eines Geldbetrages und bei Jugendlichen und Heranwachsenden, soweit bei ihnen das Jugendstrafrecht angewen-

---

1 *Hassemer*, in: FS-Spinellis, S. 399 (412).
2 *V. Liszt*, Vorträge und Aufsätze, 1905, 1. Bd., S. 161.
3 S. dazu *Meier*, Kriminologie, § 5 IV Rn. 52 ff.; Zweiter Periodischer Sicherheitsbericht der Bundesregierung, 2006, S. 9 ff.
4 Bundeskriminalamt, Polizeiliche Kriminalstatistik 2022 - Ausgewählte Zahlen im Überblick, S. 19.

I. Ziele

det wird, gem. §§ 45, 47 JGG, ohne dass eine Sanktion durch Urteil verhängt wird.[5]

Wer das System Strafrecht verstehen will, muss das Strafprozessrecht verstehen![6]

Liegen die drei „Ausschlussgründe" nicht vor und wird der Strafprozess durchgeführt, werden dabei folgende Ziele verfolgt:

- Beantwortung der Schuldfrage, dh Prüfung der Straftatvoraussetzungen sowie der Strafverfolgungsvoraussetzungen.
- Für den Fall, dass die Schuldfrage positiv beantwortet wird, Beantwortung der Straffrage, dh der Frage nach den Straftatfolgen.
- Daneben gibt es ein eigenes strafprozessuales Ziel: Befriedung der Bürger, die durch den Normbruch in ihrem Rechtsvertrauen beunruhigt oder gar erschüttert sind (positive Generalprävention). Insoweit hat der Prozess einen funktionellen Eigenwert, ist nicht nur Mittel zum Zweck. Dieser Zielsetzung entspricht das Öffentlichkeitsprinzip (§ 169 GVG). Darüber hinaus hat das Strafverfahren bereits kriminalpräventive Wirkungen auf den Beschuldigten (s. § 3 Rn. 2).

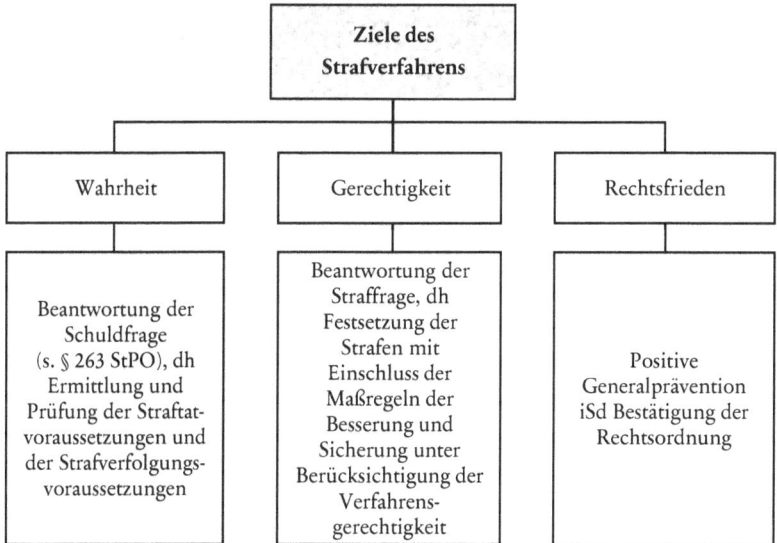

Bei der Beantwortung der Schuldfrage geht es um die **Wahrheitsermittlung**. Ein Tatverdacht wird mit den Regeln des Strafprozessrechts aufgeklärt. Die Beweisaufnahme in der Hauptverhandlung verfolgt ausdrücklich dieses Ziel: „zur Erforschung der Wahrheit" (§ 244 Abs. 2 StPO). Allerdings wird der Anspruch objektiver Wahrheitsermittlung mit § 261 StPO auf die subjektive Gewissheit des Richters reduziert. Zur Relativierung des Wahrheitsanspruchs im Allgemeinen s. § 2 Rn. 8 ff.; im Speziellen bei der Verständigung s. § 18 Rn. 4.

---

5 Statistisches Bundesamt Wiesbaden, Statistik der Staatsanwaltschaften und der Strafgerichte, 2008, Tab. 2.3 und 4.3; zur Einstellungsquote im Jugendstrafrecht s. *Ostendorf/Drenkhahn*, Jugendstrafrecht, Rn. 124.
6 Wie hier *Naucke*, Strafrecht, § 4 Rn. 91.

§ 2 Ziele und Grenzen

5 Bei der Beantwortung der Straffrage geht es um die **Gerechtigkeitsverwirklichung**. Nur eine tat- und schuldangemessene Strafe ist gerecht. Letzteres verlangt nach Ansicht des BVerfG, „daß die verhängte Strafe die Schuld des Täters nicht übersteigen darf, sondern in einem gerechten Verhältnis zur Schwere der Tat und zum Maß der Schuld des Täters stehen muß".[7] Dieses Streben nach materieller Gerechtigkeit wird ferner durch die sog. Verfassungsgerechtigkeit ergänzt, die im Strafprozess eine Ausbalancierung aller Rechte der Beteiligten verlangt. Dem Strafmonopol des Staates stehen die Justizgewährleistungsansprüche des Beschuldigten gegenüber.

Und schließlich geht es bei der Sicherung der Geltungskraft der Norm und der Bestätigung der Rechtsordnung um die Schaffung von **Rechtsfrieden**. Rechtsfrieden kann aber wiederum nur entstehen, wenn in einem fairen Verfahren die Interessen aller Beteiligten ausgeglichen werden. Dadurch ergibt sich folgendes Bild:

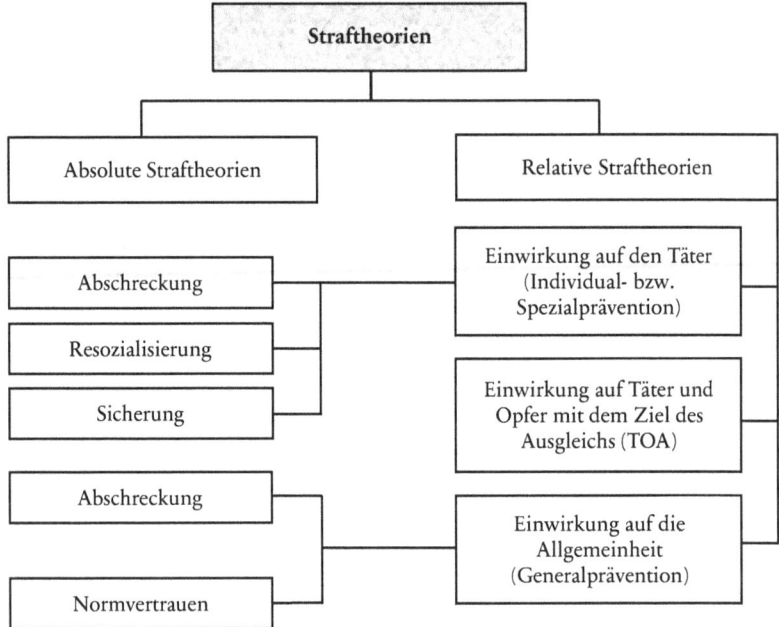

Alle drei Ziele des Strafverfahrens können nicht losgelöst von den Strafzwecken betrachtet werden, denn wenn das Strafverfahren letztlich die Durchsetzung des materiellen Strafrechts bewirken soll, dann steht das Ziel des Strafverfahrens in einem Zusammenhang mit der Frage, wann überhaupt eine Strafe gegen den Täter verhängt werden muss.

Welche Zwecke der Strafe vorherrschend sein sollten, darüber besteht ein unentschiedener Streit. Von daher wird heute in der Justizpraxis der sog. **Vereinigungstheorie** gefolgt.

---

7 BVerfGE 50, 5 (12).

Das BVerfG hat dies so formuliert:

> **BVerfGE 45, 187 (253 f.)**
> „Das geltende Strafrecht und die Rechtsprechung der deutschen Gerichte folgen weitgehend der sogenannten Vereinigungstheorie, die – allerdings mit verschiedenen gesetzten Schwerpunkten – versucht, sämtliche Strafzwecke in ein ausgewogenes Verhältnis zueinander zu bringen. Dies hält sich im Rahmen der dem Gesetzgeber von Verfassungs wegen zukommenden Gestaltungsfreiheit, einzelne Strafzwecke anzuerkennen, sie gegeneinander abzuwägen und miteinander abzustimmen. Demgemäß hat das Bundesverfassungsgericht in seiner Rechtsprechung nicht nur den Schuldgrundsatz betont, sondern auch die anderen Strafzwecke anerkannt. Es hat als allgemeine Aufgabe des Strafrechts bezeichnet, die elementaren Werte des Gemeinschaftslebens zu schützen. Schuldausgleich, Prävention, Resozialisierung des Täters, Sühne und Vergeltung für begangenes Unrecht werden als Aspekte einer angemessenen Strafsanktion bezeichnet."

Diese Formulierung einer Vereinigungstheorie erscheint auf den ersten Blick salomonisch, auf den zweiten Blick aber wenig hilfreich, da zu unbestimmt. Die Strafzwecke werden nicht gewichtet, sondern nur addiert (Additive Vereinigungstheorie). Damit wird jedem Rechtsanwender ermöglicht, seine Strafzwecke durchzusetzen (die dialektische Vereinigungstheorie versucht, dem entgegenzusteuern). Die Offenheit der Strafzwecke setzt sich fort in der „Spielraumtheorie" der Strafzumessung.[8]

Eine vereinigende Strafzwecktheorie muss daher ihren Ausgangspunkt im Präventionsprinzip nehmen. Besteht die Aufgabe des Strafrechts im Rechtsgüterschutz, so muss auch die Strafe auf die Erreichung dieses Ziels hinwirken. Das bedeutet, das Strafrecht muss die Begehung weiterer Straftaten durch die Besserung des Straftäters und/oder die Festigung des Normbewusstseins der Allgemeinheit verhindern oder zumindest vermindern. Vor diesem Hintergrund bestimmt der Gesetzgeber etwa in § 2 Abs. 1 S. 1 JGG das Hauptziel des Jugendstrafrechts im Sinne einer Spezialprävention, indem die Rückfallvermeidung der jugendlichen Straftäter als vorrangiges Ziel des Jugendstrafrechts festgeschrieben wird.[9] Doch auch eine Präventionstheorie kann nicht leugnen, dass der Grund für die Sanktionierung der Straftat in der Vergangenheit liegt. Eine gesellschaftliche Ordnung, die ein friedliches Zusammenleben aller garantiert, beruht auf der Einhaltung ihrer rechtsgüterschützenden Normen.

Die positive Generalprävention des Strafprozesses wendet sich daher an den Zuschauer, dient der **Bestätigung der Rechtsordnung**, letztlich dem Rechtsfrieden.[10]

6

Auch der rechtstreue Bürger, der nicht unmittelbar durch die Straftat betroffen ist, nicht unmittelbar Verletzungen oder Schäden erleidet, wird durch eine Straftat tangiert. Sein Vertrauen in die Rechtsordnung kann beeinträchtigt werden. Er selbst bemüht sich, rechtstreu zu sein, sieht aber, dass andere sich rechtsuntreu verhalten, sieht, dass andere Vorteile aus illegalem Verhalten ziehen. Wer „brav" seine Steuern zahlt, aber aus den Medien von massenhaften Steuerhinterziehungen erfährt, gerät in die Versuchung der Nachahmung. Die Erwartungen des Bürgers werden durch Straftaten anderer enttäuscht. Das gilt erst recht für die Opfer von Straftaten. Das Verfahren, das aufgrund dieser Enttäuschung einsetzt, das korrigierende Strafverfahren, dient der **Kompensation dieser Enttäuschungen**.[11] Das Verfahren hat so eine friedensstiftende

---

8 S. hierzu NK-StGB/*Streng*, § 46 Rn. 97 ff.
9 S. hierzu *Ostendorf/Drenkhahn*, Jugendstrafrecht, Rn. 54.
10 NK-StGB/*Streng*, § 46 Rn. 44.
11 *Luhmann*, Legitimation durch Verfahren, 1969.

Funktion. Dabei ist aber zu berücksichtigen, dass nur eine gerechte und damit schuldangemessene Strafe diese friedensstiftende Funktion erfüllen kann.

7 Über die Enttäuschung von Erwartungen hinaus können durch eine Straftat Strafbedürfnisse geweckt bzw. angestachelt werden. Mehr oder weniger sind derartige Strafbedürfnisse bei fast allen Menschen, zumindest bei bestimmten Straftätern, vorhanden, seien sie angeboren, anerzogen oder durch Umwelteinflüsse, durch Medien kollektiv geformt. Das staatliche Strafrechtssystem wurde gerade auch deshalb eingerichtet, um derartige persönliche Strafgelüste zu kanalisieren, um dem Faustrecht einer Lynchjustiz Einhalt zu gebieten. Die ersten staatlichen Strafsanktionen waren als Todes- und Leidesstrafen dementsprechend gezielt auf eine solche Bedürfnisbefriedigung ausgerichtet (s. die **Peinliche Strafgerichtsordnung Karls des V. = Constitutio Criminalis Carolina (CCC)** (von 1532)). Im Zuge des Humanismus und des Liberalismus wurden die Strafen dann menschlicher gestaltet. Strafrechtskultur entwickeln heißt dementsprechend, Strafbedürfnisse in rechtsstaatliche Bahnen zu lenken. Treffend sind daher die Feststellungen in dem Urteil des BVerfG aus dem Jahre 1977:

> **BVerfGE 45, 187 (229)**
> „Die Geschichte der Strafrechtspflege zeigt deutlich, dass an die Stelle grausamster Strafen immer mildere Strafen getreten sind. Der Fortschritt in der Richtung von roheren zu humaneren, von einfacheren zu differenzierteren Formen des Strafens ist weitergegangen, wobei der Weg erkennbar wird, der noch zurückzulegen ist."

Der **Kanalisierung von Strafbedürfnissen** dient gerade auch das staatliche Strafverfahren, das eine Ersatzfunktion gegenüber dem privaten Rache- und Vergeltungsbedürfnis wahrnimmt.

II. Grenzen von Wahrheitserforschung und Gerechtigkeitsverwirklichung

8 Im Strafprozess gilt grundsätzlich das Prinzip der materiellen Wahrheit. Die Wahrheitsermittlung (§ 2 Rn. 4) steht dabei in einem untrennbaren Zusammenhang mit dem Schuldprinzip. Ein gerechtes Urteil setzt voraus, dass die entscheidungsrelevanten Tatsachen ermittelt werden. Wahrheit ist also eine zwingende Voraussetzung für Gerechtigkeit. Die Verfahrensziele des Strafverfahrens – Wahrheit, Gerechtigkeit, Rechtsfrieden – stehen jedoch teilweise in einem gewissen Zielkonflikt und unterliegen daher rechtlichen, aber auch praktischen Begrenzungen.

1. Entscheidungszwang in der Praxis

9 Die Wahrheitsforschung ist sowohl aus praktischen als auch aus rechtlichen Gründen nicht absolut angelegt, dh sie erfolgt nicht um jeden Preis.[12] Es geht im Strafverfahren nicht um allgemeine Gerechtigkeit, sondern die gerechte Entscheidung ist das Ziel.[13] Daher beschränkt sich die Ermittlung der Wahrheit nur auf alle in der Anklage bezeichneten Umstände, die für die Schuldfrage und Rechtsfolgenentscheidung erheblich sind.[14] In der Praxis wird ferner verlangt, dass eine Konfliktsituation, die nicht selten in einem jahrelangen Prozess entstanden ist, von wenigen Personen in einer limitierten Zeit aufzunehmen und zu lösen ist. Nicht ohne Grund bilden Entschlusskraft und Entscheidungsfreudigkeit wesentliche Beurteilungskriterien für Richter und Staatsanwälte.

---

12 BGHSt 14, 358 (365).
13 *Larenz*, Methodenlehre der Rechtswissenschaft, S. 403.
14 *Eisenberg*, Beweisrecht, Rn. 6.

II. Grenzen von Wahrheitserforschung und Gerechtigkeitsverwirklichung

Soweit eine zügige Entscheidung überhaupt möglich ist, werden die Verfahrensziele zusätzlich durch Arbeitsüberlastung und Zeitbedrängnis eingeschränkt. Praktikabilitätsgründe, wozu auch Kostengesichtspunkte zählen, bereiten oftmals dem Suchen nach Wahrheit und Gerechtigkeit vorzeitig ein Ende. Eine rechtsstaatlich bittere Konsequenz hat der Gesetzgeber mit der Verständigung zwischen Gericht und Verfahrensbeteiligten gem. § 257c StPO („Deal") gezogen.[15]

2. Rechtsstaatliche Grenzen

Eine rechtsfriedenschaffende Entscheidung (§ 2 Rn. 5) verlangt aber, dass diese in einem justizförmigen Verfahren unter Wahrung der Interessen und Rechte des Beschuldigten bzw. Angeklagten zustande kommt. Rechtsstaatliche Grenzen stehen daher als zweites einer unbegrenzten Wahrheitsforschung entgegen.[16] Hierzu sind die verbotenen Vernehmungsmethoden des § 136a StPO zu rechnen, die sich auf die Unantastbarkeit der Menschenwürde und den Schutz der Persönlichkeit (Art. 1 und 2 GG) stützen. Die Unschuldsvermutung für den Beschuldigten, festgeschrieben in Art. 6 Abs. 2 EMRK, führt nicht nur dazu, dass bei nicht aufklärbaren Zweifeln der für den Beschuldigten günstigere Sachverhalt als wahr angenommen wird, sondern dieses Prinzip bestimmt auch den Weg der Ermittlungstätigkeit. Diese muss immer in der Art und Weise erfolgen, dass sich als mögliches Ergebnis die Unschuld des Beschuldigten zeigt. Die Wahrheitssuche wird weiterhin eingeengt durch das Prinzip der Mündlichkeit und Unmittelbarkeit der Hauptverhandlung und durch die begrenzte Zahl der Beweismittel. Der Revisionsrichter muss eine fiktive Wahrheit unterstellen, auch wenn er die Unrichtigkeit erkennt. Da auch diese prozessualen Regelungen ein Ausfluss des Gerechtigkeitsprinzips sind, zeigt sich ein Zielkonflikt zwischen Wahrheitserforschung und Gerechtigkeitsverwirklichung. Dieser ist allgemein zugunsten des Gerechtigkeitsprinzips entschieden, so dass die Zieldefinition lautet: **die gerechte, nach rechtsstaatlichen Grundsätzen beweisbare Entscheidung.** Es geht also nicht um die „reine" Wahrheit, sondern um eine prozessuale Wahrheit. Auch für den zweiten Bereich strafrichterlicher Tätigkeit, die Strafzumessung oder Sanktionsanordnung, gibt es rechtsstaatliche Grenzen. So muss die Persönlichkeitserforschung zB mithilfe von Gutachtern für die Prognoseentscheidung immer im Verhältnis zur Tat und der damit indizierten Gefährlichkeit des Täters stehen.

3. Tatsächliche Grenzen

Ein zT sehr lange zurückliegendes Ereignis soll in der Hauptverhandlung realitätsgetreu abgebildet werden. Schon die ursprüngliche Wahrnehmung des Tatereignisses durch Zeugen entspricht nicht immer der Realität. Wahrnehmungstäuschungen und schlussfolgernde Rekonstruktionen eines tödlich verlaufenen Verkehrsunfalls sind keine Seltenheit. Dies gilt insbes. für Personen, die an der Tat beteiligt sind. Es folgt die Zeit der Bewahrung des Tatereignisses im Gedächtnis, realistischer ausgedrückt des Vergessens des Tatereignisses. Hinzu treten Verzerrungen durch Verarbeitung von Tatfolgen. Hierzu tragen bei

- die Kommunikation über Tat und Täter mit Partnern, Familienangehörigen, Freunden und anderen Tatbetroffenen

---

15 S. hierzu § 18.
16 Hierzu *Spendel*, NJW 1966, 1103.

§ 2 Ziele und Grenzen

- Hilfe und Therapie durch Ärzte, Seelsorger, Therapeuten
- die Berichterstattung und Kommentierung in den Medien.

Schließlich muss das noch realitätsbezogen im Gedächtnis Bewahrte im Prozess so eingebracht werden, dass es von den juristischen Verfahrensbeteiligten verstanden wird. Ausdrucksschwierigkeiten, psychische Hemmungen gegenüber den „Robenträgern" und die juristische Fachsprache können die richtige Darstellung bzw. Wahrnehmung beeinträchtigen bzw. verhindern. Bei streitigen Kausalketten sind auch die Sachverständigen nicht immer in der Lage, eindeutige Beweise zu liefern. Der Gesetzgeber hat diese Unsicherheiten erkannt und reduziert die Beweiswürdigung letztlich auf die subjektive Überzeugung des Gerichts (§ 261 StPO).

4. Strafrechtsdogmatische Verkürzungen bzw. Verallgemeinerungen

12 Die Einteilung von Angeklagten in voll Schuldfähige, vermindert Schuldfähige und Schuldunfähige auf der Grundlage eines veralteten psychologisch-psychiatrischen Verständnisses (vgl. §§ 20, 21 StGB) reduziert die geistig-psychische Situation von Menschen. Gutachter tun sich immer wieder schwer, diese normative Reduktion von menschlicher Komplexität nachzuvollziehen. Ebenso wird die geistig-psychische Einstellung zur Tat mit den Schablonen von Vorsatz und Fahrlässigkeit verkürzt, auch wenn hier weitere Differenzierungen zwischen dolus directus 1. und 2. Grades, Eventualvorsatz sowie bewusster und unbewusster Fahrlässigkeit erfolgen. Hinzu kommt, dass auf innere Einstellungen häufig nur indiziell geschlossen werden kann. Welcher Beschuldigte räumt schon ein, dass er den Erfolg billigend in Kauf genommen hat? Tatbestandsvoraussetzungen wie Gewalt in § 240 Abs. 1 StGB sowie öffentlicher Friede in § 130 StGB können nur mit großen juristischen Anstrengungen so für eine Subsumtion konkretisiert werden, dass sie noch dem Bestimmtheitsprinzip des Art. 103 Abs. 2 GG genügen.

5. Prognostische Probleme

13 Zur Beantwortung der Straffrage sind im Rahmen der sog. Straftheorien (s. oben § 2 Rn. 5) Prognosen anzustellen: die Gefährlichkeitsprognose für den Straftäter, die Sanktionsprognose hinsichtlich der Wirkung der Sanktion zur Behebung der angezeigten Gefährlichkeit und die Wirkungsprognose hinsichtlich einer generalpräventiven Zielsetzung. Deutlich wird dies etwa bei der Frage, ob die Vollstreckung einer Strafe zur Bewährung gem. §§ 56 ff. StGB ausgesetzt werden kann. Hier muss gem. § 56 Abs. 3 StGB berücksichtigt werden, welche Wirkung die Strafaussetzung auf die Verteidigung der Rechtsordnung hat (generalpräventive Wirkung). Außerdem muss dem Täter unter Beachtung rein spezialpräventiver Aspekte eine sog. positive Legalprognose bescheinigt werden. Abgesehen davon, dass derartige Prognosen in die Zukunft gerichtet und damit immer mit Unsicherheitsfaktoren verknüpft sind, fehlen vielfach die tatsächlichen Grundlagen für die Erstellung einer solchen Prognose. Dies gilt insbes. für die Feststellung negativ-generalpräventiver Wirkungen von Straftaten und der Notwendigkeit positiv-generalpräventiver Sanktionen. Vor allem sind die juristischen Entscheider für derartige Prognosen in der Regel fachlich nicht ausgebildet.

14 Der Wahrheits- und Gerechtigkeitsanspruch im Strafprozess muss somit erheblich relativiert werden. Der hehre Anspruch der Verfahrensziele ist damit in die Alltagswirklichkeit zurückgeholt. Dem klassischen Wahrheitsbegriff in der Formulierung des

II. Grenzen von Wahrheitserforschung und Gerechtigkeitsverwirklichung

Aristoteles: adaequatio rei et intellectus (Gleichheit von Sache und Geist) steht der juristische, systemfunktionale Wahrheitsbegriff mit einem begrenzten Gerechtigkeitsziel gegenüber. Es gibt **keine Strafverfolgung um jeden Preis.**

§ 3 „Täter"-Prävention und „Opfer"-Befriedigung durch Verfahren

1

Fall: Der bekannte Fernsehmoderator Z wird von seiner früheren Geliebten wegen Vergewaltigung (§ 177 Abs. 1, Abs. 2 Nr. 1 StGB) angezeigt. Z bestreitet die Tat, er erhebt Gegenanzeige wegen falscher Verdächtigung (§ 164 StGB).
1. Können beide Tatvorwürfe gleichzeitig angeklagt und in einer Hauptverhandlung überprüft werden?
2. Führen Zweifel hinsichtlich der Vergewaltigung zu einer Verurteilung wegen falscher Verdächtigung?

I. Individualpräventive Wirkungen beim Beschuldigten

2 Bereits die Durchführung des Strafprozesses entfaltet – ganz unabhängig von den mit ihm verfolgten Zielen – **individualpräventive Wirkungen** auf den Beschuldigten trotz Unschuldsvermutung. Eine zielgerichtete Individualprävention würde hingegen der Unschuldsvermutung widersprechen. Diese Wirkungen können natürlich nur eintreten, wenn der Beschuldigte tatsächlich der Täter war: **Prävention durch Verfahren**.

1. Erfahrung von Strafverfolgung

3 Gerade die Entdeckung der Tat und die erste – polizeiliche – Vernehmung haben nach Befragungen eine große Bedeutung, häufig eine größere Bedeutung als die spätere Hauptverhandlung oder als die eigentliche Strafe.[1] Hier folgt die Reaktion auf die Tat „auf dem Fuße". Mit der Entdeckung sind in der Regel zugleich erste soziale Reaktionen verknüpft, wenn nicht sogar strafprozessuale Ermittlungs- und Zwangsmaßnahmen (s. § 11) wie Durchsuchung, Beschlagnahme, Untersuchungshaft durchgeführt wurden. Aber auch wenn „nur" im sozialen Umfeld reagiert wird, wenn die Familie von der Polizei benachrichtigt wird, die Freundin etwas erfährt, sind das die Reaktionen, die häufig am eindringlichsten im Bewusstsein haften bleiben. Deshalb ist auch die Art und Weise der ersten polizeilichen Vernehmung, des ersten polizeilichen Kontakts so wichtig für die Prävention. (Polizeiliche) Enttäuschungen über den Ausgang des Verfahrens – weil man die strafjustiziellen Reaktionen, die Strafe als zu milde einstuft – sind häufig unberechtigt, weil mit dem Verfahren bereits strafrechtliche Reaktionen mit Interesseneinbußen, mit nachteiligen Wirkungen verknüpft sind. Eine Effizienzmessung des Strafrechtssystems muss vorher ansetzen.

2. Erleben von fairer Konfliktbewältigung

4 Viele Straftaten, insbes. Gewaltdelikte, werden verübt, weil die Täter unfähig sind, Konflikte angemessen, friedlich, mit Worten zu lösen. Gerade Tötungsdelikten im sozialen Nahbereich liegt häufig ein Aufschaukelungsprozess nicht bewältigter privater Konflikte zugrunde. Aber auch sog. Allerweltsdelikte wie Trunkenheit im Straßenverkehr verraten nicht selten persönliche Probleme wie Alkoholsucht, die verdrängt werden, denen man sich nicht stellt. Das Strafverfahren unseres „aufgeklärten" Strafprozesses geht demgegenüber mit dem Kriminalitätskonflikt rational um, lässt den Be-

---

[1] Zu entsprechenden Befragungen junger Menschen s. *Karstedt-Henke*, DVJJ-Journal 1991, 108 (110); *Linke*, Diversionstage in Nordrhein-Westfalen, 2011, S. 129 ff.

schuldigten zu Wort kommen, gibt ihm Verteidigungsmöglichkeiten. **Der Beschuldigte wird als Subjekt** behandelt, ist nicht bloßes Objekt. Als Beispiele für einen fairen Umgang sind das Gebot der Pflichtverteidigung in Fällen, in denen eine berufsmäßige Verteidigung gegenüber Juristen auf der Richterbank sowie der Anklagebehörde notwendig erscheint, sowie das Rechtsmittelsystem zu nennen. Nicht selten kann der beschuldigte Bürger zum ersten Mal in seinem Leben erfahren, dass Interessengegensätze auch vernünftig, dh verbal, ohne sofort zuzuschlagen, ohne zu schreien, ausgetragen werden können. Der Prozess, insbes. auch die Hauptverhandlung, kann zu einer Lebenserfahrung werden, die ein Lernmodell für die Zukunft ist. Hierzu kann insbes. auch eine **sozialkompensatorische Verhandlungsführung** durch den Richter, aber auch schon im Rahmen der polizeilichen Vernehmung beitragen, wenn nämlich der Beschuldigte Fairness „am eigenen Leibe" erfährt, zB wenn sprachliche, soziale Nachteile ihm nicht zum Schaden gereichen. Umgekehrt werden Verständnis und Akzeptanz für die Sachentscheidung abnehmen, wenn der Beschuldigte die justizielle Sprache und das Prozedieren in der Hauptverhandlung als Herrschaftsinstrumente der Justiz erfährt.

3. Erfahrung von Verantwortungszuschreibung

Strafverurteilung ist Verantwortungszuschreibung für eine Straftat, Strafverfolgung ist die Suche nach Verantwortlichen für eine Straftat. Straftäter neigen teilweise dazu, die Schuld bei anderen zu suchen. Sie reden sich raus, stellen sich nicht ihrer Verantwortlichkeit, wälzen diese ab. Der Strafprozess kann hier iS einer Individualprävention ein Zeichen setzen. Die Gesellschaft, der Staat nimmt den einzelnen in die Pflicht: Verantwortung lernen durch strafjustizielle Rechenschaftslegung.

II. Opferbefriedigung

In der kriminalpolitischen Diskussion wird vielfach gefragt: „Und wo bleibt das Opfer?!" **Im Mittelpunkt des Strafprozesses steht der Angeklagte**, sollte der Angeklagte stehen (s. auch § 230 Abs. 1 StPO). Es geht um seine Verurteilung, um seine Bestrafung. Insoweit ist das Strafverfahren täterorientiert, muss notwendigerweise täterorientiert sein. Wenn der Staat in Form der Strafjustiz dem Bürger ein Strafübel auferlegt, muss die Schuld des Täters eindeutig nachgewiesen werden. Sonst darf der Staat kein Strafübel auferlegen. Diese Unschuldsvermutung ist ein wesentliches Element des Rechtsstaatsprinzips (§ 4 Rn. 2). Sie ist in der Europäischen Menschenrechtskonvention verbrieft (Art. 6 Abs. 2 EMRK). Der hieraus abgeleitete Beweisgrundsatz „Im Zweifel für den Angeklagten" wird vielfach von Opfern sowie in der Bevölkerung nicht verstanden. Wenn Aussage gegen Aussage steht, zB in einem Vergewaltigungsprozess,[2] muss, wenn Zweifel an der Glaubwürdigkeit der Belastungszeugin bestehen, freigesprochen werden. Im Zweifel für den Angeklagten, im Zweifel gegen das mutmaßliche Opfer.[3] Auch wenn ein solcher Freispruch nicht in der Weise missverstanden werden darf, das Gericht würde dem Angeklagten glauben, so ist ein solcher Freispruch für die Belastungszeugin schwer auszuhalten. Dies ist aber die bittere Konsequenz eines Strafprozesses, der Straftäter überführen muss. Falschbezichtigungen sind zwar selten, aber

---

[2] Zur Beweiswürdigung bei „Aussage gegen Aussage" BGH StV 2019, 519 und 522, BGH StV 2023, 364. Zur Analyse der BGH-Rechtsprechung s. *Scharbius*, „Aussage gegen Aussage" in der Rechtsprechung des Bundesgerichtshofs in Strafsachen, 2017.
[3] Nach der BGH-Rechtsprechung ist eine Verurteilung nur zulässig, wenn das Gericht aufgrund einer besonderen Glaubwürdigkeitsüberprüfung, zB mit Einsatz eines Glaubwürdigkeitsgutachtens, von dem Tatvorwurf überzeugt ist, s. hierzu *Barton*, in: FS-Ostendorf, S. 42.

sie kommen vor. Es gibt eben auch falsche Opfer. Bis zur rechtskräftigen Verurteilung darf deshalb, soweit die Opferrolle umstritten ist, nur vom **mutmaßlichen Opfer** gesprochen werden.[4] Hierbei ist der in der Rechtssprache eingebürgerte Begriff des Opfers im Hinblick auf seine ursprüngliche Bedeutung überhöht.[5] In der StPO wird dementsprechend auch „nur" vom **Verletzten** gesprochen.[6]

7 Richtig ist aber, dass das **Opfer** seit der Einführung des staatlichen Strafprozesses in den Hintergrund gedrängt wurde, **lange vergessen** wurde und erst seit den 80er Jahren des letzten Jahrhunderts wiederentdeckt wurde. Die rechtliche Stellung des Opfers ist durch zahlreiche Regelungen in den letzten Jahren spürbar gestärkt worden:[7]

- Opferentschädigungsgesetz vom 7.1.1985, reformiert durch das Gesetz zur Regelung des Sozialen Entschädigungsrechts vom 12.12.2019
- Opferschutzgesetz vom 18.12.1986
- Zeugenschutzgesetz vom 30.4.1998
- Gesetz zur Sicherung der zivilrechtlichen Ansprüche der Opfer von Straftaten (Opferanspruchsgesetz) vom 8.5.1998
- Gewaltschutzgesetz vom 11.12.2001
- Gesetz zur Harmonisierung des Schutzes gefährdeter Zeugen vom 11.12.2001
- Opferrechtsreformgesetz vom 24.6.2004
- 2. Opferrechtsreformgesetz vom 29.7.2009
- 3. Opferrechtsreformgesetz vom 21.12.2015

Im Verfahren tritt das Opfer entweder als Zeuge auf, wenn es denn für die Beweisführung gebraucht wird, oder als Nebenkläger. Der Gesetzgeber hat die Stellung des Opfers auch dadurch verstärkt, dass dem Verletzten und Nebenkläger, mithin dem Opfer, ein Akteneinsichtsrecht zusteht (§ 406e StPO). Die Nebenklage wurde ausgebaut, ist jetzt sogar im Jugendstrafprozess eingeführt worden (§ 80 Abs. 3 JGG). Dass damit auch ein Rache- und Vergeltungsstreben in den Jugendstrafprozess eingebracht wird, hat der Gesetzgeber entgegen dem Votum vieler Sachverständiger in Kauf genommen.[8] Das Opfer soll sich bei schwerwiegenden Delikten in den Strafprozess einbringen können, soll das von ihm erlittene Leid darstellen können. Dem Opfer ist auf Antrag mitzuteilen, wann der verurteilte Täter aus der Strafhaft entlassen oder wann erstmalig Vollzugslockerungen gewährt werden (§ 406d Abs. 2 Nr. 2 StPO). Gem. § 48a Abs. 1 StPO in der Fassung des Gesetzes zur Bekämpfung sexualisierter Gewalt gegen Kinder vom 16.6.2021 (BGBl. I, S. 1810) ist bei Zeugen, die zugleich Verletzte sind, eine besondere Schutzbedürftigkeit zu beachten betreffend Maßnahmen gem. §§ 168e oder 247a StPO, den Ausschluss der Öffentlichkeit gem. § 171b Abs. 1 GVG sowie den Verzicht auf Fragen gem. § 68a Abs. 1 StPO; gem. § 48a Abs. 2 StPO besteht bei Taten zum Nachteil minderjähriger Verletzter ein besonderes Beschleunigungsgebot.

---

4 S. hierzu auch *Weigend*, in: GS-Walter, S. 243 ff.
5 S. bereits *Ostendorf*, Praxis der Rechtspsychologie 18 (1), 2008, 82 (89). S. auch Arbeitsgruppe 2 des 40. Strafverteidigertages, StV 2016, 400.
6 Anders im § 80 Abs. 3 S. 1 JGG; zum Begriff s. § 373b StPO.
7 Hierzu *Rieß*, ZIS 2009, 466.
8 S. hierzu Ostendorf/*Sommerfeld*, JGG Grdl. z. §§ 79–81 Rn. 8.

II. Opferbefriedigung

Übersicht über die Rechte des Verletzten[9]

1. Anzeigenhilfe bei Verletzten, die der deutschen Sprache nicht mächtig sind gem. § 158 Abs. 4 StPO
2. Nebenklage gem. § 395 StPO
   - mit der Möglichkeit eines Rechtsbeistandes gem. § 397a Abs. 1 StPO sowie
   - der Prozesskostenhilfe für die Hinzuziehung eines Rechtsanwalts gem. § 397a Abs. 2 StPO
3. Informationsrechte über das ihn betreffende Verfahren und die Sanktionierung gem. § 406d StPO
4. Akteneinsichtsrecht gem. § 406e StPO
5. Recht auf einen anwaltlichen Beistand gem. § 406f Abs. 1 StPO
6. Recht auf Anwesenheit einer Vertrauensperson bei Vernehmungen gem. § 406f Abs. 2 StPO
7. Recht der Nebenklagebefugten auf einen anwaltlichen Beistand gem. § 406g iVm § 397a StPO
8. Recht auf psychosoziale Prozessbegleitung gem. § 406g StPO

Im Rahmen der Beweisaufnahme gilt es, über die Beachtung ausdrücklicher gesetzlicher Schutzregeln (§ 406f Abs. 1, Abs. 2, § 247, § 247a StPO, § 171b GVG) der **Fürsorgepflicht des Gerichts gegenüber dem Opfer** einer Straftat zu entsprechen: „Aufgabe eines sozialen Rechtsstaats ist es nicht allein, darauf zu achten, dass die Straftat aufgeklärt und Schuld oder Unschuld in einem rechtsstaatlichen Verfahren festgestellt werden, sondern auch, dass die Belange des Opfers gewahrt werden".[10]

Darüber hinaus hat der Gesetzgeber den **Täter-Opfer-Ausgleich** sowohl im Jugendstrafprozess als auch im Erwachsenenstrafprozess eingeführt (§ 10 Abs. 1 S. 3 Nr. 7, § 45 Abs. 2 S. 2 JGG; § 46a Nr. 1 StGB). Dabei soll grundsätzlich das Bemühen des Beschuldigten oder des Angeklagten, einen Ausgleich mit dem Verletzten zu erreichen und/oder den eingetretenen Schaden wiedergutzumachen, honoriert werden. Mit § 155a StPO hat der Täter-Opfer-Ausgleich sogar eine Vorrangposition erhalten: StA und Gericht sollen in jedem Stadium des Verfahrens die Möglichkeiten eines Täter-Opfer-Ausgleichs prüfen. Die Wiedergutmachung des Schadens, der Ausgleich mit dem Opfer eines Verbrechens ist an sich die natürliche Reaktion. So hat diese Sanktion auch eine längere Tradition als die heutige Praxis vermuten lässt: Im germanischen Recht hatten Täter und Sippe das Recht, die Rache abzukaufen. Der Rechtsfriede wurde durch einen sog. Sühnevertrag zwischen den Beteiligten nach Maßgabe eines Bußkataloges wiederhergestellt. Wenn ein Urteil gefällt wurde, dann war die Sanktion nur eine Art Befriedigung des Verletzten in Form des Wehrgeldes oder einer Buße an den Geschädigten/Verletzten. Damit sollten Rache- und Blutfehden vermieden werden. Diese Form der Streitschlichtung war selbst bei schwersten Verbrechen üblich. In einigen Rechtskreisen wird dies noch heute praktiziert: In Pakistan, im islamischen Rechtskreis also, wurde im Jahre 1990 ein Dekret erlassen, wonach ein Mörder begnadigt werden kann, falls die Angehörigen des Opfers ein sog. Blutgeld als Sühne für die

---

9 Zur entsprechenden Hinweispflicht s. § 406i StPO.
10 Materialien zum OpferrechtsreformG vom 24.6.2004, BGBl. I, S. 1354, BT-Drs. 15/1976, S. 7 Abschnitt A II vor 1; zitiert aus BGH NJW 2005, 1519 (1520); s. auch BGH NJW 2005, 2791.

Tat akzeptieren.[11] Der Täter-Opfer-Ausgleich dient dem Opfer, dient dem Täter und dient der Justiz.

Auf der anderen Seite gilt es klarzustellen: Der Strafprozess dient nicht der therapeutischen Behandlung der Opfer, die Hauptverhandlung ist hierzu ein höchst ungeeigneter Ort. Die Anerkennung und Aufarbeitung des Opferleids in einem Prozess ist ein begleitendes Anliegen, insoweit hat das Opfer seine eigenständige Rolle, dies ist aber nicht der Primärzweck.

Lösung zum Fall:

1. Zunächst muss der Vorwurf der Vergewaltigung gerichtlich geklärt werden. Sonst würde die Anzeigeerstatterin als Zeugin ausfallen, wenn sie gleichzeitig angeklagt und als Angeklagte in der Hauptverhandlung auftreten müsste. Dies gilt auch aus prozessökonomischen Gründen: Wenn der Angeklagte Z verurteilt wird, fällt die Anzeige wegen falscher Verdächtigung in sich zusammen.

2. Bleiben im Prozess gegen Z Zweifel hinsichtlich der Vergewaltigung bestehen, so muss ein Freispruch nach dem Grundsatz „Im Zweifel für den Angeklagten" erfolgen. Im Verfahren gegen die Anzeigeerstatterin wegen falscher Verdächtigung wirken sich diese Zweifel ebenfalls zu ihren Gunsten aus, die StA wird deshalb schon keine Anklage erheben, sondern das Verfahren gem. § 170 Abs. 2 S. 1 StPO einstellen (s. näher § 12 Rn. 2, 3).

---

11 *Wagner*, Richter ohne Gesetz, befürchtet aufgrund von Praxisrecherchen durch den Einsatz islamischer Streitschlichter Beweisverluste für die deutsche Strafjustiz und das Entstehen einer islamischen Paralleljustiz.

§ 4 Verfahrensprinzipien

Im Unterschied zum anglo-amerikanischen Rechtskreis ist das deutsche Strafprozessrecht durch seine Formalisierung gekennzeichnet. Der Ablauf des Verfahrens, die Rechte und Pflichten der Beteiligten sind im Einzelnen genau festgelegt. Dahinter steht die Auffassung: „Die Form ist die geschworene Feindin der Willkür, die Zwillingsschwester der Freiheit".[1] Trotz der in der „Strafprozessordnung" angelegten Systematik und des ministeriellen Strebens nach Perfektion – die meisten Gesetzesentwürfe werden in den Rechtsabteilungen der Ministerien formuliert – zeigen sich Unklarheiten und Gesetzeslücken, letztere gerade aufgrund von Änderungen in der realen Welt, zB durch neue technische Entwicklungen in der elektronischen Kommunikation. Unklarheiten und Gesetzeslücken sind, soweit im Wege der Auslegung erlaubt, auch unter Heranziehung von hinter Detailregelungen stehenden Prinzipien zu beseitigen bzw. auszufüllen. Verfahrensgrundsätze erleichtern zudem das Verständnis für die Vielfalt der gesetzlichen Einzelregelungen. Nachfolgend werden die allgemeinen Verfahrensprinzipien dargestellt, zu den speziellen Beweisgrundsätzen s. § 16 Rn. 38 ff.

I. Unschuldsvermutung (Art. 6 Abs. 2 EMRK)

Die Unschuldsvermutung steht gleichsam über dem Strafprozess. Sie besagt, dass jemand solange als unschuldig gilt, bis nicht der rechtsförmliche Beweis der Schuld erbracht ist (Art. 6 Abs. 2 EMRK). Das bedeutet, er darf bis zum rechtsförmlichen Nachweis der Schuld nicht als schuldig betrachtet werden. Diese strafprozessuale Unschuldsvermutung ergänzt den materiellen Schuldgrundsatz: „Strafe setzt Schuld voraus",[2] dh dem Betroffenen darf ohne gesetzlichen Schuldnachweis keine Strafe auferlegt werden. Bei Schuldunfähigkeit kommen nur die Maßregeln der Unterbringung in einem psychiatrischen Krankenhaus gem. § 63 StGB und die Unterbringung in einer Entziehungsanstalt gem. § 64 StGB in Betracht. Ausprägungen der Unschuldsvermutung sind die Bezeichnung des Tatverdächtigen – diesen Begriff verwendet die Polizei im Rahmen ihrer Ermittlungen – als Beschuldigten, Angeschuldigten und Angeklagten entsprechend der jeweiligen Prozessstation (§ 157 StPO), die Aufklärungsmaxime (§ 244 Abs. 2 StPO) sowie die Abstimmungsregel bei der Urteilsfällung (§ 263 StPO).

II. Offizialprinzip

Das Offizialprinzip besagt, dass Straftaten von Amts wegen (ex officio) verfolgt werden (§§ 160 Abs. 1, 163 Abs. 1 StPO). Für die Anklage ist die StA zuständig (§ 152 Abs. 1 StPO). Aus dem staatlichen Gewaltmonopol folgt, dass die Strafverfolgung ausschließlich dem Staat obliegt. Einleitung und Beendigung des Verfahrens erfolgen unabhängig von privaten Interessen. Bei „reinen" Antragsdelikten ist die Strafverfolgung allerdings von der Antragstellung abhängig. Faktisch ist die Strafverfolgung weiterhin in der großen Mehrzahl der Delikte von der Anzeigenerstattung abhängig.

---

1 *Rudolf von Jhering* (1818–1892), Geist des Römischen Rechts auf den verschiedenen Stufen seiner Entwicklung, 2. Teil, Abteilung 2, S. 471.
2 BGHSt 2, 200.

III. Akkusationsprinzip und Untersuchungsgrundsatz

4 Die StA als Anwalt des Staates besitzt das **Anklagemonopol**. Die Strafgerichte als Teil der dritten Gewalt im Staate sind insoweit von der Initiative der StA abhängig. Initiierung der Strafverfolgung und Urteilstätigkeit sind also – anders als im Inquisitionsprozess – auf zwei unterschiedliche Institutionen verteilt. Gleichwohl ist der Strafprozess als sog. reformierter Inquisitionsprozess konzipiert. Die Wahrheit ist Voraussetzung für die Lösung der Schuldfrage und daher nicht zwischen der StA und dem Angeklagten verhandelbar. Daher gilt im Strafverfahren der sog. Untersuchungsgrundsatz. Das bedeutet, dass auch das Gericht von Amts wegen alle entscheidungsrelevanten Tatsachen ermitteln muss (§ 244 Abs. 2 StPO). Eine Ausnahme vom Akkusationsprinzip stellt das **Privatklageverfahren** dar (§§ 374 ff. StPO). Aber auch bei Privatklagedelikten kann die StA die Anklage führen (§ 376 StPO). Einschränkungen ergeben sich ferner bei reinen/absoluten Antragsdelikten (s. zB § 123 Abs. 2 StGB) sowie bei Ermächtigungsdelikten (s. zB Verfolgung von kriminellen und terroristischen Vereinigungen außerhalb der EU, § 129b Abs. 1 S. 3 StGB).

IV. Legalitätsprinzip

5 Als Korrelat zum Anklagemonopol begründet das Legalitätsprinzip einen gesetzlichen **Verfolgungszwang**, der in § 152 Abs. 2 StPO festgelegt ist: Die StA ist verpflichtet, „wegen aller verfolgbaren Straftaten einzuschreiten, sofern zureichende tatsächliche Anhaltspunkte vorliegen". Damit wird zugleich der Anfangsverdacht festgelegt. Verfolgungszwang heißt aber nicht Anklagezwang.[3] Nach § 152 Abs. 2 StPO gilt die Verpflichtung zur Strafverfolgung jedoch nur, „soweit nicht gesetzlich ein anderes bestimmt ist". Diese Einschränkung bildet das Einfallstor für das **Opportunitätsprinzip**, das dem Legalitätsprinzip zur Seite gestellt ist. Die §§ 153 Abs. 1, 153a Abs. 1, 154 Abs. 1, 154a Abs. 1 StPO, § 45 JGG erlauben von der Anklage abzusehen. Im Ordnungswidrigkeitenverfahren gilt das Opportunitätsprinzip sogar generell (§ 47 OWiG). Noch einmal: Das Legalitätsprinzip besagt, dass jeder Anfangsverdacht, meistens durch eine Anzeige geweckt, untersucht werden muss und Ermittlungen insoweit geführt werden müssen (s. auch § 160 Abs. 1 StPO). Es bedeutet jedoch nicht, dass auch Anklage erhoben werden muss. Der Gesetzgeber formuliert diesbezüglich in § 170 Abs. 1 StPO ungenau, indem er einen Hinweis auf die Möglichkeit der Opportunitätseinstellung in Form von Alternativen zur Anklageerhebung unterlässt.

---

3 S. hierzu BVerfG StV 2017, 373 (377) – Kunduz-Beschluss: nur „Anspruch auf effektive Strafverfolgung", der eine „detaillierte und vollständige Dokumentation des Ermittlungsverlaufs" sowie eine „nachvollziehbare Begründung der Einstellungsentscheidung" verlangt; hierzu kritisch *Esser/Lubrich*, StV 2017, 418; weitergehend *Giehring*, in: FS-Ostendorf, S. 353; missverständlich insoweit *Kindhäuser/Schumann*, Strafprozessrecht, § 4 Rn. 18 und *Beulke/Swoboda*, Strafprozessrecht, Rn. 47, soweit hier von einem Anklagezwang gesprochen wird.

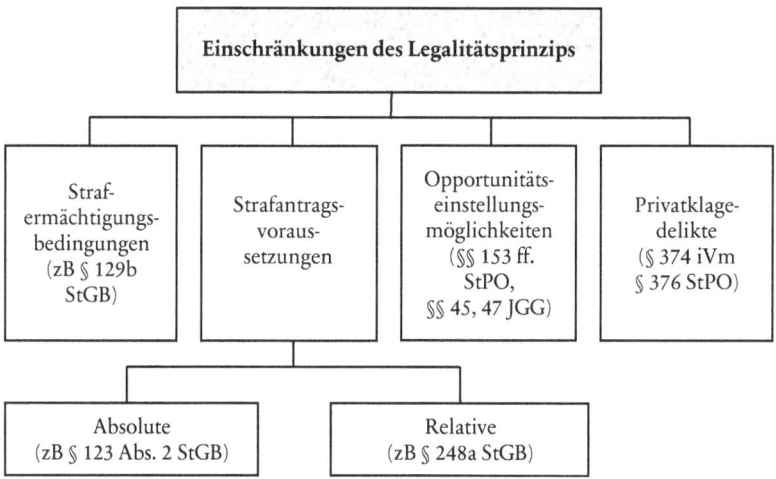

V. Grundsatz des gesetzlichen Richters

Um einer Willkür durch eine „von oben" gesteuerte Richterbank entgegenzutreten, wird in Art. 101 Abs. 1 S. 2 GG der „gesetzliche Richter" garantiert. Der gesetzliche Richter wird einmal durch die gesetzlichen Regeln über die sachliche Zuständigkeit (nach dem GVG) und die örtliche Zuständigkeit (§§ 7ff. StPO) festgelegt, zum anderen durch den vom Gerichtspräsidium administrativ beschlossenen Geschäftsverteilungsplan (§ 21e GVG). Da die sachliche und örtliche Zuständigkeit vom Gesetzgeber nicht abschließend geregelt ist, dh hier mehrere Gerichte in Betracht kommen, hat die StA insoweit einen Beurteilungsspielraum (s. auch § 170 Abs. 1 StPO: Anklage „bei dem zuständigen Gericht"). Dies ist insbes. bei der Auswahl in Jugendschutzsachen zwischen Erwachsenenstraf- und Jugendgerichten gem. § 26 GVG nicht unproblematisch, wenngleich nach § 26 Abs. 2 GVG eine Präferenz für die Anklage bei den Jugendgerichten zur Wahrung der „schutzwürdigen Interessen von Kindern und Jugendlichen" als Zeugen besteht.[4]

VI. Grundsatz des rechtlichen Gehörs[5]

Die Subjektrolle des Beschuldigten wird mit dem Grundsatz des rechtlichen Gehörs gestärkt (verbrieft in Art. 103 Abs. 1 GG; s. auch § 33 StPO). Er besagt, dass dem Beschuldigten die Gelegenheit gegeben werden muss, sich zu der ihm zur Last gelegten Tat zu äußern, und zwar sowohl in tatsächlicher als auch in rechtlicher Hinsicht. Dieser Grundsatz findet in der StPO an vielen Stellen seinen Niederschlag, zB in den §§ 163a Abs. 1, 201, 258 Abs. 2, 3 StPO. Der Grundsatz gilt aber auch für andere Verfahrensbeteiligte (s. zB § 171 StPO).

---

4 Weitergehend, dh als verfassungswidrig einstufend *Arnold*, Die Wahlbefugnis der Staatsanwaltschaft bei Anklageerhebung, 2007, S. 211.

5 Schon Martin Luther konnte sich bei seinem Streit mit Papst und Kaiser um den Widerruf seiner Lehre auf diesen Grundsatz berufen und so sein Erscheinen auf dem Reichstag in Worms 1521 durchsetzen, s. *Diwald*, Luther – Eine Biographie, 5. Aufl. (1984), S. 181.

VII. Grundsatz der Öffentlichkeit der Hauptverhandlung im Erwachsenenstrafverfahren

8   Die Öffentlichkeit der Hauptverhandlung im Erwachsenenstrafverfahren wird mit Art. 6 Abs. 1 EMRK sowie mit § 169 GVG festgelegt (s. § 15 Rn. 4 ff.). Damit soll eine demokratische Kontrolle ermöglicht und dem Anliegen einer positiven Generalprävention (s. § 2 Rn. 3, 6) entsprochen werden. Aus gewichtigen Gründen (§§ 170 ff. GVG) kann hiervon abgewichen werden. Im Jugendstrafverfahren ist umgekehrt zum Schutz der jungen Angeklagten die Hauptverhandlung nichtöffentlich (§§ 48, 109 Abs. 1 S. 4 JGG).

VIII. Grundsatz des ne bis in idem – Verbot der Doppelbestrafung

9   Das Verbot der Doppelbestrafung ist Ausfluss des Gebots der Gerechtigkeit sowie der Rechtssicherheit: Für eine Tat darf nicht zweimal oder mehrfach eine Strafe verhängt werden (ne bis in idem = nicht zweimal in derselben Sache). Der Grundsatz hat Verfassungsrang (Art. 103 Abs. 3 GG). Das Verbot der Doppelbestrafung erfasst drei inhaltlich verschiedene Begrenzungen der staatlichen Sanktionsgewalt, und zwar erstens das Verbot einer erneuten Bestrafung nachdem der Unrechts- und Schuldgehalt einer Tat vollständig durch eine rechtskräftige strafgerichtliche Entscheidung ausgeschöpft wurde, zweitens das Verbot einer erneuten Bestrafung innerhalb des Unrechts- und Schuldgehalts der Tat (sog. „Nachschlagverbot") und drittens das Verbot einer erneuten Strafverfolgung nach einem Freispruch.[6] Mit dem Verbot kann also auch eine gerechte Bestrafung verhindert werden, wenn erst nach der ersten rechtskräftigen Verurteilung gravierende Unrechtsmerkmale der Tat bekannt werden (s. zum Wiederaufnahmeverfahren § 17 Rn. 62). Zu weiteren Problemen s. § 8 Rn. 8 ff.

IX. Selbstbegünstigungsprinzip

10   Das Selbstbegünstigungsprinzip bedeutet, dass jeder Beschuldigte sich selbst begünstigen darf. Gem. § 258 StGB wird nur bestraft, wer die Strafe **gegen einen anderen** vereitelt. Üblicherweise wird das Prinzip negativ formuliert: Niemand ist verpflichtet, sich im Rahmen der Strafverfolgung selbst zu belasten („Nemo tenetur se ipsum prodere et accusare"). Dieses Prinzip wird aus Art. 2 Abs. 1 iVm Art. 1 Abs. 1 GG sowie aus dem Rechtsstaatsprinzip abgeleitet.[7] Der **Nemo-tenetur-Grundsatz** hat damit Verfassungsrang. Eine konkrete Ausprägung dieses Grundsatzes ist das Schweigerecht gem. §§ 136 Abs. 1, 163a Abs. 4 S. 2, 243 Abs. 5 S. 1 StPO. Auch Zeugen kommt dieser Grundsatz zugute (§ 55 Abs. 1 StPO).

X. In dubio pro reo

11   Der Beweisgrundsatz „in dubio pro reo" (im Zweifel für den Angeklagten) wird aus Art. 6 Abs. 2 EMRK abgeleitet: Der Staat trägt die Beweislast für die Schuld des Angeklagten. Der „gesetzliche Nachweis" der Schuld ist erst erbracht, wenn das Gericht insoweit überzeugt ist (§ 261 StPO). Kommt der Staat dieser Beweislast nicht nach, dh bleiben Zweifel an der Schuld übrig, ist der Angeklagte freizusprechen. Der in dubio pro reo-Grundsatz ist darüber hinaus die Konsequenz des Schuldstrafrechts: Wenn

---

6 *Brüning*, Strafrecht und Disziplinarrecht, S. 290.
7 BVerfGE 56, 37 (49 f.); BVerfG StV 1995, 505. S. hierzu *Doege*, Die Bedeutung des nemo-tenetur-Grundsatzes in nicht von Strafverfolgungsorganen geführten Befragungen, S. 83 ff.

Schuld Voraussetzung für die Strafe ist, muss diese eindeutig vorliegen. Insofern ist der Grundsatz letztlich aus dem in Art. 20 Abs. 3 GG normierten Rechtsstaatsprinzip abzuleiten. Der Grundsatz gilt nicht nur für die Straftatvoraussetzungen, sondern auch für die Strafprozessvoraussetzungen (s. § 8 Rn. 4) sowie für die Tatsachenfeststellungen im Rahmen der Strafzumessung (s. auch § 16 Rn. 39, 56, 74, 98).

XI. Fair-trial-Prinzip

Oberster Grundsatz des Strafverfahrens ist das fair-trial-Prinzip. Mit dem Angeklagten als Subjekt des Strafprozesses muss fair umgegangen werden. Dies ist insbes. geboten, weil die Strafverfolgungsbehörden und die Strafjustiz besondere Machtbefugnisse haben, gegenüber denen der Beschuldigte/Angeklagte unterlegen ist. Hieraus folgen einmal eine Vielzahl von Beschuldigten-Rechten mit Einschluss von Pflichtverteidigung und eine Belehrungspflicht über die wichtigsten Rechtspositionen, zum anderen eine (Selbst-)Begrenzung der Strafverfolgungsmacht, insbes. mit der Beachtung der Verhältnismäßigkeit. Abgeleitet wird das fair-trial-Prinzip aus dem Rechtsstaatsprinzip. Es findet sich explizit im Art. 6 Abs. 1 EMRK: „in einem fairen Verfahren". Eine gerechte Strafe ohne ein faires Verfahren wäre ein ungerechtes Urteil. ZT wird darüber hinaus eine allgemeine **gerichtliche Fürsorgepflicht** gegenüber dem Beschuldigten/Angeklagten[8] zwar aus dem fair-trial-Prinzip abgeleitet, ihr aber eine selbstständige Bedeutung zuerkannt.[9] Auch in einigen Gerichtsentscheidungen wird auf die prozessuale Fürsorgepflicht gegenüber dem Angeklagten abgestellt.[10] Dies erscheint aber als zu weitgehend und überflüssig. Die faire Beachtung der – häufig unterlegenen – Prozesssituation des Angeklagten sowie die Beachtung der Verhältnismäßigkeit genügen zur Herstellung einer „**Waffengleichheit**" zwischen der Strafverfolgungsbehörde/Strafjustiz und dem Beschuldigten/Angeklagten.[11] Dies schließt eine Fürsorge mit ein, wo sie über die Beachtung der Schutzrechte des Beschuldigten/Angeklagten hinaus geboten ist.[12] Das Fairnessgebot geht aber aus Gründen der Gerechtigkeitsverwirklichung und Akzeptanz der gerichtlichen Entscheidung im Interesse der Generalprävention[13] über die persönliche Fürsorge hinaus. Dementsprechend wird überwiegend die Fürsorgepflicht als Unterfall des fair-trial-Prinzips bewertet.[14]

> **BVerfGE 110, 226 (253)**
> „Ein rechtsstaatliches und faires Verfahren fordert „Waffengleichheit" zwischen den Strafverfolgungsbehörden einerseits und dem Beschuldigten andererseits."

Es gilt also Straftatsituationen mit einem persönlich Verletzten/Geschädigten immer von zwei Seiten zu beurteilen: von Seiten des potenziellen Täters und von Seiten des potenziellen Opfers – think twice.[15] Zum Fairnessgebot gehört eine sozialkompensato-

---

8 Zur Fürsorgepflicht gegenüber dem Opfer s. § 3 Rn. 7.
9 S. zB Löwe/Rosenberg/*Rieß*, 25. Aufl. (1999), Einl. H Rn. 120; *Kindhäuser/Schumann*, Strafprozessrecht, § 17 Rn. 47; *Roxin/Schünemann*, Strafverfahrensrecht, § 11 Rn. 11; dies nunmehr offenlassend Löwe/Rosenberg/*Kühne*, Einl. I Rn. 121.
10 OLG Hamburg JR 1956, 28; OLG Celle MDR 1961, 709; BGH StV 2013, 739.
11 Zur „Waffengleichheit" s. EGMR, Urteil vom 13.12.2007 und vom 9.7.2009 (Große Kammer) – 11364/03 (Mooren v. Germany).
12 ZB bei Jugendlichen, s. Ostendorf/*Ostendorf*, JGG, § 2 Rn. 11.
13 S. § 2 Rn. 6.
14 SK-StPO/*Rogall*, Vor § 133 Rn. 113; *Kielwein*, Die strafprozessuale Fürsorgepflicht im Strafverfahren, 1985, S. 170; *Schmidt*, Prozessuale Fürsorgepflicht und fair trial, S. 189.
15 Angelehnt an die Forderung von *Schüler-Springorum*, Kriminalpolitik für Menschen, 1991, S. 281, kriminalpolitische Entscheidungen zweimal zu bedenken.

rische Verhandlungsführung, um persönliche Nachteile, zB im sprachlichen Ausdrucksvermögen, auszugleichen (s. auch oben § 3 Rn. 4), dies gilt insbes. im Jugendstrafverfahren.[16]

Eine besondere Fürsorgepflicht des Staates gegenüber Straftätern setzt erst nach rechtskräftiger Verurteilung zu einem Freiheitsentzug ein, insbes. um Verurteilte vor Gewalttätigkeiten und Misshandlungen durch Mitgefangene zu schützen.[17] Während der Grundsatz des fair-trial-Prinzips einhellig anerkannt wird, sind die Konsequenzen eines Verstoßes umstritten. Sie reichen von der „bloßen" Strafermäßigung über die Einstellung aus Opportunitätsgründen bis hin zum Strafverfolgungshindernis (s. § 8 Rn. 21, 24).

---

16 S. *Ostendorf/Drenkhahn*, Jugendstrafrecht, Rn. 58.
17 S. BVerfG NJW 2006, 2093 (2096).

§ 5 Auswirkungen europäischer und internationaler Regelungen

I. Die europäischen Rechtsebenen

Die Bemühungen um eine Europäisierung des nationalen Rechts haben auch das Straf- und das Strafprozessrecht erreicht. Hierbei ist einerseits zwischen Rechtsakten des **Europarats** und der **Europäischen Union (EU)** zu unterscheiden sowie andererseits zwischen europastaatlichen Verträgen wie dem **Schengener Durchführungsübereinkommen**.

Der **Europarat** wurde als eine politische Organisation am 5.5.1949 gegründet; seine Aufgabe ist die zwischenstaatliche Zusammenarbeit in Europa. Der Europarat schuf den wichtigen Vertrag über die Konvention zum Schutz der Menschenrechte und Grundfreiheiten vom 4.11.1950 (EMRK).[1]

Die **EU** ist Rechtsnachfolgerin der Europäischen Gemeinschaft (EG) und hat den Status einer eigenen Rechtspersönlichkeit. Ein „Entwurf eines Vertrages über eine Verfassung für Europa" aus dem Jahre 2004 ist als angestrebter Verfassungsvertrag nicht umgesetzt worden. Der an seiner Stelle am 13.12.2007 unterschriebene **Vertrag von Lissabon** ist mittlerweile von allen Mitgliedstaaten der EU ratifiziert worden und am 1.12.2009 in Kraft getreten.[2] Mit diesem Vertrag wurde der Integrationsprozess innerhalb der EU weiter vorangetrieben. Die beiden bisher bestehenden Verträge EUV (Vertrag über die Europäische Union) und EGV (Vertrag zur Gründung der Europäischen Gemeinschaft) bleiben weiterhin bestehen. Allerdings wurde der EGV seit dem 1.12.2010 in „Vertrag über die Arbeitsweise der Union" (AEUV) umbenannt.

Vor dem Vertrag von Lissabon hatte die EU die Möglichkeit **Rahmenbeschlüsse** zur Angleichung nationaler Vorschriften zu erlassen.[3] Nach dem Vertrag von Lissabon kann die EU **Richtlinien** zur Angleichung des materiellen Strafrechts der Mitgliedstaaten erlassen (vgl. Art. 83 Abs. 1, 2 AEUV). Außerdem erhielt die EU im Strafverfahrensrecht mit dem Art. 82 Abs. 2 AEUV die Kompetenz, per Richtlinienerlass Mindestvorschriften festzulegen. Die Mitgliedstaaten sind verpflichtet, diese Richtlinien innerhalb einer festgeschriebenen Frist umzusetzen.[4] Unterbleibt eine ordnungsgemäße Umsetzung, kann es zu einer unmittelbaren Geltung der Richtlinie für den Bürger kommen. Voraussetzung ist, dass dem Bürger durch die Richtlinie Rechte verliehen werden und die Richtlinie inhaltlich unbedingt und hinreichend bestimmt ist.[5]

Zusätzlich gibt es das **Schengener Durchführungsübereinkommen (SDÜ)**, welches einen völkerrechtlichen Vertrag darstellt. Die Benelux-Staaten, Frankreich und Deutschland beschlossen mit dem Schengener Übereinkommen im Jahr 1985 (Schengen I), dass die Kontrollen an den gemeinsamen Grenzen nach und nach abgebaut werden sollten. Im Jahr 1990 wurde das SDÜ verabschiedet (Schengen II), um befürchteten Sicherheitsrisiken infolge des Grenzabbaus entgegen zu wirken. Das Schengener

---

1 S. hierzu § 5 Rn. 6 ff.
2 Amtsblatt der EG 2007 C 306/1.
3 Die EU hat seit dem Inkrafttreten des Vertrages von Lissabon nicht mehr die Möglichkeit, Rahmenbeschlüsse zu erlassen. Während für die Rahmenbeschlüsse das Einstimmigkeitsprinzip galt (Art. 34 Abs. 2 lit. b EUV aF), werden die Harmonisierungsmaßnahmen per Richtlinien in einem ordentlichen Gesetzgebungsverfahren (Art. 294 AEUV) mit qualifizierter Mehrheit erlassen (Art. 238 Abs. 3 AEUV).
4 S. zB Opferschutzrichtlinie 2012/29/EU des Europäischen Parlaments und des Rates vom 25.10.2012, s. hierzu § 3 Rn. 7.
5 EuGHE 1974, 1337 (1349); BVerfGE 75, 223; *Götz*, NJW 1992, 1849 (1855).

Übereinkommen ist mit Beschluss im Rahmen des Amsterdamer Vertrages von 1997 in die EU übertragen worden und gilt heute in den EU-Mitgliedstaaten, in Island, Norwegen und der Schweiz.[6]

II. Recht der Europäischen Union

5 Trotz des politischen Zusammenwachsens der europäischen Staaten gibt es noch **kein europäisches Strafrecht oder Strafverfahrensrecht.**
Insbes. aufgrund der international operierenden Kriminalität hat aber in Europa eine Entwicklung eingesetzt, die diese Art von Kriminalität mit Schaffung eines europäischen Strafrechts „bekämpfen" will, bzw. die Harmonisierung der mitgliedstaatlichen Strafrechtsordnungen anstrebt. Dies wird teilweise durch die Rechtsprechung des Gerichtshofs der Europäischen Gemeinschaften (EuGH) erreicht. Nach der Rechtsprechung des EuGH darf nationales Verfahrensrecht nicht angewendet werden, wenn dadurch Rechte aus dem Gemeinschaftsrecht nicht geltend gemacht werden können, diese Rechte praktisch vereiteln. Zunehmend gewinnt aber auch die EU-Grundrechtecharta – in Kraft seit dem 1.12.2009 – Einfluss auf die Rechtsprechung des EuGH.[7]

Ein weiterer Einfluss auf das nationale Strafrecht ergibt sich daraus, dass durch nationale Verfahrensvorschriften die Vorlagemöglichkeit der Gerichte der Mitgliedstaaten an den EuGH nicht verhindert werden darf.[8] Das gemeinschaftsrechtliche Kartellverfahrensrecht (europäisches Kartellverfahrensrecht; VO 1/2003) ist ein weiterer Bereich, der Auswirkungen auf das nationale Strafverfahrensrecht hat.

Im Grundsatz fehlt der EU aber eine ausdrückliche, bereichsunabhängige Kompetenz auf dem Gebiet des Straf- und Strafverfahrensrechts. Deshalb ist die EU auf die Mitwirkung der Mitgliedstaaten angewiesen, die sich im Rahmen der polizeilichen und justiziellen Zusammenarbeit in Strafsachen (PJZS) realisiert. Mittelbarer Einfluss auf die nationale Strafgesetzgebung wird allerdings durch sog. **Richtlinien** (Art. 288 UA 3 AEUV) ausgeübt (s. oben § 5 Rn. 3).

III. Europäische Menschenrechtskonvention (EMRK)

6 Die Konvention zum Schutz der Menschenrechte und Grundfreiheiten vom 4.11.1950 (EMRK) ist ein völkerrechtlicher Vertrag, der bis zum 1.4.2011 von den 47 Mitgliedstaaten des Europarats unterzeichnet wurde.[9] In Deutschland wurde die EMRK am 5.12.1952 ratifiziert.[10] Das Verhältnis zwischen der EMRK und dem nationalen Recht ist von dem nationalen Recht selbst abhängig. Die EMRK ist in Deutschland aufgrund des Zustimmungsgesetzes von 1952 in Kraft getreten und gilt daher gem. Art. 59 Abs. 2 GG nur als einfaches Bundesgesetz.[11] Aufgrund der Stellung der EMRK als einfaches Bundesgesetz wäre es möglich, im Wege des Grundsatzes des „lex posterior", Gesetzen, die der EMRK inhaltlich widersprechen, Vorrang einzuräumen. Um diese Aushebelung der Konvention zu verhindern, fordert das BVerfG eine **konventionskon-**

---

6 Näheres s. hierzu § 5 Rn. 18 ff.
7 S. das Urteil vom 8.4.2014, Große Kammer Rs. C-293/12, mit dem die EU-Richtlinie zur Vorratsdatenspeicherung von Telefon- und Internetverbindungsdaten für nichtig erklärt wurde.
8 Vgl. EuGH Slg 1974, 33; *Kühne*, Strafprozessrecht, Rn. 58.
9 Aktuell: http://conventions.coe.int.
10 Gesetz über die Konvention zum Schutz der Menschenrechte und Grundfreiheiten v. 7.8.1952, BGBl. II, S. 685, 953.
11 *Papier*, EuGRZ 2006, 1 f.; *Ruffert*, EuGRZ 2007, 245 (246).

III. Europäische Menschenrechtskonvention (EMRK)

forme Auslegung des Grundgesetzes sowie einfachen Gesetzesrechts. Prüfungsmaßstab ist dabei die Rechtsprechung des Europäischen Gerichtshof für Menschenrechte (EGMR).[12]

1. Grundlagen

Die EMRK enthält in Art. 2–18 die Rechte und Freiheiten der Bürger.

In Art. 3 EMRK ist das Verbot der Folter und der unmenschlichen oder erniedrigenden Strafe oder Behandlung enthalten. Zusätzlich wird das staatliche Festnahmerecht eingeschränkt (Art. 5 EMRK). Für das Strafprozessrecht ist der Art. 6 EMRK von besonderer Bedeutung. In Art. 6 Abs. 1 EMRK sind sieben Justizgrundrechte enthalten, Abs. 2 enthält die Unschuldsvermutung und in Abs. 3 sind acht weitere Grundrechte aufgelistet, so zB ausreichend Zeit und Gelegenheit zur Vorbereitung der Verteidigung zu haben (Art. 6 Abs. 3 lit. b EMRK). Schließlich ist das Fair-Trial-Prinzip in Art. 6 EMRK normativ verankert.

Die Rechte, die sich aus der EMRK ergeben, können vor dem EGMR, der gem. Art. 19 EMRK als ständiger Gerichtshof in Straßburg eingerichtet wurde, durchgesetzt werden.

2. Rechtsweg

Während früher – bis zum 1.11.1998 – Individualbeschwerden vorgeschaltet von der sog. Kommission bewertet wurden, kann sich jetzt jeder Bürger direkt an den Gerichtshof wenden (Art. 34 EMRK). Allerdings kann auch heute durch einstimmigen Beschluss eines Ausschusses (drei Richter) eine Beschwerde für unzulässig erklärt werden (Art. 28 EMRK). Eine weit seltener vorkommende zweite Möglichkeit liegt in der Staatenbeschwerde (Art. 33 EMRK). Beide Arten der Beschwerde an den EGMR sind allerdings an einige Zulässigkeitsvoraussetzungen gebunden. So muss zB der Rechtsweg im eigenen Land erschöpft sein (Art. 35 EMRK), wozu auch die Verfassungsbeschwerde zählt (s. ausführlicher § 17 Rn. 69 ff.).

3. Rechtsprechung des EGMR

In den letzten Jahren hat es verschiedene Rechtsprobleme gegeben, die von deutschen Gerichten, auch vom BVerfG, und dem EGMR unterschiedlich entschieden wurden. An dieser Stelle nur zwei Beispiele:

Der EGMR hat am 11.7.2006 den Fall „Jalloh gegen Deutschland" entschieden.[13] Jalloh hatte Beschwerde eingereicht, weil er in Deutschland aufgrund von Beweismitteln verurteilt wurde, die durch den **Einsatz von Brechmitteln** zur Überführung von Drogenkurieren erlangt wurden. Der EGMR sah in der Benutzung des Brechmittels eine Verletzung von Art. 3 und 6 EMRK.[14] Das BVerfG hatte zuvor in dieser Ermittlungsmethode keine Verletzung des Grundrechts der Selbstbelastungsfreiheit und der Menschenwürde gesehen.[15]

Ein weiterer Streitpunkt, der von den Gerichten unterschiedlich bewertet wurde, ist der **Einsatz von V-Personen bzw. VE**, die zur Überführung von Tatverdächtigen diese zu Straftaten, insbes. Betäubungsmitteldelikten, anstiften. Lange Zeit hat der BGH

---

12 BVerfGE 74, 358 (370); 128, 326; BGH NStZ 2007, 166 (167); *Gaede*, StV 2006, 599 (600 f.).
13 EGMR NJW 2006, 3117.
14 *Gaede*, HRRS 2006, 241; *Safferling*, Jura 2008, 100.
15 BVerfGE 111, 307 (323 f.); s. auch § 10 Rn. 13.

rechtswidrige Tatprovokationen durch Lockspitzel vor allem bei der Strafzumessung berücksichtigt,[16] während der EGMR ein Beweisverwertungsverbot bei unzulässiger Provokation forderte.[17] Das BVerfG schloss sich tendenziell dem BGH an, sah in der Strafzumessung einen Ausgleich für rechtswidriges Behördenhandeln, betonte aber das Recht auf ein faires Verfahren im Rahmen einer funktionstüchtigen Strafrechtspflege, wobei sich ein Beweisverwertungsverbot nur in Extremfällen aus dem Rechtsstaatsprinzip ergebe.[18] In jüngster Zeit hat der BGH jedoch bei rechtswidriger Tatprovokation ein Verfahrenshindernis als angemessene Reaktion auf die Konventionsverletzung anerkannt[19] (s. dazu ausführlich, auch zu neuen Gesetzesbestrebungen, § 8 Rn. 21 ff.).

Tendenziell zeigt sich, dass der EGMR konsequenter als der BGH und das BVerfG die Beschuldigtenrechte entsprechend der EMRK gegenüber den Strafverfolgungsinteressen durchsetzt.[20] Andererseits ist anerkennend darauf hinzuweisen, dass das BVerfG wiederholt gesetzgeberische Ausweitungen in der Strafverfolgung nach den Terrorangriffen vom 11.9.2001 in den USA gestoppt hat:

- „Großer Lauschangriff" (3.3.2004)[21]
- Luftsicherheitsgesetz (15.2.2006)[22]
- Rasterfahndung (4.4.2006)[23]
- Online-Durchsuchung (27.2.2008)[24]
- Vorratsdatenspeicherung (2.3.2010).[25]

Die verfassungswidrige Ausweitung der Sicherungsverwahrung[26] sowie die wiederholten verfassungswidrigen Ausweitungen strafprozessualer Befugnisse mögen hingegen als Beleg dafür gelten, dass mittlerweile ein **Sicherheitsstrafrecht mit verblassender Rechtsstaatlichkeit**[27] eingerichtet wurde.

Die von Jakobs nicht nur diagnostizierte, sondern auch legitimierte „Feindstrafrecht"-Ideologie[28] ist darüber hinaus das Einfallstor für ein autoritäres Strafprozessrecht.

---

16 BGH NJW 2000, 1123; NStZ 2009, 405.
17 EGMR NJW 2009, 3565; NJW 2015, 3631; NJW 2021, 3515.
18 BVerfG NJW 2015, 1083 (1085 f.).
19 BGHSt 60, 276.
20 Andere Streitfälle waren: Die im Hinblick auf die Unschuldsvermutung zu stellenden Anforderungen für die Feststellung einer Straftat, die gem. § 56f Abs. 1 S. 1 Nr. 1 StGB einen Widerruf der Strafaussetzung zur Bewährung begründen kann, s. hierzu NK-StGB/*Ostendorf*, § 56f Rn. 6 f.; die Zulässigkeit einer nachträglichen Verschärfung bzw. einer nachträglichen Anordnung der Sicherungsverwahrung, s. hierzu EGMR StV 2010, 181; dagegen noch BGH NJW 2010, 263; jetzt BVerfG NJW 2011, 1931; die Einschaltung von Privatpersonen zur Überführung eines Beschuldigten, s. § 10 Rn. 15.
21 BVerfGE 109, 279; StV 2004, 169; NStZ 2004, 270. S. hierzu § 11 Rn. 29 ff.
22 BVerfGE 115, 118; NJW 2006, 751.
23 BVerfGE 115, 320; NJW 2006, 1939. S. hierzu § 11 Rn. 20 f.
24 BVerfGE 120, 274; NJW 2008, 822. S. hierzu § 11 Rn. 60 ff.
25 BVerfGE 125, 260; NJW 2010, 833. S. hierzu § 11 Rn. 62 ff.
26 BVerfG NJW 2011, 1931.
27 Angelehnt an *Naucke*, KritV 1999, 345; ausführlicher *Ostendorf*, BewH 2002, 311.
28 *Jakobs*, ZStW 97 (1985), 751; *Jakobs*, in: Die deutsche Strafrechtswissenschaft vor der Jahrtausendwende, hrsg. von *Eser/Hassemer/Burkhardt*, S. 47; abl. *Dencker*, StV 1988, 262; *Albrecht*, Kriminologie, § 70 ff.; *Kunz/Singelnstein*, Kriminologie, § 1 Rn. 34; NK-StGB/*Hassemer/Neumann*, Vor § 1 Rn. 47; *Prittwitz*, in: Jahrbuch für Rechts- und Kriminalsoziologie, S. 244 ff.; *Sauer*, NJW 2005, 1703; *Asholt*, ZIS 2011, 180 ff.

IV. Polizeiliche und justizielle Zusammenarbeit in Strafsachen (PJZS)

1. Prinzip der gegenseitigen Anerkennung

Das Prinzip der gegenseitigen Anerkennung wurde im Rahmen des EU-Sondergipfels von Tampere im Jahr 1999, der die Herstellung des „Raumes der Freiheit, der Sicherheit und des Rechts" innerhalb der EU zum Gegenstand hatte, zu einer tragenden Säule der justiziellen Zusammenarbeit in Zivil- und Strafsachen erklärt. Hiernach muss eine in einem Mitgliedstaat rechtmäßig ergangene justizielle Entscheidung in jedem anderen Mitgliedstaat anerkannt werden. Im sog. EncroChat-Verfahren hat der BGH betont:

> **BGH NJW 2022, 1539 (1540)**
> „Der Rechtshilfeverkehr im Rahmen der EU ist vom Grundsatz der gegenseitigen Anerkennung gerichtlicher Entscheidungen geprägt. Die Schaffung eines Raums der Freiheit, Sicherheit und des Rechts innerhalb der Union beruht auf dem gegenseitigen Vertrauen sowie der Vermutung, dass andere Mitgliedstaaten das Unionsrecht und insbesondere die Grundrechte einhalten (Erwägungsgrund Nr. 19 S. 1 der RL EEA). Diese Vermutung ist widerlegbar, weshalb der Vollstreckungsstaat die Vollstreckung einer Europäischen Ermittlungsanordnung verweigern kann, wenn berechtigte Gründe für die Annahme eines nicht kompensierten Grundrechtsverstoßes sprechen (Erwägungsgrund Nr. 19 S. 2 und 3, Art. 11 RL EEA)."

2. Europäischer Haftbefehl

a) Grundlagen

Im Jahr 2002 wurde von dem Rat der EU ein auf Art. 31 lit. a, b, 34 Abs. 2 lit. b EUV aF gestützter Rahmenbeschluss[29] über den sog. Europäischen Haftbefehl und die Übergabeverfahren zwischen den Mitgliedstaaten erlassen.[30] Dieser Rahmenbeschluss stützt sich auf die Entwicklungen des Europäischen Rates von Tampere aus dem Jahre 1999 und das Maßnahmenprogramm des Rates zur Umsetzung des Grundsatzes der gegenseitigen Anerkennung gerichtlicher Entscheidungen aus dem Jahre 2000.[31]

Bei dem Europäischen Haftbefehl handelt es sich **nicht um einen Haftbefehl**, der von einem europäischen Gericht ausgestellt wurde. Ein solches europäisches Strafgericht gibt es – noch – nicht. Er ist ein Haftbefehl, der von einem Gericht der Mitgliedstaaten der EU ausgestellt wird und mit dem eine europäische Fahndung in die Wege geleitet und das Auslieferungsverfahren zwischen den Mitgliedstaaten der EU vereinfacht und verkürzt werden soll. Ziel ist es, die bisherigen Auslieferungsbestimmungen innerhalb der EU abzuschaffen und die Verfahren zur Auslieferung von Personen, die der Begehung einer Straftat verdächtig sind, zu beschleunigen. So soll zB für den Bereich des Auslieferungsverkehrs zwischen den Mitgliedstaaten der EU weitgehend auf das Prinzip der beiderseitigen Strafbarkeit verzichtet werden. In Art. 2 Abs. 2 des Rahmenbeschlusses sind die Delikte, für die auf das Erfordernis der beiderseitigen Strafbarkeit zu verzichten ist, aufgelistet. Dieser Katalog beinhaltet Delikte wie zB Korruption, die verschiedenen Betrugstatbestände, Terrorismus, aber auch sehr unbestimmte Delikte wie Cyberkriminalität oder Rassismus. Vor einer Auslieferung hat die deutsche Justiz zu prüfen, ob die Haftbedingungen im Ausstellungsstaat des Europäischen Haftbefehls mit der Grundrechtecharta der EU übereinstimmen, insbes. ob eine konkrete Gefahr

---

29 Rahmenbeschluss 2002/584/JI.
30 Dazu *Schäfer*, JuS 2019, 856.
31 *Wehnert*, StraFo 2003, 356.

unmenschlicher oder erniedrigender Behandlung iS von Art. 4 Grundrechtecharta besteht.[32]

b) Deutschland

12 Das erste Europäische Haftbefehlsgesetz (EuHbG) zur Umsetzung des Rahmenbeschlusses über den Europäischen Haftbefehl wurde wegen Verstoßes gegen Art. 16 Abs. 2 GG sowie der Rechtsweggarantie des Art. 19 Abs. 4 GG[33] durch das BVerfG[34] für nichtig erklärt. Im Jahr 2006 erfolgte eine Umsetzung der Vorgaben des BVerfG mit dem **zweiten EuHbG in Form der §§ 78 ff. IRG**[35] (Internationales Rechtshilfegesetz). Daran anschließend wurde mit Urteil des EuGH vom 27.5.2019 entschieden, dass die in Deutschland praktizierte Ausstellung von Europäischen Haftbefehlen durch die gem. §§ 146, 147 GVG ministeriell weisungsgebundene StA mit Art. 6 Abs. 1 des Rahmenbeschlusses zum Europäischen Haftbefehl nicht vereinbar ist. Denn der Rahmenbeschluss weist die Zuständigkeit im Ausstellungsstaat einer „Justizbehörde" zu.[36]

In Art. 16 Abs. 2 S. 1 GG ist für deutsche Staatsangehörige das Freiheitsrecht enthalten, nicht an einen anderen Staat ausgeliefert zu werden. Damit soll jeder Staatsbürger vor der Aburteilung unter einer fremden Rechtsordnung geschützt werden. Dieser Schutz aus Art. 16 Abs. 2 S. 1 GG unterliegt für Auslieferungen an einen Mitgliedstaat der EU oder an einen internationalen Gerichtshof dem qualifizierten Gesetzesvorbehalt des Art. 16 Abs. 2 S. 2 GG. Eine derartige Auslieferung Deutscher ist also zulässig, „soweit rechtsstaatliche Grundsätze" eingehalten werden. Die Prüfung, ob diese rechtsstaatlichen Voraussetzungen von den ersuchenden Stellen gewahrt werden, unterliegt dem Gesetzgeber. Zusätzlich ist im Rahmen des Art. 16 Abs. 2 S. 2 GG der Verhältnismäßigkeitsgrundsatz zu wahren. Straftatvorwürfe mit einem größeren Inlandsbezug sind bei tatverdächtigen deutschen Staatsangehörigen von den deutschen Strafverfolgungsbehörden aufzuklären.

Eine Auslieferung ist auf der anderen Seite im Regelfall verhältnismäßig, wenn für die vorgeworfene Tat ein maßgeblicher Auslandsbezug besteht, also bei Delikten, bei denen sowohl der Handlungs- als auch der Erfolgsort im Ausland liegen.[37] Zusätzlich gibt es die sog. Distanzdelikte, bei denen der Handlungsort in Deutschland liegt, der Erfolg aber im Ausland eintritt. Bei diesen Taten ist eine Prüfung und Abwägung im Einzelfall nötig. Bei der Entscheidungsfindung ist es besonders wichtig, die Möglichkeiten einer effektiven Strafverfolgung sowie die grundrechtlich geschützten Interessen der betroffenen Person zu berücksichtigen. Diese müssen im Kontext der Ziele eines gemeinsamen europäischen Rechtsraums sorgfältig gegeneinander abgewogen werden.

13 Bei Auslieferungssachen außerhalb des Anwendungsbereichs des Europäischen Haftbefehls, also **bei Ausländern außerhalb der EU**, ist eine zweistufige Prüfung erforderlich. Diese besteht aus einer gerichtlichen Zulässigkeitsprüfung (§§ 12 f. IRG) und einer auf außenpolitischen Ermessenserwägungen beruhenden Auslieferungsbewilligung (§ 74 IRG).

---

32 Hierzu BVerfG StV 2021, 665 und 666; grundlegend EUGH NJW 2016, 1709 (1712).
33 Vorausgegangen war eine ablehnende Resolution von 120 Strafrechtsprofessoren in Deutschland, s. *Schünemann*, StV 2003, 531.
34 BVerfGE 113, 273 ff. Anders noch OLG Stuttgart NJW 2005, 1522.
35 BVerfG StV 2005, 505; zu weiter bestehenden verfassungsrechtlichen Bedenken bzw. Einwänden s. *Ahlbrecht* und andere, Internationales Strafrecht, Teil 3 Rn. 1186 f.
36 EuGH NJW 2019, 2145; *Satzger*, Internationales und Europäisches Strafrecht, § 10 Rn. 43.
37 Vgl. BGHSt 46, 212 mAnm *Hörnle*, NStZ 2001, 309.

3. Europäische Beweisanordnung

In Folge des Prinzips der gegenseitigen Anerkennung ist am 22.7.2003 der „**Rahmenbeschluss über die Vollstreckung von Entscheidungen über die Sicherstellung von Vermögensgegenständen oder Beweismitteln in der EU**"[38] ergangen, in dem die Anerkennung von Entscheidungen über das Einfrieren von Beweismaterial beschrieben wird. Mit diesem Rahmenbeschluss soll vermieden werden, dass Beweismittel, die sich im Hoheitsgebiet eines anderen Mitgliedstaates befinden, später nicht mehr auffindbar sind. Von diesem Rahmenbeschluss sind allerdings einzig und allein vorläufige Maßnahmen umfasst.

14

Dieser Rahmenbeschluss wird von einem weiteren Rahmenbeschluss ergänzt, dem im Jahr 2008 angenommenen und am 19.1.2009 in Kraft getretenen „**Rahmenbeschluss über die Europäische Beweisanordnung zur Erlangung von Sachen, Schriftstücken und Daten zur Verwendung in Strafsachen**".[39] Mit dieser Beweisanordnung soll gesichert werden, dass vorhandene Beweismittel auch in einem anderen EU-Staat genutzt werden können. Voraussetzung für den Erlass einer europäischen Beweisanordnung ist, dass Beweismittel nach dem Recht des Anordnungsstaates unter ähnlichen Umständen erlangt werden könnten, wenn dies tatsächlich möglich wäre. Der Rahmenbeschluss enthält in Art. 14 Abs. 2 einen Straftatenkatalog, bei dem die Anerkennung und Vollstreckung der Beweisanordnung nicht von der beiderseitigen Strafbarkeit abhängig gemacht werden darf.

Trotz dieser Anordnung hält die Bundesrepublik Deutschland für sechs der in Art. 14 des Rahmenbeschlusses beschriebenen Deliktsbereiche weiterhin an dem Prinzip der beiderseitigen Strafbarkeit fest, da diese eine unbestimmte Beschreibung enthalten.[40] Sie hält an der Prüfung der beiderseitigen Strafbarkeit fest, wenn eine Durchsuchung oder Beschlagnahme erforderlich ist und der Anordnungsstaat nicht erklärt, dass die Tat von Deutschland verlangte Kriterien erfüllt.

Am 22.5.2017 sind in der Bundesrepublik Deutschland Regelungen in Kraft getreten, mit denen die Richtlinie über die **Europäische Ermittlungsanordnung in Strafsachen** in den §§ 91a ff. IRG[41] umgesetzt wird. Damit wird die grenzüberschreitende Beweisgewinnung in der EU geregelt.[42] Von besonderer Bedeutung sind die Zulässigkeitsvoraussetzungen gem. § 91b IRG. So sind Ersuchen um Rechtshilfe als unzulässig zurückzuweisen, wenn Ermittlungsmaßnahmen in einem deutschen Strafverfahren nur bei Vorliegen einer bestimmten erheblichen Tat erlaubt sind (§ 91b Abs. 1 Nr. 1 IRG) oder wenn die Zeugnis- und Auskunftsverweigerungsrechte oder Beschlagnahmeverbote dem Ersuchen entgegenstehen (§ 91b Abs. 1 Nr. 2 IRG). Gem. § 91b Abs. 3 IRG ist weiterhin der drohende Verstoß gegen die europäischen Grundrechte ein Zurückweisungsgrund. Daneben gibt es in § 91e Abs. 1 IRG weitere Bewilligungshindernisse.

---

38 Rahmenbeschluss 2003/577/JI.
39 Rahmenbeschluss 2008/978/JI; *Hecker*, Europäisches Strafrecht, 12.2.2.4, Rn. 11.
40 *Roger*, GA 2010, 27 (38); s. bereits *Nagel*, Beweisaufnahme im Ausland – Rechtsgrundlagen und Praxis der internationalen Rechtshilfe für deutsche Strafverfahren, S. 98.
41 Viertes Gesetz zur Änderung des Gesetzes über die internationale Rechtshilfe in Strafsachen v. 5.1.2017, BGBl. I, S. 31.
42 Erläuternd hierzu *Brahms/Gut*, NStZ 2017, 388.

V. Strafverfolgungsinstitutionen auf europäischer Ebene

1. Europol

15 Das **Europäische Polizeiamt (Europol)** wurde als Institution der EU auf der Grundlage der Art. 29 S. 2, Art. 30 EUV aF errichtet. Diese autonome Behörde ist seit dem 1.7.1999 mit Sitz in Den Haag tätig. Sie ist vor allem für die Analyse, Informationsgewinnung grenzüberschreitender Organisierter Kriminalität und Koordination der nationalen Ermittlungsbehörden in mittlerweile nahezu allen Formen der schweren Kriminalität zuständig, wobei sie **keine eigene Ermittlungszuständigkeit mit Exekutivbefugnissen** innehat. Die Leistungsfähigkeit der zuständigen Behörden der Mitgliedstaaten und ihre Zusammenarbeit im Hinblick auf schwerwiegende Formen der internationalen Kriminalität soll so verbessert werden.[43]

2. Eurojust

16 Eurojust wurde durch Beschluss des Rates vom 28.2.2002 (EJB, geändert durch Beschluss vom 16.12.2008) zur Verstärkung der Verfolgung der schweren organisierten Kriminalität als justizieller Gegenpart zu Europol, ebenfalls in Den Haag, errichtet. Eurojust dient der Unterstützung für die repressive Strafverfolgung, die vor allem die Koordination von Strafverfolgungsmaßnahmen erleichtern soll. Eurojust setzt sich aus je einem Mitglied (Staatsanwalt, Richter) pro Mitgliedstaat zusammen. Längerfristiges Ziel im operativen Bereich der polizeilichen und justiziellen Zusammenarbeit in Strafsachen ist die Weiterentwicklung von Eurojust hin zu einer Europäischen StA (s. § 5 Rn. 24 f.).[44]

3. OLAF

17 Das **Europäische Amt für Betrugsbekämpfung OLAF** („Office européen de la Lutte Anti-Fraude") ist eine Dienststelle der Kommission ohne eigene Rechtspersönlichkeit. OLAF ist – in voller Unabhängigkeit – mit der Durchführung von Verwaltungsuntersuchungen beauftragt, die zur Bekämpfung von Betrug, Korruption und sonstigen rechtswidrigen Handlungen zum Nachteil der finanziellen Interessen der Gemeinschaft dienen. Eine weitere Aufgabe ist, schwerwiegendes Fehlverhalten von EU-Bediensteten bei der Ausübung ihrer beruflichen Tätigkeit aufzudecken. OLAF hat auf der Grundlage der Verordnung 1073/1999, ersetzt durch die Verordnung 883/2013, verschiedene Befugnisse zur Durchführung von Untersuchungen. Die hier zusammengetragenen Beweise sind auch in nationalen Strafverfahren verwertbar (gem. Art. 11 Abs. 2 und Abs. 3 VO 1073/1999883/2013).

VI. Schengener Durchführungsübereinkommen

1. Ne bis in idem

18 Das **Schengener Durchführungsübereinkommen** vom 19.6.1990 (SDÜ), das ursprünglich den schrittweisen Abbau der Kontrollen an den gemeinsamen Grenzen zum Ziele hatte (s. § 5 Rn. 4), enthält im Titel III (Art. 39–91 SDÜ) unter der Überschrift „Polizei und Sicherheit" weitere für die Strafverfolgung relevante Normen, so für die grenzüberschreitende Observation und Nacheile sowie auf dem Gebiet der Rechtshilfe.

---

43 Kritisch im Hinblick auf die fehlende Rechtskontrolle: *Hüls*, Polizeiliche und staatsanwaltliche Ermittlungstätigkeit, S. 338, 339; s. auch *Ostendorf*, NJW 1997, 3418 (3420): „rechtsstaatlicher Sündenfall der Europäischen Union".
44 Zum Verhältnis von Eurojust und Europäischer StA *Esser*, StV 2020, 636.

So darf keine Person, die im Schengen-Staat rechtskräftig abgeurteilt wurde, in einem anderen Schengen-Staat wegen derselben Tat verfolgt werden, wenn bei einer Verurteilung die Sanktion bereits vollstreckt wurde, gerade vollstreckt wird oder nach dem Recht des Urteilsstaats nicht mehr vollstreckt werden kann (Art. 54 SDÜ). Problematisch ist sowohl die Definition der „rechtskräftigen Aburteilung" als auch die Definition „derselben Tat".

Jedes Urteil ist eine Aburteilung. Dabei ist es unerheblich, ob es sich um eine Verurteilung oder einen Freispruch handelt.[45] Rechtskräftig sind die Urteile, wenn kein ordentliches Rechtsmittel mehr zulässig ist. Die problematische Fragestellung, ob der staatsanwaltlichen Einstellung eines Verfahrens die Stellung als rechtskräftige Aburteilung zukommt, hat der EuGH unter vier Voraussetzungen bejaht.[46] Erstens muss eine verfahrensbeendende Entscheidung einer zur Mitwirkung an der Strafrechtspflege berufenen Behörde ergangen sein. Zweitens muss diese Entscheidung geahndet werden können. Drittens muss die Strafklage nach nationalem Recht endgültig verbraucht sein. Und viertens müssen die Sanktionen vollstreckt sein.

Die Voraussetzungen **derselben Tat** sind umstritten. Auch die Mitgliedstaaten der EU stellen auf unterschiedliche Merkmale ab. In einigen Ländern sind für den Begriff „derselben Tat" die Tatsachen entscheidend, während es in anderen Ländern auf die Gesetzesverstöße ankommt. Der EuGH stellt auf die Identität der materiellen Tat ab, darunter wird ein „Komplex unlösbar miteinander verbundener Tatsachen" definiert.[47]

2. Schengener Informationssystem

Von besonderer Bedeutung für die transnationale Strafverfolgung ist das im März 1995 eröffnete und mittlerweile – mit Ausnahme der Schweiz – in ganz Westeuropa etablierte Schengener Informationssystem (SIS), das in den Art. 92 ff. SDÜ geregelt ist. Durch das SIS werden Ausschreibungen, die der Suche nach Personen oder Sachen dienen, zum Abruf im automatisierten Verfahren bereitgehalten. Die öffentliche Sicherheit und Ordnung im Schengener Rechtsraum zu gewährleisten, ist das Ziel dieser Einrichtung. Ihre Koordination erfolgt über nationale Kontaktstellen (Supplementary Information Request at the National Entry – SIRENE). Die SIRENE Deutschland befindet sich beim BKA.

VII. Ausblick

Auch wenn die EU noch keine Gesetzgebungskompetenz für das gesamte Strafrecht innehat, werden immer wieder Vorschläge unterbreitet, wie die verschiedenen Rechtssysteme der Mitgliedstaaten weiter angeglichen werden können.

---

45 EuGH 28.9.2006 – Rs. C-150/05 – *van Straaten*, Slg 2006, I-9327 (Rn. 56 ff.), *Kühne*, Strafprozessrecht, Rn. 661.1; BGHSt 46, 187.
46 EuGH 11.2.2003 – Rs. C-187/01 u. C-385/01 – Gözütok und Brügge, Slg. 2003, I 1344 (Rn. 28 ff.) mit kritischer Anm. *Radtke/Busch*, NStZ 2003, 281; zust. Anm. *Mansdörfer*, StV 2003, 313; *Schomburg*, StV 1997, 383 (384); vgl. auch BGH NStZ 2001, 557 mAnm. *Radtke*, NStZ 2001, 662.
47 EuGH 9.3.2006 – Rs. C-436/04 – *van Elsbroeck*, Slg 2006, I-2333 (Rn. 36 f.) mit grundsätzlich zust. Anm. *Kühne*, JZ 2006, 1019; EuGH 28. 9. 2006 – Rs. C-150/05 – *van Straaten*, Slg 2006, I-9327 (Rn. 41 ff.); ebenso BGH StV 2021, 629.

1. Corpus Juris

22 Ein solches Modell für die Harmonisierung und Vereinheitlichung des Strafrechts innerhalb von Europa könnte das **Corpus Juris der strafrechtlichen Regelungen zum Schutze der finanziellen Interessen der EU** („Corpus Juris") von 1997 darstellen. Dieses Modell wurde in der überarbeiteten Fassung als „**Corpus Juris Florence**" (bezogen auf den Ort der Abschlusskonferenz) im September 1999 dem Europäischen Parlament vorgelegt.[48]

Von Bedeutung sind einerseits die acht Straftatbestände, die den EU-Haushalt schützen sollen. Diese Straftatbestände sind: Betrügereien zum Nachteil des Gemeinschaftshaushalts (Art. 1), Ausschreibungsbetrug (Art. 2), Geldwäsche und Hehlerei (Art. 3), Bildung einer kriminellen Vereinigung (Art. 4), Bestechlichkeit und Bestechung (Art. 5), Amtspflichtverletzung (Art. 6), Missbrauch von Amtsbefugnissen (Art. 7) und Verletzung des Dienstgeheimnisses (Art. 8). Andererseits von Bedeutung ist der Allgemeine Teil. Dort sind Regelungen zur Strafzumessung, zum Vorsatzerfordernis, zum Irrtum, zur Strafbarkeit des Versuches sowie zur strafrechtlichen Verantwortlichkeit von Unternehmensleitern und juristischen Personen enthalten.

Für die oben genannten Delikte ist für natürliche Personen eine **Hauptstrafe** in Form einer Freiheitsstrafe von bis zu fünf Jahren, in schweren Fällen von bis zu sieben Jahren und/oder Geldstrafen, die nach dem Tagessatzsystem errechnet werden (höchster Tagessatz 3000 Euro und maximal 365 Tagessätze), vorgesehen. Für juristische Personen besteht die Möglichkeit, eine Geldstrafe in Höhe von bis zu zehn Millionen Euro zu verhängen. Zusätzlich können dem Täter **Nebenstrafen** auferlegt werden, diese sind zB der Ausschluss von Subventionen oder die Bekanntmachung der Verurteilung. Außerdem kann die Herausgabe der Tatmittel, der Taterträge und der Gewinne verlangt werden.

Auch wenn das Corpus Juris vielfach kritisiert wird, vor allen Dingen wegen der Vorverlegung der Strafbarkeit und dem nicht ausgereiften Schutz des Beschuldigten, so hat es doch zumindest dafür gesorgt, dass öffentlich über die Rolle des Strafrechts und des Strafprozessrechts im europäischen Einigungsprozess diskutiert wird.

2. Grünbuch

23 Infolge des Corpus Juris wurden weitere Vorschläge zur Harmonisierung des Strafrechts in der EU gemacht. Besonders von Bedeutung ist dabei das „**Grünbuch zum strafrechtlichen Schutz der finanziellen Interessen der Europäischen Gemeinschaften und zur Schaffung einer Europäischen Staatsanwaltschaft**" vom 11.12.2001,[49] das wesentlich auf dem Corpus Juris aufbaut. Hintergrund für dieses Grünbuch ist die Erkenntnis, dass kriminelle Handlungen zum Nachteil der finanziellen Interessen der Europäischen Gemeinschaften effektiver geahndet werden müssen. In strafprozessualer Sicht lassen sich die Ziele des Grünbuchs in drei Kategorien einteilen: Die Errichtung einer funktionstüchtigen Europäischen StA, das Prinzip der Subsidiarität gegenüber nationalen Verfahrensregeln und die Anwendung des Prinzips der gegenseitigen Anerkennung.[50]

---

48 *Sieber* in: *Huber*, Corpus Juris S. 15; *Huber*, Corpus Juris, passim.
49 KOM (2001) 715 endgültig. Ein **Grünbuch** dient als Diskussionsgrundlage zu einem bestimmten Thema und wird von der Kommission vorgelegt. Ziel ihrer Ausarbeitung ist es, eine öffentliche Diskussion zu einem Thema, insbes. Vorlagen für Verordnungen und Richtlinien voranzutreiben. An die Diskussion anschließend kann ein Weißbuch entstehen, in dem die offiziellen Vorschläge zusammengetragen werden.
50 Ausführlich hierzu *Satzger*, StV 2003, 137 (138); kritisch auch *Braum*, ZRP 2002, 508.

VII. Ausblick

Das Grünbuch ist insbes. in zwei Punkten **kritisiert** worden. Der eine Kritikpunkt betrifft das Prinzip der gegenseitigen Anerkennung. Es wird argumentiert, dass die Verfahrenssysteme der Mitglieder zu uneinheitlich sind, als dass der Grundsatz der gegenseitigen Anerkennung angewendet werden könnte.[51] Der andere Kritikpunkt betrifft die Aufgaben der Europäischen StA. Hier wird dem Grünbuch entgegengehalten, dass es keine klare Linie zur Abgrenzung der Zuständigkeit der nationalen Strafverfolgungsbehörden und der Europäischen StA zieht.[52]

3. Europäische Staatsanwaltschaft[53]

Die Schaffung einer Europäischen StA war bereits im Corpus Juris vorgesehen (Art. 18 ff. Corpus Juris) und wurde mit dem Grünbuch zum Schutz der finanziellen Interessen der Europäischen Union wieder aufgenommen.

In Art. 86 AEUV ist die **Rechtsgrundlage** enthalten, die „ausgehend von Eurojust" dazu berechtigt, eine solche Behörde zu schaffen. Grundsätzlich ist hierfür erforderlich, dass die Mitgliedstaaten dies einstimmig beschließen und das Europäische Parlament zustimmt (Art. 86 Abs. 1 UA 1 AEUV). Daneben besteht allerdings noch gem. Art. 86 Abs. 1 UA 2 AEUV die Möglichkeit, dass durch den Zusammenschluss von mindestens neun Mitgliedstaaten eine Europäische StA auf Grundlage einer verstärkten Zusammenarbeit (gem. Art. 20 EUV und Art. 329 Abs. 1 AEUV) geschaffen wird.[54]

Grundsätzlich wäre eine Europäische StA für die Bekämpfung von Straftaten zum Nachteil der finanziellen Interessen der EU zuständig. Gemäß Art. 86 Abs. 4 AUEV ist es möglich, die Zuständigkeit der Europäischen StA durch die Änderung des Abs. 1 auf die Bekämpfung von schwerer Kriminalität mit grenzüberschreitender Dimension auszuweiten.

Mitte des Jahres 2017 beschlossen 20 EU-Staaten, darunter Deutschland, eine Europäische StA mit Sitz in Luxemburg zu schaffen. Die dafür erforderliche Verordnung EUStA VO[55] nahmen alle 20 Mitgliedstaaten am 11.10.2017 an. In der Zwischenzeit haben sich zwei weitere Mitgliedstaaten, die Niederlande und Malta, der verstärkten Zusammenarbeit auf Strafverfolgungsebene angeschlossen.

Bei der Europäischen StA handelt es sich um eine unabhängige Strafverfolgungsbehörde mit eigener Rechtspersönlichkeit.[56] Die Behörde ist zuständig für Straftaten mit EU-Bezug, wie Subventionsbetrug und grenzüberschreitenden Mehrwertsteuerbetrug. Hierbei umfasst der Tätigkeitsbereich neben der Ermittlung und Verfolgung strafbarer Handlungen auch die Anklageerhebung und Prozessführung vor den mitgliedstaatlichen Gerichten.[57]

Die zentrale Dienststelle in Luxemburg setzt sich dabei aus einem Kollegium, den ständigen Kammern, der Europäischen Generalstaatsanwältin und ihrem Vertreter sowie den Europäischen Staatsanwälten und dem Verwaltungsdirektor zusammen.[58] Im September 2019 wurde die Rumänin *Laura Codruta Kövesi* zur ersten Europäischen Ge-

---

51 *Satzger*, StV 2003, 137 (139).
52 Grabitz/Hilf/Nettesheim/*Vogel/Eisele*, AEUV Art. 86 Rn. 42.
53 Informativ *Herrnfeld/Esser* (Hrsg.), Europäische Staatsanwaltschaft, Handbuch.
54 Zu aktuellen Bemühungen, an denen Deutschland beteiligt ist, s. *Brodowski*, StV 2017, 684.
55 VO (EU) Nr. 2017/1939, ABl. EU 2017 Nr. L 283/1.
56 *Satzger/von Maltitz*, Jura 2018, 153.
57 *Satzger*, Internationales und Europäisches Strafrecht, § 10 Rn. 22.
58 *Satzger*, Internationales und Europäisches Strafrecht, § 10 Rn. 22.

neralstaatsanwältin ernannt.⁵⁹ Das Kollegium besteht dabei neben der Europäischen Generalstaatsanwältin aus je einem Staatsanwalt pro Mitgliedstaat. Die ständigen Kammern leiten und überwachen die von den sog. „Delegierten Europäischen Staatsanwälten" in den Mitgliedstaaten geführten Ermittlungen und Strafverfolgungsmaßnahmen.⁶⁰

Für eine Verurteilung in einem bestimmten Mitgliedstaat ist es erforderlich, dass auch Beweise, die in einem anderen Mitgliedstaat mit den dort geltenden Gesetzen erhoben wurden, verwertet werden dürfen. Dies soll durch das Prinzip der gegenseitigen Anerkennung erreicht werden. Danach soll die Möglichkeit bestehen, dass alle Beweise in allen Mitgliedstaaten unabhängig von den dort geltenden Regelungen zur Beweisverwertung geltend gemacht werden können, solange sie in einem Mitgliedstaat rechtmäßig erhoben worden sind.⁶¹

Das Prinzip der gegenseitigen Anerkennung soll auch bei strafprozessualen Grundrechtseingriffen gelten (s. zum sog. EncroChat-Verfahren oben Rn. 10). Eine entsprechende Zwangsmaßnahme, die in einem Mitgliedstaat angeordnet wurde, soll auch in jedem anderen Mitgliedstaat ohne weitere Überprüfung durchsetzbar sein.⁶²

Damit besteht die Gefahr des „**Befugnis-Shopping**". Der Europäische Staatsanwalt kann damit Ermittlungsmaßnahmen nach dem Recht ergreifen, das die geringsten Eingriffsvoraussetzungen enthält.⁶³

VIII. Völkerrecht

26 Durch das Inkrafttreten des **Römischen Statuts** am 1.7.2003 ist der **Internationale Strafgerichtshof** (IStGH, ICC) errichtet worden.⁶⁴ Dieser Gerichtshof stellt einen großen Schritt in der völkerstrafrechtlichen Entwicklung dar und beeinflusst auch das nationale Strafrecht. Ihm waren langjährige Überlegungen vorausgegangen, schwerste Menschenrechtsverletzungen auf internationaler Ebene zu ächten und zu bestrafen. Die Grundlage dieses eigenständigen, von den Vereinten Nationen unabhängigen Völkerrechtssubjekts liegt in einem **völkerrechtlichen Vertrag**, dem Römischen Statut. Diesen Vertrag haben bisher 123 Staaten unterschrieben.⁶⁵ Die Zuständigkeit des IStGH als ständiges Gericht erstreckt sich auf die im Römischen Statut aufgelisteten Verbrechen, dh Völkermord, Verbrechen gegen die Menschlichkeit und Kriegsverbrechen. Diese Taten werden allerdings durch den Art. 12 des Römischen Statuts auf solche beschränkt, die von Angehörigen der Vertragsstaaten oder die auf dem Gebiet eines Vertragsstaates begangen werden. Eine weitere Voraussetzung für die Zuständigkeit des IStGH ist, dass kein Staat, der die Gerichtsbarkeit über den Fall hat, die Strafverfolgung selbst übernommen hat. Der IStGH ist also nur nachrangig zuständig.

27 Der IStGH hat seinen Sitz als ständige Einrichtung in Den Haag. Er besteht aus dem in drei Abteilungen aufgeteilten Gericht (Vorverfahrens-, Hauptverfahrens- und Berufungsabteilung) mit seinem Präsidenten, der StA und der Kanzlei. Die StA stellt eine

---

59 Beschluss (EU) 2019/1798, ABl. EU 2019 Nr. L 274/1.
60 *Satzger*, Internationales und Europäisches Strafrecht, § 10 Rn. 22.
61 *Nürnberger*, ZJS 2009, 494 (499).
62 *Satzger*, Internationales und Europäisches Strafrecht, § 10 Rn. 26 ff.
63 *Satzger*, StV 2003, 141 f.; vgl. *Schünemann*, StV 2003, 116 (117).
64 *Ambos*, JA 1998, 988; *Kaul*, ZIS 2007, 494.
65 Factsheet, The Court today, abrufbar unter https://www.icc-cpi.int/resource-library/factsheets, zuletzt abgerufen am 4.4.2024 um 16:00 Uhr.

Anklagebehörde dar, die nicht an das Gericht gebunden ist und eigene Ermittlungsbefugnisse hat. Einleitungsberechtigt ist gem. Art. 13 des Römischen Statuts die StA, ein Vertragspartner oder der UN-Sicherheitsrat. Wenn eine vernünftige Grundlage („reasonable basis") zur Einleitung eines Ermittlungsverfahrens vorliegt (Art. 53 Römisches Statut), wird das Verfahren durch den Ankläger an eine Vorverfahrenskammer weitergeleitet. Diese Kammer führt ein sog. confirmation hearing nach Art. 61 Römisches Statut durch. Dieses hearing stellt eine mündliche Verhandlung über die Klärung des Tatvorwurfs dar. Diese Verhandlung findet statt, wenn der Verdächtige freiwillig erschienen ist oder überstellt wurde. Falls die Tatvorwürfe in dem confirmation hearing nicht ausgeräumt werden können, erfolgt die Zuweisung des Falles an eine Hauptverfahrenskammer, anderenfalls wird das Verfahren eingestellt oder der Ankläger zur Vorlage neuer Beweise aufgefordert. Der Angeklagte muss in der Hauptverhandlung anwesend sein (Art. 63 Römisches Statut) und die Leitung hat der Vorsitzende Richter, der dafür verantwortlich ist, dass die Verhandlung fair und in angemessener Zeit durchgeführt wird. Außerdem hat er dafür zu sorgen, dass die Rechte des Angeklagten gewahrt werden. Problematisch bei der Entwicklungsphase des IStGH war der **Ausgleich zwischen dem kontinentalen und dem anglo-amerikanischen Strafverfahrenssystem**.[66] Das Römische Statut versucht beiden Rechtskreisen gerecht zu werden. Nach dem Römischen Statut sind Richter und Ankläger dem Grundsatz der materiellen Wahrheit verpflichtet (Art. 54 Abs. 1 und Art. 69 Abs. 3 Römisches Statut) und daraus ergibt sich die Anbindung an ein kontinentales Verfahren. Daher muss der Ankläger auch entlastende Umstände berücksichtigen. Außerdem kann das Gericht zusätzliche Beweismittel fordern und ist nicht an Parteivereinbarungen gebunden. Rechtsmittel (Art. 81 f. Römisches Statut) gegen Urteile und sonstige Entscheidungen des IStGH sind ebenso im Römischen Statut enthalten wie ein Wiederaufnahmeverfahren gem. Art. 84 Römisches Statut.

Davon abzugrenzen ist das in Deutschland parallel geltende **Völkerstrafgesetzbuch** (VStGB), das am 1.7.2002 in Kraft getreten ist.[67] Dieses Völkerstrafgesetzbuch ist die Rechtsgrundlage für Völkerrechtsverbrechen in Deutschland. Wegen des Grundsatzes der Komplementarität (Art. 17 Römisches Statut) hat die nationale Strafverfolgung auf der Grundlage des **VStGB Vorrang** vor einer Strafverfolgung durch den IStGH.

28

---

66 *Jescheck*, in: FS-Rüter, S. 125.
67 Vgl. *Kreß*, ZIS 2007, 515.

§ 6 Der Ablauf des Strafverfahrens

1 Das Strafverfahren lässt sich wie folgt untergliedern:
- Ermittlungsverfahren (auch Vorverfahren genannt) (§§ 160–177 StPO)
- Zwischenverfahren (§§ 199–211 StPO)
- Hauptverfahren (§§ 213–275 StPO)
- Rechtsmittelverfahren (§§ 312–358 StPO)
- Vollstreckungsverfahren (§§ 449–463d StPO)

Die ersten 4 Stationen des Strafverfahrens werden auch als **Erkenntnisverfahren** zusammengefasst.

Übersicht über den Ablauf des Verfahrens, das zu einer Verurteilung führt

2

Tat

Anfangsverdacht	Kein Anfangsverdacht ✗

1. Ermittlungsverfahren
Die StA führt das Ermittlungsverfahren nach dem Gesetz, faktisch bearbeitet ganz überwiegend die Polizei den Fall. Zum Abschluss hat die StA zu entscheiden, ob Anklage erhoben wird oder nicht. Unter bestimmten Voraussetzungen kann sie das Verfahren auch aus Opportunitätsgründen einstellen.

Erhebung der öffentlichen Klage	Einstellung des Verfahrens ✗

2. Zwischenverfahren
Das Gericht prüft, ob das Hauptverfahren zu eröffnen und mit welchem Inhalt die Anklage zuzulassen ist.

Eröffnungsbeschluss	Einstellung des Verfahrens ✗

3. Hauptverfahren
Das Gericht untersucht im Rahmen der durch den Eröffnungsbeschluss festgestellten Grenzen, ob der Angeklagte einer Straftat schuldig ist, und verhängt ggf. Sanktionen oder stellt das Verfahren ein bzw. spricht frei.

Verurteilung

4. evtl. Rechtsmittelverfahren

Rechtskraft des Urteils

5. Vollstreckungsverfahren
Strafvollstreckungsbehörde ist im Erwachsenenbereich die StA, und zwar sowohl für Geld- als auch für Freiheitsstrafen. Im Jugendstrafrecht wird die Vollstreckung vom Jugendrichter geleitet (§ 82 Abs. 1 JGG). Die Vollstreckung umfasst bei einer Freiheitsstrafe das Verfahren von der Rechtskraft des Urteils bis zum Strafantritt sowie die allgemeine Überwachung der Durchführung der Strafe (zu unterscheiden von dem speziellen Vollzug der Freiheitsstrafe).

Das Strafverfahren führt aber in der Praxis nur teilweise zu Verurteilungen; die meisten Verfahren werden von Gesetzes wegen – weil der Tatvorwurf rechtlich nicht stimmt (es liegt kein Betrug vor) bzw. weil die Beweise nicht ausreichen (§ 170 Abs. 2 StPO) – oder aus Opportunitätsgründen (§§ 153, 153a StPO, §§ 45, 47 JGG) eingestellt. Sarkastisch wird von „Täterschwund" gesprochen, korrekt muss es heißen: **Beschuldigtenschwund.**

Tatverdächtige, abgeurteilte und verurteilte Jugendliche wegen Diebstahls unter erschwerten Umständen (§§ 243-244a StGB), 2021

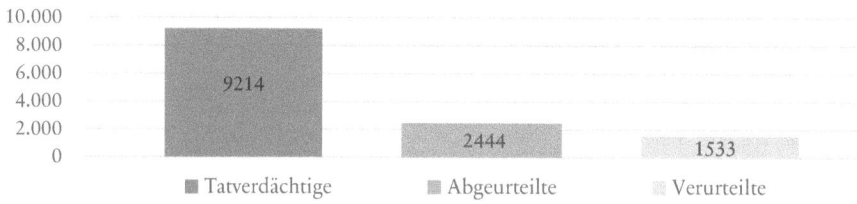

Quelle: PKS, T20 Tatverdächtige nach Alter und Geschlecht, 2021, Version 1.0; Statistisches Bundesamt, Fachserie 10, Reihe 3, 2021.

Tatverdächtige, abgeurteilte und verurteilte Jugendliche wegen Vergewaltigung, sexueller Nötigung und sexuellen Übergriffs im besonders schweren Fall einschl. mit Todesfolge (§§ 177, 178 StGB), 2021

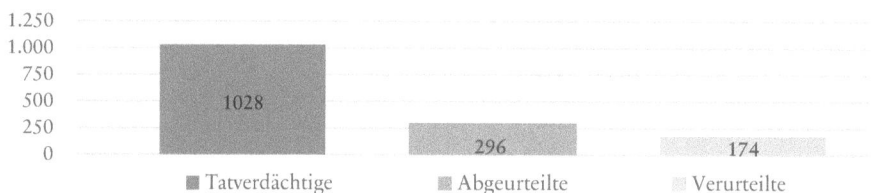

Quelle: PKS, T20 Tatverdächtige nach Alter und Geschlecht, 2021, Version 1.0; Statistisches Bundesamt, Fachserie 10, Reihe 3, 2021.

§ 6 Der Ablauf des Strafverfahrens

Das Trichtermodell von Strafandrohung und Strafumsetzung

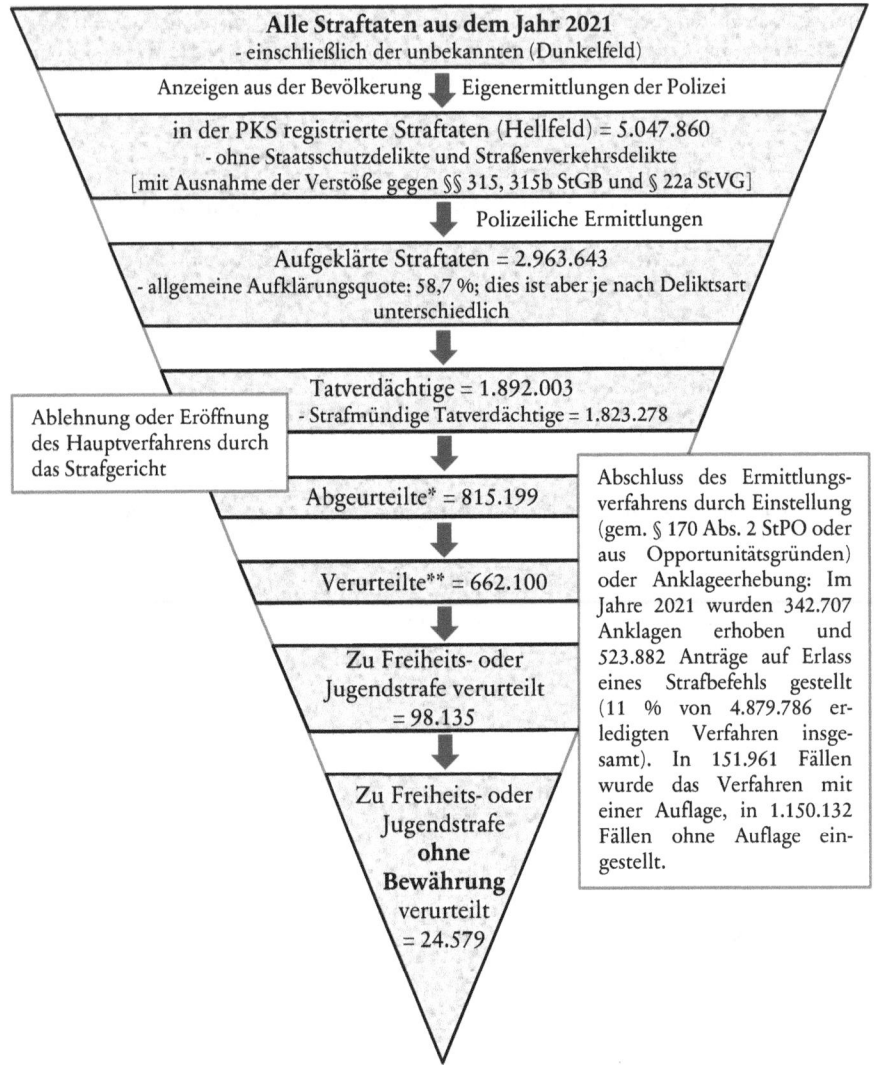

§ 7 Einleitung des Strafverfahrens/Rolle der Polizei

Fall 1: Die verlassene Freundin zeigt ihren „Ex" wegen Diebstahls (§ 242 StGB) an, weil sie drei wertvolle Bücher vermisst und sie davon ausgeht, dass ihr „Ex" diese mitgenommen hat. Später versöhnen sich die beiden, F möchte die Anzeige zurücknehmen.
Ist die Rücknahme der Anzeige rechtswirksam möglich?

Fall 2: Zwischen dem Geschäftsführer G einer GmbH und den Gesellschaftern gibt es erhebliche Unstimmigkeiten. Die Gesellschafter werfen G Unterschlagung (§ 246 StGB) und Untreue (§ 266 StGB) vor. In dem Auflösungsvertrag zwischen G und den Gesellschaftern kommt es zu einem Vergleich über die Schadensregulierung; die Gesellschafter erklären gleichzeitig einen Verzicht auf Strafanzeige. Infolge weiterer Unstimmigkeiten hinsichtlich der Umsetzung des Vergleichs zeigen die Gesellschafter G jetzt doch bei der StA an.
Muss die StA der Anzeige nachgehen, wenn sie von dem ursprünglichen Verzicht in dem Vergleich erfährt?

I. Strafanzeige und Strafantrag

Das Strafverfahren wird entweder durch Strafanzeigen oder durch polizeiliche Eigenermittlungen eingeleitet. 90 % der Strafverfahren – mit Ausnahme der Verkehrsdelikte – gründen sich auf Strafanzeigen der Bürger. Damit wird deutlich, dass die Anzeigebereitschaft darüber entscheidet, wie viel Kriminalität sichtbar gemacht wird (zum Hell- und Dunkelfeld der Kriminalität s. oben § 1 Rn. 1). Steigt die Anzeigebereitschaft bzw. nimmt umgekehrt die Fähigkeit, Konflikte autonom zu regeln, ab, wird das Hellfeld der Kriminalität vergrößert und das Dunkelfeld verkleinert. Die Bereitschaft zur Anzeige hängt von vielen Faktoren ab, insbes. auch von dem Vertrauen der Bevölkerung zur Polizei.[1] Zusätzlich wird die Anzeigebereitschaft gefördert, wenn Anzeigen heute zT per Internet ermöglicht werden. Eine in Teilen der Bevölkerung bestehende größere Anzeigebereitschaft gegenüber Ausländern wird von einigen Kriminologen als ein Verzerrfaktor für die Ausländerkriminalität im Vergleich zur Inländerkriminalität bewertet.[2] Bei **anonymen Anzeigen** ist eine sorgfältige Prüfung von Seiten der Strafverfolgungsbehörden zum Schutze Unschuldiger geboten, dies gilt insbes. für daraufhin eingeleitete Ermittlungsmaßnahmen wie die Durchsuchung.[3]

Die **Strafanzeige** ist vom **Strafantrag** als Voraussetzung für die Strafverfolgung von „reinen"/absoluten Antragsdelikten zu unterscheiden (s. § 158 Abs. 1 und Abs. 2 StPO, s. auch oben § 4 Rn. 3 ff.). Wenn sich aus der „Anzeige" eindeutig ergibt, dass auch wegen eines Antragsdelikts die Strafverfolgung gewollt ist, so gilt die Anzeige als Strafantrag, wenn die Form gem. § 158 Abs. 2 StPO eingehalten ist.

Bei sog. relativen Antragsdelikten (zB §§ 248a, 303c StGB) entscheidet allein die StA, ob ein besonderes öffentliches Interesse an der Strafverfolgung besteht. Dies folgt aus dem Anklagemonopol der StA (§ 152 Abs. 1 StPO).

---

1 Zur Steigerung des Anzeigeverhaltens s. *Schwind*, Kriminologie, § 2 Rn. 28.
2 S. Zweiter Periodischer Sicherheitsbericht der Bundesregierung, 2006, S. 416.
3 BVerfG StV 2017, 361.

II. Polizei als Ermittlungsbehörde

3   Gem. § 163 StPO hat die Polizei ab Begründung eines Straftatverdachts das **Recht und die Pflicht des „ersten Zugriffs"**. Über die allgemeine Aufgabenbeschreibung in § 163 Abs. 1 S. 1 StPO hinausgehend wird in § 163 Abs. 1 S. 2 StPO ein Auskunftsrecht und eine allgemeine Ermittlungsermächtigung begründet – letzte vorbehaltlich einer speziellen gesetzlichen Regelung (zu den richterlichen Anordnungskompetenzen bei strafprozessualen Eingriffs- und Zwangsmaßnahmen s. zB § 11 Rn. 9). Nur unterhalb der Eingriffsschwere dieser Spezialregelungen gilt aus rechtsstaatlichen Gründen diese Ermächtigung, zB für kurzfristige Observationen im Hinblick auf § 163f StPO. Obwohl die StA die Sachleitungsbefugnis gerade auch gegenüber der Polizei hat (s. § 161 Abs. 1 S. 2 StPO; § 152 Abs. 1 GVG) und nur sie förmlich ein Ermittlungsverfahren einleiten kann, hat die Polizei in der Praxis das Ermittlungsverfahren mit Ausnahme von Kapitaldelikten, dh Schwerstverbrechen, bei denen die Todesstrafe drohte – caput = Kopf (lat.) –, und Wirtschaftsverbrechen in der Hand. Dh, die Polizei führt Vernehmungen der Tatverdächtigen sowie von Zeugen durch, sie sichert Beweise, führt bei Gefahr im Verzug Durchsuchungen und Beschlagnahmen durch, ordnet bei Gefahr im Verzug Blutprobenentnahmen an (zur insoweit nur ausnahmsweisen Anordnungskompetenz s. § 11 Rn. 9). Faktisch ist dies darin begründet, dass zum einen die Anzeigeerstattung in der Regel bei der Polizei erfolgt, zum anderen hat das seine Ursache in dem deutlich größeren Personalbestand der Polizei: 2006 standen rund 270.000 Polizeibeamte ca. 5.000 Staatsanwälten gegenüber.[4] Rechtlich ist im § 163 StPO angelegt, dass zunächst die Polizei tätig wird, um anschließend „ihre Verhandlungen" (§ 163 Abs. 2 S. 1 StPO), dann allerdings unverzüglich, an die StA zu übersenden. Damit wird die Polizei in der Masse der Ermittlungsverfahren zum „entscheidenden" Strafverfolgungsorgan, solange keine spezialgesetzlichen Eingriffe erforderlich sind. *Albrecht* bezeichnet infolgedessen die StA überspitzt nicht mehr als Ermittlungsbehörde sondern als eine „Aktenbearbeitungsbehörde"[5] und die Polizei wird – ebenso überspitzt – als „Inquisitionsrichter par excellence" bezeichnet.[6] Hinsichtlich der Kritik an dieser systembedingten Strafverfolgungspraxis ist einzuwenden, dass es Aufgabe der StA ist, die polizeilichen Ermittlungen „nach Aktenlage" zu kontrollieren und erforderlichenfalls Nachermittlungen anzuordnen (**Kontrollfunktion der StA** für die polizeiliche Ermittlungsarbeit).[7] Dies betrifft gerade auch den Einsatz Verdeckter Ermittler (s. § 110b Abs. 1 StPO).[8] Hier, dh bei der Polizei, liegen aber in der Regel auch die Fehlerquellen. Die unterbliebene Spurensicherung kann nicht nachgeholt werden, auch nicht die unterbliebene Blutalkoholuntersuchung. Das Ergebnis der Zeugenanhörung bestimmt auch das Entscheidungsverhalten von StA und Gericht.

Erlangt ein Polizeibeamter privat, **dh außerhalb seiner Dienstzeit, Kenntnis von einem Anfangsverdacht**, ist problematisch, ob diese sog. außerdienstliche Kenntniserlangung die Verfolgungspflicht des § 152 Abs. 2 StPO auslöst. Daran anknüpfend stellt sich die Frage, inwiefern ein Polizeibeamter sich wegen Strafvereitelung im Amt durch Unterlassen gem. §§ 258a, 13 StGB strafbar macht, wenn er die Tat nicht anzeigt. Letzteres hängt letztlich mit der soeben genannten Frage nach einer Verfolgungspflicht gem. § 152 Abs. 2 StPO zusammen. In diesem Fall konfligieren die privaten Interessen der

---

4 *Roxin/Schünemann*, Strafverfahrensrecht, § 9 Rn. 21 mit Fn. 20.
5 *Albrecht*, Kriminologie, § 18 II. 1. a.
6 V. *Hüls*, Polizeiliche und staatsanwaltliche Ermittlungstätigkeit, 2007, S. 282.
7 S. hierzu BGH StV 2010, 3.
8 Zu einem offensichtlichen Versagen in einem spektakulären Fall s. *Ostendorf*, in: FS-Roxin, S. 1329 (1333).

Polizeibeamten (Anspruch auf einen privaten Freiraum) mit allgemeinen Strafverfolgungsinteressen.[9]

Die Frage, ob in diesen Fällen eine die Garantenstellung nach § 13 StGB auslösende Pflicht besteht, korrespondiert mit der Frage nach einer Verfolgungspflicht. Die neuere Rechtsprechung löst diesen Interessenskonflikt dahin gehend auf, dass eine Verfolgungspflicht und damit auch eine Garantenpflicht jedenfalls dann besteht, wenn das öffentliche Interesse an der Strafverfolgung gegenüber den privaten Belangen des Beamten überwiegt. Dies ist immer dann der Fall, wenn

- eine Straftat, wie ein Dauerdelikt oder eine auf Wiederholung angelegte Tat während der Dienstausübung des Polizeibeamten fortwirkt,
- darüber hinaus eine hinreichende Schwere der fraglichen Tat besteht
- und zusätzlich das öffentliche Interesse an der Strafverfolgung gegenüber den privaten Belangen des Beamten überwiegt.

Bislang besteht kein Konsens darüber, anhand welcher Maßgaben die Tatschwere zu bemessen ist. So wird Tatschwere u.a. bejaht, sofern die verfolgte Tat als Verbrechen iSd § 12 Abs. 1 StGB zu bewerten wäre.[10] Demgegenüber machen andere die Bewertung einer Tat als „schwer" idS davon abhängig, ob selbige im Katalog des § 138 StGB benannt ist.[11]

> **BGHSt 38, 388 (392)**
> „Hierbei ist von entscheidender Bedeutung, ob durch die Straftat Rechtsgüter der Allgemeinheit oder des einzelnen betroffen sind, denen jeweils ein besonderes Gewicht zukommt. Dies kann auch außerhalb des Katalogs des § 138 StGB bei schweren Straftaten wie z. B. schweren Körperverletzungen, erheblichen Straftaten gegen die Umwelt, Delikten mit hohem wirtschaftlichen Schaden oder besonderem Unrechtsgehalt der Fall sein. So wird ein Polizeibeamter ungeachtet privater Interessen in der Regel zum Einschreiten verpflichtet sein, wenn er von schwerwiegenden Verstößen gegen das Waffengesetz mit Dauercharakter, nicht auf den Einzelfall beschränktem Handel mit harten Drogen oder Schutzgelderpressung erfährt. Gleiches gilt für Straftaten aus dem Bereich der organisierten Kriminalität, die erfahrungsgemäß auf Wiederholung angelegt sind."

Die förmliche Einleitung eines Ermittlungsverfahrens durch die StA setzt einen **Anfangsverdacht** voraus (s. § 152 Abs. 2 StPO: „zureichende tatsächliche Anhaltspunkte"). Eine bloße Vermutung reicht nicht aus. Für Personen, die im öffentlichen Leben stehen, kann die Einleitung eines Ermittlungsverfahrens das „berufliche Todesurteil" bedeuten. Deshalb wird in solchen Fällen – außerhalb der StPO – ein **Vorprüfungsverfahren** durchgeführt, **ob** ein Anfangsverdacht besteht.[12]

4

Polizei, StA und Gericht operieren bis zur rechtskräftigen Verurteilung (s. Unschuldsvermutung gem. Art. 6 Abs. 2 EMRK) auf der Grundlage eines Verdachts. Dies hat zur Folge, dass bis zur rechtskräftigen Verurteilung noch nicht von einem Täter gesprochen werden darf, sondern nur von einem Tatverdächtigen, bzw. – ab Einleitung des Ermittlungsverfahrens – von einem Beschuldigten. Gem. § 157 StPO spricht man nach Anklageerhebung und vor Eröffnung des Hauptverfahrens – also im Zwischenverfah-

---

9 *Krey/Heinrich*, Strafverfahrensrecht, Rn. 608 ff.
10 *Krey/Heinrich*, Strafverfahrensrecht, Rn 611; *Kretschmer*, JA 2023, 469 (474).
11 *Roxin/Schünemann*, Strafverfahrensrecht, § 39 Rn. 3.
12 Zu den sog. Vorermittlungen, *Wölfl*, JuS 2001, 478 ff.

ren – vom Angeschuldigten und nachdem die Eröffnung der Hauptverhandlung beschlossen wurde, wird der Angeschuldigte zum Angeklagten (s. auch § 10 Rn. 3).

Rechtliche Differenzierung des Verdachts

Anfangsverdacht:	Hauptverfahrensverdacht:	U-Haftverdacht:
zureichende tatsächliche Anhaltspunkte (§ 152 Abs. 2 StPO)	hinreichend verdächtig (§ 203 StPO), dh Verurteilungswahrscheinlichkeit	dringend verdächtig (§ 112 Abs. 1 S. 1 StPO)

III. Doppelnatur der Polizei

5   Neben ihrer Rolle als Strafverfolgungsorgan hat die Polizei die Aufgabenstellung als Gefahrenabwehrbehörde. Ihre Aufgaben, Rechte und Pflichten sind in den Länderpolizeigesetzen geregelt. Wir sprechen von der **Doppelnatur der Polizei** als Strafverfolgungs- und Gefahrenabwehrbehörde. Obwohl die Polizei in ihrer Aufgabenstellung zur Strafverfolgung der StA zuarbeitet – früher wurde die Polizei „Hilfsorgan der StA" genannt (s. § 152 Abs. 1 GVG aF),[13] heute heißen die Polizeibeamten Ermittlungspersonen der StA oder allgemein Beamte des Polizeidienstes[14] –, ist sie dienstrechtlich und organisatorisch den Innenministern/Innensenatoren der Länder zugeordnet. Für die Überprüfung der Rechtmäßigkeit polizeilichen Handelns ist somit entscheidend, in welcher Funktion die Polizei tätig geworden ist. Hierbei ist darauf zu achten, dass die strengeren StPO-Regeln, die immer einen Anfangsverdacht für begangene Straftaten voraussetzen, nicht mit den Länderpolizeigesetzen zur **Verhütung von Straftaten** unterlaufen werden.[15] Die Verwertbarkeit von polizeirechtlich erlangten Erkenntnissen im Strafverfahren ist in § 161 Abs. 2, 3 StPO geregelt. Damit wird der datenschutzrechtliche Grundsatz der Zweckbindung von Daten aufgelöst. Da strafprozessuale Maßnahmen gegen Kinder unzulässig sind, wenn das Alter der Kinder bekannt ist – § 19 StGB ist auch ein Strafverfolgungshindernis (s. § 8 Rn. 17) –, kommen als Rechtsgrundlage für gefahrenabwehrende Maßnahmen der Polizei nur die Ländergesetze in Betracht. Im Kollisionsfall von Strafverfolgung und Gefahrenabwehr, zB bei einer gewalttätig ausartenden Demonstration, hat das höherrangige Rechtsgut, hier Schutz von Leben und körperlicher Unversehrtheit, Vorrang (so auch RiStBV Anlage A III).

---

13   S. heute noch die Überschrift bei *Beulke/Swoboda*, Strafprozessrecht, § 6: „Die Polizei als Helfer der Staatsanwaltschaft." ZT wird an dem alten Begriff ausdrücklich festgehalten, s. *Albrecht*, Kriminologie, § 18 III. 1.
14   Die Ermittlungspersonen der StA, die nach der StPO besondere Ermittlungsbefugnisse haben, werden durch Rechtsverordnung definiert, s. § 152 Abs. 2 GVG.
15   S. hierzu *Albrecht*, Kriminologie, § 15 III.

Daneben gibt es das Bundeskriminalamt (s. hierzu Gesetz über das Bundeskriminalamt und die Zusammenarbeit des Bundes und der Länder in kriminalpolizeilichen Angelegenheiten vom 1.6.2017, BGBl. I, 1354) und die Bundespolizei (s. Gesetz über die Bundespolizei vom 19.10.1994, BGBl. I, 2978 und Gesetz zur Umbenennung des Bundesgrenzschutzes in Bundespolizei vom 21.6.2005, verkündet in BGBl. I, 1818; s. auch BVerfGE 97, 198).

Zum Personaleinsatz der Polizei in den Ländern Europas s. die Übersicht für das Jahr 2008 in der 2. Aufl.

IV. „Verpolizeilichung des Ermittlungsverfahrens"

Die faktische Aushebelung der StA als „Herrin des Ermittlungsverfahrens" durch die Polizei (s. § 7 Rn. 3) wird weitergehend als „Verpolizeilichung des Ermittlungsverfahrens" kritisiert.[16] Damit wendet man sich gegen

- gesetzliche Zuständigkeitsverlagerungen wie Erscheinungspflicht von Zeugen bei der Polizei (s. § 16 Rn. 13) und die polizeiliche Anordnungskompetenz für Blutprobenentnahmen bei Verkehrsdelikten (s. § 11 Rn. 9),
- eine gesetzliche Aushöhlung der StPO durch Anwendung „weicher" Regelungen in den Länderpolizeigesetzen[17] sowie im Bundeskriminalamtsgesetz (§§ 20a-20x), so im Fall einer legendierten, dh „zufälligen" Verkehrskontrolle, um Kokain sicherzustellen, ohne einen Durchsuchungsbeschluss gem. § 105 StPO herbeizuführen, um den Hintermann des Kokaintransports nicht zu warnen[18],
- eine faktische Kompetenzverlagerung von den Gerichten auf die Polizei für strafprozessuale Eingriffe bei „großzügiger" Auslegung der Gefahr im Verzug (zB für Durchsuchungen gem. § 105 Abs. 1 S. 1 StPO),
- die Präklusion des § 46b Abs. 3 StGB, die dazu führt, dass die Polizei maßgeblich den Einsatz der Kronzeugenregelung anregt und beeinflusst[19],
- eine gesetzliche wie faktische Einrichtung einer **rechtlichen Grauzone** mit sog. **Vorfeldermittlungen**.

In den Polizeigesetzen der Länder ist zT die vorbeugende Verbrechensverhütung als polizeiliche Aufgabe deklariert. Damit ist die allgemeine Prävention gemeint, zB Streifentätigkeit in Gebieten mit hoher Kriminalitätsrate. Polizeistreifen sollen den rechtstreuen Bürger beruhigen, den rechtsuntreuen Bürger beunruhigen. Konkrete Maßnahmen der Polizei als Strafverfolgungsbehörde setzen aber einen Anfangsverdacht voraus.[20] So sind die formellen und materiellen Voraussetzungen für die polizei-

---

16 S. *Paeffgen*, in: Zur Theorie und Systematik des Strafprozessrechts, hrsg. v. *Wolter*, 1995, S. 13 ff.; *Albrecht*, Kriminologie, § 15 I.; *Roxin/Schünemann*, Strafverfahrensrecht, § 9 Rn. 22.
17 So ist der Umfang der „vertieften" DNA-Analyse, die zudem allein von der Polizei angeordnet werden kann, gem. Art. 14 Abs. 3 Bayrisches Polizeiaufgabengesetz nicht wie im § 81e Abs. 1 S. 1 StPO begrenzt, s. auch § 11 Rn. 15.
18 Die Rechtsprechung hält die Beweiserhebung mittels eines vorgetäuschten Zufallsfundes aufgrund des Rückgriffs auf eine gefahrenrechtliche Ermächtigungsgrundlage für rechtmäßig, und verwertet die hieraus gewonnenen Erkenntnisse, indem sie eine „Umwidmung" der gewonnenen Daten nach § 161 Abs. 3 S. 1 StPO vornimmt und fragt, ob ein Ermittlungsrichter bei hypothetischer Betrachtung einen entsprechenden richterlichen Durchsuchungsbeschluss erlassen hätte, BGH StV 2017, 642; s. hierzu *Lenk*, StV 2017, 692; *Kempf*, in: FS-Fischer, S. 673.
19 S. *Frahm*, Die allgemeine Kronzeugenregelung, 2014, 294.
20 S. hierzu *Schlüchter*, S. 43; *Wölfl*, JuS 2001, 478 ff.

liche Beobachtung anlässlich von polizeilichen Kontrollen sowie für die längerfristige Observation in den §§ 163e und 163f StPO normiert. Immer ist der Beschuldigtenstatus Voraussetzung (s. hierzu § 10 Rn. 3). Die Beschuldigtenrechte im strafrechtlichen Ermittlungsverfahren dürfen nicht durch sog. Vorfeldermittlungen nach den Länderpolizeigesetzen unterlaufen werden, in denen dem Bürger der Beschuldigtenstatus „verwehrt" wird. Nach der Entscheidung des BVerfG zum niedersächsischen Polizeigesetz[21] haben die Länder keine Gesetzgebungskompetenz für eine vorsorgliche Strafverfolgung, hier mittels Überwachung und Aufzeichnung der Telekommunikation. Der Bundesgesetzgeber hat lediglich zur Abwehr des internationalen Terrorismus mit § 4a BKAG[22] operative Vorfeldermittlungen erlaubt.[23]

9 Um die Arbeitsergebnisse der Polizei wie auch der StA überprüfen zu können, sind die Ermittlungsbehörden zur Einhaltung des Grundsatzes der **Aktenwahrheit und Aktenvollständigkeit** verpflichtet. Die StA steht als „Herrin des Ermittlungsverfahrens" (s. § 9 Rn. 1) gegenüber der Polizei in Verantwortung (s. § 7 Rn. 3). Dies folgt schon aus dem Rechtsstaatsprinzip, gilt aber auch explizit gem. § 168b Abs. 1 StPO.

10
Lösung zu den Fällen:

In beiden Fällen muss die StA den Verdacht einer Straftat prüfen. Sie hat Kenntnis iSv „zureichenden tatsächlichen Anhaltspunkten" gem. § 152 Abs. 2 StPO. Hierbei ist es unmaßgeblich, wie sie diese Kenntnis erlangt hat. Nur bei illegaler Kenntniserlangung, zB durch Unterstützung von Straftaten, stellt sich das Problem der Beweisverwertbarkeit. Anderes gilt für einen Strafantrag, der gem. § 77d Abs. 1 StGB zurückgenommen werden kann.

Fall 1: Da nicht von einem Diebstahl geringwertiger Sachen gem. § 248a StGB auszugehen ist, hat die Rücknahme insoweit keine Rechtswirkungen. Allerdings wird die StA, sofern überhaupt eine vorsätzliche Zueignung bejaht wird, das Verfahren wegen Geringfügigkeit gem. § 153 Abs. 1 S. 2 StPO einstellen.

Fall 2: Der ursprüngliche Verzicht kann strafrechtlich bei Vorliegen der Tatbestandsvoraussetzungen nur Auswirkungen auf die Strafzumessung haben, zivilrechtlich kommt hier eine Anfechtung des Vergleichs gem. § 123 Abs. 1 BGB in Betracht (kein Fall des § 779 BGB).

---

21 BVerfG NJW 2005, 2603.
22 BGBl. I 2008, 3083.
23 Zur Überschneidung der Eingriffsbefugnisse bei einem „Gefahrenermittlungsverfahren" und einem Strafverfolgungsermittlungsverfahren bei Straftaten gem. §§ 129a, 129b StGB s. *Griesbaum/Wallenta*, NStZ 2013, 375.

§ 8 Prozessvoraussetzungen und Prozesshindernisse

Fall 1: A hat während eines Spiels der deutschen Fußballnationalmannschaft in Frankreich randaliert und dabei Menschen verletzt.
Kann er, trotz Begehung der Tat im Ausland, in Deutschland wegen Landfriedensbruchs gem. § 125 StGB verurteilt werden?

Fall 2: A fällt bei einer Verkehrskontrolle als unter Drogeneinfluss stehend auf. Bei einer anschließenden Fahrzeuguntersuchung finden die Polizeibeamten 100 g Kokain. Gegen ihn ergeht ein Strafbefehl wegen der „Trunkenheitsfahrt" gem. § 316 Abs. 1, 2 StGB. Nach weiteren Ermittlungen wird A im Rahmen einer späteren Anklage vorgeworfen, mit Betäubungsmitteln in nicht geringer Menge unerlaubt Handel getrieben zu haben.
Kann gegen A wegen der Einfuhr von Betäubungsmitteln bei der „Trunkenheitsfahrt" noch ein Urteil vor dem Landgericht ergehen?

Fall 3: Der unter chronischem Geldmangel leidende A wird durch rund 6 Monate andauernde wöchentliche Anrufe des polizeilichen Lockspitzels, eines Beamten des LKA, schließlich dazu motiviert, größere Mengen Kokain zu liefern. Bereits beim ersten „Deal" wird A festgenommen und gegen ihn ein Verfahren wegen unerlaubter Einfuhr von Betäubungsmitteln in nicht geringer Menge in Tateinheit mit unerlaubtem Handeltreiben mit Betäubungsmitteln eingeleitet.
Muss das Verfahren wegen des tatprovozierenden Verhaltens des polizeilichen Lockspitzels eingestellt werden?

I. Definition

Als Prozess- oder auch Verfahrensvoraussetzungen werden solche Bedingungen bezeichnet, die für die Durchführung strafprozessualer Maßnahmen sowie letztlich für eine Strafverurteilung notwendig sind.[1] Positive Voraussetzungen, wie etwa der Strafantrag bei – absoluten – Antragsdelikten, müssen zwingend gegeben sein. Negative Voraussetzungen, oder auch Prozesshindernisse genannt, dürfen gerade nicht vorliegen. Hierzu zählen beispielsweise die anderweitige Rechtshängigkeit (dh wenn in derselben Sache bereits Anklage erhoben wurde) oder auch die Verjährung gem. § 78 StGB. Gemein ist jedoch allen Prozessvoraussetzungen, dass mit ihnen die Zulässigkeit des gesamten Strafverfahrens steht und fällt.

Liegt eine Prozessvoraussetzung endgültig nicht vor, ist das Verfahren durch Prozessentscheidung zu beenden. Während des Ermittlungsverfahrens erfolgt dies durch eine Einstellungsverfügung gem. § 170 Abs. 2 StPO, im Zwischenverfahren durch Nichteröffnungsbeschluss nach § 204 StPO, im Hauptverfahren außerhalb der Hauptverhandlung durch Einstellungsbeschluss nach § 206a StPO oder in der Hauptverhandlung durch Einstellungsurteil gem. § 260 Abs. 3 StPO.

In jüngster Zeit hat sich neben der Differenzierung zwischen Prozessvoraussetzung und Prozesshindernis die Unterscheidung zwischen Befassungs- und Bestrafungsverbot her-

---

1 BGHSt 10, 74 (75).

ausgebildet.[2] Während ein Befassungsverbot dazu führt, dass das Gericht sich nicht inhaltlich mit dem Prozessgegenstand befassen darf und ein Sachurteil ausgeschlossen ist (zB keine wirksame Anklage, keine Strafmündigkeit, entgegenstehende Rechtskraft), ist es dem Gericht bei einem Bestrafungsverbot nur untersagt, den Angeklagten zu bestrafen, die Durchführung des Verfahrens bleibt aber grundsätzlich möglich.

II. Prüfungspflicht

3 Sowohl für positive als auch für negative Prozessvoraussetzungen gilt, dass sie in jedem Stadium des erstinstanzlichen Verfahrens **von Amts wegen zu prüfen** sind. Ausnahmen gibt es im Rechtsmittelverfahren.[3]

Eine Prüfung der Prozessvoraussetzungen erfolgt regelmäßig im Freibeweisverfahren (s. § 16 Rn. 3), ist daher an die gesetzlichen Beweismittel (s. § 16 Rn. 4) sowie die Art der Beweiserlangung nach den §§ 239 ff. StPO nicht gebunden.[4] Das Gericht ist hinsichtlich der Informationsgewinnung „frei".

III. Beweispflichtigkeit

4 Streitig ist, ob der Grundsatz „in dubio pro reo" auch auf Prozessvoraussetzungen Anwendung findet. Während in älteren Entscheidungen[5] noch vertreten wurde, dass im Fall des Strafklageverbrauchs der Zweifelssatz unanwendbar ist, wendet der BGH diesen nun punktuell an, warnt aber vor einer schablonenhaften Antwort für alle Prozessvoraussetzungen.[6] Bloß theoretische Zweifel reichen hiernach nicht aus, eine Anwendung des Zweifelssatzes verlange vielmehr eine den Umständen des Einzelfalles gerecht werdende Entscheidung.[7] In diesem Sinne hat die Rechtsprechung für folgende Prozessvoraussetzungen bloße Zweifel zugunsten des Angeklagten ausschlagen lassen: Verjährung,[8] Vorliegen oder Fortbestehen eines wirksamen Strafantrags,[9] Umfang des Strafklageverbrauchs,[10] mangelnde Strafmündigkeit,[11] Rechtshängigkeit,[12] Zweifel an der Verhandlungsfähigkeit.[13] Im Fall einer Amnestie soll zu unterscheiden sein:[14] Bei Anwendung eines Straffreiheitsgesetzes dürfen tatschulderhöhende Umstände nur zu Ungunsten des Angeklagten berücksichtigt werden, wenn sie voll bewiesen sind.[15] Gesetzliche Voraussetzungen wie etwa die Tatbegehung vor Stichtag müssen dagegen feststehen.[16]

---

2 *Meyer-Goßner/Schmitt*, Einl. Rn. 143; MüKo-StPO/*Kudlich*, Einl. Rn. 355.
3 Dazu MüKo-StPO/*Kudlich*, Einl. Rn. 396 ff.
4 KK-StPO/*Schneider*, § 206a Rn. 10.
5 OGHSt 1, 207; BGH, Urt. vom 9.10.1952 – 4 StR 124/52; Urt. vom 19.2.1954 – 2 StR 581/53.
6 BGHSt 18, 274 (277).
7 BGHSt 18, 274 (277); 46, 349 (352); s. auch BGH NStZ 2010, 160.
8 BGHSt 18, 274.
9 RGSt 47, 238; BGHSt 22, 90 (93); OLG Celle NJW 1963, 68; OLG Stuttgart NStZ 1981, 184.
10 BGH StV 1989, 190; OLG Schleswig StV 1988, 56; abweichend BGH StV 1993, 287 (288), wonach die Verurteilung wegen eines als eine selbstständige Tat angesehenen Einzelakts der fortgesetzten Handlung nicht verhindert, andere Einzelakte dieser Tat gesondert zu verfolgen.
11 BGHSt 5, 366; 47, 311 (313).
12 KG StV 1989, 197.
13 BGH NStZ 1984, 520; 1996, 242.
14 S. auch Löwe/Rosenberg/*Stuckenberg*, § 206a Rn. 38.
15 BGH JR 1954, 351; BGH NJW 1958, 392.
16 BGH JZ 1951, 655; BGH NJW 1952, 634.

Diese in der Rechtsprechung praktizierte Einschränkung überzeugt indes nicht. Der indubio-Grundsatz ist auf **alle** Prozessvoraussetzungen ausnahmslos anzuwenden.[17] Da die Beweisregel „im Zweifel für den Angeklagten" aus der Unschuldsvermutung gem. Art. 6 Abs. 2 EMRK abgeleitet wird und diese „bis zum gesetzlichen Beweis der Schuld" gilt, muss diese Beweisregel nicht nur für das Verfahren über den Nachweis der Schuld, sondern auch schon für die Zulässigkeit des Verfahrens gelten. Die Verfahrensvoraussetzungen gehören zum „gesetzlichen Beweis der Schuld".

IV. Die wichtigsten Prozessvoraussetzungen im Überblick

1. Voraussetzungen für das erkennende Gericht

a) Deutsche Gerichtsbarkeit (§§ 3–7, § 129b StGB; §§ 18, 19 GVG)

Die deutsche Gerichtsbarkeit setzt die Anwendung deutschen Strafrechts voraus.[18] Diese ist in den §§ 3–7 StGB geregelt. Mit § 129b StGB wird das deutsche Strafrecht zT auf kriminelle und terroristische Vereinigungen ausgeweitet.[19] Gem. §§ 18–20 GVG greift die deutsche Gerichtsbarkeit dagegen nicht bei sog. Exterritorialen, zB Diplomaten, ein. Gegen sie darf kein Strafverfahren eingeleitet werden.

b) Rechtsweg nach § 13 GVG

Zudem muss der Rechtsweg nach § 13 GVG eröffnet sein, dh Gegenstand des Verfahrens muss eine Strafsache sein, für die **keine anderweitige Gerichtsbarkeit zuständig** ist. Auch Ordnungswidrigkeiten, die im Zusammenhang mit Straftaten stehen, können im gleichen Verfahren abgeurteilt werden (§ 82 OWiG), wenn eine Straftat ausscheidet (zur Konkurrenzregel s. § 21 OWiG).

c) Sachliche und örtliche Zuständigkeit des Gerichts

Wichtige Prozessvoraussetzungen bilden sowohl die sachliche Zuständigkeit des Gerichts, welche im GVG geregelt ist (s. zB für das Schwurgericht in § 74 Abs. 2 GVG), als auch die örtliche Zuständigkeit (geregelt in den §§ 7 ff. StPO). Fehlt eine dieser Bedingungen, stellt der Tatrichter das Verfahren nicht ein, sondern verweist die Sache grundsätzlich an das zuständige Gericht gem. §§ 209, 225a, 270, 269 StPO.

2. Voraussetzungen für den Vorwurf

a) Verbot der Doppelbestrafung – ne bis in idem (Art. 103 Abs. 3 GG)

Der Grundsatz „ne bis in idem" (= nicht zweimal in derselben Sache) beschreibt einen **Teilaspekt der materiellen Rechtskraft** (zum näheren Umfang s. oben § 4 Rn. 9 sowie § 5 Rn. 18, 19).

Nach Art. 103 Abs. 3 GG darf niemand wegen derselben Tat aufgrund der allgemeinen Strafgesetze mehrmals bestraft werden. Problematisch ist dabei zunächst, was unter **derselben Tat** zu verstehen ist. Insoweit wird auf einen sog. prozessualen Tatbegriff zurückgegriffen, der vom konkurrenzrechtlichen materiellrechtlichen Tatbegriff zu unterscheiden ist.

---

17 Wie hier *Schlüchter*, S. 153; *Volk/Engländer*, Grundkurs StPO, § 14 Rn. 10; offen *Kindhäuser/Schumann*, Strafprozessrecht, § 14 Rn. 26.
18 BGHSt 34, 1 (3); BGH NJW 1975, 506 (509).
19 Hierzu NK-StGB/*Eschelbach*, § 129b Rn. 1.

Eine prozessuale Tat wird als ein einheitlicher geschichtlicher Vorgang definiert, der das gesamte Verhalten des Täters widerspiegelt, soweit es nach natürlicher Auffassung einen einheitlichen Lebensvorgang bildet.[20]

Entscheidend ist, dass sich die Tat immer auf einen Lebenssachverhalt bezieht und nicht auf den Straftatbestand, auf dessen Grundlage der Angeklagte abgeurteilt wurde. Im Grundsatz gilt, dass eine materiellrechtliche Tat iSd § 52 StGB auch eine Tat im prozessualen Sinn darstellt.

9 ■ Besondere Probleme ergeben sich jedoch bei sog. Dauerstraftaten. Insoweit sind bereits die konkurrenzrechtlichen Verhältnisse und damit bereits der materiellrechtliche Tatbegriff nicht ganz unproblematisch.[21]

10 ■ Begeht der Täter ein Dauerdelikt, zB eine Freiheitsberaubung gem. § 239 StGB, und im Zusammenhang mit diesem zeitlich gestreckten Delikt zudem eine Körperverletzung gem. § 223 StGB und eine Beleidigung gem. § 185 StGB, dann werden die Taten zu einer Tat verklammert. Das führt dazu, dass wenn der Angeklagte zunächst nur wegen Freiheitsberaubung verurteilt wird, hinsichtlich der beiden Zustandsdelikte Strafklageverbrauch eintritt.

11 ■ Etwas anderes soll nur dann gelten, wenn der Unrechtsgehalt der Zustandsdelikte höher ist als der Unrechtsgehalt des verklammernden Dauerdelikts, zB wenn der Täter während der Freiheitsberaubung einen schweren sexuellen Übergriff (§ 177 Abs. 5 StGB) vornimmt.[22]

12 ■ Fraglich ist ferner, wann der Angeklagte **mehrmals** bestraft wird. Einigkeit besteht darüber, dass Art. 103 Abs. 3 GG nicht erst bei einer Bestrafung eingreift, sondern bei Entscheidungen, die in materieller Rechtskraft erwachsen, dh auch bei einem Freispruch oder Einstellungsurteil gem. § 260 Abs. 3 StPO. Konsens besteht auch darüber, dass Art. 103 Abs. 3 GG nicht nur die erneute Bestrafung, sondern auch die erneute Befassung (zur Unterscheidung zwischen Bestrafungs- und Befassungsverbot, s. oben § 8 Rn. 2) untersagt.

13 ■ Bei **gerichtlichen Verfahrenseinstellungen gem. § 153 Abs. 2 StPO** tritt ein sog. **beschränkter Strafklageverbrauch** ein.[23] Angelehnt an den Rechtsgedanken aus § 153a Abs. 1 S. 5 StPO rechtfertigt ein erhöhter Schuldgehalt nach Ansicht des BGH immer dann ein erneutes Aufgreifen des Verfahrens, wenn sich die Tat nachträglich als Verbrechen darstellt.[24] Ansonsten verbietet der sich aus dem Rechtsstaatsprinzip (Art. 20 Abs. 3 GG) ergebende Vertrauensschutz, einen strafrechtsrelevanten Sachverhalt, der einer richterlichen Würdigung unterzogen wurde, erneut zum Gegenstand eines strafgerichtlichen Verfahrens zu machen. In der Literatur ist das Meinungsbild weitgehend uneinheitlich.[25] In der neueren Literatur[26] wird fast übereinstimmend vertreten, dass bei Vorliegen eines Verbrechens eine neue Klage zuzulassen ist. Ein Vertrauenstatbestand wird auch bei vorläufiger gerichtlicher

---

20 BVerfGE 56, 22 (28); BGH NStZ 2020, 46.
21 Dazu LK/*Rissing-van Saan*, Vor § 52 Rn. 61 ff.
22 BGH NStZ 1989, 20; BGH NJW 2016, 657.
23 Nicht bei Einstellungen durch die StA, BGH StV 2021, 770.
24 BGH NStZ 2004, 633.
25 S. hierzu auch die Übersicht in BGH JR 2005, 31 (32) mit abl. Anm. *Beulke*, JZ 2004, 737 mit zust. und auf § 153 Abs. 1 S. 1 StPO ausweitender Anm. *Kühne*.
26 *Meyer-Goßner/Schmitt*, § 153 Rn. 37; so auch Löwe/Rosenberg/*Mavany*, § 153 Rn. 93 ff. mwN; aA *Radtke*, NStZ 1999, 481 (483).

Einstellung gem. § 154 Abs. 2 StPO sowie einer gerichtlichen Verfahrensbeschränkung gem. § 154a Abs. 2 StPO geschaffen,[27] während für die staatsanwaltschaftlichen Entscheidungen gem. § 154 Abs. 1 StPO kein Strafklageverbrauch eintritt.[28]

- Bei **Strafbefehlen** gibt § 373a Abs. 1 StPO einen Lösungsansatz vor, wenn später schwerwiegendere Tatvorwürfe erhoben werden. Wurde beispielsweise zunächst ein Strafbefehl wegen fahrlässiger Körperverletzung mit Verkehrsunfallflucht gem. der §§ 229, 142, 52 StGB erlassen, später jedoch, weil das Opfer zwischenzeitlich verstorben ist, der Vorwurf des § 222 StGB erhoben, darf das Verfahren nur wieder aufgenommen werden, wenn neue Tatsachen oder Beweismittel beigebracht werden, die allein oder in Verbindung mit den früheren Beweisen geeignet sind, die Verurteilung wegen eines Verbrechens zu begründen.

14

Bei Strafverurteilungen durch ausländische Gerichte gilt Art. 103 Abs. 3 GG dagegen nicht[29] (s. auch § 153c Abs. 2 StPO), es sei denn, die Wirkung ist über völkerrechtliche Verträge[30] vereinbart. Streitig ist, ob Art. 50 Grundrechtecharta der EU, der nicht die Vollstreckung des Strafurteils verlangt, als lex posterior Vorrang hat.[31]

b) Keine Verjährung (§ 78 StGB)

Die Verjährung der Straftat gem. der §§ 78 ff. StGB schließt eine Ahndung aus und stellt somit ein Verfahrenshindernis dar.

15

c) Vorliegen eines Strafantrags bei „reinen"/absoluten Antragsdelikten (§§ 123, 248b StGB) oder einer besonderen Ermächtigung (§ 194 Abs. 3 StGB)

Grundsätzlich ist bei Antragsdelikten ein wirksamer Strafantrag erforderlich. Ausnahmsweise kann dieser jedoch entfallen, wenn die Strafverfolgungsbehörde durch Bejahung eines **besonderen öffentlichen Interesses**[32] an der Strafverfolgung, wie beispielsweise bei vorsätzlichen und fahrlässigen Körperverletzungen nach den §§ 223, 229 StGB, ein Einschreiten von Amts wegen für geboten hält. Nach überwiegender Ansicht unterliegt die Entscheidung der StA dabei keiner richterlichen Nachprüfung. Das Gericht ist vielmehr an die Entscheidung der StA als „Herrin" des Ermittlungsverfahrens gebunden.[33]

16

d) Ordnungsgemäße Anklageerhebung durch die Staatsanwaltschaft (§ 151 StPO) und ordnungsgemäßer Eröffnungsbeschluss für die Hauptverhandlung (§ 203 StPO)

Sowohl die ordnungsgemäße Erhebung der öffentlichen Klage gem. der §§ 151, 170 Abs. 1 StPO als auch die Eröffnung des Hauptverfahrens nach § 203 StPO stellen Prozessvoraussetzungen dar. Hinsichtlich einer Anklage muss jedoch zwischen Unwirk-

17

---

27 KG StV 2011, 400; s. auch *Ostendorf*, in: GS-Eckert, S. 639 (650).
28 Nach BGHSt 37, 10 selbst bei ausdrücklicher Zusage einer Verfahrenseinstellung der StA; s. auch OLG Nürnberg StV 2011, 401.
29 BeckOK-StPO/*Beukelmann*, § 153c Rn. 11; KK-StPO/*Diemer*, § 153c Rn. 13; Löwe/Rosenberg/*Mavany*, § 153c Rn. 23; *Meyer-Goßner/Schmitt*, § 153c Rn. 12; s. hierzu auch BVerfG NJW 1987, 2155.
30 S. Art. 54 Schengener Durchführungsübereinkommen, BGBl. 1993 II, S. 1013 sowie Gesetz zu dem Übereinkommen zwischen den Mitgliedstaaten der EG über das Verbot der doppelten Strafverfolgung vom 11.9.1998, BGBl. II, S. 2226.
31 S. hierzu EuGH vom 27.5.2014 – C-129/14 PPU, StV 2014, 449.
32 Zum Begriff des „besonderen öffentlichen Interesses" s. BVerfGE 50, 216.
33 BGHSt 16, 225 (230); *Fischer*, § 230 Rn. 3 mwN; aA LG München StV 1990, 400, wonach das Vorliegen eines öffentlichen Interesses an der Strafverfolgung eine Verfahrensvoraussetzung darstellt, die von der Strafkammer selbstständig beurteilt werden muss und – entgegen der Auffassung der StA – auch verneint werden kann.

samkeit und bloßer Fehlerhaftigkeit unterschieden werden. Dies hängt wiederum von der **Funktion der Anklageschrift** ab. Wird der Prozessgegenstand lediglich umgrenzt und bleibt hiernach unbestimmt, auf welche Person, welchen konkreten Sachverhalt sich die Anklage erstreckt und welchen Umfang die Rechtskraft im Fall der Verurteilung hätte, so liegt eine unwirksame Anklage vor (sog. **Umgrenzungsfunktion**).[34] Selbst bei derartigen wesentlichen Mängeln der Anklageschrift kann das Gericht jedoch die Anklageschrift an die StA zurückgeben und „Nachbesserung" verlangen. Auf eine mündliche Ergänzung in der Hauptverhandlung braucht sich das Gericht allerdings nicht verweisen zu lassen. Wird der Mangel weder im Eröffnungsverfahren noch in der Hauptverhandlung durch entsprechende Klarstellung behoben, so sind Anklageschrift und Eröffnungsbeschluss unwirksam, was die Einstellung des Verfahrens zur Folge hat.[35] Probleme treten in der Praxis bei Serienstraftaten sowie in Fällen auf, die längere Zeit zurückliegen, zB beim sexuellen Missbrauch von Kindern.

Neben der Bezeichnung des Entscheidungsgegenstands in persönlicher und sachlicher Hinsicht soll die Anklageschrift den Angeklagten auch auf der Grundlage des rechtlichen Gehörs gem. Art. 103 Abs. 1 GG über den konkreten Tatvorwurf und die rechtliche Bewertung durch die StA unterrichten (sog. **Informationsfunktion**). Mängel, die diese Funktion betreffen, führen nicht zur Unwirksamkeit der Klage und stellen somit kein Verfahrenshindernis dar.[36] Sind aber beispielsweise die anzuwendenden Vorschriften nicht angegeben oder ist die Beweismittelliste unvollständig, sind diese Mängel jedoch vielfach nicht bedeutungslos, sondern erfordern klarstellende Hinweise und Maßnahmen schon im Eröffnungsverfahren und ggf. im Laufe des Hauptverfahrens.[37] In besonders schwerwiegenden Fällen können sie sogar die Ablehnung der Eröffnung des Hauptverfahrens rechtfertigen.[38]

Ein gänzlich fehlender Eröffnungsbeschluss gem. § 203 StPO kann nicht mehr nachgeholt werden und stellt ein echtes Prozesshindernis dar.[39]

3. Voraussetzungen in der Person des Beschuldigten
a) Verhandlungsfähigkeit

18 Für die Annahme einer strafrechtlichen Verhandlungsfähigkeit soll es nach Ansicht des BGH grundsätzlich genügen, „dass der Angeklagte die Fähigkeit hat, in und außerhalb der Verhandlungen seine Interessen vernünftig wahrzunehmen, die Verteidigung in verständiger und verständlicher Weise zu führen, Prozesserklärungen abzugeben oder ent-

---

34 Vgl. BGHSt 46, 130 (133) mit Anm. *Krack*, JR 2001, 423; vgl. auch OLG Karlsruhe StV 2005, 598, wonach das Strafverfahren wegen Nichteinhaltung der Umgrenzungsfunktion einer Anklage von Amts wegen einzustellen war. In diesem Fall waren bei einer Serienstraftat die Teilakte nicht zureichend nach Tatzeit, Tatort, Ausführungsart und anderen individualisierbaren Merkmalen gekennzeichnet, obwohl bei Anklageerhebung hierzu die Möglichkeit bestand.
35 BGH GA 1973, 111 (112); BGH GA 1980, 108 (109); LG Oldenburg StV 2018, 480; BGH StV 2019, 4; *Meyer-Goßner/Schmitt*, § 200 Rn. 26 mwN; aA *Beulke/Swoboda*, Strafprozessrecht, Rn. 441 mwN, die die Möglichkeit einer Nachbesserung der Anklageschrift ablehnen und das Fehlen einer nicht nachholbaren Prozessvoraussetzung konstatieren.
36 BGHSt 40, 390 (392); *Beulke/Swoboda*, Strafprozessrecht, Rn. 441; BGH NStZ 2010, 159 (160), wonach solche Fehler auch noch in der Hauptverhandlung durch Hinweise entsprechend § 265 StPO geheilt werden; *Kuckein*, StraFo 1997, 33; aA LG Dresden StV 1996, 203; OLG Schleswig NStZ-RR 1996, 111; *Löwe/Rosenberg/Stuckenberg*, § 200 Rn. 93.
37 *Löwe/Rosenberg/Stuckenberg*, § 200 Rn. 93.
38 *Löwe/Rosenberg/Stuckenberg*, § 200 Rn. 94.
39 Mängel eines Eröffnungsbeschlusses können noch in der Hauptverhandlung geheilt werden, s. BGHSt 29, 224 (227); s. aber auch BGH StV 2018, 776.

gegenzunehmen".⁴⁰ Mit dem zivilprozessualen Begriff der Prozessfähigkeit ist der Begriff der strafrechtlichen Verhandlungsfähigkeit daher nicht gleichzusetzen. So kann beispielsweise trotz Verhandlungsunfähigkeit des Angeklagten gem. § 231a StPO die Hauptverhandlung durchgeführt oder fortgesetzt werden. Wird bereits im Ermittlungsverfahren die Schuldunfähigkeit bzw. Verhandlungsunfähigkeit des Betroffenen festgestellt, kann die StA gem. der §§ 413 ff. StPO den Antrag stellen, Maßregeln der Besserung und Sicherung selbstständig anzuordnen (sog. **Sicherungsverfahren**). Stellt sich erst im Laufe der Hauptverhandlung die dauernde Verhandlungsunfähigkeit des Angeklagten heraus, ist das Verfahren einzustellen. Strittig wird in einem solchen Fall die Einleitung eines Sicherungsverfahrens angesehen. Nach der Rechtsprechung des BGH soll ein „fließender Übergang" nicht zulässig sein.⁴¹

b) Strafbarkeit⁴²

Gem. § 19 StGB sind Kinder unter 14 Jahren **schuldunfähig**. Dies begründet nicht nur einen materiellen Schuldausschließungsgrund, sondern stellt auch bereits ein **Strafverfolgungshindernis** dar. Dies hat im Weiteren zur Folge, dass strafprozessuale Ermittlungs- und Zwangsmaßnahmen nicht gegen Kinder ergriffen werden dürfen, da solche immer nur Mittel zum Zweck darstellen. So begrenzt sich das Legalitätsprinzip auf alle „verfolgbaren Straftaten" (§ 152 Abs. 2 StPO).⁴³ Insoweit dürfen Ermittlungs- und Zwangsmaßnahmen gegen „straffällige" Kinder nur nach den Länderpolizeigesetzen ergriffen werden.

19

c) Keine Immunität

Bei der Immunität von Abgeordneten des Bundestages gem. Art. 46 Abs. 2 und 4 GG sowie der Länderparlamente nach § 152a StPO iVm den entsprechenden Landesvorschriften **handelt es sich nicht um einen persönlichen Strafausschließungsgrund, sondern lediglich um ein Verfahrenshindernis**, das nur bis zur Beendigung der Immunität der Durchführung des Strafverfahrens entgegensteht. Das jeweilige Parlament kann die Immunität des Abgeordneten jederzeit aufheben, indem sie Strafverfolgungsmaßnahmen genehmigt (vgl. Art. 46 Abs. 2 GG).

20

Etwas anderes gilt im Bereich des UN-Rechts gem. Art. 27 Römisches Statut. Dieses Statut gilt gleichermaßen für alle Personen, ohne jeden Unterschied nach amtlicher Eigenschaft. Es entbindet daher Staats- und Regierungschefs, Regierungsmitglieder, Parlamentsabgeordnete, Vertreter oder sonstige Amtsträger einer Regierung nicht von ihrer strafrechtlichen Verantwortlichkeit. Immunitäten oder besondere Verfahrensregeln, die nach innerstaatlichem Recht oder nach dem Völkerrecht mit der amtlichen Eigenschaft einer Person verbunden sind, hindern den Internationalen Strafgerichtshof demzufolge nicht an der Ausübung seiner Gerichtsbarkeit über eine solche Person. Die „Mächtigen der Welt" sollen gerade von diesem Gericht zur Verantwortung gezogen werden.

---

40 BGHSt 41, 16 (18).
41 BGHSt 46, 345.
42 Üblicherweise wird hier der Begriff der „Strafmündigkeit" gewählt. Mündig werden für eine Bestrafung entspricht zwar der Hegelschen Strafphilosophie, wonach die Strafe ein Recht des Verbrechers darstellt, mit der er „als Vernünftiges geehrt" werde (Grundlinien der Philosophie des Rechts, 1821, S. 100, abgedruckt bei *Vormbaum*, Moderne deutsche Strafrechtsdenker, 2010, S. 144), nicht aber mehr der heutigen (jugend-)strafrechtlichen Zielsetzung, s. auch § 2 Abs. 1 JGG.
43 Zum Ausschluss von strafprozessualen Ermittlungs- und Zwangsmaßnahmen gegen Kinder s. im Einzelnen Ostendorf/*Ostendorf*, JGG, § 1 Rn. 4.

4. Streitige Fälle

a) Tatprovokation

21 Der Einsatz von Lockspitzeln (sog. agent provocateur) im Strafverfahren wirft einige rechtliche Fragen auf. Neben der materiell-strafrechtlichen Frage, ob und unter welchen Umständen der Lockspitzel für sein provozierendes Verhalten wegen Anstiftung zu einer Straftat iSd § 26 StGB bestraft werden kann,[44] steht die Bewertung der Tatprovokation und damit die Folgen für den Provozierten im Mittelpunkt der strafprozessualen Diskussion.

Die unterschiedlichen Auffassungen von BGH, BVerfG und EGMR betreffen sowohl die konkreten Umstände, unter denen die Voraussetzungen einer Tatprovokation angenommen werden, als auch die daran anknüpfenden Rechtsfolgen.

Die Tatprovokation wird grundsätzlich am Recht des fairen Verfahrens gemessen, das in Art. 6 EMRK und im Rechtsstaatsprinzip nach Art. 20 Abs. 3 GG verankert ist.

Insoweit ist zu berücksichtigen, dass Art. 6 EMRK über die Art. 13, 34, 41 EMRK flankiert wird und eine Verletzung des Rechts auf faires Verfahren den Weg einer Individualbeschwerde zum EGMR gem. Art. 34 EMRK freimacht (s. § 13 Rn. 68 ff.). Eine Verurteilung der Bundesrepublik Deutschland durch den EGMR im Rahmen einer Individualbeschwerde wegen Verletzung der in Art. 6, 13 EMRK gewährten Rechte kann allerdings dann vermieden werden, wenn der Betroffene einen Ausgleich bzw. eine Wiedergutmachung für sein erlittenes Verfahrensunrecht erlangt und ihm dadurch die Opfereigenschaft genommen wird. Wie diese Wiedergutmachung zu erfolgen hat, war Gegenstand einer kontroversen Auseinandersetzung und wurde nicht einheitlich bewertet.

Auch wenn sich BGH, BVerfG und EGMR in ihren Auffassungen mittlerweile angenähert haben, besteht weder Klarheit darüber, wann eine das Fairnessgebot verletzende unzulässige Tatprovokation iSv Art. 6 EMRK vorliegt, noch darüber, wie eine solche Verletzung kompensiert werden kann, dh welche Rechtsfolgen der Verstoß gegen Art. 6 EMRK auslöst.

aa) Voraussetzungen der Tatprovokation

22 Der EGMR erachtet das Verhalten des Lockspitzels als zulässig, wenn der provozierte Täter tatgeneigt ist, der Lockspitzel sich im Wesentlichen passiv verhält und keinen Druck auf die Zielperson zur Tatbegehung ausübt.[45] Rechtsstaatswidrig ist dagegen eine Anstiftung.

> **EGMR NJW 2021, 3515 (3521)**
> „Anstiftung durch die Polizei liegt vor, wenn die eingesetzten Personen – Mitglieder der Polizeikräfte oder Personen, die in ihrem Auftrag tätig werden – sich nicht darauf beschränken, strafbares Verhalten im Wesentlichen passiv zu ermitteln, sondern diejenigen, auf die sie angesetzt sind, derart beeinflussen, dass sie sie anstiften, eine Straftat zu begehen, die sie sonst nicht begangen hätten, um so die Straftat nachweisen zu können, dh Beweise zu beschaffen und die Tat strafrechtlich zu verfolgen. Grund für das Verbot der Anstiftung durch die Polizei ist, dass sie die Aufgabe hat, Straftaten zu verhindern und aufzuklären, nicht aber, zu ihrer Begehung anzustiften."

---

44 Dazu BeckOK StGB/*Kudlich*, § 26 Rn. 22 ff.
45 EGMR NJW 2021, 3515 (3521); dazu erläuternd *Weigend*, KriPoZ 2022, 131.

Der EGMR stellt weiter klar:

> **EGMR NJW 2021, 3515 (3521)**
> „Bei der Anwendung der genannten Kriterien liegt die Beweislast bei den Behörden. Die Strafverfolgungsbehörden müssen beweisen, dass es keine Anstiftung gegeben hat, vorausgesetzt, dass die Behauptungen des Angekl. nicht völlig unwahrscheinlich sind."

Nach Auffassung des BGH ist eine Tatprovokation unzulässig, wenn eine zunächst unverdächtige und nicht tatgeneigte Person durch eine staatlich beauftragte Vertrauensperson zu einer Straftat veranlasst wird, die zu einem Strafverfahren führt. Im Hinblick auf die Intensität der Tatprovokation legt der BGH allerdings einen strengeren Maßstab an als der EGMR. Er sieht die Grenze zulässiger Tatprovokation dann erreicht, wenn eine von der Polizei beauftragte Vertrauensperson auf den Täter im Hinblick auf die Auslösung oder Intensivierung der Tatplanung erheblich einwirkt.[46] Auch bei Vorliegen eines Anfangsverdachts kann eine rechtsstaatswidrige Tatprovokation vorliegen, sofern die Einwirkung im Verhältnis zum Anfangsverdacht als „unvertretbar übergewichtig"[47] anzusehen ist, etwa wenn der Täter zu einer Straftat mit deutlich höherem Unrechtsgehalt veranlasst wurde. Bei der erforderlichen Abwägung sind insbes. Grund und Gewicht des gegen den Betroffenen bestehenden Verdachts, Art, Intensität und Zweck der Einwirkung sowie die eigenverantwortliche, nicht fremdgesteuerte Tätigkeit des Betroffenen zu berücksichtigen.

bb) Rechtsfolgen der Tatprovokation

Das zu den Rechtsfolgen einer unzulässigen Tatprovokation vertretene Meinungsspektrum reicht von einem Strafmilderungsgrund über ein Beweisverwertungsverbot der Aussage des provozierenden Lockspitzels bis zur Annahme eines Prozesshindernisses für das Strafverfahren gegen den Provozierten.

Der BGH hat lange Zeit die rechtsstaatswidrige Tatprovokation durch einen polizeilichen Lockspitzel grundsätzlich erst im Rahmen der Strafzumessung berücksichtigt.[48]

Wiederholt hat sich der EGMR jedoch gegen diese Strafzumessungslösung ausgesprochen und bei unzulässiger Tatprovokation ein Beweisverwertungsverbot angenommen.[49]

Das BVerfG hat sich bei der Bewertung der Tatprovokation in der Vergangenheit weniger restriktiv als der EGMR gezeigt und – wie der BGH – die Strafzumessungslösung als Kompensation für das rechtsstaatswidrige Verhalten der Strafverfolgungsbehörden im Grundsatz gebilligt.[50] Das BVerfG hebt hervor, dass das Recht auf ein faires Verfahren im Kontext einer funktionstüchtigen Strafrechtspflege zu bewerten sei, so dass sich aus dem Rechtsstaatsprinzip nur in extremen Ausnahmefällen ein Beweisverwertungsverbot ergibt.

Inzwischen hat der BGH jedoch eine Kehrtwende vollzogen und bejaht nunmehr in Fällen rechtsstaatswidriger Tatprovokation regelmäßig ein von Amts wegen zu beachtendes Verfahrenshindernis als adäquaten Ausgleich für den Konventionsverstoß.[51]

---

46 BGH NJW 2022, 1826 (1829).
47 BGH NStZ 2018, 355 (357); NStZ 2023, 243 (245).
48 BGH NJW 2000, 1123; NStZ 2009, 405.
49 EGMR NJW 2009, 3565; NJW 2015, 3631; NJW 2021, 3515.
50 BVerfG NJW 2015, 1083 (1085 f.).
51 BGHSt 60, 276.

cc) Gesetzliche Regelung zur Tatprovokation in § 110c StPO-E

24 Insbesondere vor dem Hintergrund, dass die Rechtsprechung zu den Voraussetzungen und Rechtsfolgen einer rechtsstaatswidrigen Tatprovokation uneinheitlich ist, bestimmt ein Regierungsentwurf des BMJV in § 110c StPO-E nunmehr zusätzlich zu den Vorgaben für den Einsatz von V-Personen (§ 110b StPO-E, vgl. § 11 Rn. 42) die Voraussetzungen eines zulässigen Verleitens zu Straftaten sowie die prozessualen Folgen einer rechtsstaatswidrigen Tatprovokation. Gem. § 110c Abs. 1 S. 1 StPO-E dürfen VE und V-Personen im Rahmen eines zulässigen Einsatzes (§§ 110a, 110b StPO-E) einen Beschuldigten ausnahmsweise zu einer Straftat verleiten, wenn hinreichende Anhaltspunkte dafür vorliegen, dass der Beschuldigte bereits generell zur Begehung von Taten dieser Art bereit war und das Verleiten ohne erhebliches Einwirken auf den Beschuldigten erfolgen kann. Nach § 110c Abs. 2 S. 2 StPO-E steht das Verleiten unter einem Richtervorbehalt. Verstöße gegen diese prozessualen Vorgaben können ein Beweisverwertungsverbot auslösen.[52] Nach § 110c Abs. 3 S. 2 StPO-E ist die Tatprovokation rechtsstaatswidrig, wenn ein VE oder eine V-Person in einer dem Staat zurechenbaren Weise erheblich auf eine Person einwirkt, um ihre Tatbereitschaft zu wecken oder ihre Tatplanung wesentlich zu intensivieren. § 110 Abs. 3 S. 1 StPO-E kodifiziert für diesen Fall ein Verfahrenshindernis, das jedoch nicht in Betracht kommt, wenn ein Exzess oder ein eigenmächtiges Verhalten der V-Person bzw. des VE vorliegt.

Der Entwurf des § 110c StPO wird als unzureichend kritisiert. Der Gesetzgeber suggeriere, es gäbe neben der rechtsstaatswidrigen auch eine rechtsstaatliche Tatprovokation, obwohl der EGMR eine solche Kategorie nicht anerkenne. Zudem wird moniert, dass der Gesetzentwurf die „Verleitung zu einer Straftat" als grundsätzlich zulässige Ermittlungsmaßnahme konzipiere, was den Prinzipien des EGMR widerspräche. Gefordert wird eine klarere Trennung zwischen erlaubten und verbotenen Ermittlungsmethoden und eine explizite Verankerung eines Verbots der Tatprovokation in der Strafprozessordnung, ähnlich wie in anderen Rechtsordnungen.[53]

b) Begrenzte Lebenserwartung

25 Das Prozesshindernis der „begrenzten Lebenserwartung" wurde erst im **Fall „Erich Honecker"** entwickelt. Das Verfahren gegen den ehemaligen Vorsitzenden des Staatsrates der DDR wurde vom VerfGH Berlin[54] gem. § 206a StPO aus Gründen der Menschenwürde eingestellt, da medizinische Gutachten ergaben, dass Honecker aufgrund einer Leberkrebserkrankung das Verfahrensende vermutlich nicht mehr miterleben würde. Ein Verfahrenshindernis aufgrund der begrenzten Lebenserwartung des Angeklagten anzunehmen, erscheint jedoch aufgrund des Interesses der Allgemeinheit an der Aufklärung und Aburteilung schwerwiegender Straftaten problematisch. Hier reichen idR die Prüfung der Verhandlungsfähigkeit sowie die Berücksichtigung im Rahmen der Strafzumessung.[55] Auch wenn eine schwerwiegende Lebens- oder Gesundheitsgefahr durch das Strafverfahren selbst verursacht wird, liegt Verhandlungsunfähigkeit vor.[56] Vor einer Ausweitung von Prozesshindernissen durch Richterrecht[57] sind die gesetzlichen Lösungsmöglichkeiten auszuschöpfen.

---

52 RegE, Entwurf eines Gesetzes zur Regelung des Einsatzes von Verdeckten Ermittlern und Vertrauenspersonen sowie zur Tatprovokation, S. 45.
53 Esser, in: LTO, 12.4.2024, https://www.lto.de/persistent/a_id/54319/.
54 BerlVerfGH NJW 1993, 515.
55 Abl. zu der Entscheidung des BerlVerfGH *Beulke/Swoboda*, Strafprozessrecht, Rn. 445; *Schlüchter*, S. 149.
56 S. aber auch BVerfG NJW 2002, 51.
57 S. BVerfGE 92, 277; wie hier *Volk/Engländer*, Grundkurs StPO, § 14 Rn. 29.

c) Überlänge des Verfahrens/fair-trial-Prinzip

Ein Verfahrenshindernis kann im Extremfall auch bei **Überlänge des Verfahrens – Verstoß gegen das fair-trial-Prinzip** – eintreten.[58] Von großer Bedeutung ist hierbei die Rechtsprechung des Europäischen Gerichtshofs[59] für Menschenrechte im Hinblick auf Art. 6 Abs. 1 EMRK: Anspruch der Beschuldigten auf eine strafrechtliche Verhandlung „innerhalb angemessener Frist".[60]

26

Wurde eine konventions- und rechtsstaatswidrige Verfahrensverzögerung festgestellt, werden in der Rechtsprechung unterschiedliche Konsequenzen gezogen.[61] Diese reichen von der Feststellung im Urteil, dass eine rechtsstaatswidrige Verfahrensverzögerung vorliegt,[62] über eine materiell-rechtliche Kompensation im Rahmen der Strafzumessung[63] bis hin zu einem strafprozessualen Ausgleich durch eine Verfahrenseinstellung aus Opportunitätsgründen[64] oder aufgrund eines Verfahrenshindernisses[65]. Auch eine finanzielle Entschädigung kommt als Kompensationsmöglichkeit in Betracht (§§ 198 ff. GVG).

Bis zum Jahr 2008 vertrat die Rechtsprechung für den „Fall" der rechtsstaatswidrigen Verfahrensverzögerung die sog. Strafzumessungslösung[66] bzw. Strafabschlagslösung[67]. 2008 vollzog der Große Strafsenat einen „Systemwechsel"[68] und ersetzte die Strafzumessungslösung durch eine Anrechnungs- bzw. Vollstreckungslösung. Danach soll der Angeklagte in einem ersten Schritt ohne eine mildernde Berücksichtigung der rechtsstaatswidrigen Verfahrensverzögerung zur schuldangemessenen und präventiv erforderlichen Strafe verurteilt werden. In einem zweiten Schritt ist sodann im Urteilstenor von dieser (Gesamt-)Strafe ein der rechtsstaatswidrigen Verzögerung adäquater Teil als bereits vollstreckt auszusprechen. Dabei greift der Große Strafsenat des BGH auf § 51 Abs. 1 S. 1, Abs. 4 S. 2 StGB als normative Verankerung zurück und will den Rechtsgedanken dieser Vorschrift fruchtbar machen.[69]

d) Mediale Vorverurteilung/Prangerwirkung

In der heutigen „Mediengesellschaft" erregen schwerwiegende Straftaten im allgemeinen und Straftaten von Personen des öffentlichen Lebens eine besondere Aufmerksamkeit, die zT auch zu medialen Vorverurteilungen führt. Dies kann zu einer Verletzung des fair-trial-Prinzips führen, insbes. dann, wenn staatliche Stellen an einer solchen Vorverurteilung mitwirken.[70] In der Rechtsliteratur wird zT in „extremen

27

---

58 S. BVerfG NStZ 1984, 128; BGH StV 2001, 89; hierzu Anm. von *Ostendorf/Radke,* JZ 2001, 1094; s. aber auch BGH NJW 1990, 56: nur Strafmilderung; s. auch BGH StV 2019, 444 (3 Entscheidungen); BGH NJW 1990, 1000: Einstellung wegen Geringfügigkeit gem. § 153 Abs. 2 StPO; s. auch NK-StGB/ *Streng,* § 46 Rn. 90.
59 S. hierzu auch die Fallauswertung für das Jahr 2000/2001 bei *Kühne,* StV 2001, 529 (531 ff.).
60 S. hierzu *Laue,* Jura 2005, 89 ff.
61 Einen ausführlichen Überblick gibt *Waßmer,* ZStW 118 (2006), 159 (177 ff.).
62 *Maier/Percic,* NStZ-RR 2009, 329; *Schäfer/Sander/van Gemmeren,* Strafzumessung, Rn. 778; NK-StGB/ *Streng,* § 46 Rn. 90.
63 BGH NStZ-RR 2000, 343; BGH NJW 1999, 1198 (1199).
64 BVerfG NJW 1993, 3254 (3255); *Krehl/Eidam,* NStZ 2006, 1 (8); *Fischer,* § 46 Rn. 130.
65 BVerfG NJW 1993, 3254 (3255); BGHSt 46, 159 (169); *Hillenkamp,* NJW 1989, 2841 (2842); *I. Roxin,* Rechtsfolgen schwerwiegender Rechtsverstöße, S. 243 ff.
66 *Schäfer/Sander/van Gemmeren,* Strafzumessung, Rn. 768.
67 BGH NStZ 1997, 29.
68 So die selbstgewählte Bezeichnung des Großen Senats, BGHSt 52, 124 (129); im Weiteren ständige Rechtsprechung, s. BGH StV 2021, 355.
69 Zur Kritik *Brüning,* ZJS 2011, 409 (411 ff.).
70 S. *Weiler,* ZRP 1995, 136.

Ausnahmefällen" ein Verfahrenshindernis begründet, dies wird allerdings von der hM abgelehnt[71] und stattdessen eine Lösung über die Einstellung des Verfahrens aus Opportunitätsgründen oder über Strafmilderung gesucht.[72]

28 **Lösung zu den Fällen:**

Fall 1: Der deutschen Gerichtsbarkeit unterliegt gem. § 7 Abs. 2 Nr. 1 StGB auch die Straftat eines Deutschen im Ausland. Für die Zuständigkeit deutscher Gerichte ist es ausreichend, wenn die Tat am Ort ihrer Begehung unter irgendeinem rechtlichen Gesichtspunkt mit Strafe bedroht ist. Dabei kommt es auch nicht darauf an, dass der ausländische Straftatbestand die gleiche oder eine ähnliche Schutzrichtung wie das anzuwendende deutsche Strafrecht hat. A muss sich daher vor einem deutschen Gericht verantworten (s. OLG Celle NJW 2001, 2734). Hier käme aber auch eine Einstellung gem. § 153c Abs. 1 S. 1 Nr. 1 StPO in Betracht.

Fall 2: Der Begriff der Tat iSd verfassungsrechtlichen Doppelbestrafungsverbots (Art. 103 Abs. 3 GG) richtet sich nach der verfahrensrechtlichen Bestimmung des § 264 StPO (sog. prozessualer Tatbegriff). Eine prozessuale Tat ist hiernach ein einheitlicher geschichtlicher Vorgang, innerhalb dessen der Angeklagte einen Straftatbestand verwirklicht haben soll. Umfasst soll das gesamte Verhalten des Täters sein, soweit es nach natürlicher Betrachtungsweise einen einheitlichen Lebensvorgang darstellt. Trunkenheit im Verkehr und ein gleichzeitig verwirklichter unerlaubter Besitz von Betäubungsmitteln stehen danach zumindest im Verhältnis prozessualer Tatidentität zueinander, wenn man annimmt, dass die Fahrt gerade dem Transport der Drogen diente. Das Verfahren ist somit wegen Strafklageverbrauchs („ne bis in idem") einzustellen. Anders ist der Fall lediglich dann zu bewerten, wenn das Mitsichführen der Betäubungsmittel in keinem inneren Beziehungs- bzw. Bedingungszusammenhang mit dem Fahrvorgang steht (hierzu BGH NStZ 2009, 705).

Fall 3: Siehe § 8 Rn. 21.

---

[71] BGH NJW 1995, 341; Löwe/Rosenberg/*Stuckenberg*, § 206a Rn. 89; *Meyer-Goßner/Schmitt*, Einl. Rn. 148c.
[72] BGH StV 2019, 441; umfassend *Fröhling*, Der moderne Pranger, 2014, S. 352 ff.

§ 9 Die justiziellen Verfahrensbeteiligten

I. Die Staatsanwaltschaft

1. Aufgaben und Rechte

Der Staatsanwaltschaft obliegt die **Leitung des Ermittlungsverfahrens** (§ 160 StPO), gestärkt durch das behördliche und politische Auskunftsrecht (§ 161 Abs. 1 StPO).[1] Sie entscheidet über den Abschluss des Ermittlungsverfahrens, sie ist für die Anklageerhebung zuständig und vertritt diese in der Hauptverhandlung (§§ 152 Abs. 1, 243 Abs. 3 StPO), sie kann Rechtsmittel einlegen (§ 296 Abs. 1, Abs. 2 StPO) und sie ist bei erwachsenen Verurteilten zuständig für die Strafvollstreckung (§ 451 StPO).[2] Die Staatsanwaltschaft wird als „**Herrin des Ermittlungsverfahrens**" bezeichnet.

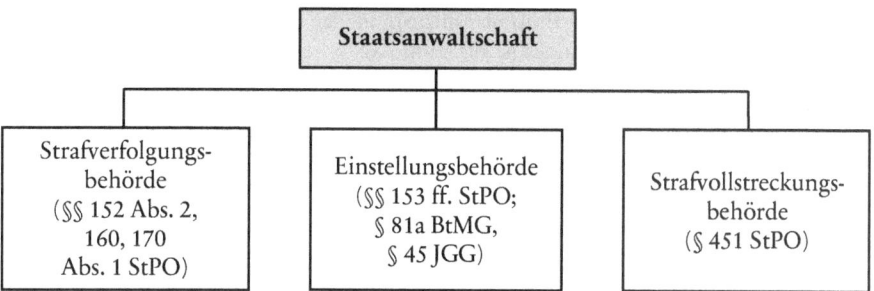

Der Staatsanwaltschaft werden zunehmend vom Gesetzgeber selbstständige Entscheidungskompetenzen übertragen, wie insbes. die Einstellung von Ermittlungen (s. §§ 153 Abs. 1 S. 2, 153a Abs. 1 S. 6 StPO, 31a Abs. 1 BtMG) – „Richter vor dem Richter".[3] Die Staatsanwaltschaft ist somit nicht nur Strafverfolgungsbehörde, sie ist auch Einstellungsbehörde.[4] Auch prozessual ist die Position vom Gesetzgeber verstärkt worden. So ist der Beschuldigte gem. § 163a Abs. 3 S. 1 StPO verpflichtet, vor der Staatsanwaltschaft zu erscheinen. Ansonsten kann die Vorführung durch die Polizei angeordnet werden (§ 163a Abs. 3 S. 2 iVm § 134 StPO). Indirekt wird die Position der Staatsanwaltschaft mit der Erweiterung der Ermittlungsbefugnisse im Ermittlungsverfahren, zB bei der Überwachung der Telekommunikation gestärkt. Praxisrelevant sind Befugnisse zur Datenübermittlung aus Strafverfahren (§§ 479, 481 Abs. 1 S. 2 StPO) sowie das zentrale Staatsanwaltliche Verfahrensregister gem. den §§ 492 ff. StPO, womit über Erfassungen im Bundeszentral- und Erziehungsregister hinaus sämtliche Ermittlungsverfahren bezüglich bekannter Tatverdächtiger erfasst werden.[5]

2. Stellung im Justizsystem

Im Hinblick auf die rechtlich-dominante Aufgabenstellung im Ermittlungsverfahren und den weiteren Aufgaben im Strafprozess ist die Staatsanwaltschaft ein **justizielles**

---

[1] Zur faktischen Dominanz der Polizei s. § 7 Rn. 3.
[2] Das gilt nicht im Jugendstrafrecht, dort ist der Jugendrichter Vollstreckungsbehörde (§ 82 Abs. 1 JGG).
[3] *Kausch*, Der Staatsanwalt – ein Richter vor dem Richter?, 1980.
[4] *Ostendorf*, in: FS zum 125jährigen Bestehen der StA Schleswig-Holstein mit dem Titel „Strafverfolgung und Strafverzicht?", hrsg. von Ostendorf, 1992, Einleitung.
[5] Siehe hierzu sowie zur Datenverarbeitung im Strafverfahren *Rösler*, Datenschutz im Jugendstrafrecht, 2018, S. 285 ff.

Strafverfolgungsorgan. Die Organisation der Staatsanwaltschaft ist dementsprechend in den §§ 141 ff. GVG geregelt. Im Unterschied zu den unabhängigen Gerichten ist die Staatsanwaltschaft aber eine Behörde und hierarchisch gegliedert.[6] Der einzelne Staatsanwalt ist als Beamter **weisungsabhängig** (§ 146 GVG). Interne Weisungen können vom staatsanwaltlichen Behördenleiter sowie vom Generalstaatsanwalt, externe Weisungen können vom Justizminister des jeweiligen Bundeslandes bzw. vom Bundesjustizminister gegenüber dem Generalbundesanwalt gegeben werden. Im Hinblick auf die Gesetzesgebundenheit (Art. 20 Abs. 3 GG) gibt es insoweit jedoch Grenzen, die auch strafbewehrt sind (s. einerseits § 258a StGB, andererseits § 344 StGB). So darf dem einzelnen Staatsanwalt nicht vorgegeben werden, wie er in der Hauptverhandlung agiert, da nur mit der Auswertung der Hauptverhandlung richtige Entscheidungen getroffen werden können. Der Behördenleiter kann aber gem. § 145 Abs. 1 GVG die Dienstgeschäfte selbst übernehmen (**Devolutionsprinzip**) oder einen anderen Staatsanwalt damit beauftragen (**Substitutionsprinzip**). In der Praxis werden ausdrückliche Weisungen selten erteilt. Wichtiger ist die Einflussnahme der Vorgesetzten (Abteilungsleiter, Behördenleitung, Generalstaatsanwalt) über Dienst- und Fallbesprechungen, Berichtspflichten, Gegenzeichnungspflichten, über generelle Weisungen in Form von ministeriellen Erlassen und Rundverfügungen des Generalstaatsanwalts iS einer bestimmten Kriminalpolitik zB zur Verfolgung von Bagatellkriminalität, Drogenkriminalität sowie die innere Abhängigkeit im Hinblick auf Beurteilungen und Beförderungen. Über die Einstellung in den staatsanwaltlichen Dienst sowie über Beförderungen wird im Justizministerium entschieden. Die Stellung des Generalstaatsanwalts als politischer Beamter, der damit aus politischen Gründen ablösbar ist, ist zwar in den Ländern aufgegeben, gilt aber für den Generalbundesanwalt weiterhin. Die Staatsanwaltschaft ist so organisatorisch Teil der Exekutive, gehört aber inhaltlich zur dritten Gewalt, zur Justiz („**Zwitterstellung**").[7] Die Staatsanwaltschaft wird daher auch als „Organ sui generis" bezeichnet.[8]

Im Unterschied zum US-amerikanischen Rechtskreis ist der Staatsanwalt nicht einseitiger Anklagevertreter, er soll auch die entlastenden Aspekte ermitteln und darstellen (§ 160 Abs. 2 StPO; s. auch §§ 296 Abs. 2, 301 StPO). Die Staatsanwaltschaft ist somit zur **Objektivität verpflichtet**.

3 In der Rechtslehre ist **umstritten, ob die Staatsanwaltschaft an die höchstrichterliche Rechtsprechung gebunden ist**. In der Praxis ist dies allenfalls ein singuläres Problem, zumal in vielen Fällen keine einheitliche Rechtsprechung festzustellen ist. So ist das Anklageverhalten mehr von den jeweiligen Erfolgsaussichten geprägt. Für eine autonome Entscheidungsbefugnis über Anklage oder Nichtanklage spricht insbes. § 150 GVG, wonach die Staatsanwaltschaft „in ihren amtlichen Verrichtungen" unabhängig ist, sowie das Anklagemonopol (§ 152 Abs. 1 StPO) (s. auch § 4 Rn. 3). Darüber hinaus muss eine Bindung im Falle einer Anklage nicht eingefordert werden, da die Rechtsprechung schon über die Ablehnung der Eröffnung des Hauptverfahrens, spätestens im Urteil durchgesetzt werden kann. Soweit entgegen einer gefestigten Rechtsprechung keine Anklage erhoben wird, gibt es das – allerdings vom Gesetzgeber auf

---

6 Bezeichnend ist die geläufige Abkürzung des Generalstaatsanwalts mit „General".
7 Diese Einordnung entspricht der hM, s. *Kindhäuser/Schumann*, Strafprozessrecht, § 5 Rn. 1; *Roxin/Schünemann*, Strafverfahrensrecht, § 9 Rn. 10; *Beulke/Swoboda*, Strafprozessrecht, Rn. 146; zu Forderungen der Berufsverbände, Staatsanwälte den Richtern gleichzustellen s. *Albrecht*, Kriminologie, § 18 III. 1.
8 Sowohl die hM vgl. dazu SSW-StPO/*Beulke*, Vor §§ 141 ff. Rn. 3; nicht zu Unrecht kritisch *Koller*, Die Staatsanwaltschaft – Organ der Judikative oder Exekutivbehörde?, passim.

I. Die Staatsanwaltschaft

Einstellungen gem. § 170 Abs. 2 S. 1 StPO reduzierte und von der Rechtsprechung zusätzlich gestutzte (s. auch § 14 Rn. 6) – Klageerzwingungsverfahren (§ 172 StPO). Die Einforderung einer Bindungswirkung[9] durch die Rechtsprechung erscheint im Hinblick auf die Wahrung ihrer Machtposition verständlich. Durchsetzen kann sie ihre Position aber nur über den Weg des Klageerzwingungsverfahrens.

3. Organisation und Zuständigkeit

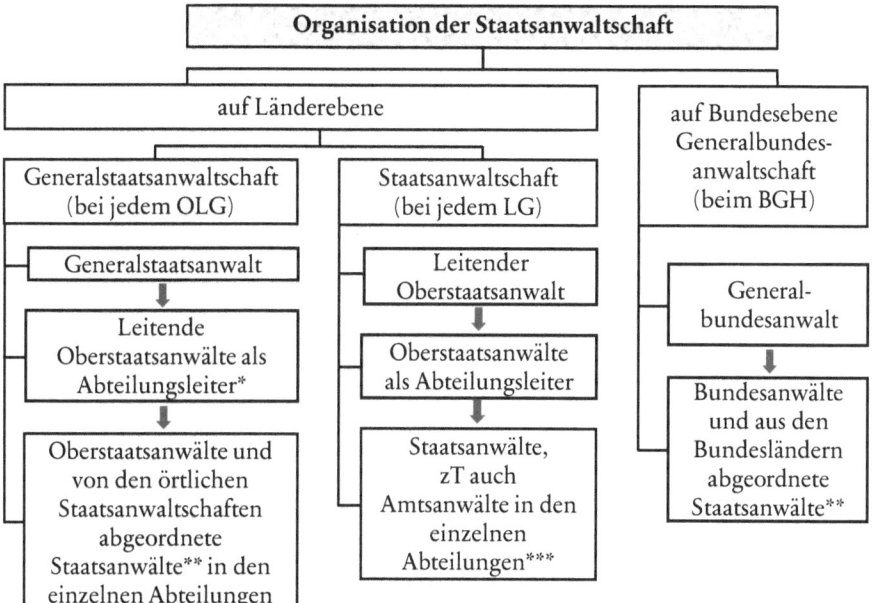

4

* Der Leiter der Abteilung 1 ist regelmäßig Vertreter des Generalstaatsanwalts.
** „Zur Erprobung" für höhere Aufgaben mit Beförderung.
*** Die Abteilungen sind nach wichtigen Deliktsbereichen (Wirtschafts-, Umwelt-, Sexualdelikte; allgemeine Delikte) und nach Erwachsenen- und Jugendlichen-/Heranwachsendensachen (s. § 36 JGG) unterteilt.

Das Weisungsrecht gilt nur für den jeweiligen Strang auf Länder- bzw. Bundesebene, dh der Generalbundesanwalt ist nicht Dienstvorgesetzter der Staatsanwaltschaften auf Länderebene. Allerdings kann der Generalbundesanwalt mit der Übernahme von Verfahren gem. § 120 Abs. 2 GVG in die Kompetenz der Länderstaatsanwaltschaften eingreifen. Die Zuständigkeit des Generalbundesanwalts im ersten Rechtszug ist im § 142a GVG iVm § 120 Abs. 1 und 2 GVG geregelt; weiterhin ist der Generalbundesanwalt zuständig für selbst eingelegte Revisionen beim BGH; von den Länderstaatsanwaltschaften eingelegte Revisionen beim BGH kann der Generalbundesanwalt dort vertreten. Die örtliche Zuständigkeit der Länderstaatsanwaltschaften richtet sich nach der örtlichen Zuständigkeit des Gerichts, für das sie bestellt sind (§ 143 Abs. 1 GVG), also nach dem jeweiligen LG- bzw. OLG-Bezirk.

Neben Staatsanwälten können auch **Amtsanwälte** für Verfahren vor den Amtsgerichten eingesetzt werden (§ 142 Abs. 1 Nr. 3 Abs. 2, § 145 Abs. 2 GVG). Amtsanwälte

5

---

9 BGHSt 15, 155; OLG Zweibrücken wistra 2007, 275.

sind besonders ausgebildete Rechtspfleger, zT werden auch „Volljuristen" als Amtsanwälte eingestellt. Die Praxis des Einsatzes ist in den Bundesländern sehr unterschiedlich.[10]
Weiterhin können im staatsanwaltlichen Dienst auch Referendare eingesetzt werden (§ 142 Abs. 3 GVG), wovon in der Praxis sowohl zu Ausbildungszwecken als auch zur Arbeitsentlastung häufig Gebrauch gemacht wird.
Zur Unterstützung der Staatsanwaltschaft kann die **Gerichtshilfe** (Sozialarbeiter/Sozialpädagogen) eingesetzt werden (§ 160 Abs. 3 S. 2 StPO):[11]

- zur Ermittlungshilfe bei der Erstellung eines Persönlichkeitsbildes des Beschuldigten[12]
- zur Haftentscheidungshilfe, um Alternativen zur Untersuchungshaft einzubringen
- zur Durchführung eines Täter-Opfer-Ausgleichs als Grundlage für eine Verfahrenseinstellung gem. § 153a Abs. 1 Nr. 1 bzw. gem. § 153b Abs. 1 StPO iVm § 46a Nr. 1 StGB
- zur Abwendung der Ersatzfreiheitsstrafe (§ 43 StGB) durch sog. Arbeit statt Strafe (Art. 293 EGStGB).

Die Gerichtshilfe ist unterschiedlich in den Bundesländern organisiert, zT bei der Staatsanwaltschaft, zT bei der Justizverwaltung, zT bei den Gerichten.[13]

II. Das Gericht

1. Rechtsstellung

6 Gem. Art. 92 GG ist die rechtsprechende Gewalt den Richtern anvertraut, wobei in der Strafjustiz – zT auch in anderen Gerichtszweigen – neben berufsmäßigen Richtern auch ehrenamtliche Richter eingesetzt werden. Im Strafprozess heißen die ehrenamtlichen Richter Schöffen. Alle **Richter** sind **unabhängig**, dh ihnen können weder vom Justizminister oder anderen Regierungspersonen noch von höherrangigen Richtern Weisungen erteilt werden (s. Art. 97 GG). Etwas anderes ist die innere Unabhängigkeit, dh das Freisein von einem Karriereopportunismus, von Rücksichtnahmen auf Kollegen sowie von Medienbeeinflussungen. Art. 101 Abs. 1 S. 2 GG garantiert, dass niemand seinem gesetzlichen Richter entzogen werden darf. Daher muss die Zuständigkeit gesetzlich geregelt werden, wobei die gesetzlichen Zuständigkeitsregeln durch den sog. Geschäftsverteilungsplan (§ 21e GVG) ergänzt wird, der für die Dauer eines Geschäftsjahres die anfallenden richterlichen Geschäfte auf die einzelnen Senate (beim BGH und beim OLG), Kammern (beim LG) oder Abteilungen eines Gerichts (beim AG) verteilt. Ein Richter darf deshalb nicht durch einen anderen Richter abweichend von den gesetzlichen Zuständigkeitsregelungen oder abweichend vom Geschäftsverteilungsplan ersetzt werden.

Erst die Unabhängigkeit der Richter sichert die Gewaltenteilung gem. Art. 20 Abs. 2 GG; sie gilt deshalb nicht in absolutistischen oder diktatorischen Staatssystemen.

---

10 Zum – unzulässigen – Einsatz in Jugendstrafsachen s. Ostendorf/*Schady*, JGG, § 36 Rn. 7.
11 Zum Einsatz der Jugendgerichtshilfe in Jugendstrafverfahren s. § 38 JGG.
12 Kritisch insoweit *Roxin/Schünemann*, Strafverfahrensrecht, § 9 Rn. 31.
13 S. hierzu *Ostendorf*, BewH 2006, 26 (27); s. auch *Sonnen* und *Thier*, jeweils in: FS „Strafverfolgung und Strafverzicht", hrsg. v. Ostendorf, 1992, S. 431 ff. bzw. S. 447 ff.

> **Ausschnitt aus dem Richterbrief Nr. 1 vom 1. Oktober 1942:**
> „Nach alter germanischer Rechtsauffassung war immer der Führer des Volkes sein oberster Richter. Wenn also der Führer einen anderen mit dem Amt eines Richters belehnt, so bedeutet das, dass dieser nicht nur seine richterliche Gewalt vom Führer ableitet und ihm verantwortlich ist, sondern auch, dass Führertum und Richtertum wesensverwandt sind.
>
> Der Richter ist demnach auch Träger der völkischen Selbsterhaltung. Er ist der Schützer der Werte eines Volkes und der Vernichter der Unwerte. Er ist der Ordner von Lebensvorgängen, die Krankheiten im Leben des Volkskörpers sind. Ein starkes Richtertum ist für die Erhaltung einer wahren Volksgemeinschaft unerlässlich.
>
> Mit dieser Aufgabe ist der Richter der unmittelbare Gehilfe der Staatsführung. Diese Stellung hebt ihn heraus, läßt aber auch die Begrenzung seiner Aufgaben erkennen, die nicht, wie eine liberalistische Doktrin glaubte, in der Kontrolle der Staatsführung liegen kann. Denn wenn ein Staat nicht eine Organisation besitzt, die dem Besten die Führung gibt, so kann die Rechtspflege durch ihre Tätigkeit diese Auslese nicht ersetzen."

2. Zuständigkeiten

Hinsichtlich der Zuständigkeiten ist zwischen der sachlichen, der örtlichen und der funktionellen Zuständigkeit zu unterscheiden.

Die **sachliche Zuständigkeit** bestimmt, welches Gericht zuständig ist: Amtsgericht, Landgericht, Oberlandesgericht, Bundesgerichtshof.

Der Gerichtsaufbau ist vierstufig: Amtsgericht – Landgericht – Oberlandesgericht – BGH. Der BGH ist allerdings seit 1969 nur Revisions- oder Beschwerdeinstanz, führt aber keine erstinstanzlichen Verfahren mehr. Das Schwurgericht ist seit der „Emminger-Verordnung" vom 4.1.1924[14] – Emminger war damals Reichsjustizminister – kein Schwurgericht im klassischen Sinne, in dem die Geschworenen das Schuldurteil und die Berufsrichter das Strafurteil sprechen, sondern eine besondere Große Strafkammer (§ 74 Abs. 2 S. 1 GVG). Zu beachten ist der sog. **Strafbann** der Amtsgerichte gem. § 24 Abs. 2 GVG. Wird die sachliche Zuständigkeit, die von Amts wegen zu prüfen ist (§ 6 StPO), nicht eingehalten, gibt es Verweisungsmöglichkeiten (§§ 209 Abs. 1, Abs. 2, 225a Abs. 1, 270, 328 Abs. 2, 355 StPO).

Gibt es innerhalb des zuständigen erstinstanzlichen Gerichts verschiedene Spruchkörper, zB Einzelrichter oder Schöffengerichte beim Amtsgericht oder Wirtschaftsstrafkammer bzw. Schwurgerichte beim Landgericht, dann betrifft die sachliche Zuständigkeit auch die Frage, welcher Spruchkörper zuständig ist. Normativer Ausgangspunkt für die Bestimmung der sachlichen Zuständigkeit sind im Erwachsenenstrafrecht die §§ 24 ff., 74 ff., 120 ff. GVG. Im Jugendstrafrecht gelten die §§ 39 ff. JGG.

Spruchkörper des Amtsgerichts sind der Strafrichter als Einzelrichter sowie das Schöffengericht, das aus einem Berufsrichter und zwei Schöffen (§ 31 GVG) besteht (§ 9 Rn. 10). Die Zuständigkeit und die Besetzung der Spruchkörper ergibt sich aus der folgenden Grafik:

---

14 RGBl. I, S. 15.

§ 9 Die justiziellen Verfahrensbeteiligten

Gericht	Spruch-körper	Besetzung	Zuständigkeit
Amts-gericht	Straf-richter	1 Berufsrichter	**bei Vergehen**, wenn 1. das Amtsgericht zuständig ist (§ 24 GVG) 2. sie im Wege der Privatklage verfolgt werden (§ 25 Nr. 1 GVG) oder 3. keine höhere Freiheitsstrafe als 2 Jahre zu erwarten ist (§ 25 Nr. 2 GVG)
	Schöffen-gericht	1 Berufsrichter und 2 Schöffen (§ 29 Abs. 1 GVG) Beim erweiterten Schöffen-gericht: 2 Berufsrichter und 2 Schöffen (§ 29 Abs. 2 GVG)	**bei Vergehen** und **Verbrechen**, wenn nicht 1. das Landgericht gem. § 74 Abs. 2 oder § 74a GVG oder das OLG gem. § 120 GVG zuständig ist, 2. im Einzelfall eine höhere Strafe als vier Jahre Freiheitsstrafe oder die Unterbringung des Beschuldigten in einem psychiatrischen Krankenhaus, allein oder neben einer Strafe, oder in der Sicherungsverwahrung (§§ 66 bis 66b StGB) zu erwarten ist oder 3. die Staatsanwaltschaft wegen der besonderen Schutzbedürftigkeit von Verletzten der Straftat, die als Zeugen in Betracht kommen, des besonderen Umfangs oder der besonderen Bedeutung des Falles Anklage beim Landgericht erhebt (§ 24 Abs. 1 GVG)

Spruchkörper des Landgerichts sind die große Strafkammer, das Schwurgericht[15], die Wirtschaftsstrafkammer sowie die Staatsschutzkammer. Zuständigkeit sowie die Besetzung des Spruchkörpers **für die erste Instanz** ergeben sich aus der folgenden Grafik:

---

15 Rechtliche Grundlage der Verordnung war das „Ermächtigungsgesetz" vom 8.12.1923, RGBl. I, S. 1179 – ein Vorgänger des berüchtigten „Ermächtigungsgesetzes" vom 24.3.1933, RGBl. I, S. 141.

Gericht	Spruchkörper	Besetzung	Zuständigkeit
Landgericht	Große Strafkammer	3 oder 2 Berufsrichter und 2 Schöffen (§ 76 Abs. 1 und Abs. 2 GVG)	**bei Verbrechen**, die nicht zur Zuständigkeit des Amtsgerichts oder des Oberlandesgerichts gehören (§ 74 Abs. 1 S. 1 GVG) und bei **Vergehen und Verbrechen**, bei denen eine höhere Strafe als vier Jahre Freiheitsstrafe oder die Unterbringung in einem psychiatrischen Krankenhaus, allein oder neben einer Strafe, oder in der Sicherungsverwahrung zu erwarten ist (§ 74 Abs. 1 S. 2 GVG) zusätzlich, wenn das AG an das LG verwiesen hat, weil seine Strafgewalt gem. § 24 Abs. 2 GVG nicht ausreicht
	Schwurgericht	3 Berufsrichter und 2 Schöffen (§ 76 Abs. 1 und 2 GVG)	**bei Verbrechen** entsprechend dem Katalog gem. § 74 Abs. 2 GVG, wenn nicht das OLG gem. § 120 Abs. 2 S. 1 Nr. 2, Nr. 3 GVG zuständig ist, und bei denen die Staatsanwaltschaft in den Fällen des § 24 Abs. 1 Nr. 3 GVG Anklage beim Landgericht erhebt
	Staatsschutzkammer	3 oder 2 Berufsrichter und 2 Schöffen (§ 76 Abs. 1 und Abs. 2 GVG)	bei „leichten" **Staatsschutzdelikten** entsprechend dem Katalog gem. § 74a Abs. 1 Nr. 1–6 GVG, wenn nicht der Generalbundesanwalt die Verfolgung übernimmt (§ 120 Abs. 2 S. 1 Nr. 1 GVG)
	Wirtschaftsstrafkammer	3 oder 2 Berufsrichter und 2 Schöffen (§ 76 Abs. 1 und Abs. 2 GVG)	**bei Wirtschaftsstrafsachen** entsprechend dem Katalog gem. § 74c GVG

Darüber hinaus ist das Landgericht – kleine Strafkammer, § 76 Abs. 1 Hs. 2 GVG – als Berufungsinstanz gegen Urteile des Amtsgerichts sachlich zuständig.

Spruchkörper des OLG sind die Senate. Zuständigkeiten und Besetzung für die erste Instanz ergeben sich aus der folgenden Tabelle:

Gericht	Spruch-körper	Besetzung	Zuständigkeit
Ober-landes-gericht	Straf-senat	5 oder 3 Berufsrichter (§ 122 Abs. 2 GVG)	**bei "schweren" Staatsschutzdelikten** entsprechend dem Katalog gem. § 120 Abs. 1 GVG sowie in Fällen, in denen der Generalbundesanwalt wegen der besonderen Bedeutung des Falls die Verfolgung übernommen hat

Das OLG ist aber auch als Revisionsinstanz gegen die Urteile des Amtsgerichts (Sprungrevision, § 335 StPO, § 121 Abs. 1 Nr. 1b GVG, § 17 Rn. 38) oder Berufungs-urteile des Landgerichts zuständig (§ 121 Abs. 1 Nr. 1b GVG).

8   Die **örtliche Zuständigkeit** ist in den §§ 7 ff. StPO geregelt. Hiernach gibt es mehrere örtliche Zuständigkeiten:

- Gerichtsstand des Tatorts gem. § 9 StGB (§ 7 StPO)
- Gerichtsstand des Wohnsitzes oder Aufenthaltsortes gem. den §§ 7–11 BGB (§ 8 StPO)
- Gerichtsstand des Ergreifungsortes (§ 9 StPO)
- besondere Gerichtsstände gem. den § 10–11 StPO.

Die Gerichtsstände stehen nebeneinander. Das Gericht, das die Untersuchung zuerst er-öffnet hat, ist dann auch örtlich zuständig (§ 12 Abs. 1 StPO). Dies bedeutet, die Staatsanwaltschaft sucht mit der Anklageerhebung das örtlich zuständige Gericht aus. Dies ist in der Regel das Gericht des Tatorts (s. auch Nr. 2 Abs. 2 RiStBV). Gem. § 16 S. 1 StPO hat das angerufene Gericht bis zur Eröffnung des Hauptverfahrens von Amts wegen die örtliche Zuständigkeit zu prüfen. Danach darf es seine Unzuständigkeit nur auf Einwand des Angeklagten aussprechen. Diesen Einwand kann der Angeklagte nur bis zum Beginn seiner Vernehmung zur Sache in der Hauptverhandlung geltend machen (§ 16 S. 2 und S. 3 StPO). Insoweit wird der absolute Revisionsgrund gem. § 338 Nr. 4 StPO eingeschränkt. Die örtliche Zuständigkeit ist somit eine **zeitlich befristete Prozessvoraussetzung.**[16]

9   Die **funktionelle Zuständigkeit** betrifft die Zuständigkeit nach dem Geschäftsvertei-lungsplan des jeweiligen Gerichts gem. § 21e GVG sowie die Geschäftsverteilung in-nerhalb der Spruchkörper gem. § 21g GVG (sog. Mitwirkungsplan). Auch diese Zu-ständigkeit ist im Hinblick auf das Gebot des gesetzlichen Richters von Amts wegen zu prüfen (zur Einschränkung hinsichtlich der Zuständigkeit besonderer Strafkammern s. § 6a StPO). Bei Nichtzuständigkeit ist das Verfahren an den zuständigen Spruchkör-per abzugeben. Im Berufungsverfahren ist ein Verstoß unbeachtlich, da „die Sache neu aufgerollt" wird. Im Revisionsverfahren soll eine Rüge erforderlich sein.

3. Beteiligung von Schöffen

10   Die Beteiligung von **Schöffen** an strafrechtlichen Entscheidungen in der Hauptverhand-lung geht auf den sog. reformierten Strafprozess, konkret auf die Reichsjustizgesetze

---

[16] *Kindhäuser/Schumann,* Strafprozessrecht, § 12 Rn. 51.

(ua StPO und GVG) des Jahres 1877 (in Kraft getreten am 1.10.1879), zurück. Die ursprünglichen Aufgabenstellungen waren: Unabhängigkeit der Justiz gegenüber der Exekutive sichern und Kontrolle der Justiz durch das Volk. Über die Vor- und Nachteile der Mitwirkung von Schöffen gehen die Meinungen auseinander. In der Praxis kommt es wesentlich auf die konkrete Persönlichkeit des Schöffen sowie auf das Einlassen der Berufsrichter auf die Schöffen an.

- Pro-Argumente:
  - natürliches Rechtsempfinden,
  - Plausibilitätskontrolle,
  - sozialkulturelles Gegengewicht gegen eine einseitige Schichtenzugehörigkeit der Berufsrichter,
  - Nutzziehung aus speziellen Fachkenntnissen (Handelsrichter, Jugendschöffen),
  - Bürgerbeteiligung iS einer demokratisch fundierten Justiz,
  - Abbau von Misstrauen in der Bevölkerung.
- Contra-Argumente:
  - mangelnde Fachkenntnisse („Minijuristen"),
  - Einfluss von sachfremden, publizistischen Erwägungen,
  - Einführung von Sühne- und Rachegedanken,
  - stärkere Emotionalisierung des Prozesses.

Die Schöffen haben „volles" Stimmrecht bei den Entscheidungen während der Hauptverhandlung (§ 30 Abs. 1 GVG). Außerhalb der Hauptverhandlung entscheiden die Berufsrichter (§§ 30 Abs. 2, 76 Abs. 1 S. 2 GVG). Umstritten ist, ob die Schöffen mitstimmen müssen, wenn Entscheidungen im Laufe der Hauptverhandlung, aber nicht in der Hauptverhandlung selbst, getroffen werden. Im § 30 Abs. 1 GVG heißt es: „nehmen auch an den im Laufe einer Hauptverhandlung zu erlassenen Entscheidungen teil". Formal werden Entscheidungen bei einer unterbrochenen Hauptverhandlung auch im Laufe einer Hauptverhandlung getroffen. Nach der ratio legis sollen die Schöffen auch an allen Entscheidungen, die auf der Hauptverhandlung beruhen, beteiligt werden. Ein Haftbefehl bzw. die Aufhebung eines Haftbefehls aufgrund von Erkenntnissen aus der Beweisaufnahme ist so eine Konsequenz. Von daher spricht mehr dafür, für derartige Entscheidungen die „Hauptverhandlungsbesetzung" zu fordern, auch wenn sie nicht in der Hauptverhandlung selbst getroffen werden. Ansonsten könnte der gesetzliche Richter umgangen werden.[17]

III. Strafverteidigung

1. Funktion und Rechtsstellung

Der Verteidiger soll Helfer und Beistand für den juristisch unkundigen Beschuldigten sein. Dieser ist den Strafverfolgungsorganen und der Strafjustiz in der Regel aufgrund der mangelnden Rechtskenntnisse und der mangelnden Fähigkeit, juristisch zu argumentieren, unterlegen. Hinzu kommt die psychische Belastung des Beschuldigten. Auch fehlt ihm häufig die faktische Möglichkeit, Entlastungsbeweise herbeizuschaffen,

---

17 Wie hier OLG Köln NStZ 1998, 419 f.; *Kunisch*, StV 1998, 687 (688 f.); *Schlothauer*, StV 1998, 144 (145 f.); *Sowada*, NStZ 2001, 169 (171 ff.); aM aber BGH StV 2011, 295.

zumal dann, wenn er als Untersuchungshäftling einsitzt. Die Strafverteidigung setzt deshalb nicht erst in der Hauptverhandlung ein. Die Effektivität hängt weitgehend von dem Beginn ihrer Tätigkeit ab. Die Weichen für die strafverfolgende Sanktionierung werden schon auf dem Polizeirevier gestellt, Fehlentscheidungen sind häufig hier begründet. Das Ermittlungsverfahren dient nicht nur der Stoffsammlung, sondern hat auch entscheidungserhebliche Bedeutung, zumal es aufgrund der Einstellungsmöglichkeiten (§§ 170 Abs. 2, 153 ff. StPO) auch ohne ein Hauptverfahren enden kann.

Nach hM ist der Strafverteidiger ein neben Gericht und Staatsanwaltschaft selbstständiges **Organ der Rechtspflege**.[18] Als solches ist er dem objektiven Wahrheits- und Gerechtigkeitsbemühen der Justiz verpflichtet, wenngleich eine tendenzielle Einseitigkeit zugestanden wird. Abgeleitet wird diese Auffassung insbes. aus dem anwaltlichen Berufsrecht, aus § 1 Bundesrechtsanwaltsordnung.[19] Historisch hat sich diese Organstellung aus den politischen Strafprozessen der Weimarer Zeit entwickelt.[20]

Abgesehen von der Relativierung des Wahrheits- und Gerechtigkeitszieles im Strafverfahren (s. oben § 2 Rn. 8–14) ist der Begriff „Organ der Rechtspflege" problematisch. Von seiner Aufgabenstellung her ist der Verteidiger für den Beschuldigten da, nicht im Interesse der Rechtspflege. § 137 StPO, unterstützt durch Art. 6 Abs. 3c EMRK, gibt dem Beschuldigten ein Recht auf Beistand durch einen Verteidiger. Der Verteidiger ist Ausfluss des Rechts auf Selbstverteidigung. Aus diesem Grund ist die Verteidigung immer einseitig zugunsten des Beschuldigten, immer entlastend, niemals belastend. Im Prozessablauf dient der Verteidiger der Wahrheitsermittlung und Gerechtigkeitsverwirklichung gerade und nur dadurch, dass er die ihm anvertrauten Beschuldigteninteressen vertritt. Hierbei ist es eine Frage der Verteidigungsstrategie, ob eine Mitwirkung an der Aufklärung angeboten (s. Rn. § 18 Rn. 1) oder eine **Konfliktverteidigung** gewählt wird. Darüber hinaus dient Strafverteidigung dem allgemeinen Rechtsfrieden, da nur die Einräumung einer effektiven Strafverteidigung den Ansprüchen an ein faires Verfahren genügt und so vom Bürger akzeptiert wird.[21] Allerdings ist es Aufgabe des Staates, die Grenzen der Verteidigung im Interesse einer Funktionstüchtigkeit der Strafrechtspflege festzulegen. Dies geschieht mit dem Begriff „Organ der Rechtspflege" nur unbestimmt und damit unzulänglich. So wurde im nationalsozialistischen Deutschland diese Organstellung zur Gehilfenfunktion für die Strafverfolgung pervertiert.[22] So wird im Rechtsanwaltsbrief vom 1.10.1944 eine „geschlossene Arbeitskameradschaft aller Rechtswahrer" gefordert.[23] Auch heute besteht die Gefahr, dass mit einer öffentlich-rechtlichen Einbindung über den Begriff „Organ der Rechtspflege" Verteidigungsrechte verkürzt werden.[24] Deshalb fordert eine Gegenposition eine Abkopplung von diesem Begriff: Verteidiger als Interessenvertreter,[25] als Anwalt sozialer Gegenmacht.[26] In der Praxis führen diese unterschiedlichen Funktionsbeschreibungen nur ausnahmsweise zu unterschiedlichen Ergebnissen. So war es beim Streit über die Strafbarkeit ei-

---

18 BVerfGE 53, 207 (214); BGH NJW 1991, 2780; *Krey/Heinrich*, Strafverfahrensrecht, Rn. 342.
19 BVerfGE 110, 226 (252); BGHSt 47, 68 (74).
20 *Knapp*, Der Verteidiger – ein Organ der Rechtspflege?, 1974, S. 5 ff.; s. aber auch bereits *Mittermaier*, Anleitung zur Vertheidigungskunst im deutschen Originalprocesse und in dem auf Öffentlichkeit und Geschworenengerichte gebauten Strafverfahren mit Beispielen, 1828, S. 1 ff.
21 BVerfGE 110, 226 (252).
22 *Dahs*, NJW 1959, 1158.
23 Abgedruckt bei *Ostendorf*, Dokumentation des NS-Strafrechts, 2000, S. 202 (203).
24 *H.P. Schneider*, in: Strafverteidiger als Interessenvertreter, hrsg. von Holtfort, 1979, S. 32 f.
25 § 1 Gesetzentwurf „Die Strafverteidigung", hrsg. vom Arbeitskreis Strafprozessreform.
26 *Holtfort*, Strafverteidiger als Interessenvertreter, 1979, S. 37 f.

nes Wahlverteidigers aufgrund der Honorarannahme von „bemakelten" Geldern wegen Geldwäsche gem. § 261 Abs. 2 S. 1 StGB. Das BVerfG hat in verfassungskonformer Auslegung entschieden, dass der Straftatbestand die Annahme eines Honorars oder Honorarvorschusses durch einen Strafverteidiger nur dann erfasst, wenn der Strafverteidiger im Zeitpunkt der Annahme sicher weiß, dass das Geld aus einer Katalogtat stammt.[27]

2. Verteidigungsarten

a) Wahlverteidigung

Jeder Beschuldigte hat das Recht, einen Verteidigungsbeistand zu wählen (§ 137 StPO; Art. 6 Abs. 3c EMRK), allerdings kann nicht jede Person Verteidiger sein. Wer als Strafverteidiger vor Gericht auftreten darf, ist in den §§ 138 Abs. 1, 2, 139 StPO geregelt; in Steuerstrafsachen gilt zusätzlich § 392 AO. Die Höchstzahl der Wahlverteidger ist auf drei festgelegt (§ 137 Abs. 1 S. 2 StPO). Nicht eingerechnet werden zusätzlich bestellte Pflichtverteidiger.

In der Praxis ist die freie Verteidigerwahl sowohl durch vielfache Unkenntnis eines „guten" Verteidigers als auch und vor allem durch die finanzielle Belastung eingeschränkt. Zivilrechtlich ist die Verteidigerbestellung ein Geschäftsbesorgungsvertrag iSd § 675 BGB. Eine Prozesskostenhilfe für Wahlverteidiger gibt es im Strafverfahren nicht. Rechtsschutzversicherungen bieten hier eine Abhilfe an.

b) Pflichtverteidigung

Das Prinzip der Wahlverteidigung wird durch die Pflichtverteidigung ergänzt (§§ 140, 141, 141a, 142, 143, 145 StPO). In § 140 Abs. 1 StPO hat der Gesetzgeber einen Katalog aufgestellt, nach dem eine notwendige Verteidigung auf Staatskosten geboten ist. Mit dem Gesetz zur Neuregelung des Rechts der notwendigen Verteidigung vom 20.12.2019[28] wurde der Katalog in Umsetzung der EU-Richtlinie 2016/1919 wesentlich erweitert. Von großer praktischer Bedeutung ist die Notwendigkeit einer Verteidigung im Fall einer Untersuchungshaft, und zwar schon, wenn der Beschuldigte, der aufgrund eines Haftbefehls ergriffen wurde, einem Gericht zur Entscheidung über die Haft vorzuführen ist (§ 140 Abs. 1 Nr. 4 StPO).

Darüber hinaus kann eine notwendige Verteidigung gem. § 140 Abs. 2 StPO geboten sein

- wegen der Schwere der Tat
- wegen der Schwere der zu erwartenden Rechtsfolge
- wegen der Schwierigkeit der Sach- und Rechtslage
- wegen der Unfähigkeit einer Selbstverteidigung

Die Schwere der Tat wird durch die zu erwartende Strafe indiziert. Die Rechtsprechung bestellt insoweit in Erwachsenenstrafsachen einen Pflichtverteidiger, wenn eine Freiheitsstrafe von einem Jahr zu erwarten ist.[29] In Jugendstrafsachen ist gem. § 68

---

27 BVerfGE 110, 226 (267); s. auch BGHSt 47, 68; weitergehend OLG Hamburg StV 2000, 205, mit dem Gesetz zur Verbesserung der strafrechtlichen Bekämpfung der Geldwäsche v. 9.3.2021 regelte der Strafgesetzgeber diesen Fall nun auch in § 261 Abs. 1 S. 3 StGB n.F., s. BGBl. I, S. 327.
28 BGBl. I, S. 2128.
29 KG StV 1998, 325; OLG Hamm StraFo 2001, 138; OLG Köln StraFo 2002, 297; LG Karlsruhe StV 2023, 159: auch bei drohendem Bewährungswiderruf.

Nr. 5 JGG, der mit dem Gesetz zur Stärkung der Verfahrensrechte von Beschuldigten im Jugendstrafverfahren[30] eingeführt wurde, erweiternd eine Pflichtverteidigung geboten, wenn die Verhängung einer Jugendstrafe „oder die Aussetzung der Verhängung einer Jugendstrafe" zu erwarten ist.

> **Richtungsweisend BVerfG vom 30.3.2004, BVerfGE 110, 226 (253)**
> „Die Mitwirkung eines Strafverteidigers, der dem Beschuldigten beratend zur Seite steht und für diesen die ihn entlastenden Umstände zu Gehör bringt, ist für die Herstellung von „Waffengleichheit", abgesehen von einfach gelagerten Situationen, unentbehrlich."

Die Bestellung erfolgt auf Antrag oder von Amts wegen (§ 141 Abs. 1 und Abs. 2 StPO). Eine weitere Pflichtverteidigerbestellung ist gem. §§ 408b, 418 Abs. 4 StPO geboten; im Jugendstrafrecht ist § 68 JGG erweiternd zu beachten.

Die Bestellung erfolgt durch das Gericht (§ 142 Abs. 1 StPO), wobei der Wunsch des Beschuldigten hinsichtlich eines bestimmten Verteidigers zu beachten ist (§ 142 Abs. 5 StPO). Das ansonsten „freie" Auswahlrecht des Vorsitzenden ist nicht unproblematisch, da so dem Gericht genehme Verteidiger bestellt werden können. Eine Bestellung nach Verteidigerlisten, in die sich Rechtsanwälte eintragen lassen können, ist infolgedessen gem. § 142 Abs. 6 S. 2 StPO vorgesehen. In „Großverfahren" können auch mehrere Pflichtverteidiger geboten sein und dementsprechend bestellt werden.

Der Zeitpunkt der Bestellung eines Pflichtverteidigers ist in § 141 StPO geregelt. Gem. § 141 Abs. 1 StPO ist der Pflichtverteidiger „unverzüglich" zu bestellen, „wenn der Beschuldigte dies nach Belehrung ausdrücklich beantragt." Ansonsten gelten die Zeitpunkte gem. § 141 Abs. 2 StPO, spätestens wenn der Beschuldigte gemäß § 201 StPO zur Erklärung über die Anklageschrift aufgefordert wird (§ 141 Abs. 2 S. 1 Nr. 4 StPO). Umstritten ist, ob im Falle einer notwendigen Verteidigung gem. § 140 Abs. 1 Nr. 1 und 2 StPO auch ohne Antrag, dh von Amts wegen im Ermittlungsverfahren, insbes. für die Vernehmung des Beschuldigten, ein Pflichtverteidiger zu bestellen ist, auch wenn nicht ersichtlich ist, dass der Beschuldigte sich nicht selbst verteidigen kann.[31] § 141a StPO enthält darüber hinaus eine für Vernehmungen des Beschuldigten und Gegenüberstellungen im Vorverfahren (Ermittlungsverfahren) bedeutsame Ausnahmeregelung, womit eine **„Pflichtverteidigung der ersten Stunde"** umgangen werden kann.

Die Bestellung des Pflichtverteidigers erfolgt auf Staatskosten nach dem Rechtsanwaltsvergütungsgesetz (§ 45 Abs. 3) und ist insbes. für Berufseinsteiger eine feste Einnahmequelle. Der 2019 eingeführte § 143a StPO regelt die Voraussetzungen für eine Auswechslung des bestellten Verteidigers. Das Gesetz rekurriert vor allem auf die Rspr. zu § 143 StPO aF.[32] Die Aufhebung der Bestellung des Pflichtverteidigers ist in § 143a Abs. 2 StPO normiert. Nach hM steht dem Pflichtverteidiger gegen die Aufhebung der Bestellung kein eigenes Beschwerderecht zu.[33]

c) Zusatzverteidigung

14 Gemäß § 144 Abs. 1 StPO können in Fällen notwendiger Verteidigung zu einem gewählten oder gem. § 141 StPO bestellten Verteidiger bis zu zwei Pflichtverteidiger zu-

---

30 Gesetz v. vom 10.12.2019, BGBl. I, S. 1246.
31 Verneinend BGH StV 2022, 554 mit Anm. *Spitzer;* s. auch BGH StV 2022, 549 mit Anm. *Zink*.
32 BeckOK-StPO/*Krawczyk*, § 143a Rn. 1.
33 BGH StV 2020, 816; kritisch *Fischer*, StV 2020, 820.

sätzlich bestellt werden, um im Falle eines Ausfalls die Durchführung des Verfahrens unter Beachtung von § 229 StPO zu sichern.[34] Vom Beschuldigten und seinem Wahlverteidiger wird der Zusatzverteidiger oftmals als „aufgenötigte" Kontrollinstanz empfunden.[35] In dieser Situation kann das doppelte Verteidigungshandeln konträr und widersprüchlich verlaufen, was zu einer Einschränkung der Verteidigungseffektivität führt.[36] Eine Zusatzverteidigung darf deshalb nur angeordnet werden, wenn konkrete Anhaltspunkte für den „Ausfall" des Wahlverteidigers in einem umfangreichen Verfahren vorliegen, sie kommt nur „in eng begrenzten Ausnahmefällen in Betracht"[37]. Der Pflichtverteidiger fungiert dann als **„Sicherungsverteidiger"**. Der Zusatzverteidiger hat sich zunächst auf eine beobachtende Rolle zu beschränken und dem Wahlverteidiger Vorrang einzuräumen.[38]

d) Mehrfachverteidigung

Mit dem Verbot der Mehrfachverteidigung oder gemeinschaftlichen Verteidigung gem. § 146 StPO soll eine Interessenkollision in der Person des Verteidigers vermieden und die Beistandsleistung zugunsten des Mandanten gewährleistet werden.[39] Hierfür werden die Beschränkung der freien Verteidigerwahl, eine finanzielle Mehrbelastung zB für ein angeklagtes Ehepaar und praktische Organisationsschwierigkeiten in Kauf genommen.[40] In der Rechtspraxis ist dieses Verbot dadurch gemildert worden, dass es grundsätzlich nicht auf Sozietäten angewandt wird.[41] Eine stillschweigende gemeinschaftliche Verteidigungsarbeit ist damit ermöglicht, wie auch die Absprache mit anderen Verteidigern sowie eine Kontaktaufnahme zu Mitbeschuldigten erlaubt ist.[42] Auf der anderen Seite ist das Verbot auch auf sukzessive Verteidigungen,[43] auf verbundene Verteidigungen[44] und auf Mehrfachverteidigungen von Gruppendelikten (zB §§ 129, 129a StGB) ausgedehnt worden.[45] Das Verbot der sukzessiven Verteidigung gilt nicht mehr, wenn das Mandatsverhältnis zum ersten Beteiligten endgültig aufgehoben worden ist.[46]

3. Verteidigerrechte

a) Kontakt mit dem Beschuldigten

Es besteht der Grundsatz des ungehinderten Kontakts mit dem Beschuldigten (§ 148 Abs. 1 StPO). Dies ist zur Erlangung der notwendigen Informationen von Seiten des Beschuldigten unabdingbare Voraussetzung. Gesichert wird dieses Informationsrecht

---

34 Zu den Voraussetzungen s. OLG Hamburg StV 2021, 154 mit krit. Anm. *Theile*.
35 *Schmitt-Leichner*, NJW 1975, 421 ff.
36 *Hassemer*, ZRP 1980, 326 (327).
37 KG Berlin BeckRS 2023, 21706.
38 S. auch Arbeitskreis „Strafprozessreform", der mit den §§ 16, 17 einen „Ersatzverteidiger" vorschlägt; *Oellerich/Schlothauer/Rieß/Künzel/Wächtler/Haffke*, StV 1981, 433 f.; Empfehlungen der Niedersächsischen Kommission zur Reform des Strafrechts und des Strafverfahrensrechts „Strafrecht – ultima ratio", 1992, S. 90 f.
39 OLG München NJW 1976, 253.
40 Zur Verfassungsgemäßheit s. BVerfGE 39, 156.
41 BVerfGE 43, 79; s. auch *Ostendorf*, AnwBl 1979, 193; Einschränkend aber OLG Bremen StV 2019, 175.
42 *Ostendorf*, JZ 1979, 254.
43 BGHSt 26, 367; BVerfG NJW 1977, 800.
44 BVerfGE 45, 354; aM BayOLG MDR 1976, 1059; *Heinicke*, NJW 1978, 1498; *Sannwald*, AnwBl 1980, 14.
45 Zur Kritik s. *Schubarth*, in: FS zur 150-Jahrfeier des Rechtsanwaltsvereins Hannover, S. 241; s. auch § 19 Gesetzesentwurf „Die Verteidigung".
46 OLG Jena NJW 2008, 311.

durch das Zeugnisverweigerungsrecht gem. § 53 Abs. 1 Nr. 3 StPO, das Beschlagnahmeverbot gem. § 97 Abs. 1 StPO sowie das Ermittlungsverbot gem. § 160a StPO. Streitig ist, inwieweit bereits das Anbahnungsverhältnis geschützt wird.[47] In der Praxis bedeutet dies für die Verteidigung des inhaftierten Beschuldigten, dass der Schriftverkehr, der als Verteidigerpost gekennzeichnet ist, nicht überwacht wird und dass der Verteidiger ein freies Besuchsrecht hat. Allerdings soll er an die anstaltsüblichen Besuchszeiten gebunden sein.[48] Für ihre Besuche müssen sich Verteidiger auf Gegenstände untersuchen lassen, die keine Verteidigungsunterlagen darstellen.[49] Wie bei jedem Eingriff ist hierbei die Menschenwürde des Verteidigers zu beachten, was im Falle des „Hosenladenerlasses" angezweifelt wurde.[50] Ausnahmen für den freien Verkehr mit dem Beschuldigten gelten im Zuge der Terrorismusbekämpfung für den Beschuldigten, dem eine Straftat gem. den §§ 129a, 129b StGB vorgeworfen wird.[51] Insoweit wird sowohl der schriftliche als auch der mündliche Verkehr – durch Trennscheibe – überwacht. Zusätzlich ist nach dem sog. Kontaktsperregesetz vom 30.9.1977[52] die Unterbrechung „jedwede(r) Verbindung von Gefangenen untereinander und mit der Außenwelt einschließlich des schriftlichen und mündlichen Verkehrs mit dem Verteidiger" erlaubt (§ 31 Abs. 1 EGGVG).[53]

b) Akteneinsicht

17 Gem. § 147 StPO hat der Verteidiger ein Akteneinsichtsrecht, das ihm allerdings bis zum Abschluss der Ermittlungen verwehrt werden kann (§ 147 Abs. 2 S. 1 StPO). Im Fall einer Untersuchungshaft hat der Verteidiger regelmäßig[54] das Recht auf Akteneinsicht (§ 147 Abs. 2 S. 2 StPO). Der verteidigte Beschuldigte selbst hat kein Einsichtsrecht. Der Beschuldigte, der keinen Verteidiger hat, besitzt aber nach § 147 Abs. 4 StPO ein unmittelbares Recht auf Akteneinsicht. Im Gegensatz zum früheren § 147 Abs. 7 StPO aF beschränkt sich der Anspruch nicht auf Auskünfte und Abschriften aus Akten. Soweit Papiere, die den Untersuchungszweck gefährden, vor der Einsichtnahme aus den Akten entfernt werden, muss die beschränkte Einsichtnahme dem Verteidiger mitgeteilt werden. Grundsätzlich müssen dem Verteidiger die vollständigen Akten ausgehändigt werden mit Einschluss der Spurenakten.[55] Es gilt der **Grundsatz der Aktenvollständigkeit**.[56]

c) Eigene Ermittlungen

18 Das Recht des Verteidigers, eigene Ermittlungen anzustellen, ist zwar im Gesetz nicht ausdrücklich genannt, wird aber anerkannt.[57] Das bedeutet, der Verteidiger darf selbstständig Zeugen und Sachverständige ermitteln, befragen und auf ihr Verweige-

---

47 § 15 Gesetzentwurf „Die Verteidigung".
48 KG GA 1977, 115.
49 BVerfGE 38, 26; vgl. § 26 StVollzG, für das Land Schleswig-Holstein etwa §§ 45 Abs. 2, 44 Abs. 1 StVollzG-SH.
50 Hier ging es um die Frage, ob es dem Verteidiger zugemutet werden kann, Überwachungs- und Kontrollmaßnahmen seiner Kleidung, auch das Öffnen der Kleidungsstücke, zu dulden, s. BVerfGE 48, 118.
51 § 148 Abs. 2 StPO.
52 §§ 31 ff. EGGVG.
53 S. hierzu BVerfGE 49, 24; BGHSt 27, 278; rechtspolitisch äußerst umstritten, s. *Hassemer*, ZRP 1980, 330.
54 Zur unzulässigen Verweisung auf mündliche Informationen durch die StA s. EGMR, Urt. vom 13.12.2007 – 11364/03 (Mooren v. Germany).
55 *Wasserburg*, NJW 1980, 2440 (2441).
56 BVerfGE 18, 405; anders aber BGH StV 1981, 500 mit abl. Anm. *Dünnebier*.
57 MAH/*Neuhaus*, § 15 Rn. 1 ff.

rungsrecht hinweisen.⁵⁸ Allerdings hat der Verteidiger auch insoweit die §§ 163a Abs. 4 S. 2 iVm § 136 Abs. 1 S. 2–4 StPO, 136a StPO zu beachten. Diese gebieten die Achtung der Menschenwürde und das grundsätzliche Strafvereitelungsverbot des § 258 StGB. Der Verteidiger ist aber nicht verpflichtet, „seine" Beweismittel dem Gericht mitzuteilen. Aufgrund der fehlenden Eingriffsbefugnisse bleibt diese Ermittlungstätigkeit immer hinter der der Strafverfolgungsbehörden zurück. Aus diesem Grund ist der Staatsanwalt zusätzlich verpflichtet, die den Beschuldigten begünstigenden Umstände zu ermitteln (§ 160 Abs. 2 StPO).

4. Verteidigerpflichten

a) Beratung

Der Verteidiger muss den Beschuldigten umfassend beraten und über seine rechtlichen Möglichkeiten aufklären. In Absprache ist eine Verteidigungsstrategie zu entwerfen, die es gebieten kann, vom Aussageverweigerungsrecht gem. § 136 Abs. 1 S. 2 StPO Gebrauch zu machen. Obwohl der Beschuldigte die finale Entscheidung über die Ausrichtung seiner Verteidigung trifft, muss der Verteidiger sicherstellen, dass die gewählte Strategie den rechtlichen Rahmenbedingungen entspricht. Sollte der Verteidiger zu dem Schluss kommen, dass er die Verteidigung unter den gegebenen Umständen nicht verantworten kann, ist er verpflichtet, das Mandat – rechtzeitig – niederzulegen. Im Rahmen der Verteidigungsstrategie kann der Hinweis, der Beschuldigte müsse nicht zur Wahrheitsfindung beitragen, geboten sein, ohne aber dass der Verteidiger unwahre Behauptungen selbst einführen dürfte.⁵⁹ Die Grenzen (s. Rn. 23) zulässiger Verteidigung müssen dem Mandanten deutlich gemacht werden . Hinweise auf die Rechtslage überschreiten diese Grenze nicht. Insoweit muss sich der Verteidiger notfalls sachkundig machen.

19

b) Verfahrensbeistand

Im Verfahren hat der Verteidiger dem Beschuldigten die erforderliche Rechtshilfe zu gewähren, hierzu die entsprechenden Anträge einzubringen, um den „Erfolg" der Anklage abzuwehren. Voraussetzung hierfür ist das Anwesenheitsrecht bei den Ermittlungshandlungen, wie dies für richterliche Handlungen (§§ 168c Abs. 1, 268d StPO) wie für die Vernehmung des Beschuldigten durch den Staatsanwalt (§ 163a Abs. 3 S. 2 StPO) vorgesehen ist. Heftig kritisiert wird, dass dem Verteidiger ein Anwesenheitsrecht für die Vernehmung eines Zeugen durch die Staatsanwaltschaft nicht eingeräumt wurde.⁶⁰ Darüber hinaus gibt es spezielle Anhörungsrechte (§ 81 StPO), die der Verteidiger wahrzunehmen hat.

20

c) Identitätsstützung

Beschuldigte, insbes. inhaftierte Beschuldigte, leiden nicht selten unter starken Angst- und Unsicherheitsgefühlen. Nicht nur zur Erhaltung der Verteidigungsbereitschaft gilt es, das Selbstbewusstsein und die Identität des Beschuldigten zu stärken, ohne dabei eine kriminelle Einstellung zu fördern. Dieses Identitätsinteresse⁶¹ kann dem Erfolgsinteresse entgegenstehen. Auch insoweit hat das Autonomieprinzip Geltung, zumindest bei der Wahlverteidigung.⁶²

21

---

58 BGHSt 10, 393.
59 *Ostendorf*, NJW 1978, 1345 (1349).
60 *Dahs*, NJW 1976, 2145 (2146).
61 *Dürkop*, in: Holtfort (Hrsg.), Strafverteidiger als Interessenvertreter, S. 159.
62 S. auch Arbeitskreis „Strafprozessreform", Begründung zu § 1 S. 40.

d) Verschwiegenheitspflicht

22 Gem. § 203 Abs. 1 Nr. 3 StGB ist ein Verteidiger strafbedroht zur Geheimhaltung dessen verpflichtet, was ihm in seiner Eigenschaft als Verteidiger bekannt geworden ist. Mit dieser materiellrechtlichen Verpflichtung korrespondiert die prozessuale Freistellung von der Zeugnispflicht (§ 53 Abs. 1 Nr. 3 StPO). Auch die Büroangestellten des Verteidigers sind gem. § 53a Abs. 1 StPO von der Zeugnispflicht befreit. Nur so kann das **notwendige Vertrauensverhältnis** zwischen Beschuldigtem und Verteidiger aufgebaut werden. Insoweit wird der Verteidiger im Rahmen des § 139 Abs. 3 S. 2 StGB sogar von der Anzeigepflicht des § 138 StGB befreit.

e) Verteidigungsgrenzen

23 Die Strafverteidigung findet ihre Grenzen in dem strafrechtlichen Verbot der Strafvereitelung gem. § 258 StGB.[63] Eine weitere Grenze stellt der Parteiverrat gem. § 356 StGB dar. Obwohl § 258 StGB keine ausdrückliche Ausnahme für die Strafverteidigung vorsieht, ist es einleuchtend, dass bei zulässiger Verteidigung keine Strafbarkeit eintreten kann.[64] Nach wohl hM scheidet bereits der Tatbestand in restriktiver Auslegung des Handlungsunrechts aus, da geschütztes Rechtsgut nur „das nach den Verfahrensgrundsätzen durchsetzbare Sanktionsrecht des Staates" ist.[65] Wo im Einzelnen die Grenzen zu ziehen sind, ist umstritten. Letztlich müssen aufgrund der Beistandsfunktion alle Verteidigungshandlungen auf geistig-verbaler Ebene als straffrei gelten,[66] während ein aktives Eingreifen in die Strafverfolgungstätigkeit, zB Beseitigung der Tatwaffe, untersagt ist. So ist ein Plädoyer auf Freispruch erlaubt, auch wenn sich der Angeklagte im Mandantengespräch als schuldig bekannt hat.[67]

Zusätzlich setzt dem Verteidiger als Rechtsanwalt das anwaltliche Berufsrecht Grenzen. Insoweit wird in § 43a Abs. 3 S. 1, 2 BRAO auch ausdrücklich eine Wahrheitspflicht postuliert. Dies darf jedoch nicht dazu führen, dass der Verteidiger seinen Mandanten der Lüge überführt. Allerdings hat der Verteidiger nach Ansicht des BGH weder „ein Recht zur Lüge" noch „ein Recht zur Beratung bei der Lüge".[68] Insbesondere darf der Verteidiger die Wahrheitserforschung nicht durch aktive Verdunkelung und Entstellung des Sachverhalts erschweren oder Beweismittel verfälschen.[69]

f) Ausschluss des Verteidigers

24 Gem. §§ 138a, 138b StPO kann der Verteidiger ausnahmsweise vom Verfahren ausgeschlossen werden.[70] Zuständig ist hierfür das Oberlandesgericht (§ 138c Abs. 1 S. 1 StPO). Werden im vorbereitenden Verfahren die Ermittlungen vom Generalbundesanwalt geführt oder ist das Verfahren vor dem Bundesgerichtshof anhängig, so entscheidet der Bundesgerichtshof (§ 138c Abs. 1 S. 2 StPO). Das Verfahren mit mündlicher Verhandlung ist in § 138d StPO geregelt.

---

63 Dazu ausführlich BeckOK-StGB/*Ruhmannseder*, § 258 Rn. 22 ff.
64 BGH NJW 1980, 64.
65 *Ostendorf*, NJW 1978, 1346; *Gercke*, StV 2020, 201 (203).
66 OLG Karlsruhe StV 1991, 519.
67 BGHSt 2, 375.
68 BGH NStZ 1999, 188 (189).
69 Ausführlich und differenzierend zur Wahrheitspflicht *Bosch*, Jura 2012, 938 (943 f.).
70 Zum Verdachtsgrad s. BGH StV 2020, 147.

§ 10 Rechte und Pflichten des Beschuldigten

I. Beschuldigtenstatus

Fall 1: Die Polizei wird zu einem Verkehrsunfall eines Pkw mit Personenschäden gerufen. Am Unfallort angekommen, fragt der Polizeibeamte P in die Runde der anwesenden Personen: „Was ist passiert?" A meldet sich und erklärt, er habe das Unfallfahrzeug gefahren und beim Abbiegen den verletzten Radfahrer übersehen. Später verweigert A die Aussage, auch vor Gericht schweigt er. Die Brüder des A, die mit im Auto saßen, machen von ihrem Zeugnisverweigerungsrecht Gebrauch. Ein sonstiger Beweis dafür, dass A das Unfallauto gefahren hat, liegt nicht vor.

Kann die Aussage von A verwertet werden?

Fall 2: Der Beschuldigte B wird von zwei Polizeibeamten wegen des Verdachts mehrerer Einbruchsdiebstähle vernommen. Eine Belehrung gem. § 136 Abs. 1 StPO ist erfolgt. Nachdem B ein Geständnis hinsichtlich zweier Einbruchsdiebstähle abgelegt hat, verlangt er jetzt die Hinzuziehung eines Verteidigers. Die Vernehmung wird trotzdem durch intensives Befragen fortgesetzt. B unterschreibt das Vernehmungsprotokoll.

Sind die Angaben verwertbar?

Fall 3: Dem Beschuldigten B wird ein vorsätzliches Tötungsdelikt vorgeworfen. Er streitet die Tat ab. Es gibt nur vage Indizien. In der polizeilichen Vernehmung erklärt der Vernehmungsbeamte, es lägen viele Beweise für die Täterschaft des B vor. Alles laufe auf eine Verurteilung wegen Mordes und damit auf ein „lebenslänglich" hinaus. Nur mit einem Geständnis könne er seine Lage verbessern. Daraufhin legt B ein Geständnis ab. Dieses Geständnis wiederholt er bei der Haftrichterin.

Ist das Geständnis verwertbar?

Die Hauptperson des Strafverfahrens ist der Angeklagte. Er hat subjektive Rechte und Pflichten, ist nicht bloßes Objekt des Verfahrens.[1] Im Ermittlungsverfahren wird vom Beschuldigten gesprochen (s. zum Begriff, § 10 Rn. 3). Da die Strafverfolgungsbehörden aber auch gegen den Willen des Beschuldigten gegen ihn vorgehen können bis hin zur körperlichen Untersuchung (§ 81a StPO) und Freiheitsentzug (§§ 112, 112a StPO), ist der Beschuldigte auch Objekt des Verfahrens.

1. Beginn

Mit dem Status des Beschuldigten erlangt der Beschuldigte umfassende Rechte (s. Rn. 5 ff.), gleichzeitig wird er aber auch gewissen Duldungspflichten ausgesetzt, wie etwa der Durchführung von strafprozessualen Grundrechtseingriffen (§ 11). Entscheidend für die Rechtsposition des Beschuldigten ist, wie und ab wann die Beschuldigteneigenschaft erlangt wird. In § 157 StPO wird der Beschuldigtenbegriff vorausgesetzt. Ab Anklageerhebung, also mit Beginn des Zwischenverfahrens, ist der Beschuldigte Angeschuldigter, ab Eröffnung des Hauptverfahrens ist der Beschuldigte Angeklagter.

---

1 BVerfGE 38, 105 (111); BGHSt 38, 372.

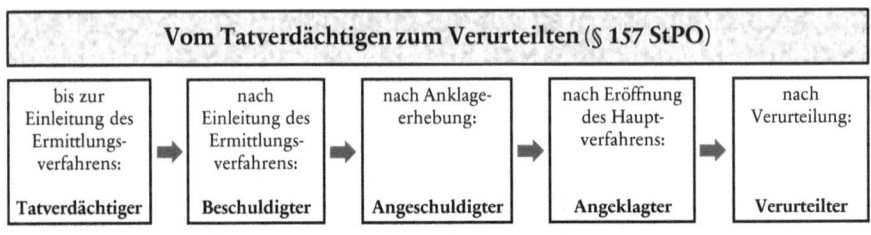

Spätestens mit der offiziellen Einleitung des Ermittlungsverfahrens handelt es sich somit um einen Beschuldigten. Der Beginn der Beschuldigtenrolle ist nicht immer so eindeutig. Eindeutig ist er, wenn ein Bürger als Beschuldigter von der Polizei oder der StA vernommen wird. Bürger können aber auch als Zeugen vernommen werden, wobei sich möglicherweise während der Vernehmung ein Tatverdacht (zum Anfangsverdacht, s. § 7 Rn. 4) ergibt. Wenn sich diese Situation herausstellt, ist der Zeuge hierauf hinzuweisen, womit er zum Beschuldigten wird. Wird eine Person zunächst als Zeuge vernommen und dementsprechend nicht über die ihr als Beschuldigte zustehenden Rechte (s. § 10 Rn. 5) belehrt, muss sie, wenn sie anschließend als Beschuldigte vernommen wird, **qualifiziert belehrt** werden, dh darauf hingewiesen werden, dass die bisherige Aussage aufgrund der fehlenden Belehrung nicht verwertet werden darf (s. dazu § 10 Rn. 5 f.).[2] Die Polizei kann aber von Bürgern auch ohne förmliche Vernehmung Informationen einholen, zB werden die Personen befragt, die aus einem Unfallfahrzeug ausgestiegen sind, wer denn gefahren ist (*„informatorische Befragung"*). Nicht alle Fahrzeuginsassen sind von vornherein Beschuldigte. Erst wenn sich Hinweise auf den Fahrer ergeben, wird dieser Beschuldigter. Eine andere Frage ist die nach der Verwertbarkeit der Antworten (s. § 10 Rn. 16). Hinzu kommt, dass die Polizei in der Masse der Ermittlungsverfahren zunächst „auf eigene Faust" gem. § 163 Abs. 1 StPO ermittelt, dh die StA hat noch keine Kenntnis von den Ermittlungen. Förmlich wird aber ein Ermittlungsverfahren erst durch die StA mit einem Aktenzeichen (Js-Verfahren) eingeleitet. Da aber die Polizei als verlängerter Arm der StA[3] arbeitet, müssen die polizeilichen Ermittlungen der StA zugerechnet werden, so dass ab förmlichen polizeilichen Aktivitäten zur Aufklärung einer Straftat gegen einen Bürger dieser zum Beschuldigten wird. Förmliche polizeiliche Aktivitäten zur Aufklärung einer Straftat setzen nicht in jedem Fall voraus, dass die Polizei den tatverdächtigen Bürger über seinen Beschuldigtenstatus informiert. Sehr häufig wissen Bürger – noch – nicht, dass gegen sie ermittelt wird und sie damit zu Beschuldigten geworden sind. Insoweit genügt die Manifestation der Strafverfolgung aus der Sicht eines objektiven Betrachters.[4] Diese Manifestation der förmlichen Ermittlungen gegen einen Bürger wird auch in § 397 AO zugrunde gelegt („die **erkennbar** darauf abzielt"). Mit den Worten des BGH:

> **BGHSt 51, 367 (370)**
> „Die Beschuldigteneigenschaft setzt – subjektiv – den Verfolgungswillen der Strafverfolgungsbehörde voraus, der sich – objektiv – in einem Willensakt manifestiert."

---

2 BGH NJW 2009, 1427; s. hierzu *Geppert*, JK 8/09, StPO 136/19. S. aber auch *Meyer-Goßner/Schmitt*, § 136 Rn. 9, 20b wonach das Unterlassen der qualifizierten Belehrung die neue Aussage „nicht schlechterdings unverwertbar" macht.
3 BVerwGE 47, 255 (263).
4 Wie hier *Volk/Engländer*, Grundkurs StPO, § 9 Rn. 3; *Kindhäuser/Schumann*, Strafprozessrecht, § 6 Rn. 5 sowie die Rechtsprechung s. BGHSt 10, 8 (10 ff.); 34, 138 (140); BGH StV 1997, 281; 2015, 338.

I. Beschuldigtenstatus

Obwohl ein Ermittlungsverfahren einen Anfangsverdacht iSd § 152 Abs. 2 StPO voraussetzt, wird ein Bürger auch bei fehlerhafter Annahme dieses Anfangsverdachts durch die Polizei oder StA Beschuldigter. Dieser **formell-materielle Beschuldigtenbegriff** begründet zwar die Gefahr einer fehlerhaften Beschuldigtenrolle, gewährt aber gleichzeitig auch Schutzrechte. Entscheidend ist nämlich, ab wann die Strafverfolgungsbehörden den Bürger über seine Beschuldigtenrechte belehren müssen und welche Folgen eine fehlerhafte Nichtbelehrung hat.

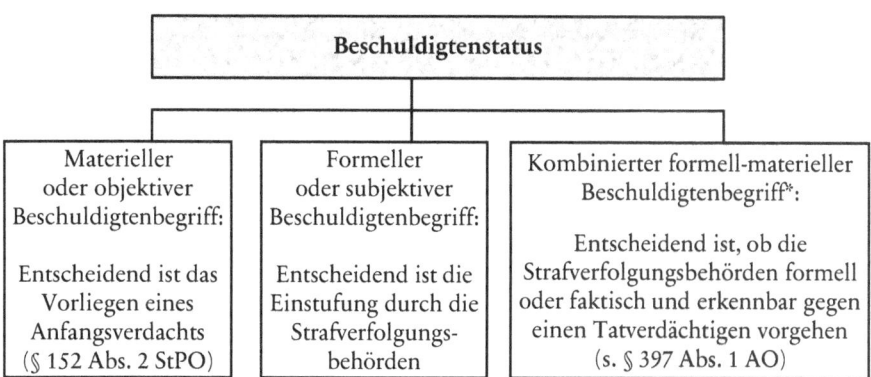

* Bei diesem Begriff werden die Aspekte unterschiedlich gewichtet.

2. Ende

Der Beschuldigtenstatus endet mit der Einstellung des Verfahrens sowie mit einem rechtskräftigen Urteil (Verurteilung oder Freispruch), weiterhin durch den Tod des Beschuldigten. Entsprechend der Lösung für den Beginn des Beschuldigtenstatus ist die Entscheidung der StA – mit oder ohne Zustimmung des Gerichts – über die Einstellung des Ermittlungsverfahrens entscheidend, auch wenn dieses später wieder aufgenommen werden kann. Eine Ausnahme gilt bei vorläufiger Einstellung (§ 205 StPO).

Fraglich und umstritten ist, ob der Beschuldigtenstatus vorübergehend endet, wenn ein Beschuldigter in einem getrennten Verfahren gegen einen Mitbeschuldigten als Zeuge gehört werden soll (**Rollentausch**). Hier gilt es zu unterscheiden. Ist der Beschuldigte bereits rechtskräftig verurteilt, ist er aus dem Beschuldigtenstatus ausgeschieden und ist jetzt Zeuge.[5] Ihm steht nunmehr auch nicht die Schutznorm des § 55 StPO zur Seite (s. aber § 60 Nr. 2 StPO)[6]. Ebenso ist er in der Zeugenrolle, wenn gegen ihn noch nicht als Beschuldigten ermittelt wird. Dann kommt ihm aber § 55 StPO zugute. Wird gegen zwei Beschuldigte mit Verdacht einer Tatbeteiligung in zwei getrennten Verfahren verhandelt bzw. wird ein zunächst verbundenes Verfahren vorübergehend getrennt, so könnte formal jeder der beiden Angeklagten in dem anderen Prozess als Zeuge gehört werden (mit der Schutzwirkung der §§ 55, 60 Nr. 2 StPO). Hinsichtlich der Beweiswürdigung sollte es an sich auch keinen Unterschied machen, ob ein wegen Tatbeteiligung Tatverdächtiger als Angeklagter oder als Zeuge gehört wird. Die Betroffenheit und die potenzielle Wahrnehmung eigener Interessen müssen mit abgewogen werden. Trotzdem kann gerade auch für die Beweiswürdigung durch die Schöffen als Laienrichter die formelle Verfahrensrolle eine entscheidende Bedeutung gewinnen, zumin-

---
5 *Meyer-Goßner/Schmitt*, § 55 Rn. 8.
6 S. zum Vereidigungsverbot *Meyer-Goßner/Schmitt*, § 60 Rn. 25.

dest kann sich für den Angeklagten der Eindruck einer Prozessmanipulation und damit eines unfairen Verfahrens aufdrängen. Dies gilt insbes. bei einer vorübergehenden Verfahrensabtrennung. Hieraus folgt, dass ein Beschuldigter wegen Tatbeteiligung nicht als Zeuge in eigener Sache gegen einen anderen Beschuldigten in derselben Sache gehört werden darf. Er kann nur Zeuge gegen einen Mitbeschuldigten in einer anderen Sache sein. Dies ist die hM in der Rechtslehre.[7] Die Rechtsprechung vertritt wiederum den formellen Beschuldigtenbegriff, wobei Missbräuche ausgeschlossen werden sollen.[8] Im Falle einer missbräuchlichen Abtrennung des Verfahrens ist auch der Revisionsgrund gem. § 338 Nr. 5 StPO gegeben.

II. Rechte des Beschuldigten

1. Anspruch auf rechtliches Gehör
(Art. 103 Abs. 1 GG; Art. 6 Abs. 1 S. 1 EMRK; §§ 33, 163a Abs. 1 StPO)

5   Im Ermittlungsverfahren wird dieses Recht konkretisiert durch die Pflicht zur Beschuldigtenvernehmung vor der Anklageerhebung gem. § 163a Abs. 1 StPO. Ausprägungen des Anspruchs auf rechtliches Gehör sind in der Hauptverhandlung:

- Fragerecht (§ 240 Abs. 2 StPO)
- Erklärungsrecht (§ 257 Abs. 1 StPO)
- Schlusswort (§ 258 Abs. 1 StPO).

Das Rederecht bzw. das schriftliche Eingabenrecht zur Umsetzung des rechtlichen Gehörs schließt auch das Recht mit ein, unwahre Behauptungen aufzustellen.

> **BGHSt 38, 345 (352)**
> „Danach unterliegt es aber keinem Zweifel, dass der Beschuldigte sich gegen eine drohende Inhaftierung auch durch unwahres tatsächliches Vorbringen verteidigen darf. [...] im Strafprozess gibt es keine Wahrheitspflicht für den Beschuldigten, sie kann auch nicht indirekt über das Strafrecht begründet werden."

Dies gilt jedoch nicht, wenn das falsche Vorbringen etwa dazu dient, den Nebenkläger über schadensersatzerhebliche Umstände iSd § 263 StGB zu täuschen.

> **BGH, BeckRS 2018, 23215**
> „Ein solches betrugsnahes Verhalten unterfällt nicht dem Schutzbereich des nemo-tenetur Grundsatzes und ist auch nicht vom Recht des Angeklagten auf Verteidigung gedeckt."

Bei Personen, die der deutschen Sprache nicht mächtig sind, ist ein Dolmetscher beizuziehen bzw. sind Verfahrensdokumente, insbes. Urteile schriftlich zu übersetzen (§ 187 GVG).

2. Aussageverweigerungs- oder Einlassungsverweigerungsrecht
(§§ 136 Abs. 1 S. 2, 163a Abs. 4 S. 2, 243 Abs. 4 S. 1 StPO)

6   Umgekehrt zum Anspruch auf rechtliches Gehör mit der Folge des Rederechts steht dem Angeklagten ein Recht auf Schweigen zu. Hierauf ist er in verständlicher Form bei Beginn der Vernehmung – und zwar jeder[9] Vernehmung – hinzuweisen, § 136 Abs. 1

---

[7] S. Volk/Engländer, Grundkurs StPO, § 21 Rn. 24; Beulke/Swoboda, Strafprozessrecht, § 10 Rn. 290; Roxin/Schünemann, Strafverfahrensrecht, § 26 Rn. 5.
[8] S. BGH StV 1984, 185 (186).
[9] Das Wort „erste" in § 136 Abs. 1 S. 1 StPO wurde vor „Vernehmung" entfernt, vgl. Gesetz zur Fortentwicklung der Strafprozessordnung und zur Änderung weiterer Vorschriften v. 25.6.2021, BGBl. I, S. 2099.

S. 2 StPO. Geschieht dies nicht, so ist nach gefestigter Rechtsprechung[10] in Übereinstimmung mit der einhelligen Meinung in der Rechtslehre die Einlassung des Angeklagten nicht verwertbar, auch nicht ein Geständnis.[11]

Aus einem Schweigen dürfen keine negativen Schlussfolgerungen gezogen werden,[12] wohl aber sind Rückschlüsse aus einem „Teilschweigen" unter bestimmten Voraussetzungen zulässig.[13] Dies gilt auch für das Nichtentbinden des Verteidigers von der Schweigepflicht.[14]

> **BGHSt 38, 214**
> „1. Ist der Vernehmung des Beschuldigten durch einen Beamten des Polizeidienstes nicht der Hinweis vorausgegangen, dass es dem Beschuldigten freistehe, sich zu der Beschuldigung zu äußern oder nicht zur Sache auszusagen (§ 136 I 2 i.V. mit § 163a IV 2 StPO), so dürfen Äußerungen, die der Beschuldigte in dieser Vernehmung gemacht hat, nicht verwertet werden (gegen BGHSt 31, 395 = NJW 1983, 2205).
> 2. Dies gilt nicht, wenn feststeht, dass der Beschuldigte sein Recht zu schweigen ohne Belehrung gekannt hat, oder wenn der verteidigte Angeklagte in der Hauptverhandlung ausdrücklich der Verwertung zugestimmt oder ihr nicht bis zu dem in § 257 StPO genannten Zeitpunkt widersprochen hat. Dem verteidigten Angeklagten steht ein Angeklagter gleich, der vom Vorsitzenden über die Möglichkeit des Widerspruchs unterrichtet worden ist."

Um zu entscheiden, ob er sich zur Sache einlassen oder lieber schweigen möchte, sind dem Beschuldigten in seiner Vernehmung der Tatvorwurf sowie die Strafvorschriften zu eröffnen, § 136 Abs. 1 S. 1 StPO.

Zur Beachtung der Beschuldigtenrechte sowie zur korrekten Wiedergabe der Vernehmung hat der Gesetzgeber mit § 136 Abs. 4 S. 2 StPO die audiovisuelle Aufzeichnung bei vorsätzlichen Tötungsdelikten sowie in Fällen vorgeschrieben, in denen der Beschuldigte besonders schutzbedürftig ist.[15] Im Jugendstrafverfahren ist darüber hinaus § 70 Abs. 2 S. 2 JGG zu beachten, wonach polizeiliche und staatsanwaltliche Vernehmungen audiovisuell dokumentiert werden müssen, wenn im Fall einer notwendigen Verteidigung (§ 68 JGG) ein Verteidiger nicht anwesend ist. Zur Vorführung in der Hauptverhandlung s. § 254 Abs. 1 StPO.

3. Anwesenheitsrecht

Das Recht auf rechtliches Gehör setzt für die Hauptverhandlung das Anwesenheitsrecht voraus (§ 230 Abs. 1 StPO). Zur ausnahmsweisen Verhandlung in Abwesenheit s. §§ 231 ff. StPO, § 247 StPO. Darüber hinaus gibt es im Ermittlungsverfahren für einzelne Ermittlungshandlungen ein Anwesenheitsrecht des Beschuldigten (§ 106 Abs. 1 S. 1 StPO; § 168c Abs. 2 StPO).

---

10 S. zB OLG Nürnberg StV 2015, 155.
11 Zum Erfordernis eines ausdrücklichen Widerspruchs s. § 16 Rn. 91.
12 BGHSt 20, 298; BVerfG NJW 1996, 449; BGH StV 2018, 776.
13 BGH StV 2011, 269; 2022, 367.
14 BGH NJW 2000, 1962.
15 Gesetz zur effektiveren und praxistauglicheren Ausgestaltung des Strafverfahrens vom 17.8.2017, BGBl. I, S. 3202; s. auch der entsprechende Vorschlag der Expertenkommission zur effektiveren und praxistauglicheren Ausgestaltung des allgemeinen Strafverfahrens und des jugendgerichtlichen Verfahrens 2015, S. 67 ff.

4. Recht auf berufsmäßige Verteidigung

8 Jeder Beschuldigte darf sich einen Strafverteidiger, dh bis zu drei Strafverteidiger wählen (§ 137 Abs. 1 StPO), in bestimmten Fällen muss dem Beschuldigten ein Strafverteidiger als Pflichtverteidiger zur Seite gestellt werden (§ 140 StPO; § 68 JGG). Auf das Recht der Verteidigerkonsultation ist der Angeklagte hinzuweisen (§ 136 Abs. 1 S. 2, 5 StPO, § 163a Abs. 3 S. 2 und Abs. 4 S. 2 StPO). Das Fairnessgebot mit dem Ziel der Waffengleichheit zwischen Strafverfolgungsbehörden und Strafverteidigung gebietet es, dem Beschuldigten bei der Wahl eines Verteidigers behilflich zu sein. So genügt es nicht, den Beschuldigten, der keinen Verteidiger hat, das Branchentelefonbuch mit einer großen Zahl von Eintragungen von Rechtsanwälten zur Verfügung zu stellen, wenn so gut wie keine Chance besteht, wie zB mitten in der Nacht, einen so ausgewählten Verteidiger auch tatsächlich zu erreichen. In einer solchen Situation ist die Vermittlung der Telefonnummer eines anwaltlichen Notdienstes geboten (§ 136 Abs. 1 S. 3, 4 StPO).[16] Wird der Beschuldigte nicht korrekt belehrt bzw. wird nach korrekter Belehrung ihm nicht ausreichend Gelegenheit eingeräumt, einen Verteidiger zu konsultieren, so folgt hieraus ein **Verwertungsverbot** für die Aussagen des Beschuldigten.

> **BGHSt 38, 372**
> „Ist dem Beschuldigten vor seiner ersten Vernehmung die von ihm gewünschte Befragung seines gewählten Verteidigers verwehrt worden, so sind seine Angaben auch dann unverwertbar, wenn er zuvor gem. § 136 Abs. 1 S. 2 StPO belehrt worden war."

Ein Verwertungsverbot gilt auch, wenn der gewünschte Verteidiger nicht erreicht werden kann, der Beschuldigte sich danach auf sein Aussageverweigerungsrecht beruft, sich aber aufgrund von Nachfragen nach einer Spontanäußerung selbst belastet.[17]

Nach einer Entscheidung des 2. Strafsenats des BGH soll das Verwertungsverbot nicht gelten, wenn der Beschuldigte nicht gem. § 136 Abs. 1 S. 5 Hs. 2 StPO darüber belehrt wird, dass für ihn ein Pflichtverteidiger gem. § 140 StPO bestellt werden kann.[18] Insbes. für Beschuldigte, die sich wegen Mittellosigkeit keinen Wahlverteidiger leisten können, erscheint für ein rechtsstaatliches Strafverfahren der Hinweis auf eine mögliche Pflichtverteidigung hingegen unentbehrlich, dies gilt gerade nach der Stärkung der Pflichtverteidigung durch das Gesetz zur Neuregelung des Rechts der notwendigen Verteidigung[19] (s. hierzu § 9 Rn. 13).

Die kriminalistisch günstige Überführungssituation insbes. der ersten Vernehmung darf nicht missbraucht werden, indem das Recht auf Verteidigerkonsultation faktisch unterlaufen wird. Zum Erfordernis einer sog. qualifizierten Belehrung s. § 10 Rn. 3.

5. Beweisantragsrecht (§ 244 Abs. 2–5 StPO) und Rechtsmittelrecht

9 Zu den Rechten des Angeklagten zählen auch das in § 244 Abs. 2-5 StPO geregelte Beweisantragsrecht (s. § 16 Rn. 67 ff.) sowie das Rechtsmittelrecht (s. § 11 Rn. 93, § 17 Rn. 1).

---

16 So der 5. Strafsenat des BGH, s. BGH StV 1996, 187; anders der 1. Strafsenat, s. BGH StV 1996, 409 sowie des 5. Strafsenats, s. BGH NJW 2002, 1279; vertiefend *Roxin*, JZ 1997, 343.
17 BGH StV 2013, 737.
18 BGH StV 2019, 159 mit abl. Anm. von *Ransiek* sowie von *Albrecht/Fleckenstein*, StV 2019, 661.
19 Gesetz v. 10.12.2019, BGBl. I, S. 2128.

III. Verbotene Vernehmungsmethoden

Im Zusammenhang mit den Rechten des Beschuldigten/Angeklagten gewinnt § 136a StPO Bedeutung, mit dem die **Willensfreiheit des Beschuldigten** und die **korrekte Beweisermittlung** gesichert werden sollen. § 136a StPO wurde im Hinblick auf die Foltermethoden in der Zeit des Nationalsozialismus im Jahre 1950 eingeführt; hiermit erfolgte eine Klarstellung iSd Fair-trial-Prinzips, wobei mit § 136a Abs. 3 StPO gleichzeitig ein Verwertungsverbot bestimmt wurde. So selbstverständlich der Grundsatz des § 136a StPO ist, so schwierig ist die Abgrenzung im Einzelfall. Dies gilt insbes. für die Abgrenzung von erlaubter kriminalistischer List zur Aufklärung einer Straftat und verbotener Täuschung. In der Praxis kommen weniger eindeutige Verstöße vor, Probleme bereiten die Ermittlungsmethoden, die an der Grenze liegen. In Sachverständigengutachten wird immer wieder von problematischen Ermittlungsmethoden berichtet, aufgrund derer Geständnisse, auch falsche Geständnisse abgelegt werden. Häufig sind gerade Beschuldigte, denen ein vorsätzliches Tötungsdelikt vorgeworfen wird, einfach strukturiert, stehen zT am Rande der Debilität, die gegenüber den Verhörpersonen eindeutig unterlegen sind, die einem Vernehmungsdruck nicht standhalten und schließlich bei einem übermächtigen Bedürfnis nach Ruhe und Entspannung ein Geständnis ablegen.[20] Es geht dann um so praktisch relevante Fragen, ob eine Vernehmung in der Nacht von 22.00 – 5.00 Uhr, ob eine mehrstündige Vernehmung bei Abwechslung der Vernehmungspersonen eine verbotene Vernehmungsmethode durch Ausnutzen von Ermüdung darstellt. Auf der anderen Seite steht gerade die Polizei unter Erfolgszwang, unter öffentlichem und polizeiinternem Druck. Hierbei ist die erste Vernehmung des Beschuldigten ohne Beistand eines Verteidigers „die Stunde der Kriminalisten", in der am ehesten ein Geständnis „herausgelockt" werden kann. Der Hinweis, dass ein Geständnis zur Strafmilderung führt, ist erlaubt.

Instruktiv ist folgender Fall, in dem ein Mordgeständnis gem. § 136a Abs. 3 StPO für unverwertbar erklärt wurde:

> **BGHSt 35, 328 (329)**
> „Diese Vorschrift gilt nach § 163a Abs. 4 S. 2 StPO auch für Polizeibeamte. Sie schließt nicht jede List bei der Vernehmung aus, verbietet aber eine Lüge, durch die der Beschuldigte bewusst irregeführt und seine Aussagefreiheit beeinträchtigt wird (vgl. BGHSt 31, 399/400; Boujong KK, 2. Aufl. § 136a StPO Rn. 19 m.w.Nachw.). Der vorliegende Fall nötigt nicht zur abschließenden Um- schreibung des Begriffs der Täuschung im Sinne des § 136a Abs. 1 StPO (vgl. hierzu die Nachw. bei Rogall SK StPO § 136a Rn. 47). Ein Vernehmungsbeamter kann jedenfalls auch dann über Tatsachen täuschen, wenn er dem Beschuldigten gegenüber nur pauschal und ohne bestimmte Beweismittel vorzuspiegeln, von einer Beweislage spricht, die ausreiche, ihn zu überführen und daher eine Entlassung und einen späteren Freispruch ausschließe. Weiß der Vernehmende, daß aufgrund der bisherigen Ermittlungen kein dringender Tatverdacht, sondern allenfalls ein Anfangsverdacht gerechtfertigt ist, erklärt er aber dem vorläufig Festgenommenen trotzdem, die gegen ihn vorliegenden Beweise ließen ihm keine Chance, er könne seine Lage nur durch ein Geständnis verbessern, weil die ihm nachweisbare Tat dann milder beurteilt werden könne, so täuscht er ihn über die Beweis- und Verfahrenslage. Bei einer solchen Fallgestaltung ist die Behauptung, der Beschuldigte werde, auch wenn er nicht gestehe, auf jeden Fall verurteilt werden, nicht nur – wie der GBA meint – eine unrichtige Prognose über den künftigen Ausgang des Gerichtsverfahrens, sondern eine unzulässige Einwir-

---

20 S. *Maisch*, gem. Tagungsbericht in: DRiZ 1990, 116; zu neueren Untersuchungen s. *May/Schneider*, StV 2022, 469.

kung auf das Vorstellungsbild des Beschuldigten, um ihm die Überzeugung von einem so nicht vorliegenden Beweisergebnis und der Richtigkeit darauf gestützter falscher rechtlicher Schlussfolgerungen zu verschaffen."

11 Eindeutig wird mit § 136a StPO ein **Folterverbot** ausgesprochen, das auch im Rahmen der polizeilichen Gefahrenabwehr gilt. Art. 104 Abs. 1 S. 2 GG, Art. 3, 15 EMRK, Art. 7 Internationaler Pakt über bürgerliche und politische Rechte gelten für die Polizeiarbeit insgesamt.[21] Das Folterverbot gilt ausnahmslos und ist somit „notstandsfest" (so ausdrücklich Art. 15 Abs. 2 EMRK). Wird dagegen verstoßen, wozu auch die Androhung von Folter gehört, ist ein Geständnis unverwertbar (§ 136a Abs. 3 S. 2 StPO). Vor einer erneuten Vernehmung hat insoweit eine „qualifizierte Belehrung" zu erfolgen, dass die bisherigen Aussagen nicht verwertbar sind; anders als aus dem Verstoß gegen § 136a StPO selbst folgt nach Auffassung des BGH aus dem Unterlassen der „qualifizierten Belehrung" nicht ohne Weiteres die Unverwertbarkeit der späteren Aussage, insoweit ist eine Abwägung vorzunehmen[22] (zu weiteren Verwertungsproblemen s. § 16 Rn. 88 f., 97).

12 „Fall Daschner":

Daschner war stellvertretender Polizeipräsident und Ermittlungsleiter im Entführungsfall eines 11-jährigen Jungen. Tatverdächtig war der vorläufig festgenommene Jurastudent Magnus G. Im Laufe der Ermittlungen fertigte Daschner einen Vermerk, in dem es unter anderem heißt:

LG Frankfurt NJW 2005, 692
„Am 30.9.2002, gegen 22.45 Uhr, teilte mir KOR E mit, dass der Tatverdächtige Magnus G weiterhin keine Angaben zum Verbleib des vermissten Kindes gemacht habe. Für den Fall der weiteren Weigerung habe ich die Anwendung unmittelbaren Zwangs angeordnet. Nach Sachlage ist davon auszugehen, dass sich Jakob M, sofern er noch am Leben ist, in akuter Lebensgefahr befindet (Entzug von Nahrung und Flüssigkeit, Außentemperatur). [...] Zur Rettung des Lebens des entführten Kindes habe ich angeordnet, dass G nach vorheriger Androhung und unter ärztlicher Aufsicht durch Zufügung von Schmerzen (keine Verletzungen) erneut zu befragen ist. Die Feststellung des Aufenthaltsorts des entführten Kindes duldet keinen Aufschub; insoweit besteht für die Polizei die Pflicht, im Rahmen der Verhältnismäßigkeit alle Maßnahmen zu ergreifen, um das Leben des Kindes zu retten. [...]"

Tatsächlich war das Kind bereits verstorben. Hierzu hat das LG Frankfurt in einem Beschluss ausgeführt:[23]

LG Frankfurt StV 2003, 325 (326)
„Nach § 136a Abs. 1 StPO darf die Freiheit der Willensentschließung und der Willensbetätigung des Besch. nicht beeinträchtigt werden durch – u.a. – Misshandlung und Quälerei; die Drohung mit einer solchen Maßnahme ist verboten. Die Vorschrift bezieht sich nur auf Vernehmungen. Eine

---

[21] S. hierzu nachfolgend den „Fall Daschner"; zur Gegenposition s. *Erb*, in: FS-Seebode, S. 99 ff.
[22] BGH StV 2021, 410.
[23] Magnus G. wurde später wegen Mordes in Tateinheit mit erpresserischem Menschenraub mit Todesfolge und wegen falscher Verdächtigung in Tateinheit mit Freiheitsberaubung in zwei Fällen zu lebenslanger Freiheitsstrafe verurteilt, s. hierzu BVerfG NJW 2005, 656; sowie EGMR, Urteil vom 1.6.2010, NJW 2010, 3145 mit Anm. *Weigend*, StV 2011, 325 ff. Die Große Kammer des EGMR hat diese Sichtweise später in dem Sinne bestätigt, dass aufgrund der Geständnisse des Angeklagten in der Hauptverhandlung die Sachbeweismittel nicht zum Beweis der Schuld, sondern nur zur Überprüfung der Glaubhaftigkeit der Geständnisse gedient hätten, EGMR vom 1.6.2010 Nr. 179 = NJW 2010, 3145; s. hierzu auch *Heger*, Strafprozessrecht, Rn. 397; zu diesen „Früchten des Verbotenen Baums" s. § 16 Rn. 88, 89.

> „Vernehmung" liegt vor, wenn der Vernehmende dem Beschuldigten in amtlicher Funktion gegenübertritt und in dieser Eigenschaft von ihm Auskunft verlangt (BGH GrS St. 42, 139 (145) [= StV 1996, 465]).
>
> Auf dieser Grundlage unterliegt es keinem Zweifel, dass es sich bei der Befragung des Angekl. am frühen Morgen des 1.10.2002 durch KHK E. um eine Vernehmung handelte, in der eine verbotene Vernehmungsmethode iSv § 136a StPO zum Einsatz kam, die nach Abs. 3 S. 2 dieser Vorschrift zur Folge hat, daß Aussagen, die unter Verletzung dieses Verbots zustande gekommen sind, nicht verwertet werden dürfen.
>
> Dies gilt nicht nur für die im Vermerk des KHK E. v. 1.10.2002 festgehaltenen Angaben des Angekl., sondern infolge einer Fortwirkung des Verstoßes gegen § 136a StPO auch für alle weiteren bisher durchgeführten Befragungen und Vernehmungen. [...] Eine dahin gehende „qualifizierte Belehrung" (vgl. hierzu ua BGH NStZ 1996, 290 (291) = StV 1996, 360) ist dem Angekl. in keiner der im Beschlusstenor aufgeführten Befragungen und Vernehmungen erteilt worden. [...] Dagegen besteht keine Fernwirkung des Verstoßes gegen § 136a StPO in der Weise, dass auch die bei der Aussage bekanntgewordenen Beweismittel nicht benutzt werden dürfen."

Umstritten war lange, ob die **Verabreichung von Brechmitteln** zur Überführung von Drogenhändlern, die im Verdacht stehen, verpackte illegale Drogen verschluckt zu haben, eine verbotene Vernehmungsmethode gem. § 136a StPO („Quälerei") darstellt.[24] Der Europäische Gerichtshof für Menschenrechte (EGMR) hat hierin eine Verletzung von Art. 3 und 6 EMRK gesehen.[25]

13

Die begrenzte menschliche Fähigkeit, Falschaussagen zu erkennen, und die Fortschritte im Bereich der Künstlichen Intelligenz (KI) verleihen der Diskussion um die rechtliche Zulässigkeit des **Einsatzes von Polygraphen (Lügendetektoren)** eine neue Dynamik. Dies gilt insbes. unter Berücksichtigung des Entwurfes der KI-Verordnung, die den Einsatz von Lügendetektoren nicht in die Gruppe der verbotenen KI-Systeme mit unannehmbarem Risiko einordnet, sondern nach Art. 6 Abs. 2a, Anhang III in die Kategorie der Hochrisiko-KI-Systeme einsortiert, für die „nur" ein detailliertes Regelungsregime vorgesehen ist. Gerade im europäischen Kontext ist darauf hinzuweisen, dass KI-basierte Software zur Lügendetektion („iBorderCtrl") bereits bei der Grenzkontrolle von Drittstaatsangehörigen eingesetzt wurde.[26]

14

Bei polygrafischen Untersuchungen wird versucht, durch bestimmte Fragetechniken bei gleichzeitiger Messung (oder Aufzeichnung) und anschließender Auswertung der physiologischen Reaktionen eines Beschuldigten Hinweise auf seine Täterschaft bei einem bestimmten Tatgeschehen zu erhalten.[27]

Einigkeit herrscht darüber, dass die Polygraphie **gegen den Willen** der Aussageperson in entsprechender Anwendung des § 136a StPO **unzulässig** ist.[28]

Umstritten ist, ob der Polygraphentest auch für denjenigen verboten ist, der diesen freiwillig wünscht, um die Glaubhaftigkeit seiner Angaben zu erhöhen und zumindest vernünftige Zweifel an seiner Schuld zu wecken.

---

24 S. hierzu einerseits OLG Frankfurt NJW 1997, 1647, andererseits KG JR 2001, 162.
25 EGMR (Jalloh v. Germany) NJW 2006, 3117 m. Bespr. *Dörr*, JuS 2007, 264; *Schumann*, StV 2006, 661; s. auch § 5 Rn. 9.
26 *Rodenbeck*, StV 2020, 479 (481).
27 Dazu instruktiv *Gerhold*, ZIS 2020, 431.
28 BGHSt 5, 332 ff.; SK-StPO/*Rogall*, § 136a Rn. 93 mwN; Löwe/Rosenberg/*Gleß*, § 136a Rn. 64.

Im Jahre 1954 lehnte der BGH den Einsatz von Polygraphen im Strafverfahren ab.[29] Der Einsatz eines Lügendetektors verletze die Menschenwürde und begründe einen Verstoß gegen § 136a StPO, und zwar unabhängig von der Funktionsfähigkeit des Gerätes und dem Einverständnis des Beschuldigten. Das BVerfG vertrat eine ähnliche Auffassung, stellte aber statt einer Verletzung der Menschenwürde eine Verletzung des allgemeinen Persönlichkeitsrechts fest.[30] Mangels Freiwilligkeit könne in den Grundrechtseingriff auch nicht eingewilligt werden. Denn der Beschuldigte, dem eine erhebliche Freiheitsstrafe drohe, könne nicht ohne Druck entscheiden, ob er sich der Untersuchung unterziehe oder nicht. Eine Möglichkeit, die ihm Chancen biete, könne er nicht ausschlagen. Ferner wird geltend gemacht, dass bei Zulässigkeit der Polygraphie indirekt Druck auf jeden leugnenden Beschuldigten ausgeübt werden könnte.[31]

Im Jahr 1998 hat der BGH entschieden, dass die freiwillige Teilnahme an einer polygraphischen Untersuchung weder gegen Verfassungsgrundsätze noch gegen § 136a StPO verstoße. Allerdings sei die polygraphische Untersuchung ein Beweismittel, das gemäß § 244 Abs. 3 S. 3 Nr. 4 StPO als ungeeignet betrachtet werden müsse.[32]

Es ist jedoch weitgehend anerkannt, dass Testergebnisse, die der Beschuldigte im Rahmen einer polygraphischen Untersuchung außerhalb staatlicher Kontrolle durch einen unabhängigen Sachverständigen erlangt hat, verwertet werden können.[33] Die Zulassung dieses Beweismittels steht dann aber im Ermessen des Gerichts, so dass kein Anspruch auf Zulassung dieses Beweismittels besteht.[34]

Trotz bestehender Bedenken bezüglich der Zulässigkeit der Polygraphie und dem potenziellen Druck auf leugnende Beschuldigte sollte nicht übersehen werden, dass ein Beschuldigter, der eine polygraphische Untersuchung in Erwägung zieht, keineswegs völlig unfrei in seiner Entscheidung ist. Selbst in Situationen, die den Handlungsspielraum scheinbar einschränken, bleibt stets ein Kern an Restfreiwilligkeit[35] bestehen, der die Möglichkeit einer Einwilligung nicht von vornherein ausschließt.[36]

Auch in der Debatte um den potenziellen Druck auf andere leugnende Beschuldigte sollte berücksichtigt werden, dass im Ergebnis einer Person eine Entlastungsmöglichkeit vorenthalten wird, nur weil andere sie nicht wahrnehmen wollen. Allerdings wird im Umkehrschluss auch niemandem die Möglichkeit eines strafmildernden Geständnisses verweigert, nur weil dies potenziellen Druck auf nicht geständige Beschuldigte ausüben könnte.

Es bestehen aber durchaus Zweifel, ob KI-basierte Lügendetektoren bereits jetzt die Schwelle zur Geeignetheit iSd § 244 Abs. 3 S. 3 Nr. 4 StPO überschritten haben. Allerdings wäre es nicht sinnvoll, wenn gerade in einem so komplexen Bereich wie der Glaubhaftigkeitsanalyse eine Debatte über die Verwendung von KI überhaupt nicht initiiert werden könnte, weil unüberwindbare rechtliche Hürden postuliert werden.[37]

---

29 BGHSt 5, 332 ff.
30 BVerfG NJW 1982, 375; zur Entwicklung in der Rechtsprechung s. *Drohsel*, StV 2018, 827.
31 BVerfG NJW 1982, 375; OLG Karlsruhe StV 1998, 530; *Drohsel*, StV 2018, 827 (829).
32 BGHSt 44, 308 (312 f.).
33 *Delvo*, Der Lügendetektor im Strafprozess der USA, 374 ff.; *Holstein*, Kriminalistik 1990, 158.
34 BVerfG NJW 1998, 1938 (1939); BGH NJW 1999, 657.
35 *Gerhold*, ZIS 2020, 431 (435).
36 IE auch *Putzke/Scheinfeld/Klein/Undeutsch*, ZStW 121 (2009), 607 (622 ff.).
37 *Rodenbeck*, StV 2020, 479 (483).

IV. Umgehung der Beschuldigtenrechte durch Einschaltung von Privatpersonen

Durch Einschalten von Privatpersonen können die Belehrungspflichten sowie die verbotenen Vernehmungsmethoden gem. § 136a StPO umgangen werden. Für verdeckte Ermittler gilt selbstverständlich auch das Verbot gem. § 136a StPO, wobei eine förmliche Vernehmung durch einen verdeckten Ermittler aus der Natur des Einsatzes schon ausscheidet. In der **Hörfallenentscheidung** hat der Große Strafsenat des BGH (s. hierzu § 132 GVG) umfassend Stellung bezogen. Bei Straftaten von erheblicher Bedeutung iSd §§ 98a, 100a, 110a StPO hat der BGH den Einsatz von Privatpersonen als letztes Mittel einer Überführung zugelassen und damit die Beschuldigtenposition in Folge Ausbleibens einer Belehrung hintenangestellt.[38]

15

> **BGHSt 42, 139**
> „Hat eine Privatperson auf Veranlassung der Ermittlungsbehörden mit dem Tatverdächtigen ohne Aufdeckung der Ermittlungsabsicht ein auf die Erlangung von Angaben zum Untersuchungsgegenstand gerichtetes Gespräch geführt, so darf der Inhalt des Gesprächs im Zeugenbeweis jedenfalls dann verwertet werden, wenn es um die Aufklärung einer Straftat von erheblicher Bedeutung geht und die Erforschung des Sachverhalts unter Einsatz anderer Ermittlungsmethoden erheblich weniger erfolgversprechend oder wesentlich erschwert gewesen wäre."

Der Europäische Gerichtshof für Menschenrechte hat demgegenüber betont, dass die Garantien der EMRK auch dann gelten, wenn Privatpersonen von den Strafverfolgungsbehörden eingeschaltet werden:[39]

> **EGMR StV 2004, 1**
> „Ein Beitrag des Staates, der zur Zurechnung von Privathandlungen führt, liegt insbesondere dann vor, wenn überführende Telefongespräche durch staatliche Behörden angeregt werden und/oder Hilfe bei der Aufnahme dieser Gespräche zur Verfügung gestellt wird."

V. Pflichten des Beschuldigten

Den Rechten des Beschuldigten stehen folgende Pflichten gegenüber:

16

- Erscheinungspflicht (§§ 133, 163a Abs. 3 S. 1, § 230 Abs. 2 StPO).

  Bei Nichterscheinen kann die Vorführung (§ 134 StPO, § 163a Abs. 3 S. 2 und 3 StPO, § 230 Abs. 2, 1. Alt. StPO), zusätzlich bei Ausbleiben in der Hauptverhandlung ein Haftbefehl (§ 230 Abs. 2, 2. Alt. StPO) angeordnet werden.

- Angaben zur Person (§ 163b StPO, § 243 Abs. 2 S. 2 StPO).

  Das Aussageverweigerungsrecht betrifft nicht die Angaben zur Person, sondern nur Angaben zur Sache. Insoweit ist er auch zur Wahrheit verpflichtet (s. auch § 111 OWiG).

- Duldungspflichten im Rahmen von Ermittlungsmaßnahmen (zB Blutprobe gem. § 81a StPO, Fingerabdrücke gem. § 81b StPO, „Gentest" gem. §§ 81e, g und h StPO).[40]

17

---

38 BGHSt 42, 139; s. aber BVerfG StV 2000, 233 sowie Vorlagebeschluss BGH NStZ 1996, 200.
39 Zur Auseinandersetzung des BGH mit der Rechtsprechung des EGMR s. BGH NStZ 2011, 596.
40 S. hierzu § 11 Rn. 7 ff.

Lösung zu den Fällen:

Fall 1: A macht von seinem Aussageverweigerungsrecht (§ 136 Abs. 1 S. 2 i.V.m. § 163a Abs. 4 S. 2 StPO, § 243 Abs. 5 S. 1 StPO) Gebrauch. Das erste Geständnis wurde durch eine sog. informatorische Befragung gewonnen. Die am Unfallort anwesenden Personen waren noch keine Beschuldigten, die dementsprechend auch nicht über ihr Aussageverweigerungsrecht zu belehren waren. Über die Vernehmung des Polizeibeamten P kann nach hM die Aussage von A in den Prozess eingeführt werden (s. BGHSt 38, 214 [227]). Vorzuziehen ist aber die Ansicht, die von einer Unverwertbarkeit ausgeht, da A zu der selbstbelastenden Äußerung von der Polizei gedrängt wurde – Ausfluss des Selbstbegünstigungsprinzips, wenn der Verwertung rechtzeitig widersprochen wurde (s. LG Nürnberg StV 1994, 123). Dies gilt nicht, wenn der spätere Beschuldigte von sich aus auf die Polizei zugegangen ist und sich als Unfallverursacher zu erkennen gegeben hat: „spontane Selbstbezichtigung".

Fall 2: Die Vernehmung hätte unterbrochen werden müssen. Die Angaben von B ab diesem Zeitpunkt sind nicht verwertbar, auch nicht über die Einführung im Wege des Zeugenbeweises durch die Polizeibeamten. Auch die Protokollunterschrift heilt nicht den Verstoß gegen das Recht des Beschuldigten auf anwaltlichen Beistand (s. auch LG Kiel StV 2005, 600).

Fall 3: Ein Geständnis vor einem Richter darf gem. § 254 Abs. 1 StPO verlesen werden. Eine Verwertbarkeit wird aber durch § 136a Abs. 3 S. 2 StPO verhindert. Es liegt hier eine verbotene Vernehmungsmethode durch Täuschung gem. § 136a Abs. 1 StPO vor. Diese Bestimmung gilt gem. § 163a Abs. 4 S. 2 StPO auch für Vernehmungen durch Polizeibeamte (s. BGHSt 35, 328).

§ 11 Zwangs- und Ermittlungsmaßnahmen

Ziel des Strafverfahrens ist es, eine auf der Wahrheit beruhende gerechte gerichtliche Entscheidung herbeizuführen (§ 1 Rn. 3). Dadurch soll die Geltung der Norm bestätigt und der Rechtsfrieden gewahrt werden. Dies setzt voraus, dass der zugrunde liegende Sachverhalt umfassend ermittelt bzw. aufgeklärt worden ist. Denn nur dann kann eine wahre und gerechte Entscheidung getroffen werden. Um die hierfür erforderlichen Erkenntnisse zu gewinnen und Beweise zu sichern, ermächtigt die Strafprozessordnung die Strafverfolgungsbehörden zu zahlreichen sog. Zwangs- und Ermittlungsmaßnahmen, wie z.b. der Durchsuchung nach §§ 102 StPO oder der Telekommunikationsüberwachung nach § 100a StPO. Hierbei handelt es sich um Eingriffe in grundrechtlich geschützte Interessen. So greift etwa die Identitätsfeststellung in das allgemeine Persönlichkeitsrecht (Art. 2 Abs. 1 i.V.m. Art. 1 Abs. 1 GG), die erkennungsdienstlichen Maßnahmen nach § 81b StPO in das Grundrecht auf informationelle Selbstbestimmung und die Telekommunikationsüberwachung in das Fernmeldegeheimnis (Art. 10 GG) ein.

1

Da diese Grundrechtseingriffe aber auch das Ziel verfolgen, durch die Beweissicherung eine spätere Verurteilung zu ermöglichen, belasten sie den Betroffenen zusätzlich. Grundrechtseingriffe im Strafverfahren treffen die Betroffenen daher regelmäßig in doppelter Hinsicht: Zum einen prozessextern, indem in das jeweils betroffene Grundrecht eingegriffen wird, und zum anderen prozessintern, indem der Grundrechtseingriff den Ausgang des Strafverfahrens negativ beeinflussen kann. Diese „Doppelfunktionalität" wird am besten durch den Begriff des „strafprozessualen Grundrechtseingriffs" zum Ausdruck gebracht. Der Begriff „Grundrechtseingriff" verdeutlicht, dass außerprozessuale Positionen betroffen sind. Demgegenüber betont der Begriff „strafprozessual", dass dieser Grundrechtseingriff auch verfahrensinterne Folgen hat.[1] In der strafprozessualen Lehrbuchliteratur ist der Begriff „Zwangsmaß-" oder „Ermittlungsmaßnahme" aber nach wie vor weit verbreitet. Um eine Konsistenz und Nachvollziehbarkeit in der Terminologie zu gewährleisten, wird auch in diesem Buch nicht gänzlich auf diese traditionellen Bezeichnungen verzichtet.

Die rechtsstaatliche Brisanz der strafprozessualen Grundrechtseingriffe bzw. Ermittlungs- und Zwangsmaßnahmen wird dadurch erhöht, dass sie vorgenommen werden, obwohl die Unschuldsvermutung (Art. 6 Abs. 2 EMRK) noch nicht widerlegt wurde, d.h. die Eingriffe erfolgen gegen eine als unschuldig geltende Person. Bedenkt man ferner, dass die Strafverfolgungsbehörden aufgrund der Eingriffsbefugnisse über eine erheblich gestärkte Machtposition gegenüber dem Beschuldigten verfügen, ist es wichtig, dass die strafprozessualen Grundrechtseingriffe noch durch den in Art. 20 Abs. 3 und Art. 6 Abs. 2 EMRK verankerten Grundsatz des fairen Verfahrens begrenzt werden (vgl. § 4 Rn. 12).

I. Identitätsfeststellung (§§ 163b, 163c StPO)

Fall: Dem Polizeipräsidium München wurde mitgeteilt, dass am nächsten Tag ein Farbbeutel-Anschlag auf einen Stand des südafrikanischen Reisebüros „Satour" der Ausstellung

2

---

[1] Zur Terminologie *Brüning*, Der Richtervorbehalt im strafrechtlichen Ermittlungsverfahren, 2005, S. 31; *Krey/Heinrich*, Strafverfahrensrecht, Rn. 700.

„Caravan-Boot-Reisemarkt" auf dem Münchner Messegelände geplant sei. Aus diesem Grund hielten sich am folgenden Tag Polizeibeamte in Zivilbekleidung in der Nähe des besagten Standes auf. Gegen 11.05 Uhr erschien dort der Betroffene, Mitglied des Stadtrates der Landeshauptstadt München, mit vier weiteren Personen. Die Gruppe entfaltete ein Transparent mit der Aufschrift „Kein Tourismus nach Südafrika" und verteilte Flugblätter der Anti-Apartheid-Bewegung, deren Inhalt sich gegen die Teilnahme des südafrikanischen Reisebüros an der Messe richtete. Nachdem die Demonstranten von Mitarbeitern der Münchner Messe- und Ausstellungsgesellschaft erfolglos aufgefordert worden waren, ihre Aktivitäten einzustellen und das Ausstellungsgelände zu verlassen, erklärte ein Polizeibeamter dem Betroffenen die „vorläufige Festnahme zur Identitätsfeststellung" und forderte ihn auf, sich zu einem in der Nähe geparkten Dienstfahrzeug der Polizei zu begeben. Auf dem Weg dorthin wurden ihm Handfesseln angelegt. Am Polizeifahrzeug angelangt, wies er, nachdem ihm die Fesseln wieder abgenommen worden waren, seinen Stadtratsausweis vor. Dieser enthielt den vollständigen Namen sowie das Geburtsdatum des Beschwerdeführers, war mit dessen Lichtbild versehen und trug die Unterschriften des Oberbürgermeisters und auch des Ausweisinhabers. Gleichwohl wurde der Betroffene zu der nächstgelegenen Polizeiinspektion verbracht. Dort wurden die von ihm angegebenen Personalien per Computer mit den beim Einwohnermeldeamt gespeicherten Daten verglichen. Gegen 12.15 Uhr wurde er schließlich entlassen. Nach allgemein gültigen Personaldokumenten war er nicht befragt worden. Der Betroffene trägt vor, er habe von sich aus den Beamten angeboten, auch den mitgeführten Personalausweis einzusehen.

1. Begriff

3 Die §§ 163b, 163c StPO erlauben, die Identität eines Bürgers zwangsweise festzustellen.[2] Es wird zwischen der Identitätsfeststellung beim **Tatverdächtigen** und der Identitätsfeststellung bei **Unverdächtigen** unterschieden. Während der Tatverdächtige unter bestimmten Voraussetzungen sogar durchsucht oder als äußerstes Mittel festgehalten werden darf, gilt für die Identitätsfeststellung bei Unverdächtigen die Einschränkung des § 163b Abs. 2 StPO. Kommt es zu einer Festnahme, so darf diese gem. § 163c Abs. 2 StPO höchstens 12 Stunden andauern. Das Festhalten ist neben dem **Eingriff in das allgemeine Persönlichkeitsrecht** auch ein **Eingriff in die körperliche Freiheit**. Eine vorläufige Festnahme gem. §§ 127 Abs. 2, 127b StPO ist darunter noch nicht zu verstehen (dazu § 11 Rn. 78).[3]

2. Voraussetzungen

a) Identitätsfeststellung beim Tatverdächtigen

4 Maßnahmen zur Identitätsfeststellung nach § 163b Abs. 1 S. 1 StPO sind zulässig, sofern der Betroffene einer Straftat verdächtig ist, wenn also der Schluss auf die Begehung einer Straftat gerechtfertigt ist und Anhaltspunkte dafür vorliegen, dass die Täterschaft oder Teilnahme des Betroffenen möglich erscheint (zum Anfangsverdacht, s. § 7 Rn. 4).[4] Beschuldigter muss er somit noch nicht sein.[5] Ist diese genannte Voraussetzung gegeben, so dürfen Staatsanwaltschaft oder Beamte des Polizeidienstes die zur Identitätsfeststellung „**erforderlichen Maßnahmen**" treffen. Hierbei gilt der Grundsatz

---

2 Vgl. zur Feststellung der Identität und der Erhebung personenbezogener Daten bei jugendlichen Tatverdächtigen, *Rösler*, Datenschutz im Jugendstrafrecht, 121 f.
3 *Meyer-Goßner/Schmitt*, § 163b Rn. 7.
4 BVerfGE 92, 191; *Meyer-Goßner/Schmitt*, § 163b Rn. 4.
5 BGH NStZ 2016, 551.

II. Körperliche Durchsuchung; Blutprobe; DNA-Analyse (§§ 81e, 81f StPO)

der Verhältnismäßigkeit.[6] Normalerweise genügt das Vorzeigen des Personalausweises. Für weitergehende Maßnahmen, wie das Festhalten oder die Durchsuchung des Betroffenen, muss hinzukommen, dass die Identität sonst nicht oder nur unter erheblichen Schwierigkeiten feststellbar ist, § 163b Abs. 1 S. 2, 3 StPO. Zulässig ist dann auch die Durchführung **erkennungsdienstlicher Maßnahmen** (zB Aufnahme von Lichtbildern und Fingerabdrücken, § 81b StPO).

b) Identitätsfeststellung beim Unverdächtigen

Maßnahmen der Identitätsfeststellung bei einer unverdächtigen Person sind nur zulässig, wenn und soweit dies zur Aufklärung einer Straftat geboten ist, § 163b Abs. 2 S. 1 StPO. Festgehalten werden darf der Unverdächtige allerdings nur, wenn es zur Bedeutung der Sache im Verhältnis steht, § 163b Abs. 2 StPO. Eine Durchsuchung oder die Durchführung erkennungsdienstlicher Maßnahmen sind nur zulässig, wenn sie mit Einwilligung des Betroffenen geschehen, § 163b Abs. 2 S. 2 HS 2 StPO.

Lösung zum Fall:

Eine Identifizierung war hier aufgrund der mündlichen Angaben und der mitgeführten Ausweispapiere möglich. Maßnahmen der Festnahme und erst recht der Fesselung waren nicht notwendig und damit unzulässig. Das BVerfG hat dementsprechend auf die Verfassungsbeschwerde hin die Verfassungswidrigkeit der polizeilichen Maßnahmen festgestellt (s. BVerfG StV 1992, 210).

II. Körperliche Durchsuchung; Blutprobe; DNA-Analyse (§§ 81e, 81f StPO)

Fall: Der Beschuldigte A wird von der Polizei bei einem Einbruchsdiebstahl (§§ 242, 243 Abs. 1 S. 2 Nr. 1 StGB) „erwischt". Aufgrund des auffälligen Verhaltens von A gewinnt der Polizeibeamte P den Verdacht, dass A unter Einfluss von illegalen Drogen steht. P ordnet die Blutprobenentnahme eigenständig an. Aufgrund des hierbei erbrachten Nachweises von Amphetaminen wird A wegen Einbruchsdiebstahls gem. §§ 242, 243 Abs. 1 S. 2 Nr. 1 StGB in Tateinheit mit § 29 Abs. 1 S. 1 Nr. 1 BtMG verurteilt.
Durfte die Blutprobe für die Verurteilung verwertet werden?

1. Die körperliche Untersuchung des Beschuldigten

Die körperliche Untersuchung des Beschuldigten ist in § 81a StPO geregelt. Sie darf zur Feststellung von Tatsachen, die für das Verfahren von Bedeutung sind, angeordnet werden. Von der körperlichen Untersuchung sind Betrachtungen und Eingriffe wie die **Blutprobenentnahme** und andere körperlichen Eingriffe umfasst.

a) Zulässigkeitsvoraussetzungen

Die Untersuchung muss von einem **Richter angeordnet** werden (§ 81a Abs. 2 S. 1 StPO), im Ermittlungsverfahren ist der Ermittlungsrichter zuständig (§ 162 StPO). Bei Gefährdung des Untersuchungserfolges wegen Verzögerung darf sie ausnahmsweise auch von der Staatsanwaltschaft und ihren Ermittlungspersonen angeordnet werden (§ 81a Abs. 2 S. 1 StPO). Angesichts der Schwere der Grundrechtseingriffe sind an die Annahme der Gefahr im Verzug strenge Anforderungen zu stellen. Grundsätzlich müs-

---

6 LG Hamburg StV 2023, 55.

sen die Strafverfolgungsbehörden vor Inanspruchnahme ihrer Eilkompetenz versuchen, eine Anordnung des zuständigen Richters zu erlangen.[7] Ein Verwertungsverbot kommt aber nur dann in Betracht, wenn der Richtervorbehalt objektiv willkürlich und bewusst umgangen wurde, insbes. wenn die Prüfung eines hypothetischen rechtmäßigen Ermittlungsverlaufs ergibt, dass eine richterliche Anordnung hätte erlangt werden können.[8]

Die Anordnung schwerer Eingriffe bleibt stets dem Richter vorbehalten. Allerdings besteht die Möglichkeit einer körperlichen Untersuchung des Beschuldigten auch ohne Anordnung nach § 81a StPO, wenn dieser wirksam einwilligt. Wirksam ist die Einwilligung, wenn der die Tragweite der **Einwilligung** überblickende Beschuldigte über Bedeutung und Gefährlichkeit des Eingriffs sowie über sein Weigerungsrecht aufgeklärt wurde.[9]

Gem. § 81a Abs. 2 StPO, eingefügt durch das Gesetz zur effektiveren und praxistauglicheren Ausgestaltung des Strafverfahrens[10], bedarf die **Entnahme einer Blutprobe keiner richterlichen Anordnung bei Verkehrsdelikten** gem. §§ 315a Abs. 1 Nr. 1, Abs. 2 und 3, 315c Abs. 1 Nr. 1 a), Abs. 2 und 3, 316 StGB. Vielmehr darf diese nun von der Staatsanwaltschaft und ihren Ermittlungspersonen direkt angeordnet werden.[11] In der Praxis hatte sich „eingebürgert", dass entgegen der früheren gesetzlichen Kompetenzregel die Polizei in der Regel die Blutprobenentnahme anordnet. Es wurde Gefahr im Verzug angenommen, ohne überhaupt versucht zu haben, eine richterliche Anordnung einzuholen. Dem hatte sich die höchstrichterliche und obergerichtliche Rechtsprechung entgegengestellt.[12] Die Strafverfolgungsbehörden müssten zunächst versuchen, eine Anordnung des zuständigen Richters zu erlangen, bevor sie selbst die Anordnung treffen dürften, wobei gem. § 162 Abs. 1 S. 1 StPO nur die Staatsanwaltschaft, nicht aber ihre polizeilichen Ermittlungspersonen die richterliche Entscheidung beantragen dürfen. Die Gefahr für den Untersuchungserfolg müsse mit Tatsachen begründet und in den Ermittlungsakten dokumentiert werden. Um diese Kompetenzzuweisung durchzusetzen, wurde zum Teil bei Verstoß ein Beweisverwertungsverbot angenommen.[13]

Wenn die Untersuchung Eingriffsqualität hat, muss sie von einem Arzt nach den Regeln der ärztlichen Kunst durchgeführt werden (§ 81a Abs. 1 S. 2 StPO). Dabei müssen besonders gefährliche Eingriffe von einem Facharzt vorgenommen werden.[14]

Außerdem muss die körperliche Untersuchung der Feststellung von Tatsachen dienen, die für das Verfahren von Bedeutung sind (§ 81a Abs. 1 S. 1 StPO). Der Begriff der **verfahrenserheblichen Tatsache** ist sehr weit zu verstehen und nicht nur auf die körperliche Beschaffenheit des Beschuldigten beschränkt.

---

7 BVerfG NJW 2007, 1345 (1346).
8 MüKo-StPO/*Trück*, § 81a Rn. 48 mwN.
9 Bei Minderjährigen ist das Einverständnis der Eltern bzw. Personensorgeberechtigten erforderlich, *Rösler*, Datenschutz im Jugendstrafrecht, 133.
10 Gesetz v. 17.8.2017, BGBl. I, S. 3202.
11 Ein Rangverhältnis der Anordnungsbefugnisse besteht nicht, s. MüKo-StPO/*Trück*, § 81a Rn. 31. Demgegenüber hatte die Expertenkommission zur effektiveren und praxistauglicheren Ausgestaltung des allgemeinen Strafverfahrens und des jugendgerichtlichen Verfahrens (2015, S. 60) eine Vorrangstellung der Staatsanwaltschaft vorgeschlagen.
12 BVerfG NJW 2007, 1345 (1346); OLG Schleswig StV 2010, 13; OLG Celle NZV 2011, 48; OLG Köln StV 2012, 6.
13 OLG Dresden NJW 2009, 2149; OLG Hamm NZV 2010, 308; *Beichel/Kieninger*, NStZ 2003, 10 (13).
14 *Meyer-Goßner/Schmitt*, § 81a Rn. 19; differenziert MüKo-StPO/*Trück*, § 81a Rn. 12.

II. Körperliche Durchsuchung; Blutprobe; DNA-Analyse (§§ 81e, 81f StPO)

Zusätzlich dürfen für den Beschuldigten keine gesundheitlichen Nachteile zu erwarten sein, § 81a Abs. 1 S. 2 StPO.

Der Beschuldigte ist nach dem nemo-tenetur-Grundsatz nicht zur aktiven Mitarbeit verpflichtet, er muss die körperliche Untersuchung lediglich passiv dulden.[15] Die Polizei kann also zB niemanden zwingen, in ein Prüfröhrchen zu blasen, um ihn auf diese Weise einem Alkoholtest zu unterziehen. Bei geringem Alkoholkonsum könnte es jedoch ratsam sein, mitzumachen, da ansonsten die Blutprobe durchgeführt wird.

b) Untersuchungsmethode

Als Untersuchungsmethode kommt zunächst die **einfache körperliche Untersuchung** nach S. 1 in Betracht. Hierbei handelt es sich um Maßnahmen, die die körperliche Beschaffenheiten oder Funktionen ohne körperlichen Eingriff feststellen, so wie zB EEG, EKG und Blutdruckmessung. Hauptfall des körperlichen Eingriffs ist die **Blutprobe** (§ 81a Abs. 1 S. 2 Alt. 1 StPO). Andere Eingriffe, die nach § 81a Abs. 1 S. 2 Alt. 2 StPO zulässig sind, sind solche Untersuchungen, die mit Verletzungen verbunden sind, auch wenn diese noch so gering sind.

10

Auch Reihentests, bei denen eine bestimmte Personengruppe aufgefordert wird, sich für eine Blutprobe zur Verfügung zu stellen, sind zulässig,[16] sofern die Teilnahme freiwillig erfolgt. Die nicht freiwillig erscheinende oder verweigernde Person als Beschuldigte anzusehen und die Blutentnahme nach § 81a StPO vorzunehmen, wäre nicht zulässig[17] (s. auch § 11 Rn. 17).

Aufgrund der weiten Eingriffsvoraussetzungen des § 81a StPO und der schwere des Eingriffs in die Rechte des Beschuldigten verlangt das BVerfG, dass die Vorschrift des § 81a StPO verfassungskonform ausgelegt und insoweit der **Verhältnismäßigkeitsgrundsatz** besonders berücksichtigt werden müsse.[18]

Die körperliche Untersuchung ist abzugrenzen von der **Durchsuchung** gem. § 102 StPO. Eine Durchsuchung nach § 102 StPO ist gegeben, wenn eine Suche am Körper oder in natürlich zugänglichen Köperöffnungen nach Gegenständen durchgeführt werden soll (s. § 11 Rn. 44).

11

c) Verwertbarkeit

Die entnomme Blutprobe oder sonstige Körperzellen dürfen nur für Zwecke eines anhängigen Strafverfahrens verwendet werden. Das entnommene Material ist unverzüglich zu vernichten, wenn es für das Strafverfahren nicht mehr benötigt wird (§ 81a Abs. 3 StPO).

12

13

Lösung zum Fall:

Die Blutprobe war gem. § 81a Abs. 2 S. 1 StPO anzuordnen. Nur bei bestimmten Verkehrsdelikten gem. § 81a Abs. 2 S. 2 StPO darf die Polizei selbstständig diese Entscheidung treffen. Hier „unterlief" die Anordnung durch P die ansonsten bestehende richterliche Zuständigkeit in willkürlicher Weise. Die Verurteilung gem. §§ 242, 243 Abs. 1 S. 2 Nr. 1 StGB ist unabhängig

---

15 BGHSt 34, 39 (46); *Meyer-Goßner/Schmitt*, § 81a Rn. 11; HK-StPO/*Brauer*, § 81a Rn. 7.
16 Vgl. BVerfG JZ 1996, 1175 mAnm *Gusy*.
17 BVerfG NJW 1996, 3071; BGH NStZ 2004, 392; *Benfer*, StV 1999, 402 (403 f.).
18 BVerfGE 16, 194 (202); 27, 211.

von diesem Verfahrensverstoß, die Verurteilung gem. § 29 Abs. 1 S. 1 Nr. 1 BtMG muss aufgehoben werden (s. OLG Köln StV 2012, 6).

2. DNA-Analyse

14 Die DNA (= Desoxyribonukleinacid)-Analyse ist in § 81e und § 81f StPO geregelt. Die DNA-Analyse nach § 81e StPO ist die **molekulargenetische Untersuchung** von Körperzellen im Strafverfahren mit dem Ziel der Erstellung eines molekulargenetischen Identifizierungsmusters. Die Technik der DNA-Analyse dient zur Feststellung bzw. zum Ausschluss von Spurenverursachern (genetischer Fingerabdruck). Allerdings liefert das Untersuchungsergebnis keine hundertprozentige Sicherheit, sondern nur eine statistische Wahrscheinlichkeitsaussage, so dass die Würdigung aller relevanten Umstände durch das Gericht weiterhin erforderlich bleibt.[19]

15 Gem. § 81f StPO ist für eine molekulargenetische Untersuchung nach § 81e Abs. 1 StPO eine Anordnung des Richters erforderlich. Dieser **Richtervorbehalt** besteht allerdings nicht bei der Untersuchung von Körperzellen, bei denen der Spurenleger noch nicht identifiziert wurde, § 81e Abs. 2 StPO. Bei Gefahr im Verzug darf die Untersuchung gem. § 81f Abs. 1 S. 1 StPO auch von der Staatsanwaltschaft oder ihren Ermittlungspersonen (s. § 7 Rn. 9) angeordnet werden. Eine gerichtliche Anordnung ist nicht erforderlich, wenn eine schriftliche Einwilligung der betroffenen Person vorliegt. Für eine wirksame Einwilligung muss die Person darüber belehrt werden, für welchen Zweck die zu erhebenden Daten verwendet werden (§ 81f Abs. 1 S. 2 StPO).

Die Anordnung der Untersuchung erfolgt schriftlich und bestimmt den mit der Untersuchung zu beauftragenden Sachverständigen (§ 81f Abs. 2 S. 1 StPO). Die Untersuchung selbst darf gem. § 81f Abs. 2 StPO nur von öffentlich bestellten, nach dem Verpflichtungsgesetz verpflichteten Sachverständigen oder bestimmten Amtsträgern durchgeführt werden. Um die Geheimhaltung der Daten sicherzustellen, erfolgt die Übergabe des zu untersuchenden Materials an den Sachverständigen anonymisiert.

Die bei der Untersuchung zu beachtenden **materiellen Voraussetzungen** unterscheiden sich je nachdem, ob die Person, von welcher das Spurenmaterial stammt, bekannt ist (durch Maßnahmen nach § 81a Abs. 1 und § 81c Abs. 1 StPO erlangtes Material) oder nicht (aufgefundenes, sichergestelltes oder beschlagnahmtes Material). Bei bekanntem Spurenleger darf nur das DNA-Identifizierungsmuster, die Abstammung und das Geschlecht festgestellt sowie die Frage beantwortet werden, ob aufgefundenes Spurenmaterial von dieser Person oder dem Verletzten stammt (§ 81e Abs. 1 S. 1 StPO). Ist der Spurenleger unbekannt, dürfen außerdem Feststellungen über die Augen-, Haar- und Hautfarbe sowie das Alter der Person getroffen werden, § 81e Abs. 1 S. 2 StPO. Zu beachten ist allerdings, dass diese Untersuchungen **nur für ein anhängiges Strafverfahren zulässig** sind.

3. DNA-Analysedatei

16 Davon zu unterscheiden ist die DNA-Identitätsfeststellung für künftige Strafverfahren nach § 81g StPO. Diese **präventive Maßnahme** schafft eine Rechtsgrundlage für die beim BKA eingerichtete DNA-Analysedatei und zum anderen ergänzt sie die §§ 81a, 81e, 81f und ermöglicht eine Körperzellenentnahme. Die Speicherung und Verwendung der Daten richten sich nach dem Bundeskriminalamtgesetz (BKAG). Die in der

---

[19] BGHSt 38, 320 mAnm v. Hippel, JR 1993, 124.

Analyse-Datei gespeicherten Untersuchungsergebnisse dienen so zur Aufklärung schwerwiegender Straftaten. Allerdings hat der Gesetzgeber die wiederholte Begehung sonstiger Straftaten einer Straftat von erheblicher Bedeutung gleichgestellt (§ 81g Abs. 1 S. 2 StPO).[20] Das BVerfG hat in der Vergangenheit immer wieder beanstandet, dass von den Fachgerichten die Erheblichkeit der vorangegangenen Straftaten nicht im Einzelfall geprüft und begründet wurde.[21] Hinzukommen muss außerdem der Grund zur Annahme, dass gegen den Betroffenen künftig weitere Strafverfahren wegen einer Straftat von erheblicher Bedeutung zu führen sind (sog. Negativprognose). In der Praxis hat sich diese DNA-Analysedatei als außerordentlich hilfreich für die Verbrechensaufklärung herausgestellt (s. die DNA-Treffer Statistik des BKA). Ende 2010 waren in der DNA-Analysedatei knapp 900.000 Datensätze gespeichert, im April 2022 waren es über 1,2 Mio.[22]; jeden Monat kommen ca. 8000 Datensätze hinzu, gelöscht werden deutlich weniger, monatlich ca. 1600.[23]

4. Reihengentest

Die Anordnung sog. Reihengentests (sog. Massenscreening) ist bei besonders schweren Straftaten (**Verbrechen** gegen das Leben, die körperliche Unversehrtheit, die persönliche Freiheit oder die sexuelle Selbstbestimmung) gem. § 81h StPO zulässig. Bevor diese Norm in die StPO eingefügt wurde, war die Zulässigkeit von Reihengentests stark umstritten.

Vor der Anordnung eines Massengentests wird regelmäßig ein **Täterprofil** erstellt, das wahrscheinliche Tätermerkmale bezeichnet und damit zur Eingrenzung des Kreises potenzieller Täter führt. Bei einem Reihentest werden größere Personengruppen, die die so ermittelten Merkmale aufweisen (zB Männer einer bestimmten Altersgruppe aus einem größeren Dorf), aufgefordert, sich einem Gentest zu unterziehen. Dabei werden Körperzellen entnommen, zur Feststellung des DNA-Identifizierungsmusters und des Geschlechts molekulargenetisch untersucht und die festgestellten Muster automatisiert mit denen von vorhandenem Spurenmaterial abgeglichen. Voraussetzung für einen solchen Reihentest ist, dass die Maßnahme insbesondere im Hinblick auf den betroffenen Personenkreis nicht außer Verhältnis zur Tat steht (§ 81h Abs. 1 StPO). Maßstab ist also der Verhältnismäßigkeitsgrundsatz in besonderer Form der Zumutbarkeit.[24] Zusätzlich bedarf es der vorherigen Belehrung über die **Freiwilligkeit**, der schriftlichen Einwilligung der betroffenen Personen (§ 81h Abs. 1 StPO)[25] und der schriftlichen gerichtlichen Anordnung (§ 81h Abs. 2 S. 1 StPO).

Als Reaktion auf die Entscheidung des BGH vom 20.12.2012[26] sowie des BVerfG vom 13.5.2015[27] zur Rechtswidrigkeit der Beweiserhebung von sog. **Beinahetreffern** hat

---

20 Gebilligt vom BVerfG NStZ-RR 2007, 378; BVerfG StV 2009, 1; 2017, 497.
21 BVerfGE 103, 21 (38); BVerfG NJW 2001, 2320; NStZ-RR 2021, 252.
22 https://www.bka.de/DE/UnsereAufgaben/Ermittlungsunterstuetzung/Erkennungsdienst/erkennungsdienst_node.html#doc19616bodyText5.
23 Grund dafür dürfte sein, dass das BKAG keine Löschungsfrist enthält und Daten unter Umständen trotz Verfahrenseinstellung weiter gespeichert werden dürfen, § 18 Abs. 5 BKAG. Das Gesetz legt in § 77 Abs. 1 lediglich eine Aussonderungsprüfungsfrist fest, die bei Erwachsenen nicht mehr als 10 Jahre betragen darf.
24 *Busch*, NJW 2001, 1335 (1336).
25 Einschränkungen dieser Freiwilligkeit iS einer autonomen Entscheidung aufgrund der Drucksituation für den „Täter" nimmt der Gesetzgeber in Kauf, s. hierzu aber *Wickert*, Der DNA-Massentest nach § 81h StPO, S. 394 ff., die einen Ausschluss der Freiwilligkeit konstatiert und damit die Verfassungswidrigkeit begründet.
26 BGH NJW 2013, 1827.
27 BVerfG medstra 2015, 363.

der Gesetzgeber mit dem Gesetz zur effektiveren und praxistauglicheren Ausgestaltung des Strafverfahrens[28] eine Ausweitung der Untersuchung auf Spurenmaterial von Verwandten der betroffenen Personen geregelt (§ 81h Abs. 1 StPO). Ein solcher Beinahetreffer liegt vor, wenn das Spurenmaterial nicht mit der entnommenen Genprobe einer an der Reihenuntersuchung teilnehmenden Person übereinstimmt, aber die Erkenntnis gewonnen wird, dass die Spur höchstwahrscheinlich von einem Verwandten der an der Reihenuntersuchung teilnehmenden Person stammen muss.

Sind die festgestellten DNA-Identifizierungsmuster zur Aufklärung des Verbrechens nicht mehr notwendig, wenn also feststeht, dass Personen aus dem Teilnehmerkreis als Spurenleger ausscheiden, sind ihre Daten unverzüglich zu löschen, § 81h Abs. 3 StPO. Dies bedeutet, dass sie weder in der DNA-Analysedatei gespeichert, noch mit dem Datenmaterial, das in der DNA-Analysedatei gespeichert ist, abgeglichen werden dürfen, um festzustellen, ob der Betroffene vielleicht als Täter einer anderen Straftat in Betracht kommt.[29]

Ein Anfangsverdacht nach § 152 Abs. 2 StPO ist nicht begründet, nur weil eine zum Test gebetene Person die freiwillige Mitwirkung verweigert.[30] Dementsprechend darf nicht **allein** die Weigerung dazu führen, jetzt eine körperliche Untersuchung gem. § 81f StPO anzuordnen.[31] Allerdings hat der BGH in der Verweigerung einen Beweisverstärkungseffekt anerkannt.[32]

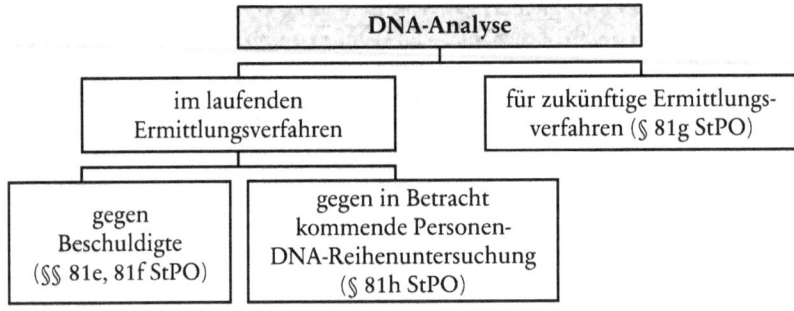

III. Schleppnetzfahndung (§ 163d StPO)

1. Begriff

Bei der Schleppnetzfahndung werden die aus grenzpolizeilichen Kontrollen oder Personenkontrollen gem. § 111 StPO gewonnenen Daten gespeichert, überprüft und mit anderen Datenbeständen der Strafverfolgungsbehörden abgeglichen. Die Schleppnetzfahndung wird auch als Netzfahndung, Reusenfahndung, Grenzfahndung, Ringfahndung oder Kontrollfahndung bezeichnet.[33]

---

28 Gesetz v. 17.8.2017, BGBl. I, S. 3202.
29 *Senge,* NJW 2005, 3028 (3032).
30 BVerfG NJW 1996, 1587 (1588); BGH NStZ 2004, 392 (394); ausf. *Hombert,* Der freiwillige genetische Massengentest, S. 117 ff.
31 LG Regensburg StraFo 2003, 127 ff.
32 BGH NStZ 2004, 392; abl. *Geppert,* JK 12/04, StPO § 261/20.
33 HK-StPO/*Zöller,* § 163d Rn. 2.

2. Voraussetzungen
Voraussetzungen für die Schleppnetzfahndung sind:

- Verdacht einer **schwerwiegenden Straftat** nach
  - § 111 StPO oder
  - § 100a Abs. 2 Nr. 6–9, 11 StPO
- **Erfolgsaussicht** in der konkreten räumlichen und zeitlichen Gestaltung
- **Verhältnismäßigkeit**

IV. Rasterfahndung (§§ 98a ff. StPO)

1. Begriff

Unter Rasterfahndung versteht man einen **elektronischen Datenabgleich** von vermutlichen Merkmalen des Verdächtigen mit **Massendaten**. Hierdurch können Nichtverdächtige ausgeschlossen und Personen, die diese vermuteten Merkmale erfüllen, festgestellt werden. Dies geschieht in zwei Phasen. In der ersten Phase geht es um die Gewinnung personenbezogener Daten, die von anderen Stellen erhoben und gespeichert worden sind. In der zweiten Phase werden diese Daten mit anderen Dateien im Wege der elektronischen Datenverarbeitung abgeglichen.[34]

2. Voraussetzungen

Voraussetzungen für die Rasterfahndung sind:

- **zureichende tatsächliche Anhaltspunkte** für eine **Straftat von erheblicher Bedeutung**
  - auf dem Gebiet des unerlaubten Betäubungsmittel- oder Waffenverkehrs, der Geld- oder Wertzeichenfälschung
  - auf dem Gebiet des Staatsschutzes
  - auf dem Gebiet gemeingefährlicher Straftaten
  - gegen Leib oder Leben, die sexuelle Selbstbestimmung oder persönliche Freiheit
  - gewerbs- oder gewohnheitsmäßig oder
  - von einem Bandenmitglied oder in anderer Weise organisiert
- Ermittlungen wären **auf andere Weise erheblich weniger erfolgversprechend oder wesentlich erschwert** (sog. Subsidiaritätsklausel)
- **Verhältnismäßigkeit**
- **Anordnung des Gerichts** bzw. der Staatsanwaltschaft bei Gefahr im Verzug

Die Anordnung muss gem. § 98b Abs. 1 S. 5 StPO den zur Übermittlung Verpflichteten bezeichnen und ist auf die Daten, die für den Einzelfall benötigt werden, zu beschränken. Nicht angeordnet werden darf die Übermittlung von Daten, deren Verwendung besondere bundesgesetzliche oder entsprechende landesgesetzliche Verwendungsregelungen entgegenstehen.

---

34 SK-StPO/*Wohlers/Singelnstein*, § 98a Rn. 2; *Hilger*, NStZ 1992, 457 (460).

V. Ausschreibung zur Beobachtung bei polizeilichen Kontrollen (§ 163e StPO)

1. Begriff

22 Bei der Ausschreibung zur Beobachtung bei polizeilichen Kontrollen wird die **betroffene Person im elektrischen Informationssystem der Polizei registriert**. Dieses Informationssystem trägt den Namen „Inpol" und ist bundesweit vernetzt. Ist der Eintrag erfolgt, so werden alle künftig gewonnenen Erkenntnisse über diese Person gesammelt und der ausschreibenden Dienststelle zur Auswertung zugesandt. Mit diesen Informationen wird dort ein punktuelles **Bewegungsprofil** über den Betroffenen erstellt. Durch diese Maßnahme wird ihm ein gewisses Maß an Privatsphäre genommen und in sein allgemeines Persönlichkeitsrecht eingegriffen. Das Ziel ist die von der betroffenen Person unbemerkte, unauffällige Ermittlung und Sammlung von Erkenntnissen, um sich ein Bewegungsbild von ihr zu verschaffen.[35] Zudem sollen Zusammenhänge und Querverbindungen zwischen der betroffenen und anderen Personen hergestellt werden, so dass kriminelle Strukturen aufgespürt werden können.[36]

2. Voraussetzungen

23 Die Voraussetzungen für die Ausschreibung zur polizeilichen Beobachtung sind:

- **Polizeiliche Kontrollstelle**

Die Anordnung einer polizeilichen Beobachtung muss anlässlich einer polizeilichen Kontrolle erfolgen. Polizeiliche Kontrollstellen sind Kontrollstellen iSv §§ 111, 163b StPO sowie Kontrollstellen nach den Polizeigesetzen der Länder und Grenzkontrollstellen.[37]

- **Straftat von erheblicher Bedeutung**

Für die Zulässigkeit der Anordnung einer polizeilichen Beobachtung muss eine Straftat von erheblicher Bedeutung vorliegen. Darunter fallen Straftaten, die nicht nur den Rechtsfrieden empfindlich stören, sondern auch dazu geeignet sind, das Sicherheitsgefühl der Bevölkerung nachdrücklich zu beeinträchtigen. Können die Straftaten aber nicht augenfällig von der Bevölkerung wahrgenommen werden, so ist auch eine Straftat, die durch einen erheblichen wirtschaftlichen Schaden für die Allgemeinheit eine wesentliche Bedrohung darstellt, von erheblicher Bedeutung.

- **Zureichende tatsächliche Anhaltspunkte**

Die Ausschreibung zur polizeilichen Beobachtung erfordert zureichende tatsächliche Anhaltspunkte für die Straftat. Dafür genügt ein Anfangsverdacht bzgl. eines bestimmten Beschuldigten.[38]

- **Subsidiaritätsklausel**

Die Maßnahme darf gem. § 163e Abs. 1 S. 2 StPO nur dann angeordnet werden, wenn die Erforschung des Sachverhalts oder die Ermittlung des Aufenthaltsortes des Täters auf andere Weise erheblich weniger erfolgversprechend oder wesentlich erschwert wäre.

---

35 *Meyer-Goßner/Schmitt*, § 163e Rn. 2.
36 *Hilgendorf-Schmidt*, wistra 1989, 210; *Meyer-Goßner/Schmitt*, § 163e Rn. 2.
37 *Meyer-Goßner/Schmitt*, § 163e Rn. 4.
38 *Krahl*, NStZ 1998, 340.

- Anordnung des Gerichts bzw. der Staatsanwaltschaft bei Gefahr im Verzug

VI. Automatische Kennzeichenerfassung (163g StPO)
1. Begriff
Der im Jahr im 2021 neu eingeführte[39] § 163g StPO die automatische Kennzeichenerfassung mittels technischer Geräte (sog. automatischer Kennzeichenlesesysteme, AKLS). Sie erstreckt sich auf das Kfz-Kennzeichen sowie Ort, Datum, Uhrzeit und Fahrtrichtung. Die Datenerhebung muss örtlich begrenzt und vorübergehend sein, § 163g Abs. 1 S. 1, 2 StPO. Die erhobenen Daten dürfen sodann automatisch mit Kennzeichen von Fahrzeugen abgeglichen werden, die auf den Beschuldigten zugelassen sind oder von ihm genutzt werden (Abs. 2 Nr. 1). Auch ein Abgleich mit Fahrzeugen Dritter ist möglich, sofern anzunehmen ist, dass sie mit dem Beschuldigten in Verbindung stehen und dessen Aufenthaltsermittlung sonst weniger erfolgversprechend oder wesentlich erschwert wäre (Abs. 2 Nr. 2).

2. Voraussetzungen
- Zureichende tatsächliche Anhaltspunkte einer Straftat von erheblicher Bedeutung

Es muss ein Anfangsverdacht bzgl. einer Straftat von erheblicher Bedeutung vorliegen, s. § 11 Rn. 23. Zwar enthält die Vorschrift selbst keinen Straftatenkatalog, die §§ 98a Abs. 1, 100a Abs. 2, 100b Abs. 2, 110a Abs. 1 StPO liefern jedoch Anhaltspunkte.

- Erfolgsaussicht zur Ermittlung der Identität oder des Aufenthaltsorts

Die Anordnung ist nur zulässig, wenn die Annahme gerechtfertigt ist, dass sie zur Ermittlung der Identität oder des Aufenthaltsorts des Beschuldigten führen kann. Der Erfolg der Maßnahme in absehbarer Zeit muss hinreichend wahrscheinlich sein.[40]

- Schriftliche Anordnung durch die Staatsanwaltschaft

Die Maßnahme steht lediglich unter „Staatsanwaltsvorbehalt"[41], eine richterliche Anordnung ist nicht erforderlich, § 163g Abs. 3 StPO. Im Eilfall darf die Anordnung auch mündlich und durch Polizeibeamte ergehen.

Der Datenabgleich hat unverzüglich nach der Erhebung zu erfolgen. Ergibt dieser keinen Treffer mit den vorliegenden Daten nach Abs. 2 S. 1, sind die erhobenen Daten nach Abs. 1 sofort und spurenlos zu löschen, Abs. 2 S. 4.

VII. Längerfristige Observation (§ 163f StPO)
1. Begriff
Unter einer längerfristigen Observation ist die **planmäßig angelegte Beobachtung des Beschuldigten** zu verstehen, die durchgehend länger als 24 Stunden andauert oder an mehr als zwei Tagen stattfindet. Kürzere Observationen werden schon durch die §§ 161, 163 StPO erfasst.[42]

---

39 Gesetz v. 25.6.2021, BGBl. I S. 2099.
40 BeckOK-StPO/*von Häfen*, § 163g Rn. 6.
41 Claus, jurisPR-StrafR 3/2022 Anm. 1.
42 KK-StPO/*Moldenhauer*, § 163f Rn. 12.

2. Voraussetzungen

27 ■ **Straftat von erheblicher Bedeutung**

Um eine längerfristige Observation vornehmen zu können, muss eine Straftat von erheblicher Bedeutung vorliegen. Die Vorschrift enthält keinen Straftatenkatalog, allerdings bieten die §§ 98a Abs. 1, 100a Abs. 2, 100b Abs. 2, 110a Abs. 1 StPO Anhaltspunkte.

■ **Subsidiaritätsklausel**

Die Maßnahme darf gem. § 163f Abs. 1 S. 2 StPO nur angeordnet werden, wenn die Erforschung des Sachverhalts oder die Ermittlung des Aufenthaltsortes des Täters auf andere Weise erheblich weniger Erfolg versprechend oder wesentlich erschwert wäre.

■ **Gerichtliche Anordnung**

Grundsätzlich ist für eine längerfristige Observation eine richterliche Anordnung erforderlich. Bei Gefahr im Verzug kann sie aber auch durch die Staatsanwaltschaft oder ihre Ermittlungspersonen angeordnet werden. Die Anordnung muss dann jedoch innerhalb von drei Werktagen gerichtlich bestätigt werden, andernfalls tritt sie außer Kraft (§ 163f Abs. 3 StPO).

3. Maßnahmen zur öffentlichen Fahndung[43]

28 ■ Ausschreibung zur polizeiliche Beobachtung (§ 163e StPO)

■ Ausschreibung zur Festnahme (§ 131 StPO)

■ Ausschreibung zur Aufenthaltsermittlung (§ 131a StPO)

■ Veröffentlichung von Abbildungen (§ 131b StPO)

■ Observation (§ 163f StPO)

VIII. Einsatz technischer Mittel (§§ 100c–f, h StPO)

1. Abhören und Aufzeichnen des nichtöffentlich gesprochenen Wortes: „Der Lauschangriff"

a) Akustische Wohnraumüberwachung: „Der große Lauschangriff" (§§ 100c, 100d StPO)

29 **Fall:** Nach einem Bombenangriff gegen das Frankfurter Bankenzentrum mit über 100 Todesopfern, zu dem sich eine radikal-islamistische Terrorgruppe bekannt hat, plant das BKA Überprüfungsmaßnahmen. Ua sollen Wohnungen „verwanzt" werden, um Gespräche von Verdächtigen bzw. mit Verdächtigen abzuhören. Da kein konkreter Verdacht vorliegt, sollen alle Wohnungen von „Islamisten" in der Bundesrepublik überwacht werden, die vom Verfassungsschutz wegen verbaler radikaler Äußerungen registriert worden sind.

Dürfen die „Verwanzung" der Wohnungen und die Abhörmaßnahmen durchgeführt werden?

aa) Begriff

30 Es wird zwischen dem „großen" und dem „kleinen Lauschangriff" unterschieden. § 100c Abs. 1 StPO gestattet den Strafverfolgungsbehörden unter bestimmten Voraussetzungen das Abhören von Gesprächen **innerhalb von Wohnungen** ohne Wissen des Betroffenen – den sog. großen Lauschangriff. Da hierbei innerhalb der Wohnung abge-

---

[43] S. auch Anlage B RiStBV.

hört wird, wird nicht nur zusätzlich in Art. 13 GG, sondern auch stärker in die Privatsphäre des Betroffenen eingegriffen als mit dem kleinen Lauschangriff. Folglich sind die Voraussetzungen hier strenger. Über die Zulässigkeit gab es in der Bundesrepublik eine der heftigsten rechtspolitischen Auseinandersetzungen. Der „Lauschangriff" wurde zunächst ohne eine ausdrückliche gesetzliche Regelung zur Abwehr linksterroristischer Anschläge praktiziert (sog. Traube-Affäre).[44]

Der Physiker Dr. Klaus Traube war Leiter eines Projekts der Firma Siemens für den Bau eines Atomkraftwerkes vom Typ „Schneller Brüter" in Kalkar am Niederrhein. Dr. Traube hatte Kontakt zur Roten Armee Fraktion (RAF). Er wurde verdächtigt, dass er radioaktives Material an die Terroristen weitergeben könnte. Beamte des Bundesamts für Verfassungsschutz drangen heimlich in die Wohnung von Dr. Traube ein und installierten hier Abhörgeräte, sog. Wanzen. Gespräche wurden über einen längeren Zeitraum abgehört. Der Verdacht bestätigte sich nicht. Bundesinnenminister Prof. Werner Maihafer rechtfertigte den „Lauschangriff" mit einem übergesetzlichen Notstand entsprechend § 34 StGB. Aufgrund vielfacher öffentlicher Kritik trat er von seinem Amt zurück.

Mit dem Gesetz zur Verbesserung der Bekämpfung der organisierten Kriminalität erfolgte 1998 eine gesetzliche Genehmigung.[45] Im Jahr 2004 hat das BVerfG diese gesetzliche Regelung für verfassungswidrig erklärt, indem es die Respektierung eines „absolut geschützten Kernbereichs privater Lebensgestaltung" verlangte.[46] Im Jahr 2005 wurde das heute geltende Gesetz zur Umsetzung des Urteils des BVerfG verabschiedet.[47]

bb) Voraussetzungen

Voraussetzungen für die akustische Wohnraumüberwachung sind:

- Verdacht einer **besonders schweren Katalogtat**, § 100c Abs. 1 Nr. 1, 100b Abs. 2 StPO
- Tat wiegt **im Einzelfall besonders schwer,** § 100c Abs. 1 Nr. 2 StPO
- aufgrund tatsächlicher Anhaltspunkte muss anzunehmen sein, dass durch die Überwachung Äußerungen des Beschuldigten erfasst werden, die **für die Erforschung des Sachverhalts oder die Ermittlung des Aufenthaltsortes eines Mitbeschuldigten von Bedeutung** sind
- die Erforschung des Sachverhalts bzw. die Ermittlung des Aufenthaltsortes eines Mitbeschuldigten muss **auf andere Weise** unverhältnismäßig erschwert oder aussichtslos sein
- **negative Kernbereichsprognose** gem. § 100d StPO
  Äußerungen, die den Kernbereich der privaten Lebensgestaltung betreffen, dürfen nicht erfasst werden, dh die Daten dürfen weder erhoben (§ 100d Abs. 1 StPO) noch ausgewertet (§ 100d Abs. 2 S. 1 StPO) werden. Wird während einer Überwachung festgestellt, dass solche Äußerungen vom Abhören erfasst sind, ist die Maßnahme sofort abzubrechen. Es liegt ein Beweisverwertungsverbot vor und diesbezügliche Aufzeichnungen sind dann unverzüglich zu löschen (§ 100d Abs. 2 S. 2

31

---

44 S. *Ostendorf,* RuP 1978, 137.
45 BGBl. I 1998, S. 845.
46 BVerfG NJW 2004, 999.
47 BGBl. 2005 I, S. 1841.

StPO). Bei Personen, die gem. § 53 StPO ein Zeugnisverweigerungsrecht besitzen, gilt ein absolutes Beweiserhebungs- und Beweisverwertungsverbot (§ 100d Abs. 5 S. 1 StPO). In den Fällen der §§ 52, 53a StPO gilt ein durch Verhältnismäßigkeitserwägungen eingeschränktes Beweisverwertungsverbot (§ 100d Abs. 5 S. 2 StPO).

- **Gerichtliche Anordnung gem. § 100e Abs. 2 StPO**

  Die schriftliche Anordnung kann nur auf **Antrag** der Staatsanwaltschaft **durch die in § 74a Abs. 4 GVG genannte Kammer des Landgerichts,** in dessen Bezirk die Staatsanwaltschaft ihren Sitz hat, bzw. bei Gefahr im Verzug durch deren Vorsitzenden ergehen. Sie muss, wenn möglich, Name und Anschrift des Beschuldigten, Tatvorwurf, die zu überwachende Wohnung bzw. Wohnräume, Art, Dauer und Umfang der Maßnahme sowie die Art der durch die Maßnahme zu erhebenden Informationen und ihre Bedeutung für das Verfahren enthalten (§ 100e Abs. 2 StPO). Des Weiteren muss die Begründung abwägungsrelevante Gesichtspunkte zur Erforderlichkeit und Verhältnismäßigkeit enthalten (§ 100e Abs. 4 StPO).

cc) Praxis

32   Der Große Lauschangriff wird in der Praxis selten durchgeführt. Gründe sind die strengen Voraussetzungen sowie die Schwierigkeit der praktischen Umsetzung. Die rechtsstaatliche Problematik dieses massiven Einbruchs in die Privatsphäre wird durch die geringe Anzahl entschärft. Der Ersatz ist die rechtsstaatlich ebenso brisante Online-Durchsuchung (s. § 11 Rn. 53).

Wohnraumüberwachung			
Jahr	Verfahren	Beschuldigte Personen	Nichtbeschuldigte Personen
2019	9	28	Ca. 160
2020	8	15	Ca. 37
2021	10	16	Ca. 20

Quelle: Berichte der Bundesregierung gem. Art. 13 Abs. 6 S. 1 GG für das Jahr 2019 BT-Drs. 19/22432., für das Jahr 2020 BT-Drs. 19/32583 und für das Jahr 2021 BT-Drs. 20/3875.

b) Akustische Überwachung außerhalb von Wohnungen: „Der kleine Lauschangriff" (§ 100f StPO)

aa) Begriff

33   Der „kleine Lauschangriff" bezieht sich im Gegensatz zum „großen Lauschangriff" auf Gespräche **an öffentlichen Orten und Büro- und Geschäftsräumen.**

bb) Voraussetzungen

34   Voraussetzungen für die akustische Überwachung außerhalb von Wohnungen sind:

- Verdacht einer Katalogtat gem. §§ 100f Abs. 1, 100a Abs. 2 StPO
- Tat wiegt **im Einzelfall besonders schwer**

VIII. Einsatz technischer Mittel (§§ 100c–f, h StPO)

- die Erforschung des Sachverhalts bzw. die Ermittlung des Aufenthaltsortes eines Mitbeschuldigten muss **auf andere Weise unverhältnismäßig erschwert oder aussichtslos** sein
- Bei nicht beschuldigten Personen ist der „kleine Lauschangriff" gem. § 100f Abs. 2 S. 2 StPO nur gerechtfertigt, wenn anzunehmen ist,
  - dass es sich um eine Person handelt, die mit dem Beschuldigten in Verbindung steht bzw. eine solche Verbindung hergestellt wird
  - dass die Maßnahme zur Erforschung des Sachverhalts oder zur Ermittlung des Aufenthaltsortes des Beschuldigten führen wird, was auf andere Weise aussichtslos oder wesentlich erschwert wäre
- **Anordnung** durch das Gericht bzw. bei Gefahr im Verzug durch die Staatsanwaltschaft, §§ 100f Abs. 4, 100e Abs. 1 StPO
  - Die Anordnung des „kleinen Lauschangriffs" muss entsprechend der Anordnung des „großen Lauschangriffs" gem. § 100e Abs. 3 StPO Angaben und Begründung enthalten.

2. Weitere Maßnahmen außerhalb von Wohnungen (§ 100h StPO)
a) Begriff

Gem. § 100h StPO ist es unter bestimmten Voraussetzungen möglich, ohne Wissen des Betroffenen außerhalb von Wohnungen Bildaufnahmen von ihm herzustellen oder sonstige für Observationszwecke bestimmte technische Mittel (zB Bewegungsmelder, Videoüberwachung) zu verwenden. 35

b) Voraussetzungen

Voraussetzungen für diese Observationsmaßnahmen sind: 36

- Einsatz **außerhalb der Wohnung**
- Erforschung des Sachverhalts oder Ermittlung des Aufenthaltsortes des Beschuldigten **auf andere Weise weniger erfolgversprechend oder erschwert**
- Bei Verwendung sonstiger für Observationszwecke bestimmter technischer Mittel wird eine **Straftat von erheblicher Bedeutung** gefordert.
- Gem. § 100h Abs. 2 S. 2 StPO gelten bei Maßnahmen gegenüber Dritten verschärfte Voraussetzungen.

37

Lösung zum Fall:

Es soll ein „großer Lauschangriff" gem. den §§ 100c, 100d StPO durchgeführt werden. Eine besonders schwere Katalogtat liegt gem. §§ 100c Abs. 1 Nr. 1, 100b Abs. 2 StPO vor. Alle „Islamisten" sind keine Beschuldigten, daher reicht die religiöse Zugehörigkeit nicht für einen Anfangsverdacht gem. § 152 Abs. 2 StPO. Insoweit könnte der Eingriff nur gem. § 100c Abs. 2 Nr. 2 StPO zulässig sein. Abgesehen davon, dass bei dieser massenhaften Überwachung nicht sichergestellt werden kann, dass Äußerungen, die dem Kernbereich privater Lebensgestaltung zuzurechnen sind, nicht erfasst werden (s. § 100d Abs. 4 S. 1 StPO), ist die Gesamtaktion unverhältnismäßig (s. § 100c Abs. 1 Nr. 4 StPO).

IX. Einsatz verdeckter Ermittler (§§ 110a ff. StPO)

1. Begriff

38 Verdeckte Ermittler sind nach der Legaldefinition des § 110a Abs. 2 StPO Beamte des Polizeidienstes, die unter einer ihnen verliehenen, auf Dauer angelegten, veränderten Identität ermitteln. Sie ermitteln ohne das Wissen des Betroffenen, da sie nach außen hin als Zivilpersonen auftreten. Verdeckte Ermittler werden abgekürzt VE genannt (s. auch § 8 Rn. 21 und § 16 Rn. 53).

2. Voraussetzungen

39 Voraussetzungen für den Einsatz verdeckter Ermittler gem. § 110a Abs. 1 StPO:

- Materiellrechtlich müssen **zureichende tatsächliche Anhaltspunkte** für eine **Straftat erheblicher Bedeutung**
  - auf dem Gebiet des unerlaubten Betäubungsmittel- oder Waffenverkehrs oder der Geld- und Wertzeichenfälschung, § 110a Abs. 1 Nr. 1 StPO,
  - auf dem Gebiet des Staatsschutzes, § 110a Abs. 1 Nr. 2 StPO,
  - gewerbs- oder gewohnheitsmäßiger Art, § 110a Abs. 1 Nr. 3 StPO, oder
  - von einem Bandenmitglied oder in anderer Weise organisiert, § 110a Abs. 1 Nr. 4 StPO,

  vorliegen. Hinzukommen muss außerdem, dass die Aufklärung auf andere Weise aussichtslos oder wesentlich erschwert wäre, (Abs. 1 S. 3). Handelt es sich bei der Anlasstat um ein Verbrechen, dürfen VE auch eingesetzt werden, wenn eine Wiederholungsgefahr besteht (Abs. 1 S. 2), oder die besondere Bedeutung der Tat den Einsatz gebietet und andere Maßnahmen aussichtslos wären, Abs. 1 S. 4. Schließlich gelten gem. § 110a Abs. 1 S. 5 StPO die Regeln des Kernbereichs privater Lebensgestaltung nach § 100d Abs. 1, 2 StPO.

- § 110b StPO regelt das Verfahren beim Einsatz eines VE. Formell-rechtlich ist die schriftliche und befristete Zustimmung der Staatsanwaltschaft erforderlich (§ 110b Abs. 1 S. 1 StPO). Bei Gefahr im Verzug kann die Polizei über den Einsatz entscheiden, wenn die Zustimmung der Staatsanwaltschaft nicht rechtzeitig eingeholt werden kann – was in der Praxis nur äußerst selten eintreten sollte. Immer steht die polizeiliche Entscheidung unter der auflösenden Bedingung, dass die Staatsanwaltschaft binnen drei Werktagen zustimmt (§ 110b Abs. 1 S. 3 StPO). Bei Einsätzen gegen einen bestimmten Beschuldigten sowie bei Betreten des VE von Privatwohnungen ist grundsätzlich die Zustimmung des Gerichts erforderlich (zu vorübergehenden Ausnahmen s. § 110b Abs. 2 S. 2-4 StPO). § 110d normiert ferner einen Richtervorbehalt für Ermittlungseinsätze nach § 184b Abs. 6 StGB, der zur effektiveren Strafverfolgung wegen kinderpornografischer Delikte Ermittlern unter engen Voraussetzungen erlaubt, selbst computergenerierte kinderpornographische Inhalte iSd § 11 Abs. 3 StGB herzustellen und zu verbreiten.[48] § 110d StPO flankiert damit den Tatbestandsausschluss für Personen, die sich unter den in § 184b Abs. 6 Nr. 1 und 2 StGB genannten Voraussetzungen nicht wegen versuchten Cybergroomings strafbar machen können.

---

48 BeckOK-StPO/*Ziegler*, § 110d Rn. 1.

3. Befugnisse der VE, § 110c StPO

VE bleiben Polizeibeamte, dh grundsätzlich gelten auch für sie die Rechte und Pflichten, wie sie insbes. von der StPO vorgegeben werden (§ 110c S. 3 StPO). Eine Belehrungspflicht gem. § 163a Abs. 4 S. 2, § 136 Abs. 1 S. 2 StPO scheidet allerdings aus, weil keine förmliche Vernehmung stattfindet. Jedoch darf der VE den Beschuldigten, der sich vorher in einer offiziellen Vernehmung auf sein Schweigerecht berufen hat, nicht unter Ausnutzen eines geschaffenen Vertrauensverhältnisses zu einer Aussage drängen.[49] Das Täuschungsverbot des § 136a Abs. 1 StPO gilt auch für VE.[50] Darüber hinaus darf der VE **keine Straftaten begehen**, auch nicht sog. milieubedingte Straftaten. Dies kann in der Praxis, wenn vom VE beim Einsatz im Bereich der organisierten Kriminalität die sog. Keuschheitsprobe abverlangt wird, dh das „Mitmachen" bei Straftaten, dazu führen, dass der VE sich zurückziehen muss. Ausdrücklich hat aber der Gesetzgeber hiervon abweichend das Auftreten unter einer neuen Identität (Legende) im Hinblick auf Urkundenfälschung gem. § 267 StGB sowie das Betreten von Wohnungen mit Einverständnis des Berechtigten im Hinblick auf Hausfriedensbruch gem. § 123 StGB[51] erlaubt. Die Strafbarkeit des VE beim Einsatz als agent provocateur, insbes. als Drogenanbieter, wird von der hM verneint, weil der VE keinen Vorsatz bzgl. einer materiellen Rechtsgutsbeeinträchtigung – hier des BtMG – hat bzw. die abstrakte Gefährdung hier bereits auszuschließen ist (s. auch § 8 Rn. 22).[52]

40

Zu beachten ist, dass ein Regierungsentwurf des BMJV vorliegt, der die §§ 110a ff. StPO neu regelt.[53] In § 110a StPO-E werden die bisher in den §§ 110b und 110c StPO enthaltenen Regelungen zum Einsatz verdeckter Ermittler zusammengefasst. Dies umfasst die Zusammenführung der Verfahrensregelungen (bisher in § 110b StPO) sowie der Befugnisse verdeckter Ermittler (bisher in § 110c StPO). Ergänzend werden in den neuen Absätzen 5 und 6 des § 110a StPO-E Regelungen zum Schutz des Kernbereichs privater Lebensgestaltung aufgenommen, um die gesetzlichen Regelungen den Anforderungen der jüngsten Rechtsprechung des BVerfG[54] anzupassen. Darüber hinaus sollen für verdeckte Ermittler Berichtspflichten eingeführt werden. Außerdem regelt der Gesetzesentwurf die sog. Tatprovokation (s. § 8 Rn. 24 ff.).

4. Einsatz nicht offen ermittelnder Polizeibeamter

In der Praxis hat sich zusätzlich eine weitere Kategorie des geheimen Polizeieinsatzes gebildet, der **Einsatz nicht offen ermittelnder Polizeibeamter** (noeP).[55] Im Gegensatz zu den VE ermitteln sie nicht unter einer Legende, sondern gehen, versehen mit neuen Personalpapieren, **fallbezogen** vor, zB als Scheinaufkäufer von Drogen. Wohl mit Rücksicht hierauf nimmt der Einsatz verdeckter Ermittler ab, da diese Methode polizeiintern organisiert wird. Es besteht eine Grauzone, durch die die gesetzlichen Voraussetzungen für den Einsatz verdeckter Ermittler unterlaufen werden können und die

41

---

49 BGH NJW 2007, 3138; BGH StV 2009, 226; weitergehend *Roxin*, NStZ 2009, 45; *Volk/Engländer*, Grundkurs StPO, § 28 Rn. 33; *Müssig*, GA 2004, 102; *Ostendorf*, in: FS-Roxin, S. 1338.
50 OLG Jena StV 2020, 455.
51 Zum insoweit bereits vorliegenden tatbestandlichen Ausschluss s. NK-StGB/*Eschelbach*, § 123 Rn. 26 mwN.
52 RGSt 56, 168 (170); OLG Oldenburg NJW 1999, 2751; *Wessels/Beulke/Satzger*, Strafrecht AT, Rn. 897 f.; SK-StGB/*Hoyer*, Vor § 26 Rn. 65 ff.; *Roxin*, Strafrecht AT II, § 26 Rn. 150 ff.; *Küper*, GA 1974, 321.
53 Alle Dokumente zum Gesetzgebungsverfahren sind abrufbar unter: https://www.bmj.de/SharedDocs/Gesetzgebungsverfahren/DE/2023_V-Personen.html.
54 BVerfG BeckRS 2022, 41609.
55 Ausführlich dazu *Steinbach*, Kriminalistik 2022, 396.

rechtsstaatlich daher nicht unbedenklich ist (s. auch § 16 Rn. 54). Rechtsgrundlage für den Einsatz einer noeP ist nach hM §§ 161, 163 StPO.[56]

5. Einsatz von V-Personen

42 Noch nicht geregelt[57] ist der Einsatz von V-Personen. Im Gegensatz zu den VE und noeP gehören V-Personen keiner Strafverfolgungsbehörde an, sondern sind Vertrauenspersonen der Polizei, die der Polizei gegen Entgelt oder gegen Vorteile Informationen liefern. Dies ist ein rechtsstaatliches Defizit, das auch nicht durch die gemeinsamen Richtlinien der Justiz- und der Innenminister der Länder ausgeglichen wird. Zwar hat der BGH den Einsatz von **Vertrauenspersonen** zur Bekämpfung besonders gefährlicher und schwer aufklärbarer Kriminalität für zulässig erklärt.[58] Die Polizei sei aber verpflichtet, „eine von ihr beauftragte Vertrauensperson bestmöglich zu überwachen."[59] Dass damit im Extremfall, dh wenn bei einem Drogenhandel auf beiden Seiten VE und V-Personen eingesetzt werden, eine „Kriminalität aus der Retorte" entstehen kann, macht die Brisanz dieser Ermittlungsmaßnahme deutlich.[60]

Auf der Grundlage des o.g. Referentenentwurfs des BMJW (§ 11 Rn. 40) sollen nunmehr auch die Voraussetzungen für den Einsatz von V-Personen in § 110b StPO-E gesetzlich geregelt werden. Danach dürfen V-Personen künftig grundsätzlich nur auf Antrag der Staatsanwaltschaft und durch Anordnung eines Gerichts zur Aufklärung von Straftaten von erheblicher Bedeutung eingesetzt werden.

X. Durchsuchungen (§§ 102 ff. StPO)

1. Durchsuchung beim Verdächtigen (§ 102 StPO)

a) Begriff

44 Es gibt zwei verschiedene Arten von Durchsuchungen: Hat die Durchsuchung die Ergreifung des Verdächtigen zum Ziel, so spricht man von einer **Ergreifungsdurchsuchung**; dient die Durchsuchung dem Auffinden bestimmter Beweismittel, wird sie als **Ermittlungsdurchsuchung** bezeichnet.[61] Nach § 102 StPO können zum einen Räumlichkeiten und bewegliche Sachen, über die der Verdächtige die tatsächliche Sachherrschaft ausübt und zum anderen Personen selbst durchsucht werden. Bei Personen dürfen die am Körper getragene Kleidung, die Körperoberfläche und natürliche Körperöffnungen durchsucht werden. Abweichend davon erlaubt § 81a StPO die Untersuchung der Beschaffenheit des Körpers selbst oder des Körperinneren von Personen (§ 11 Rn. 11).

---

56 KK-StPO/Henrichs/Weingast, § 110a Rn. 6.
57 Eine Regelung gibt es bislang nur für polizeiliche Präventivmaßnahmen (§ 64 Abs. 2 Nr. 3 BKAG) sowie für den Verfassungsschutz (§ 9b BVerfSchG), insoweit kann die Staatsanwaltschaft „von der Verfolgung von im Einsatz begangener Vergehen" unter den Voraussetzungen des § 9a Abs. 3 BVerfSchG absehen.
58 BGHSt 32, 115; s. aber BVerfG StraFo 2000, 190, s. auch § 16 Rn. 53.
59 BGH StV 2014, 324, wo auch auf eine mögliche Strafbarkeit der V-Person bei rechtsstaatswidriger Tatprovokation hingewiesen wird (s. auch § 8 Rn. 21 ff.).
60 BGH NStZ 1994, 39; zum Ganzen *Eschelbach*, StV 2000, 390; s. auch *Ostendorf/Meyer-Seitz*, StV 1985, 73.
61 *Beulke/Swoboda*, Strafprozessrecht, Rn. 400.

b) Voraussetzungen

- Tatverdacht bzgl. einer Straftat, Begünstigung, Strafvereitelung oder Hehlerei
- Der **Zweck der Durchsuchung** muss im Ergreifen des Verdächtigen und/oder im Auffinden von Beweismitteln liegen. Es muss also **planmäßig nach Personen oder Sachen gesucht** werden.[62]
- Anordnung des Gerichts bzw. der Staatsanwaltschaft oder ihrer Ermittlungspersonen bei Gefahr im Verzug (§ 105 Abs. 1 S. 1 StPO)

In der Praxis wurden in der Vergangenheit über 90 % der Anordnungen durch die Ermittlungspersonen, dh in der Regel durch Polizeibeamte, getroffen.[63] Dagegen hat sich die Rechtsprechung des BVerfG gewendet, wonach die Inanspruchnahme der Eilkompetenz regelmäßig den Versuch voraussetzt, einen Richter zu erreichen.[64] Um dies zu ermöglichen, ist die Einrichtung eines richterlichen Bereitschaftsdienstes in Umsetzung von Art. 13 Abs. 2 GG geboten.[65] Die Rechtsprechung begründet darüber hinaus aus einer bewussten Umgehung des Richtervorbehalts ein Verwertungsverbot.[66] So dürfen die Ermittlungsbehörden auch nicht mehr von ihrer Eilkompetenz Gebrauch machen, wenn der angerufene Ermittlungsrichter sich weigert, ohne Aktenvorlage zu entscheiden.[67] Wenn ein Richter mit der Anordnung einer Durchsuchung befasst worden ist, scheidet eine Gefahr im Verzug aus.[68]

2. Durchsuchung anderer Personen (§ 103 StPO)

Die Durchsuchung bei nicht verdächtigen Personen ist an engere Voraussetzungen geknüpft als die Durchsuchung beim Verdächtigen:

- § 103 Abs. 1 S. 1 StPO: Durchsuchung von Räumen, Sachen und Personen

  Bestimmte Tatsachen, die darauf schließen lassen, dass sich die gesuchte Person oder ein bestimmtes Beweismittel in den zu durchsuchenden Objekten findet

- § 103 Abs. 1 S. 2 StPO: Durchsuchung des gesamten Gebäudes

  Tatsachen, aufgrund derer anzunehmen ist, dass sich ein Beschuldigter darin aufhält, der einer Straftat nach § 129a StGB oder einer der dort genannten Straftaten dringend verdächtig ist

- § 103 Abs. 2 StPO: Durchsuchung von Räumen, die der Beschuldigte während seiner Verfolgung betreten hat oder in denen er ergriffen worden ist, dürfen stets durchsucht werden.

  Hier gibt es keine „Eilkompetenz" der polizeilichen Ermittlungspersonen bei Gefahr im Verzug (§ 105 Abs. 1 S. 2 StPO).

---

62 Zu den Anforderungen eines Durchsuchungsbeschlusses s. BVerfG StV 2018, 133 sowie StV-S 2022, 126.
63 *Nelles*, Kompetenzen und Ausnahmekompetenzen in der Strafprozeßordnung, 1980, S. 210 ff.; *Benfer*, Die Hausdurchsuchung im Strafprozess, 1980, S. 202; bei Ermittlungsverfahren wegen schwerer Delikte aus den Bereichen der organisierten Kriminalität sowie wegen Kapital-, Wirtschafts- und Betäubungsmitteldelikten wird die richterliche Anordnungskompetenz zu 62,8 % wahrgenommen, s. *Brüning*, Der Richtervorbehalt im strafrechtlichen Ermittlungsverfahren, 2005, S. 201.
64 BVerfG StV 2001, 207 mit Anm. *Ostendorf/Brüning*, JuS 2001, 1063; BVerfG NJW 2002, 1333; ebenso BGH StV 2021, 409.
65 S. BVerfGE 105, 239 (248); BVerfG StV 2019, 657.
66 OLG Köln StV 2010, 14; BGH StV 2012, 1; s. hierzu auch § 16 Rn. 86, 104.
67 BVerfG StV 2015, 606; BGH StV 2017, 707.
68 BGHSt 61, 266; *Park*, StV 2016, 69.

3. Nächtliche Hausdurchsuchung (§ 104 StPO)

47 Durch § 104 StPO wird die Durchsuchung von Räumen der §§ 102, 103 StPO in der Nachtzeit beschränkt. Die Nachtzeit ist in Abs. 3 festgelegt. Sie beginnt um 21 Uhr und endet um sechs Uhr. Eine Hausdurchsuchung zu diesen Zeiten ist gem. Abs. 1 nur bei einer Verfolgung auf frischer Tat, bei Gefahr im Verzug, zur Wiederergreifung eines entwichenen Gefangenen sowie dann zulässig, wenn bestimmte Tatsachen den Verdacht begründen, dass während der Durchsuchung auf ein elektronisches Speichermedium zugegriffen wird, das als Beweismittel in Betracht kommt, und ohne die Durchsuchung zur Nachtzeit die Auswertung des elektronischen Speichermediums, insbes. in unverschlüsselter Form, aussichtslos oder wesentlich erschwert wäre. Die Durchsuchung kann sich neben Wohnräumen auch auf Geschäftsräume und befriedetes Besitztum erstrecken. Nicht davon erfasst sind gem. Abs. 2 „Räume, die zur Nachtzeit jedermann zugänglich sind oder die der Polizei als Herbergen oder Versammlungsorte bestrafter Personen, als Niederlagen von Sachen, die mittels Straftaten erlangt sind oder als Schlupfwinkel des Glücksspiels, des unerlaubten Betäubungsmittel- und Waffenhandels oder Prostitution bekannt sind". „Bekannt" meint hierbei, dass die Räumlichkeiten schon einmal zu den bezeichneten Zwecken in Erscheinung getreten sind und keine Anhaltspunkte für eine Änderung des Verwendungszwecks bestehen.[69]

XI. Beschlagnahme (§§ 94 ff. StPO)

1. Beschlagnahme zur Beweismittelsicherung (§ 94 StPO)

a) Begriff

48 § 94 StPO enthält zwei verschiedene Handlungsoptionen. Gem. § 94 Abs. 1 StPO sind Gegenstände **sicherzustellen**, die als Beweismittel für die Untersuchung von Bedeutung sein könnten. Wenn sich die Gegenstände jedoch im Gewahrsam einer Person befinden und nicht freiwillig herausgegeben werden, ist die **Beschlagnahme** gem. § 94 Abs. 2 StPO erforderlich. Da der strafrechtliche Schutz des § 136 StGB aber nur bei der Beschlagnahme gewährt wird, kann es auch bei einer freiwilligen Herausgabe zur Beschlagnahme kommen. Unmittelbares Ziel der Beschlagnahme gem. §§ 94, 98 StPO ist die Sicherung des Strafverfahrens gegen Beweisverlust.

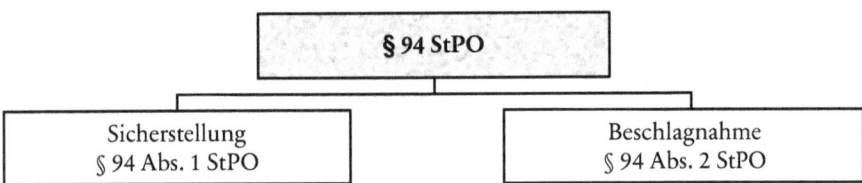

Gem. § 94 Abs. 3 StPO gelten die Abs. 1 und 2 ebenfalls für Führerscheine, die gem. § 111a StPO der Einziehung unterliegen und somit Beweismittel sind.

Zu den Gegenständen, die beschlagnahmt werden können, gehören sowohl unbewegliche als auch bewegliche Sachen, in der Regel handelt es sich dabei um körperliche Objekte, wie z.B. Akten, Computer, Tatwerkzeuge. Nach dem Wortlaut des § 94 StPO können jedoch auch nichtkörperliche Gegenstände in den Geltungsbereich der Norm einbezogen werden. Dazu zählen Informationen und Kommunikationsdaten, die elek-

---

[69] Meyer-Goßner/Schmitt, § 104 Rn. 9; Löwe/Rosenberg/Tsambikakis, § 104 Rn. 13.

tronisch (digital) auf Mobiltelefonen, Computern oder anderen Datenträgern gespeichert sind. Die Regelung bezieht ebenfalls E-Mails mit ein, die sich nach Beendigung der Telekommunikation entweder im Bereich des Absenders oder, nach Ankunft, im Bereich des Empfängers befinden bzw. dort gespeichert sind. (s dazu § 11 Rn. 56).

§ 97 StPO enthält Beschlagnahmeverbote, die sich auf die Zeugnisverweigerungsrechte der §§ 52, 53 StPO beziehen und deren Umgehung verhindern sollen. Denn die Zeugnisverweigerungsrechte können nur wirksam geschützt werden, wenn auch die Surrogate der zu Recht verweigerten Aussage nicht dem Zugriff der Strafverfolgungsbehörden ausgesetzt sind.[70] Dies gilt insbesondere für Unterlagen von Verteidigern.[71]

b) Voraussetzungen

Da nur die Beschlagnahme gem. § 94 Abs. 2 StPO mangels Freiwilligkeit eine Zwangsmaßnahme darstellt, soll lediglich auf deren Voraussetzungen eingegangen werden.

- **Potenzielle Beweisbedeutung** des Gegenstandes
- Gegenstand ist im **Gewahrsam der betroffenen Person**
- **Keine freiwillige Herausgabe**
- **Kein Beschlagnahmeverbot** gem. § 97 StPO
- **Anordnung** durch das Gericht bzw. bei Gefahr im Verzug durch die Staatsanwaltschaft und ihre Ermittlungspersonen gem. § 98 StPO.

2. Beschlagnahme zur Sicherung der Einziehung oder Unbrauchbarmachung (§ 111b StPO)

Mit der Beschlagnahme gem. § 111b StPO ist im Gegensatz zur Beschlagnahme zur Beweismittelsicherung gem. § 94 StPO die Sicherung der Einziehung oder Unbrauchbarmachung gemeint (s. hierzu § 11 Rn. 105).

3. Postbeschlagnahme (§ 99 StPO)

Unter dem Begriff Postbeschlagnahme ist die Weisung an ein Postunternehmen zu verstehen, Postsendungen oder Telegramme, die sich in deren Gewahrsam befinden, auszusondern oder auszuliefern.[72] Geschieht dies bei Postsendungen oder Telegrammen vom oder an den Beschuldigten, liegt ein Eingriff in das von Art. 10 GG gewährte Postgeheimnis vor. Dieser kann unter den Voraussetzungen des § 99 StPO, einem Unterfall der Beschlagnahme von § 94 StPO, gerechtfertigt sein. Seit dem 01.07.2021[73] ist es neben der Beschlagnahme auch möglich, beim Postdienstleister Auskunft über Sendungen zu verlangen, die an den Beschuldigten gerichtet sind, von ihm herrühren oder für ihn bestimmt sind, § 99 Abs. 2 S. 1 StPO (etwa Namen und Anschriften von Absendern, Abs. 2 S. 2 Nr. 1). Das gilt sogar für Postsendungen, die sich nicht mehr oder noch nicht im Gewahrsam des Postdienstleisters befinden (sog. retrograde Postdaten), Abs. 2 S. 4. Vor der Neuregelung des § 99 StPO war die Zulässigkeit solcher Maßnahmen umstritten, jedenfalls die Auskunft über retrograde Postdaten stufte die Rspr. als unzulässig ein.[74]

---

[70] Nach hM stellt § 97 StPO eine Spezialregelung für Beschlagnahmen dar, die § 160a Abs. 1 S. 1 StPO grundsätzlich verdrängt, s. BVerfG StV 2018, 550 mwN zu den sog. Internal Investigations; kritisch hierzu *Kempf/Corsten*, StV 2019, 59; s. auch Rn. § 16 Rn. 96.
[71] Dazu *Paradissis*, NStZ 2023, 449.
[72] KK-StPO/*Greven*, § 99 Rn. 5 ff.
[73] BGBl. I, S. 2099.
[74] BGH NStZ-RR 2019, 280. Zur Erhebung retrograder Standortdaten s. § 11 Rn. 56 am Schluss.

4. Zurückstellung der Benachrichtigung des Beschuldigten gem. § 95a StPO

52 Der neue § 95a StPO, der am 1.7.2021 in Kraft treten ist[75], ermöglicht es, die Benachrichtigung des Beschuldigten über die Beschlagnahme eines Gegenstandes, der sich im Gewahrsam einer nicht beschuldigten Person befindet, zurückzustellen.

Dies ist insbesondere dann von Bedeutung, wenn bei gleichzeitig durchgeführten verdeckten Ermittlungsmaßnahmen gegen den Beschuldigten durch eine frühzeitige Benachrichtigung die Ermittlungen gegen den Beschuldigten bekannt würden und damit der Untersuchungszweck gefährdet wäre.[76]

Hintergrund der Regelung ist, dass gem. § 35 Abs. 2 StPO jeder betroffenen Person eine Beschlagnahme unmittelbar bekanntgegeben werden muss. Eine vorübergehende Nichtbenachrichtigung des Beschuldigten ist nach der Rechtsprechung des Bundesgerichtshofs gemäß § 101 StPO nicht zulässig.[77] Gleichwohl sieht der Gesetzgeber insbesondere bei der Beschlagnahme digital gespeicherter Informationen, wie z.B. E-Mails, Inhalte sozialer Netzwerke oder Daten des Beschuldigten, die in der „Cloud" bei einem Provider gespeichert sind, ein Bedürfnis für eine verzögerte Benachrichtigung. § 95a StPO beschränkt sich allerdings nicht auf digital gespeicherte Informationen, sondern umfasst auch körperliche Gegenstände.

Voraussetzung für die Zurückstellung der Benachrichtigung ist, dass bestimmte Tatsachen den Verdacht begründen, dass der Beschuldigte als Täter oder Teilnehmer eine Straftat von auch im Einzelfall erheblicher Bedeutung begangen, in den Fällen, in denen der Versuch strafbar ist, zu begehen versucht oder durch eine Straftat vorbereitet hat (§ 95 Abs. 1 Nr. 1 StPO) und die Erforschung des Sachverhalts oder die Ermittlung des Aufenthaltsortes des Beschuldigten auf andere Weise wesentlich erschwert oder aussichtslos wäre (§ 95a Abs. 1 Nr. 2 StPO). Dabei gilt insbesondere eine Straftat aus dem Katalog des § 100a Abs. 2 StPO als eine Straftat, die auch im Einzelfall von erheblicher Bedeutung ist. Gem. § 95a Abs. 2 StPO darf die Zurückstellung nur aufgrund einer richterlichen Anordnung erfolgen und ist zu befristen.

§ 95a Abs. 3 StPO ermöglicht es bei nichtgerichtlich angeordneten Beschlagnahmen auf die nach § 98 Abs. 2 S. 5 StPO zu erfolgende Belehrung des Beschuldigten zu verzichten.

Nach § 95a Abs. 4 StPO sind die Strafverfolgungsbehörden verpflichtet, die nach Abs. 1 aufgeschobene Benachrichtigung des Beschuldigten nachzuholen, sobald dies ohne Gefährdung des Untersuchungszwecks möglich ist.

Die Einführung des § 95a StPO ist in der Literatur zu Recht auf Kritik gestoßen. Durch die Möglichkeit der Zurückstellung der Benachrichtigung des Beschuldigten verwandelt der Gesetzgeber die Beschlagnahme von einer offenen in eine verdeckte Ermittlungsmaßnahme.[78]

Bedenkt man, dass die höchstrichterliche Rechtsprechung die Beschlagnahme von E-Mails, die einen Eingriff in Art. 10 GG darstellt, nach § 94 StPO für zulässig erachtet,[79] wenn es sich um eine offene Ermittlungsmaßnahme handelt, führt § 95a StPO zu der zwingenden Nebenfolge, dass nunmehr auch die Beschlagnahme einen heimlichen

---

75 Gesetz vom 25.6.2021, BGBl. I, S. 2099.
76 BT-Drs. 19/27654, S. 38.
77 BGH NStZ 2015, 704 (705).
78 *Beulke/Swoboda*, Strafprozessrecht, Rn. 398a.
79 BVerfG NJW 2009, 2431.

Eingriff in das in Art. 10 GG verankerte Fernmeldegeheimnis ermöglicht, wodurch die engen Voraussetzungen der §§ 100a, 100b StPO umgangen werden können.[80]

XII. Überwachung der Telekommunikation (§ 100a StPO) und Online-Durchsuchung (§ 100b StPO)

1. Systematik der Ermächtigungsgrundlagen und Grundrechtsrelevanz

Die Telekommunikationsüberwachung wird kurz TKÜ genannt. Mit ihr werden Telekommunikationsvorgänge sowie Telekommunikationsinhalte überwacht. Allerdings nutzen Straftäter heute nicht mehr das klassische Telefon, sondern vielmehr moderne Kommunikationsmittel, die gleichzeitig auch Speichermedien sind, wie zB Smartphones, Tablets oder Notebooks. Darüber hinaus nutzen Straftäter nicht nur die Dienste von Telekommunikationsunternehmen, sondern verwenden internetbasierte Messenger-Dienste, wie etwa WhatsApp, deren Kommunikationsdaten verschlüsselt und für die Strafverfolgungsbehörden daher nicht lesbar sind. Mit den §§ 100a 100b, 100g, 100j, 100i sieht die StPO zahlreiche Ermächtigungsgrundlagen für den Zugriff auf Telekommunikationsdaten vor, wobei für die Wahl der richtigen Ermächtigungsgrundlage einerseits relevant ist, ob auf Inhalts-, Bestands-, Verkehrs- und Nutzungsdaten zugegriffen wird. Und andererseits ist zu differenzieren, ob die Daten während einer laufenden Kommunikationsverbindung erhoben oder durch die Infiltration eines IT-Systems gewonnen werden. Während ersteres einen Eingriff in das Fernmeldegeheimnis nach Art. 10 GG begründet, führt das Infiltrieren eines IT-Systems zu einem Eingriff in das Recht auf Integrität und Vertraulichkeit informationstechnischer Systeme, das in Art. 2 Abs. 1 iVm Art. 1 Abs. 1 GG verankert ist. Man spricht hier vom sog. „IT-Grundrecht". Beide Grundrechte, sowohl das Fernmeldegeheimnis als auch das Recht auf Integrität und Vertraulichkeit informationstechnischer Systeme, betreffen die Privatsphäre, da Inhalte und Umstände der Telekommunikation erhoben und/oder ausgewertet werden. Der Eingriff ist an Art. 10 Abs. 1 GG zu messen, wenn die Daten eine laufende Kommunikation betreffen, wohingegen Art. 2 Abs. 1 iVm Art. 1 Abs. 1 GG einschlägig ist, wenn die Kommunikation beendet ist und auf die Inhalte der jeweiligen Endgeräte zugriffen wird.

---

80 Zur Kritik *Vassilaki*, MMR 2022, 103; *Hiérament*, jurisPR-StrafR 3/2021 Anm. 1.

§ 11 Zwangs- und Ermittlungsmaßnahmen

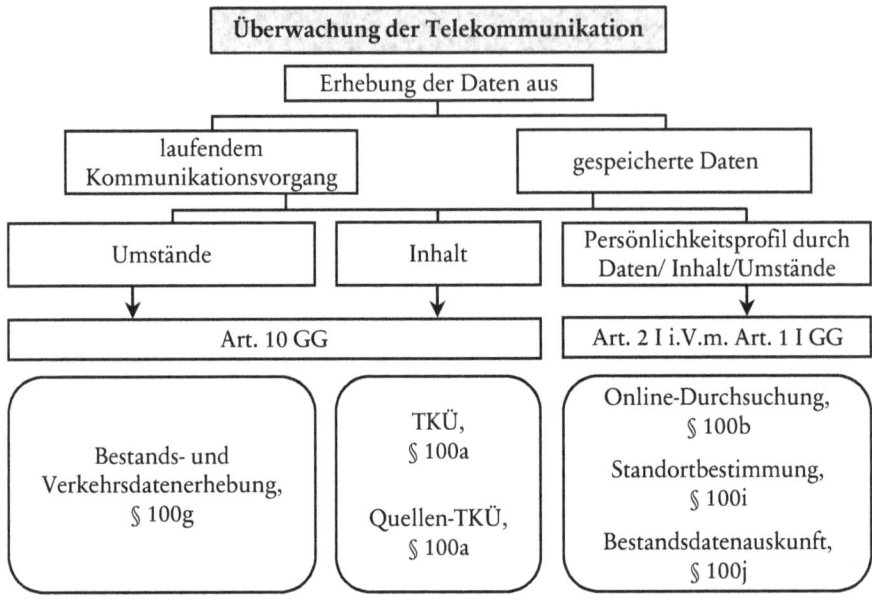

2. Telekommunikationsüberwachung gem. § 100a Abs. 1 S. 1 StPO

a) Anwendungsbereich

54 § 100a Abs. 1 S. 1 StPO gestattet die Überwachung laufender Kommunikationsvorgänge, also das heimliche Überwachen und Aufzeichnen von Telefonaten, Text-, Bild- oder Sprachnachrichten sowie sonstiger Kommunikationsformen. Ohne Bedeutung ist der konkrete technische Übertragungsweg, so dass auch internetbasierte Kommunikationsformen, wie Chatnachrichten, E-Mails oder Internettelefonie erfasst sind.

aa) Surfen im Internet und Cloud Computing

55 Umstritten ist, ob das bloße Surfen im Internet und das sog. Cloud Computing[81] von § 100a StPO erfasst werden.

Das BVerfG führt zum Internetsurfen aus:

> **BVerfG NJW 2016, 3508 (3510)**
> „Bei der Nutzung des Internets durch eine natürliche Person kommunizieren [...] nicht ausschließlich technische Geräte miteinander [...]. Vielmehr ist das für die Auslösung des Art. 10 GG notwendige spezifische Gefährdungspotenzial für die Privatheit der Kommunikation vorhanden, da [...] willensgesteuert auf konkrete Kommunikationsinhalte zugegriffen wird. Auch das ‚Surfen' im Internet ist unter das Fernmeldegeheimnis zu subsumieren."

Dem wird aber zutreffend entgegengehalten, dass es sich nicht um eine individualisierte Kommunikation handelt, da die Informationen lediglich für eine unbestimmte Zahl von Empfängern technisch zum Abruf bereitgestellt werden. Wer das wann, wo und in welchem Umfang tut, ist nicht vorauszusehen.[82] Mit Blick auf die Möglichkeit, ein umfassendes Persönlichkeitsprofil zu erstellen, spricht viel dafür, die Eingriffe am

---

81 Zu beidem ausführlich und kritisch *Heinrich*, ZIS 2020, 421 mwN.
82 *Eidam*, NJW 2016, 3511 (3512).

Maßstab der Online-Durchsuchung gem. § 100b StPO (§ 11 Rn. 60) zu messen.[83] Nach Ansicht der Rechtsprechung werden durch ein unbeabsichtiges Nichtauflegen des Beschuldigten ermöglichte sog. Raumgespräche auch von § 100a Abs. 1 StPO erfasst.[84] Gleiches gilt für während des Telefonats mit Dritten geführte sog. Hintergrundgespräche.[85] Beides ist mit Blick auf die Möglichkeit, die strengen Anordnungsvoraussetzungen des großen Lauschangriffs gem. § 100c StPO zu umgehen, kritisch zu betrachten.

bb) Zugriff auf E-Mails

Problematisch ist, wie der staatlichee Zugriff auf E-Mails zu beurteilen ist.[86]

Der Versand einer E-Mail lässt sich in unterschiedliche Phasen zergliedern. Je nach technischer Ausgestaltung („klassische" E-Mail oder Webmail) wird eine unterschiedliche Einteilung vorgenommen, die von drei bis zu sieben verschiedenen Phasen reicht.

Wir legen hier ein Sieben-Phasen-Modell zugrunde,[87] letztlich geht es aber nicht darum, die Phasen zu nummerieren und auswendig zu lernen, sondern sich den Kommunikationsvorgang vor Augen zu führen.

1. Erstellung der E-Mail auf dem Rechner des Absenders
2. Versendung der E-Mail
3. Ankunft der E-Mail beim E-Mail-Provider des Absenders, Überprüfung des Accounts vor einer Weiterleitung
4. Versendung der E-Mail zum E-Mail-Provider des Empfängers
5. Ankunft beim E-Mail-Provider des Empfängers, Überprüfung des zugehörigen Accounts, Zwischenspeicherung bis zum Abruf
6. Abholung der E-Mail vom Empfänger bzw. Lesezugriff auf die E-Mail
7. Speicherung

Der staatliche Zugriff auf E-Mails kann sich nach dem Durchsuchungs- und Beschlagnahmerecht der §§ 94, 102 ff. StPO richten. Es kann sich aber auch um eine Maßnahme der Telekommunikationsüberwachung nach den §§ 100a, 100b StPO handeln. Welche dieser Ermächtigungsgrundlagen einschlägig ist, richtet sich zunächst danach, in welches Grundrecht die Maßnahmen eingreifen. In Betracht kommt ein Eingriff in das Fernmeldegeheimnis nach Art. 10 GG oder ein Eingriff in das Recht informationelle Selbstbestimmung oder gar in das Recht auf Integrität und Vertraulichkeit informationstechnischer Systeme vor, die jeweils in Art. 2 Abs. 1 iVm Art. 1 Abs. 1 GG verankert sind. Welches der in Betracht kommenden Grundrechte betroffen ist, hängt wiederum davon ab, in welcher Phase der Zugriff auf die E-Mail erfolgt.

Die Phasen 2, 4 und 6 betreffen die telekommunikative Übermittlung der E-Mail und fallen daher in den Schutzbereich des Art. 10 GG mit der Folge, dass Eingriffe grundsätzlich nur unter den Voraussetzungen des § 100a StPO vorgenommen werden dürfen.[88]

---

83 *Krey/Heinrich*, Strafverfahrensrecht, Rn. 874.
84 BGH NJW 2003, 2034.
85 BGH NStZ 2008, 473 (474).
86 Zum Ganzen: *Zimmermann*, JA 2014, 321.
87 BeckOK-StPO/*Graf*, § 100a Rn. 55.
88 BeckOK-StPO/*Graf*, § 100a Rn. 56.

In der Phase 1 und 7 findet keine aktive Kommunikation statt, so dass die Nachricht nicht durch das Fernmeldegeheimnis, sondern durch das Recht auf informationelle Selbstbestimmung geschützt ist. Die Beschlagnahme von E-Mails vor dem Absenden und nach dem Empfang ist daher nach §§ 94, 98 StPO möglich.

Allerdings beurteilt das BVerfG die Einschlägigkeit der Ermächtigungsgrundlage nicht mehr ausschließlich nach der Grundrechtsrelevanz, sondern hält es für entscheidungserheblich, ob es sich um eine offene oder verdeckte Ermittlungsmaßnahme handelt. Dies ist insbesondere für die rechtliche Einordnung des staatlichen Zugriffs auf beim Provider gespeicherte E-Mails relevant, betrifft also die Phasen 3 und 6.

Insoweit hat das BVerfG entschieden, dass deren Sicherstellung und Beschlagnahme zwar am Grundrecht auf Gewährleistung des Fernmeldegeheimnisses aus Art. 10 Abs. 1 GG zu messen seien. Die §§ 94 ff. StPO genügten aber den verfassungsrechtlichen Anforderungen, die an eine gesetzliche Ermächtigung für solche Eingriffe in das Fernmeldegeheimnis zu stellen seien. Das BVerfG hält die Beschlagnahme der E-Mails nach § 94 StPO jedoch nur dann für zulässig, wenn es sich um eine offene Ermittlungsmaßnahme handelt.[89]

Der 5. Strafsenat des BGH hat daran anschließend entschieden, dass sich der heimliche Zugriff auf servergespeicherte E-Mails nach § 100a Abs. 1 StPO richte. Dabei beschränke sich der Zugriff nicht auf künftig eingehende E-Mails, sondern erfasse auch solche E-Mails, die zum Zeitpunkt der Anordnung bereits auf dem Server ruhen.[90] Man spricht in diesem Fall von einer retrograden, also „rückwärtsgerichteten" Erhebung. Die Ermittlungsbehörden werden auf diese Weise ermächtigt, auch in der gesamten Historie des E-Mail-Accounts zu stöbern. Vor dem Hintergrund, dass die Quellen-TKÜ gem. § 100a Abs. 1 S. 3 StPO eine retrograde Erhebung nur für solche Kommunikationsvorgänge erlaubt, die nach einer richterlichen Anordnung erfolgt sind, ist es nicht nachvollziehbar, dass diese Einschränkung für den Zugriff auf beim Provider gespeicherte E-Mails nicht gelten soll.[91]

b) Voraussetzungen

57 Voraussetzungen für die TKÜ sind:

- **Verdachtslage**

  Für die Anordnung einer TKÜ muss gem. § 100a Abs. 1 Nr. 1 StPO mindestens der Anfangsverdacht bzgl. einer der abschließend im Katalog des § 100a Abs. 2 StPO aufgeführten schweren Straftaten vorliegen.

- **Erheblichkeit im Einzelfall**[92]

  Während die Straftat beim Vergleich mit den Katalogtaten generell als schwere Straftat eingeordnet wird, ist gem. § 100a Abs. 1 Nr. 2 StPO der konkrete Einzelfall auf seine Schwere zu prüfen. Aspekte hierfür können die Anzahl der Begehungen sowie der Zeitraum oder das Ausmaß sein. Es sind aber viele weitere Kriterien denkbar.

---

89 BVerfGE 124, 43 (58 f.); kritisch *Krüger*, MMR 2009, 680 (682).
90 BGH NStZ 2021, 355 (357).
91 *Becker/Baser-Dogan*, StV 2022, 459 (461): „Der 5. Strafsenat irrt daher, wenn er das Fehlen einer vergleichbaren Regelung zu Absatz 1 Satz 1 als Argument für die dortige Zulässigkeit des rückwirkenden Zugriffs anführt. Eine solche Regelung wäre angesichts der Struktur der dort geregelten Maßnahme sinnlos gewesen."
92 BVerfGE 107, 299 (322).

XII. Überwachung der Telekommunikation und Online-Durchsuchung

- **Subsidiaritätsgrundsatz**

  Gem. § 100a Abs. 1 Nr. 3 StPO darf die TKÜ nur angeordnet werden, wenn die Erforschung des Sachverhalts bzw. die Ermittlung des Aufenthaltsorts des Beschuldigten auf andere Weise wesentlich erschwert oder aussichtslos wäre.

- **Kernbereichsschutz**

  Gem. § 100d Abs. 1 StPO ist die TKÜ unzulässig, wenn tatsächliche Anhaltspunkte dafür vorliegen, dass durch sie allein Erkenntnisse aus dem Kernbereich privater Lebensgestaltung erlangt würden. Folglich unterliegen durch die TKÜ erlangte Erkenntnisse aus dem Kernbereich privater Lebensgestaltung einem Beweisverwertungsverbot (§ 100d Abs. 2 S. 1 StPO).

- **Zulässiger Betroffener**

  Die Anordnung darf sich nur gegen den Beschuldigten oder eine andere Personen wenden, von der aufgrund bestimmter Tatsachen anzunehmen ist, dass sie für den Beschuldigten bestimmte oder von ihm herrührende Mitteilungen entgegennimmt, weitergibt oder dass der Beschuldigte ihren Anschluss benutzt.

- **Anordnung** des Gerichts bzw. bei Gefahr im Verzug der Staatsanwaltschaft (§ 100e Abs. 1 StPO).

c) Praxis

Seit 1990 ist in Deutschland ein starker Anstieg der TKÜ zu verzeichnen. Anwendung findet die TKÜ hauptsächlich im Bereich der Betäubungsmittelkriminalität[93] sowie bei Kapitaldelikten und Straftaten gem. §§ 129, 129a StGB. Wenn der Chaos-Computer-Club als Aufklärer von Missbräuchen bzw. von Missbrauchsmöglichkeiten beim Überwachen von Computerbenutzern bei Internet-Telefonaten mittels sog. Staatstrojanern durch die Polizei avanciert,[94] so müssen sowohl die Einsatzmöglichkeiten der TKÜ präzisiert als auch die Genehmigungs- und Kontrollfunktionen von Justiz und Staatsanwaltschaft intensiver wahrgenommen werden, um dem Grundrechtsschutz, wie vom BVerfG konkretisiert,[95] nicht privaten Initiativen zu überlassen.

58

TKÜ-Anordnungen

Jahr	Anzahl der Verfahren	Anzahl der Überwachungsanordnungen (Erstanordnungen)
2018	5.104	15.787
2019	5.234	15.505
2020	5.222	14.601

Quelle: Übersichten zur TKÜ 2018 bis 2020 des Bundesamtes für Justiz (https://www.bundesjustizamt.de/DE/Service/Justizstatistiken/Justizstatistiken_node.html , zuletzt abgerufen am 24.07.2023)

---

93 *Backes/Gusy*, Wer kontrolliert die Telefonüberwachung?, S. 28.
94 S. Bericht in Die Zeit Nr. 42 vom 13.10.2011, S. 6.
95 BVerfGE 120, 274.

3. Quellen-TKÜ gem. § 100a Abs. 1 S. 2, 3 StPO

59 Strafverfolgungsbehörden können die Daten internetbasierter Kommunikation, etwa bei Messenger-Diensten abgreifen, wobei diese in der Regel verschlüsselt und daher nicht lesbar sind. Um die Daten unverschlüsselt zu erhalten, müssen diese vor oder nach dem verschlüsselten Kommunikationsvorgang auf dem Endgerät – bei der Quelle – abgefangen werden. Die Quellen-TKÜ ist gem. § 100a Abs. 1 S. 2, 3 StPO[96] zulässig. Damit erhalten die Strafverfolgungsbehörden die Befugnis, mithilfe einer Überwachungssoftware, die den Anforderungen des § 100a Abs. 5 S. 1 Nr. 1a StPO entsprechen muss, eine verschlüsselt geführte Kommunikation in (noch) unverschlüsselter Form zu überwachen und aufzuzeichnen.[97] Damit verbunden ist die Befugnis, das Endgerät zu infiltrieren und die Entschlüsselungs- und Übertragungssoftware aufzuspielen. Bei der Quellen-TKÜ ist zu differenzieren. Wenn die Strafverfolgungsbehörden die Quelle zeitgleich während eines Kommunikationsvorgangs anzapfen, dann richtet sich der Eingriff nach § 100a Abs. 1 S. 2 StPO. Man spricht von der laufenden Quellen-TKÜ, die lediglich in das Fernmeldegeheimnis iSd Art. 10 GG eingreifen soll. Faktisch werden bei der Quellen-TKÜ aber nicht nur Daten aus einer externen Leitung, wie bei der TKÜ „angezapft", sondern – wie bei einer Online-Durchsuchung – greifen die Strafverfolgungsbehörden auf gespeicherte Daten zurück. Dieser Zugriff wird rückwirkend relativiert, indem nur Daten einer laufenden Kommunikation ausgewertet werden. Daher ist es durchaus kritisch zu sehen, dass die Quellen-TKÜ gem. § 100a Abs. 1 S. 2 StPO nur am Maßstab des Art. 10 GG bewertet werden soll. Daneben gewährt § 100a Abs. 1 S. 3 StPO die Möglichkeit, dass auch solche Inhalte und Umstände der Kommunikation nachträglich auf dem Endgerät ausgelesen werden dürfen, die auch während eines laufenden Übertragungsvorgangs in verschlüsselter Form hätten überwacht werden können (sog. kleine Online-Durchsuchung[98]). Dabei handelt es sich um Kommunikationsvorgänge, die hypothetisch bereits nach der gerichtlichen Anordnung der Quellen-TKÜ hätten erfolgen können, aber zu diesem Zeitpunkt noch nicht erfolgt sind. Damit dürfen die Ermittlungsbehörden auf all die Daten zugreifen, die sie hypothetisch im laufenden Kommunikationsprozess hätten erfassen können, wenn sie rechtzeitig die technischen Möglichkeiten dazu gehabt hätten. Dies stellt mangels laufender Kommunikation nach Ansicht aller keinen Eingriff in das Fernmeldegeheimnis dar, sondern einen Eingriff in das durch Art. 2 Abs. 1 iVm Art. 1 Abs. 1 GG geschützte Recht auf Integrität und Vertraulichkeit informationstechnischer Systeme.[99] Nach § 100a Abs. 1 S. 2 und 3 StPO gelten die gleichen Anordnungsvoraussetzungen wie für die TKÜ gem. § 100a Abs. 1 S. 1 StPO. Zu beachten sind die technischen Voraussetzungen gem. § 100a Abs. 5 StPO sowie die Protokollierungsvorschriften des § 100a Abs. 6 StPO.

4. Online-Durchsuchung gem. § 100b StPO

a) Anwendungsbereich

60 Die seit 2017 zulässige Online-Durchsuchung berechtigt die Strafverfolgungsbehörden nicht nur, die laufende Kommunikation heimlich zu erfassen, sondern vielmehr, heimlich auf den gesamten gespeicherten Inhalt des Computers zuzugreifen. Danach ist die

---

96 Eingeführt durch Gesetz zur effektiven und praxistauglichen Ausgestaltung des Strafverfahrens v. 17.8.2017, BGBl. I, S. 3203.
97 BeckOK-StPO/*Graf*, § 100a Rn. 120.
98 Löwe/Rosenberg/*Hauck*, § 100a Rn. 140.
99 *Großman*, JA 2019, 241 (243); Löwe/Rosenberg/*Hauck*, § 100a Rn. 146.

verdeckte Erhebung aus dem System gestattet, nicht aber die manipulative Nutzung mittels des Systems,[100] dh nicht erlaubt ist die Erzeugung neuer Daten, indem heimlich E-Mails über den infiltrierten Rechner versendet werden.

b) Voraussetzungen

- **Verdachtslage mit Einzelfallbezug**

  Verdacht, dass jemand Täter oder Teilnehmer einer in § 100b Abs. 2 StPO aufgelisteten Katalogtat (schwere Straftaten) ist bzw. eine solche zu begehen versucht und die Tat auch im Einzelfall schwer wiegt, § 100b Abs. 1 Nr. 1 und 2 StPO

- **Subsidiaritätsgrundsatz**

  Gem. § 100b Abs. 1 Nr. 3 StPO darf die Online-Durchsuchung nur angeordnet werden, wenn die Erforschung des Sachverhalts bzw. die Ermittlung des Aufenthaltsorts des Beschuldigten auf andere Weise wesentlich erschwert oder aussichtslos wäre.

- **Kernbereichsschutz**

  Durch die Online-Durchsuchung dürfen nicht allein Erkenntnisse aus dem Kernbereich privater Lebensgestaltung erlangt werden, § 100d Abs. 1 S. 1 StPO. Darüber hinaus gelten die Einschränkungen gem. § 100d Abs. 5 S. 1, 2 StPO (s. § 11 Rn. 31 zu § 100c)

- **Zulässiger Betroffener**

  Die Anordnung darf sich gegen den Beschuldigten richten. Gegenüber Dritten darf die Online-Durchsuchung nur unter den strengen Voraussetzungen des § 100b Abs. 3 StPO durchgeführt werden

- **Gerichtliche Anordnung gem. § 100e Abs. 2 StPO**

  Die schriftliche Anordnung kann nur auf **Antrag** der Staatsanwaltschaft **durch die** in § 74a Abs. 4 GVG genannte Kammer des Landgerichts, in dessen Bezirk die Staatsanwaltschaft ihren Sitz hat, bzw. bei Gefahr im Verzug durch deren Vorsitzenden ergehen (s. § 11 Rn. 31 zu § 100c)

XIII. Erhebung von Verkehrsdaten und Funkzellenabfrage (§ 100g StPO), Standortbestimmung (§ 100i StPO) sowie Bestandsdatenauskunft (§ 100j StPO)

1. Erhebung von Bestands-, Verkehrs- und Standortdaten – Grundlagen zur Vorratsdatenspeicherung

Scheitert der Zugriff auf den Inhalt der Kommunikation, etwa weil keine Katalogtat iSd § 100a Abs. 2 StPO vorliegt oder sind die Strafverfolgungsbehörden nicht nur am Inhalt, sondern auch an den Umständen der Kommunikation interessiert, können unter den Voraussetzungen der §§ 100g, 100i und 100k StPO Bestands-, Verkehrs- und Standortdaten erhoben werden.

Die **Verkehrsdaten** (§ 176 TKG, §§ 9, 12 TTDSG, § 2a BDBOSG, § 100g StPO) bieten detaillierte Informationen über den Vorgang der Kommunikation selbst. Sie enthalten z. B. die Nummer des Empfängers, den Start- und Endzeitpunkt der Verbindung, die Dauer, den Umfang, den Ort sowie die beteiligten Parteien der Telefonkommunikation.

---

100 *Singelnstein/Derin*, NJW 2017, 2646 (2647).

Bestandsdaten (§ 172 TKG, § 22 TTDSG, § 100j) sind personenbezogene Daten, die sich auf den Abschluss oder die Durchführung von Verträgen beziehen und Informationen zum Anschlussinhaber enthalten, wie etwa Name, Adresse, Geburtsdatum und Zahlungsinformationen.

Standortdaten (§ 9 Abs. 1 Nr. 1 TTDSG, § 100g) liefern Informationen zum geografischen Standort des Mobiltelefons und ermöglichen somit die Verfolgung des Aufenthaltsorts von Personen. Diese Daten lassen sich unabhängig davon ermitteln, ob ein Telefongespräch geführt wird oder nicht. Dazu werden verschiedene Technologien wie GPS, Mobilfunkmasten oder WLAN-Signale genutzt.

Da die Verbindungs-, Bestands- und Standortdaten von den privaten Telekommunikationsanbietern erhoben und ggf. gespeichert werden, sind diese in das Regelungsgefüge der entsprechenden Auskunftsersuchen einzubeziehen. Insoweit sind zunächst gesetzliche Grundlagen erforderlich, die festlegen, in welchem Umfang die privaten Telekommunikationsunternehmen die entsprechenden Daten speichern müssen oder dürfen.

Darüber hinaus hat das BVerfG klargestellt, dass der Gesetzgeber verhältnismäßige und hinreichend bestimmte Rechtsgrundlagen für die Übermittlung der Bestandsdaten durch die Telekommunikationsanbieter und für den Abruf dieser Daten durch die Behörden schaffen muss. Dieses Modell wird als Doppeltürmodell bezeichnet.

> **BVerfGE 130, 151 (184)**
> „Insbesondere ist insoweit zwischen der Erhebung, Speicherung und Verwendung von Daten zu unterscheiden. Bei der Regelung eines Datenaustauschs zur staatlichen Aufgabenwahrnehmung ist darüber hinaus aber auch zwischen der Datenübermittlung seitens der auskunftserteilenden Stelle und dem Datenabruf seitens der auskunftsuchenden Stelle zu unterscheiden. Ein Datenaustausch vollzieht sich durch die einander korrespondierenden Eingriffe von Abfrage und Übermittlung, die jeweils einer eigenen Rechtsgrundlage bedürfen. Der Gesetzgeber muss, bildlich gesprochen, nicht nur die Tür zur Übermittlung von Daten öffnen, sondern auch die Tür zu deren Abfrage. Erst beide Rechtsgrundlagen gemeinsam, die wie eine Doppeltür zusammenwirken müssen, berechtigen zu einem Austausch personenbezogener Daten. Dies schließt – nach Maßgabe der Kompetenzordnung und den Anforderungen der Normenklarheit – nicht aus, dass beide Rechtsgrundlagen auch in einer Norm zusammengefasst werden können."

Der Bestands-, Verkehrs- und Standortdatenauskunft im Zusammenhang mit strafrechtlichen Ermittlungen liegt daher ein komplementäres Regelwerk des TKG und der StPO zugrunde.

Während die §§ 172 ff. TKG vor allem die Rechte und Pflichten der Telekommunikationsanbieter festlegen, insbesondere die Erhebung, Speicherung und Übermittlung von Daten, regelt die StPO in den korrespondierenden Vorschriften der §§ 100g ff. StPO die Voraussetzungen, unter denen die Strafverfolgungsbehörden diese Daten abrufen und für ihre Ermittlungen verwenden dürfen.

Da die Strafverfolgungsbehörden die Daten aber nur abrufen können, wenn diese bei den Telekommunikationsunternehmen „vorrätig" sind, setzt dies eine sog. Vorratsdatenspeicherung voraus, d.h. die Bestands-, Verkehrs- und Standortdaten müssten auch ohne Vorliegen eines konkreten Verdachts oder Anlasses für einen bestimmten Zeitraum gespeichert werden.

Diese anlasslose Vorratsdatenspeicherung ist seit Jahrzehnten Gegenstand kontroverser strafprozessualer, verfassungsrechtlicher und unionsrechtlicher Debatten und höchstrichterlicher Entscheidungen. Es ist hier nicht der Ort, diese Diskussion mit der Fülle der dazu ergangenen Entscheidungen nachzuzeichnen, hier sollen vielmehr nur die letzten drei wichtigen Entscheidungen skizziert werden:[101]

Der EuGH hat entschieden, dass die deutschen Regelungen zur Vorratsspeicherung (§§ 113a ff. TKG, inhaltsgleich mit §§ 175 ff. TKG n.F.) nicht mit dem Europäischen Recht im Einklang stehen. Der Gerichtshof betonte, dass die nach dem deutschen TKG mögliche Datenspeicherung bedeutende Missbrauchsrisiken berge und keinen ausreichenden Schutz vor unberechtigten Zugriffen biete. Insbesondere die Speicherung von Verkehrs- und Standortdaten über zehn bzw. vier Wochen hinweg gewähre Einblicke in das Privatleben der betroffenen Personen, was gegen die Art. 7 und 8 der GRCh verstoße.

Gleichwohl seien Ausnahmen vom Verbot einer anlasslosen Vorratsdatenspeicherung möglich. Danach sei eine allgemeine und unterschiedslose Vorratsdatenspeicherung von Verkehrs- und Standortdaten nur bei ernster Bedrohung der nationalen Sicherheit zulässig, nicht aber zur Bekämpfung schwerer Kriminalität oder zur Verhütung schwerer Bedrohungen der öffentlichen Sicherheit. In den beiden letztgenannten Fällen dürfe nur eine gezielte Vorratsdatenspeicherung erfolgen. Insoweit sei aber eine allgemeine und unterschiedslose Vorratsdatenspeicherung der IP-Adressen und der die Identität der Nutzer elektronischer Kommunikationsmittel betreffenden Daten zulässig.[102]

Das BVerwG, das durch einen Vorlagebeschluss zuvor die EuGH-Entscheidung initiiert hatte, entschied im August 2023[103], dass aufgrund des Umstands, dass die §§ 175 ff. TKG eine anlasslose, flächendeckende, personenbezogene, zeitlich und räumlich undifferenzierte Vorratsspeicherung eines Großteils der Verkehrs- und Standortdaten vorsehen, diese Regelungen den unionsrechtlichen Anforderungen nicht genügen, weil sie keine objektiven Kriterien bestimmen, die einen Zusammenhang zwischen den zu speichernden Daten und dem verfolgten Zweck herstellen. Da es sich bei der Speicherung der genannten Daten und dem Zugriff auf diese Daten um unterschiedliche Eingriffe in die betroffenen Grundrechte handelt, die einer gesonderten Rechtfertigung bedürfen, ist die Zweckbindung des § 177 Abs. 1 TKG (§ 113 c Abs. 1 TKG a.F.) von vornherein nicht geeignet, dem unionsrechtlichen Gebot klarer und präziser Regelungen für die vorgelagerte Maßnahme der Vorratsdatenspeicherung zu genügen.

Das BVerfG hat die Verfassungsbeschwerden, die sich gegen die im Telekommunikationsgesetz (§§ 176 Abs. 1-4, 177 Abs. 1 TKG, früher: §§ 113 a ff. TKG aF) sowie in der Strafprozessordnung (§ 100 g StPO) verankerte anlasslose Vorratsdatenspeicherung richteten, als unzulässig verworfen. Verstoße eine Norm gegen Unionsrecht und sei sie deshalb unanwendbar, sei eine Überprüfung im Rahmen einer Verfassungsbeschwerde grundsätzlich entbehrlich, wenn nicht besondere Gründe für eine verfassungsgerichtliche Prüfung vorlägen.[104]

Seit der EuGH-Entscheidung bemüht sich Deutschland um eine EU-konforme Neuregelung der Vorratsdatenspeicherung und konzentriert sich dabei auf das so genann-

---

101 Das BVerfG hatte die frühere gesetzliche Regelung zur Vorratsdatenspeicherung für verfassungswidrig und § 100g StPO a. F. in Teilen für nichtig erklärt, vgl. dazu BVerfGE 125, 260 (363); BVerfGE 130, 151 (208 ff.); BVerfG NJW 2020, 2699 (2724); dazu *Beukelmann*, NJW-Spezial 2020, 696.
102 EuGH NJW 2022, 3136 mit Anm. *Streinz*, JuS 2023, 184.
103 BVerwG NJW 2024, 98.
104 BVerfG BeckRS 2023, 5613 mit Anm. *Payandeh*, JuS 2023, 606.

te Quick-Freeze-Verfahren.[105] Dieses Verfahren soll Telekommunikationsanbieter per richterlicher Sicherungsanordnung in einem ersten Schritt verpflichten, bestehende und zukünftige Verkehrsdaten für die Dauer der Anordnung „einzufrieren", dh nicht zu löschen, um eine eventuelle spätere Nutzung oder Abfrage (für einen bestimmten Zeitraum) zu ermöglichen. In einem weiteren Schritt sollen diese Daten dann auf Grundlage einer richterlichen Auskunftsanordnung den Strafverfolgungsbehörden zur Verfügung gestellt werden.

2. Verkehrsdaten und Funkzellenabfrage gem. §§ 100g, 100k StPO

63 § 100g StPO regelt die Voraussetzungen unter denen Strafverfolgungsbehörden Verkehrsdaten erhoben werden würden. Die Vorschrift enthält in den § 100g Abs. 1–3 StPO[106] drei verschiedene Eingriffsbefugnisse. Die Anforderungen, die an diese Eingriffsvoraussetzungen gestellt werden, hängen davon an, ob die Daten von den Telekommunikationsunternehmen ohnehin zu geschäftlichen Zwecken erhoben werden oder ob es sich um eine anlasslose, nunmehr unionsrechtswidrige, Vorratsdatenspeicherung handelt. Ferner spielt es eine Rolle, die Daten in Echtzeit erhoben oder retrograd erhoben werden. Adressaten eines Eingriffs nach § 100g Abs. 1–3 StPO können nur der Beschuldigte, der für diesen aktiv oder passiv tätige Nachrichtenmittler oder dritte Personen sein, deren Anschluss durch den Beschuldigten genutzt wird, § 101a Abs. 1 S. 1 iVm § 100a Abs. 3 StPO.

Die formellen Voraussetzungen sind in § 101a Abs. 1 Nr. 1 StPO geregelt, der auf die §§ 100a Abs. 3, 4, 100e StPO verweist. Insofern besteht grundsätzlich ein Richtervorbehalt für alle Eingriffsmaßnahmen nach § 100g Abs. 1 bis 3 StPO. Allerdings hat die Staatsanwaltschaft bei Gefahr im Verzug eine Eilkompetenz, die jedoch nur für die Erhebung von Verkehrsdaten nach § 100g Abs. 1 StPO und für Funkzellenabfragen nach § 100g Abs. 3 S. 1 StPO gilt.

a) § 100g Abs. 1 StPO

64 § 100g Abs. 1 StPO gewährt zunächst einen Zugriff auf die von den §§ 9, 12 TTDSG, § 2a BDBOSG erfassten Verkehrsdaten, d.h. auf solche Verkehrsdaten, die die Telekommunikationsunternehmen aus geschäftlichen Gründen speichern dürfen. Auch die Standortdaten (Rn. 58) sind Verkehrsdaten iSd § 100g StPO. Die Vorschrift enthält auch eine Befugnis zur Erhebung von Verkehrsdaten in Echtzeit. Damit kann die Erhebung der Verkehrsdaten sowohl rückwirkend (d.h. Auskunft über Verkehrsdaten, die bereits in der Vergangenheit angefallen sind und noch gespeichert werden) als auch in Echtzeit oder für zukünftig anfallende Verkehrsdaten (d.h. Anordnung der Ausleitung von Verkehrsdaten, die ab einem bestimmten Zeitpunkt anfallen) erfolgen.

Zulässig ist die Maßnahme nur bei Vorliegen eines Verdachts einer Straftat von erheblicher Bedeutung (§ 100g Abs. 1 S. 1 Nr. 1 StPO) oder einer solchen, die mittels Telekommunikation begangen wurde (§ 100g Abs. 1 S. 1 Nr. 2 StPO). Der Verdacht muss durch bestimmte Tatsachen begründet sein. Die Maßnahme darf grundsätzlich nur zur

---

105 Dazu *Malt/Hatz*, StV 2023, 126 (128 ff.). Ein von „netzpolitik.org" veröffentlichter Referentenentwurf des Bundesministeriums der Justiz ist unter folgendem Link abrufbar: https://cdn.netzpolitik.org/wp-upload/2022/10/2022-10-25_BMJ_RefE_Sicherungsanordnung-StPO.pdf.

106 Die Vorschrift ist erstmals 2001 (Gesetz v. 20.12.2001, BGBl. I, S. 3879) in die StPO eingeführt worden, 2015 (Gesetz v. 10.12.2015, BGBl. I, S. 2218) grundlegend geändert worden, nachdem das BVerfG den § 100g Abs. 1 S. 1 StPO a. F. im Rahmen seiner Vorratsdatenentscheidung (BVerfGE 125, 260 [363]) für nichtig erklärt hatte. Zuletzt ist die Vorschrift 2021 geändert worden (Gesetz v. 23.6.2021, BGBl. I, S. 1982).

Sachverhaltserforschung durchgeführt werden und muss in einem angemessenen Verhältnis zur Bedeutung der Sache stehen. Eine enge Subsidiaritätsklausel ist bei § 100g Abs. 1 S. 1 Nr. 2 StPO zu beachten (§ 100 Abs. 1 S. 2 StPO).

Eine Besonderheit gilt für Verkehrsdaten, die zugleich Standortdaten sind und auf der Grundlage der §§ 9, 12 TTDSG, § 2a BDBOSG retrograd erhoben wurden. Diese dürfen gem. § 100g Abs. 1 S. 3 StPO nur unter den strengen Voraussetzungen des § 100g Abs. 2 StPO erhoben werden. Nach § 100 Abs. 1 S. 4 StPO dürfen Standortdaten, die in Echtzeit erhoben wurden, im Fall des § 100g Abs. 1 S. 1 Nr. 1 StPO neben der Sachverhaltserforschung auch zur Ermittlung des Aufenthaltsorts verwendet werden.

b) § 100g Abs. 2 StPO

§ 100g Abs. 2 StPO bezieht sich auf den Zugriff von Verkehrsdaten, die gem. § 176 TKG von den Diensteanbietern gespeichert werden sollen. Allerdings ist die in § 176 TKG vorgesehene allgemeine und anlasslose Datenspeicherung zur Zeit nicht mit dem Unionsrecht vereinbar (Rn. 58). Deswegen hat Abs. 2 momentan nur eine Bedeutung für die Erhebung retrograder Standortdaten nach Abs. 1 S. 3, die nur unter den engen Voraussetzungen des Abs. 2 erhoben werden. Nach § 100g Abs. 2 StPO sind die Strafverfolgungsbehörden befugt, Verkehrsdaten zu erheben, wenn bestimmte Umstände den Verdacht erwecken, dass jemand eine besonders schwere Straftat begangen oder versucht hat, eine solche zu begehen, vorausgesetzt, die Straftat ist auch im spezifischen Fall von erheblichem Gewicht. Besonders schwere Straftaten iSd S. 1 sind die im abschließenden Katalog des § 100g Abs. 2 S. 2 Nr. 1–8 StPO aufgezählten Straftaten, die sich im Wesentlichen auf terroristische Delikte, Delikte gegen Leib, Leben, Freiheit und die sexuelle Selbstbestimmung sowie Straftaten aus dem Bereich der organisierten Kriminalität beziehen.

c) § 100g Abs. 3 StPO

§ 100g Abs. 3 StPO normiert eine Befugnis zur Funkzellenabfrage. Im Gegensatz zur Standortermittlung nach § 100g Abs. 1 StPO geht es nicht darum, herauszufinden wo der Beschuldigte sich zu einem konkreten Zeitpunkt aufgehalten hat. Im Rahmen einer Funkzellenabfrage werden die Gerätekennungen (IMEI-Nummern) aller Handys ermittelt, um festzustellen, welche Mobilgeräte zu einer bestimmten Zeit der betreffenden konkreten Funkzelle zuzuordnen waren.[107] Auf diese Weise kann etwa festgestellt werden, ob und wie lange sich ein Mobiltelefon eines Beschuldigten in einer bestimmten Funkzelle aufgehalten hat. Die Zugriffsvoraussetzungen sind in § 100g Abs. 3 Nr. 1–3 StPO geregelt.

d) § 100k StPO

Im Kern entspricht § 100k StPO dem § 100g Abs. 1 StPO (Rn. 64), bezieht sich aber nicht wie § 100g StPO auf Verkehrsdaten von Telekommunikationsdienstanbietern. Stattdessen regelt die Vorschrift die Erhebung von Nutzungsdaten (§ 2 Abs. 2 Nr. 3 TTDSG) auf Plattformen sozialer Medien, bei Internetsuchmaschinen und von Betreibern von Internetforen. Sie findet aber auch Anwendung bei Navigationssystemen, die in Fahrzeugen integriert und von Automobilherstellern installiert werden.

---

107 KK-StPO/*Henrichs/Weingast*, § 100g Rn. 12.

3. Bestandsdatenauskunft gem. § 100j StPO

68 Der geringste Eingriff in die Rechte des Betroffenen zur Gewinnung von Daten der Telekommunikation ist die Möglichkeit, von dem Anbieter von Telekommunikationsleistungen Auskunft über die sog. Bestands- bzw. Benutzerdaten zu erhalten (Rn. 58), also Daten, die für die Begründung, inhaltliche Ausgestaltung, Änderung oder Beendigung eines Vertragsverhältnisses über Telekommunikationsdienste erhoben werden (§ 3 Nr. 6 TKG, § 22 Abs. 1 S. 1 TTDSG), zB Name, Anschrift, Gerätenummer, IP-Adresse, und die gem. §§ 172-174 TKG von den Anbietern der Telekommunikationsleistung zu speichern sind. Soweit dies zur Erforschung des Sachverhalts oder zur Ermittlung des Aufenthaltsortes eines Beschuldigten erforderlich ist, können die Strafverfolgungsbehörden gem. § 100j Abs. 1 StPO von den Anbietern der Telekommunikationsleistung Auskunft zu den Bestandsdaten verlangen. § 100j Abs. 2 StPO enthält die Befugnis der Strafverfolgungsbehörden, die von den Anbietern der Telekommunikationsleistung nach anhand einer zu einem bestimmten Zeitpunkt zugewiesenen (dynamischen) IP-Adresse zu erhebenden Daten (§§ 174 Abs. 1 S. 3, § 177 Abs. 1 Nr. 3 TKG, § 22 Abs. 1 S. 3 und 4 TTDSG) abzurufen.[108]

4. Standortbestimmung gem. § 100i StPO

69 § 100i StPO regelt den Einsatz technischer Mittel. Nach gegenwärtigem Stand der Technik ist nur der sog. IMSI-Catcher[109] erfasst. Dieses Gerät wird verwendet, um zum einen die Gerätenummer eines Mobilfunkendgerätes und die Kartennummer der darin verwendeten Karte (§ 100i Abs. 1 Nr. 1 StPO) zu ermitteln, was erforderlich ist, um zB eine TKÜ nach § 100a StPO überhaupt erst zu ermöglichen. Weiter kann Mithilfe des IMSI-Catcher der Standort eines Mobilfunkendgerätes (§ 100i Abs. 1 Nr. 2 StPO) festgestellt werden, wobei diese zulässige Positionsbestimmung wesentlich genauer ist als die nunmehr nach § 100g Abs. 3 StPO zulässige Positionsbestimmung, die lediglich die Funkzelle als Ganzes erfasst.

70 Der **IMSI-Catcher** simuliert eine Basisstation, also eine Sende- oder Empfangsanlage und nutzt aus, dass jedes eingeschaltete, empfangsbereite Mobiltelefon sich in kurzen Zeitabständen bei der nächstgelegenen Basisstation des in unterschiedlich große Funkzellen eingeteilten Mobilfunknetzes anmeldet. Folglich wickeln alle Mobiltelefone, die sich nach Aktivierung des IMSI-Catchers in dessen Empfangsbereich aufhalten, ihre Kommunikation über diese „polizeiliche Funkzelle" ab. Die Mobiltelefone übermitteln ihre IMSI und die IMEI in unverschlüsselter Form an diese Basisstation.[110] Die Simulation der Basisstation führt aber auch dazu, dass alle Mobiltelefone – auch von unbeteiligten Personen – erfasst werden. Die Feststellung der Geräte- oder Kartennummer eines Mobiltelefons bei einer simulierten Funkzelle erfolgt unabhängig von einem tatsächlich stattfindenden oder zumindest versuchten Kommunikationsvorgang zwischen Menschen. Es „kommunizieren" ausschließlich technische Geräte miteinander, ohne dass ein von einem Menschen veranlasster Informationsaustausch erfolgt. Folglich fällt die Maßnahme nicht in den Schutzbereich des Art. 10 Abs. 1 GG, sondern ist an Art. 1 Abs. 1 iVm Art. 2 Abs. 1 GG zu messen.[111]

71 § 100i StPO setzt einen qualifizierten Verdacht einer Straftat voraus, die auch im Einzelfall von erheblicher Bedeutung ist. Eine Katalogtat iSd § 100a Abs. 2 StPO ist nicht

---

108 KK-StPO/*Henrichs/Weingast*, § 100j Rn. 4.
109 International Mobile Subscriber Identity-Catcher.
110 BeckOK-PolR Bayern/*Bär*, PAG, Art. 42 Rn. 95.
111 BeckOK-StPO/*Hegmann*, § 100i Rn. 3.

erforderlich. Nach § 100i Abs. 3 S. 1 iVm § 100a Abs. 3 StPO darf sich die Maßnahme nur gegen Beschuldigte und Nachrichtenmittler richten, nicht hingegen gegen Zeugen. Für die Betroffenheit von Zeugnisverweigerungsberechtigten gilt § 160a StPO. Ferner gilt die Verfahrensregelung des § 100e StPO.

Nach der Rechtsprechung des BGH[112] kann auch das Versenden einer sog. „stillen SMS" auf § 100i Abs. 1 Nr. 2 StPO gestützt werden. Bei einer „stillen SMS" („stealth ping") wird eine Kurzmitteilung an eine Mobilfunknummer gesendet. Dadurch wird eine Verbindung mit dem angewählten Mobiltelefon erzeugt, die jedoch mangels Anzeige im Nachrichteneingang nicht bemerkt wird. Der Empfang bewirkt jedoch eine Rückmeldung des Mobiltelefons bei der Funkzelle, in der es eingeloggt ist. Erzeugt wird dadurch ein Verkehrsdatensatz, der beim Netzbetreiber abgefragt und aus dem der ungefähre Standort des Mobiltelefons bestimmt werden kann.

XIV. Vorläufige Festnahme (§ 127 StPO)

Die staatliche Strafverfolgung ist Ausprägung des staatlichen Gewaltmonopols. Trotzdem soll die Strafverfolgung im Einzelfall auch dann möglich sein, wenn kein Vertreter der Hoheitsgewalt anwesend ist, um einen auf frischer Tat ertappten Täter festzunehmen. In diesem Fall gewährt § 127 StPO unter bestimmten Voraussetzungen jedem Bürger ein sogenanntes Festnahmerecht. Es handelt sich somit um eine Ausnahme vom Verbot des Faustrechts. Bei der Frage, ob und unter welchen Voraussetzungen ein Festnahmerecht besteht, muss man zwischen dem Festnahmerecht von jedermann (§ 127 Abs. 1 StPO) und dem der Strafverfolgungsbehörden, also der Polizei und der Staatsanwaltschaft (§ 127 Abs. 2 StPO), unterscheiden.

1. Das „Jedermanns-Festnahmerecht" gem. § 127 Abs. 1 StPO

Jeder Bürger ist grundsätzlich, wenn er einen Täter auf frischer Tat ertappt, berechtigt, diesen festzuhalten, und zwar um die Flucht des Täters zu verhindern oder seine Identität festzustellen. Man spricht von der sogenannten Flagranzfestnahme nach § 127 Abs. 1 StPO. Die Vorschrift verlangt zunächst, dass eine Tat vorliegt und der Täter auf frischer Tat betroffen oder verfolgt ist. Einigkeit herrscht darüber, dass die Tat jedenfalls eine sogenannte Kriminalstraftat sein muss.

a) Auf frischer Tat betroffen

Das bedeutet, eine bloße Ordnungswidrigkeit oder ein disziplinarrechtlicher Verstoß reichen hingegen nicht aus. Weiterhin muss die begangene Straftat rechtswidrig iSd § 11 Abs. 1 Nr. 5 StGB sein. Umstritten ist die Frage, ob die Tat auch wirklich begangen worden sein muss oder ob ein bloßer Tatverdacht ausreicht. Viel spricht dafür, einen Tatverdacht für das Festnahmerecht nach § 127 Abs. 1 StPO ausreichen zu lassen.[113] Die Auffassung, die eine tatsächlich begangene Tat für § 127 StPO fordert, läuft im Ergebnis darauf hinaus, dass Private im Zweifelsfall zu ihrem eigenen Schutz keine Festnahmehandlung vornehmen dürfen, weil sie das Risiko des Irrtums tragen und sich damit der Gefahr einer nach § 32 StGB gerechtfertigten Notwehrhandlung des Festgenommen aussetzen. Dieses Ergebnis widerspräche wiederum dem Zweck des § 127 Abs. 1 StPO. Denn ganz offensichtlich soll der Bürger nach dem Willen des Ge-

---

[112] BGH NStZ 2018, 611 (612); ausführlich und kritisch: *Rückert*, NStZ 2018, 613 f.
[113] So BGH NJW 1981, 745; KK-StPO/*Glaser*, § 127 Rn. 9 mwN.

setzgebers gerade dazu motiviert werden, strafverfolgend tätig zu werden.[114] In einer Klausur kann § 127 Abs. 1 StPO im Zusammenspiel mit dem Notwehrrecht relevant werden, und zwar in Konstellationen, in denen sich der Festgenommene gewaltsam gegen die Festnahme zur Wehr setzt.[115] Dann hängt die Frage, ob der Festnehmende einen rechtswidrigen Angriff iSd § 32 StGB begeht, davon ab, ob er gem. § 127 Abs. 1 StPO gerechtfertigt ist. Auf beiden Seiten können hier Erlaubnistatumstandsirrtümer vorliegen. Schließlich muss der Festgenommene auf frischer Tat betroffen oder verfolgt sein. Die Tat ist frisch, wenn ihre vermeintliche Begehung noch fortdauert oder die Festnahme im unmittelbaren zeitlichen und räumlichen Zusammenhang mit der vermeintlichen Tat erfolgt.[116] Der Täter wird betroffen, wenn er am mutmaßlichen Tatort oder in dessen unmittelbarer Nähe vom Festnehmenden wahrgenommen und gestellt wird.

b) Festnahmegrund

76 Weiterhin muss ein Festnahmegrund vorliegen. In Betracht kommen sowohl der Fluchtverdacht als auch die Unmöglichkeit der Identitätsfeststellung. Der Fluchtverdacht ist nach ganz überwiegender Ansicht von dem in § 112 StPO normierten Haftgrund der Fluchtgefahr zu unterscheiden. Während die Flucht*gefahr* anhand von objektiven Umständen festzustellen ist, wird der Flucht*verdacht* in einer situationsbedingten Augenblicksentscheidung bewertet, so dass auf die Perspektive des Festnehmenden abzustellen ist.[117] Zur Festnahme berechtigt ist jedermann, also jeder Bürger. Nicht erforderlich ist, dass es sich bei dem Festnehmenden um den Geschädigten der Straftat handelt. Die Befugnis zur Festnahme endet allerdings, wenn Vertreter der staatlichen Gewalt anwesend sind. Das folgt aus dem Ausnahmecharakter des § 127 StPO. Die Strafverfolgungsbehörden sind nach § 127 Abs. 1 StPO grundsätzlich nur im Falle eines Fluchtverdachts zur Festnahme berechtigt. Im Falle der Unmöglichkeit der Identitätsfeststellung richtet sich der Eingriff nach § 163b StPO (§ 11 Rn. 2 ff.).

c) Umfang der Befugnisse

77 Die Festnahme nach § 127 Abs. 1 StPO räumt dem Festnehmenden nur eingeschränkte Handlungsbefugnisse ein, dh es ist nicht alles erlaubt. Unter „Festnahme" ist jede Maßnahme zu verstehen, die zu einer Einschränkung der Fortbewegungsfreiheit führt.[118] Dh typischerweise werden das Festhalten und damit eine Freiheitsberaubung nach § 239 StGB gerechtfertigt. Gleiches gilt etwa für eine Nötigung nach § 240 StGB. Darüber hinaus deckt die Flagranzfestnahme auch die mit einem Festhalten oftmals verbundenen, leichten Körperverletzungen nach §§ 223, 229 StGB. Darüber hinaus wird die Festnahmehandlung durch den Verhältnismäßigkeitsgrundsatz begrenzt. Zulässig sind daher nur solche Maßnahmen, die geeignet sind, dem Festnahmezweck gerecht zu werden. Einigkeit besteht darüber, dass schwerwiegende Körperverletzungen nicht durch § 127 Abs. 1 StPO gerechtfertigt werden können.

2. Das Festnahmerecht der Strafverfolgungsbehörden gem. § 127 Abs. 2 StPO

78 Nach § 127 Abs. 2 StPO sind ausschließlich die Staatsanwaltschaft und die Beamten des Polizeidienstes bei Gefahr im Verzug auch dann zur vorläufigen Festnahme befugt,

---

114 MüKo-StPO/*Böhm*, § 127 Rn. 10.
115 BGH NJW 2000, 1348.
116 BeckOK-StPO/*Krauß*, § 127 Rn. 4 f.
117 KK-StPO/*Glaser*, § 127 Rn. 16.
118 KK-StPO/*Glaser*, § 127 Rn. 24.

wenn die Voraussetzungen eines Haftbefehls (§ 11 Rn. 82 ff.) oder eines Unterbringungsbefehls vorliegen (§ 11 Rn 101 f.). Gefahr im Verzug liegt vor, wenn die Festnahme gefährdet wäre, falls zuvor ein richterlicher Haft- oder Unterbringungsbefehl erwirkt werden müsste.[119]

XV. Untersuchungshaft

Fall: Gegen den türkischen Staatsangehörigen wird ein Ermittlungsverfahren ua wegen Betruges und Steuerhinterziehung geführt. Von seinem Verteidiger ist er darauf hingewiesen worden, dass nach seiner Einschätzung eine Freiheitsstrafe über zwei Jahre zu erwarten ist. Der Beschuldigte hat in der Vergangenheit seine in der Türkei lebende Ehefrau in unregelmäßigen Abständen besucht. Er ist polizeilich gemeldet und hat eine feste Arbeitsstelle. Polizeilichen Ladungen zur Vernehmung ist er nicht gefolgt. Die Staatsanwaltschaft beantragt einen Haftbefehl wegen Flucht bzw. wegen Fluchtgefahr, weil der Beschuldigte Kontakt zu seinem Heimatland und eine nicht unerhebliche Strafe zu erwarten habe.

79

Die in den §§ 112 ff. StPO geregelte Untersuchungshaft (U-Haft) ist der härteste strafjustizielle Eingriff in die Rechte eines beschuldigten Bürgers, namentlich in das Grundrecht auf Freiheit (Art. 2 Abs. 2 S. 2 GG), vor Widerlegung der Unschuldsvermutung durch ein rechtskräftiges Urteil (Art. 6 Abs. 2 EMRK). Ihr Zweck besteht darin, den Beschuldigten an der Flucht oder an der Beeinflussung von Beweismitteln zu hindern (§ 112 StPO). Sie dient ferner dazu, die Anwesenheit des Beschuldigten und die ordnungsgemäße Ermittlung des Sachverhalts sicherzustellen und gegebenenfalls die spätere Vollstreckung der Strafe zu gewährleisten, hat aber nicht den Charakter einer Strafe.[120] Ausnahmsweise soll die Untersuchungshaft eine Tatwiederholung durch den Beschuldigten verhindern (§ 112a StPO). *Hassemer* hat diese Maßnahme drastisch wie folgt charakterisiert: „Untersuchungshaft ist Freiheitsberaubung gegenüber einem Unschuldigen."[121] Die rechtsstaatliche Brisanz wird im Fall einer Verurteilung durch die Anrechnung der U-Haft auf die Strafe (§ 51 StGB, §§ 52, 52a JGG) zwar gemildert, sie zeigt sich aber im Falle eines Freispruchs oder einer Verfahrenseinstellung – trotz der Möglichkeit einer Entschädigung gem. § 2 Abs. 1 Gesetz über die Entschädigung für Strafverfolgungsmaßnahmen – in voller Schärfe. Hierbei ist zu berücksichtigen, dass der U-Haft-Vollzug „härter" ist als die Strafhaft, da in dieser Zeit weniger Möglichkeiten für Ausbildung, Arbeit und Freizeitbeschäftigung angeboten werden, ganz abgesehen von Vollzugslockerungen. Die ausnahmsweise Durchbrechung der Unschuldsvermutung (s. auch Art. 5 Abs. 1 S. 2 lit. c EMRK) verlangt eine restriktive Anwendung der U-Haft.

80

1. Begriff

Die Formulierung der gesetzlichen Voraussetzungen der U-Haft, insbes. auch die Einführung der richterlichen Entscheidungskompetenz[122] sind Errungenschaften der Aufklärung und das Ergebnis der Formulierung der Menschenrechte. So hat *Cesare Beccaria* in seinem Traktat über Verbrechen und Strafen (dei delitti e delle pene) im Jahre 1764 die Untersuchungshaft im Kapitel XXIX thematisiert. Er forderte, dass die

81

---

119 MüKo-StPO/*Böhm*, § 127 Rn. 22.
120 *Bosch*, Jura 2017, 43.
121 *Hassemer*, StV 1984, 38 (40).
122 S. hierzu *Ollinger*, Die Entwicklung des Richtervorbehalts im Verhaftungsrecht; hierauf stützend *Amelung*, Jura 2005, 447 ff.

Voraussetzungen für die U-Haft gesetzlich bestimmt sein müssen und beklagte, dass „man unterschiedslos Untersuchungshäftlinge und Strafgefangene in dasselbe Verlies wirft"[123].

2. Materielle Voraussetzungen

82 Materielle Voraussetzungen für die Anordnung der Untersuchungshaft sind gem. § 112 Abs. 1 StPO:
- dringender Tatverdacht
- Haftgrund
- Verhältnismäßigkeit von Straftat bzw. zu erwartender Strafe und Freiheitsentziehung

a) Dringender Tatverdacht

83 Der dringende Tatverdacht ist zu unterscheiden von dem Anfangsverdacht für die Einleitung eines Ermittlungsverfahrens gem. § 152 Abs. 2 StPO sowie vom hinreichenden Tatverdacht für die Eröffnung des Hauptverfahrens (§ 203 StPO). Der dringende Tatverdacht ist somit die intensivste Verdachtsform im Ermittlungsverfahren und steht „kurz" vor der Überzeugung des Gerichts von der Schuld des Beschuldigten iSd § 261 StPO. Dringender Tatverdacht liegt vor, wenn nach dem bisherigen Ermittlungsergebnis eine große Wahrscheinlichkeit dafür besteht, dass der Beschuldigte als Täter oder Teilnehmer eine Straftat begangen hat.[124] Es muss nicht nur – entsprechend dem Wortlaut des § 112 Abs. 1 S. 1 StPO – sehr wahrscheinlich sein, dass der Beschuldigte Täter oder Teilnehmer einer Straftat ist, sondern auch, dass er deswegen verurteilt wird.[125] Ohne eine Verurteilungswahrscheinlichkeit lässt sich die Durchbrechung der Unschuldsvermutung nicht rechtfertigen.

b) Die Haftgründe

84 Die **Haftgründe** sind abschließend in den §§ 112 Abs. 2 und 3, 112a StPO aufgeführt. Diese sind:
- Flucht bzw. Verborgenhalten (§ 112 Abs. 2 Nr. 1 StPO)
- Fluchtgefahr (§ 112 Abs. 2 Nr. 2 StPO), im Jugendstrafrecht spezifiziert durch § 72 Abs. 2 JGG
- Verdunkelungsgefahr (§ 112 Abs. 2 Nr. 3 StPO)
- Schwere der Tat (§ 112 Abs. 3 StPO)
- Wiederholungsgefahr (§ 112a StPO), wobei im Fall der Nachstellung (§ 238 Abs. 2 und 3 StGB) die Untersuchungshaft auch Deeskalationshaft genannt wird.

---

123 *Beccaria*, Über Verbrechen und Strafen [1766], nach der Übersetzung von Wilhelm Alff, S. 134.
124 BGH NJW 1992, 1975 (1976); BVerfG NJW 1996, 1049 (1050).
125 Umstr., aA *Kindhäuser/Schumann*, Strafprozessrecht, § 9 Rn. 7; wie hier OLG Köln StV 1996, 389 (390); OLG Bremen BeckRS 2022, 36433.

XV. Untersuchungshaft

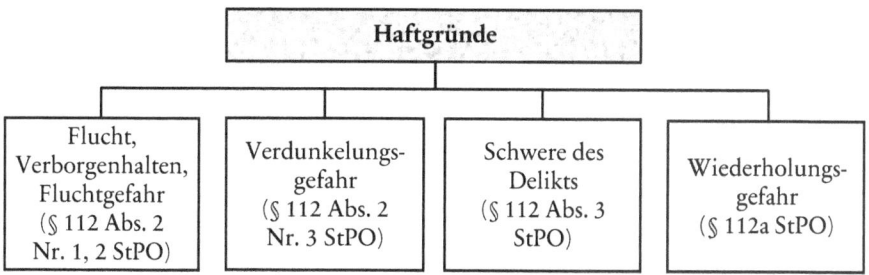

Der Haftgrund des § 127b Abs. 2 S. 1 StPO ist ein Spezialfall des Haftgrundes der Fluchtgefahr gem. § 112 Abs. 2 Nr. 2 StPO.

Zusätzlich kann ein Haftbefehl gem. § 230 Abs. 2 StPO angeordnet werden, wenn der Angeklagte nicht zur Hauptverhandlung erschienen ist (§ 11 Rn. 103).

aa) Der Haftgrund der Fluchtgefahr

Die Untersuchungshaft wird zu über 90 % mit Fluchtgefahr begründet (s. § 11 Rn. 97). Anzeichen für Fluchtgefahr sind auffällige Wohnungs- oder Arbeitsplatzwechsel, Verwendung falscher Namen und Papiere oder Flucht in einem früheren Verfahren, sowie Beziehungen ins Ausland.[126] Starke familiäre oder berufliche Bindungen,[127] hohes Alter oder ein fluchthindernder Gesundheitszustand[128] sprechen hingegen gegen eine Fluchtgefahr. Entgegen einer teilweisen Gerichtspraxis darf ein Haftbefehl wegen Fluchtgefahr nicht allein mit der Höhe der zu erwartenden Strafe begründet werden; ebenso besteht bei Ausländern nicht allein aufgrund ihres Ausländerstatus eine Fluchtgefahr.[129] In diesem Zusammenhang wird auf der Grundlage von empirischen Untersuchungen auch von „apokryphen[130] Haftgründen" gesprochen, dh der Haftgrund der Fluchtgefahr wird vorgegeben, um zB einen „Geständniszwang" auszuüben oder um gerade bei Jugendlichen eine Krisenintervention zu betreiben.[131]

bb) Der Haftgrund „Schwere des Delikts"

Dem Wortlaut des § 112 Abs. 3 StPO nach ist bei den dort aufgeführten schweren Delikten kein Haftgrund erforderlich. Nach der Auslegung des BVerfG[132] setzt aber auch § 112 Abs. 3 StPO einen Haftgrund voraus, dh, es müssen stets Umstände vorliegen, „die die Gefahr begründen, dass ohne Festnahme des Beschuldigten die alsbaldige Aufklärung und Ahndung der Tat gefährdet sein könnte". Die Annahme, es sei für die Bevölkerung unerträglich, dass ein Mörder frei herumlaufe, reicht hiernach für eine Verhaftung allein nicht aus. Damit ist ein Haftgrund der „kochenden Volksseele" verfassungsrechtlich untersagt. Allerdings hat das BVerfG es genügen lassen, dass nach den konkreten Umständen des Einzelfalls eine Flucht- oder Verdunkelungsgefahr nicht aus-

---

126 *Meyer-Goßner/Schmitt*, § 112 Rn. 20; *Böhm*, NStZ 2001, 633 (635).
127 OLG Celle BeckRS 2023, 24832.
128 *Meyer-Goßner/Schmitt*, § 112 Rn. 21.
129 OLG Saarbrücken StV 2000, 208; OLG Köln NStZ 2003, 219; KG BeckRS 2022, 10052 . Zur Notwendigkeit, die Haftgründe restriktiv zu interpretieren s. *Kazele*, Untersuchungshaft, S. 38 ff.
130 Der Begriff der „Apokryphen" wird überwiegend im christlichen Kontext verwendet und bezeichnet religiöse Schriften, die nicht in die Bibel aufgenommen wurden. Im hiesigen Kontext bedeutet apokryph so viel wie „nicht gültig, nicht anerkannt".
131 S. *Ostendorf/Drenkhahn*, Jugendstrafrecht, Rn. 128.
132 BVerfGE 19, 342 (350 ff.); s. auch BVerfG BeckRS 2020, 3196.

zuschließen ist. Insoweit werden bei Vorliegen eines dringenden Tatverdachts für die im § 112 Abs. 3 StPO aufgeführten Straftatbestände die Anforderungen an den Haftgrund deutlich herabgesetzt. Damit hat sich das BVerfG gleichzeitig von der ursprünglichen im Jahre 1935 eingeführten Gesetzesformulierung distanziert.

> **RGBl. 1935, S. 847**
> „Der Angeschuldigte darf nur dann in Untersuchungshaft genommen werden, wenn dringende Verdachtsgründe gegen ihn vorhanden sind und entweder er der Flucht verdächtig ist oder Tatsachen vorliegen, aus denen zu schließen ist, dass er Spuren der Tat vernichten oder dass er Zeugen oder Mitschuldige zu einer falschen Aussage oder Zeugen dazu verleiten werde, sich der Zeugnispflicht zu entziehen oder dass er die Freiheit zu neuen strafbaren Handlungen missbrauchen werde oder wenn es mit Rücksicht auf die Schwere der Tat und die durch sie hervorgerufene Erregung der Öffentlichkeit nicht erträglich wäre, den Angeschuldigten in Freiheit zu lassen. Diese Tatsachen sind aktenkundig zu machen."

cc) Der Haftgrund der Wiederholungsgefahr

87 Während die Haftgründe der Flucht- und Verdunkelungsgefahr der Durchführung des Strafverfahrens dienen, soll mit dem Haftgrund der Wiederholungsgefahr zukünftigen Straftaten vorgebeugt werden. Dieser – subsidiäre (s. § 112a Abs. 2 StPO) – Haftgrund ist somit ein „Fremdkörper" in der StPO und verfassungsrechtlich umstritten.[133] Faktisch wird hiermit eine **Verdachtsstrafe** eingeführt. Das BVerfG hat die Verfassungskonformität des § 112a StPO wie folgt gerechtfertigt:

> **BVerfGE 35, 185 (190 f.)**
> „In dem Bedürfnis, eine funktionsfähige Strafrechtspflege zu gewährleisten, macht sich mittelbar das übergreifende Interesse der Rechtsgemeinschaft an wirksamer Verbrechensbekämpfung geltend. Dieses Interesse kann aber auch mittelbar freiheitsbeschränkende Maßnahmen rechtfertigen. Das Bundesverfassungsgericht hat daher als weiteren Haftgrund die Wiederholungsgefahr anerkannt, obwohl hierbei nicht die Sicherung des Strafverfahrens, sondern der Schutz der Allgemeinheit vor weiteren Straftaten, also ein präventiver Gesichts- punkt, maßgebend ist (BVerfGE 19, 342 [349 f.]). Freilich hat es die Anerkennung nur für den in § 112 Abs. 3 a.F. StPO umschriebenen Bereich bestimmter Sittlichkeitsdelikte ausgesprochen und hier damit begründet, dass es dabei um die Bewahrung eines besonders schutzbedürftigen Kreises der Bevölkerung vor mit hoher Wahrscheinlichkeit drohenden schweren Straftaten gehe. Das schließt indessen nicht aus, die Wiederholungsgefahr auch bei anderen Delikten als Haftgrund gelten zu lassen. Art. 5 Abs. 1 Buchstabe c der Konvention vom 4.11.1950 (BGBl. 1952 II, S. 685) bestimmt ganz allgemein, dass dem Einzelnen die Freiheit entzogen werden darf, wenn begründeter Anlass zu der Annahme besteht, dass es notwendig ist, den Betreffenden an der Begehung einer strafbaren Handlung zu hindern. Nach dem Grundgesetz gelten allerdings strengere Maßstäbe. Dem Gesetzgeber sind bei der Ausdehnung des Haftgrunds der Wiederholungsgefahr auf bisher nicht erfasste Strafbestände im Hinblick auf Art. 2 Abs. 2 GG enge Grenzen gezogen. Nur unter bestimmten Voraussetzungen überwiegt das Sicherungsbedürfnis der Gemeinschaft den verfassungsrechtlich geschützten Freiheitsanspruch des noch nicht verurteilten, lediglich verdächtigen Beschuldigten. Bei dem wiederholt oder fortgesetzt begangenen ‚Anlassdelikt' muss es sich um eine Straftat handeln, die schon nach ihrem gesetzlichen Tatbestand einen erheblichen, in der Höhe der Strafandrohung zum Ausdruck kommenden Unrechtsgehalt aufweist und den Rechtsfrieden empfindlich stört."

---

133 S. hierzu grundlegend BVerfGE 19, 342 (349 f.); 35, 185 (191 ff.).

c) Die Verhältnismäßigkeit

Nach hM soll die Verhältnismäßigkeit nicht als Haftvoraussetzung, sondern lediglich als Grund für einen Haftausschluss angesehen werden. Dies könnte Auswirkungen auf den Umgang mit Fällen haben, in denen Zweifel bestehen.[134] Auch wenn der Wortlaut des § 112 Abs. 1 S. 1 StPO auf einen Haftausschließungsgrund hindeutet, spricht viel dafür, dass der aus dem Rechtsstaatsprinzip des Art. 20 Abs. 3 GG abgeleitete Verhältnismäßigkeitsgrundsatz für die Anordnung der Untersuchungshaft positiv zu berücksichtigen ist. Die Verhältnismäßigkeitsprüfung wird für die Kleinkriminalität durch § 113 StPO sowie für Jugendliche durch § 72 JGG, speziell für Jugendliche, die das 16. Lebensjahr noch nicht vollendet haben, durch § 72 Abs. 2 JGG konkretisiert. Die Aussetzung des Vollzugs des Haftbefehls gem. § 116 StPO ist ebenfalls Ausfluss des Verhältnismäßigkeitsgrundsatzes.[135] Alternativen müssen „ausgereizt" sein. Im Jugendstrafrecht ist hierfür ausdrücklich eine **Haftentscheidungshilfe** durch die Jugendgerichtshilfe vorgesehen (§ 72a JGG), im Erwachsenenstrafrecht wird hierzu teilweise die Gerichtshilfe (§ 463d StPO) bzw. der Soziale Dienst in der Strafrechtspflege eingesetzt. Die Verhältnismäßigkeitsprüfung begrenzt auch die **Dauer** der U-Haft. Mit Ausnahme eines Haftbefehls, der auf § 112a StPO gestützt wird (§ 122a StPO), ist die Länge der U-Haft formal nicht absolut begrenzt. Mit der Haftprüfung von Amts wegen gem. § 117 Abs. 5 StPO nach drei Monaten sowie der Haftprüfung durch das Oberlandesgericht nach sechs Monaten gem. den §§ 121, 122 StPO wird die Verhältnismäßigkeitsprüfung intensiviert.

88

Aus dem Verhältnismäßigkeitsgrundsatz folgt das **Beschleunigungsgebot in Haftsachen**, das in Art. 2 Abs. 2 S. 2 GG verfassungsrechtlich abgesichert ist.[136] Auch wenn der Gesetzgeber für die U-Haft gem. § 112 StPO keine Höchstdauer festgeschrieben hat, so wird aus § 121 Abs. 1 StPO deutlich, dass die U-Haft nur ausnahmsweise über sechs Monate hinaus dauern darf.[137] Eine U-Haft gem. § 112a StPO darf nicht länger als ein Jahr dauern (§ 122a StPO). Je länger die U-Haft andauert, umso strengere Anforderungen sind an den zügigen Fortgang des Verfahrens zu richten.[138] Ansonsten ist der Haftbefehl aufzuheben.

89

3. Formelle Voraussetzungen

a) Anordnungskompetenz

Die Untersuchungshaft darf nur durch einen Richter durch schriftlichen Haftbefehl angeordnet werden (§ 114 Abs. 1 StPO, Art. 104 Abs. 2 S. 1 GG). Voraussetzung ist ein Antrag der Staatsanwaltschaft, bei Gefahr im Verzug kann auch von Amts wegen der Haftbefehl ausgestellt werden (§ 125 Abs. 1 StPO). Es genügt nicht, dass die Polizei einen Haftbefehl für erforderlich hält, sie hat kein unmittelbares Antragsrecht. Der Haftbefehl ist aufzuheben, wenn die Voraussetzungen nicht mehr gegeben sind. Er ist auch aufzuheben, wenn die Staatsanwaltschaft es vor Erhebung der öffentlichen Klage beantragt (§ 120 Abs. 1, 3 StPO).

90

---

134 S. hierzu *Kindhäuser/Schumann*, Strafprozessrecht, § 9 Rn. 36. Im Jugendstrafrecht gesetzlich bestimmt: § 72 Abs. 5 JGG.
135 Entgegen dem Wortlaut des § 116 Abs. 1 StPO kann auch ein Haftbefehl wegen der Schwere der Tat außer Vollzug gesetzt werden, s. BGH NStZ-RR 2022, 351; BVerfG NJW 1966, 243.
136 BVerfGE 46, 194 (195); BVerfG StV 2006, 248 (249); StV 2021, 595; OLG Naumburg StV 2009, 143.
137 Dies gilt auch bei Überlastungen infolge der Corona-Pandemie, s. OLG Frankfurt StV-S 2023, 51; dazu auch *Grote/Niehoff*, JA 2020, 537.
138 BVerfG StV 2006, 248 (249).

b) Inhalt des Haftbefehls

91 Die inhaltlichen Anforderungen finden sich im § 114 Abs. 2 und 3 StPO:

- Personalangaben (§ 114 Abs. 2 Nr. 1 StPO)

  Der Beschuldigte ist so genau zu bezeichnen, dass an seiner Identität kein Zweifel besteht (Vor- und Nachname, gegebenenfalls alias-Name, Geburtstag, Geburtsort, letzte bekannte Wohnung, Beruf).

- Straftat (§ 114 Abs. 2 Nr. 2 StPO)

  Es müssen weiterhin der strafrechtliche Vorwurf angeführt werden, Zeit und Ort der Tatbegehung, soweit bereits aufgeklärt, die gesetzlichen Tatbestandsmerkmale mit Angaben zum vollendeten Delikt bzw. Versuch, zu Teilnahmeformen und zu Straferschwerungen. Es müssen alle Taten angeführt werden, denen der Beschuldigte dringend verdächtigt wird.[139] Die vorgeworfenen Straftaten können Auswirkungen auf die Unterbringung des U-Gefangenen haben.

- Haftgrund (§ 114 Abs. 2 Nr. 3 StPO)

  Der Haftgrund ist für die Ausgestaltung der U-Haft bedeutsam, insbes. für interne wie externe Kommunikationsmöglichkeiten. Es müssen auch hier alle **Haftgründe** angegeben werden.

- Tatsachengrundlage (§ 114 Abs. 2 Nr. 4 StPO)

  Diese Angabe ist insbes. für den Beschuldigten im Interesse seiner Verteidigungsmöglichkeiten geboten.

- Begründung der Verhältnismäßigkeit (§ 114 Abs. 3 StPO)

  Unabhängig von der Rechtsfrage, ob die Verhältnismäßigkeit eine U-Haftvoraussetzung oder „nur" einen U-Haftausschluss darstellt (s. § 11 Rn. 88), ist die Verhältnismäßigkeit der U-Haft zu begründen, wenn die Unverhältnismäßigkeit „nahe liegt" oder der Beschuldigte hierauf verweist.[140] Bei Jugendlichen ergibt sich eine spezifizierte Prüfungspflicht gem. § 72 Abs. 1 JGG.

c) Bestellung eines Pflichtverteidigers

92 Sobald der Beschuldigte dem Gericht zur Entscheidung über die U-Haft vorgeführt werden soll, ist ihm ein Pflichtverteidiger zu bestellen, sofern er noch keinen Verteidiger hat (§§ 140 Abs. 1 Nr. 4, 141 Abs. 1, 2 Nr. 1 StPO; zu beachten ist allerdings der abweichende § 68a Abs. 1 S. 1 JGG). Dabei ist ihm zwingend Gelegenheit zu geben, innerhalb einer zu bestimmenden Frist einen bestimmten Verteidiger zu bestellen, § 142 Abs. 5 S. 1 StPO.[141] Die Frist muss so bemessen sein, dass dem Beschuldigten eine ausreichende Überlegungsfrist verbleibt: Im Normalfall dürfte eine Frist von einer Woche ausreichend sein, in Eilfällen (d.h. wenn der Pflichtverteidiger unverzüglich zu bestellen ist) wird auch eine kürzere Frist angemessen sein.[142]

Angehörige oder eine Vertrauensperson sind unverzüglich zu benachrichtigen (§ 114c Abs. 2 StPO). Weitergehende Informations- und Benachrichtigungspflichten ergeben

---

[139] OLG Hamm NJW 1971, 1325; s. auch Löwe/Rosenberg/*Lind*, § 114 Rn. 10 sowie differenzierend HK-StPO/*Posthoff/Faßbender*, § 114 Rn. 12; SK-StPO/*Paeffgen*, § 114 Rn. 7.
[140] Nach einer Aktenuntersuchung wurden in 14,6 % der Fälle hierzu Ausführungen gemacht, s. *Geiter*, Untersuchungshaft in Nordrhein-Westfalen, S. 240.
[141] KG BeckRS 2022, 19608.
[142] BeckOK-StPO/*Krawczyk*, § 142 Rn. 21, 22.

aus den §§ 114a, 114b StPO. Gem. § 115 StPO ist der aufgrund eines Haftbefehls festgenommene Beschuldigte unverzüglich dem zuständigen Richter vorzuführen, der den Beschuldigten unverzüglich nach der Vorführung, spätestens am nächsten Tag, zu vernehmen hat (§ 115 Abs. 2 StPO). Kann der Beschuldigte nicht spätestens am Tage nach der Ergreifung dem zuständigen Richter vorgeführt werden, so ist er unverzüglich, spätestens am Tage nach der Ergreifung dem nächsten Amtsgericht vorzuführen (§ 115a Abs. 1 StPO).[143]

d) Rechtsschutz

Gegen den Haftbefehl gibt es zwei Rechtsbehelfe: Die Haftprüfung (§ 117 Abs. 1 StPO) und die Haftbeschwerde (§§ 117 Abs. 2, 304 Abs. 1, Abs. 4 S. 2 Nr. 1 StPO). Neben dem Antrag auf Haftprüfung ist die Haftbeschwerde unzulässig (§ 117 Abs. 2 S. 1 StPO). Die Haftprüfung hat den Vorteil, dass sie schnell – ohne Aktenversendung – durchgeführt werden kann. Die Haftbeschwerde hat den Vorteil, dass ein anderes Gericht über die U-Haft entscheidet (vgl. § 73 Abs. 1 GVG).

93

In der Praxis hat die Haftverschonung gem. § 116 StPO eine große Bedeutung, insbes. gegen eine Kaution (s. § 116 Abs. 1 S. 2 Nr. 4 StPO). Bei Freispruch in der Sache kann gem. § 2 Abs. 1 des Gesetzes über die Entschädigung für Strafverfolgungsmaßnahmen (s. auch Art. 5 Abs. 5 EMRK) eine Entschädigung erfolgen (s. aber §§ 5, 6 StrEG). Die Höhe beträgt außer dem Ausgleich für Vermögensschäden 75 Euro pro Tag (s. § 7 Abs. 3 StrEG).

Freisprüche nach Untersuchungshaft

Jahr	Personen mit Untersuchungshaft	Freispruch	%
2010	26 967	334	1,24
2015	27 101	429	1,58
2021	25 460	470	1,85

Quelle: Strafverfolgungsstatistik, hrsg. vom Statistischen Bundesamt Wiesbaden, Reihe 6.2 & Reihe 10.3

4. Der Europäische Haftbefehl

Der Europäische Haftbefehl[144] ist kein Haftbefehl, der von einem europäischen Gericht ausgestellt wird (s. näher § 5 Rn. 11). Er ist ein Haftbefehl, der von einem Gericht der Mitgliedstaaten der EU ausgestellt wird und mit dem eine europäische Fahndung in die Wege geleitet und das Auslieferungsverfahren zwischen den Mitgliedstaaten der EU vereinfacht und verkürzt werden soll.

94

---

143 Zu den in der Praxis unverhältnismäßig langen Transportzeiten vgl. *Mroß*, StV 2008, 611.
144 Europäisches Haftbefehlsgesetz v. 20.7.2006, BGBl. I, S. 1721.

§ 11 Zwangs- und Ermittlungsmaßnahmen

5. U-Haftpraxis

95 Die Untersuchungshaft wird nach den Untersuchungshaftvollzugsgesetzen der Bundesländer vollzogen (s. aber auch § 119 StPO).[145]

a) Die Anzahl der U-Gefangenen

96

Belegungsentwicklung in der BRD

Jahr	Gefangene insgesamt*	U-Gefangene	Anteil U-Haft in %	Erwachsene	Heranwachsende	Jugendliche
1990	44 355	14 070	31,7	12 380	1 309	381
2000**	70 252	17 524	24,9	14 501	2 120	903
2010	69 385	10 781	15,5	9 398	1 009	374
2016	62 865	12 992	20,7	11 591	1 020	381
2021	72 416	11 663	16,1	10 573	768	322

Quelle: Statistisches Bundesamt, Rechtspflege, Bestand der Gefangenen und Verwahrten.
* Straf- und Untersuchungshäftlinge
** Gesamtdeutschland

Die Zahl der U-Gefangenen ist in den letzten Jahren deutlich zurückgegangen. Die frühere Kritik „Es wird viel zu schnell in der BRD verhaftet"[146] sowie die einschränkende Rechtsprechung der Beschwerdeinstanzen und die Haftprüfungen durch die Oberlandesgerichte haben offensichtlich eine rechtsstaatlich heilsame Wirkung gezeigt. Auch der Rückgang der Tatverdächtigenzahlen nach der Polizeilichen Kriminalstatistik wirkt sich – naturgemäß – auf die U-Haftzahlen aus.

Die Heranwachsenden weisen die höchste U-Haftrate auf, fast dreimal so viel wie bei den Jugendlichen und Erwachsenen: Pro 100.000 waren im Jahr 2009 12,8 Jugendliche (14–18 Jahre), 35,9 Heranwachsende (18–21 Jahre) und 14,8 Erwachsene (über 21 Jahre) in U-Haft.

---

145 Ausführlich hierzu *Ostendorf*, Untersuchungshaft und Abschiebehaft, passim.
146 Forum des Deutschen Anwaltvereins 1983, s. *Stab*, NJW 1983, 1039; s. auch *Bleckmann*, StV 1995, 552; *Deckers*, NJW 1994, 2261.

XV. Untersuchungshaft

b) Die Haftgründe

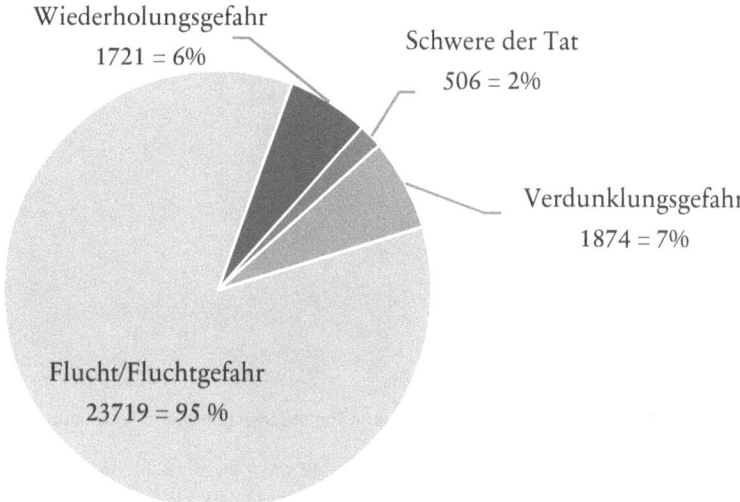

Haftgründe*
Personen mit Untersuchungshaft insgesamt: 25 460

- Wiederholungsgefahr: 1721 = 6%
- Schwere der Tat: 506 = 2%
- Verdunklungsgefahr: 1874 = 7%
- Flucht/Fluchtgefahr: 23719 = 95 %

Quelle: Strafverfolgungsstatistik 2021 (Fachserie 10 Reihe 3), hrsg. vom Statistischen Bundesamt Wiesbaden, Tab. 6.1.

* auch mehrere nebeneinander möglich; deshalb ergibt das Gesamt der **Haftgründe** mehr als 100 %.

Bei den **Haftgründen** dominiert der Haftgrund der Flucht/Fluchtgefahr, obwohl faktisch eine Flucht aufgrund der heute möglichen und internationalen Fahndungsmethoden immer schwieriger geworden ist.[147]

---

[147] Dementsprechend hat sich nach einer Untersuchung der Entscheidungspraxis eines Strafsenats des Berliner Kammergerichts unter Berücksichtigung des weiteren Verfahrensgangs die Fluchtprognose nur in 1,54 % der Fälle bestätigt, *Lind*, StV 2019, 118. Nach einer bundesweiten Untersuchung stellte sich die Fluchtprognose in 92 % der Fälle als falsch heraus, dh von 169 Beschuldigten tauchten nur 14 Personen trotz bejahter Fluchtgefahr nach der Haftentlassung durch das OLG gem. den §§ 121, 122 StPO unter, s. *Wolf*, Die Fluchtprognose im Untersuchungshaftrecht, S. 318.

§ 11 Zwangs- und Ermittlungsmaßnahmen

c) Die Dauer der U-Haft

98

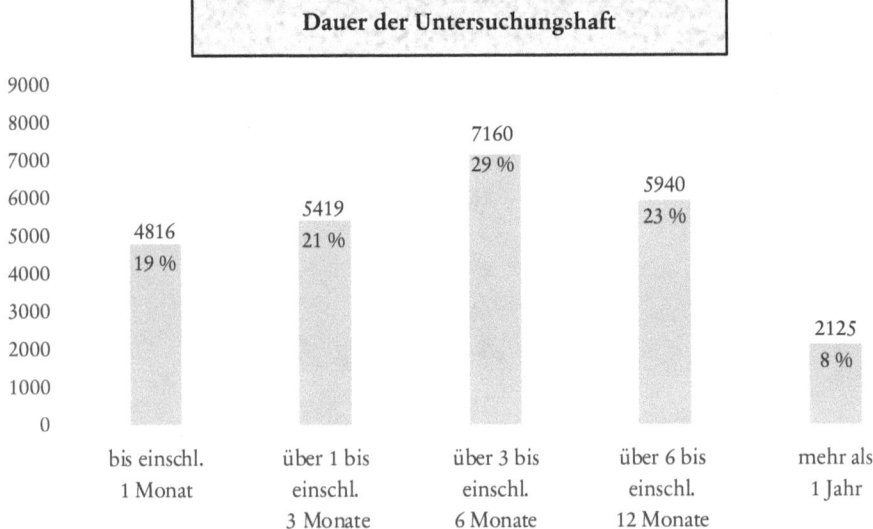

Quelle: Strafverfolgungsstatistik 2021 hrsg. vom Statistischen Bundesamt Wiesbaden, Tabelle 6.1.

Die Dauer der U-Haft erscheint zu lang. Sie entspricht nicht dem Beschleunigungsgebot, das durch das in Art. 2 Abs. 2 S. 2 GG verankerte Grundrecht auf Freiheit verfassungsrechtlich abgesichert ist.[148] Mit § 121 Abs. 1 StPO macht der Gesetzgeber deutlich, dass die U-Haft nur ausnahmsweise länger als sechs Monate dauern darf. Diese Ausnahmeregelung wird mit 22,9 % der Verfahren, die länger als sechs Monate dauern und hiervon 5,7 % länger als zwölf Monate dauern, nicht eingehalten. Eine nicht nur kurzfristige Überlastung des Gerichts ist kein Grund für die Anordnung der Haftfortdauer.[149]

99 **Lösung zum Fall:**

Der gem. § 125 StPO zuständige Amtsrichter hat die Voraussetzungen für einen Haftbefehl zu prüfen. Ein dringender Tatverdacht soll angenommen werden. Flucht liegt nach dem Sachverhalt nicht vor, vielmehr ist der Beschuldigte polizeilich gemeldet, geht seiner Arbeit nach und ist nach Besuchen seiner Ehefrau in die Bundesrepublik Deutschland zurückgekehrt. Fluchtgefahr allein wegen der zu erwartenden erheblichen Bestrafung ist ebenfalls nicht begründet. Der Beschuldigte weiß um diese Bestrafungsaussicht und ist trotzdem nicht „untergetaucht" oder „abgehauen". Polizeilichen Ladungen zur Vernehmung muss er nicht nachkommen (Umkehrschluss aus § 163a Abs. 3 S. 1 StPO). Eine allgemeine Gefahr für eine Flucht ist nicht ausreichend: Gem. § 112 Abs. 2 StPO müssen „bestimmte Tatsachen" für eine Fluchtgefahr sprechen. OLG Saarbrücken (StV 2000, 208): „Zur Begründung von Fluchtgefahr reicht es in der Regel nicht aus, dass die gegen den Beschuldigten erhobenen Vor-

---

148 So nachdrücklich BVerfG StV 2006, 249 mwN; BVerfG StV 2019, 111; s. auch oben § 2 Rn. 9 f.
149 BVerfG StV 2019, 563; KG StV 2019, 571.

würfe eine nicht unerhebliche Freiheitsstrafe erwarten lassen und dass der Beschuldigte als Ausländer – insbes. auch familiäre – Bindungen in das Ausland hat."
Der Haftrichter muss den Haftbefehlsantrag ablehnen.

XVI. Die „Hauptverhandlungshaft" (§ 127b StPO)

Für das beschleunigte Verfahren (§§ 417 ff. StPO) hat der Gesetzgeber die sogenannte Hauptverhandlungshaft bis zu einer Woche eingeführt, wenn aufgrund bestimmter Tatsachen zu befürchten ist, dass die festgenommene Person der Hauptverhandlung fernbleiben wird (§ 127b Abs. 2 S. 1 StPO). Im Vergleich zum Haftgrund der Fluchtgefahr gem. § 112 Abs. 2 Nr. 2 StPO sind die Voraussetzungen hierfür weniger streng, wobei auch hier ein dringender Tatverdacht und die Verhältnismäßigkeit der Haft vorausgesetzt werden.

XVII. Einstweilige Unterbringung (§ 126a StPO)

1. Begriff

Unter der einstweiligen Unterbringung ist die Einweisung in ein psychiatrisches Krankenhaus oder eine Entziehungsanstalt zu verstehen. Sie ist in § 126a StPO geregelt und entspricht der Untersuchungshaft, obwohl sie Präventivcharakter hat. So sind die Vorschriften über die Untersuchungshaft, wie zB die Haftprüfung, entsprechend anwendbar.

2. Voraussetzungen

- Dringende Gründe für die Annahme, dass jemand eine rechtswidrige Tat im Zustand der Schuldunfähigkeit oder verminderten Schuldfähigkeit begangen hat.
- Dringende Gründe für die Annahme, dass der Betroffene deswegen in einem psychiatrischen Krankenhaus gem. § 63 StGB oder einer Entziehungsanstalt gem. § 64 StGB untergebracht wird.
- Die öffentliche Sicherheit muss die vorläufige Maßregel erfordern.
- Wahrscheinlichkeit, dass der Betroffene ohne Anordnung der Sicherungshaft weitere schwerwiegende Taten begehen wird, vor denen die Allgemeinheit geschützt werden muss.[150]
- Verhältnismäßigkeit
- Schriftlicher Haftbefehl des Gerichts auf Antrag der Staatsanwaltschaft
- Vorführung vor dem zuständigen Richter

XVIII. Sicherungshaft (§ 230 Abs. 2 StPO)

Ist der Angeklagte nicht genügend entschuldigt der Hauptverhandlung ferngeblieben, kann das Gericht unter bestimmten Voraussetzungen die **Sicherungshaft**, auch „Sitzungshaft" genannt, gem. § 230 Abs. 2 StPO anordnen.[151] Hierbei ist vor allem die, ebenfalls in § 230 Abs. 2 StPO geregelte Vorführung als milderes Mittel zu beachten.

---

[150] KMR-StPO/*Wankel*, § 126a Rn. 3.
[151] Zur Anwendung in der Praxis s. *Triltsch*, Die Zwangsmittel des § 230 Abs. 2 StPO unter besonderer Berücksichtigung des Haftfalles, S. 125 ff.

§ 11 Zwangs- und Ermittlungsmaßnahmen

Als Alternative kommt in Anwendung des § 408a StPO der Erlass eines Strafbefehls in Betracht.

XIX. Vorläufige Entziehung der Fahrerlaubnis (§ 111a StPO)

104 Eine große praktische Bedeutung hat die vorläufige Entziehung der Fahrerlaubnis gem. § 111a StPO. Sind dringende Gründe für die Annahme vorhanden, dass im Urteil die Fahrerlaubnis entzogen werden wird, so kann diese vorläufig entzogen werden. Materiellrechtlich sind insoweit die §§ 69, 69a iVm §§ 316, 315c StGB entscheidend. Für die Prüfung der alkoholbedingten Fahruntüchtigkeit sind die von der Rechtsprechung als Beweisregel (kein Tatbestandsmerkmal!) entwickelte absolute Fahruntüchtigkeit ab 1,1 Promille und die relative Fahruntüchtigkeit (alkoholbedingter Fahrfehler ab 0,3 Promille) zu unterscheiden. Neben einer Strafbarkeit gem. den §§ 315c, 316 StGB kommt bei „Alkohol am Steuer" auch eine Ordnungswidrigkeit gem. § 24a StVG in Betracht (ab 0,5 Promille). Die Entnahme einer Blutprobe erfolgt gem. § 81a StPO (s. hierzu § 11 Rn. 7 ff.).

XX. Vorläufige Maßnahmen zur Sicherung der Einziehung und der Wertersatzeinziehung (§ 111b ff. StPO)

105 Die gerichtliche Anordnung der Vermögensabschöpfung gem. §§ 73 ff. StGB erfolgt am Ende des Verfahrens. Die §§ 111b ff. StPO gewähren ein vorläufiges Sicherungsinstrument, damit die spätere Vollstreckung gem. §§ 459g ff. StPO nicht ins Leere läuft. Die §§ 111b ff. StPO dienen also nicht Ermittlungszwecken, sondern lediglich der Vollstreckungssicherung. Die Vorschriften wurden durch das Gesetz zur Reform der strafrechtlichen Vermögensabschöpfung[152] den materiellen Änderungen der §§ 73 ff. StGB angepasst. In welcher Form die Sicherungsmaßnahmen angeordnet werden, richtet sich nach dem Sicherungszweck: In den §§ 111b-111d StPO ist die Beschlagnahme zur Sicherung der Einziehung oder der Unbrauchbarmachung, in den §§ 111e-111i StPO ist der Vermögensarrest zur Sicherung der Wertersatzeinziehung geregelt. Damit soll die strafrechtliche Vermögensabschöpfung gem. den §§ 73 ff. StGB sichergestellt werden. Die Zuständigkeiten für die Beschlagnahme und den Vermögensarrest sind in § 111j StPO geregelt.

---

152 Gesetz v. 13.4.2017, BGBl. I, S. 872.

§ 12 Der Abschluss des Ermittlungsverfahrens

Fall 1: A nutzt Online-Streaming-Portale, um sich im Internet kostenlos Filme anzusehen. Gegen ihn wird daher ein Ermittlungsverfahren wegen Verdacht der unerlaubten Verwertung urheberrechtlich geschützter Werke gem. § 106 UrhG eingeleitet. Der zuständige Staatsanwalt hält es für zweifelhaft, ob das Verhalten des A den Tatbestand der Vorschrift erfüllt. Er geht aber davon aus, dass jedenfalls die Schuld des A als nicht besonders hoch anzusehen sei und sich das öffentliche Interesse an der Strafverfolgung durch Zahlung eines Geldbetrages beseitigen ließe. Er erwägt, das Verfahren gem. § 153a StPO einzustellen.

Fall 2: A ist wegen Diebstahls gem. § 242 StGB angeklagt. Das Gericht geht von folgendem Sachverhalt aus: A hat bei seinem Besuch im Elektronikfachmarkt mehrere Kabel im Wert von insgesamt 15 € eingesteckt. Das Gericht meint jedoch, dass die Schuld des A als gering anzusehen wäre und kein öffentliches Interesse an der Strafverfolgung besteht. Es stellt das Verfahren daher gem. § 153 StPO ein. Nachträglich stellt sich heraus, dass A zusätzlich ein Smartphone im Wert von 350 € eingesteckt hat. A wird erneut angeklagt.
Wird das Gericht das Hauptverfahren eröffnen?

1. Abwandlung: Nachträglich ergibt sich folgender Sachverhalt: Der aufmerksame Kunde K hat das Treiben des A beobachtet. Er stellt diesen zur Rede, als er gerade das Geschäft verlassen hatte. Um seine Beute zu sichern, schlägt A dem K ins Gesicht und läuft weg.

2. Abwandlung: Nicht das Gericht, sondern die StA hat das Verfahren (mit Zustimmung des Gerichts) gem. § 153 StPO eingestellt.

I. Die Abschlussmöglichkeiten

Am Ende des Ermittlungsverfahrens steht die Entscheidung der Staatsanwaltschaft über die

- Anklageerhebung (§ 170 Abs. 1 StPO)
- Einstellung aus tatsächlichen und/oder rechtlichen Gründen (§ 170 Abs. 2 S. 1 StPO)
- Einstellung aus Opportunitätsgründen (§§ 153 ff. StPO, § 45 JGG)
- Verweisung auf die Privatklage (§ 376 StPO; s. hierzu § 14 Rn. 4).

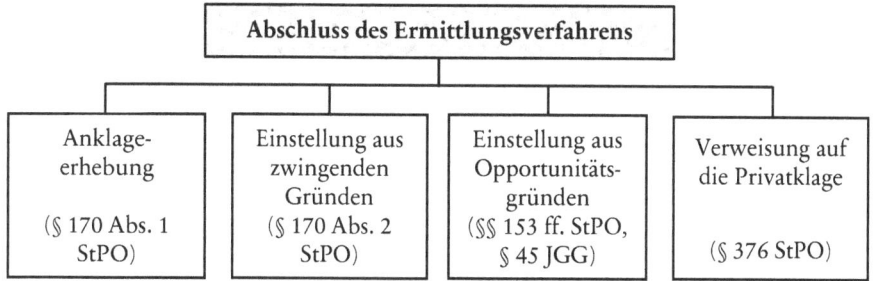

Die Anklageerhebung kann neben der „normalen" Anklage auch im Strafbefehlsverfahren[1] sowie im beschleunigten Verfahren – bei Jugendlichen im vereinfachten Jugendverfahren[2] – erfolgen.

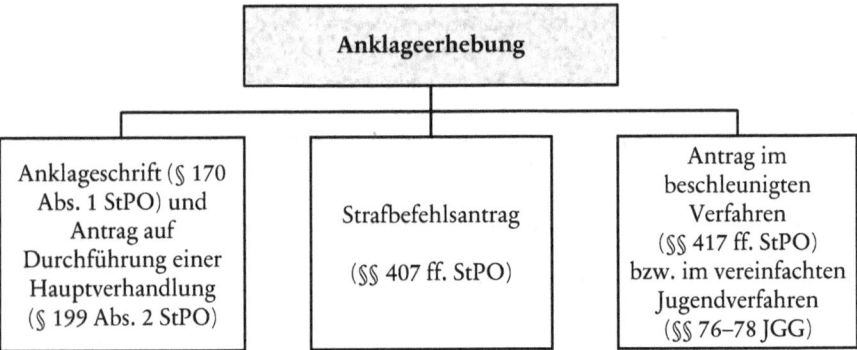

II. Einstellungen aus zwingenden Gründen (Legalitätseinstellungen)

3   Beim Fehlen des hinreichenden Tatverdachts hat die StA das Verfahren einzustellen (§ 170 Abs. 2 StPO). Nach hM erfordert der hinreichende Tatverdacht die Wahrscheinlichkeit, dass das Gericht zu einer Verurteilung kommen wird.[3] Nach der Gegenauffassung ist für die Prognose das Schlussplädoyer des Staatsanwalts maßgebend.[4] Relevanz gewinnt der Meinungsstreit bei der Frage, ob die StA bei ihrer rechtlichen Beurteilung an die höchstrichterliche Rechtsprechung gebunden ist (s. § 9 Rn. 3).

Der hinreichende Tatverdacht kann aus **rechtlichen oder tatsächlichen Gründen** fehlen. Ersteres ist der Fall, wenn der Verdachtsgrad nicht ausreichend ist, insbes. kein Tatverdächtiger ermittelt oder die Nichtschuld des Beschuldigten festgestellt wurde.

Rechtliche Gründe für das Fehlen eines hinreichenden Tatverdachts können sich zunächst aus dem materiellen Recht ergeben, nämlich dann, wenn der Beschuldigte sich nicht strafbar gemacht hat. Das ist zum einen der Fall, wenn das Verhalten, aufgrund dessen das Ermittlungsverfahren eingeleitet wurde, keinen Straftatbestand erfüllt (aktuelles Beispiel: das „Schwarzsurfen" in ungesicherten W-LAN-Netzen),[5] zum anderen auch dann, wenn Rechtfertigungs-, Entschuldigungs-, Schuldausschließungs- oder Strafausschließungsgründe eingreifen. Einen besonderen Fall des fehlenden hinreichenden Tatverdachts stellt die Konstellation dar, dass der Beschuldigte schuldunfähig iSd § 20 StGB war. Anders als die Einstellungen aus sonstigen Gründen wird eine solche Einstellung im Bundeszentralregister vermerkt (§ 11 Abs. 1 Nr. 1 BZRG). Um den Betroffenen vor den hieraus resultierenden diskriminierenden Folgen zu schützen, darf die Einstellung wegen Schuldunfähigkeit nur erfolgen, wenn die übrigen Umstände einen hinreichenden Tatverdacht ergeben.[6]

---

1   S. § 14 Rn. 1.
2   Zum vereinfachten Jugendverfahren s. *Ostendorf/Drenkhahn*, Jugendstrafrecht, Rn. 144–150.
3   Löwe/Rosenberg/*Graalmann-Scherer*, § 170 Rn. 24.
4   *Meyer-Goßner/Schmitt*, § 170 Rn. 2; *Roxin*, DRiZ 1997, 114.
5   LG Wuppertal MMR 2011, 65.
6   Löwe/Rosenberg/*Graalmann-Scheerer*, § 170 Rn. 10.

Daneben können sich rechtliche Gründe für das Fehlen des hinreichenden Tatverdachts aus dem Prozessrecht ergeben. So hindert das Vorliegen eines Verfahrenshindernisses die Annahme des hinreichenden Tatverdachts.[7] Praktisch wichtigster Fall, der sich quasi zu einem eigenständigen Einstellungsgrund verselbstständigt hat, ist das Fehlen des öffentlichen Interesses bei einem Privatklagedelikt (§ 376 StPO).[8] In einem solchen Fall stellt die StA das Offizialverfahren ein und verweist den Verletzten auf den Privatklageweg. Da die Privatklage faktisch nie erhoben wird, kommt dieses Vorgehen einer Einstellung gleich.[9] Ebenfalls hierher gehört die sog. **Frühwirkung** von Beweisverwertungsverboten.[10] Soweit ein Beweismittel mit einem Verwertungsverbot belegt ist, muss es bei der Prüfung des hinreichenden Tatverdachts außer Betracht bleiben. Dies folgt alleine daraus, dass bei der Prüfung – unabhängig vom o. genannten Meinungsstreit – eine vorläufige Beweiswürdigung vorzunehmen ist, folglich also nur das Beweismaterial berücksichtigt werden kann, das auch später dem Gericht zur Verfügung stehen wird.[11] Zudem sind Beweisverwertungsverbote kein auf die Hauptverhandlung beschränktes Institut, sondern in jedem Verfahrensstadium zu beachten.[12] In ein Dilemma führt hier allerdings die von der Rechtsprechung praktizierte Widerspruchslösung.[13] Hiernach entsteht ein Beweisverwertungsverbot erst, wenn der Angeklagte bzw. sein Verteidiger der Verwertung in der Hauptverhandlung widerspricht. Zum Zeitpunkt der Prüfung des Tatverdachts könnte es also gar nicht beachtet werden, da es noch gar nicht besteht. Der Verteidiger wird gut daran tun, seine Absicht, der Verwertung eines kontaminierten Beweismittels in der Hauptverhandlung zu widersprechen, bereits im Ermittlungsverfahren kundzutun, unabhängig davon, ob ein solcher Hinweis bereits als förmlicher Widerspruch zu bewerten ist.[14]

Die Einstellungsverfügung ist als staatsanwaltschaftliche Entscheidung nicht rechtskraftfähig und entfaltet auch keine sonst irgendwie geartete Sperrwirkung.[15] Die StA kann das Ermittlungsverfahren bis zum Zeitpunkt der Verjährung wieder aufnehmen. Neue Tatsachen oder Beweise müssen nicht vorliegen.[16]

III. Opportunitätseinstellungen

Die Fälle der Opportunitätseinstellungen lassen sich nach der „Gegenleistung" des Beschuldigten systematisieren: Teilweise wird für die Einstellung kein bestimmtes Verhalten des Beschuldigten verlangt, teilweise wird nur im Gegenzug gegen die Erfüllung von Auflagen eingestellt.

---

7 Einhellige Auffassung, vgl. nur *Meyer-Goßner/Schmitt*, § 170 Rn. 6.
8 Für die Einordnung als Verfahrenshindernis auch *Meyer-Goßner/Schmitt*, § 170 Rn. 7; KK-StPO/*Moldenhauer*, § 170 Rn. 16.
9 Vgl. § 14 Rn. 4; *Heinz*, in: Das Ermittlungsverhalten der Polizei und die Einstellungspraxis der Staatsanwaltschaften, S. 140 Fn. 143.
10 Vgl. *Meyer-Goßner/Schmitt*, Einl. Rn. 57e; Löwe/Rosenberg/*Gössel*, Einl. L Rn. 197 spricht von „Vorauswirkung"; umfassend: *Hengstenberg*, Die Frühwirkung von Beweisverwertungsverboten.
11 Vgl. Löwe/Rosenberg/*Gössel*, Einl. L Rn. 197.
12 *Eisenberg*, Beweisrecht, Rn. 356; *Hengstenberg*, Die Frühwirkung von Beweisverwertungsverboten, S. 30 mwN.
13 Zur Widerspruchslösung s.§ 16 Rn. 91.
14 Nach Löwe/Rosenberg/*Mavany*, § 152 Rn. 33 steht der Annahme eines Anfangsverdachts die Möglichkeit der Rücknahme des Widerspruchs nicht entgegen.
15 Ganz hM, vgl. Löwe/Rosenberg/*Graalmann-Scherer*, § 170 Rn. 50.
16 Kritisch hierzu: Löwe/Rosenberg[24]/*Graalmann-Scherer*, § 170 Rn. 51; *Neu-Berlitz*, Bestandskraft der Einstellungsverfügung nach § 170 II 1 StPO, S. 33 ff.

1. Einstellungen ohne Auflagen

a) § 153 StPO

6 Praktisch wichtigster Fall der auflagenlosen Einstellungen ist die Einstellung wegen Geringfügigkeit gem. § 153 StPO.

aa) Voraussetzungen

7 Voraussetzung für diese Einstellung ist zunächst, dass es sich um ein **Vergehen** handelt. Soweit erst nach Eröffnung der Hauptverhandlung eingestellt wird, ist das Gericht an die rechtliche Würdigung von Anklage und Eröffnungsbeschluss nicht gebunden.[17] Soweit sich eine als Verbrechen angeklagte Tat in der Hauptverhandlung nur als Vergehen darstellt, steht dies dem Vorgehen nach § 153 StPO nicht im Wege, macht allerdings einen rechtlichen Hinweis erforderlich.[18] Weitere Voraussetzung der Einstellung nach § 153 StPO ist, dass die **Schuld des Täters als gering** anzusehen *wäre*. Der geänderte Wortlaut der Vorschrift stellt klar, dass das Vorgehen nach § 153 StPO keinen vollen Schuldnachweis voraussetzt. Es genügt, dass nach dem bisherigen Ermittlungsstand eine Verurteilungswahrscheinlichkeit besteht.[19] An einer solchen fehlt es dort, wo der Anklageerhebung ein Verfahrenshindernis entgegensteht. Hier scheidet eine Verfahrenseinstellung nach § 153 StPO aus.[20] Ebenso ist der Weg des § 153 StPO versperrt, wenn sich nach dem bisherigen Ermittlungsstand die Wahrscheinlichkeit nicht ergibt, sondern sich vielmehr die Unschuld des Beschuldigten herauskristallisiert. Die Einstellung nach § 170 Abs. 2 StPO hat dann Vorrang. Allerdings hat der Beschuldigte keinen Anspruch darauf, dass das Verfahren bis zur Einstellungsreife fortgeführt wird.[21] Soweit bei noch unklarer Verdachtslage bereits die Voraussetzungen einer Opportunitätseinstellung vorliegen, ist diese zulässig.[22] Anders verhält sich dies bei Rechtsfragen. Entgegen einer verbreiteten Praxis[23] stellt die Möglichkeit der Einstellung aus Opportunitätsgründen kein Instrument dar, die Klärung offener Rechtsfragen zu umgehen.[24]

Weiterhin muss das **öffentliche Interesse an der Verfolgung** der Straftat fehlen. „Interesse an der Verfolgung" meint Interesse an der Verurteilung, da ein Interesse an der Verfolgung an sich nicht anzuerkennen ist.[25] Anders als bei § 153a StPO, wo der Beschuldigte dieses beseitigen kann, muss das Verfolgungsinteresse für die Einstellung nach § 153 StPO von vornherein fehlen. Hierbei kann allerdings ein Tatnachverhalten wie Entschuldigung und Schadenswiedergutmachung das öffentliche Interesse an der Strafverfolgung beseitigen. Anders als der Wortlaut zunächst nahe legen könnte, lässt sich das öffentliche Interesse iSd § 153 StPO nicht damit begründen, dass die Öffent-

---

17 Löwe/Rosenberg/*Mavany*, § 153 Rn. 11.
18 KMR-StPO/*Kulhanek*, § 153 Rn. 6 fordert Einigkeit zwischen StA und Gericht.
19 So die hM, vgl. *Beulke/Swoboda*, Strafprozessrecht, Rn. 514; aA *Kühne*, Strafprozessrecht, Rn. 586: Gewissheit der Verurteilung.
20 KMR-StPO/*Kulhanek*, § 153 Rn. 4.
21 *Beulke/Fahl*, NStZ 2001, 426 (428).
22 SK-StPO/*Weßlau/Deiters*, § 153 Rn. 25 mwN.
23 Vgl. LG Bonn NStZ 2001, 375 (376 f.) und dazu die Anm. von *Beulke/Fahl*, NStZ 2001, 426 (428) sowie *Richter II*, in: FS-Rieß, S. 447 f.
24 *Beulke/Fahl*, NStZ 2001, 426 (428); *Saliger*, GA 2005, 155 (172).
25 Löwe/Rosenberg/*Mavany*, § 153 Rn. 29; s. auch *Stuckenberg*, Untersuchungen zur Unschuldsvermutung, S. 566.

lichkeit Interesse an dem konkreten Fall gefunden hat.[26] Als Maßstab sind vielmehr die relativen Straftheorien heranzuziehen.[27] Wenn die Durchbrechung des Legalitätsprinzips Folge von der Abwendung vom alleinigen Strafzweck der Vergeltung ist[28] und zudem festgestellt wurde, dass allein der Aspekt der Schuld keine Strafverfolgung fordert, so muss hier nun entschieden werden, ob individual- oder generalpräventive Gründe dennoch die Verfolgung der Straftat verlangen. In diesem Rahmen spielt die Person des Beschuldigten, namentlich etwaige Vorstrafen, eine besondere Rolle.[29]

Hinsichtlich der Anwendung scheint die Vorschrift letztlich ein **Ermessen** einzuräumen („kann"). Die §§ 467 Abs. 4, 472 Abs. 2 StPO sprechen sogar ausdrücklich von „Ermessen". Allerdings fragt sich, ob neben dem durch die Aneinanderreihung unbestimmter Rechtsbegriffe zugestandenen weiten Beurteilungsspielraum für ein weiteres Ermessen Platz ist.[30] Auch ist mit der Bejahung der geringen Schuld und der Verneinung des Verfolgungsinteresses festgestellt, dass kein Strafzweck die Verurteilung fordert, es mithin keinen Grund für eine Strafverfolgung trotz Vorliegen der Voraussetzung gibt, sich im Gegenteil eine solche sogar verbietet.[31] Da allerdings der eingeräumte Beurteilungsspielraum – zumindest nach hM[32] – einer gerichtlichen Überprüfung entzogen ist, zeigen sich praktisch keine Unterschiede zu der Annahme eines Ermessens.

8

bb) Einstellungskompetenz

Vor Erhebung der Anklage liegt die Entscheidung über die Verfahrenseinstellung entsprechend ihrer **Verfahrensherrschaft bei der StA** (§ 153 Abs. 1 S. 1 StPO). Die Alleinentscheidungsbefugnis hat sie allerdings nur dann, wenn es sich bei der beschuldigten Tat um ein Vergehen handelt, „das nicht mit einer im Mindestmaß erhöhten Strafe bedroht ist" (§ 153 Abs. 1 S. 2 StPO). In anderen Fällen bedarf es der Zustimmung des Gerichts (§ 153 Abs. 1 S. 1 StPO). Dies ändert allerdings nichts daran, dass es sich um eine staatsanwaltschaftliche Entscheidung handelt, die gemäß ihrer Rechtsnatur als solche nicht in Rechtskraft erwachsen kann. Es kommt somit nicht zu einem (beschränkten) Strafklageverbrauch.[33]

9

Nach Klageerhebung entscheidet das Gericht über die Einstellung (§ 153 Abs. 2 StPO). Hierzu bedarf es der Zustimmung der StA und grundsätzlich auch der des Angeklagten. Eine Ausnahme gilt, wenn der Angeklagte abwesend ist (§ 153 Abs. 2 S. 2 StPO). Das Gericht entscheidet durch unanfechtbaren Beschluss (§ 153 Abs. 2 S. 4 StPO). Dieser erwächst in beschränkter Rechtskraft. Umstritten ist allerdings, wie weit dieser

---

26 Löwe/Rosenberg/*Mavany*, § 153 Rn. 34; BeckOK-StPO/*Beukelmann* § 153 Rn. 21, aA *Meyer-Goßner/ Schmitt*, § 153 Rn. 7: „Stellung des Angeklagten im öffentlichen Leben"; ebenso KMR-StPO/*Kulhanek*, § 153 Rn. 12.
27 AA SK-StPO/*Weßlau/Deiters*, § 153 Rn. 20; wie hier Löwe/Rosenberg/*Mavany*, § 153 Rn. 34, 28; *Fezer*, ZStW 106 (1994), 1 (29).
28 *Heinz*, Das deutsche Strafverfahren, S. 9; gegen die Verknüpfung des Legalitätsprinzips mit den absoluten Straftheorien aber: *Schmidt-Jorzig*, NJW 1989, 129 (132).
29 KK-StPO/*Diemer*, § 153 Rn. 14; SK-StPO/*Weßlau/Deiters*, § 153 Rn. 21.
30 *Beulke/Swoboda*, Strafprozessrecht, Rn. 514; nach SK-StPO/*Weßlau/Deiters*, § 153 Rn. 5 weist der Wortlaut auf die fehlende Subsumtionsfähigkeit der unbestimmten Rechtsbegriffe hin.
31 Löwe/Rosenberg/*Mavany*, § 153 Rn. 41.
32 Vgl. Löwe/Rosenberg/*Mavany* Rn. 42 mwN, nach aA soll bei Vorliegen der Voraussetzungen des § 153 ein Verfahrenshindernis anzunehmen sein, *Vogel*, Das öffentliche Interesse, S. 211 f., oder der Beurteilungsspielraum nach §§ 23 ff. EGGVG überprüfbar sein.
33 *Meyer-Goßner/Schmitt*, § 153 Rn. 37; Löwe/Rosenberg/*Mavany*, § 153 Rn. 50, der allerdings neue Umstände für eine andere Beurteilung einfordert; aA *Radtke*, Die Systematik des Strafklageverbrauchs bei verfahrenserledigenden Entscheidungen im Strafprozess, S. 93 ff., der § 153 Abs. 1 S. 5 StPO analog anwendet.

Strafklageverbrauch reicht. Nach der Rechtsprechung soll ein Wiederaufgreifen des Verfahrens in analoger Anwendung des § 153a Abs. 1 S. 5 StPO nur dann zulässig sein, wenn sich die Tat nunmehr als Verbrechen darstellt.[34]

b) §§ 154, 154a StPO

10 Anders als in den Fällen des § 153 StPO – wie auch § 153b StPO –, die sich als Fälle „absoluter Geringfügigkeit"[35] bezeichnen lassen, geht es in §§ 154, 154a StPO um Straftaten, die sich in Relation zu den übrigen verwirklichten Delikten als geringfügig darstellen (relative Geringfügigkeit). Die Vorschriften stellen ein wichtiges Instrument im Interesse der Prozessökonomie dar. Der Unterschied zwischen beiden Vorschriften liegt darin, dass § 154 StPO selbstständige Taten im prozessualen Sinne behandelt, während es bei § 154a StPO um Teile einer Tat geht. § 154a StPO lässt die Einstellung sowohl mit Rücksicht auf bereits verhängte als auch noch zu erwartende Strafen und Maßregeln zu.

11 In der Praxis handelt es sich hierbei um die nach § 153 StPO häufigste auflagenlose Einstellung. Ausgeschiedene Tatteile (§ 154a StPO) kann das Gericht in jeder Verfahrenslage wieder einbeziehen, einem entsprechenden Antrag der StA ist stattzugeben (§ 154a Abs. 3 StPO). Bezüglich einer von der Einstellung ausgehenden Sperrwirkung gilt Folgendes: Die Wiederaufnahme ist zulässig, wenn die rechtskräftig verhängte Strafe oder Maßregel, die Anlass zur Einstellung gegeben hat, nachträglich wegfällt (§ 154 Abs. 3 StPO). Wurde das Verfahren mit Rücksicht auf eine wegen einer anderen Tat zu erwartenden Strafe oder Maßregel vorläufig eingestellt, so kann es innerhalb von drei Monaten nach Rechtskraft dieses Urteils wieder aufgenommen werden (§ 154 Abs. 4 StPO). In der Rechtslehre wird zusätzlich ein „sachlich einleuchtender Grund verlangt".[36]

§ 154a StPO enthält keine Regelung der Sperrwirkung. Hier ergibt sich ein Verfahrenshindernis daraus, dass es sich lediglich um einen Teil einer Tat im prozessualen Sinn handelt. Ergeht wegen des „Rests" ein Urteil, erstreckt sich der eintretende Strafklageverbrauch auch auf den ausgeschiedenen Teil.[37]

12 Die wohl wichtigste Frage im Zusammenhang mit den §§ 154, 154a StPO ist die, ob nach diesen Vorschriften eingestellte Verfahren im Rahmen der Strafzumessung berücksichtigt werden dürfen. Hiergegen streitet die Unschuldsvermutung: Der Täter wird, ohne dass seine Schuld durch rechtskräftiges Urteil festgestellt wurde, so behandelt, als habe er die fraglichen Taten begangen.[38] Der BGH bejaht dennoch in ständiger Rechtsprechung die Möglichkeit der Berücksichtigung im Rahmen der Strafzumessung.[39] Allerdings kann dieses Vorgehen gegen den Grundsatz des fairen Verfahrens verstoßen, wenn der Angeklagte berechtigterweise darauf vertraut hat, dass die ausgeschiedenen Taten, Tatteile oder Gesetzesverstöße ihm nicht mehr zum Nachteil gerei-

---

34 BGHSt 48, 331; kritisch *Heghmanns*, NStZ 2004, 633 ff.; s. auch § 8 Rn. 11.
35 So *Roxin/Schünemann*, Strafverfahrensrecht, § 14 Rn. 6.
36 *Löwe/Rosenberg/Mavany*, § 154 Rn. 39; AnwK-StPO/*Walther* § 154 Rn. 19; weitergehend *Ostendorf* in: GS-Eckert, S. 650.
37 *Meyer-Goßner/Schmitt*, § 154a Rn. 28; KK-StPO/*Diemer*, § 154a Rn. 17 mwN.
38 So auch *Roxin/Schünemann*, Strafverfahrensrecht, § 14 Rn. 9.
39 BGH NJW 1981, 2422; 1985, 1479.

chen können.⁴⁰ Daher ist grundsätzlich ein entsprechender Hinweis erforderlich.⁴¹ Dies soll auch für die Verwertung im Rahmen der Beweiswürdigung gelten.⁴²

c) §§ 153d, 153c, 154c, 154d, 154e StPO

Diese Vorschriften geben die Möglichkeit, Verfahren einzustellen, in denen zwar nicht die Straftat geringfügig erscheint, aber aufgrund des Vorrangs anderer staatlicher Interessen auf die Durchführung eines Strafverfahrens verzichtet werden soll.

2. Einstellungen gegen Auflagen

a) § 153a StPO

aa) Voraussetzungen

Ursprünglich knüpfte § 153a StPO an die Voraussetzungen des § 153 StPO an. Durch die Neufassung des Gesetzes zur Entlastung der Rechtspflege vom 11.1.1993 hat sich dieser Einstellungsgrund weitgehend hiervon gelöst.⁴³

Während bei § 153 StPO kein öffentliches Interesse an der Strafverfolgung bestehen darf und die Schuld des Täters als gering anzusehen wäre, genügt es für § 153a StPO, dass sich ein bestehendes Verfolgungsinteresse durch die Erteilung von Auflagen beseitigen lässt und **die Schwere der Schuld** *nicht entgegensteht*. Die Wortlautänderung führt zu einer deutlichen Ausweitung des Anwendungsbereichs.⁴⁴ Man wird hiervon auch Fälle der mittleren Kriminalität als mitumfasst ansehen müssen.⁴⁵

Ein weiterer Unterschied zu § 153 StPO liegt in dem zu fordernden **Grad des Tatverdachts**. Die bei § 153 StPO hervorgehobene Konjunktiv-Formulierung findet sich hier gerade nicht wieder.⁴⁶ Zudem spricht die Vorschrift auch nicht von der Einstellung des Verfahrens, sondern vom Absehen von der öffentlichen Klage.⁴⁷ Dies setzt voraus, dass die Voraussetzung für die Erhebung der öffentlichen Klage, der hinreichende Tatverdacht, vorliegt.⁴⁸ Die Anwendung des § 153a StPO kommt mithin nur dort in Betracht, wo der Sachverhalt bis zur Anklagereife durchermittelt wurde.⁴⁹ Ohne diese Voraussetzung ließe es sich nicht rechtfertigen, dem Beschuldigten besondere Pflichten aufzuerlegen.⁵⁰

In der Praxis findet die Vorschrift unter Missachtung dieser Voraussetzung jedoch auch dort Anwendung, wo es um die Erledigung beweisaufwendiger Verfahren geht.⁵¹ Ebenso wenig wie im Rahmen des § 153 StPO kann es hier als nicht zulässig angesehen werden, den erforderlichen Verdachtsgrad trotz rechtlicher Zweifel an der Strafbarkeit des Verhaltens zu bejahen.

---

40 BGH NJW 1985, 1479 (1479).
41 BGH NJW 1981, 2422; der Hinweis ist entbehrlich, wenn beim Angeklagten kein entsprechendes Vertrauen vorliegen konnte, BGH NJW 1985, 1479 (1479 f.); s. umfassend *Scholz*, §§ 154, 154a StPO – Dogmatische Probleme und Rechtspraxis, S. 122 ff.
42 BGHSt 31, 302.
43 *Böttcher/Mayer*, NStZ 1993, 153 (154).
44 *Fezer*, ZStW 106 (1994), 1 (31).
45 *Böttcher/Mayer*, NStZ 1993, 153 (154).
46 Löwe/Rosenberg/*Mavany*, § 153a Rn. 45.
47 Löwe/Rosenberg/*Mavany*, § 153a Rn. 45.
48 So auch *Meyer-Goßner/Schmitt*, § 153a Rn. 7; BeckOK-StPO/*Beukelmann*, § 153a Rn. 14.
49 Löwe/Rosenberg/*Mavany*, § 153a Rn. 45.
50 *Meyer-Goßner/Schmitt*, § 153a Rn. 7; BeckOK-StPO/*Beukelmann*, § 153a Rn. 14; Löwe/Rosenberg/*Mavany*, § 153a Rn. 46.
51 *Dahs*, NJW 1996, 1192 (1192); SK-StPO/*Weßlau/Deiters*, § 153a Rn. 25; *Brüning*, ZIS 2015, 386.

bb) Ratio legis

16 Die Möglichkeit, ein Strafverfahren nach § 153a StPO einzustellen, dient zweierlei Zwecken: Justizökonomie und Entkriminalisierung.

Die Vorschrift gibt den Justizbehörden ein Instrument der Verfahrensökonomie an die Hand, das ihnen erlauben soll, mit den knappen Ressourcen der Justiz der zunehmenden Belastung durch die steigende Zahl von Verfahren Herr zu werden.

Zudem ermöglicht die Vorschrift, dort von der Fortführung des Verfahrens abzusehen, wo eine Bestrafung des (mutmaßlichen) Täters unter Verhältnismäßigkeitsgesichtspunkten nicht angebracht oder zumindest nicht erforderlich erscheint (prozessuale Entkriminalisierung).[52] Während in den Gesetzesmaterialien zur Einführung des § 153a StPO noch beide Zwecke als gleichberechtigt genannt werden, findet sich in der Begründung zu seiner Reformierung nur noch der Aspekt der Justizökonomie.[53] Ob sich daraus folgern lässt, dass § 153a StPO nunmehr allein der Verfahrensökonomie dienen soll und der Gesetzgeber den Ansatz der prozessualen Entkriminalisierung aufgegeben hat,[54] erscheint jedoch zweifelhaft.[55] Allerdings kommt im Erwachsenenstrafrecht, anders als im Jugendstrafrecht, wo die Einstellungsvorschriften primär durch die Vermeidung der Stigmatisierung motiviert sind,[56] dem verfahrensökonomischen Aspekt Vorrang zu.[57]

cc) Der Verfahrensgang

17 Die Verfahrenseinstellung nach § 153a StPO erfolgt in zwei Schritten. Die Einstellung gegen die Auferlegung einer Auflage ist zunächst nur vorläufiger Natur (§ 153a Abs. 1 S. 1 StPO). Es entsteht ein vorläufiges Verfahrenshindernis, das die Fortführung während der Frist unzulässig macht.[58]

Endgültig wird die Einstellung erst mit Erfüllung der Auflage. Die Auflagenerfüllung stellt zwar materiell den Verfahrensabschluss dar. Hinzutreten muss jedoch eine deklaratorische Entscheidung, die das Verfahren formal zum Abschluss bringt.[59] Für die Einstellung durch das Gericht ergibt sich dies bereits aus dem Erfordernis einer Kostenentscheidung nach § 467 Abs. 5 StPO.[60] Die heute herrschende Auffassung geht davon aus, dass die Rechtsgrundlage für diese abschließende Entscheidung § 153a StPO selbst darstellt und es sich nicht um eine Einstellung wegen eines Verfahrenshindernisses nach § 206a StPO bzw. § 170 Abs. 2 StPO handelt.[61] Mehr als rein deklaratorische Wirkung kommt der Einstellungsentscheidung im Fall des § 153a Abs. 1 S. 2 Nr. 5 StPO zu. Die Wertung, der Beschuldigte habe sich „ernsthaft bemüht", erfordert die verbindliche Feststellung.[62]

---

52 Kritisch zu diesem Ansatz *Nelles/Velten*, NStZ 1994, 366.
53 *Fezer*, ZStW 106 (1994), 1 (31); BT-Drs. 12/1217, S. 34.
54 In diese Richtung *Fezer*, aaO.
55 Vgl. Löwe/Rosenberg/*Mavany*, § 153 Rn. 1, wonach der Zweck „der Vorschrift in hohem Maße auch in der Schaffung informeller Erledigungsmöglichkeiten aus Gerechtigkeitsgründen" liegt.
56 S. *Ostendorf/Drenkhahn*, Jugendstrafrecht, Rn. 105.
57 *Heinz*, Das deutsche Strafverfahren, S. 11.
58 *Meyer-Goßner/Schmitt*, § 153a Rn. 44.
59 Einhellige Auffassung, s. nur Löwe/Rosenberg/*Mavany*, § 153a Rn. 117 mwN.
60 *Meyer-Goßner/Schmitt*, § 153a Rn. 53, 55.
61 Löwe/Rosenberg/*Mavany*, § 153a Rn. 2 mwN auch zur Gegenauffassung.
62 KK-StPO/*Diemer*, § 153a Rn. 46.

Die endgültige Einstellung führt zu **begrenztem Strafklageverbrauch**:[63] Die Wiederaufnahme ist nur dann zulässig, wenn sich die Tat nunmehr als Verbrechen darstellt (§ 153a Abs. 1 S. 5 StPO). Ob hierfür erforderlich ist, dass sich der Verdacht eines Verbrechens aufgrund neuer Tatsachen oder Beweismittel ergibt, oder ausreichend ist, dass sich die der Einstellung zugrunde gelegte Bewertung als falsch erweist,[64] ist umstritten.

dd) Die Auflagen und Weisungen

Die Unterscheidung von Auflagen und Weisungen spielt im Rahmen des § 153a keine Rolle.[65] Der Unterschied liegt darin, dass mit Auflagen Wiedergutmachungsleistungen auferlegt, während mit Weisungen spezialpräventive Anordnungen zur Vermeidung künftiger Delinquenz getroffen werden.[66]

Von den verschiedenen Auflagen, die der – nicht abschließende[67] – Katalog des § 153a StPO bereit hält, spielt in der Praxis die Nr. 2, die Geldleistung zugunsten einer gemeinnützigen Einrichtung oder der Staatskasse,[68] die bei weitem wichtigste Rolle.

Unbenannte Auflagen sind nur zulässig, wenn sie einen Zusammenhang zu der Tat aufweisen und sich des Weiteren innerhalb des Rahmens bewegen, der durch die abschließende Regelung anderer Rechtsgebiete sowie durch die Grundrechte abgesteckt ist.[69] Zudem darf die Auflage nur den Beschuldigten treffen. Die Einstellung von Leistungen Dritter abhängig zu machen, ist unzulässig.[70]

Unklar ist auch der Sanktionscharakter der Auflagen. Würde man sie als Kriminalstrafe qualifizieren, würde man eine Kriminalstrafe ohne rechtskräftiges Urteil zulassen. Das würde gegen die in Art. 6 Abs. 2 EMRK garantierte Unschuldsvermutung verstoßen. Eben jene Unschuldsvermutung wird – wie vom BVerfG bestätigt[71] – durch eine Einstellung nach § 153a StPO nicht berührt. Gegen die Einordnung als Strafe spricht aber bereits die begriffsnotwendige Möglichkeit, diese mit Zwang durchzusetzen.[72] Maßgebliche Legitimation findet die Sanktionierung vielmehr in der Zustimmung des Beschuldigten, der sich hiermit einer Sanktionierung unterwirft.[73] In die herkömmlichen Sanktionstypen lassen sich die Auflagen nach § 153a StPO damit nicht einordnen.[74] Überwiegend wird dann auch von „eigenständigen Sanktionen nicht strafrechtlicher Art"[75] gesprochen.

---

63 KG StV 2018, 401.
64 So *Meyer-Goßner/Schmitt*, § 153a Rn. 54; Löwe/Rosenberg/*Mavany*, § 153a Rn. 115.
65 SK-StPO/*Weßlau/Deiters*, § 153a Rn. 33.
66 *Beulke*, in: FS-Dahs, S. 210.
67 Kritisch hierzu: *Britz/Jung*, in: FS-Meyer-Goßner, S. 307 ff. Nach *Beulke*, in: FS-Dahs ist die Öffnung des Katalogs hingegen „verfassungsrechtlich unbedenklich und auch in der Praxis wünschenswert", S. 216.
68 Zur Vergabepraxis zugunsten gemeinnütziger Einrichtungen vgl. *Krumm*, NJW 2008, 1420; *Dahs*, NJW 1996, 1192 berichtet einen deutlichen Zuwachs der Begünstigung zulasten der gemeinnützigen Organisationen; *Saliger/Sinner*, ZIS 2007, 476 (480) erkennen in § 153a StPO gar ein „Instrument der Fiskalisierung des Strafverfahrens".
69 Löwe/Rosenberg/*Mavany*, § 153a Rn. 84; sowie umfassend *Beulke*, in: FS-Dahs, S. 216 ff.; vgl. auch *Britz/Jung*, in: FS-Meyer-Goßner, S. 307 ff.
70 *Dahs*, NJW 1996, 1192, der von einer entsprechenden Praxis berichtet, Löwe/Rosenberg/*Mavany*, § 153a Rn. 85.
71 BVerfG NJW 1990, 2741.
72 *Fezer*, ZStW 106 (1994), 1 (33); SK-StPO[4]/*Weßlau*, § 153a Rn. 15; kritisch zur Legitimation des § 153a *Brüning*, ZIS 2015, 586 (588 f.); SK-StPO/*Weßlau/Deiters*, § 153a Rn. 15.
73 BGHSt 28, 70; SK-StPO[4]/*Weßlau*, § 153a Rn. 14.
74 Vgl. SK-StPO[4]/*Weßlau*, § 153a Rn. 14: „mit den bekannten Denkfiguren kaum [zu] erfassen".
75 *Fezer*, ZStW 106 (1994), 1 (33); *Meyer-Goßner/Schmitt*, § 153a Rn. 12.

ee) Die Einstellungskompetenz

20 Wie bei § 153 StPO entscheidet vor Anklageerhebung die StA über die Möglichkeit einer Einstellung nach § 153a StPO. Eine Delegierung dieser Befugnis an die Polizei ist unzulässig.[76] Auch de lege ferenda kann die Übertragung der Einstellungsbefugnis auf die Polizei[77] aufgrund des hiermit einhergehenden Verlustes rechtsstaatlicher Kontrollmöglichkeiten nicht befürwortet werden.

Nach Erhebung der öffentlichen Klage entscheidet das Gericht (§ 153a Abs. 2 StPO). Die Zustimmung des Angeklagten ist anders als bei § 153 StPO nie entbehrlich.

b) Weitere Möglichkeiten der Einstellung gegen Auflagen

21 Neben § 153a StPO finden sich weitere Möglichkeiten der Verfahrenseinstellung gegen die Erfüllung von Auflagen in den §§ 45, 47 JGG[78] und in § 37 BtMG.

IV. Die Abschlusspraxis der Staatsanwaltschaft

22 Den Einstellungen gem. § 170 Abs. 2 StPO sowie den Opportunitätseinstellungen und hier insbes. gem. §§ 153, 153a StPO sowie § 45 JGG kommt eine außerordentlich große Bedeutung in der Praxis zu.

Eine große praktische Bedeutung haben auch die Einstellung des Verfahrens bei unwesentlichen Nebenstraftaten (§ 154 StPO), die Beschränkung der Strafverfolgung auf wesentliche Tataspekte (§ 154a StPO) und die vorläufige Einstellung des Verfahrens bei Abwesenheit des Beschuldigten (§ 154f StPO).[79]

---

[76] SK-StPO/*Weßlau/Deiters*, § 153a Rn. 53; zur jugendstrafrechtlichen Parallele vgl. Ostendorf/*Schady*, JGG, § 45 Rn. 16.
[77] Zur Diskussion um das sog. „Strafgeld" vgl. *Sprenger/Fischer*, DRiZ 2000, 111; *dies.*, ZRP 2001, 241; *Weßlau*, DRiZ 2000, 118. Für eine Übertragung der Einstellungsbefugnis de lege ferenda plädiert auch *Elsner*, ZRP 2010, 49; *dies.*, Entlastung der Staatsanwaltschaft durch mehr Kompetenzen für die Polizei?
[78] Vgl. hierzu Ostendorf/*Schady*, JGG, § 47 Rn. 1 ff.
[79] S. hierzu *Scholz*, §§ 154, 154a StPO – Dogmatische Probleme und Rechtspraxis, S. 165 ff.

V. Die Erledigungspraxis der Strafgerichte

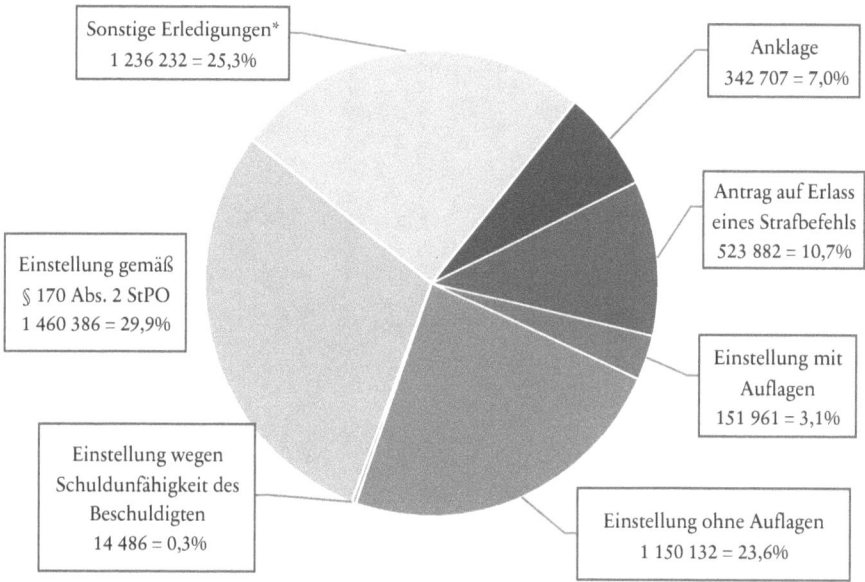

*Antrag auf:
– Eröffnung des Sicherungsverfahrens 997
– Durchführung eines objektiven Verfahrens 305
– Entscheidung im beschleunigten Verfahren (§ 417 StPO) 7 762
– vereinfachtes Jugendverfahren (§ 76 JGG) 5 811
Weiterhin:
– Verweisung auf die Privatklage (§ 374 StPO) 199 572
– Abgabe an die Verwaltungsbehörde als Ordnungswidrigkeit 231 080
– Abgabe an eine andere Staatsanwaltschaft 381 046
– sonstige (vorläufige) Einstellung 3 658
– Verbindung mit einer anderen Sache 382 665
– Anderweitige Erledigung 23 336
Quelle: Statistisches Bundesamt (Hrsg.), Staatsanwaltschaften, Fachserie 10, Reihe 2.6, 2021.

Die Staatsanwaltschaft ist somit quantitativ primär **Einstellungsbehörde**[80] und sekundär Anklagebehörde, wobei qualitativ die Anklagetätigkeit mehr Arbeit beansprucht.

V. Die Erledigungspraxis der Strafgerichte

Das Opportunitätsprinzip gewinnt zusätzlich durch die Erledigungspraxis der Gerichte Bedeutung, wobei auch der sog. Deal, die Verständigung im Strafverfahren, eine opportune Erledigung darstellt (s. unten § 18 Rn. 2)

---

[80] S. auch bereits oben § 9 Rn. 1.

§ 12 Der Abschluss des Ermittlungsverfahrens

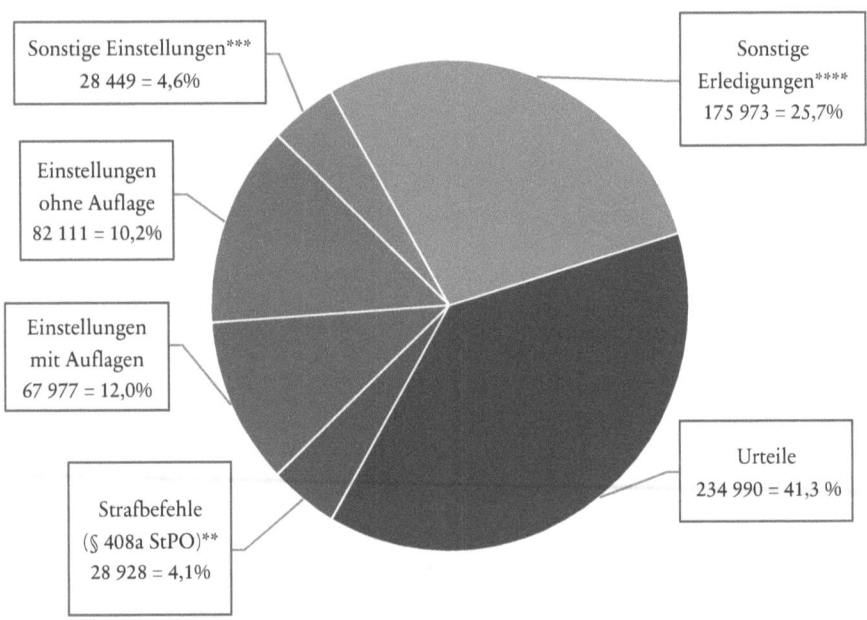

* Erledigungen vor dem Amtsgericht bzgl. des einzelnen Beschuldigten.
** Nur Strafbefehle nach Eröffnung des Hauptverfahrens gem. § 408a StPO; die von der StA beantragten Strafbefehle gem. § 407 StPO sind hier nicht erfasst.
*** ZB Einstellung wegen Abwesenheit des Beschuldigten oder wegen eines anderen in seiner Person liegenden Hindernisses gem. § 205 StPO (24 227), wegen Verfahrenshindernissen § 206a StPO (3 577).
**** ZB Verbindung mit einer anderen Sache (81 109), Rücknahme der Privatklage/des Einspruchs (50 178), Verweisung an ein anderes Gericht (3 449), Ablehnung der Eröffnung des Hauptverfahrens (2 249).
Quelle: Statistisches Bundesamt (Hrsg.), Strafgerichte, Fachserie 10, Reihe 2.3, 2021.

Hierbei werden Opportunitätsentscheidungen gem. § 153a StPO keineswegs allein in Bagatellfällen getroffen. So wurde das Verfahren im Prozess gegen den ehemaligen Geschäftsführer der Formel 1, Bernie Ecclestone, gegen Zahlung von insgesamt 100 Mio. US-Dollar (!) gem. § 153a Abs. 2 StPO eingestellt. Dies kann man positiv als „prozessrechtliche Entkriminalisierung" bewerten oder als „rechtsstaatliche Willkür" kritisieren oder auch als „prozessökonomische Notwendigkeit" hinnehmen.[81]

---

[81] Kritisch *Brüning*, ZIS 2015, 586.

Pro und Contra zum Opportunitätsprinzip	
Pro	Contra
Verhältnismäßigkeitsprinzip (Art. 20 Abs. 3 GG)	Willkürverbot (Art. 20 Abs. 3 GG)
Prozessökonomie (Haushaltsrecht: Grundsatz der Wirtschaftlichkeit und Sparsamkeit, Art. 109 Abs. 3, Art. 114 Abs. 2 GG)	Verletzung des Gleichbehandlungsgrundsatzes (Art. 3 GG)
bessere Präventionswirkung durch Beschleunigung des Verfahrens, Erfahrung von Nachsicht und Vermeidung von Stigmatisierungen (Schutzpflichten des Staates, abgeleitet aus der objektiv-rechtlichen Funktion der Grundrechte)	Einschränkung richterlicher Entscheidungskompetenz (Art. 92 GG)

Lösung zu den Fällen:

Fall 1: Ob das Verhalten des A strafbar ist, ist ungeklärt (vgl. Radmann ZUM 2010, 387 einerseits und Fangerow/Schulz GRUR 2010, 677 andererseits, einschlägige Rechtsprechung existiert bislang nicht). Es stellt sich daher die Frage, ob der für eine Einstellung erforderliche Verdachtsgrad erfüllt ist. § 153a StPO setzt das Vorliegen eines hinreichenden Tatverdachts voraus. Diesen wird man nicht bejahen können, solange man nicht von der Strafbarkeit eines Verhaltens überzeugt ist (s. aaO.). Die Praxis wendet die Vorschrift jedoch auch dort an, wo Zweifel bestehen, ob ein Verhalten einen Straftatbestand erfüllt. § 153a StPO wird so in bedenklicher Weise zu einem Instrument, das es erlaubt, komplizierte Rechtsfragen unbeantwortet zu lassen.

Fall 2: Voraussetzung für den Erlass eines Eröffnungsbeschlusses ist das Vorliegen eines hinreichenden Tatverdachts, § 203 StPO. An einem solchen fehlt es bei Vorliegen eines Prozesshindernisses. Ein solches könnte hier in einem Strafklageverbrauch (ne bis in idem, Art. 103 Abs. 3 GG) bestehen. Voraussetzung hierfür ist, dass über die angeklagte Tat bereits rechtskräftig entschieden wurde. Bei dem eingestellten und dem nunmehr angeklagten Sachverhalt handelt es sich um eine Tat im prozessrechtlichen Sinne.

Voraussetzung ist, dass dem Einstellungsbeschluss nach § 153 Abs. 2 StPO eine solche Rechtskraftwirkung zukommt. Diese Frage ist umstritten. Nach BGHSt 48, 331 soll dem Einstellungsbeschluss entsprechend dem Rechtsgedanken des § 153a Abs. 1 S. 5 StPO eine eingeschränkte Sperrwirkung dahingehend zukommen, dass ein erneutes Aufgreifen des Verfahrens nur dann zulässig ist, wenn sich die Tat nachträglich als Verbrechen darstellt. Diese Voraussetzung liegt hier nicht vor. Es läge somit ein Prozesshindernis in Form entgegenstehender Rechtskraft vor. Mithin fehlt es an einem hinreichenden Tatverdacht. Das Gericht wird die Eröffnung des Hauptverfahrens ablehnen.

1. Abwandlung: Es handelt sich weiterhin um eine Tat im prozessualen Sinne, sodass sich auch hier die Frage der Sperrwirkung des Einstellungsbeschlusses stellt. Das Verhalten des A erfüllt nunmehr aber den Tatbestand des räuberischen Diebstahls gem. § 252 StGB. Bei diesem handelt es sich um ein Verbrechen (vgl. § 12 Abs. 1 StGB). Nach dem oben Gesagten steht der Einstellungsbeschluss der erneuten Anklage somit nicht entgegen. Es besteht somit kein Prozesshindernis. Der hinreichende Tatverdacht liegt somit vor. Das Gericht wird das Hauptverfahren eröffnen.

2. Abwandlung: Die staatsanwaltschaftliche Einstellungsverfügung ist nicht rechtskraftfähig. Sie entfaltet daher keine Sperrwirkung. Dies ergibt sich schon aus ihrer Rechtsnatur als staatsanwaltschaftliche Entscheidung. § 153a Abs. 1 S. 5 StPO muss insofern als eine Ausnahmevorschrift begriffen werden, die nicht ohne weiteres analogiefähig ist. Im Übrigen dürfte es an einer planwidrigen Regelungslücke fehlen: Dass § 153a StPO, nicht aber § 153 StPO eine solche Regelung der Sperrwirkung enthält, spricht vielmehr dafür, dass der Gesetzgeber hier auch keine entsprechende Wirkung anordnen wollte (für eine Analogie aber: Radtke Die Systematik des Strafklageverbrauchs bei verfahrenserledigenden Entscheidungen im Strafprozess, 1994, S. 93 ff.).

§ 13 Rechtsschutz im Ermittlungsverfahren

I. Einleitung/Fortführung des Ermittlungsverfahrens

Gegen die Einleitung und Fortführung eines Ermittlungsverfahrens steht dem Beschuldigten nach hM kein Rechtsbehelf zur Verfügung. Das Ermittlungsverfahren als solches kann nicht gem. § 23 Abs. 1 EGGVG einer gerichtlichen Überprüfung unterzogen werden. Dies steht auch mit verfassungsrechtlichen Grundsätzen in Einklang, da es sich bei dem staatsanwaltschaftlichen Ermittlungsverfahren lediglich um eine Vorprüfung handelt, die der Entscheidung über eine Anklageerhebung dient.[1] Das Rechtsschutzbedürfnis wird ausreichend dadurch befriedigt, dass im Fall der Anklageerhebung der hinreichende Tatverdacht der gerichtlichen Überprüfung gem. § 203 StPO unterzogen wird.[2]

1

Zudem gewährleistet Art. 19 Abs. 4 GG auch nur Rechtsschutz **innerhalb angemessener Zeit**. Das Abwarten ist dem Beschuldigten aber regelmäßig zumutbar, zumal der Rechtsschutz durch Zwischen- und Hauptverfahren über das hinausgeht, was eine Überprüfung nach § 23 EGGVG zu leisten vermöchte.[3]

Dieser Ansicht kann allerdings entgegengehalten werden , dass der bereits mit der Einleitung des Ermittlungsverfahrens verbundene Eingriff in das allgemeine Persönlichkeitsrecht durch einen Freispruch oder die Ablehnung der Eröffnung des Hauptverfahrens nicht ausreichend kompensiert wird.[4] Gefordert wird daher, das Bestehen eines Anfangsverdachts analog § 98 Abs. 2 S. 2 StPO gerichtlich überprüfen zu können.[5]

II. Rechtsschutz gegen Ermittlungs- und Zwangsmaßnahmen

Für den Rechtsschutz im Ermittlungsverfahren besonders bedeutend[6] ist die Frage, wie sich der Betroffene zur Wehr setzen kann.

2

Diese Frage wird in der StPO nur unvollständig beantwortet. Das Rechtsschutzsystem wurde zum Großteil im Wege richterlicher Rechtsfortbildung entwickelt.

Es lässt sich anhand von vier Kriterien systematisieren:
- richterliche oder nicht-richterliche Anordnung
- vor oder nach Erledigung
- offene oder verdeckte Ermittlungsmaßnahme
- Anordnung oder die Art und Weise der Durchführung.

1. Richterlich angeordnete Maßnahmen

Soweit eine solche Ermittlungsmaßnahme durch den Richter angeordnet wird, hält die StPO auf die Frage nach dem Rechtsschutz noch eine klare Antwort parat: Gegen die

3

---

1 BVerfG NStZ 2004, 447.
2 BVerfG aaO.
3 BVerfG aaO.
4 *Roxin/Schünemann,* Strafverfahrensrecht, § 29 Rn. 12; *Kölbel,* JR 2006, 323 (324).
5 SK-StPO/Wohlers/*Deiters,* § 160 Rn. 79 .; *Roxin/Schünemann,* Strafverfahrensrecht, § 29 Rn. 12; *Kölbel,* JR 2006, 323 (325) stützt sich demgegenüber auf § 23 EGGVG und will hiernach sogar eine präventive Überprüfung zulassen; vgl. auch *Nagel,* StV 2001, 185, der offen lässt, ob der von ihm geforderte Rechtsschutz über § 23 EGGVG oder analog § 98 Abs. 2 StPO zu realisieren ist.
6 „integraler Bestandteil" *Meyer,* in: FG-Fezer, S. 131.

Anordnung als richterliche Entscheidung ist die Beschwerde nach §§ 304 ff. StPO statthaft. Soweit die Anordnung durch einen Ermittlungsrichter des BGH oder eines OLG getroffen wird, sind jedoch der Ausschluss bzw. die Beschränkung gem. § 304 Abs. 4 S. 1, 2 StPO zu beachten.[7]

Die Beschwerde setzt allerdings voraus, dass der Beschwerdeführer durch die Maßnahme beschwert, dh in seinen Rechten oder sonstigen Interessen betroffen ist. Hieran könnte es fehlen, wenn sich die Maßnahme bereits erledigt hat, was regelmäßig der Fall sein wird, da strafprozessuale Maßnahmen im Interesse des Ermittlungserfolges selten angekündigt werden. Die Rechtsprechung stand früher auf dem Standpunkt, dass mit der Erledigung einer Zwangsmaßnahme die **prozessuale Überholung** eingetreten sei.[8] Gegen die Maßnahme als solche stünde dann kein Rechtsbehelf mehr zur Verfügung, es könne vielmehr nur das Urteil angegriffen werden.

Diese Sichtweise verkürzt die Ermittlungsmaßnahmen auf ihre Funktion im Rahmen der Beweiserhebung und verkennt die eigenständige grundrechtliche Relevanz.[9] Das BVerfG hat dieser Ansicht daher eine Absage erteilt.[10]

Im Anschluss an die Entscheidung des BVerfG besteht somit auch bei bereits erledigten Ermittlungs- und Zwangsmaßnahmen die Möglichkeit, ihre Rechtmäßigkeit einer gerichtlichen Überprüfung zuzuführen. Die Beschwerde zielt dann auf Feststellung der Rechtswidrigkeit. Sie weist somit gewisse Parallelen zur Fortsetzungsfeststellungsklage nach § 113 Abs. 1 S. 4 VwGO auf.[11] Wie diese ist sie allerdings nicht in jedem Fall zulässig, sondern nur dort, wo der Beschwerdeführer ein **fortdauerndes Rechtsschutzbedürfnis** in Form eines berechtigten Interesses an der Feststellung geltend machen kann. Dieses Erfordernis ergibt sich aus dem allgemeinen Rechtsgedanken des § 28 Abs. 1 S. 4 EGGVG.[12]

4 Ein solches fortdauerndes Rechtsschutzbedürfnis besteht in drei Fällen:
- Bei Wiederholungsgefahr,
- bei einem Rehabilitierungsbedürfnis und
- bei einem „tiefgreifenden Grundrechtseingriff".[13]

Kein Feststellungsinteresse begründet demgegenüber die Geltendmachung von Amtshaftungsansprüchen.[14]

Wiederholungsgefahr in diesem Sinne kann nur dort angenommen werden, wo aufgrund konkreter Anhaltspunkte die erneute Anordnung oder Durchführung der Maßnahme zu befürchten ist.[15] Die bloß abstrakte Möglichkeit der Wiederholung genügt nicht.[16]

---

7 Hierzu und zur Beschwerde insgesamt s. § 17 Rn. 51 ff.
8 BGHSt 28, 57 (58); OLG Celle JR 1973, 339 (340).
9 *Meyer/Rettenmaier*, NJW 2009, 1238.
10 BVerfG NJW 1997, 2163; anders noch BVerfG NJW 1979, 154.
11 *Burghardt*, JuS 2010, 605 (606).
12 *Meyer*, in: FG-Fezer, S. 148.
13 BVerfG NJW 1997, 2163 (2164).
14 *Meyer*, in: FG-Fezer, S. 151.
15 *Engländer*, Jura 2010, 414 (415 f.).
16 *Engländer*, Jura 2010, 414 (416).

Für die Bejahung des Rehabilitationsinteresses genügt nicht der bloße Grundrechtseingriff als solcher, es muss vielmehr eine erhebliche, nach Abschluss der Maßnahme fortwirkende Beeinträchtigung der Rechtssphäre des Betroffenen vorliegen.[17]

Für das Vorliegen eines tiefgreifenden Grundrechtseingriffs ist es bislang nicht gelungen, einheitliche Kriterien herauszubilden, es ist vielmehr eine wenig systematische Kasuistik entstanden.[18] Ein tiefgreifender Grundrechtseingriff ist in jedem Fall dort anzunehmen, wo der Eingriff bereits verfassungsrechtlich unter Richtervorbehalt steht,[19] also insbes. bei der Wohnungsdurchsuchung. Aber auch der einfach-gesetzliche Richtervorbehalt kann ein Indiz für das Vorliegen eines tiefgreifenden Grundrechtseingriffs sein.[20] Einschränkend verlangt das BVerfG, dass sich die Maßnahme typischerweise vor der Möglichkeit der Erlangung des Rechtsschutzes erledigt.[21]

Trotz Vorliegen eines solchen Feststellungsinteresses soll jedoch unter dem Gesichtspunkt der Verwirkung das Rechtsschutzbedürfnis entfallen können. Dies soll insbes. der Fall sein, wenn sich der Betroffene im Vorfeld gegen die Maßnahme hätte zur Wehr setzen können.[22]

2. Nicht-richterlich angeordneter strafprozessualer Rechtseingriff

Unklar ist die Gesetzeslage, wenn die Anordnung nicht durch den Richter, sondern bei Gefahr im Verzug durch die StA oder ihre Ermittlungspersonen, dh durch Polizeibeamte erfolgt. Mit wenigen Ausnahmen sieht die StPO für diese Fälle keinen Rechtsbehelf vor. Eine dieser Ausnahmen bildet § 98 Abs. 2 S. 2 StPO. Die Vorschrift sieht im Fall der durch die StA oder ihre Ermittlungspersonen angeordneten Beschlagnahme die Möglichkeit vor, eine gerichtliche Überprüfung der Rechtmäßigkeit zu beantragen. Da die fehlende Rechtsschutzmöglichkeit im Hinblick auf Art. 19 Abs. 4 GG als nicht tragbar angesehen werden muss, entspricht es mittlerweile[23] allgemeiner Praxis sowie der in der Literatur herrschenden Ansicht,[24] dass die Vorschrift auf andere Ermittlungsmaßnahmen analoge Anwendung findet.

5

Die Gegenauffassung, die Rechtsschutz über §§ 23 ff. EGGVG gewähren will, findet aufgrund der unsachgemäßen Zuständigkeit des OLG (§ 25 EGGVG) nur noch vereinzelt Anhänger.[25]

Gegen nicht-richterlich angeordnete Ermittlungsmaßnahmen steht dem Betroffenen somit der Rechtsbehelf des Antrags auf Überprüfung der Rechtmäßigkeit analog § 98 Abs. 2 S. 2 StPO zur Verfügung.

Soweit der Antrag nach Erledigung erfolgt, bedarf es wiederum eines besonderen Rechtsschutzinteresses.[26] Die oben dargestellten Grundsätze gelten entsprechend.

---

17 *Meyer*, in: FG-Fezer, S. 149.
18 *Meyer/Rettenmaier*, NJW 2009, 1238 (1239); *Burghardt*, JuS 2010, 605 (606); ausführlich *Meyer*, in: FG-Fezer, S. 153 ff.
19 BVerfG NJW 1997, 2163 (2164).
20 BVerfG NStZ 2003, 607; OLG Hamm NStZ-RR 2004, 144 (145).
21 BVerfGE 104, 220 (223).
22 OLG Hamm NJW 1999, 229; OLG Frankfurt NStZ-RR 2007, 349 (350); aA OLG Düsseldorf NStZ-RR 2001, 382; OLG Celle NStZ-RR 2003, 177; s. auch *Meyer/Rettenmaier*, NJW 2009, 1238 (1239).
23 Zur Historie: *Amelung*, in: FG-BGH, S. 911 ff.
24 S. *Meyer*, in: FG-Fezer, S. 142 mwN.
25 Aus jüngerer Zeit aber: *Glaser*, Der Rechtsschutz nach § 98 Abs. 2 Satz 2 StPO, S. 331 ff.
26 BGHSt 37, 79; 28, 57.

3. Verdeckte Ermittlungsmaßnahmen
a) Der Rechtsbehelf des § 101 Abs. 7 S. 2 StPO

6 Für die in § 101 Abs. 1 StPO aufgezählten sog. verdeckten Ermittlungsmaßnahmen sieht das Gesetz nunmehr in § 101 Abs. 7 S. 2 StPO ausdrücklich einen eigenen Rechtsbehelf vor.

Die hiernach gegebene Möglichkeit der gerichtlichen Überprüfung der Rechtmäßigkeit der Maßnahme betrifft sowohl die Anordnung als solche als auch die Art und Weise der Durchführung und greift unabhängig von der Frage, ob die Maßnahme durch den Richter oder den StA angeordnet wurde. Zu beachten ist allerdings, dass im Rahmen der verdeckten Ermittlungsmaßnahmen die Anordnung durch den StA nur vereinzelt vorgesehen ist.

aa) Zuständigkeit

7 Zuständig ist das für die Anordnung der Maßnahme zuständige Gericht. Das ist idR der Ermittlungsrichter am AG, in dessen Bezirk die StA ihren Sitz hat (§ 162 Abs. 1 S. 1 StPO, § 27 GVG), ausnahmsweise auch der Ermittlungsrichter des OLG (§ 169 Abs. 1 S. 1 StPO, § 116 Abs. 1 S. 2 Hs. 1 GVG) oder des BGH (§ 169 Abs. 1 S. 1 StPO, § 130 Abs. 1 S. 1 GVG).

Im Fall der akustischen Wohnraumüberwachung ist die eigens hierfür eingerichtete Staatsschutzkammer zuständig (§ 100d Abs. 1 S. 1 StPO, § 74a Abs. 4 GVG). In den Fällen der richterlichen Anordnung entscheidet das Gericht somit über seine eigene Anordnung. Dem Rechtsbehelf **fehlt** es also an einem **Devolutiveffekt**.

Mit der Erhebung der öffentlichen Klage geht die Zuständigkeit auf das Gericht der Hauptsache über (§ 101 Abs. 7 S. 4 StPO). Dieses soll über die Rechtmäßigkeit der Maßnahme in der „das Verfahren abschließenden Entscheidung", also regelmäßig in dem Urteil, entscheiden.

bb) Antragsberechtigung

8 Antragsberechtigt ist, wer zu dem in § 101 Abs. 4 S. 1 StPO für die jeweilige Maßnahme näher umschriebenen Personenkreis gehört. Diese Personen sind nach Abschluss der Maßnahme **zu benachrichtigen**. Die Benachrichtigung hat für den Rechtsschutz allerdings nur insoweit Auswirkungen, als dass sie die Antragsfrist auslöst. Konstitutiv für die Antragsberechtigung ist sie hingegen nicht.[27] Erlangt eine in § 101 Abs. 4 S. 1 StPO genannte Person auf anderem Wege Kenntnis, ist sie berechtigt, den Rechtsbehelf einzulegen.

cc) Frist

9 Die Frist zur Beantragung der Überprüfung beträgt zwei Wochen ab Benachrichtigung.

dd) Vermutung des Rechtsschutzbedürfnisses

10 Anders als im Rahmen der §§ 304 ff., 98 Abs. 2 S. 2 StPO analog muss der Antragsteller nicht nachweisen, nach Beendigung noch ein berechtigtes Interesse an der Feststellung zu haben. Dieses Interesse, das sich in den erfassten Fallgestaltungen regelmäßig aus dem Aspekt des tiefgreifenden Grundrechtseingriffs ergeben würde, wird unwiderleglich vermutet.[28]

---

27 *Glaser*, JR 2010, 423 (427).
28 *Glaser*, JR 2010, 423 (427), hingegen spricht von einer Fiktion.

ee) Rechtsmittel

Gegen die Entscheidung des Gerichts ist die sofortige Beschwerde statthaft (§ 101 Abs. 7 S. 3 StPO). Fraglich ist, ob dies auch dann gilt, wenn das Gericht der Hauptsache in dem Urteil über die Rechtmäßigkeit der Maßnahme entschieden hat oder ob dann allein Berufung und Revision als gegen das Urteil statthafte Rechtsmittel eingreifen.[29]

b) Verhältnis zum Rechtsschutz nach §§ 304 ff., 98 Abs. 2 S. 2 StPO analog

Der Rechtsbehelf des § 101 Abs. 7 S. 2 StPO bringt die Frage mit sich, wie er sich zu dem Rechtsschutz nach §§ 304 ff., 98 Abs. 2 S. 2 StPO analog verhält. Ausweislich der Gesetzesbegründung soll die Neueinführung des Rechtsbehelfs den Rechtsschutz nach den allgemeinen Regeln unangetastet lassen.[30]

Im Anwendungsbereich des § 101 Abs. 7 S. 2 StPO hat der besondere Rechtsbehelf als lex specialis Vorrang. Der Anwendungsbereich weist allerdings drei Beschränkungen auf, die dazu führen können, dass auch im Bereich der verdeckten Ermittlungsmaßnahmen Rechtsschutz über §§ 304 ff., 98 Abs. 2 S. 2 StPO zu suchen ist.

(1) Antragsberechtigt sind nur die in § 101 Abs. 4 S. 1 StPO genannten Personen. Soweit ein Dritter die Rechtswidrigkeit der Maßnahme geltend machen will, bleibt es somit bei der Möglichkeit der Beschwerde und des Antrags auf gerichtliche Entscheidung analog § 98 Abs. 2 S. 2 StPO.[31]

(2) Nach umstrittener Ansicht greift § 101 Abs. 7 S. 2 StPO in zeitlicher Hinsicht erst nach Beendigung der Maßnahme.[32] Die Gegenauffassung kann sich allerdings auf den Wortlaut der Vorschrift berufen, wo es heißt „**auch** vor Beendigung der Maßnahme" (§ 101 Abs. 7 S. 2 StPO). Eine feststellende Entscheidung kann auch vor Beendigung der Maßnahme Sinn machen, weil dann der Abbruch der Maßnahme zu erwarten ist. Nach anderer Ansicht bleibt es bei den Rechtsschutzmöglichkeiten gem. §§ 304 ff. StPO und analog § 98 Abs. 2 S. 2 StPO.[33] In jedem Fall handelt es sich um eine „unglückliche" und zur Interpretation einladende Bestimmung.

(3) Der Antrag nach § 101 Abs. 7 S. 2 StPO ist nur innerhalb der Frist von zwei Wochen ab Benachrichtigung zulässig. Ob nach Ablauf dieser Frist wieder auf den Rechtsschutz nach §§ 304 ff., 98 Abs. 2 S. 2 StPO analog zurückgegriffen werden kann, ist umstritten. Hierfür wird der Gedanke eines umfassenden Rechtsschutzes angeführt.[34] Nach der Rechtsprechung des BGH[35] verbietet aber der Charakter des § 101 Abs. 7 S. 2 StPO als abschließendes lex specialis den Rückgriff auf die allgemeinen Regeln.

4. Rechtsschutz gegen die Art und Weise der Durchführung der Ermittlungs- und Zwangsmaßnahmen

Diese bisherigen Ausführungen betreffen allesamt die Konstellation, dass der Betroffene bereits die Anordnung der Maßnahme (das „Ob") für rechtswidrig hält. Soweit die

---

29 Hierzu *Glaser*, JR 2010, 423 (429 f.); *Löffelmann*, ZIS 2009, 495 (496 ff.).
30 BT-Drs. 16/5846, S. 62.
31 *Meyer-Goßner/Schmitt*, § 101 Rn. 26a.
32 *Engländer*, Jura 2010, 414 (417); *Singelnstein*, NStZ 2009, 481 (482).
33 *Glaser*, JR 2010, 423 (425).
34 *Meyer*, JR 2009, 318 (320).
35 BGH JR 2009, 346.

Rechtswidrigkeit der Durchführung der Ermittlungsmaßnahme in Rede steht (das „Wie"), soll wiederum § 98 Abs. 2 S. 2 StPO analoge Anwendung finden.[36]

5. Übersicht

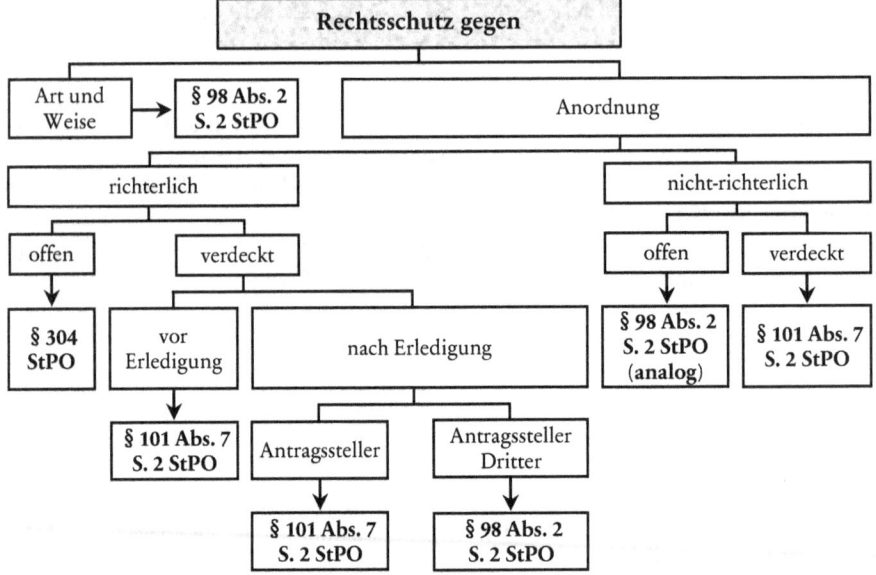

III. Sonstige Maßnahmen

Die StPO sieht zudem bei einzelnen staatsanwaltschaftlichen Entscheidungen die Möglichkeit vor, eine gerichtliche Entscheidung zu beantragen: so für Maßregeln nach §§ 51, 70 StPO (§ 161a Abs. 3 S. 1 StPO) und die Versagung der Akteneinsicht (§ 147 Abs. 5 S. 2 StPO, zur Akteneinsicht s. Rn. 120). Daneben steht der besondere Rechtsbehelf der Haftprüfung gem. § 117 StPO (s. Rn. 221).

Gegen sonstige Maßnahmen der Ermittlungsbehörden bleibt allein die Möglichkeit des Rechtsschutzes nach §§ 23 ff. EGGVG. Diese Vorschriften regeln den Rechtsschutz gegen sog. Justizverwaltungsakte und verweisen abweichend von § 40 VwGO an die ordentliche Gerichtsbarkeit. Der Begriff des Verwaltungsakts darf hier nicht im engen Sinne von § 35 VwVfG verstanden werden. Erfasst werden vielmehr sämtliche Maßnahmen mit Außenwirkung.[37] Für den praktisch relevanten Fall von Presseerklärungen der StA ist umstritten, ob § 23 EGGVG einschlägig ist oder gem. § 40 Abs. 1 S. 1 VwGO Rechtsschutz vor den Verwaltungsgerichten zu suchen ist.[38]

---

36 BGHSt 45, 183; 44, 265; anders noch BGHSt 28, 206: § 23 EGGVG.
37 KK-StPO/*Mayer*, § 23 EGGVG Rn. 20 ff. mwN.
38 Für Ersteres OLG Hamm NStZ 1995, 412 (413); für Letzteres: BVerwG NStZ 1988, 513.

§ 14 Besondere Verfahrensarten

I. Das Strafbefehlsverfahren (§§ 407 ff. StPO)

Das Strafbefehlsverfahren ist ein summarisches Strafverfahren, das eine einseitige Straffestsetzung ohne Hauptverhandlung und Urteil in den in § 407 genannten Fällen ermöglicht.[1] Zur praktischen Bedeutung s. § 12 Rn. 23.

- Vorteile:
  - Entlastung der Justiz
  - geringere Belastung des Beschuldigten durch Wegfall der Hauptverhandlung
- Nachteile:
  - Unkenntnis, Gleichgültigkeit oder intellektuelles/psychisches Unvermögen[2] erschweren die aktive Rechtswahrnehmung durch den Beschuldigten
  - pauschalierte Sanktionierung ohne Berücksichtigung der konkreten Beschuldigungssituation

Der Strafbefehlsantrag wird von der StA gestellt (§ 408 StPO). Hat der Richter gegen den Erlass des Strafbefehls Bedenken, so gibt es zwei Möglichkeiten:
1. Hauptverhandlung ohne Eröffnungsbeschluss (§ 408 Abs. 3 S. 2 StPO),
2. Ablehnung des Strafbefehlsantrages (§ 408 Abs. 2 StPO).

In Verfahren vor dem Strafrichter und dem Schöffengericht kann der Strafbefehlsantrag auch nach Eröffnung des Hauptverfahrens gestellt werden (§ 408a StPO).

Gegen den Strafbefehl kann innerhalb von zwei Wochen Einspruch eingelegt werden, wobei bei rechtzeitigem Einspruch ein Termin zur Hauptverhandlung anberaumt wird (§ 411 Abs. 1 S. 2 StPO). In der Hauptverhandlung ist das Gericht nicht an den Strafbefehlsausspruch gebunden (§ 411 Abs. 4 StPO), so dass auch eine härtere Sanktionierung erfolgen kann. Wird nicht rechtzeitig Einspruch erhoben, so steht der Strafbefehl einem rechtskräftigen Urteil gleich (§ 410 Abs. 3 StPO; s. aber § 373a StPO – hierzu bereits oben § 8 Rn. 14). Gegen Jugendliche darf kein Strafbefehl erlassen werden (§ 79 Abs. 1 JGG). Da das Strafbefehlsverfahren in der eindeutigen Mehrzahl der Fälle entsprechend dem Antrag der StA „durchläuft", ist es insoweit ein schriftliches Verfahren, ohne dass StA und Richter den Beschuldigten persönlich gesehen und angehört haben. Faktisch ist damit das Mündlichkeitsprinzip der Hauptverhandlung (zum Unmittelbarkeitsgrundsatz s. § 16 Rn. 40 ff.) in ca. 50 % der Verfahren[3] aufgehoben.[4]

II. Das beschleunigte Verfahren (§§ 417 ff. StPO)

Im Unterschied zum Strafbefehlsverfahren, das selbst eine beschleunigte Form der Verfahrenserledigung darstellt, wird das beschleunigte Verfahren (§§ 417–420 StPO) relativ selten durchgeführt (im Jahr 2018 wurden 13.613 Anträge gestellt). Ein Hauptanwendungsfall sind Verkehrsdelikte von durchreisenden Ausländern. Während das

---
1 Joecks/Jäger, § 407 Rn. 1.
2 Zur im Wiederaufnahmeverfahren sichtbar gewordenen Fehlerquote wegen unerkannter Schuldunfähigkeit s. Kemme/Dunkel, StV 2020, 52.
3 S. hierzu Heinz, in: FS-Müller-Dietz, S. 271 ff.
4 Zu weiteren „opportunistischen" Abweichungen vom „klassischen Strafverfahren" s. § 20.

Strafbefehlsverfahren ein schriftliches Verfahren darstellt, muss über den Anklagevorwurf im beschleunigten Verfahren in einer Hauptverhandlung entschieden werden. Zur erleichterten Durchführung hat der Gesetzgeber die Möglichkeit einer sog. Hauptverhandlungshaft (§ 127b StPO) geschaffen (s. § 11 Rn. 100). Dem Vorteil der Verfahrensabkürzung (Ladungsfrist beträgt 24 Stunden, § 418 Abs. 2 S. 3 StPO) steht der Nachteil einer eingeschränkten Verteidigungsmöglichkeit gegenüber.[5] Hierbei kann in diesem Verfahren immerhin eine Freiheitsstrafe bis zu einem Jahr ausgesprochen werden (§ 419 Abs. 1 S. 2 StPO). Dementsprechend ist das Wort „kurzen Prozess machen" negativ besetzt. Im Jugendstrafrecht ist das beschleunigte Verfahren gegen Jugendliche untersagt (§ 79 Abs. 2 JGG), stattdessen gibt es das vereinfachte Jugendverfahren (§§ 76–78 JGG)[6].

III. Die Nebenklage (§§ 395 ff. StPO)

3 Bei bestimmten Delikten kann sich der Verletzte (s. zum Begriff § 373b StPO) – bei Tötungsdelikten die Angehörigen – der durch die StA erhobenen Klage als Nebenkläger anschließen. Die Rechte des Nebenklägers sind in § 397 StPO aufgeführt. Er hat u.a ein Anwesenheitsrecht in der Hauptverhandlung, darf Beweisanträge stellen und einen Antrag zur Verurteilung und zum Strafmaß. Der Nebenkläger kann zwar Rechtsmittel unabhängig von der StA einlegen (§ 401 Abs. S. 1 StPO), er kann das Urteil aber nicht mit dem Ziel einer härteren Bestrafung anfechten (§ 400 Abs. 1 StPO).

Wichtig: Gem. § 397a Abs. 1 StPO ist bei bestimmten schweren Delikten dem Nebenkläger auf seinen Antrag hin auf Staatskosten ein Rechtsanwalt zu bestellen („kostenloser Opferanwalt"); gem. § 397a Abs. 2 StPO steht dem Nebenkläger in anderen Fällen eine Prozesskostenhilfe für die Hinzuziehung eines Rechtsanwalts zu, wenn er seine Interessen selbst nicht ausreichend wahrnehmen kann oder ihm dies nicht zuzumuten ist.

IV. Die Privatklage (§§ 374 ff. StPO)

4 Bei den in § 374 StPO festgelegten Bagatelldelikten erhebt die StA nur ausnahmsweise die Klage, „wenn dies im öffentlichen Interesse liegt" (§ 376 StPO).[7] Geschieht dies nicht, kann der Verletzte Privatklage erheben. Gründe für die Erhebung einer Privatklage können sein:

- Kein besonderes Interesse an Strafverfolgung
- Unkenntnis des Verfahrensganges
- Verpflichtung zum Gebührenvorschuss (§ 379a StPO)
- Voraussetzung des gescheiterten Sühneversuchs (§ 380 StPO)
- Kostenrisiko (§ 471 Abs. 2 StPO).

In der Praxis wird von der Privatklage nur selten Gebrauch gemacht. Nach *Heinz*[8] führt die Verweisung auf den Privatklageweg in über 99 % der Fälle zur Einstellung

---

5 MüKo-StPO/*Putzke/Scheinfeld*, § 417 Rn. 26 f.
6 Zur Problematik der Anwendung des beschleunigten Verfahrens sowie des Strafbefehls bei Heranwachsenden s. *Ostendorf/Drenkhahn*, Jugendstrafrecht, Rn. 141, 142.
7 S. auch § 12 Rn. 2.
8 *Heinz*, in: Das Ermittlungsverhalten der Polizei und die Einstellungspraxis der Staatsanwaltschaften, S. 125 (140).

des Ermittlungsverfahrens, da der Privatklageweg nicht beschritten wird bzw. die Voraussetzungen für die Erhebung der Privatklage nicht erfüllt werden.

V. Das Adhäsionsverfahren (§§ 403 ff. StPO)

Im Strafprozess kann der Angeklagte von dem Verletzten wegen eines vermögensrechtlichen Schadens in Anspruch genommen werden. Da sich die Strafrichter in der Praxis entweder nicht – mehr – an diese Rechtsmaterie (zB Höhe des Schmerzensgeldanspruchs) herantrauen oder dieses Verfahren nur zusätzliche Arbeit mit sich bringt, ist das Adhäsionsverfahren (angehängtes Verfahren) weitgehend „totes Recht". Allerdings machen rechtskundige Polizeibeamte dann und wann in Verfahren wegen Widerstand gegen Vollstreckungsbeamte (§ 113 StGB) von dem Antragsrecht Gebrauch.[9]

VI. Das Klageerzwingungsverfahren (§ 172 StPO)

Unter eingeschränkten Voraussetzungen kann die StA auf Antrag des Verletzten durch das OLG (s. § 172 Abs. 4 StPO) gezwungen werden, Anklage zu erheben. Da die Gerichte die formellen Voraussetzungen gem. § 172 Abs. 3 StPO sehr eng auslegen, führt das Verfahren nur äußerst selten zum Erfolg.[10] Sollte sich allerdings die Auffassung verfestigen bzw. ausweiten, dass der Verletzte bzw. Angehörige des Verletzten ein subjektives Recht auf Strafverfolgung Dritter hat bzw. haben[11], würde damit ein „Super-Klageerzwingungsverfahren" begründet.[12]

Frage: Muss der Beschuldigte im beschleunigten Verfahren einen Verteidiger haben? (s. § 418 Abs. 4 StPO)

---

9 Zur ausnahmsweisen Begründung eines Schmerzensgeldanspruches wegen Beleidigung s. LG Oldenburg StV 2013, 690.
10 S. hierzu einerseits Berliner Verfassungsgerichtshof, andererseits Sächsischer Verfassungsgerichtshof, NJW-Spezial 2004, 280.
11 S. hierzu BVerfG StV 2017, 373 – Kunduz-Beschluss; OLG Bremen StV 2018, 268; positiv *Giehring*, in: FS-Ostendorf, S. 353 ff.
12 *Eser/Lubrich*, StV 2017, 424.

§ 15 Die Hauptverhandlung

I. Der Ablauf

1 Nach Durchführung des Zwischenverfahrens gemäß §§ 199–211 StPO und der darauf folgenden Eröffnung des Hauptverfahrens gem. § 203 StPO (vgl. § 6 Rn. 2) schließt sich die Hauptverhandlung an. Das Zwischenverfahren nimmt primär die Funktion einer prozessualen Filter- und Sichtungsinstanz ein, in der über das Vorliegen eines hinreichenden Tatverdachts entschieden wird, ohne dass es dabei zu einer tiefgreifenden materiellrechtlichen Prüfung kommt. Der Ablauf der Hauptverhandlung ist in § 243 StPO geregelt. Die Hauptverhandlung beginnt mit dem Aufruf der Sache. Bereits hier ist entscheidend, ob die Hauptverhandlung öffentlich oder nichtöffentlich ist. Danach stellt der Vorsitzende fest, ob der Angeklagte und dessen Verteidiger anwesend und die Beweismittel vorhanden sind. Eine Verhandlung ohne den Angeklagten kann nur ganz ausnahmsweise (s. § 232 StPO) durchgeführt werden (zur Berufungsverhandlung s. § 17 Rn. 23; zur Hauptverhandlung nach Einspruch gegen einen Strafbefehl s. § 411 Abs. 2 StPO). Die Anwesenheit kann zwangsweise gem. § 230 StPO herbeigeführt werden (s. § 11 Rn. 84, 103). Bei Jugendlichen ist auch die Anwesenheit der gesetzlichen Vertreter sowie der Jugendgerichtshilfe (dies auch bei Heranwachsenden) festzustellen. Ist der Verteidiger nicht anwesend, so kann in Fällen der notwendigen Verteidigung nicht verhandelt werden (§ 145 StPO). Aus § 228 Abs. 2 StPO ergibt sich für Fälle der nicht notwendigen Verteidigung grundsätzlich, dass es zu Lasten des Angeklagten geht, sollte dieser einen Verteidiger wählen, welcher den Termin der Hauptverhandlung nicht wahrnehmen kann.[1] Dennoch kann bei unverschuldetem Ausbleiben des Verteidigers aus Fairnessgründen ausnahmsweise die Aussetzung der Verhandlung geboten sein.[2]

Nach der Präsenzfeststellung müssen die Zeugen den Sitzungssaal gem. § 243 Abs. 2 S. 1 StPO verlassen, damit sie später unbeeinflusst von der Vernehmung des Angeklagten ihre Aussagen machen können. Auch wenn Zeugen gem. § 57 S. 1 StPO grundsätzlich vor ihrer Vernehmung individuell zu belehren sind, ist eine Abweichung von dieser gesetzlichen Reihenfolge dann möglich, wenn die Belehrung vor Verlassen des Gerichtssaals als sog. „Sammelbelehrung" erfolgt. Sodann wird der Angeklagte über seine persönlichen Verhältnisse vernommen (§ 243 Abs. 2 S. 2 StPO), wobei die Vernehmung zur Person von der Vernehmung zur Sache zu unterscheiden ist. Da dem Angeklagten hinsichtlich aller schuld- und rechtsfolgenrelevanten Umstände ein Schweigerecht zusteht, hat dies zur Folge, dass zB etwaige Vorstrafen oder sonstige schuld- oder rechtsfolgenrelevante Umstände erst im Rahmen der Vernehmung zur Sache erörtert werden dürfen, nachdem der Angeklagte nach Belehrung (§ 243 Abs. 5 S. 1 StPO) entschieden hat, ob er von seinem Schweigerecht Gebrauch machen will. Nach der Vernehmung zur Person verliest der Staatsanwalt den Anklagesatz (§ 243 Abs. 3 S. 1 StPO). Nachdem gem. § 243 Abs. 4 StPO mitgeteilte wurde, ob und wenn ja, in welchem Umfang verständigungsbezogene Erörterungen (zur sog. Verständigung s. § 18 Rn. 2 ff.) stattgefunden haben, wird der Angeklagte gem. § 243 Abs. 5 S. 1 StPO da-

---

[1] KK-StPO/*Gmel/Peterson*, § 228 Rn. 8 mit Verweis insbes. auf BGH NJW 1973, 1985. Zum Entwurf eines Hauptverhandlungsdokumentationsgesetzes der Bundesregierung, s. *Beukelmann*, StV 2023, 719.
[2] Dazu KK/StPO/Gmel/Peterson, § 228 Rn. 8; zur Angemessenheit der Aussetzung bei Ausbleiben des Verteidigers infolge Mandatsniederlegung wegen Ablehnung des Tragens eines Mund-Nasen-Schutzes während der COVID-19-Pandemie OLG Saarbrücken, BeckRS 2020, 42758.

rauf hingewiesen, dass es ihm freistehe, sich zu der Anklage zu äußern oder nicht zur Sache auszusagen. Wenn er zur Aussage bereit ist, wird er anschließend zur Sache vernommen. Dem können eine sog. Eröffnungserklärung der Verteidigung gem. § 243 Abs. 5 S. 3, eine gesetzlich nicht geregelte Replik der StA sowie die Feststellung der Vorstrafen nach § 243 Abs. 5 S. 5 StPO folgen. Soweit eine Beweisaufnahme erforderlich ist (nicht notwendig bei einem glaubhaften Geständnis), wird anschließend diese Beweisaufnahme durchgeführt. Nach Abschluss der Beweisaufnahme hält der Staatsanwalt sein Plädoyer, anschließend der Verteidiger, sofern vorhanden. Im Jugendstrafverfahren erstattet vorher die Jugendgerichtshilfe ihren Bericht. Der Angeklagte erhält das sogenannte letzte Wort (§ 258 StPO). Danach zieht das Gericht sich zur Beratung zurück und verkündet anschließend das Urteil (§ 268 StPO).

Über die Hauptverhandlung muss ein Protokoll aufgenommen werden (§ 271 StPO), dessen Inhalt ("im Wesentlichen") sich nach den §§ 272, 273 StPO bestimmt. Von der Möglichkeit, die Vernehmungen in der Hauptverhandlung vor dem Strafrichter und dem Schöffengericht auf Tonträger aufzuzeichnen (§ 273 Abs. 2 S. 2 StPO), wird in der Praxis kaum Gebrauch gemacht. Die geforderte Ausweitung der **audiovisuellen Protokollierung**[3] würde Fehler und Versäumnisse bei der traditionellen Protokollierung vermeiden und Begründungsfehler im Urteil aufdecken. Dies gilt insbes. für die erstinstanzliche Hauptverhandlung vor dem Landgericht und dem Oberlandesgericht, in der nach bisherigem Recht auf eine inhaltliche Protokollierung der Vernehmungen verzichtet wird (Umkehrschluss aus § 273 Abs. 2 S. 1 StPO). Die inhaltliche Ausweitung der audiovisuellen Protokollierung „beißt sich" allerdings mit dem sog. Rekonstruktionsverbot (s. § 17 Rn. 41). Mit der in § 136 Abs. 4 S. 1 und 2 StPO geregelten audiovisuellen Vernehmung des Beschuldigten hat der Gesetzgeber „einen ersten Einstieg" gemacht (s. § 10 Rn. 6, § 16 Rn. 46). Die Beachtung bzw. Nichtbeachtung der für die Hauptverhandlung vorgeschriebenen Förmlichkeiten kann nur durch das Protokoll bewiesen werden (§ 274 S. 1 StPO; s. auch § 17 Rn. 36).

Gang der Hauptverhandlung
1. Eröffnung (§ 243 Abs. 1, 2 StPO)
   – Aufruf der Verhandlung
   – Feststellung der Anwesenheit der Verfahrensbeteiligten (auch gesetzlichen Vertreter sowie Jugendgerichthilfe im Jugendstrafverfahren)
   – Belehrung der Zeugen im Falle der sog. Sammelbelehrung
   – Zeugen verlassen den Sitzungssaal (s. aber § 397 Abs. 1 S. 1 StPO für Zeugen als Nebenkläger sowie § 406g Abs. 1 S. 2 StPO)
   – Vernehmung des Angeklagten zur Person
2. Verlesung der Anklage durch den Staatsanwalt (243 Abs. 3 S. 1 StPO)[4]
3. Mitteilung des Vorsitzenden über § 257c betreffende Erörterungen (§ 243 Abs. 4 StPO)

---
3 S. Alternativ-Entwurf Beweisaufnahme (§ 58a Abs. 5), GA 2014, 8; Strafverteidigertag 2015, Arbeitskreis 4 Nr. 3, StV 2015, 329.
4 Unter bestimmten Voraussetzungen kann gem. § 266 StPO in der Hauptverhandlung Nachtragsanklage erhoben werden.

4. **Vernehmung des Angeklagten zur Sache (§ 243 Abs. 5 StPO)**
   - Belehrung über sein Aussageverweigerungsrecht
   - eventuelle Vernehmung des Angeklagten zur Sache
   - eventuelle Eröffnungserklärung der Verteidigung (§ 243 Abs. 5 S. 3 StPO) mit Replik der StA
   - eventuelle Feststellung der Vorstrafen (§ 243 Abs. 5 S. 5 StPO), wobei der Zeitpunkt in das Ermessen des Gerichts gestellt wird, aber nach der Belehrung über das Schweigerecht und nicht vor der Vernehmung zur Sache erfolgen darf
5. **Beweisaufnahme (§ 244 StPO)**
   - Zeugenvernehmung
   - Anhörung von Sachverständigen
   - Urkundenverlesung
   - Augenscheinseinnahme
   - Erklärungsrecht des Angeklagten sowie im Jugendstrafverfahren der gesetzlichen Vertreter (umstr.) nach jeder Beweiserhebung
6. **Schlussvorträge (§ 258 StPO)**
   - Bericht der Jugendgerichtshilfe (im Jugendstrafverfahren)
   - Plädoyer des Staatsanwalts
   - Plädoyer des Verteidigers
   - „letztes Wort" des Angeklagten
     (bei jugendl. Angeklagten auch der ges. Vertreter)
7. **Urteil (§ 260 StPO)**
   - Beratung des Gerichts (§ 263 StPO, §§ 192 ff. GVG)
   - Urteilsverkündung mit Rechtsmittelbelehrung (§§ 268, 35a StPO)

II. Das Öffentlichkeitsprinzip

Fall: Ein Fernsehsender möchte in dem Honecker-Verfahren in der Hauptverhandlung live ausstrahlen und beantragt beim Gerichtsvorsitzenden eine entsprechende Erlaubnis.
Ist das möglich?

Die Hauptverhandlung ist bei Erwachsenen und Heranwachsenden (s. § 1 Abs. 2 JGG) grundsätzlich öffentlich, bei Jugendlichen nicht öffentlich (s. § 4 Rn. 8).
Vgl. zu den Einzelheiten des Prinzips und zu seinen Ausnahmen die §§ 169 ff. GVG, §§ 48, 109 Abs. 1 S. 4 JGG, Art. 6 Abs. 1 S. 1 EMRK.
Es gelten folgende Grundsätze (BVerfG NJW 1973, 1226):

- Ermittlungsverfahren – nicht öffentlich,
- Hauptverhandlung – öffentlich,
- Vollstreckung – nicht öffentlich.

Das **Öffentlichkeitsprinzip** dient der demokratischen Teilhabe am Strafprozess,[5] der Kontrolle des Verfahrens und der Generalprävention.
Das in § 169 Abs. 1 S. 2 GVG normierte Verbot von Ton- und Fernseh-Rundfunkaufnahmen wurde 2018 erheblich gelockert.[6] So ist nach den Voraussetzungen des § 169 Abs. 1 S. 3–5 GVG inzwischen eine gerichtsinterne Tonübertragung in einen den Medienvertretern vorbehaltenen Nebenraum zulässig. § 169 Abs. 2 GVG ermöglicht eine Ton-Dokumentation von Verfahren mit herausragender zeitgeschichtlicher Bedeutung. Nach § 169 Abs. 3 GVG ist eine audiovisuelle Übertragung von Entscheidungsverkündungen des BGH möglich.

Lösung zum Fall:

Im Honecker-Verfahren hätten nach heutiger Rechtslage gem. § 169 Abs. 2 GVG zu wissenschaftlichen Zwecken Tonaufnahmen angefertigt werden können. Die Zugänglichmachung richtet sich dann nach dem Bundesarchivgesetz, wobei gem. § 30 BArchG eine Schutzfrist von 30 Jahren einzuhalten ist. Eine Live-Ausstrahlung ist nicht zulässig.

III. Die Verhandlungsleitung

Die Verhandlungsleitung liegt beim Vorsitzenden (§ 238 Abs. 1 StPO). Hierzu gehört auch die Frage, wann eine Pause eingelegt wird oder in welcher Abfolge die Zeugen vernommen werden. Davon zu unterscheiden ist die Sachleitung gem. § 238 Abs. 2 StPO, die zwar grundsätzlich auch dem Vorsitzenden obliegt, über die aber bei Beanstandung das gesamte Gericht zu entscheiden hat. Hierzu gehören insbes. die Entscheidungen im Rahmen der Beweisaufnahme.

Neben der Verhandlungsleitung hat der Vorsitzende zur Aufrechterhaltung der Ordnung in der Sitzung die sogenannten **sitzungspolizeilichen Befugnisse** (§ 176 GVG). Zur Durchsetzung können Personen aus der Hauptverhandlung entfernt sowie Ordnungsmittel (Ordnungsgeld, Ordnungshaft) angeordnet werden (§§ 177, 178 GVG). Zur Entlarvung von überhöhten Förmlichkeiten hat der vormals bekannte Berliner Kommunarde *Fritz Teufel* beigetragen: Als er als Angeklagter von dem Vorsitzenden des Gerichts im Rahmen der Vernehmung aufgefordert wurde, aufzustehen, folgte er dem mit der Bemerkung: „Wenn's der Wahrheitsfindung dient".[7]
Ordnungsmaßnahmen dürfen nicht gegen einen Verteidiger angeordnet werden.[8]

IV. Auschluss und Ablehnung von Richtern (§§ 22 ff. StPO)

Fall: In einem Indizienprozess wegen Mordes befragt die Schöffin die Augenzeugin des Überfalls, die aber den Angeklagten nach ihrer bisherigen Aussage nicht identifiziert hat:

---

5 In Prozessen, an denen die (Welt-)Öffentlichkeit wegen massiver Verletzung der Rechtsgrundlagen des Gemeinwesens ein besonderes Interesse hat, wie zB im sog. NSU-Verfahren vor dem OLG München, sollte die Videoübertragung in angrenzende Gerichtsräume ermöglicht werden. Weder Verfahrensgrundsätze noch § 169 S. 2 GVG schließen eine solche Simultanübertragung aus.
6 Gesetz über die Erweiterung der Medienöffentlichkeit in Gerichtsverfahren vom 8.10.2017, BGBl. I, S. 3546.
7 Nach OLG Köln StV 2016, 549 stellt das Sitzenbleiben des Angeklagten keine „Ungebühr" iSd § 178 GVG dar.
8 S. OLG Hamm JZ 2004, 205; AG Köln StV 2020, 463.

§ 15 Die Hauptverhandlung

„Konnten Sie das Material der Jacke erkennen, die der Angeklagte trug?" Der Verteidiger stellt einen Befangenheitsantrag.

9 Ein neutraler und unparteilicher Richter ist eine unverzichtbare Komponente eines fairen und rechtsstaatlichen Verfahrens. Die Unparteilichkeit wird zunächst durch das in Art. 101 Abs. 1 GG verankerte Gesetzlichkeitsprinzip gewährleistet, das garantiert, dass Richter nicht gezielt ausgewählt, sondern nach vorher festgelegten, abstrakten Kriterien mit Fällen betraut werden. Darüber hinaus wird die Unparteilichkeit aber auch dadurch gewährleistet, dass eine gewisse Nähe des Richters zu Täter oder Opfer oder eine Vorbefassung des Richters nach §§ 22, 23 StPO seinen Ausschluss bewirken. Liegen die in §§ 22 ff. StPO abschließend geregelten Gründe (bitte lesen!) vor, besteht von vornherein der generelle Verdacht, dass der Richter nicht unvoreingenommen und mit der gebotenen Distanz an die Sache herangehen kann. Ob der Richter sich selbst für befangen hält, spielt dabei keine Rolle. Dieser Automatismus führt dazu, dass die Ausschlusskriterien grundsätzlich eng auszulegen sind.[9] Die Mitwirkung eines ausgeschlossenen Richters führt zu einem absoluten Revisionsgrund gem. § 338 Nr. 2 StPO. Liegt keiner der in §§ 22, 23 StPO genannten Ausschlussgründe vor, kann der Richter aber auch gem. § 24 StPO wegen Besorgnis der Befangen angelehnt werden. Nach § 24 Abs. 2 StPO liegt eine Besorgnis der Befangenheit vor, wenn ein Grund vorliegt, der geeignet ist, Misstrauen gegen die Unparteilichkeit eines Richters zu rechtfertigen. Dies ist die begründete Besorgnis, dass die gebotene Neutralität und Unparteilichkeit beeinträchtigt sein könnte. Entscheidend ist nicht, ob der Richter tatsächlich befangen ist oder sich selbst als befangen ansieht, sondern ob sein Verhalten aus der Sicht eines vernünftigen und objektiven Dritten geeignet ist, Misstrauen zu erwecken (sog. individuell-objektivierbarer Maßstab). Auch diese Konstellation wird durch einen absoluten Revisionsgrund (§ 338 Nr. 3 StPO) flankiert. Solche Ablehnungsanträge gegenüber Richtern haben in den letzten Jahren im Zuge einer sogenannten Konfliktverteidigung größere Bedeutung gewonnen. Mit der Änderung des § 26 Abs. 1 S. 2 StPO[10] sollte die missbräuchliche Nutzung des Befangenheitsrechts verhindert und Ablehnungsverfahren beschleunigt werden. Auch wenn der Grundsatz der mündlichen Antragstellung erhalten bleibt, kann das Gericht nunmehr nach einem mündlich in der Hauptverhandlung gestellten Befangenheitsantrag verlangen, dass der Antragsteller diesen binnen einer angemessenen Frist schriftlich begründet. Die Besorgnis der Befangenheit ist glaubhaft zu machen (§ 26 Abs. 2 StPO), wobei die Versicherung an Eides statt ausreicht (s. § 294 ZPO), mit der Folge der Strafbarkeit gem. §§ 156, 161 iVm § 11 Abs. 1 Nr. 7 StGB. Die **Ablehnung von Sachverständigen** kann aus denselben Gründen wie bei Richtern erfolgen (§ 74 StPO). Die **Ablehnung von Staatsanwälten** ist in ihrer rechtlichen Handhabung umstritten. Es fehlt abweichend von der Richterablehnung eine ausdrückliche gesetzliche Regelung. Dementsprechend wird ein Ausschluss des Staatsanwalts von Seiten des Gerichts ganz überwiegend als unzulässig abgelehnt.[11] Stattdessen kann der Dienstvorgesetzte einen Staatsanwalt gem. § 145 GVG aus der Hauptverhandlung herausnehmen (Substitutionsprinzip, s. § 9 Rn. 2). Er muss als Sitzungsvertreter abgelöst werden, wenn er als Zeuge in der Hauptverhandlung vernommen werden soll.[12]

10

---

9 *Fischer/Kudlich,* JA 2020, 641 (642).
10 Gesetz v. 17.8.2017, BGBl. I, S. 3202.
11 Zu Problemen in der Praxis und zu Überlegungen de lege ferenda s. *Volkmann/Vogel,* StV 2021, 537.
12 BGH StV 2019, 308 mit Konsequenzen für den Schlussvortrag; s. auch § 16 Rn. 7.

IV. Ausschluss und Ablehnung von Richtern (§§ 22 ff. StPO)

Lösung zum Fall:

Dem Befangenheitsantrag des Verteidigers ist gem. § 24 Abs. 2 StPO stattzugeben, da die Schöffin offensichtlich schon von der Täterschaft des Angeklagten überzeugt ist. Hierüber hat das Schwurgericht (§ 74 Abs. 2 Nr. 4 GVG) ohne die beiden Schöffen zu entscheiden (§ 27 Abs. 2 iVm § 76 Abs. 1 S. 2 GVG). Das Schwurgericht muss den Fall mit einem neuen Schöffen „neu aufrollen", dh die Hauptverhandlung muss von Anfang an wiederholt werden. Würde dem Antrag nicht stattgegeben, besteht der absolute Revisionsgrund gem. § 338 Nr. 3 StPO (s. auch BGH StV 2019, 154).

§ 16 Das Beweisverfahren

Fall 1: Der Zeuge Z wird durch die Polizei vernommen. Dabei belastet er den Angeklagten A schwer. In der Hauptverhandlung widerruft er seine Aussage jedoch und führt aus, ihm sei durch den Polizeibeamten P während der Vernehmung Gewalt angedroht worden, was ihn zur wahrheitswidrigen Beschuldigung des A veranlasst habe. Der Vorsitzende Richter ruft daraufhin bei P an und lässt sich am Telefon beteuern, dass es nie zu einer derartigen Bedrohungssituation gekommen sei. Schließlich wird A verurteilt.

Durfte der Vorsitzende P telefonisch befragen?

Fall 2: Der Angeklagte A wurde festgenommen, nachdem er dem verdeckten Ermittler E des Landeskriminalamtes 2,5 kg Heroin angeboten hatte und dieses nun übergeben wollte. In der Hauptverhandlung wird A vorgeworfen, dem E die Lieferung weiterer 5,0 kg Heroin als Nachfolgegeschäft zugesagt zu haben. A bestreitet dies. Daraufhin soll E als Zeuge vernommen werden. Der Präsident des Landeskriminalamtes lehnt jedoch die Preisgabe des verdeckten Ermittlers sowie dessen Vernehmung – auf welche Weise auch immer – ab. Stattdessen verweist er auf den Kriminalkommissar K, dem E die Zusage des A bestätigt habe.

Darf K in der Hauptverhandlung anstelle des E als Zeuge vernommen werden und auf Grundlage seiner Aussage eine Verurteilung des A (auch) wegen der 5,0 kg Heroin erfolgen?

Fall 3: A wird verdächtigt, seine Freundin F ermordet zu haben. Die Kriminalpolizei beschlagnahmt sein Tagebuch, in dem sich A über mögliche Beweggründe für die Tat äußert.

Dürfen die Tagebuchaufzeichnungen verwertet werden?

Fall 4: Der Landwirt L wird tot aufgefunden. Er starb durch den Schlag mit einem massiven, kantigen Werkzeug. Der Angeklagte A hatte einige Zeit auf dem Hof des L gelebt und diesem schon einmal im Streit mit einem Knüppel gedroht und gerufen: „Dich erschlag ich noch!" A wird verdächtigt, er bestreitet jedoch die Tat. Weder das Tatwerkzeug noch sonstige Beweismittel konnten gefunden werden. Auf richterliche Anordnung wird nach Maßgabe des § 100c StPO eine Anhörung in der Wohnung des A durchgeführt. Dort wurde A von einer Arbeitskollegin angerufen, die ihm mitteilte, sie sei von der Polizei über ihn und insb. sein aggressives Verhalten befragt worden. Anschließend führt A ein erregtes Selbstgespräch. Dabei ruft er laut aus: „Sehr aggressiv, sehr aggressiv, sehr aggressiv! In Kopf hätt i eam schießen sollen, in Kopf hätt i eam schießen sollen, selber umgebracht ... in Kopf hätt i eam schießen sollen."

Kann die Aufzeichnung des Selbstgespräches vor Gericht verwertet werden?

I. Strengbeweis- und Freibeweisverfahren

In den §§ 239 ff. StPO ist das sog. **Strengbeweisverfahren** geregelt. Es findet Anwendung zur Feststellung der Umstände, die für den Hergang der Tat, die Schuld des Täters und die Höhe der Strafe von Bedeutung sind und schreibt für diesen Bereich ein hohes Maß an Formalisierung vor.[1] Die im Strengbeweisverfahren zulässigen Beweis-

---

1 *Roxin/Schünemann*, Strafverfahrensrecht, § 24 Rn. 2.

I. Strengbeweis- und Freibeweisverfahren

mittel sind in der Strafprozessordnung abschließend geregelt (sog. numerus clausus der Beweismittel im Strengbeweisverfahren).[2] Als gesetzliche Beweismittel vorgesehen sind:

- **Zeugen** (§§ 48–71 StPO),
- **Sachverständige** (§§ 72–84 StPO),
- **Augenschein** (§ 86 StPO) und
- **Urkunden** (§§ 249–256 StPO).

Bei der **Einlassung des Angeklagten** (§ 243 Abs. 5 StPO) handelt es sich **nicht** um ein **Beweismittel im engeren Sinne**. Da sie jedoch ebenfalls im Rahmen der freien richterlichen Beweiswürdigung Berücksichtigung findet, spricht man von einem **Beweismittel im weiteren, materiellen Sinne**.[3] Auch ein **Geständnis** ist im Hinblick auf seine Glaubhaftigkeit zu würdigen, da es auch falsche Geständnisse gibt (s. auch § 10 Rn. 10). Die Beweismittel des Zeugen- und Sachverständigenbeweises lassen sich dabei als persönliche, der Augenschein- und Urkundenbeweis als sachliche Beweismittel zusammenfassen.[4] Diese Beweismittel dürfen nur nach den in den §§ 244–257 StPO festgelegten Regeln eingeführt und verwertet werden.

Exkurs:

Dieses **materielle Beweisverfahren** wurde erst gegen Ende des Mittelalters eingeführt. Bis dahin galt das **formelle Beweisverfahren**. Der Beschuldigte konnte sich nur über den sog. Reinigungseid mit Eideshelfern oder über ein sog. Gottesurteil entlasten, der (Privat-)Kläger konnte umgekehrt den Vorwurf mit dem Überführungseid oder mit einem Leumdungseid, ebenfalls mit Eideshelfern, begründen.[5] Ein Gottesurteil[6] wurde zB in der Form der Wasserprobe gesprochen: Der gefesselte Delinquent – häufig die Delinquentin bei Hexenanklagen – wurde mit Steinen beschwert ins Wasser geworfen. Ging er unter, war der Beweis seiner Unschuld erbracht, was naturgemäß die Regel war. Der gebotene Rettungsversuch scheiterte aber naturgemäß ebenso häufig. Hierhinter stand die Auffassung, dass Gott unmittelbar in das Weltgeschehen eingreift und Strafurteile damit göttliche Urteile sind, wie umgekehrt Verbrechen Verstöße gegen die göttliche Ordnung darstellten. Einen Beweis durch den Tatzeugen oder durch Sachmittel wie Tatwerkzeuge gab es nicht.

Die Abschaffung dieses irrationalen Beweisverfahrens wurde durch eine neue Irrationalität ersetzt: Jetzt war außer einer entlastenden Aussage durch zwei Tatzeugen nur das Geständnis ausreichender Tatnachweis (Art. 22, 67 der peinlichen Gerichtsordnung Karls V. von 1532, Constitutio Criminalis Carolina, abgekürzt CCC); dieses Geständnis durfte aber durch Folter erzwungen werden.

Bezeichnenderweise war das unter der Folter erzwungene Geständnis nach Art. 58 CCC nicht ausreichend für die Überführung und musste später – dann ohne Anwendung von Folter – wiederholt werden. Im Falle des Widerrufs des Geständnisses wurde jedoch erneut und härter gefoltert. In der Geschichte der Folter sind vielfache falsche Geständnisse durch Folter erzwungen worden. Erst mit der Aufklärung setzte sich diese Erkenntnis durch. Den bekanntesten Angriff gegen die Folter hatte der italienische

---

2 *Beulke/Swoboda*, Strafprozessrecht, Rn. 284.
3 *Beulke/Swoboda*, Strafprozessrecht, Rn. 284.
4 *Beulke/Swoboda*, Strafprozessrecht, Rn. 284.
5 S. hierzu *Schild*, Alte Gerichtsbarkeit, 1985, S. 154 ff.
6 Zu den Gottesurteilen s. *Schild*, aaO S. 20 ff.

Aufklärer Cesare Beccaria mit seiner Schrift „de delitti e dele pene" (Über Verbrechen und Strafen) im Jahre 1764 gestartet: „Die Vernehmung eines Angeklagten dient der Auffindung der Wahrheit; ist jedoch die Wahrheit schon schwierig dem Aussehen, dem Gebaren, dem Gesichtsausdruck eines ruhigen Menschen zu entnehmen, so wird sie sich viel weniger noch in einem Menschen entdecken lassen, bei dem die Zuckungen des Schmerzes alle Merkmale verfälschen, durch die manchmal im Antlitz der meisten Menschen wider ihren Willen die Wahrheit sich kundtut. Jede gewalttätige Handlung verwischt die geringfügigen Unterschiede, mittels deren bisweilen das Wahre und das Falsche erkennbar sind, und lässt sie am Ende ganz verschwinden."[7]

3 Die übrigen Umstände, die nicht im Wege des Strengbeweisverfahrens zu erforschen sind, fallen unter das sog. **Freibeweisverfahren**.[8] Hier gelten weder die Beschränkungen hinsichtlich der Art der Beweismittel noch der Art der Beweiserhebung und -verwertung (§§ 239 ff. StPO), zudem genügt oftmals ein geringerer Grad an Überzeugung des Gerichts – ausreichend ist eine Glaubhaftmachung iS einer „Wahrscheinlichmachung".[9] Das Freibeweisverfahren wird in der StPO nicht ausdrücklich erwähnt, hat sich jedoch allgemein durchgesetzt.[10] Es findet insbes. Anwendung auf alle Beweiserhebungen außerhalb der Hauptverhandlung, zur Feststellung der Verfahrensvoraussetzungen und zur Klärung sonstiger prozessualer Fragen (zB für das Absehen von Vereidigung gem. § 60 StPO), wobei jedoch im Einzelfall die Abgrenzung, ob es sich um eine prozessuale oder eine Schuld- und Straffrage handelt, schwierig sein kann.[11] Bei sog. **doppelrelevanten Tatsachen**, d. h. solchen, die sowohl prozessual als auch für die Schuld- und Straffrage von Bedeutung sind, muss das Strengbeweisverfahren Anwendung finden,[12] das infolge seines hohen Formalisierungsgrades ein faires Verfahren garantiert. Die Frage, ob bei einer Vernehmung ein Verstoß gegen § 136a StPO stattgefunden hat, soll gleichwohl nach hL und Rechtsprechung im Wege des Freibeweises geklärt werden können, da es sich um die Feststellung eines bloßen Verfahrensfehlers handele.[13] Mit der Gegenauffassung ist darin eine doppelrelevante Tatsache zu sehen[14] und im Hinblick auf ihre rechtsstaatliche Bedeutung als „Kernvorschrift zum Schutz der Aussagefreiheit"[15] die Anwendung des Strengbeweisverfahrens zu verlangen.

II. Die gesetzlichen Beweismittel

1. Der Zeugenbeweis (§§ 48 ff. StPO)

a) Begriff und Zeugnisfähigkeit

4 Bei einem Zeugen handelt es sich um eine Beweisperson, die in einem nicht gegen sie selbst gerichteten Strafverfahren Auskunft über ihre Wahrnehmung von Tatsachen geben soll. Gleichgültig ist dabei, ob es sich um Tatsachen der eigenen Wahrnehmung des Zeugen oder um Tatsachen handelt, die der Zeuge als Gegenstand fremden Wissens erlangt hat (sog. Zeuge vom Hörensagen, s. dazu näher Rn. 50 ff.), da es sich auch bei der Vernehmung über Mitteilungen durch Dritte um die Wiedergabe eigener Wahrneh-

---

[7] Zitiert nach Insel-Taschenbuch 2166, S. 97.
[8] *Roxin/Schünemann*, Strafverfahrensrecht, § 24 Rn. 3.
[9] *Beulke/Swoboda*, Strafprozessrecht, Rn. 285.
[10] *Roxin/Schünemann*, Strafverfahrensrecht, § 24 Rn. 3.
[11] KK-StPO/*Krehl*, § 244 Rn. 9; *Eisenberg*, Beweisrecht, Rn. 38.
[12] BGH StV 82, 101; *Roxin/Schünemann*, Strafverfahrensrecht, § 24 Rn. 4.
[13] BGHSt 16, 164 (166); SK-StPO/*Rogall*, § 136a Rn. 101; KMR/*Paulckstadt-Maihold*, § 136a Rn. 31.
[14] Löwe/Rosenberg/*Gless* § 136a Rn. 77; *Peters*, Strafprozess, S. 339; OLG Hamm StV 1999, 360.
[15] SK-StPO/*Rogall*, § 136a Rn. 4; *Eisenberg*, Beweisrecht, Rn. 707.

mungen handelt. Um keinen Zeugen handelt es sich, wenn die Person nicht selbst aussagen, sondern nur in Augenschein genommen werden soll.[16] Zeuge sein kann grundsätzlich jeder Mensch, soweit er zeugnisfähig ist. **Zeugnisfähigkeit** setzt die Fähigkeit voraus, Tatsachen persönlich wahrzunehmen, in Erinnerung zu behalten und darüber zu berichten.[17] Somit kommen als Zeugen auch Personen mit schweren körperlichen oder geistigen Gebrechen sowie Kinder in Betracht.[18] Ein Mindestalter für die Vernehmung als Zeugen ist nicht vorgesehen.

Die **Zeugnisfähigkeit der Verfahrensbeteiligten** wirft Probleme auf, da die Vernehmung als Zeuge hier zu einem Interessenkonflikt führen kann. 5

Richter können selbst dann Zeugen sein, wenn sie bereits an der Verhandlung beteiligt waren, sind dann jedoch nach § 22 Nr. 5 StPO von der weiteren Mitwirkung ausgeschlossen.[19] Gem. § 31 Abs. 1 StPO gilt Entsprechendes auch für **Schöffen** sowie den **Protokollführer**. 6

Ein **Staatsanwalt** kann grundsätzlich auch in der Hauptverhandlung als Zeuge vernommen werden, in der er als Anklagevertreter tätig ist.[20] Die §§ 22 ff. StPO gelten nicht entsprechend für die StA,[21] die bloße Benennung als Zeugen hindert sie nicht an einer weiteren Mitwirkung.[22] Gleichwohl ist er nach seiner Vernehmung regelmäßig von der weiteren Anklagevertretung ausgeschlossen,[23] da er insbes. seine eigene Aussage im Schlussvortrag würdigen müsste und somit seine nach § 160 Abs. 2 StPO erforderliche Objektivität in Frage stünde.[24] Eine Ausnahme macht die neuere Rechtsprechung nur dann, wenn seine eigene Aussage lediglich mit der amtlichen Tätigkeit nicht zwangsläufig verbundene Vorgänge betrifft und durch die Hinzuziehung eines weiteren Sitzungsvertreters sichergestellt werden kann, dass er im Schlussplädoyer seine eigene Aussage nicht würdigen muss.[25] 7

Ein **Strafverteidiger** darf als Zeuge vernommen werden, ohne dass dies zu seinem Ausscheiden führt. Dies folgt im Umkehrschluss aus § 53 Abs. 1 S. 2 Nr. 2 StPO.[26] Die Ausschließungsgründe sind abschließend in § 138a StPO geregelt und dürfen nicht dadurch umgangen werden, dass der Verteidiger gem. § 58 Abs. 1 StPO vor seiner Vernehmung aus dem Saal gewiesen oder nach § 248 StPO entlassen wird.[27] 8

Weder der **Privatkläger** noch sein gesetzlicher Vertreter können als Zeuge vernommen werden, da sich die Aufgaben eines zur Wahrheit verpflichteten Zeugen mit ihrer Stellung als einseitige Interessenvertretung nicht vereinbaren lassen.[28] 9

Dass der **Nebenkläger** als Zeuge vernommen werden kann, folgt aus § 397 StPO. 10

---

16 *Meyer-Goßner/Schmitt*, vor § 48 Rn. 1.
17 *Eisenberg*, Beweisrecht, Rn. 1000.
18 *Eisenberg*, Beweisrecht, Rn. 1001 f.; *Meyer-Goßner/Schmitt*, vor § 48 Rn. 13.
19 KK-StPO/*Bader*, Vor § 48 Rn. 10.
20 KK-StPO/*Bader*, Vor § 48 Rn. 11.
21 BGH NJW 1980, 845; 84, 1907 (1908); s. auch *Müller-Gabriel*, StV 1991, 235 ff.
22 *Dose*, NJW 1978, 349.
23 BGH NJW 1955, 152.
24 *Meyer-Goßner/Schmitt*, vor § 48 Rn. 17; BGHSt 21, 85 (90); s. auch § 15 Rn. 9.
25 BGHSt 14, 267; 21, 90; NStZ 2008, 353; *Eisenberg*, Beweisrecht, Rn. 1021.
26 *Löwe/Rosenberg/Ignor/Bertheau*, Vor § 48 Rn. 47; *Kindhäuser/Schumann*, Strafprozessrecht, § 21 Rn. 13.
27 *Meyer-Goßner/Schmitt*, Vor § 48 Rn. 18; SK-StPO/*Rogall*, § 48 Rn. 61; BGH StV 1996, 469.
28 *Eisenberg*, Beweisrecht, Rn. 1024; *Roxin/Schünemann*, Strafverfahrensrecht, § 26 Rn. 9; *Niederreuther*, DStR 1941, 160; *Seibert*, MDR 1952, 278; *Woesner*, NJW 1959, 706.

Zeuge sein kann auch der **Antragsteller im Adhäsionsverfahren** nach den §§ 403 ff. StPO.[29]

11 Ein **Beschuldigter** kann sich zwar zur Sache einlassen, jedoch anders als im angloamerikanischen Rechtskreis niemals zugleich Zeuge in eigener Sache sein.[30] Dasselbe wie für den Beschuldigten muss auch für **Mitbeschuldigte** gelten. Es ist daher fraglich, wann mehrere Beschuldigte im Verhältnis zueinander als Mitbeschuldigte angesehen werden müssen. Dies ist jedenfalls anzunehmen, wenn mehrere Beschuldigte wegen derselben prozessualen Tat (§ 264 Abs. 1 StPO) in einem verbundenen Strafverfahren (§§ 2, 3, 237 StPO) verfolgt werden.[31] Problematisch ist die Einordnung jedoch in Fällen, in denen von vornherein getrennte Verfahren vorliegen oder das Verfahren gegen den in Frage stehenden Beschuldigten abgetrennt worden ist. Nach dem sog. **formellen Mitbeschuldigtenbegriff** wird die Mitbeschuldigteneigenschaft durch den formalen Akt, das Verfahren gegen mehrere Beschuldigte gemeinsam zu führen, begründet.[32] Entfällt die „Klammer" der Verfahrenseinheit, entfällt auch das Hindernis für die Zeugeneigenschaft.[33] Nach dem sog. **materiellen Mitbeschuldigtenbegriff** sind hingegen mehrere Verdächtige einer Tat im prozessualen Sinn und unabhängig von seiner formalen Stellung im Prozess als Mitbeschuldigte anzusehen.[34] Nach dem hier vertretenen sog. **formell-materiellen Beschuldigtenbegriff** (s. § 10 Rn. 3 f.) sind alle Personen als Mitbeschuldigte zu behandeln, gegen die wegen derselben Tat iSd § 264 Abs. 1 StPO tatsächlich ermittelt wird, ohne Rücksicht auf das Stadium, dh die Einheit oder Trennung des Verfahrens.[35]

b) Pflichten des Zeugen

12 Den Zeugen treffen im Wesentlichen vier Pflichten:

- Die **Erscheinenspflicht**,
- die **Aussagepflicht**,
- die **Eidespflicht**
- und die **Wahrheitspflicht**.

Daneben besteht die Pflicht zur Duldung von zumutbaren körperlichen Untersuchungen nach den §§ 81c und 81d StPO; hierunter fällt jedoch nicht die Mitwirkung an Glaubwürdigkeitsuntersuchungen durch einen Sachverständigen. Zur DNA-Analyse s. § 81h StPO (§ 11 Rn. 14 f.).

aa) Erscheinenspflicht

13 Den ordnungsgemäß zur Vernehmung vor dem Richter, der Staatsanwaltschaft oder – neu – der Polizei[36] geladenen Zeugen trifft zunächst eine Erscheinenspflicht (§§ 48

---

29 Löwe/Rosenberg/*Ignor/Bertheau*, Vor § 48 Rn. 28.
30 BGHSt 10, 10; Löwe/Rosenberg/*Ignor/Bertheau*, Vor § 48 Rn. 30.
31 *Kindhäuser/Schumann*, Strafprozessrecht, § 21 Rn. 17.
32 RGSt 46, 88 (89); BGHSt 3, 149 (151 f.); *Fischer*, StV 1981, 85 ff.; *Geppert*, Jura 1991, 80 (85); *Montenbruck*, JZ 1985, 976 f.; SK-StPO/*Rogall*, Vor § 48 Rn. 40; KK-StPO/*Bader*, Vor § 48 Rn. 7.
33 *Eisenberg*, Beweisrecht, Rn. 928.
34 *Prittwitz*, Der Mitbeschuldigte im Strafprozess, S. 139 ff.; *Roxin/Schünemann*, Strafverfahrensrecht, § 26 Rn. 5; *Peters*, Strafprozess § 42 II 2; *Lenckner*, in: FS-Peters, S. 333.
35 *Beulke/Swoboda*, Strafprozessrecht, Rn. 290; *Lesch*, JA 1995, 157 (163); *Schlüchter*, Das Strafverfahren, Rn. 478 ff.; *Eisenberg*, Beweisrecht, Rn. 930 ff.; *Gössel*, Strafverfahrensrecht Bd. 1, S. 204; *Hillenkamp*, JuS 2001, 159 (167); *Lüderssen*, wistra 1983, 231 ff.; *Prittwitz*, NStZ 1981, 463 (464).
36 Eingeführt durch das Gesetz zur effektiveren und praxistauglicheren Ausgestaltung des Strafverfahrens vom 17.8.2017, BGBl. I, 3203.

Abs. 1 S. 1, 51 StPO, § 161a Abs. 1 S. 1 StPO bzw. § 163 Abs. 3, 4 StPO). Das Bestehen eines Zeugnisverweigerungsrechtes oder das Vorhaben, von einem solchen Gebrauch zu machen, ändern nichts am Bestehen dieser Pflicht.

bb) Aussagepflicht
Den Zeugen trifft eine Pflicht zur Aussage über die eigene Person (§§ 68, 70 StPO). Des Weiteren trifft den Zeugen die Pflicht, sein Wissen zu offenbaren und Fragen zur Sache zu beantworten, soweit ihm kein Zeugnis- oder Auskunftsverweigerungsrecht zusteht. (§§ 69, 70 StPO). Mit § 68a StPO hat der Gesetzgeber einen Schutz vor Fragen nach möglichen entehrenden Tatsachen und Vorstrafen aufgestellt. Zum Schutz des Zeugen als Verletzten s. auch § 48 Abs. 3 StPO.

14

cc) Eidespflicht
Der Zeuge muss auf Verlangen des Gerichts seine Aussage beeiden, soweit dem nicht ein Vereidigungsverbot nach § 60 StPO entgegensteht oder er sich berechtigt auf ein Eidesverweigerungsrecht beruft (§ 61 StPO).

15

dd) Wahrheitspflicht
Die Angaben des Zeugen müssen sowohl zur Person als auch zur Sache der Wahrheit entsprechen (§§ 57 S. 1, 161a Abs. 1 S. 2, 163 Abs. 3 S. 2 StPO). Eine Falschaussage vor dem Richter ist nach den §§ 153 ff. StGB strafbar, nicht jedoch die Falschaussage vor Polizei oder Staatsanwaltschaft, da diese nicht zur Abnahme des Eides befugt sind (§ 64 StPO). In letzterem Fall kommt eine Strafbarkeit nur in Betracht, soweit die Aussage ein anderes Strafgesetz verletzt, zB §§ 145d, 164, 185 ff. oder 258 StGB.[37]

16

c) Rechte des Zeugen
aa) Zeugnisverweigerungsrechte
Ein Recht, das Zeugnis zu verweigern, kann sich aus den §§ 52, 53, 53a StPO ergeben.

17

Ein **Zeugnisverweigerungsrecht aus persönlichen Gründen** besteht gem. § 52 StPO für Verlobte, (geschiedene) Ehepartner und Verwandte (§ 1589 BGB), Verschwägerte (§ 1590 BGB) des Beschuldigten. Sinn und Zweck des § 52 Abs. 1 StPO liegen darin, dem Zeugen den Konflikt zwischen Wahrheitspflicht und Verwandtenbindung zu ersparen. Die Vorschrift dient somit der Wahrung des innerfamiliären Friedens, wobei der zugrunde liegende Konflikt unwiderleglich vermutet wird.[38]

Unter einem Verlöbnis ist dabei das von beiden Seiten ernst gemeinte Eheversprechen zu verstehen,[39] ohne dass es auf die zivilrechtliche Wirksamkeit ankommt.[40] Über das Bestehen des Verlöbnisses entscheidet das Gericht nach pflichtgemäßem Ermessen und kann bei Zweifeln die Glaubhaftmachung nach § 56 StPO verlangen.[41] Ob ein Verlöbnis möglich ist, wenn einer der Partner noch mit einer anderen Person verheiratet, also noch nicht rechtskräftig geschieden ist, ist umstritten. Zum Teil wird ein Zeugnisverweigerungsrecht in diesem Fall abgelehnt.[42] Die Gegenauffassung spricht auch hier ein

---

37 AnwK/*von Schlieffen*, Vorbemerkung zu § 48 Rn. 16.
38 *Eisenberg*, Beweisrecht, Rn. 1211; BGH NJW 1981, 2825.
39 BGHSt 3, 215 (216); 29, 54 (57).
40 Löwe/Rosenberg/*Ignor/Bertheau*, § 52 Rn. 4.
41 *Eisenberg*, Beweisrecht, Rn. 1215.
42 BVerfG NStZ 1999, 255; BGH NStZ 1983, 564; BayObLG JR 1984, 125.

solches Recht zu.⁴³ Richtigerweise wird man auch hier ein Zeugnisverweigerungsrecht annehmen müssen, da auch hier die psychische Konfliktsituation besteht, welche die Ratio des § 52 StPO ausmacht, unabhängig von der Rechtskraft einer Scheidung. Anhaltspunkt für die Entscheidung über das Anerkenntnis des Verlöbnisses durch das Gericht kann lediglich sein, ob die Ehescheidung bereits beantragt ist. Andernfalls bestehen Zweifel an der Ernstlichkeit des Eheversprechens, da es widersprüchlich wäre, einer Person die Ehe zu versprechen jedoch gleichzeitig keine Anstalten zu machen, die bislang bestehende Bindung zu lösen.⁴⁴

Das Bestehen des persönlichen Konflikts spricht maßgeblich auch für eine Ausdehnung des Zeugnisverweigerungsrechts auf Personen, die sich zwar bewusst gegen eine Ehe und damit auch gegen ein der Ehe vorgeschaltetes Verlöbnis entschieden haben, jedoch in dauerhafter nichtehelicher Lebensgemeinschaft leben.⁴⁵

18   Für **Minderjährige oder Betreute** entscheidet über die Zeugnisverweigerung gem. § 52 Abs. 2 StPO gegebenenfalls der gesetzliche Vertreter, sofern dieser nicht selbst Beschuldigter des Verfahrens ist. In diesem Fall ist eine Ergänzungspflegschaft gem. § 1809 BGB anzuordnen. Dies gilt aber nur, wenn die Betroffenen von der Bedeutung des Zeugnisverweigerungsrechts „keine genügende Vorstellung" haben.

19   Die zur Verweigerung berechtigten Personen sind nach § 52 Abs. 3 StPO über ihr Zeugnisverweigerungsrecht zu **belehren**. Hat eine Belehrung nicht stattgefunden, greift ein Beweisverwertungsverbot ein (s. hierzu Rn. 102). Verweigert ein Zeuge erst in der Hauptverhandlung berechtigt das Zeugnis, so gilt § 252 StPO, dh, die Aussage darf nicht verlesen werden (s. hierzu Rn. 48, 102).

20   § 53 StPO enthält ein **Zeugnisverweigerungsrecht aus beruflichen Gründen**. Die jeweiligen Berufsgruppen sind in der Vorschrift aufgelistet. Die Vorschrift trägt dabei dem Konflikt zwischen der Wahrheitspflicht und der (gem. § 203 StGB strafbewehrten) beruflichen Schweigepflicht Rechnung.⁴⁶ Erfasst sind insbes. Geistliche, Verteidiger, Rechtsanwälte, Steuerberater, Ärzte, psychologische Psychotherapeuten, Drogenberater, Abgeordnete sowie im Presse- und Rundfunkwesen tätige Personen. § 53a StPO erweitert das Zeugnisverweigerungsrecht auf Hilfspersonen der Berufsgeheimnisträger. Andernfalls könnte § 53 StPO durch Vernehmung dieser Hilfspersonen umgangen werden. Eine Belehrungspflicht ist hier anders als bei § 52 StPO nicht vorgesehen.

Darüber hinaus wird für bestimmte Berufsgruppen ein Zeugnisverweigerungsrecht unmittelbar aus der Verfassung abgeleitet,⁴⁷ so etwa für eine in einer Anlaufstelle für sexuell missbrauchte Frauen tätige Psychologin.⁴⁸ Weiterhin wird aus dem Sozialdatenschutz ein „relatives" Zeugnisverweigerungsrecht gemäß § 35 Abs. 3 SGB I abgeleitet.⁴⁹

21   Schließlich kann unter besonderen Umständen **unmittelbar aus dem Grundgesetz (Art. 2 Abs. 1 iVm Art. 1. Abs. 1 GG)** ein Zeugnisverweigerungsrecht abgeleitet wer-

---

43 LG Duisburg NJW 1950, 714; LG Heidelberg StV 1981, 616; *Beulke/Swoboda,* Strafprozessrecht, Rn. 296; LG Heidelberg StV 1981, 616.
44 S. *Kindhäuser/Schumann,* Strafprozessrecht, § 21 Rn. 43.
45 *Hillenkamp,* JuS 1997, 821 (830); *Beulke/Swoboda,* Strafprozessrecht, Rn. 296; aA *Kindhäuser/Schumann,* Strafprozessrecht, § 21 Rn. 46; *Kretschmer,* JR 2008, 55; *Eisenberg,* Beweisrecht, Rn. 1214.
46 BGHSt 9, 50 (61).
47 BVerfG StV 1998, 355; kritisch dazu *Baier,* JR 1999, 495 ff.
48 LG Freiburg NJW 1997, 813.
49 *Kunkel/Rosteck/Vetter* StV 2017, 829.

den, wenn das Beweisthema einen Eingriff in den Kernbereich privater Lebensgestaltung darstellt.[50]

Wichtig ist, dass gem. § 160a StPO Ermittlungsmaßnahmen gegen zeugnisverweigerungsberechtigte Berufsgeheimnisträger **unzulässig** bzw. **nur bedingt zulässig** sind.

bb) Erforderlichkeit einer Aussagegenehmigung

Gem. § 54 Abs. 1 StPO benötigen **Richter, Beamte und sonstige Angehörige des öffentlichen Dienstes** eine Aussagegenehmigung ihres Dienstherrn, um als Zeuge über Tatsachen aussagen zu dürfen, die den Dienstbetrieb betreffen. Einschlägige Vorschriften des öffentlichen Dienstrechtes sind insbes. die §§ 61, 62 BBG, §§ 45 Abs. 1 S. 2, 46, 71 DRiG.[51] Die Genehmigung hat immer das Gericht, die Staatsanwaltschaft oder Polizeibehörde einzuholen, die den Zeugen vernehmen will. Der Zeuge selbst ist dagegen nicht zur Einholung verpflichtet.[52]

cc) Auskunftsverweigerungsrecht

Das Auskunftsverweigerungsrecht des Zeugen ist in § 55 StPO geregelt, wonach der Zeuge die Auskunft auf solche Fragen verweigern darf, deren Beantwortung ihn selbst oder einen Angehörigen der Gefahr der Verfolgung wegen einer Straftat oder Ordnungswidrigkeit aussetzen würde. Anders als die Zeugnisverweigerungsrechte dient das Auskunftsverweigerungsrecht als Ausdruck seines Persönlichkeitsrechts allein dem **Schutz des Zeugen** und nicht etwa dem des Beschuldigten, indem es persönliche Zwangslagen vermeidet.[53] Für eine solche Gefahr ist bereits ausreichend, dass die Ermittlungsbehörden aufgrund der Aussage ein **Ermittlungsverfahren** einleiten könnten.[54] Da die Schwelle eines Anfangsverdachts iSd § 152 Abs. 2 StPO niedrig angesetzt ist, muss auch das Bestehen einer entsprechenden Gefahr bereits weit im Vorfeld einer direkten Belastung bejaht werden.[55] Ein Weigerungsrecht scheidet jedoch aus, wenn der Richter eine Gefahr zweifelsohne ausschließen kann, etwa weil Rechtfertigungs- oder Entschuldigungsgründe vorliegen.[56]

Zwingend hat gem. § 55 Abs. 2 StPO eine Belehrung zu erfolgen; die StA hat dies nach § 161a Abs. 1 S. 2 StPO, die Polizei nach § 163a Abs. 4 StPO zu berücksichtigen.

dd) Sonstige Zeugenschutzmaßnahmen

§ 247 S. 1 und S. 2 StPO eröffnen die Möglichkeit, den **Angeklagten** während der Zeugenvernehmung aus dem Sitzungszimmer **zu entfernen**, wenn seine Anwesenheit zu einer besonderen Belastung des Zeugen führen würde oder aus sonstigen Gründen zu befürchten ist, der Zeuge werde bei Vernehmung in Gegenwart des Angeklagten nicht die Wahrheit sagen. Alternativ kann – entgegen § 250 StPO – gem. § 247a StPO die Vernehmung des Zeugen im Wege der **Videosimultanübertragung** in den Sitzungssaal übertragen werden, während sich der Zeuge in einem anderen Raum aufhält. Der Vorsitzende und die übrigen Verfahrensbeteiligten bleiben also im Sitzungssaal (Englisches Modell). Die **Vernehmung** durch den Vorsitzenden in einem anderen Raum und Über-

---

50 *Beulke*, in: FS-Fezer, S. 3.
51 MüKo-StPO/*Kreicker*, § 54 Rn. 23 ff.
52 MüKo-StPO/*Kreicker*, § 54 Rn. 26.
53 *Meyer-Goßner/Schmitt*, § 55 Rn. 1; BGHSt 1, 39; 11, 213; 17, 245; zu den Schlussfolgerungen, die sich hieraus für die Frage nach einem Beweisverwertungsverbot ergeben. s. Rn. 8.
54 BGH NJW 1999, 1413.
55 BVerfG NJW 2002, 1411.
56 *Meyer-Goßner/Schmitt*, § 55 Rn. 8.

tragung in den Sitzungssaal (Mainzer Modell) ist nicht gestattet.[57] Somit kann gleichzeitig eine schonende Vernehmung besonders schutzbedürftiger Zeugen gewährleistet und eine Verbesserung der Wahrheitsfindung erreicht werden, da die Anwesenheit vieler Verfahrensbeteiligter insbes. von Kindern als stark belastend empfunden werden kann.[58] Untersuchungen der Praxis zeigten allerdings, dass von den gesetzlich vorgesehenen Möglichkeiten zum Schutz kindlicher Zeugen in der Hauptverhandlung nur wenig Gebrauch gemacht wird. Die Öffentlichkeit wurde in nur 10 von 27 beobachteten Fällen ausgeschlossen, auch wurde der Angeklagte nicht immer entfernt.[59]

25 Eine weitere denkbare Möglichkeit des **Einsatzes von Videotechnik** findet sich in § 255a StPO. Hiernach kann in der Hauptverhandlung zum Nachweis des Aussageinhalts die Bild-Ton-Aufzeichnung einer Zeugenvernehmung vorgeführt werden, wobei die Vorschriften über die Verlesung von Protokollen von Zeugenvernehmungen Anwendung finden. Wann eine Zeugenvernehmung aufgenommen werden kann, regelt § 58a StPO: Eine Aufzeichnung der Vernehmung „kann" demnach ohne Vorbehalte erfolgen (§ 58a Abs. 1 S. 1 StPO). Sie „soll" ferner insbes. dann aufgezeichnet werden, wenn es sich um einen besonders schutzbedürftigen Zeugen handelt, dem eine Mehrfachvernehmung erspart werden soll (§ 58a Abs. 1 S. 2 StPO).[60] Für die Ersetzung der Zeugenaussage in der Hauptverhandlung gem. § 255a Abs. 2 StPO ist aber Voraussetzung, dass der Angeklagte und sein Verteidiger Gelegenheit hatten, an der aufgezeichneten Vernehmung teilzunehmen, was in der Praxis häufig nicht vorliegt.[61] § 168e S. 2 StPO ermöglicht wiederum die **Videoübertragung** des Ablaufs einer Zeugenvernehmung an einen Anwesenheitsberechtigten, bei dessen Anwesenheit die dringende Gefahr eines schwerwiegenden Nachteils für das Wohl des Zeugen zu befürchten wäre.

26 Die Rechte von Zeugen sind verstärkt, wenn sie Verletzte der Straftat sind. Das Opfer erhält eine besondere Stellung im Verfahren (s. § 3 Rn. 6 ff.). Über die allgemeine prozessuale Fürsorgepflicht Opfern gegenüber (s. oben § 3 Rn. 7) hinaus hat der Gesetzgeber besondere Schutzrechte in den §§ 406d ff. StPO aufgestellt. Hierzu gehören (s. auch § 3 Rn. 7):

- Mitteilungen an den Verletzten über den Stand des Verfahrens (§ 406d StPO)
- anwaltlicher Beistand bzw. anwaltliche Vertretung (§ 406f Abs. 1 StPO)
- Anwesenheit einer Vertrauensperson bei Vernehmung (§ 406f Abs. 2 StPO)
- erweiterter anwaltlicher Beistand des nebenklageberechtigten Verletzten – „kostenloser Opferanwalt" – (§ 406h StPO)
- Informationen (§§ 406i ff. StPO).

Weiterhin soll dem Verletzten der Zugang zu nichtöffentlichen Verhandlungen eingeräumt werden (§ 175 Abs. 2 S. 2 GVG).

Auch § 58a StPO, dh die **Videoaufzeichnung der Vernehmung eines Zeugen**, die später in der Hauptverhandlung gem. § 255a StPO in die Hauptverhandlung eingeführt wird, dient dem Schutz von Zeugen, nämlich vor einer wiederholten Vernehmung und damit

---

57 S. hierzu BGH StV 2017, 365.
58 *Meyer-Goßner/Schmitt*, § 247a Rn. 1.
59 *Gunder*, Der Umgang mit Kindern im Strafverfahren, zitiert nach *Albrecht*, Rechtstatsachenforschung zum Strafverfahren, S. 173.
60 *Weigend*, Gutachten zum 62. Deutschen Juristentag, 1998, C 60, C 64; *Meyer-Goßner/Schmitt*, § 58a Rn. 1.
61 BGHSt 21, 121.

wiederholten Konfrontation mit der erlittenen Opfersituation. Im Hinblick auf die Voraussetzung, dass der Angeklagte und sein Verteidiger Gelegenheit haben müssen, an der früheren aufgezeigten richterlichen Vernehmung teilzunehmen und mitzuwirken, wird diese Schutzmöglichkeit in der Praxis selten genutzt.[62]

Auch die Entfernung des Angeklagten aus dem Sitzungssaal gem. § 247 StPO wie die Vernehmung des Zeugen an anderem Ort gem. § 247a StPO dienen dem Opferschutz.

Schließlich ist in diesem Zusammenhang auf sog. **Zeugenschutzprogramme** hinzuweisen, mit denen gefährdete Zeugen, zB Frauen, die mit Gewalt zur Prostitution gezwungen wurden, durch Zurverfügungstellung einer neuen, geheim gehaltenen Wohnung geschützt werden.[63] Seit 1995 wurden im Schnitt rund 650 Zeugenschutzfälle pro Jahr bearbeitet.[64]

Darüber hinaus kann ein Zeuge gem. § 171b Abs. 3 S. 1 GVG den **Ausschluss der Öffentlichkeit** beantragen. Zusätzlich hat das Gericht die Ausschlussmöglichkeiten nach § 172 GVG zu beachten.

27

Daneben haben Zeugen das Recht auf einen **Opferbeistand** durch einen Rechtsanwalt (§ 406f Abs. 1, Abs. 2 StPO) und einen **Zeugenbeistand** (§ 68b StPO) sowie das Recht auf **Anwesenheit einer Vertrauensperson** bei der Zeugenvernehmung von Verletzten (§ 406f Abs. 2 StPO) – verstärkt durch das Opferrechtsreformgesetz vom 24.6.2004.[65] Liegen die Voraussetzungen des § 68b Abs. 2 StPO vor, ist dem Zeugen ein anwaltlicher Beistand auf Staatskosten beizuordnen.

28

Ein Zeuge wird zudem vor **Fragen nach entehrenden Tatsachen und Vorstrafen** geschützt, indem diese nur nach Maßgabe des § 68a StPO gestellt werden dürfen. Zur Unehre iSd § 68a StPO gereicht dabei eine Tatsache, wenn sie den guten Ruf des Zeugen gefährdet.[66]

29

Darüber hinaus besteht nach § 68 StPO die Möglichkeit, gegebenenfalls Identität oder Wohnort des Zeugen **geheimzuhalten**.

Gem. § 69 Abs. 3 StPO gilt das **Verbot bestimmter Vernehmungsmethoden gem. § 136a StPO** gleichermaßen auch für die Vernehmung des Zeugen (vgl. näher hierzu § 10 Rn. 9 ff.).

d) Der Kronzeuge

Beim „Kronzeugen" handelt es sich um einen Zeugen der Anklage, mithin des Staates bzw. im Rechtssystem seiner angelsächsischen Herkunft um einen Zeugen der Krone. Eine Kronzeugenregelung, dh Verzicht auf Strafe oder Strafermäßigung für die Bereitschaft des **Beschuldigten** kriminelle Vorgänge offen zu legen, findet sich in § 31 BtMG. Eine ähnliche Regelung für den Bereich der Geldwäsche in § 260 Abs. 10 StGB wurde 2009 aufgehoben. Eine darüber hinaus gehende Kronzeugenregelung zur Verfolgung

30

---

62 S. *Kipper,* Schutz kindlicher Opferzeugen im Strafverfahren, 2001 und *Vogel,* Erfahrungen mit dem Zeugenschutzgesetz – zur praktischen Bedeutung des Zeugenschutzgesetzes, insbesondere des Einsatzes der Videotechnik im Strafverfahren, 2002; s. auch *Wollmann,* Mehr Opferschutz ohne Abbau liberaler Strukturen im Verständnis der Prinzipien der Strafprozessordnung, 2009.
63 S. Gesetz zur Harmonisierung des Schutzes gefährdeter Zeugen vom 11.12.2001, BGBl. I, 3510.
64 BT-Drs. 14/6279 (neu), S. 8; vgl. zu konkreten Zahlen auch *Siegismund,* Der Schutz gefährdeter Zeugen in der Bundesrepublik unter besonderer Berücksichtigung des Gesetzes zur Harmonisierung des Schutzes gefährdeter Zeugen (Zeugenschutz-Harmonisierungsgesetz ZSHG), S. 56: 330 Fälle für das Jahr 2006.
65 BGBl. I, S. 1354.
66 BGHSt 13, 254.

terroristischer Straftaten sowie der organisierten Kriminalität, das sog. Kronzeugen- oder Artikelgesetz, wurde zunächst 1989 außerhalb des StGB eingeführt, mehrfach verlängert und lief schließlich 1999 aus. Mit Wirkung zum 1.9.2009 trat das „Gesetz zur Änderung des Strafgesetzbuches – Strafzumessung bei Aufklärungs- und Präventionshilfe" in Kraft, in dessen Zentrum der neu geschaffene § 46b StGB steht, der eine deliktsübergreifende „große" Kronzeugenregelung vorsieht. Die Vorschrift stieß von Anfang an auf heftige Kritik, vor allem auch auf die geschlossene Ablehnung der Berufsverbände (s. näher § 18 Rn. 5).

2. Der Sachverständigenbeweis (§§ 72 ff. StPO)

a) Begriff und Auswahl

31 Neben dem Zeugen bildet der Sachverständigenbeweis das zweite der persönlichen Beweismittel. Gem. § 72 StPO finden die Vorschriften über den Zeugenbeweis entsprechende Anwendung, soweit sich nicht aus den §§ 73 ff. StPO etwas anderes ergibt. Bei einem Sachverständigen handelt es sich um eine natürliche Person, die regelmäßig in einem bestimmten Wissensgebiet über eine besondere Sachkunde verfügt und hinzugezogen wird, wenn dem Richter diese Sachkunde fehlt.[67] Neben technischen Gutachten gewinnen zunehmend Glaubhaftigkeitsgutachten, insbes. in Sexualprozessen, an Bedeutung.[68] Der Sachverständige ist abzugrenzen vom **sachverständigen Zeugen iSd § 85 StPO**, worunter ein Zeuge zu verstehen ist, dessen Vernehmung zum Beweis von (entgegen dem Wortlaut nicht notwendigerweise vergangener)[69] Tatsachen oder Zuständen erfolgt, zu deren Wahrnehmung zwar eine besondere Sachkunde erforderlich war, es jedoch am speziellen Gutachterauftrag fehlt, so dass ohne Einschränkung die Vorschriften über den Zeugenbeweis anzuwenden sind.[70] Hinsichtlich der Tatsachen, bei deren Feststellung der Sachverständige hinzugezogen wird, ist zwischen Anknüpfungs-, Befunds- und Zusatztatsachen zu unterscheiden.[71]

32 Bei den Tatsachen, die der Sachverständige seinem Gutachten zugrunde legt, handelt es sich um sog. **Anknüpfungstatsachen**, die dem Sachverständigen regelmäßig vom Gericht vermittelt werden. Allerdings kann der Sachverständige sie auch im Rahmen der Befugnisse aus § 80 StPO selbst ermitteln; in diesem Fall ist zwischen den Befund- und den Zusatztatsachen zu differenzieren.[72] Sog. **Befundtatsachen** sind solche Tatsachen, die vom Sachverständigen bei der Ausführung des Gutachterauftrages aufgrund seiner besonderen Sachkenntnis festgestellt werden.[73] Sonstige Tatsachen, zu deren Feststellung es keiner besonderen Sachkunde bedarf, sind sog. **Zusatztatsachen**. Sie bilden keinen Bestandteil des Gutachtens, sondern müssen im Wege der Vernehmung des Sachverständigen als Zeugen in den Prozess eingeführt werden.[74]

33 Nach § 73 StPO steht im gerichtlichen Verfahren die Auswahl der Sachverständigen und die Bestimmung ihrer Anzahl im Ermessen des Gerichts.[75] Es hat, soweit ihm dies

---

67 *Meyer-Goßner/Schmitt*, Vor § 72 Rn. 1 f.
68 S. hierzu *Deckers/Köhnken* (Hrsg.), Die Erhebung und Bewertung von Zeugenaussagen im Strafprozess.
69 SK-StPO/*Rogall*, § 85 Rn. 5.
70 *Beulke/Swoboda*, Strafprozessrecht, Rn. 304.
71 *Kindhäuser/Schumann*, Strafprozessrecht, § 21 Rn. 82 ff.
72 *Kindhäuser/Schumann*, Strafprozessrecht, § 21 Rn. 83 ff.; *Beulke/Swoboda*, Strafprozessrecht, Rn. 305; BGHSt 45, 164 (182); Löwe/Rosenberg/*Krause*, Vor § 72 Rn. 11.
73 KK-StPO/*Hadamitzky*, Vor §§ 72–93 Rn. 4; BGHSt 18, 108.
74 BGHSt 18, 107 (108); BGH NStZ 2002, 44 f.; BGH NStZ 1993, 246; KK-StPO/*Hadamitzky*, vor §§ 72–93 Rn. 5.
75 Löwe/Rosenberg/*Krause*, § 73 Rn. 9.

erforderlich erscheint, die Tätigkeit der Sachverständigen zu leiten (§ 78 StPO). Im Ermittlungsverfahren kann eine Bestellung jedoch auch durch die Staatsanwaltschaft (§ 161a Abs. 1 S. 1, S. 2 StPO) und sogar durch die Polizei erfolgen, dann allerdings ohne eine Verpflichtung des Sachverständigen (§ 163 Abs. 3 S. 1 StPO).

b) Ablehnung

Gem. § 74 Abs. 1 S. 1 StPO kann ein Sachverständiger aus denselben Gründen abgelehnt werden, die zur Ablehnung eines Richters berechtigen (s. § 15 Rn. 8 ff.). Ein Ausschluss des Sachverständigen kraft Gesetzes regelt hingegen nur § 87 Abs. 2 S. 3 StPO für den Ausschluss von Ärzten bei der Leichenöffnung, wenn sie den Verstorbenen in der dem Tod unmittelbar vorausgegangenen Krankheit behandelt haben.[76] Bei erfolgreicher Ablehnung besteht für das Gericht jedoch weiterhin die Möglichkeit, eine Vernehmung als Zeugen zu Zufallserkenntnissen oder als sachverständigen Zeugen vorzunehmen.[77]

34

c) Rechte und Pflichten

Den Sachverständigen trifft (nur) unter den Voraussetzungen des § 75 StPO die **Pflicht, das Gutachten zu erstellen**. Dementsprechend muss er erscheinen und seine Aussage machen.[78] Ihm steht jedoch gegebenenfalls ein **Gutachtenverweigerungsrecht** nach § 76 iVm §§ 52, 53, 53a StPO zu. An Stelle des § 54 StPO gilt hier § 76 Abs. 2 StPO.[79]

35

Im Falle des Nichterscheinens oder der Weigerung eines gem. § 75 StPO zur Erstattung des Gutachtens verpflichteten Sachverständigen kann anders als bei einem Zeugen keine Ordnungshaft verhängt werden. Ihm droht gem. § 77 StPO jedoch die Auferlegung der dadurch entstandenen Kosten sowie, auch im Fall eines Fristversäumnisses, die (mehrfache) Festsetzung eines Ordnungsgeldes. In der Praxis wird hiervon selten Gebrauch gemacht, da die Gerichte auf Sachverständige angewiesen sind.

Der Sachverständige hat keine selbstständigen Eingriffsbefugnisse gegenüber Beschuldigten sowie Zeugen. Eine Befragung des Beschuldigten und von Zeugen ist nur im Rahmen einer richterlichen Vernehmung gemäß § 80 Abs. 2 StPO erforderlichenfalls durch Vorführung gemäß § 133 Abs. 2 StPO möglich. Zusätzlich ist gemäß § 81 StPO eine gerichtliche Unterbringung zur Beobachtung des Beschuldigten erlaubt. Weiterhin können Untersuchungen gemäß § 81a StPO zwangsweise unter Beachtung des Verhältnismäßigkeitsprinzips[80] durchgesetzt werden.

3. Der Urkundenbeweis (§§ 249 ff. StPO)

Urkunden iSd § 249 StPO sind Schriftstücke, die geeignet sind, durch ihren gedanklichen Inhalt Beweis zu erbringen.[81] Urkundenbeweis bedeutet demnach Ermittlung und Verwertung des gedanklichen Inhalts eines Schriftstückes.[82] Gem. § 249 Abs. 1 S. 2 StPO werden elektronische Dokumente miterfasst, soweit sie verlesbar sind. Dabei kommt es anders als beim Urkundenbegriff des § 267 StGB nicht auf die Echtheit der Urkunde oder die Erkennbarkeit ihres Ausstellers an; der Urkundenbegriff des § 249

36

---

76 Meyer-Goßner/Schmitt, § 74 Rn. 3.
77 Kindhäuser/Schumann, Strafprozessrecht, § 21 Rn. 91; Meyer-Goßner/Schmitt, § 74 Rn. 19; KK-StPO/Hadamitzky, § 74 Rn. 15.
78 Kindhäuser/Schumann, Strafprozessrecht, § 21 Rn. 86.
79 Meyer-Goßner/Schmitt, § 76 Rn. 1.
80 S. hierzu KG StV 2017, 569.
81 BGHSt 27, 136.
82 Meyer-Goßner/Schmitt, § 249 Rn. 1.

StPO stellt ausschließlich auf die **Verlesbarkeit** ab.[83] Auch die Art der stofflichen Fixierung ist unerheblich.[84] Geht es ausschließlich um das äußere Erscheinungsbild der Urkunde, ist sie ein Augenscheinsobjekt (s. 37). Der Urkundenbeweis ist immer dann zulässig, wenn er nicht ausdrücklich verboten ist.[85] Dies folgt im Umkehrschluss daraus, dass das Gesetz selbst keine Regelungen über die Zulässigkeit trifft.[86] Verbote des Urkundenbeweises enthalten insbes. die §§ 250 ff. StPO. Die Einführung in die Hauptverhandlung erfolgt gem. § 249 Abs. 1 S. 1 StPO regelmäßig durch Verlesung der Urkunde. Unter den Voraussetzungen des § 249 Abs. 2 StPO kann allerdings von der Verlesung abgesehen werden, wenn die Richter und Schöffen die Urkunde selbst gelesen haben und die übrigen Beteiligten hierzu Gelegenheit hatten, sog. **Selbstleseverfahren** (s. hierzu Rn. 55).

4. Der Augenscheinsbeweis (§§ 86 ff., 225 StPO)

37 Der Augenscheinsbeweis beinhaltet die Wahrnehmung durch Sehen, Hören, Riechen, Schmecken und Fühlen[87] und somit die sinnliche Wahrnehmung der Existenz, Lage und Beschaffenheit eines Objekts.[88] Der Augenschein stellt ein **sachliches Beweismittel** dar, erfasst sind etwa Abbildungen, Videoaufnahmen, Fotografien, Schallplatten, Tonbänder und sonstige Tonaufnahmen,[89] jedoch kann auch ein Mensch Augenscheinsobjekt sein, wenn er nur angesehen werden soll.[90] In **Abgrenzung zur Urkunde** kann ein Schriftstück dem Augenscheinsbeweis zuzuordnen sein, wenn es nicht um den geistigen Inhalt des Geschriebenen, sondern um die äußerliche Betrachtung, etwa das Schriftbild, Fingerabdrücke oder die Echtheit geht.[91]

Anders als für den Zeugenbeweis (§ 250 StPO) gilt der Unmittelbarkeitsgrundsatz für den Augenscheinsbeweis nicht. Es können daher auch **Augenscheinsgehilfen** eingesetzt, das heißt die Augenscheinseinnahme nicht richterlichen Personen übertragen werden, etwa wenn sich das Augenscheinsobjekt an schwer zugänglichen Orten (zB unter Wasser) befindet.[92]

Die richterliche Augenscheinseinnahme außerhalb der Hauptverhandlung regeln §§ 86, 225 StPO. Dieser wird gem. § 249 Abs. 1 S. 2 StPO durch Verlesung des Protokolls über die Augenscheinsaufnahme zum Gegenstand der Beweisaufnahme gemacht.[93] Innerhalb der Hauptverhandlung ist die Tatsache der Augenscheinseinnahme ein in der Sitzungsniederschrift zu protokollierender Bestandteil (nicht jedoch ihr Ergebnis).[94] Der Beweisantrag auf Einnahme eines Augenscheins kann gem. § 244 Abs. 5 StPO nach pflichtgemäßem Ermessen in den Grenzen der Amtsaufklärungspflicht abgelehnt werden (s. dazu Rn. 76). Nichtrichterlicher Augenschein wird durch die Vernehmung der einnehmenden Person (sog. Augenscheinsgehilfe) als Zeuge in die Hauptverhandlung eingeführt.[95]

---

83 *Joecks/Jäger*, § 249 Rn. 2.
84 *Eisenberg*, Beweisrecht, Rn. 2000; *Löwe/Rosenberg/Mosbacher*, § 249 Rn. 7.
85 BGHSt 20, 160 (162); 39, 305 (306).
86 *Eisenberg*, Beweisrecht, Rn. 2004.
87 BGHSt 18, 51 (53).
88 KK-StPO/*Hadamitzky*, § 86 Rn. 1.
89 BGH NJW 1960, 1582; KK-StPO/*Hadamitzky*, § 86 Rn. 6.
90 *Beulke/Swoboda*, Strafprozessrecht, Rn. 311.
91 BGH NStZ 1986, 519.
92 *Meyer-Goßner/Schmitt*, § 86 Rn. 3.
93 *Kindhäuser/Schumann*, Strafprozessrecht, § 21 Rn. 105.
94 KK-StPO/*Hadamitzky*, § 86 Rn. 9; RGSt 26, 277.
95 KK-StPO/*Hadamitzky*, § 86 Rn. 3.

III. Allgemeine Grundsätze der Beweisaufnahme

1. Vorbemerkungen

Die Beweisaufnahme folgt gem. § 244 Abs. 1 StPO unmittelbar im Anschluss an die Vernehmung des Angeklagten. Die beweisbedürftigen Tatsachen lassen sich dabei in Haupt-, Hilfs- und Indiztatsachen unterteilen.[96] Zu den **Haupttatsachen** zählen alle Umstände, die sich unter einen Straftatbestand subsumieren lassen und somit durch sich selbst die Strafbarkeit begründen (zB A sagt als Zeuge aus, er habe gesehen, wie B Geld aus der Kasse des C entwendete).[97] **Indizien** hingegen sind solche Tatsachen, die einen Schluss auf unmittelbar erhebliche Haupttatsachen zulassen, ohne selbst zwangsläufig strafbegründend zu sein (zB A sagt aus, er habe gesehen, dass B unmittelbar nach dem ermittelten Tatzeitpunkt mehrere Geldscheine in entsprechender Höhe bei sich trug).[98] Bloße **Hilfstatsachen** schließlich sind solche, die Rückschlüsse auf die Qualität eines Beweismittels zulassen (zB D sagt aus, A sei im Zeitpunkt seiner Beobachtung erheblich alkoholisiert gewesen).[99]

2. Der Amtsaufklärungsgrundsatz (§ 244 Abs. 2 StPO)

In Abgrenzung zum vom Beibringungsgrundsatz geprägten Zivilprozess gilt im Strafprozess der Grundsatz der gerichtlichen **Aufklärungspflicht gem. § 244 Abs. 2 StPO**. Hiernach hat das Gericht zur Erforschung der Wahrheit die Beweisaufnahme von Amts wegen auf alle Tatsachen und Beweismittel zu erstrecken, die für die Entscheidung von Bedeutung sein können. Das Gericht ist also nicht an die Beweisanträge anderer Prozessbeteiligter gebunden.[100] Dieser Amtsaufklärungsgrundsatz verdichtet sich auf Seiten des Angeklagten bzw. seiner Verteidigung zu einem Anspruch auf Beweiserhebung. Das Gericht hat alle nicht von vornherein aussichtslosen Schritte zu unternehmen, um sich eine möglichst zuverlässige Beweisgrundlage zu schaffen.[101] Auch wenn das Gericht der Auffassung ist, auf Grundlage der bisherigen Beweisaufnahme bereits eine Überzeugung vom Sachverhalt gewonnen zu haben, darf es weitere zur Verfügung stehende Beweismittel nicht unbeachtet lassen, wenn auch nur die entfernte Möglichkeit einer Änderung der durch die erfolgte Beweisaufnahme begründeten Vorstellung von dem Sachverhalt in Betracht kommt.[102] Erst nach erschöpfender Ausnutzung aller Beweismittel kann der **Grundsatz „in dubio pro reo"** eingreifen.[103] Mit dem Beweiserhebungsanspruch ist das **Verbot einer vorweggenommenen Beweiswürdigung (Beweisantizipation)** verknüpft.

3. Der Unmittelbarkeitsgrundsatz (§§ 250 ff. StPO)

Der Grundsatz der Unmittelbarkeit der Beweisaufnahme umfasst die formelle und die materielle Unmittelbarkeit.[104]

---

96 *Beulke/Swoboda*, Strafprozessrecht, Rn. 623; *Roxin/Schünemann*, Strafverfahrensrecht, § 24 Rn. 7.
97 *Kindhäuser/Schumann*, Strafprozessrecht, § 20 Rn. 8; *Schlüchter*, S. 182.
98 *Schlüchter*, S. 183.
99 *Kindhäuser/Schumann*, Strafprozessrecht, § 20 Rn. 12.
100 *Roxin/Schünemann*, Strafverfahrensrecht, § 45 Rn. 2.
101 *Beulke/Swoboda*, Strafprozessrecht, Rn. 624.
102 BGHSt 23, 176 (188); 30, 131 (143); BGH StV 1993, 194; *Beulke/Swoboda*, Strafprozessrecht, Rn. 624.
103 *Roxin/Schünemann*, Strafverfahrensrecht, § 45 Rn. 3.
104 *Beulke/Swoboda*, Strafprozessrecht, Rn. 624; *Jahn/Schmitt-Leonardy*, NJW 2022, 2721; siehe auch § 21 Rn. 109 f.

a) Formelle Unmittelbarkeit und Ausnahmen

41 Formelle Unmittelbarkeit setzt voraus, dass das erkennende Gericht die Beweisaufnahme grundsätzlich unmittelbar selbst vornimmt und nicht an andere Personen wie beauftragte und ersuchte Richter delegiert, da es nur dann in der Lage ist nach seiner freien, aus dem Inbegriff der Verhandlung geschöpften Überzeugung zu entscheiden (§ 261 StPO).

Durchbrechungen dieses Prinzips finden sich in den Vorschriften über die kommissarische Vernehmung gem. §§ 223 ff. StPO sowie die audiovisuelle Vernehmung von Zeugen gem. § 247a StPO.

42 Durch die **kommissarische Vernehmung** (§§ 223 ff. StPO) können ausnahmsweise Beweiserhebungen vorweggenommen werden, die grundsätzlich der späteren Hauptverhandlung vorbehalten sind.[105] Sie kommt insbes. dann in Betracht, wenn dem Erscheinen eines Zeugen oder Sachverständigen in der Hauptverhandlung für eine längere oder ungewisse Zeit gesundheitliche oder andere nicht zu beseitigende Hindernisse (§ 223 Abs. 1 StPO) oder eine große Entfernung, deren Überwindung im konkreten Fall unzumutbar wäre (§ 223 Abs. 2 StPO), entgegenstehen. Die Durchführung der kommissarischen Vernehmung erfolgt durch einen beauftragten oder ersuchten Richter. **Beauftragter Richter** ist ein Mitglied des erkennenden Gerichts, typischerweise der Beisitzer, der als Berichterstatter in der Sache fungiert.[106] **Ersuchter Richter** ist ein Amtsrichter eines anderen Bezirks, der im Wege eines Rechtshilfeersuchens (§ 157 GVG) dort die beantragte Amtshandlung durchführt.[107]

43 Die Zeugenvernehmung durch **Videosimultanübertragung** nach § 247a StPO vermag die Unmittelbarkeit der Vernehmung im Wege einer Videokonferenz nur zu simulieren und stellt damit eine Durchbrechung des Prinzips der Unmittelbarkeit dar.[108] Sie zeichnet sich dadurch aus, dass sich der zu vernehmende Zeuge während seiner Vernehmung im Laufe der Hauptverhandlung an einem anderen Ort aufhalten kann, während zeitgleich Bild und Ton in den Sitzungssaal übertragen werden. Für eine Anordnung erforderlich sind entweder das Bestehen einer dringenden Gefahr eines schwerwiegenden Nachteils für das Wohl des Zeugen infolge seiner Anwesenheit in der Hauptverhandlung (§ 247a S. 1 Hs. 1 StPO) oder das Vorliegen der Voraussetzungen des § 251 Abs. 2 StPO (§ 247a S. 1 Hs. 2 StPO). Ist eine der beiden Alternativen erfüllt, steht die Entscheidung über die Anordnung im pflichtgemäßen Ermessen des Gerichts.[109]

b) Materielle Unmittelbarkeit und Ausnahmen[110]

44 Nach dem Prinzip der materiellen Unmittelbarkeit darf ein zur Verfügung stehendes Beweismittel nicht durch sog. **Beweissurrogate** ersetzt werden.[111] Darunter sind Beweismittel zu verstehen, deren Beweisgegenstand lediglich das Beweisergebnis eines an-

---

105 *Beulke/Swoboda*, Strafprozessrecht, Rn. 570.
106 Löwe/Rosenberg/Jäger, § 223 Rn. 29.
107 *Beulke/Swoboda*, Strafprozessrecht, Rn. 570.
108 *Beulke/Swoboda*, Strafprozessrecht, Rn. 658.
109 *Beulke/Swoboda*, Strafprozessrecht, Rn. 661.
110 De lege ferenda wird im Alternativ-Entwurf Beweisaufnahme vorgeschlagen, die persönliche Vernehmung von Zeugen oder Sachverständigen in der Hauptverhandlung durch die Einführung früherer Aussagen mittels Vorführung einer Bild-Ton-Aufzeichnung oder Verlesung einer Niederschrift zu ersetzen (§§ 250, 251), GA 2014, 1 ff.
111 OLG Düsseldorf NStZ-RR 2008, 180; *Beulke/Swoboda*, Strafprozessrecht, Rn. 631.

deren Beweismittels darstellt.[112] Insbes. erfolgt gem. § 250 StPO die Beweiserhebung durch Vernehmung in der Hauptverhandlung und darf nicht durch das Beweissurrogat der Verlesung des Protokolls einer früheren Vernehmung ersetzt werden (s. auch Art. 6 Abs. 3d EMRK). Der Personalbeweis hat somit grundsätzlich Vorrang vor dem Urkundenbeweis.[113] Gleiches muss in zumindest analoger Anwendung des § 250 StPO auch im Hinblick auf den Augenscheinsbeweis, etwa das Abspielen eines Tonbandes in der Hauptverhandlung, gelten.[114] Der Protokollverlesung sind gem. § 255a Abs. 1 StPO Videoaufzeichnungen gleichgestellt. Darüber hinaus darf aus Gründen des Opferschutzes gem. § 255a Abs. 2 StPO die Bild-Ton-Aufzeichnung einer richterlichen Vernehmung eines Zeugen als **Beweissurrogat** in die Hauptverhandlung eingeführt werden. Dies gilt auch, wenn der Zeuge erst nachträglich von seinem Zeugnisverweigerungsrecht Gebrauch macht; Voraussetzung ist allerdings eine ordnungsgemäße Belehrung bei der richterlichen Vernehmung.[115]

aa) Verlesung von Protokollen über frühere Vernehmungen (§ 251 StPO)

Ausnahmsweise darf unter Durchbrechung des Unmittelbarkeitsgrundsatzes auf das Protokoll einer früheren Vernehmung zurückgegriffen werden. § 251 StPO regelt hierzu abschließend die zulässigen Fälle der Verlesung von Protokollen über frühere Vernehmungen, wobei zwischen der nicht richterlichen (§ 251 Abs. 1 StPO) und der richterlichen Vernehmung (§ 251 Abs. 2 StPO) unterschieden wird. Der richterlichen Vernehmung wird dabei eine höhere Qualität beigemessen; zusätzlich zu den Fällen des Abs. 1 treten die weiteren Möglichkeiten nach Abs. 2 hinzu. Unabdingbare Voraussetzung ist in jedem Falle, dass bei der früheren Vernehmung ordnungsgemäß über das Zeugnis- und Aussageverweigerungsrecht belehrt worden ist.[116]

bb) Gedächtnisunterstützung und Behebung von Widersprüchen (§§ 253, 254 StPO)

Erklärt ein Zeuge oder Sachverständiger, dass er sich einer bestimmten Tatsache nicht mehr erinnere, so kann der diesbezügliche Teil des Protokolls über seine frühere Vernehmung zur Gedächtnisunterstützung verlesen werden (§ 253 Abs. 1 StPO). Das gleiche gilt gem. § 253 Abs. 2 StPO, wenn auf andere Weise ein Widerspruch zu einer früheren Aussage ohne Unterbrechung der Hauptverhandlung nicht festgestellt oder behoben werden kann. Erklärungen des Angeklagten können zum Zweck der Beweisaufnahme über ein Geständnis verlesen werden, wenn sie in einem **richterlichen Protokoll** enthalten sind (§ 254 Abs. 1 StPO). Audiovisuelle Aufzeichnungen (s. § 136 Abs. 4 StPO) können ebenfalls vorgeführt werden. Dasselbe gilt zur Beseitigung eines in der Vernehmung hervortretenden Widerspruchs mit einer früheren Aussage (§ 254 Abs. 2 StPO). Bei Verlesung eines nicht richterlichen Protokolls hingegen wird das Protokoll nicht selbst Beweismittel, sondern dient nur als Vorhalt (s. dazu Rn. 49), so dass allein der Reaktion des Angeklagten ein Beweiswert zukommt.[117]

cc) Behördliche und ärztliche Erklärungen (§ 256 Abs. 1 StPO)

Verlesen werden können darüber hinaus gem. § 256 Abs. 1 StPO bestimmte behördliche und ärztliche Erklärungen. Hintergrund dieser Regelung ist die besondere Autori-

---

112 *Kindhäuser/Schumann*, Strafprozessrecht, § 21 Rn. 110.
113 *Beulke/Swoboda*, Strafprozessrecht, Rn. 631; *Kindhäuser/Schumann*, Strafprozessrecht, § 21 Rn. 111.
114 *Meyer-Goßner/Schmitt*, § 250 Rn. 2; *Krey/Heinrich*, Strafverfahrensrecht, Rn. 1464.
115 BGH BeckRS 2022, 40457.
116 OLG Köln StV 1983, 97; *Beulke/Swoboda*, Strafprozessrecht, Rn. 633.
117 *Beulke/Swoboda*, Strafprozessrecht, Rn. 647.

tät von Behörden und Ärzten, insbes. soll den Medizinern erspart werden, allzu oft vor Gericht erscheinen zu müssen.[118]

dd) Aussage eines Zeugen, der sich erst in der Hauptverhandlung auf sein Zeugnisverweigerungsrecht beruft (§ 252 StPO)

48 Verweigert ein Zeuge erst in der Hauptverhandlung berechtigt das Zeugnis, so gilt § 252 StPO. Das heißt, seine Aussage darf nicht verlesen werden. Eine Anhörung der Vernehmungsperson als Zeugen wäre eine **Umgehung dieses Verbots**. Hiervon ist nach der ständigen höchstrichterlichen Rechtsprechung[119] aus Gründen der Effektivität der Strafverfolgung eine Ausnahme zu machen, wenn eine **Aussage vor dem Richter** erfolgt ist. Dann darf der vernehmende Richter in den Zeugenstand gerufen werden.[120] Deshalb wird in der Praxis bei zeugnisverweigerungsberechtigten Personen, die allein das Tatgeschehen bezeugen können (Vergewaltigung; sexueller Missbrauch von Kindern), eine richterliche Vernehmung durchgeführt. Die Rechtsprechung traut den eigenen Berufskollegen offensichtlich mehr Fairness im Umgang mit Zeugen zu als Polizeibeamten und Staatsanwälten.[121]

ee) Vorhalt

49 In der StPO nicht ausdrücklich geregelt, in der Praxis jedoch verbreitet ist der sog. Vorhalt. Hierunter ist die Verlesung eines Teils früherer Vernehmungsprotokolle im Rahmen der Vernehmung eines Zeugen, Sachverständigen oder Angeklagten zu verstehen. Eine Verletzung des Unmittelbarkeitsgrundsatzes soll dadurch nicht gegeben sein, da Urteilsgrundlage nicht der verlesene Inhalt des Protokolls, sondern allein die Reaktion des Befragten auf den Vorhalt sei.[122] Dagegen wird eingewandt, gerade Laienrichtern müsse es schwer fallen, Protokollverlesungen zu Beweis- und solche zu Vorhaltszwecken in ihrer Bedeutung zu trennen, so dass sich die Möglichkeit einer unzulässigen Beeinflussung des Laienrichters nicht ausschließen lasse.[123] Vorhalte zur Überprüfung der Glaubwürdigkeit von Zeugen und Sachverständigen könnten daher nur durch formlose Mitteilungen aus dem ja gerichtsbekannten Aktenmaterial oder Anhörung der früheren Vernehmungsperson als Zeugen von Hörensagen erfolgen.[124] Der Unterschied von Protokollverlesungen und formlosen Mitteilungen ist allerdings gering, wobei Verlesungen den Vorteil einer genaueren Wiedergabe haben.

ff) Zeuge vom Hörensagen

50 Kann ein Zeuge von den Tatvorgängen nicht aus seiner eigenen unmittelbaren Wahrnehmung, sondern nur aus Erzählungen anderer berichten, handelt es sich um einen sog. Zeugen vom Hörensagen.[125] Ob die Vernehmung von solchen Personen, insbes. Vernehmungsbeamten, mit dem Unmittelbarkeitsgrundsatz vereinbar ist, ist umstritten.

---

118 *Meyer-Goßner/Schmitt*, § 256 Rn. 1, 18.
119 BGHSt 2, 99; 36, 384.
120 Nach dem 2. Senat des BGH – Anfragebeschluss gem. § 132 Abs. 3 S. 1 GVG – ist die Vernehmung der richterlichen Verhörsperson nur zulässig, wenn der Zeugnisverweigerungsberechtigte auf diese Möglichkeit in den Prozess hingewiesen wurde („qualifizierte Belehrung"), BGH NStZ 2014, 596; s. auch § 52 Abs. 4 Alternativ-Entwurf Beweisaufnahme, GA 2014, 7.
121 Vgl. BGHSt 2, 99; BGH NJW 2004, 1605; *Geppert*, JK 10/04, StPO § 255a/1.
122 BGHSt 3, 281 (283); OLG Karlsruhe StV 2007, 630.
123 *Roxin/Schünemann*, Strafverfahrensrecht § 46 Rn. 25 f.
124 Ebd.
125 *Kindhäuser/Schumann*, Strafprozessrecht, § 21 Rn. 114.

Einer Ansicht nach soll § 250 S. 1 StPO ein generelles Verbot enthalten, Zeugen zu vernehmen, deren Aussage sich auf die Wahrnehmungen anderer beschränkt.[126] Die Vernehmung eines Zeugen vom Hörensagen wäre demnach unzulässig.

Nach der wohl hM regelt § 250 StPO hingegen nur das Verhältnis des Zeugenbeweises zum Urkundenbeweis; der Zeuge vom Hörensagen ist hiernach ein **zulässiges Beweismittel**.[127] Hierfür spricht, dass die detaillierten Regelungen der §§ 250 ff. StPO keinen ausdrücklichen Vorrang des Zeugen über unmittelbar wahrgenommene Tatsachen vor dem Zeugen über nur mittelbare Wahrnehmung enthalten.[128] Ist ein „unmittelbarer Zeuge" nicht verfügbar, wäre es ein Widerspruch zur Amtsaufklärungspflicht des § 244 Abs. 2 StPO, einen verfügbaren „mittelbaren Zeugen" nicht zu vernehmen.[129] Beweisgegenstand sind dann nicht die Tatsachen, die der „unmittelbare" Zeuge wahrgenommen hat, vielmehr ist der Zeuge vom Hörensagen unmittelbares Beweismittel bezüglich der von ihm selbst wahrgenommenen früheren Aussage des anderen Zeugen.[130] Eine Verletzung des Grundsatzes des fairen Verfahrens kann hierin nicht gesehen werden,[131] da das Gericht den aufgrund zunehmender Fehlerquellen ohnehin **geringeren Beweiswert** im Rahmen seiner freien richterlichen Beweiswürdigung zu berücksichtigen hat.[132] Das Wissen einer V-Person der Polizei, die dem Gericht infolge Verweigerung der Aussagegenehmigung gem. § 54 StPO oder der Auskunft über Person und Wohnsitz nicht zur Verfügung steht, kann inhaltlich durch Vernehmung eines Beamten der Polizei oder des Verfassungsschutzamtes in den Prozess eingeführt werden.[133] Dass die Vernehmungsperson über die Person des Informanten keine Auskunft geben kann, steht der Verwertbarkeit nicht entgegen, jedoch dürfen die Urteilsfeststellungen hierauf regelmäßig nur gestützt werden, wenn diese Bekundungen durch andere wichtige Beweisanzeichen bestätigt worden sind.[134]

gg) Einführung von Aussagen verdeckter Ermittler und sonstiger Ermittlungsgehilfen

Bezüglich des Einsatzes von Ermittlungsgehilfen zu unterscheiden sind Informanten, Vertrauenspersonen („V-Personen"), verdeckte Ermittler („VE") sowie nicht öffentlich ermittelnde Polizeibeamte („NOEP").[135]

- **Informanten** sind Personen, die gegen Zusicherung der Vertraulichkeit den Strafverfolgungsbehörden im Hinblick auf einen bestimmten Einzelfall Informationen übermitteln.[136]

- **Vertrauenspersonen** sind Personen, die selbst keiner Strafverfolgungsbehörde angehören, jedoch eine solche über einen längeren Zeitraum bei der Aufklärung von Straftaten unter Geheimhaltung ihrer Identität unterstützen.[137]

---

126 *Seebode/Sydow*, JZ 1980, 506 (515); *Peters*, Strafprozessrecht, S. 317.
127 BVerfGE 57, 250 (277f.); BVerfG StV 1997, 1; BGHSt 36, 159 (162); *Beulke/Swoboda*, Strafprozessrecht, Rn. 648.
128 *Beulke/Swoboda*, Strafprozessrecht, Rn. 648.
129 BGH StV 2002, 635; *Detter*, NStZ 2003, 1; *Kindhäuser/Schumann*, Strafprozessrecht, § 21 Rn. 117.
130 *Eisenberg*, Beweisrecht, Rn. 1030; *Beulke/Swoboda*, Strafprozessrecht, Rn. 648; *Kindhäuser/Schumann*, Strafprozessrecht, § 21 Rn. 117; BGHSt 17, 382 (383).
131 BVerfG NStZ 1991, 445.
132 BVerfG NJW 2001, 2245; BGH StV 2018, 791; *Roxin/Schünemann*, Strafverfahrensrecht, § 46 Rn. 34; s. auch Rn. 105.
133 BVerfG NJW 1992, 168; BGH NStZ 1984, 36.
134 BVerfG NStZ 1995, 600; StV 1997, 1; *Meyer-Goßner/Schmitt*, § 250 Rn. 5.
135 *Kindhäuser/Schumann*, Strafprozessrecht, § 21 Rn. 118 ff.; *Beulke/Swoboda*, Strafprozessrecht, Rn. 650.
136 RiStBV Anl. D Teil I Nr. 2.1.
137 RiStBV Anl. D Teil I Nr. 2.2. S. auch § 11 Rn. 42 ff.

- **Verdeckte Ermittler** sind Polizeibeamte, die unter einer auf Dauer angelegten, veränderten Identität (Legende) in die jeweilige Szene eingeschleust werden.[138]
- **Nicht öffentlich ermittelnde Polizeibeamte** sind temporär verdeckt ermittelnde Polizeibeamte wie zB Scheinkäufer in Fällen des Betäubungsmittelmissbrauchs.[139]

54 Problematisch ist die Verwertung der durch diese Ermittlungsgehilfen gewonnenen Erkenntnisse im Strafprozess, da diese Ermittlungsgehilfen einerseits als Beweismittel in den Prozess eingeführt werden sollen, andererseits zu ihrem eigenen Schutz und zur Gewährleistung weiterer Einsätze ein Interesse an der Geheimhaltung ihrer Identität besteht. Bei verdeckten Ermittlern und nicht öffentlich ermittelnden Polizeibeamten besteht zur Wahrung des Geheimhaltungsinteresses die Möglichkeit einer Sperrung für das jeweilige Strafverfahren durch das zuständige Innenministerium, aufgrund derer die Behörde Identität und Aufenthaltsort des Beamten geheim hält. Die nach § 54 Abs. 1 StPO notwendige Aussagegenehmigung besteht dann nicht.[140] Weitere Schutzmechanismen finden sich speziell für verdeckte Ermittler in § 110b Abs. 3 StPO sowie allgemein in den §§ 54, 68, 96 StPO. Ist eine Sperrung nicht erfolgt, sind nach der sog. **Stufentheorie** je nach Gewicht des Geheimhaltungsinteresses im Einzelfall verschiedene Stufen der Geheimhaltung anerkannt.[141]

- **Erste Stufe:** Der Ermittlungsgehilfe wird als Zeuge vor Gericht vernommen, gegebenenfalls jedoch sein Wohnort oder seine Identität nach § 68 StPO verschwiegen oder die Öffentlichkeit gem. § 172 GVG ausgeschlossen.[142]
- **Zweite Stufe:** Der Ermittlungsgehilfe wird gem. § 223 StPO durch einen beauftragten oder ersuchten Richter vernommen und seine Aussage durch Verlesung nach § 251 Abs. 2 Nr. 1 StPO eingebracht.[143]
- **Dritte Stufe:** Auf eine Vernehmung des Ermittlungsgehilfen wird verzichtet, möglich bleibt jedoch die Verlesung der Protokolle (§ 251 Abs. 1 StPO) oder das Abspielen von Videoaufnahmen (§§ 58a Abs. 1 S. 2 Nr. 2, 168e S. 4, 255a StPO) früherer Vernehmungen oder die Vernehmung eines Vorgesetzten als Zeugen vom Hörensagen.[144]

4. Der Mündlichkeitsgrundsatz

55 Der Mündlichkeitsgrundsatz besagt, dass nur der mündlich vorgetragene und erörterte Prozessstoff dem Urteil zugrunde gelegt werden darf. Alles was nicht gesprochen ist, wird nicht beachtet, gilt als nicht geschehen oder als nicht vorhanden.[145] Dementsprechend müssen Urkunden nach § 249 Abs. 1 StPO verlesen werden. Eine Ausnahme vom Mündlichkeitsgrundsatz bildet zugunsten der Prozessökonomie und des Beschleunigungsgebotes das sog. **Selbstleseverfahren** nach § 249 Abs. 2 StPO: Hiernach kann von der Verlesung abgesehen werden, wenn die Richter und Schöffen vom Wortlaut der Urkunde oder des Schriftstücks tatsächlich Kenntnis genommen haben und die üb-

---

138 § 110a Abs. 2 S. 1 StPO. S. auch § 8 Rn. 21 und § 11 Rn. 38 ff.
139 *Beulke/Swoboda*, Strafprozessrecht, Rn. 650; *Kindhäuser/Schumann*, Strafprozessrecht, § 21 Rn. 122; s. auch § 11 Rn. 41.
140 *Kindhäuser/Schumann*, Strafprozessrecht, § 21 Rn. 124. Zum Verwaltungsrechtsweg gegen eine rechtswidrige Sperrerklärung s. Hess. VGH StV 2013, 685.
141 BGHSt 33, 83 ff.; 34, 15; 36, 159.
142 *Kindhäuser/Schumann*, Strafprozessrecht, § 21 Rn. 126.
143 *Beulke/Swoboda*, Strafprozessrecht, Rn. 654.
144 *Kindhäuser/Schumann*, Strafprozessrecht, § 21 Rn. 128; *Beulke/Swoboda*, Strafprozessrecht, Rn. 654.
145 *Roxin/Schünemann*, Strafverfahrensrecht, § 16 Rn. 1.

rigen Prozessbeteiligten die Gelegenheit hierzu hatten. Das andernfalls erforderliche und gegebenenfalls stunden- oder tagelange Verlesen von Schriftstücken würde Verfahrensbeteiligte und Zuhörer unnötig ermüden und eine „leere Förmlichkeit" bedeuten.[146]

5. Der Grundsatz der freien richterlichen Beweiswürdigung (§ 261 StPO)

Gem. § 261 StPO entscheidet das Gericht über das Ergebnis der Beweisaufnahme nach seiner freien, aus dem Inbegriff der Verhandlung gewonnenen Überzeugung. Dies bedeutet, dass der Richter einen bestimmten Sachverhalt ohne Zweifel für wahr halten muss.[147] Die persönliche Gewissheit ist für eine Verurteilung notwendig, aber auch genügend.[148] Das Gericht ist bei der Bewertung von Zeugenaussagen frei, auch Urkunden und Sachverständigengutachten sind für seine Entscheidung nicht verbindlich, selbst wenn es sich um chemische, technische oder psychiatrische Fragen handelt.[149] Der Grundsatz „in dubio pro reo" gilt bei der Urteilsfindung nicht für die einzelnen Elemente der Beweiswürdigung, sondern erst dann, wenn die Beweiswürdigung abgeschlossen ist und aufgrund des daraus gewonnenen Ergebnisses noch Zweifel an der Schuld des Angeklagten bleiben.[150]

Grenzen der freien richterlichen Beweiswürdigung bilden jedoch allgemeingültige und naturwissenschaftliche Erfahrungssätze sowie die Gesetze der Logik; die Argumentation des Richters muss nachvollziehbar, folgerichtig und widerspruchsfrei sein.[151] Zudem wird der Grundsatz durch gesetzliche Bestimmungen durchbrochen; Beweisregeln enthalten § 190 StGB (§ 274 StPO und § 51 Abs. 1 BZRG). Schließlich dürfen Beweise, die einem Verwertungsverbot unterliegen, nicht bei der Urteilsfindung berücksichtigt werden.

IV. Der Beweisantrag

Der Amtsaufklärungsgrundsatz des § 244 Abs. 2 StPO schließt nicht aus, dass auch andere Verfahrensbeteiligte Einfluss auf den Verlauf des Verfahrens ausüben können. Wichtigste Einflussnahmemöglichkeit ist dabei das Recht, Beweisanträge zu stellen. Hierdurch können die Verfahrensbeteiligten das Vorgehen des Gerichts bei der Beweiserhebung kontrollieren und eine eigenständige Beweiserhebung initiieren.[152] Das **Beweisantragsrecht** ist in der StPO nicht ausdrücklich geregelt, wird jedoch in den §§ 244 Abs. 3 bis 6, 245, 246 StPO vorausgesetzt. Dabei ist der Beweisantrag vom sog. Beweisermittlungsantrag und der Beweisanregung zu unterscheiden (s. auch Rn. 64, 66). Diese Differenzierung ist deswegen wichtig, weil unterschiedliche Anforderungen an eine Ablehnung eines Beweisantrags einerseits bzw. eines Beweisermittlungsantrages oder einer Beweisanregung andererseits gestellt werden. Während der Vorsitzende über Beweisanregungen oder Beweisermittlungsanträge gem. § 238 Abs. 1 StPO formlos entscheiden kann, können Beweisanträge nur durch einen Gerichtsbeschluss abgelehnt

---

146 KK-StPO/*Diemer*, § 249 Rn. 32. Kritisch aus der Sicht der Verteidigung *Ventzke*, StV 2014, 114 und *Meyer-Lohkamp*, StV 2014, 121.
147 *Roxin/Schünemann*, Strafverfahrensrecht, § 45 Rn. 43; *Henkel*, Strafverfahrensrecht, S. 351.
148 BGHSt 10, 209.
149 *Roxin/Schünemann*, Strafverfahrensrecht, § 45 Rn. 46.
150 BGH NStZ 2006, 650; *Beulke/Swoboda*, Strafprozessrecht, Rn. 754.
151 *Beulke/Swoboda*, Strafprozessrecht, Rn. 491; BGH StV 2017, 502, auch zur Verwertung einer molekulargenetischen Vergleichsuntersuchung.
152 *Kindhäuser/Schumann*, Strafprozessrecht, § 22 Rn. 1.

werden und auch nur dann, wenn einer der in §§ 244 Abs. 3 bis 5, 245 StPO abschließend genannten Ablehnungsgründe vorliegt.[153] Abs. 3 S. 1 enthält nunmehr eine Legaldefinition des Beweisantrags. Diese lehnt sich an die bisher in der Rechtsprechung und Literatur herausgearbeiteten Kriterien an und legt fest, dass der Antrag an die ernsthafte Behauptung einer bestimmten, die Schuld oder Rechtsfolgenfrage betreffende Beweistatsache enthalten muss, die mit dem bezeichneten Beweismittel bewiesen werden kann und sich aus dem Antrag ergibt, weshalb das Beweismittel die behauptete Tatsache belegen können soll.

1. Beweisantragsberechtigung

58 Berechtigt, Beweisanträge zu stellen, sind der Angeklagte, sein Verteidiger sowie die StA. Die Antragsberechtigung des Nebenklägers im Rahmen seiner Anschlussberechtigung ergibt sich aus § 397 Abs. 1 S. 3 StPO.[154]

a) Beweisthema

59 Der Beweisantrag muss immer eine bestimmte Tatsachenbehauptung enthalten, die Relevanz für die Schuld- oder Rechtsfolgenfrage besitzt.[155] Unter Beweis können hierfür auch Indiz- oder Hilfstatsachen gestellt werden, zu unterscheiden vom Hilfsbeweisantrag (s. Rn. 62). Die Tatsache muss zwar als feststehend behauptet werden, es ist jedoch unschädlich, wenn der Antragsteller sie lediglich für möglich hält, sofern sie nicht völlig aus der Luft gegriffen und ohne jeden Anhaltspunkt vorgetragen wird. Maßgeblich hierfür ist die objektive Sicht eines verständigen Antragstellers.[156] Nicht ausreichend ist die Benennung des bloßen Beweiszieles (zB die Entlastung des Angeklagten) oder die abstrakte Wiederholung von Gesetzestexten.[157]

b) Beweismittel

60 Der Antrag muss ein bestimmt bezeichnetes und von der StPO anerkanntes Beweismittel benennen. Es muss sich also um ein Beweismittel des Strengbeweises handeln (Augenscheins-, Sachverständigen-, Zeugen- oder Urkundenbeweis). Ausreichend ist, dass das Gericht erkennen kann, welches individuelle, von anderen unterscheidbare Beweismittel zur Hauptverhandlung zugezogen werden soll.[158] So reicht es aus, wenn ein Zeuge erst aus einem abgrenzbaren Personenkreis ermittelt werden muss.[159]

c) Konnexität

61 Zusätzlich muss ein Zusammenhang zwischen Beweisthema und Beweismittel bestehen (Konnexität). Nach der Neufassung des § 244 Abs. 3 S. 1 StPO muss dem Antrag zu entnehmen sein, weshalb das bezeichnete Beweismittel die behauptete Tatsache belegen können soll. Damit ist das von der Rechtsprechung entwickelte Konnexitätserfordernis festgeschrieben worden. Verhindert werden sollen damit ins Blaue hinein gestellte Beweisanträge.

---

153 *Beulke*, JuS 2006, 597 (599).
154 *Kindhäuser/Schumann*, Strafprozessrecht, § 22 Rn. 28.
155 *Kindhäuser/Schumann*, Strafprozessrecht, § 22 Rn. 8.
156 BGH NStZ 2008, 52.
157 BGHSt 39, 251 (253 f.); *Beulke/Swoboda*, Strafprozessrecht, Rn. 677.
158 *Löwe/Rosenberg/Becker*, § 244 Rn. 104.
159 BGHSt 40, 3 (6).

d) Form und Zeitpunkt

Der Beweisantrag ist in der Hauptverhandlung mündlich zu stellen, sofern nicht das Gericht nach § 257a StPO die schriftliche Antragstellung angeordnet hat, wobei auf einen Schriftsatz Bezug genommen werden darf.[160] Er kann vom Beginn der Hauptverhandlung bis zum Beginn der Urteilsverkündung gestellt werden. Solange trifft das Gericht die Pflicht, sie auch entgegenzunehmen.[161] Gem. § 246 Abs. 1 StPO darf ein Beweisantrag nicht als verspätet zurückgewiesen werden. Gefordert wird das von der Rechtsprechung entwickelte Kriterium der erweiterten Konnexität und zwar die Plausibilität des Gelingens des Beweises. Nicht erforderlich soll sein, dass dabei das bisherige Beweisergebnis mit einfließen muss.[162] Gemäß § 244 Abs. 6 S. 3 StPO kann nach Abschluss der Beweisaufnahme eine Frist zum Stellen von Beweisanträgen gesetzt werden. Nach Ablauf der Frist können diese Anträge im Urteil beschieden werden. Ein Beweisantrag kann auch vom Eintritt eines künftigen, ungewissen Umstandes abhängig gemacht werden, sofern es sich bei diesem Umstand um ein innerprozessuales Ereignis handelt.[163] Damit ist auch ein Hilfsbeweisantrag im Schlussplädoyer für den Fall einer bestimmten Abschlussentscheidung erlaubt:[164] „Wenn das Gericht nicht auf Freispruch erkennen sollte, dann beantrage ich zum Beweise dafür, dass der Angeklagte zur Tatzeit ortsabwesend war, zusätzlich folgende Zeugen... zu vernehmen." Hilfsbeweisanträge werden erst in den Urteilsgründen beschieden.[165]

2. Beweisanregungen iwS

Beweisanregungen iwS unterscheiden sich von Beweisanträgen dadurch, dass eine Beweiserhebung in das Ermessen des Gerichts gestellt wird, da der Antragsteller einen Beweisantrag aus tatsächlichen oder rechtlichen Gründen nicht stellen kann oder nicht stellen will.[166]

a) Beweisermittlungsantrag

Vom Beweisantrag abzugrenzen ist zunächst der Beweisermittlungsantrag. Hierunter versteht man ein Vorbringen des Antragstellers, das die Nachforschungen des Gerichts in eine bestimmte Richtung lenken soll, wobei dem Antrag eine oder mehrere Voraussetzungen eines Beweisantrages fehlen.[167] Abgrenzungskriterium ist die Frage, ob die Behauptungen so substantiiert sind, dass darauf die Ablehnungsgründe des § 244 Abs. 3 StPO anwendbar wären. Dies gilt insbes. für die Bestreitung von Tatsachen, sog. Negativbegehren.[168] Ein bloßer Beweisermittlungsantrag liegt etwa vor, wenn erst aus einer Vielzahl gleichartiger Beweismittel dasjenige ermittelt werden soll, das die Beweisbehauptung bestätigen kann; ein weiteres Beispiel ist der Antrag auf Augenscheinseinnahme mit ungewissem Ausgang.[169]

---

160 *Kindhäuser/Schumann*, Strafprozessrecht, § 22 Rn. 29.
161 Vgl. BGH NStZ 2007, 112 (113).
162 *Schaub*, NStZ 2020, 377 (379); so aber BGH NStZ 2009, 49 (50).
163 Löwe/Rosenberg/*Becker*, § 244 Rn. 150.
164 *Kindhäuser/Schumann*, Strafprozessrecht, § 22 Rn. 21 ff.
165 Löwe/Rosenberg/*Becker*, § 244 Rn. 157.
166 *Meyer-Goßner/Schmitt*, § 244 Rn. 23.
167 BGHSt 30, 131 (142); BGH StV 1983, 185; BGH StV 2018, 779: „Beweisbehauptung aufs Geratewohl ins Blaue"; Löwe/Rosenberg/*Becker*, § 244 Rn. 110; *Beulke/Swoboda*, Strafprozessrecht, Rn. 677.
168 BGHSt 39, 254; 43, 329.
169 *Kindhäuser/Schumann*, Strafprozessrecht, § 22 Rn. 18.

b) Beweiserbieten

65 Ein Beweiserbieten ist der Hinweis auf die Möglichkeit einer Beweiserhebung, die der Prozessbeteiligte dem Gericht für den Fall *anheimstellt*, dass die Aufklärungspflicht zu ihr zwingt.[170] Dabei ist stets durch Auslegung zu ermitteln, ob nicht in Wirklichkeit ein (Eventual-)Beweisantrag vorliegt.[171]

c) Beweisanregung ieS.

66 Beweisanregungen ieS schließlich sind Anträge, die aus Rechtsgründen nicht als Beweisanträge gestellt werden können, weil sie nicht den Umfang, sondern nur die Art und Weise der Beweisaufnahme betreffen, zB Anträge auf die Vornahme von Versuchen und Experimenten oder zur Wiederholung einer Beweiserhebung zu derselben Beweisfrage.[172]

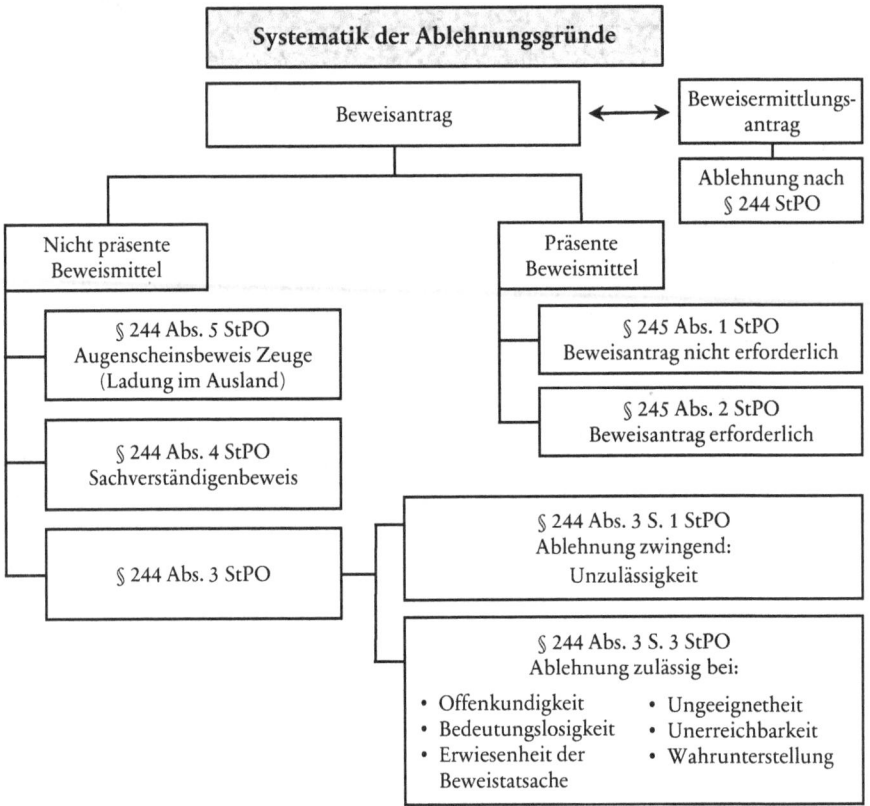

Der frühere Ablehnungsgrund der Prozessverschleppung (§ 244 Abs. 3 S. 2 StPO aF) ist entfallen und stattdessen als „Nichtantrag" in § 244 Abs. 6 S. 2 StPO geregelt.

---

170 *Meyer-Goßner/Schmitt*, § 244 Rn. 24.
171 *Löwe/Rosenberg/Becker*, § 244 Rn. 169.
172 *Meyer-Goßner/Schmitt*, § 244 Rn. 26.

3. Ablehnung von Beweisanträgen

Nach dem Verfahrensrecht aus der Zeit des Nationalsozialismus konnte ein Beweisantrag nach freiem Ermessen abgelehnt werden: „Das Gericht kann einen Beweisantrag ablehnen, wenn es nach seinem freien Ermessen die Erhebung des Beweises zur Erforschung der Wahrheit nicht für erforderlich hält", s. § 24 der Verordnung vom 1.9.1936. Diese freie Beweiswürdigung, die nicht selten in eine willkürliche umgemünzt wurde, galt für die Sondergerichte schon ab 1933. Heute sind die Ablehnungsgründe abschließend in den §§ 244 Abs. 3 bis 6, 245 StPO formuliert; dh, ein Beweisantrag darf nur mit einer hieraus entnommenen Begründung abgelehnt werden (zu Einschränkungen im beschleunigten Verfahren sowie im Strafbefehlsverfahren s. §§ 420 Abs. 4, 411 Abs. 2 S. 2 StPO). Stattgeben darf dem Beweisantrag auch der Vorsitzende allein, die Ablehnung setzt hingegen einen nach § 34 StPO zu begründenden Gerichtsbeschluss voraus (§ 244 Abs. 6 S. 1 StPO).[173] Aufgrund der Neuregelung in § 244 Abs. 6 S. 2 StPO bedarf es einer Ablehnung nach S. 1 nicht, wenn die beantragte Beweiserhebung nichts Sachdienliches zugunsten des Antragsstellers erbringen kann, der Antragssteller sich dessen bewusst ist und er die Verschleppung des Verfahrens bezweckt.[174] Damit normiert Abs. 6 S. 2 ausdrücklich, dass für in Verschleppungsabsicht gestellte Anträge kein ablehnender Gerichtsbeschluss nötig ist, da es sich hierbei nicht um Beweisanträge handeln soll.[175]

a) Unzulässigkeit der Beweiserhebung

Gem. § 244 Abs. 3 S. 2 StPO ist ein Beweisantrag abzulehnen, wenn die beantragte Erhebung unzulässig ist. Die Beweiserhebung ist unzulässig, wenn sie aus Rechtsgründen verboten ist, insbes. wenn ein Beweisthemen- oder Beweismittelverbot entgegensteht (zB Anwendung verbotener Vernehmungsmethoden gem. § 136a StPO; Protokollverlesung anstelle einer Vernehmung in der Hauptverhandlung, s. § 250 S. 2 StPO; Vernehmung eines Beamten ohne Aussagegenehmigung gem. § 54 StPO; Verlesung eines früheren Vernehmungsprotokolls eines Zeugen, der in der Hauptverhandlung von seinem Zeugnisverweigerungsrecht Gebrauch macht, s. § 252 StPO). Hierbei handelt es sich um den einzigen *zwingenden* Ablehnungsgrund („ist abzulehnen"), bei den übrigen steht die Ablehnung im Ermessen des Gerichts, soweit die Voraussetzungen vorliegen.[176]

b) Wegen Offenkundigkeit überflüssig (§ 244 Abs. 3 S. 3 Nr. 1 StPO)

Nach § 244 Abs. 3 S. 3 Nr. 1 StPO kann ein Beweisantrag abgelehnt werden, wenn eine Beweiserhebung wegen Offenkundigkeit überflüssig ist. Offenkundigkeit gliedert sich in Allgemeinkundigkeit und Gerichtskundigkeit (s. o.). So hat die Rechtsprechung darauf verwiesen, dass die Massenvernichtung von Juden während des „Dritten Reiches" offenkundig und keines weiteren Beweises bedürftig ist.[177] Offenkundig kann die Beweistatsache selbst sein oder aber deren Gegenteil.[178] Bei Kollegialgerichten reicht es aus, wenn einer der Richter Kenntnis hat und sie den anderen vermitteln könnte.[179]

---

173 *Schlüchter*, S. 210.
174 *Börner*, NStZ 2020, 460.
175 *Kudlich/Nicolai*, JA 2020, 881 (886).
176 *Kindhäuser/Schumann*, Strafprozessrecht, § 22 Rn. 39; *Meyer-Goßner/Schmitt*, § 244 Rn. 49 ff.
177 OLG Düsseldorf StV 1992, 314.
178 *Kindhäuser/Schumann*, Strafprozessrecht, § 22 Rn. 41.
179 *Meyer-Goßner/Schmitt*, § 244 Rn. 53.

c) Bedeutungslosigkeit der zu beweisenden Tatsache (§ 244 Abs. 3 S. 3 Nr. 2 StPO)

70   Ohne Bedeutung für die Entscheidung ist eine Tatsache, wenn die Entscheidung des Gerichts selbst bei Erwiesenheit nicht beeinflusst werden würde und die Wahrheitsfindung somit schlechterdings nicht gefördert werden kann.[180] Die Bedeutungslosigkeit kann sich aus rechtlichen oder tatsächlichen Gründen ergeben. Aus Rechtsgründen bedeutungslos ist eine Tatsache insbes. dann, wenn eine Verurteilung bereits aus anderen, schon erwiesenen Gründen ausscheidet.[181] Hierzu gehört auch der Fall der Bedeutungslosigkeit von Strafzumessungstatsachen bei einem gebotenen Freispruch.

d) Bereits erwiesene Tatsache (§ 244 Abs. 3 S. 3 Nr. 3 StPO)

71   Wenn eine Tatsache, die bewiesen werden soll, nach Überzeugung des Gerichts bereits erwiesen ist, ist eine weitere Beweisaufnahme überflüssig. Damit dürfen jedoch nicht Beweismittel abgelehnt werden, die für das Gegenteil der bisherigen Beweiswürdigung sprechen.[182] Hierin läge ein Verstoß gegen das Verbot der Beweisantizipation.[183]

e) Ungeeignetheit des Beweismittels (§ 244 Abs. 3 S. 3 Nr. 4 StPO)

72   Ein Beweismittel ist ungeeignet, wenn das beabsichtigte Beweisergebnis nach sicherer Lebenserfahrung sich damit nicht erzielen lässt.[184] Nicht ausreichend ist ein geringer Beweiswert, da ansonsten eine unzulässige Beweisantizipation erfolgte. Auch dies muss zur Überzeugung des Gerichts feststehen. Ungeeignet ist somit zB ein Zeuge, sobald er von seinem Zeugnisverweigerungsrecht in der Hauptverhandlung Gebrauch gemacht hat. Dies kann auch gelten, wenn ein Zeuge nach einer durchgeführten Vernehmung erklärt, nichts weiter auszusagen und trotz eines Ordnungsgeldes gem. § 70 Abs. 1 StPO hieran festhält.[185]

f) Unerreichbarkeit des Beweismittels (§ 244 Abs. 3 S. 3 Nr. 5 StPO)

73   Bevor die Unerreichbarkeit des Beweismittels angenommen werden darf, müssen alle Erfolg versprechenden Versuche unternommen werden, das Beweismittel herbeizuschaffen, also zB Zeugen aufzuspüren. Das Gericht darf solche Bemühungen nur ausnahmsweise als von vornherein aussichtslos unterlassen, wobei sich das Maß der erforderlichen Nachforschungen immer nach der Bedeutung des Beweismittels für die Wahrheitsfindung, der Schwere der dem Angeklagten vorgeworfenen Tat und der bereits zur Sachaufklärung aufgewendeten Bemühungen richtet.[186] Der im Ausland wohnende Zeuge ist nicht unerreichbar, da er kommissarisch oder, wenn die Möglichkeit besteht, per Videokonferenz gem. § 247a StPO vernommen werden kann. Unerreichbar ist jedoch der V-Mann, wenn sich die oberste Dienstbehörde weigert, Namen und Anschrift preiszugeben.

g) Wahrunterstellung (§ 244 Abs. 3 S. 3 Nr. 6 StPO)

74   Bei der sog. Wahrunterstellung handelt es sich nach der wohl überwiegenden Auffassung um eine **vorweggenommene Anwendung des Grundsatzes „in dubio pro reo"**.[187]

---

180   Zur Bedeutungslosigkeit von unter Beweis gestellten Indiz- oder Hilfstatsachen s. BGH-Entscheidungen StV 2019, 804 ff.
181   *Kindhäuser/Schumann,* Strafprozessrecht, § 22 Rn. 42.
182   BGH StraFo 2008, 29.
183   *Beulke/Swoboda,* Strafprozessrecht, Rn. 685.
184   BGH NStZ 2008, 116.
185   BGH StV 2019, 808.
186   *Meyer-Goßner/Schmitt,* § 244 Rn. 62a.
187   *Herdegen,* NStZ 1984, 340; Löwe/Rosenberg/*Becker,* § 244 Rn. 289; *Schlüchter,* S. 212.

Nach anderer Auffassung liegt hierin eine Ausprägung des Prinzips der Prozessökonomie, welche durch „in dubio pro reo" lediglich begrenzt wird.[188] Im Hinblick auf die umfassende Aufklärungspflicht des Gerichts ist dies jedoch nur zulässig, wenn eine weitere Klärung des Sachverhalts nicht mehr möglich ist. Zudem darf es sich ausschließlich um entlastende Tatsachen handeln, da belastende Umstände stets bewiesen sein müssen.[189]

In der Praxis bedeutet die Wahrunterstellung vor dem Hintergrund verfahrensökonomischer Erwägungen eine Erleichterung: Untersuchungen zeigten, dass etwa ein Drittel aller Beweisantragsablehnungen, über deren Berechtigung der BGH 1971 in Revisionsverfahren zu entscheiden hatte, auf die Wahrunterstellung gestützt wurde,[190] bzw. dass von ihr mehr Gebrauch gemacht wurde, als von sämtlichen anderen Ablehnungsgründen[191] (was sich allerdings nicht in der Selbsteinschätzung der Strafrichter wiederspiegelte; nur 26 % der Befragten weisen der Wahrunterstellung eine bedeutende Rolle als Ablehnungsgrund zu).[192] Den Gegenstand der Wahrunterstellung machen mit 97 % fast ausnahmslos Indiztatsachen aus.[193]

h) Besondere Ablehnungsgründe für Sachverständigenbeweis (§ 244 Abs. 4 StPO)

Nach § 244 Abs. 4 S. 1 StPO kann ein Beweisantrag auf **erstmalige** Vernehmung eines Sachverständigen auch abgelehnt werden, wenn das Gericht selbst die erforderliche Sachkunde besitzt. Bei Kollegialgerichten ist auch insoweit die Kenntnis nur eines Mitgliedes ausreichend.[194] Die Anhörung eines **weiteren** Sachverständigen kann gem. § 244 Abs. 4 S. 2 StPO auch dann abgelehnt werden, wenn durch das frühere Gutachten das Gegenteil der behaupteten Tatsache bereits erwiesen ist. Hierbei handelt es sich um eine Ausnahme vom Verbot der vorweggenommenen Beweiswürdigung. Ausnahmen hiervon finden sich jedoch wiederum in § 244 Abs. 4 S. 2 Hs. 2 StPO.

i) Besondere Ablehnungsgründe für Augenschein und Auslandszeugen (§ 244 Abs. 5 StPO)

Auch § 244 Abs. 5 StPO stellt einen Fall der ausnahmsweise zulässigen Beweisantizipation dar: Das Gericht kann von der Einnahme eines Augenscheins oder der Vernehmung eines Auslandszeugen absehen, wenn dies nach seinem pflichtgemäßen Ermessen zur Erforschung der Wahrheit nicht erforderlich ist. Das Gericht hat also zu prüfen, ob seine Aufklärungspflicht gebietet, dem Antrag nachzukommen; andernfalls kann es den Antrag ablehnen und auf andere Beweismittel ausweichen.[195]

j) Präsente Beweismittel (§ 245 StPO)

§ 245 StPO erfasst nur sog. präsente Beweismittel. **Präsente Beweismittel** sind Zeugen oder Sachverständige, die geladen (§§ 214, 220, 38 StPO) worden und auch anwesend sind, sowie die dem Gericht vorliegenden Urkunden und Augenscheinsobjekte.[196] Nicht erfasst sind daher die vom Angeklagten ohne förmliche Ladung in die Sitzung

---

188 *Hamm/Hassemer/Pauly*, Beweisantragsrecht, Rn. 494; *Roxin/Schünemann*, Strafverfahrensrecht, § 45 Rn. 19.
189 *Beulke/Swoboda*, Strafprozessrecht, Rn. 688.
190 *Rieß*, NJW 1981, 1358.
191 *Willms*, in: FS-Schäfer, S. 275.
192 *Tenckhoff*, Die Wahrunterstellung im Strafprozeß, S. 30; *Sauer*, Die Entwicklung des Ablehnungsgrundes der Wahrunterstellung bei Beweisanträgen, S. 3.
193 *Albrecht*, Rechtstatsachenforschung zum Strafverfahren, S. 171.
194 BGHSt 12, 18 (19).
195 *Kindhäuser/Schumann*, Strafprozessrecht, § 22 Rn. 57.
196 *Beulke/Swoboda*, Strafprozessrecht, Rn. 691.

mitgebrachten „gestellten" Zeugen oder Sachverständigen.[197] Sind die Zeugen bzw. Sachverständigen **vom Gericht** vorgeladen und sonstige Beweismittel vom Gericht oder der StA herbeigeschafft worden, muss die Beweisaufnahme gem. § 245 Abs. 1 S. 1 StPO auch dann auf sie erstreckt werden, wenn kein diesbezüglicher Beweisantrag vorliegt, es sei denn die Beweisaufnahme ist unzulässig, oder der Angeklagte, sein Verteidiger und die StA sind mit dem Absehen von der Beweiserhebung einverstanden. Wurden die Zeugen oder Sachverständigen **vom Angeklagten oder der StA** geladen, muss die Beweisaufnahme nur auf sie erstreckt werden, wenn ein diesbezüglicher Beweisantrag gestellt ist (§ 245 Abs. 2 S. 1 StPO). Eine Ablehnung kommt nur unter den Voraussetzungen des § 245 Abs. 2 S. 2, 3 StPO in Betracht.

V. Beweiserhebungs- und Beweisverwertungsverbote

78   Der Aufklärungsgrundsatz gem. § 244 Abs. 2 StPO und der Grundsatz der umfassenden Beweiswürdigung gem. § 261 StPO fordern eine möglichst umfassende Aufklärung des für die Entscheidung bedeutsamen Sachverhalts. Dennoch besteht das Gebot zur Wahrheitsermittlung nicht absolut: Das Strafprozessrecht fordert **keine Wahrheitsforschung „um jeden Preis"**.[198] Die Wahrheit muss vielmehr unter Beachtung der Rechte und Interessen des Beschuldigten in einem justizförmigen Verfahren ermittelt werden. Insbes. der Schutz der Menschenwürde, der Schutz höchstpersönlicher, familiärer Beziehungen und der Schutz von Berufssphären stehen einer absoluten Aufklärung entgegen. Daraus folgt, dass die oben genannten Grundsätze in bestimmten Fällen durchbrochen werden müssen. Die strafprozessualen Einschränkungen durch Beweisverbote sind somit **Ausführungsbestimmungen zu den Grundrechten**. Die Abwehr von Gefahren für die Wahrheitsermittlung und die Disziplinierung der Strafverfolgungsorgane können allenfalls als Nebenfunktionen der Beweisverbote angesehen werden.[199]

Beweisverbote lassen sich in Beweiserhebungs- und Beweisverwertungsverbote unterteilen.[200]

1. Beweiserhebungsverbote

79   Beweiserhebungsverbote sind Bestimmungen, die eine bestimmte Art und Weise der Beweiserhebung verbieten.[201] Meist verbietet das Gesetz jedoch nicht eine bestimmte Art der Beweiserhebung, sondern gebietet sie, schreibt sie also ausdrücklich vor (zB § 81a Abs. 1 S. 2 StPO wonach Blutproben von einem Arzt zu entnehmen sind). Daraus folgt im Umkehrschluss, dass ein Strafverfolgungsorgan, das sich nicht an den Inhalt der Vorschrift hält, zugleich gegen ein Beweiserhebungsverbot verstößt.[202] Im Übrigen wird zwischen Beweisthemen-, Beweismittel-, Beweismethoden- und Beweisanordnungsverboten differenziert, ohne dass sich hieraus eine unterschiedliche prozessuale Behandlung ergibt.[203]

- **Beweisthemenverbote:** Sie besagen, dass bestimmte Tatsachen nicht zum Gegenstand der Beweisführung gemacht werden dürfen (zB § 54 StPO; § 51 BZRG bzgl. getilgter Vorstrafen; § 190 StGB bzgl. der Tatsache der Begehung der Straftat nach

---

[197] *Roxin/Schünemann*, Strafverfahrensrecht, § 45 Rn. 15.
[198] Grundlegend BGHSt 14, 358 (365); s. oben § 2 Rn. 10.
[199] *Beulke*, StV 1990, 180.
[200] *Volk/Engländer*, Grundkurs StPO, § 28 Rn. 1.
[201] *Kindhäuser/Schumann*, Strafprozessrecht, § 21 Rn. 136.
[202] *Schlüchter*, S. 9.
[203] *Kindhäuser/Schumann*, Strafprozessrecht, § 21 Rn. 137 ff.

V. Beweiserhebungs- und Beweisverwertungsverbote

erfolgter Verurteilung oder erfolgtem Freispruch).[204] Mit dem Gesetz zur effektiveren und praxistauglicheren Ausgestaltung des Strafverfahrens vom 17.8.2017 (BGBl. I 3202) hat der Gesetzgeber ein generelles Beweisverbot zum Kernbereichsschutz privater Lebensgestaltung für Maßnahmen gem. §§ 100a bis 100c StPO eingeführt (§ 100d Abs. 1 StPO).

- **Beweismittelverbote:** Sie besagen, dass bestimmte Beweismittel nicht verwendet werden dürfen.[205] Hierzu gehören Zeugen, die von ihrem Zeugnisverweigerungsrecht Gebrauch gemacht haben (§§ 52 ff. StPO), oder eine aus den gleichen Gründen verweigerte Entnahme oder Untersuchung einer Blutprobe (§ 81c Abs. 3 StPO).
- **Beweismethodenverbote:** Sie greifen ein, wenn Beweisthema und Beweismittel zwar legal sind, jedoch bei der Beweiserhebung bestimmte Methoden nicht angewendet werden dürfen.[206] Ein Beispiel hierfür ist insbes. die Verwendung verbotener Vernehmungsmethoden nach § 136a StPO.
- **Beweisanordnungsverbote:** Sie besagen, dass die Beweisgewinnung nur von bestimmten Personen angeordnet oder durchgeführt werden darf. Beispiele hierfür finden sich in den §§ 81a, 98, 100, 105, 111e, 111n StPO.

Im Anschluss an den Verstoß gegen ein Beweiserhebungsverbot stellt sich die höchst umstrittene Frage, ob und unter welchen Voraussetzungen das rechtswidrig gewonnene Beweisergebnis gleichwohl bei der Urteilsfindung verwertet werden darf oder ob sich daraus auch ein Beweisverwertungsverbot ergibt.[207]

2. Beweisverwertungsverbote

Beweisverwertungsverbote schließen nach bereits erfolgter Erhebung bestimmte Beweisergebnisse von der Berücksichtigung im Urteil aus. Sie werden unterteilt in **selbstständige und unselbstständige Beweisverwertungsverbote**.[208] Von einem unselbstständigen Beweisverwertungsverbot spricht man, wenn das Beweisverwertungsverbot Folge eines vorausgegangenen Beweiserhebungsverbotes und damit letztlich Folge eines vorausgegangenen Verfahrensverstoßes ist,[209] z.B. die Missachtung eines Richtervorbehalts. Ein selbstständiges Beweisverwertungsverbot liegt dagegen vor, wenn die Beweiserhebung als solche rechtmäßig war, ein Beweismittel aber aus nachträglich eingetretenen Gründen nicht verwertet werden darf, z.B. die Wohnraumüberwachung, die in den Kernbereichsschutz fällt. Greift bezüglich eines Beweismittels ein Beweisverwertungsverbot ein, so gilt dieses umfassend und darf auch nicht durch Rückgriff auf ein anderes Beweismittel umgangen werden.[210]

Bei beiden Arten der Beweisverwertungsverbote, also sowohl bei selbstständigen als auch bei unselbstständigen, muss man zwischen gesetzlich geregelten und ungeschriebenen Beweisverwertungsverboten unterscheiden.

80

---

204 *Schroeder/Verrel*, Strafprozessrecht, Rn. 127.
205 *Beulke/Swoboda*, Strafprozessrecht, Rn. 701.
206 *Eisenberg*, Beweisrecht, Rn. 347.
207 Hierzu bei den Beweisverwertungsverboten s. Rn. 82 f.
208 *Schmitt-Leonardy/Klarmann*, JuS 2022, 304 (306 f.).
209 *Finger*, JA 2006, 529 (530); *Kindhäuser/Schumann*, § 23 Rn. 8.
210 *Beulke/Swoboda*, Strafprozessrecht, Rn. 702.

a) Gesetzliche Beweisverwertungsverbote

81 Zu den gesetzlich festgeschriebenen unselbstständigen Beweisverwertungsverboten zählen folgende Konstellationen: § 136a Abs. 3 S. 2 StPO (Einsatz verbotener Vernehmungsmethoden), § 160a Abs. 1 S. 2 StPO (Ermittlungsmaßnahmen gegen Zeugnisverweigerungsberechtigte). Aus § 81h Abs. 4 Nr. 3 StPO lässt sich im Umkehrschluss ableiten, dass nur das Ergebnis eines (rechtmäßigen) DNA-Abgleichs zu Lasten der in dieser Vorschrift genannten Personen verwertet werden darf. Ein ausdrückliches gesetzliches Beweisverwertungsverbot, das die Folgen einer nach § 81h Abs. 4 Nr. 3 StPO erforderlichen, aber unterbliebenen Belehrung regelt, enthält die Vorschrift jedoch nicht.[211]

Gesetzlich geregelte selbstständige Beweisverwertungsverbote finden sich in § 100d Abs. 2 S. 1 StPO (abgehörte bzw. aufgezeichnete Erkenntnisse aus dem Kernbereich der privaten Lebensgestaltung bei der Telekommunikationsüberwachung gem. § 100a StPO, der Online-Durchsuchung gem. § 100b StPO und der akustischen Wohnraumüberwachung gem. § 100c StPO) und in § 108 Abs. 2, 3 StPO (Zufallsfunde bei Durchsuchungen). § 257c Abs. 4 S. 3 StPO verbietet zudem die Verwertung eines Geständnisses, das im Rahmen einer Verständigung abgegeben wurde, wenn sich das Gericht später von der Verständigung lösen will.[212] Auch in anderen Gesetzen sind selbstständige Beweisverwertungsverbote normiert, zB in § 51 BZRG (getilgte oder zu tilgende Vorstrafen) oder § 97 Abs. 1 S. 3 InsO (Auskünfte des Schuldners im Insolvenzverfahren).

b) Ungeschriebene Beweisverwertungsverbote

82 Es ist anerkannt, dass die Annahme eines Beweisverwertungsverbotes nicht von dessen ausdrücklicher Normierung abhängt.[213] Insbes. können Verstöße gegen Beweiserhebungsverbote zu einem Beweisverwertungsverbot führen, zwingend ist dies indes nicht.[214] Es ist bis heute nicht gelungen, eine einheitliche und allgemein akzeptierte Systematik oder Dogmatik zu entwickeln, die regelt, unter welchen Bedingungen aus einem Beweiserhebungsverbot ein Beweisverwertungsverbot folgt.[215]

aa) Rechtskreistheorie

83 Nach der sog. **Rechtskreistheorie**, die ursprünglich vom BGH im Zusammenhang mit einem Verstoß gegen § 55 Abs. 2 StPO entwickelt wurde, kommt es darauf an, ob der Verstoß gegen das Beweiserhebungsverbot den Rechtskreis des Beschwerdeführers wesentlich berührt oder ob er für ihn nur von untergeordneter Bedeutung oder gar unerheblich ist. Für die Bestimmung des Rechtskreises ist der Schutzzweck der jeweiligen Verfahrensvorschrift maßgeblich.[216] So sollte der Angeklagte eine Revision weder auf

---

211 Nach alter Rechtslage durfte das Ergebnis des DNA-Abgleichs nur verwendet werden, wenn das Spurenmaterial von einer Person stammte, die am Massengentest teilgenommen hatte. Der BGH hatte insoweit entschieden, dass die Verwertung eines zufällig entdeckten Verwandtschaftsverhältnisses (sog. "Beinahetreffer") zwischen dem Verursacher einer DNA-Spur und einem Teilnehmer an einem Massengentest grundsätzlich einen Rechtsverstoß darstelle. Dennoch könne die Verwertung dieser Erkenntnisse zulässig sein, wenn die Rechtslage für die Ermittlungsbehörden unklar war, s. BGH NJW 2013, 1827; bestätigt durch BVerfG BeckRS 2015, 48649, kritisch *Doege/Frahm*, FS-Ostendorf, S. 227 (228 ff.).
212 BGH, NJW 2011, 1526: Kein Verwertungsverbot bei gesetzeswidriger Verständigung über den Schuldspruch (§ 257c Abs. 2 S. 3 StPO).
213 *Beulke/Swoboda*, Strafprozessrecht, Rn. 704.
214 *Eisenberg*, Beweisrecht, Rn. 362.
215 *Eisenberg*, Beweisrecht, Rn. 364; *Beulke/Swoboda*, Strafprozessrecht, Rn. 704.
216 BGHSt 11, 215.

einen Verstoß gegen die §§ 55 Abs. 2, 81c StPO noch gegen die §§ 54, 96 StPO stützen können, da diese nur dem Schutz des Zeugen dienten bzw. nur den Staat, nicht aber den Rechtskreis des Angeklagten beträfen.[217] Deshalb gilt das Verwertungsverbot nur zugunsten des verletzten Beschuldigten, nicht für Mitbeschuldigte.[218] Dieser Ansatz stieß allerdings schon zu Beginn auf starke Kritik und wurde auch vom BGH zunehmend nur noch eingeschränkt angewandt.[219] Insbesondere vermag er nur einen Teilaspekt der Problematik zu erfassen und ist auf andere Beweiserhebungsverbote nur schwer übertragbar.[220]

bb) Schutzzwecktheorie

Ähnlich dem Gedanken der Rechtskreistheorie wird teilweise auf den **Schutzzweck** der verletzten Beweiserhebungsnorm abgestellt.[221] Abgrenzungsschwierigkeiten ergeben sich bei dieser Auffassung dann, wenn Uneinigkeit über die Bestimmung des Schutzzwecks besteht.

84

cc) Abwägungslehre

Schließlich geht die insbes. von der Rechtsprechung vertretene sog. **Abwägungslehre** davon aus, dass eine Beantwortung im Einzelfall durch Abwägung des staatlichen Interesses an der Strafverfolgung mit den betroffenen Individualinteressen des Bürgers auf Wahrung seiner Rechte zu finden ist, wobei insbes. die Schwere von in Frage stehendem Delikt und Rechtsverstoß zu berücksichtigen sind.[222] Diesem Ansatz liegt eine Unschärfe zugrunde, da weder die Kriterien für die Abwägung noch die Maßstäbe für die Bewertung klar definiert sind.[223] In der Rechtsprechung des BGH hat sich im Zusammenhang mit der Abwägungslehre neuerdings der Begriff des relativen Beweisverwertungsverbots entwickelt, wonach ein „relatives" Beweisverwertungsverbot einer Abwägung bedarf, hingegen ein „absolutes" nicht.[224]

85

dd) Disziplinierungstheorie

Insbes. in der rechtspolitischen Diskussion wird als dogmatische Begründung für Beweisverbote oftmals das Erfordernis einer **Disziplinierung der Strafverfolgungsbehörden** zu rechtsstaatlichem Verhalten angeführt, während die rechtsdogmatische Literatur diesen Effekt eher als erwünschte Reflexwirkung von Verwertungsverboten ansieht.[225] Wenn unzulässig erhobene Beweismittel später nicht mehr für die Begrün-

86

---

217 BGHSt 17, 245; *Eisenberg*, Beweisrecht, Rn. 365.
218 BGHSt 47, 233.
219 BGHSt 42, 73 (77); *Schmidt*, JZ 1958, 596; *Grünwald*, JZ 1966, 490.
220 BGHSt 42, 73 (77); *Beulke/Swoboda*, Strafprozessrecht, Rn. 706.
221 *Rudolphi*, MDR 1970, 93 (97 ff.); KMR/*Paulus*, § 244, 516 f.; überwiegend zustimmend *Beulke/Swoboda*, Strafprozessrecht, Rn. 744.
222 BGHSt 38, 214 (221 ff.); 42, 372 (377); 47, 172 (179); *Rogall*, ZStW 1991 (1979), 31; KK-StPO/*Bader*, Vor § 48 Rn. 27; Löwe/Rosenberg/*Gössel*, Einl. Abschn. L Rn. 42 ff.
223 *Eisenberg*, Beweisrecht, Rn. 367; *Rogall*, ZStW 91 (1979), 35; *Peres*, Strafprozessuale Beweisverbote und Beweisverwertungsverbote und ihre Grundlagen in Gesetz, Verfassung und Rechtsfortbildung, S. 31 f.; *Dallmeyer*, Beweisführung im Strengbeweisverfahren, 2008, S. 216.
224 BGH NStZ 2019, 680 (681); kritisch dazu *Fahl*, NStZ 2021, 261. *Gössel* nennt dies „Relativ verbotenes Beweisen", LR/*Gössel*, Einl. L Rn. 23. In der Vorauflage (§ 16 Rn. 79) wurden in Anlehnung an *Roxin/Schünemann*, § 24 Rn. 15 unter relativen Beweisverwertungsverboten solche verstanden, bei denen die Beweisgewinnung nur von bestimmten Personen angeordnet (zB Richter) oder durchgeführt (zB Ärztin) werden darf.
225 *Rogall*, ZStW 91 (1979), 1 (16); *Küpper*, JZ 1990, 416 (417); *Beulke*, StV 1990, 180; *Roxin/Schünemann*, Strafverfahrensrecht, § 24 Rn. 26 ff., ausführlich und kritisch dazu *Löffelmann*, Die normative Grenzen der Wahrheitserforschung im Strafverfahren, S. 71, der diesem Ansatz die Einwände entgegen-

dung des Schuldspruchs zur Verfügung stehen, besteht kein Anreiz, solche Beweise zu erheben. Teilweise greift die Rechtsprechung auch auf den Disziplinierungsgedanken zurück, um gezielt Beweisverwertungsverbote bei polizeilichen Gesetzesüberschreitungen zu schaffen.[226]

ee) Stellungnahme

87 Letztlich vermag keine der dargestellten Ansichten für sich genommen das Problem der gesetzlich nicht normierten Beweisverwertungsverbote umfassend zu lösen. Viel spricht zunächst für einen differenzierten Ansatz: Sofern gegen ausdrücklich normierte Verbote der StPO verstoßen worden ist, wurde eine Abwägung mit abschließender Wertung bereits durch den Gesetzgeber vorgenommen, so dass für eine darüber hinaus gehende Abwägung kein Raum mehr verbleibt.[227] Im Ergebnis führte dann jedes Beweiserhebungsverbot zu einem Beweisverwertungsverbot. Aber auch diese Annahme ist dem Einwand ausgesetzt, dass sie nicht hinreichend berücksichtigt, dass der Gesetzgeber bewusst zwischen gesetzlichen und nicht gesetzlich festgelegten Beweisverwertungsverboten unterscheidet.

Der Abwägungslehre ist zugute zu halten, dass sie auf eine differenzierte Einzelfallentscheidung abzielt. In die Gesamtabwägung können und müssen letztlich alle Kriterien und Überlegungen der oben dargestellten Lösungsansätze einfließen. Dabei sind die schutzwürdigen Interessen des Betroffenen mit dem Allgemeininteresse an einer effektiven Strafverfolgung in Einklang zu bringen.

Zugunsten des Betroffenen ist insbesondere das Gewicht der Verletzung der Beweiserhebungspflicht zu berücksichtigen. Relevante Kriterien sind insoweit, ob die Beweiserhebung überhaupt auf einer gesetzlichen Grundlage beruhte, welchem übergeordneten Zweck die verletzte Verfahrensvorschrift diente und ob Zuständigkeitsvorschriften verletzt wurden. Besonderes Augenmerk ist darauf zu richten, ob z.B. ein vorsätzlicher und/oder willkürlicher Ermessensmissbrauch vorliegt. Schließlich kann in die Abwägung eingestellt werden, ob in den Schutzbereich des Betroffenen eingegriffen wurde, wobei insoweit Aspekte der Rechtskreistheorie berücksichtigt werden können.

Demgegenüber kommt dem Strafverfolgungsinteresse insbesondere bei schweren Straftaten erhebliche Bedeutung zu. Dieses Interesse korreliert mit der Stärke des Tatverdachts und der Schwere der Tat. Ein Strafverfolgungsinteresse liegt grundsätzlich immer dann vor, wenn die getroffene Maßnahme rechtmäßig hätte angeordnet werden können. Dabei ist jedoch stets zu beachten, dass die Wahrheitsfindung auch bei schweren Straftaten nicht um jeden Preis erfolgen darf. Das Vertrauen in die Strafverfolgungsbehörden und damit die Legitimität des Strafverfahrens könnte gefährdet werden, wenn der Staat Beweismittel verwertet, die er durch erhebliche und willkürliche Rechtsverletzungen erlangt hat.

---

hält, ihre Voraussetzungen entsprächen nicht der kriminalistischen Realität, zudem könne kaum angenommen werden, dass der Sanktionscharakter der Unverwertbarkeit gegenüber der das Recht brechenden Ermittlungsperson wirksamer sei als der Sanktionscharakter der Strafnorm gegenüber dem Straftäter, zumal sich die Strafverfolgungsbehörden in ihrem Handeln ohnehin mehr vom Legalitätsprinzip als von einer drohenden Unverwertbarkeit leiten ließen.

226 OLG Köln StV 2010, 14 (16), wonach „eine bewusste oder zumindest leichtfertige Missachtung der (auch verfassungsrechtlichen) Kompetenzordnung" – hier des § 105 Abs. 1 S. 1 StPO – „nicht ohne Sanktion bleiben darf".

227 *Fahl*, NStZ 2021, 261 (263); *Beulke/Swoboda*, Strafprozessrecht, Rn. 705.

V. Beweiserhebungs- und Beweisverwertungsverbote

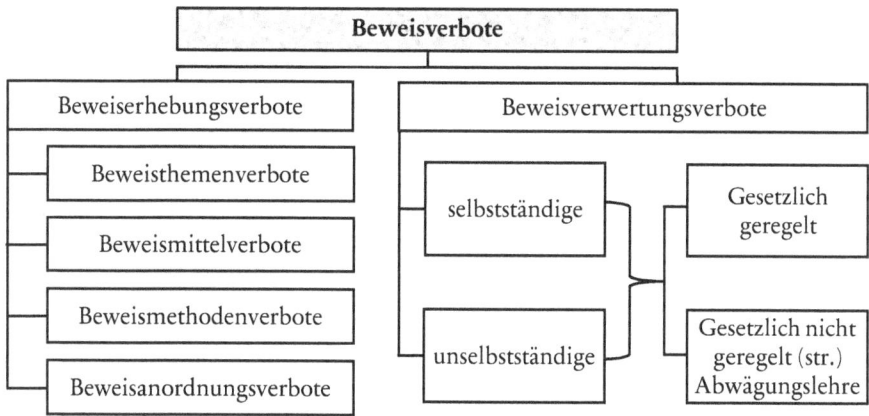

c) Fernwirkung („Früchte des verbotenen Baums")

Sehr umstritten ist die Frage, ob ein Beweisverwertungsverbot eine Fernwirkung entfaltet, dh ob weitere Ermittlungsergebnisse, die auf der Grundlage eines rechtswidrig erlangten Beweismittels gewonnen wurden, verwertet werden dürfen (zB die aufgrund einer unverwertbaren Zeugenaussage aufgefundene Leiche).[228] Diese Fernwirkung zuungunsten des Beschuldigten ist zu unterscheiden von der Verwertung von Beweisergebnissen, die entgegen einem Beweisverbot gewonnen wurden, zugunsten des Beschuldigten.[229]

88

Eine Fernwirkung und eine daraus resultierende Unverwertbarkeit wurde in der Rechtsprechung des BGH bisher mit der Begründung verneint, dass ein einziger Verfahrensverstoß nicht das gesamte Strafverfahren paralysieren dürfe, sog. **Spurenansatz**.[230] Eine Verwertung der weiteren Erkenntnisse ist hiernach uneingeschränkt möglich. Die Gegenauffassung nimmt in Anlehnung an die aus dem amerikanischen Rechtskreis stammende „fruit of the poisonous tree doctrine" eine Unverwertbarkeit an, da andernfalls Sinn und Zweck des Verwertungsverbotes leer liefen.[231] Eine weitere Ansicht will durch **Abwägung** der Schwere der in Frage stehenden Tat mit der Intensität des Verfahrensverstoßes eine Lösung im Einzelfall finden.[232] Schließlich stellt eine vierte Auffassung auch hier auf den **Schutzbereich der verletzten Verfahrensnorm** ab, da durch die Berücksichtigung dieser mittelbaren Beweismittel der Verfahrensverstoß zumeist weiter intensiviert werde, was insbes. auf den besonders wichtigen Bereich der verbotenen Vernehmungsmethoden zutreffe; erst bei ungeschriebenen, aus dem Verfassungsrecht abgeleiteten Verwertungsverboten sei eine Gesamtabwägung angebracht.[233] Im Fall der Anwendung verbotener Vernehmungsmethoden iSd § 136a StPO soll eine Fernwirkung entfallen, wenn vor einem weiteren Geständnis eine **qualifizierte Belehrung** vorgenommen worden ist, also ausdrücklich auf die Unverwertbarkeit der bisherigen An-

89

---

228 Vgl. LG Frankfurt StV 2003, 325.
229 Hierzu und zur sog. Mühlenteichtheorie s. *Börner,* StV 2022, 806.
230 BGH NJW 2006, 1361; NStZ 1998, 426 (427); 1996, 200 (201); BGHSt 27, 355 (358); OLG Köln, NZV 2001, 137.
231 *Roxin/Schünemann,* Strafverfahrensrecht, § 24 Rn. 60; *Otto,* GA 1970, 289 (294).
232 LG Frankfurt StV 2003, 325; KK-StPO/*Bader,* Vor § 48 Rn. 45 ff.; Löwe/Rosenberg/*Gleß,* § 136a Rn. 76; *Maiwald,* JuS 1978, 379; *Rogall,* JZ 1997, 944 (948).
233 *Beulke/Swoboda,* Strafprozessrecht, Rn. 744; *Beulke,* ZStW 103 (1991), 657 ff.

gaben hingewiesen worden ist.²³⁴ Soweit eine Fernwirkung damit begründet wird, das dies zur Disziplinierung der Strafverfolgungsbehörden notwendig sei, um eine Umgehung der strafprozessualen Vorschriften zu verhindern, lehnt der BGH diese Anlehnung an das amerikanische Vorbild als „weder zulässig noch geeignet" ab.²³⁵

d) Hypothetischer Ersatzeingriff

90 Darüber hinaus stellt sich die Frage, ob eine eigentlich unzulässige Beweisverwertung dadurch legitimiert werden kann, dass das Beweismittel auch auf ordnungsgemäßem Wege hätte erlangt werden können. In diesem Zusammenhang hat die Rechtsprechung zunehmend auf die Rechtsfigur des sog. **hypothetischen Ersatzeingriffs** zurückgegriffen, wonach ein Verstoß gegen eine Verfahrensnorm in einem solchen Fall als geheilt gilt, mit der Folge, dass das Beweismittel verwertet werden darf.²³⁶ Teilweise wurde es im Rahmen einer Interessenabwägung als „bedeutsam" angesehen, dass eine Blutprobe jederzeit auch auf gesetzmäßigem Wege hätte gewonnen werden können.²³⁷ In einigen Entscheidungen wurde der Gedanke des hypothetischen Ersatzeingriffs jedoch ausdrücklich abgelehnt, insbes. bei grober Missachtung des Richtervorbehalts, da dieser sonst unterlaufen und sogar ein Anreiz geschaffen würde, die Ermittlungen ohne Ermittlungsrichter einfacher und möglicherweise erfolgversprechender zu gestalten.²³⁸

e) Widerspruchslösung des BGH

91 Kommt ein Beweisverwertungsverbot in Betracht, so kann dieses nach gefestigter höchstrichterlicher Rechtsprechung nur dann mit der Revision geltend gemacht werden, wenn der verteidigte oder durch einen Richter informierte Angeklagte der Verwertung rechtzeitig widersprochen hat. Ohne den erhobenen Widerspruch wäre der Einwand der unzulässigen Beweisverwertung präkludiert.²³⁹ Eine gesetzliche Grundlage das Erfordernis des Widerspruchs gibt es nicht. Bildlich gesprochen: Das Verwertungsverbot ist somit der gesetzliche **Riegel** gegen strafprozessuale Gesetzesverstöße, die Widerspruchslösung das selbst konstruierte **Schloss** zur Öffnung des Riegels.²⁴⁰

Die Senate des BGH sind jedoch nicht mehr einig darüber, welche Beweismittel tatsächlich von der Widerspruchslösung erfasst werden und inwieweit die Erhebung eines Widerspruchs an den in § 257 StPO festgelegten Zeitpunkt gebunden ist, dh an den Abschluss der Vernehmung des Angeklagten. Die Widerspruchslösung wurde ursprünglich für Verstöße gegen die Belehrungspflicht des Beschuldigten in Bezug auf die Verwertbarkeit von Aussagen entwickelt und damit begründet, dass der Angeklagte auf das, worauf er Einfluss nehmen könne, auch müsse disponieren können. Zwischenzeitlich wurde sie jedoch allgemein auf unselbständige Beweisverbote angewen-

---

234 *Beulke*, ZStW 103 (1991), 657 ff.; BGH StV 1996, 360; LG Frankfurt StV 2009, 325. S. auch oben § 10 Rn. 3, 10.
235 BGHSt 32, 345, 356.
236 *Löffelmann*, Die normativen Grenzen der Wahrheitserforschung im Strafverfahren, S. 57; OLG Celle NStZ 1989, 385; OLG Zweibrücken NJW 1994, 810; OLG Zweibrücken StV 2019, 826.
237 BGHSt 24, 125 (130).
238 BGH NJW 2007, 2269 (2273); BGHSt 25, 168 (171); vgl. *Löffelmann*, Die normativen Grenzen der Wahrheitserforschung im Strafverfahren, S. 57 f.
239 BGHSt 39, 349 (351); 42, 12 (22 ff.); ausführlich *Reidel/Semmelmayer*, JA 2022, 859.
240 Anstelle der Widerspruchslösung hat der 67. Dt. Juristentag auf Vorschlag des Gutachters Jahn eine Zustimmungslösung vorgeschlagen, Verhandlungen des 67. Dt. Juristentages, 2008, Band II/1, S. L 68. Die Expertenkommission zur effektiven und praxistauglichen Ausgestaltung des allgemeinen und des jugendgerichtlichen Verfahrens hat eine umfassende Prüfung angeregt, Bericht, hrsg. vom Bundesministerium der Justiz und für Verbraucherschutz, 2015, S. 7.

det. Im Jahr 2017 hat der 2. Strafsenat den Anwendungsbereich der Widerspruchslösung wieder verkürzt und erklärt, dass der Verwertung von Beweismittel, die im Rahmen einer rechtswidrigen Durchsuchung gewonnen wurden, nicht widersprochen werden müsse.[241] Denn im Unterschied zu Aussagen stünden Sachbeweise nicht zu Disposition des Angeklagten. Der 2. Senat führte weiter aus, dass es ungeachtet des fehlenden Widerspruchserfordernisses grundsätzlich auch nicht erforderlich sei, dass ein Widerspruch bis zu dem in § 257 Abs. 2 StPO genannten Zeitpunkt erhoben werde. Aus der Revision müsse sich im Falle des Widerspruchserfordernisses nur ergeben, dass ein Widerspruch erhoben worden sei.

Nach Ansicht des 5. Strafsenats ist es bei der Anwendung der Widerspruchslösung hingegen nicht geboten zwischen den einzelnen Beweismitteln zu differenzieren.[242] Anders als der 2. Strafsenat stellt der 5. Strafsenat auch nicht auf die Dispositbilität des Beweismittels als Grund für das Widerspruchserfordernis ab, sondern greift auf den Gedanken des subsidiären Rechtsschutzes zurück. Ferner stellt der 5. Strafsenat weiterhin auf die zeitlichen Grenzen des § 257 Abs. 2 StPO ab.

Abgesehen davon, dass sich die Pflicht, bestehende Beweisverwertungsverbote auch zu beachten, bereits aus dem in § 244 Abs. 2 StPO normierten Amtsermittlungsgrundsatz ergibt, ist in der Praxis das vermeintlich schützende Argument, der Verteidigung müsse eine Dispositionsbefugnis über den Beweisstoff eingeräumt werden, da der Angeklagte ein gewichtiges Interesse an der Verwertung von ggf. günstigen Erkenntnissen haben könne,[243] ins Gegenteil verkehrt worden: Mit erhöhten Anforderungen an einen rechtzeitigen Widerspruch werden Verteidigungsrechte beschnitten. Ferner fehlt es an der Disposibilität vor allem bei einem Menschenwürdebezug, etwa Eingriffen in den Kernbereich der privaten Lebensgestaltung (absolutes Verwertungsverbot).[244] Schließlich ist zu bezweifeln, dass ein Strafurteil, das aufgrund der Verwertung von rechtswidrigen Beweisen in einem nichtjustizförmigen Verfahren zustande gekommen ist, eine rechtsfriedenschaffende Wirkung zu entfalten vermag. Die Widerspruchslösung ist daher abzulehnen.

f) Grundrechtliches Verwertungsverbot bei Eingriffen in die Intimsphäre

Verfassungsrechtlich gebotene Verwertungsverbote können sich insbes. aus Eingriffen in das Allgemeine Persönlichkeitsrecht aus Art. 2 Abs. 1 iVm Art. 1 Abs. 1 GG ergeben, das dem Einzelnen einen unantastbaren Kernbereich der privaten Lebensgestaltung garantiert, welcher der staatlichen Einwirkung entzogen ist.[245] Hierbei handelt es sich grundsätzlich um selbstständige, einfach-gesetzlich nicht geregelte Beweisverwertungsverbote (Rn. 81).

92

Beeinträchtigungen der Intimsphäre des Beschuldigten können beispielsweise durch die heimliche Anfertigung von Fotos, Tonband- oder Videoaufnahmen oder die Beschlagnahme von Tagebüchern entstehen. Nach der vom BVerfG entwickelten sog. **Dreistufen- oder Sphärentheorie** sind dabei drei Sphären der Persönlichkeitsentfaltung

---

241 BGH NJW 2017, 1332.
242 BGH NJW 2018, 2279.
243 *Löffelmann*, Die normativen Grenzen der Wahrheitserforschung im Strafverfahren, S. 126; BGH StV 2006, 225 (226).
244 *Löffelmann*, Die normativen Grenzen der Wahrheitserforschung im Strafverfahren, S. 125; aA BGHSt 50, 206; StV 2006, 225 (226): auch hier sei Disponibilität gegeben, sofern nur die Sphäre des Angeklagten berührt sei; s. hierzu ausführlich Rn. 93.
245 BVerfGE 6, 32 (41); 27, 1 (6); 32, 373 (378 f.).

zu unterscheiden.²⁴⁶ Die Verwertbarkeit des infolge eines solchen Eingriffs in Frage stehenden Beweismittels richtet sich demzufolge danach, welche der Stufen betroffen ist.

- 1. **Sphäre – Sozialbereich:** Der Bereich allgemeiner sozialer Kontakte, zB geschäftliche Gespräche, genießt keinen besonderen Schutz.²⁴⁷
- 2. **Sphäre – Schlichte Privatsphäre:** Soweit die schlichte Privatsphäre betroffen ist, muss der Einzelne Eingriffe durch staatliche Maßnahmen dulden und insoweit hinnehmen, als das Strafverfolgungsinteresse das Individualinteresse überwiegt.²⁴⁸
- 3. **Sphäre – Intimsphäre:** Auf dritter Stufe steht die Intimsphäre als unantastbarer Kernbereich privater Lebensgestaltung, der jedem staatlichen Eingriff entzogen und einer Güterabwägung mithin nicht zugänglich ist.²⁴⁹

93 Dementsprechend dürfen Erkenntnisse, die durch einen Eingriff in den Kernbereich privater Lebensgestaltung erlangt wurden, in keinem Fall verwertet werden; Aufzeichnungen sind unverzüglich zu löschen. Eine Umsetzung dieser Rechtsprechung findet sich in § 100d Abs. 1 StPO für die Bereiche der Telekommunikationsüberwachung gem. § 100a StPO, der Online-Durchsuchung gem. § 100b StPO und der akustischen Wohnraumüberwachung gem. § 100c StPO. Eine große Rolle im Bereich der Telekommunikationsüberwachung spielen vor allem sog. **Zufallsfunde**, also Erkenntnisse, die zwar nicht diejenige Tat betreffen, aufgrund derer die Überwachungsmaßnahme angeordnet wurde, aber auf die Begehung anderer Straftaten hinweisen.²⁵⁰ Wurde bereits die ursprüngliche Überwachung rechtswidrig angeordnet, verbietet sich jede Verwertung.²⁵¹ War sie hingegen rechtmäßig, sind nach der Regelung des § 477 Abs. 2 S. 2 StPO die Funde gegen den von der ursprünglichen Maßnahme betroffenen nur hinsichtlich anderer Katalogstraftaten des § 100a Abs. 2 StPO bzw. von solchen Katalogstraftaten verwertbar, die mit der in der Anordnung bezeichneten Katalogtat in einem unmittelbaren Zusammenhang stehen.²⁵²

94 Ein besonderes Problem stellt die Frage der Verwertbarkeit von beschlagnahmten **Tagebuchaufzeichnungen** dar. Die Rechtsprechung und ein Teil der Literatur halten eine Verwertung auch gegen den Willen des Betroffenen für grundsätzlich zulässig, sofern das staatliche Strafverfolgungsinteresse im Rahmen der Abwägung mit dem betroffenen Persönlichkeitsrecht überwiegt, wobei es maßgeblich auf die Schwere der in Frage stehenden Tat ankommt.²⁵³ In konsequenter Anwendung der ursprünglichen Sphärenrechtsprechung müsste man demgegenüber jedoch zur Feststellung der Betroffenheit der Intimsphäre gelangen und demzufolge eine Verwertung als Eingriff in den unantastbaren Kernbereich privater Lebensgestaltung grundsätzlich verneinen. Bei Tagebuchaufzeichnungen handelt es sich entgegen der Feststellung des BVerfG („... denn die Gedanken wurden schriftlich niedergelegt und damit der Gefahr des Zugriffs preisgegeben")²⁵⁴ nicht um eine Preisgabe, sondern vielmehr um die schriftliche Fixierung und Auseinandersetzung mit eigenen Gedanken, die gerade nicht zum Zugriff durch

---

246 BVerfGE 34, 238 (245 ff.); 109, 279.
247 *Beulke/Swoboda*, Strafprozessrecht, Rn. 720.
248 *Eisenberg*, Beweisrecht, Rn. 388.
249 *Beulke/Swoboda*, Strafprozessrecht, Rn. 720.
250 *Beulke/Swoboda*, Strafprozessrecht, Rn. 727.
251 BGH NStZ 2003, 499.
252 OLG Düsseldorf NStZ 2001, 657.
253 Insbes. BVerfG MDR 1990, 307; *Beulke/Swoboda*, Strafprozessrecht, Rn. 731.
254 BVerfG MDR 1990, 307.

andere Personen, sondern als eigene Erinnerungsstütze gedacht sind. In Abgrenzung zum Brief oder sonstigen schriftlichen Mitteilungen dienen sie, vergleichbar mit einem Selbstgespräch, der Verarbeitung eigener Empfindungen und Erlebnisse.[255] Dabei versteht es sich von selbst, dass die bloße Deklarierung als „Tagebuch" nicht ausreichen kann, um ein Schriftstück der Beschlagnahme zu entziehen. Der Verwertung echter Tagebuchaufzeichnungen im oben genannten Sinne steht indes ein Verwertungsverbot entgegen, welches aufgrund der Gefahr einer Aufweichung des Grundrechtsschutzes nicht durch die Schwere der Tat kompensiert werden kann.[256]

g) Rechtswidrige Beweiserlangung durch Privatpersonen

Nach überwiegender Auffassung richten sich die Vorschriften über die Beweiserhebung ausschließlich an Strafverfolgungsorgane und nicht an Privatpersonen. Beweismittel, die von Privatpersonen rechtswidrig erlangt wurden, sind daher grundsätzlich verwertbar.[257] Der Tatrichter ist jedoch verpflichtet, die so gewonnenen Beweismittel mit besonderer Vorsicht zu würdigen.[258] Dies gilt auch für sog. Dash-Cam-Aufnahmen durch im Auto angebrachte Minikameras (engl. dash = Armaturenbrett). Auch, wenn ein Verstoß gegen das BDSG (§ 4) vorliegt,[259] ist eine Verwertung zulässig, wenn lediglich Verkehrsvorgänge dokumentiert werden und eine mittelbare Identifizierung des gefilmten Verkehrsteilnehmers erfolgt.[260] Von diesem Grundsatz sind jedoch Ausnahmen zu machen. So muss eine Verwertbarkeit ausscheiden, wenn die Beweismittel von der oder den Privatpersonen **unter Verstoß gegen die Menschenwürde, insbes. durch Folter**, erlangt worden sind.[261] Ferner darf eine prozessuale Verwertung nicht in Fällen stattfinden, in denen **Privatpersonen im gezielten Auftrag der Strafverfolgungsbehörden** tätig geworden sind, da andernfalls der Staat die Grenzen seiner Befugnisse durch die Einschaltung von Privatpersonen umgehen könnte.[262] Schließlich kann sich eine Unverwertbarkeit **bei Eingriffen in die Intimsphäre** nach den Grundsätzen der Sphärentheorie des BVerfG ergeben.[263] So kann es etwa bei Informationen aus einem Tagebuch nicht darauf ankommen, ob die Auswertung durch Staatsbedienstete oder Privatpersonen erfolgte.[264]

Brisant ist die Verwertbarkeit von Erkenntnissen in Verfahren gegen mutmaßliche Steuerhinterzieher, die durch den **Ankauf von offensichtlich rechtswidrig erlangten Steuerdaten** gewonnen wurden. Im Jahr 2010 kaufte die Wuppertaler Steuerfahndung für 2,5 Millionen Euro Daten deutscher Anleger der Credit Suisse von einem Informanten.[265] Ähnliches geschah in der Liechtensteiner Steueraffäre 2007/2008, als die Wuppertaler Steuerfahndung für rund 4,2 Millionen Euro Kundendaten der „LGT

---

255 Vgl. *Eisenberg*, Beweisrecht, Rn. 391.
256 *Wolter*, StV 1990, 175; *Eisenberg*, Beweisrecht, Rn. 392; *Ellbogen*, NStZ 2001, 462 ff.
257 BGHSt 27, 357; 36, 172; EGMR NJW 1989, 654; *Beulke/Swoboda*, Strafprozessrecht, Rn. 730; KK-StPO/*Bader*, Vor § 48 Rn. 52; ausführlich *Zeyer*, JA 2022, 467 ff.
258 OLG Oldenburg NJW 1966, 1543.
259 So OLG Celle StV 2018, 447.
260 OLG Stuttgart StV 2017, 17 mit abl. Anm. *Wölky*; abl. auch *Jansen*, StV 2019, 582, die auf die Schwere des Verkehrsdelikts abstellt.
261 Vgl. statt vieler *Meyer-Goßner/Schmitt*, § 136a Rn. 3; *Beulke/Swoboda*, Rn. 730, die ein Verwertungsverbot annehmen, wenn in „eklatanter Weise" gegen die Menschenwürde verstoßen worden ist; s. auch OLG Hamburg, NJW 2005, 2326 (2329) „besonders krassem Verstoß gegen die Menschenwürde".
262 EGMR StV 2004, 1; BGHSt 34, 362, 364; BGHSt 44, 129.
263 S. auch *Eisenberg*, Beweisrecht, Rn. 387 ff.; *Beulke/Swoboda*, Rn. 731. Zur Sphärentheorie s. Rn. 92.
264 BGHSt 19, 325, 331; *Beulke/Swoboda*, Strafprozessrecht, Rn. 731.
265 Süddeutsche Zeitung v. 27.2.2010.

Treuhand" erwarb. Ganz überwiegend wird der Ankauf dieser Daten für strafbar gehalten.²⁶⁶ Das BVerfG hat jedoch entschieden, dass die Verwendung der Daten verfassungsrechtlich zulässig sei, weil im konkreten Fall keine gravierenden Verfahrensverstöße vorlägen. Insbes. sei die Beschaffung der Daten nicht von staatlichen Behörden veranlasst gewesen.²⁶⁷ Dem wird teilweise entgegengehalten, dass der unrechtmäßige Erwerb der Daten den Behörden aufgrund ihrer stillschweigenden Zustimmung zuzurechnen sei²⁶⁸ und damit gegen den Grundsatz des fairen Verfahrens verstoßen worden sei.²⁶⁹

Ebenso problematisch ist die Verwertung von Aussagen im Rahmen einer **betriebsinternen Compliance-Ermittlung**. Arbeitnehmer sind arbeitsrechtlich verpflichtet, Hinweise auf möglicherweise rechtswidrige Vorgänge im Unternehmen zu geben (§ 666 BGB). Insoweit stellt sich die Frage, ob diese im Rahmen der Compliance-Untersuchung gemachten Aussagen in einem späteren Strafprozess verwertet werden dürfen, etwa in dem Zeugen vom Hörensagen vernommen werden oder beschlagnahmte Gesprächsprotokolle der Mitarbeiterbefragung ausgewertet werden. Während in der Rechtsprechung einer Verwertung teilweise zugestimmt wurde,²⁷⁰ wird im Schrifttum ein Verwertungsverbot aus der analogen Anwendung der §§ 136, 136a StPO hergeleitet, wenn der Arbeitnehmer über die strafverfahrensrechtlichen Folgen nicht aufgeklärt oder über diese sogar getäuscht wurde.²⁷¹ Die Frage, ob ein Beschlagnahmeverbot gem. § 97 StPO für die betriebsinternen Unterlagen, die sich im Gewahrsam des für das Complianceverfahren beauftragten Rechtsanwalts befinden, hängt davon ab, ob man fordert, dass das Vertrauensverhältnis des zeugnisverweigerungsberechtigten Rechtsanwalts zum Beschuldigten bestehen muss (dann kein Beschlagnahmeverbot) oder ob man das Vertrauensverhältnis zum Unternehmen ausreichen lässt (dann Beschlagnahmeverbot).²⁷² In diesem Zusammenhang ist auch auf die Regelung des § 97 Abs. 1 InsO hinzuweisen. Danach ist der Insolvenzschuldner zwar verpflichtet, über alle das Verfahren betreffenden Verhältnisse Auskunft zu geben, auch wenn er sich damit straf- oder ordnungsrechtlich belastet (§ 97 Abs. 1 S. 2 InsO). Eine Verwertung im Straf- oder Ordnungswidrigkeitsverfahren ist aber nur mit seiner Zustimmung erlaubt (§ 97 Abs. 1 S. 3 InsO).

h) Verwertung von unter Folter durch ausländische Behörden erlangten Informationen

97 Fraglich ist, ob im deutschen Strafprozess Informationen verwertet werden dürfen, die im Ausland (möglicherweise) unter Folter²⁷³ erlangt worden sind. In einem Bericht der Bundesregierung heißt es, „Erkenntnisse, die im Ausland durch Sicherheitsbehörden

---

266 *Kelnhofer/Krug*, StV 2008, 660 (664); *Sieber*, NJW 2008, 881 (883); *Schünemann*, NStZ 2008, 305 (308); *Spatscheck* in: FS-Volk, S. 771 (780); *Stahl/Demuth*, DStR 2008, 600; *Trüg/Habetha*, NStZ 2008, 481 (489), *dies.*, NJW 2008, 888; *Heine* in: FS-v. Büren, S. 917 (921); *ders.*, HRRS 2009, 540; *Bruns*, StraFo 2008, 189 (190); vgl. auch *Beulke*, Jura 2008, 653 (664); anders *Kölbel*, NStZ 2008, 241 (244).
267 BVerfG NStZ 2011, 103.
268 *Beulke/Swoboda*, Strafprozessrecht, Rn. 733.
269 Ostendorf, ZIS 2010, 307 ff.
270 LG Hamburg NJW 2011, 942.
271 *Doege*, Die Bedeutung des nemo-tenetur-Grundsatzes in nicht von Strafverfolgungsorganen geführten Befragungen, S. 418 ff.
272 Dazu *Park*, Durchsuchung, Rn. 1078.
273 Laut Amnesty International Report 2014/2015 wurden 2014 in 131 Ländern Menschen gefoltert und misshandelt, in 93 Ländern verliefen Gerichtsverfahren „unfair". Neuere Berichte enthalten keine spezifischen Zahlen zu Folter und unfairen Gerichtsverfahren mehr, sondern nur noch qualitative Beschreibungen der Menschenrechtssituation in verschiedenen Ländern.

anderer Staaten unter Folter gewonnen werden, dürfen **entsprechend § 136a Abs. 3 S. 2 StPO** im deutschen Strafprozess nicht verwertet werden".[274]

Dies folgt im Fall der Beteiligung deutscher Staatsorgane aus dem Verfassungsrecht (Art. 1, 20 Abs. 3, 104 Abs. 1 S. 2 GG) und muss aus völkerrechtlichen Gründen (vgl. Art. 15 CAT,[275] Art. 3 und Art. 15 Abs. 2 EMRK, Art. 4 EU-Grundrechtecharta; Art. 4 und Art. 7 ICCPR) auch dann gelten, wenn an der unzulässigen Vernehmung kein deutscher Hoheitsträger unmittelbar selbst beteiligt war. Insbes. Art. 15 CAT enthält ein „innerstaatlich unmittelbar geltendes und in Strafverfahren zu beachtendes Verbot der gerichtlichen Verwertung von durch Folter herbeigeführten Aussagen, das sowohl bei Foltermaßnahmen inländischer Staatsorgane als auch bei im Ausland durch Organe anderer Staaten mittels Einsatzes von Folter herbeigeführten Aussagen eingreift."[276]
Im Hinblick auf die Anwendung des § 136a StPO wird dieser Satz jedoch von der Rechtsprechung relativiert: Das OLG Hamburg stellt fest, dass § 136a StPO „auf die Anwendung unzulässiger Vernehmungsmethoden durch Angehörige anderer Staaten – wie bei Privatpersonen – entsprechend anwendbar ist, sofern die Erkenntnisse, um deren Verwertung es geht, unter **besonders krassem Verstoß gegen die Menschenwürde** zu Stande gekommen ist". Dies erscheint schon im Hinblick auf die Unantastbarkeit der Menschenwürde fragwürdig, die keiner Abwägung zugänglich ist. Demnach bedeutet jeder Eingriff in die Menschenwürde zugleich ihre Verletzung. Eine Differenzierung zwischen leichten und „besonders krassen" Verstößen ist insbes. im Hinblick auf Folter unangebracht. Überdies stößt es auf Bedenken, die folgenschwere Entscheidung über das Eingreifen eines Verwertungsverbotes infolge einer Menschenrechtsverletzung an ein derart unbestimmtes Kriterium zu knüpfen.[277]

i) Verdacht der Folter – „in dubio pro reo" bei Verfahrensfehlern?

Da dem Angeklagten der vollständige Nachweis der Anwendung verbotener Vernehmungsmethoden typischerweise nur schwerlich gelingen kann, stellt sich darüber hinaus die Frage, ob bei begründetem Zweifel an der Rechtsstaatlichkeit der Informationsgewinnung der Grundsatz „in dubio pro reo" zu seinen Gunsten Anwendung finden kann. Besteht Zweifel, ob verbotene Vernehmungsmethoden iSd § 136a StPO bei der Beschaffung der Information Anwendung gefunden haben, soll nach der Rechtsprechung und Teilen der Literatur kein Verwertungsverbot eingreifen. Die ein Beweisverwertungsverbot begründenden Umstände bedürften des vollen Nachweises im Einzelfall, da es sich um einen Verfahrensfehler handele und Verfahrensfehler erwiesen sein müssten.[278] Der Grundsatz „in dubio pro reo" könne insoweit keine Anwendung finden.[279] Vor dem Hintergrund der hiermit geschützten gerichtlichen Wahrheitsforschung könne auf das Erfordernis des vollen Nachweises der das Verwertungsverbot begründenden Umstände auch dann nicht verzichtet werden, wenn der ausländische

---

274 Bericht der Bundesregierung zu Vorgängen im Zusammenhang mit dem Irakkrieg und der Bekämpfung des internationalen Terrorismus, 2006.
275 United Nations Convention Against Torture and other Cruel, Inhuman or Degrading Treatment or Punishment; s. zur Ratifizierung BGBl. 1990 II, S. 246.
276 OLG Hamburg NJW 2005, 2326.
277 Tendenziell wie hier iS erleichterter Beweisanforderungen EGMR vom 25.9.2012 – 649/08, s. hierzu *Heine*, NStZ 2013, 680.
278 Vgl. Beschluss des 67. Deutschen Juristentages von 2008, S. 13; OLG Hamburg NJW 2005, 2327 ff.
279 BGHSt 16, 167; OLG Hamburg NJW 2005, 2327 ff.; LG Marburg MDR 1993, 566; SK-StPO/*Rogall*, § 136a Rn. 83; aA *Peters*, S. 339; *Eb. Schmidt*, JR 1962, 110; Löwe/Rosenberg/*Gleß*, § 136a Rn. 78; KMR/*Pauckstadt-Maihold*, § 136a Rn. 31; *Roxin/Schünemann*, Strafverfahrensrecht, § 45 Rn. 63.

Staat den Zugriff auf weiterführende Informationsquellen verweigere.[280] Diese Auffassung verkennt, dass die Beweislage in Fällen der Anwendung verbotener Vernehmungsmethoden geradezu **typischerweise für den Beschuldigten ungünstig ist**.[281] Der Aussage des Beschuldigten wird regelmäßig die Aussage der vernehmenden Beamten gegenüberstehen.[282] Verweigert der betreffende ausländische Staat jedweden Zugang zu den relevanten Informationsquellen, bleiben für Privatpersonen praktisch keine Möglichkeiten, ihre Behauptungen mit Beweisen zu unterlegen. Dem Beschuldigten hier faktisch die Beweislast aufzuerlegen, unterläuft die Wirksamkeit des § 136a StPO daher in rechtsstaatlich unakzeptabler Weise. Liegen substantiierte Hinweise für einen Foltereinsatz vor, dürfen ein Geständnis sowie andere belastende Angaben bei Widerruf des Beschuldigten/Angeklagten nicht verwertet werden.

j) Verlesungsverbot nach Zeugnisverweigerung (§ 252 StPO)

99 § 252 StPO regelt das Verbot der Protokollverlesung nach der Zeugnisverweigerung. Danach darf die Aussage eines vor der Hauptverhandlung vernommenen Zeugen, der erst in der Hauptverhandlung von seinem Recht, das Zeugnis zu verweigern, Gebrauch macht, nicht verlesen werden. Voraussetzung des § 252 StPO ist also zum einen eine Aussage in einer früheren Vernehmung und zum anderen die Ausübung eines Zeugnisverweigerungsrechts in der Hauptverhandlung. Zweifelsohne sind die Voraussetzungen der Vernehmung im Sinne des § 252 StPO bei einer förmlichen Vernehmung erfüllt. Auch wenn bei einer informatorischen Befragung keine Belehrung erforderlich ist, so ist nach ganz überwiegender Ansicht § 252 StPO anwendbar, wenn ein Zeuge im Ermittlungsverfahren im Rahmen einer informatorischen Befragung eine belastende Aussage gemacht hat und anschließend im Hauptverfahren das Zeugnis verweigert.[283] Anders wird die Rechtslage bei sog. **Spontanäußerungen** bewertet (s. zu Spontanäußerungen des Beschuldigten § 10 Rn. 17). Diese Äußerungen werden „ungefragt" – spontan eben – außerhalb der förmlichen Vernehmung gemacht. Es handelt sich – im Gegensatz zur informatorischen Befragung – gerade nicht um eine Initiativbefragung durch die Strafverfolgungsbehörden.[284] Diese Aussagen sind voll verwertbar. Die Voraussetzungen des § 252 StPO liegen nicht vor. Die Verhörperson kann vernommen werden. Zweite Voraussetzung des § 252 StPO ist die Verweigerung des Zeugnisses in der Hauptverhandlung. Das bedeutet, der Anwendungsbereich des § 252 StPO ist nur eröffnet, wenn der Aussagende die prozessuale Rolle eines Zeugen in der Hauptverhandlung innehat. Die Vorschrift ist also gerade nicht auf Beschuldigte anzuwenden. Im Fall des Zeugnisverweigerungsrechts der Angehörigen nach § 52 StPO gilt das Verwertungsverbot des § 252 StPO unabhängig davon, ob das Angehörigenverhältnis vor oder nach der früheren Vernehmung entstanden ist.[285] Geht es um das berufsbezogene Zeugnisverweigerungsrecht der §§ 53, 53a StPO, so wirkt dieses hingegen nur, wenn das Zeugnisverweigerungsrecht schon bei der früheren Vernehmung bestand. War der Zeuge damals von der Schweigepflicht entbunden, so bleibt seine Aussage – jedenfalls nach Ansicht des BGH – verwertbar.[286] In einem solchen Fall bestehe bei der Aussageperson kein Interessenkonflikt. Streitig ist die Anwendung des § 252 StPO im Fall des

---

280 OLG Hamburg NJW 2005, 2326 (2327).
281 *Kühne*, Strafprozessrecht, Rn. 966.
282 *Eisenberg*, Beweisrecht, Rn. 708.
283 KK-StPO/*Diemer*, § 252 Rn. 17 m. w.N.
284 *Geppert*, Jura 1988, 363 (366); OLG Saarbrücken NJW 2008, 1396.
285 *El-Ghazi/Merold*, JA 2012, 44 (45); BGHSt 27, 231 (232) zu einem Fall des nachträglichen Verlöbnisses.
286 BGHSt 18, 146 (148); KK-StPO/*Diemer*, § 252 Rn. 6.

Zeugnisverweigerungsrechts öffentlicher Bediensteter nach § 54 StPO. Hat der Zeuge im Ermittlungsverfahren in der irrigen Annahme ausgesagt, er sei nicht zum Schweigen verpflichtet, oder wird die Aussagegenehmigung später widerrufen, so schließt die wohl überwiegende Ansicht eine Anwendung des § 252 StPO mit der Begründung aus, dass § 54 StPO allein dem öffentlichen Interesse und nicht dem Schutz des Zeugen diene. So gut wie einhellig wird § 252 StPO nicht im Fall des Aussageverweigerungsrecht nach § 55 StPO angewendet, da es sich hier terminologisch schon nicht um ein Zeugnisverweigerungsrecht, sondern nur um ein Aussageverweigerungsrecht handelt.[287]

Liegen alle Voraussetzungen des § 252 StPO vor, so darf nach dem Wortlaut der Vorschrift die Niederschrift, also das Protokoll, über die frühere Vernehmung des zeugnisverweigerungsberechtigten Zeugen nicht im Wege des förmlichen Urkundenbeweises verlesen und verwertet werden. Über diesen Wortlaut hinaus wird die Vorschrift aber zu einem Themenverbot ausgedehnt, das die Verwertung des Aussageinhalts insgesamt untersagt. Wäre etwa nur die Verlesung des Protokolls verboten, nicht aber die Vernehmung der Verhörperson, so wäre § 252 StPO angesichts des § 250 S. 2 StPO überflüssig, da sich das bloße Verlesungsverbot bereits aus § 250 S. 2 StPO ergibt.[288] Der Zweck des § 252 StPO besteht vielmehr darin, die frühere Aussage als Grundlage der Überzeugungsbildung zu beseitigen. Damit ist jegliche Verwertung der früheren Aussage des Zeugen untersagt, neben der Vernehmung von Verhörpersonen oder auch das Abspielen von Tonbandaufzeichnungen der früheren Vernehmung oder die Verwertung der früheren Aussage als Vorhalt. Für Videoaufzeichnungen gilt § 255a StPO. Von diesem umfassenden Verwertungsverbot macht der BGH jedoch eine Ausnahme. Wurde der Zeuge im Ermittlungsverfahren von einem Richter vernommen und ordnungsgemäß über seine Rechte belehrt, so darf dieser Ermittlungsrichter in der Hauptverhandlung über den Inhalt der damaligen Zeugenaussage vernommen werden.[289] Streit herrscht noch über den Umfang der Belehrung. Während ein Teil die richterliche Vernehmung grundsätzlich ablehnt, verlangen andere wenigstens eine qualifizierte Belehrung im Ermittlungsverfahren dahin gehend, dass der Zeuge auch „qualifiziert" darüber belehrt wird, dass seine Angaben nach einer späteren eventuellen Zeugnisverweigerung verwertbar bleiben.

Der BGH sah im Jahr 2016 aber in einer großen Senatsentscheidung keinen Anlass, die Vernehmung eines Richters von einer qualifizierten Belehrung des Zeugen abhängig zu machen. Die StPO sehe in § 52 Abs. 3 S. 1 StPO lediglich vor, dass der zur Verweigerung des Zeugnisses berechtigte Zeuge über dieses Recht zu belehren ist. Eine darüberhinausgehende qualifizierte Belehrung fordere das Gesetz gerade nicht.

Etwas anderes muss hingegen für die Verlesung eines Vernehmungsprotokolls gelten, wenn sich der Zeuge in der Hauptverhandlung auf sein Auskunftsverweigerungsrecht aus § 55 StPO beruft: Zum einen erfasst § 252 StPO nur das Zeugnisverweigerungsrecht, zum anderen dient § 55 StPO seinem Schutzzweck nach nur dem Schutz des Zeugen selbst, nicht jedoch des ursprünglichen Beschuldigten.[290] Das Gleiche muss auch für eine unterbliebene Belehrung über ein bestehendes Zeugnis- oder Auskunftsverweigerungsrecht gelten – da nur das Zeugnisverweigerungsrecht, nicht jedoch § 55

---

287 BGH NStZ 1998, 46 (47); *El-Ghazi/Merold*, JA 2012, 44 (45); ausf. *Geppert*, Jura 1988, 305 (312); KK-StPO/*Bader*, § 55 Rn. 15.
288 *Geppert*, Jura 1988, 305 (307).
289 BGHSt 21, 218 (219); 36, 385 (386); 46, 189 (195); krit. dazu *Meyer*, StV 2015, 319.
290 BGH NStZ 1998, 312.

StPO dem Schutz des Beschuldigten dient, ergibt sich eine Unverwertbarkeit nur bei unterbliebener Belehrung iSd § 53 Abs. 3 S. 1 StPO, nicht jedoch hinsichtlich derjenigen gem. § 55 Abs. 2 StPO.
Da die Vorschrift gerade eine Umgehung der §§ 52 ff. StPO verhindern soll, führt auch eine gem. § 97 StPO unzulässige Beschlagnahme von Gegenständen zu einem Verwertungsverbot.[291]

k) Sonstige wichtige Fallgruppen

103 Nach Rechtsprechung und mittlerweile hL führt das **Fehlen einer Belehrung über das Aussageverweigerungsrecht gem. § 136 Abs. 1 S. 2 StPO** bei jeder Vernehmung zum Verwertungsverbot,[292] sofern der Beschuldigte seine Rechte nicht kannte; nach der Rspr. hat der Angeklagte allerdings die Vorgaben der Widerspruchslösung zu beachten (s. dazu Rn. 91). Dasselbe gilt für das Versäumnis eines Hinweises auf die **Möglichkeit der Verteidigerkonsultation gem. § 136 Abs. 1 S. 2 StPO**[293] sowie erst recht für Fälle, in denen dem Beschuldigten der Kontakt zu seinem Verteidiger verweigert[294] oder zumindest erheblich erschwert wurde.[295]

104 Bei einer **Außerachtlassung des Richtervorbehalts des § 81a Abs. 2 StPO** ohne das Vorliegen von Gefahr im Verzug und ohne Einwilligung des Betroffenen bleibt die entnommene Blutprobe nach früherer Rechtsprechung gleichwohl grundsätzlich verwertbar.[296] Obwohl sich der Richtervorbehalt in § 81a StPO von dem verfassungsrechtlich in Art. 13 Abs. 2 GG abgesicherten Vorbehalt bei der **Wohnungsdurchsuchung nach § 105 StPO** unterscheidet, bei dem jedenfalls schwerwiegende, bewusste und systematische Verstöße zur Unverwertbarkeit führen,[297] führt auch eine bewusste und zielgerichtete Umgehung des Richtervorbehalts die Blutprobenanordnungen nach neuer obergerichtlicher Rechtsprechung zu einem Verwertungsverbot.[298]

105 **Lösung zu den Fällen:**

Fall 1: Hier kommt ein Beweisverwertungsverbot aus § 136a Abs. 1 S. 2 StPO in Betracht. Diese Vorschrift gilt nach § 69 Abs. 3 StPO auch für die Vernehmung des Zeugen vor Gericht – gem. § 163 Abs. 3 StPO ist bei der Vernehmung eines Zeugen durch Beamte des Polizeidienstes wiederum § 69 StPO entsprechend anzuwenden. Ob für die Klärung der Frage, ob ein beachtlicher Verstoß gegen § 136a StPO vorliegt, die Grundsätze des Freibeweises oder des Strengbeweises heranzuziehen sind, ist umstritten. Die Rechtsprechung und die wohl hL greifen hier auf das Freibeweisverfahren zurück, da nur die Art und Weise des Zustandekommens der Aussage, nicht jedoch ihr für die Schuld- und Straffrage bedeutsamer Inhalt betroffen sein soll. Die den Verstoß betreffenden Beweisanträge müssen daher nicht förmlich beschieden werden, so dass im Ausnahmefall sogar ein kurzer formloser Anruf bei der

---

291 BGHSt 18, 227 (229); BGHSt 25, 168.
292 BGHSt 38, 214 (218); mit Anm. *Bohlander*, NStZ 1992, 504; *Fezer*, JR 1992, 385; *Solbach*, JA 1992, 222; *Roxin*, JZ 1992, 923. S. auch oben § 10 Rn. 6.
293 BGHSt 47, 172 (174).
294 BGHSt 38, 372 (373); BGH NStZ 2008, 643.
295 BGHSt 42, 21.
296 BVerfG NZV 2008, 636; BGH NJW 1971, 1097.
297 Dölling/Duttge/König/Rössner/*Hartmann*, § 105 Rn. 17; BGH wistra 2010, 231; OLG Köln StV 2010, 14; s. auch § 11 Rn. 45 f.
298 OLG Schleswig StV 2010, 13; OLG Oldenburg und OLG Celle StV 2010, 14; s. auch § 11 Rn. 9.

V. Beweiserhebungs- und Beweisverwertungsverbote

Vernehmungsperson ausreichen kann (s. OLG Hamm StV 1999, 360; Eisenberg, Beweisrecht, Rn. 707).

Fall 2: In einem ähnlich gelagerten Fall wurde der Angeklagte vor dem LG wegen des unerlaubten Handeltreibens mit Betäubungsmitteln zu einer Gesamtfreiheitsstrafe verurteilt, wobei sich das Gericht im Wesentlichen auf die Aussage des K stützte, wonach der Zeuge nicht nur mit 2,5 kg Kokain, sondern auch mit 5 kg Heroin gehandelt habe. Die gegen dieses Urteil eingelegte Revision wurde vom BGH verworfen. Auf die daraufhin eingelegte Verfassungsbeschwerde hin hob die Kammer die Entscheidungen insoweit auf, als der Verurteilung die Feststellung des Handeltreibens mit 5 kg Heroin zugrunde lag.

> **BVerfG NJW 1996, 448 (449)**
> „Nach ständiger Rechtsprechung des BGH ist bei der Beurteilung eines ‚Zeugen vom Hörensagen' besondere Vorsicht geboten. So ist der Tatrichter gehalten, den Beweiswert dieses weniger sachnahen Beweismittels besonders sorgfältig zu prüfen. Dies gilt vor allem dann, wenn ein Polizeifahnder oder Gewährsmann nur deshalb nicht als Zeuge gehört werden kann, weil die zuständige Behörde sich weigert, seinen Namen und seine Anschrift preiszugeben oder eine Aussagegenehmigung zu erteilen. Hier darf der Tatrichter nicht übersehen, dass es die Exekutive ist, die eine erschöpfende Sachaufklärung verhindert und es den Verfahrensbeteiligten unmöglich macht, die persönliche Glaubwürdigkeit des im Dunkeln bleibenden Fahnders oder Gewährsmanns zu überprüfen (BGHSt 33, 178, 181 f.; BGH NStZ 1982, 433; BGH StV 1983, 403). Dessen von einem Vernehmungsbeamten wiedergegebene Aussagen sind deshalb besonders kritisch zu würdigen. Auf sie darf eine Feststellung regelmäßig nur dann gestützt werden, wenn diese Angaben durch andere nach der Überzeugung des Tatrichters wichtige Beweisanzeichen bestätigt worden sind [...]. Diesen Maßstäben genügt das landgerichtliche Urteil nicht, soweit der Bf. (auch) wegen Handeltreibens mit 5 kg Heroin verurteilt worden ist."

106

Fall 3: Es könnte ein grundrechtliches Verwertungsverbot infolge eines Eingriffs in den absolut geschützten Kernbereich privater Lebensgestaltung eingreifen. Das BVerfG konnte in einem ähnlichen Fall wegen Stimmgleichheit keinen Verstoß gegen das allgemeine Persönlichkeitsrecht durch die Verwertung der Tagebuchaufzeichnungen feststellen. Für die Ablehnung durch vier der Richter war der Umstand maßgeblich, dass der Angeklagte seine Gedanken in schriftlicher Form fixiert und somit aus dem von ihm beherrschbaren Innenbereich entlassen und der Gefahr eines Zugriffs preisgegeben habe (s. BVerfG NStZ 1990, 89 (90)). Dagegen teilten die übrigen vier Richter den hier vertretenen Standpunkt, wonach die „Auseinandersetzung mit dem eigenen Ich" ihren ausschließlich höchstpersönlichen Charakter nicht durch Niederschrift verloren habe, da auch hier eine Kenntnisnahme durch Dritte nicht beabsichtigt oder in Kauf genommen wurde – Art und Weise der Aufbewahrung der Aufzeichnungen ließen vielmehr auf einen Willen zu ihrer Geheimhaltung schließen (s. BVerfG NJW 1990, 563 (565)). Für das schriftlich geführte Selbstgespräch (vgl. zum Selbstgespräch Fall 4), bei dem das „andere Ich durch die Niederschrift zum Sprechen gebracht und damit als Gegenüber besser verstanden wird", müsse ein gleicher Schutz gelten. Konsequent wäre demnach die Zuordnung zum Kernbereich privater Lebensgestaltung und damit die Annahme eines Verwertungsverbotes.

107

Fall 4: Es könnte ein ausdrückliches Verwertungsverbot nach § 100d Abs. 2 S. 1 StPO eingreifen (vgl. BGHSt 50, 206). Fraglich ist daher, ob das Selbstgespräch dem Kernbereich privater Lebensgestaltung zuzurechnen ist. Hier besteht die Besonderheit, dass keine Kommunikation mit anderen Personen, also kein „Zwiegespräch" vorlag. Der Betroffene will den artikulierten Lebenssachverhalt gerade geheim halten, seine Äußerungen sind nicht zur Kenntnisnahme durch Dritte bestimmt. Selbstgespräche zeichnen sich durch „unwillkürlich auftretende Bewusstseinsinhalte" aus und haben „persönliche Erwartungen, Befürchtungen, Bewertungen, Selbstanweisungen sowie seelisch-körperliche Gefühle und Befindlichkeiten zum Inhalt" (s. BGH NJW 2005, 3295 (3297)). Das Selbstgespräch hat somit ausschließlich höchstpersönlichen Charakter und ist folglich dem Kernbereich privater Lebensgestaltung zuzurechnen. Selbst wenn man die Verwertbarkeit von Tagebuchaufzeichnungen anerkennt (s. dazu Fall 3), fehlt es hier an der zur Begründung herangezogenen schriftlichen Fixierung der Gedankeninhalte. Damit besteht ein absolutes Verwertungsverbot gem. § 100d Abs. 2 S. 1 StPO.

§ 17 Rechtsbehelfe

Fall 1: A ist wegen schwerer Körperverletzung angeklagt. Das Gericht hält es für möglich, dass A der Täter war, sieht dies jedoch nicht als erwiesen an. Es spricht A daher nach dem Beweisgrundsatz „in dubio pro reo" frei. A meint, das Gericht habe seine Unschuld als erwiesen ansehen müssen. Er legt daher gegen das Urteil Berufung ein.
Mit Erfolg?
Abwandlung: Es steht zur Überzeugung des Gerichts fest, dass A – sollte er der Täter sein – sich zum Tatzeitpunkt jedenfalls in einem die Schuldfähigkeit gem. § 20 StGB ausschließenden Zustand befunden habe. Es spricht daher frei, ohne die Frage der Täterschaft abschließend zu klären.

Fall 2: A wird vor dem AG wegen Raubes angeklagt. Während der Verlesung der Anklage befindet sich sein Verteidiger nicht im Gerichtssaal.
Hätte eine hierauf gestützte Revision Aussicht auf Erfolg?
Abwandlung: Wie sind die Erfolgsaussichten zu beurteilen, wenn

a) A nur wegen Diebstahl angeklagt wird oder

b) sein Verteidiger abwesend ist, während die Identität des Angeklagten festgestellt wird?

Fall 3: A und B werden wegen gemeinschaftlich begangenen schweren Raubes gemeinsam vor dem LG angeklagt und verurteilt. A legt gegen das Urteil Revision ein, B nicht. Das Urteil wird vom BGH aufgehoben, weil

a) der BGH der Einordnung als schwerer Raub nicht folgt

b) sich herausstellt, dass die Tat bereits verjährt ist

c) die in der gemeinsamen Wohnung von A und B aufgefundenen Beweismittel aufgrund eines Verstoßes gegen den Richtervorbehalt in § 105 StPO nicht verwertbar sind.

B will wissen, was das für ihn bedeutet.
Abwandlung: Jugendstrafrecht findet Anwendung.

Fall 4: Der Wahlverteidiger des A hat das Verfahren wiederholt durch seine Abwesenheit verzögert. Das Gericht bestellt dem A daher zusätzlich einen Pflichtverteidiger, um den Fortgang des Verfahrens zu sichern. A fragt, was er gegen die Bestellung unternehmen kann (nach OLG Koblenz NStZ-RR, 1996, 206).

I. Allgemeines

1. Einleitung

Rechtsbehelfe geben dem Betroffenen die Möglichkeit, sich gegen prozessuale Entscheidungen zur Wehr zu setzen, indem eine nochmalige Entscheidung herbeigeführt wird. Man unterscheidet zwischen **ordentlichen und außerordentlichen Rechtsbehelfen**. Während erstere sich gegen noch nicht rechtskräftige Entscheidungen wenden, sind letztere darauf gerichtet die Rechtskraft zu durchbrechen. Als Rechtsmittel bezeichnet man einen Rechtsbehelf, der die Rechtskraft und damit die Vollstreckbarkeit der Entscheidung hemmt (**Suspensiveffekt**) und die Zuständigkeit einer höheren Instanz begründet (**Devolutiveffekt**). Die Rechtsmittel der StPO sind die Berufung (§§ 312-332 StPO), die Revision (§§ 333-358 StPO) und die Beschwerde (§§ 304-311a StPO). Letztere ist allerdings lediglich kraft gesetzlicher Bezeichnung als solches anzusehen. Sie hat grundsätzlich[1] keinen Suspensiveffekt (§ 307 Abs. 1 StPO) und durch die Möglichkeit der Abhilfe (§ 306 Abs. 2 StPO) allenfalls einen eingeschränkten Devolutiveffekt und ist daher kein Rechtsmittel im technischen Sinne.

3   Die Rechtsmittel gewähren dem Beschuldigten das Recht, die ihm nachteilige Entscheidung durch ein höheres Gericht überprüfen zu lassen. Nach Auffassung des BVerfG ist der Gesetzgeber mit der Schaffung einer zweiten Instanz über das von Art. 19 Abs. 4 GG Geforderte hinausgegangen. Das Erfordernis eines Instanzenzuges ergebe sich aus dem Gebot des effektiven Rechtsschutzes grundsätzlich nicht.[2] Soweit ein solcher bestehe, müsse er sich bezüglich seiner Effektivität allerdings an Art. 19 Abs. 4 GG messen lassen.[3] Ein ausdrückliches Recht auf eine zweite Instanz sieht Art. 14 Abs. 5 IPBPR vor. Nach deutschem Recht ist der **Instanzenzug zwei- oder dreigliedrig**. Gegen erstinstanzliche Urteile des Amtsgerichts ist die Berufung vorgesehen, deren Ausgang mit der Revision angefochten werden kann. Soweit bereits erstinstanzlich das LG oder das OLG zuständig ist, ist allein die Revision statthaft. Diese auf den ersten Blick befremdliche Konsequenz des kürzeren Instanzenzugs bei schwereren Delikten erklärt sich daraus, dass bei erstinstanzlicher Zuständigkeit des LG oder OLG durch die Mitwirkung von drei bzw. zwei (s. § 76 Abs. 2 GVG) Berufsrichtern und zwingend (§ 140 Abs. 1 Nr. 1 StPO) eines Verteidigers eine Sachverhaltsfeststellung ausreichend gewährleistet, die Überprüfung von Tatsachenfragen durch die Berufung mithin verzichtbar ist.[4]

---

1 Ausnahmen z.B. in §§ 307 Abs. 2, 81 Abs. 4 S. 2, § 231a Abs. 3 S. 3 StPO.
2 BVerfGE 4, 74 (95); 11, 232 (233); 49, 329 (340); anders für den Strafprozess: *Roxin/Schünemann*, Strafverfahrensrecht, § 55 Rn. 12.
3 BVerfGE 96, 27; 104, 220.
4 *Beulke/Swoboda*, Strafprozessrecht, Rn. 91, die aber auch auf die faktische Undurchführbarkeit einer zweiten Tatsacheninstanz bei umfangreichen Verfahren hinweisen. Ebenso *Fezer*, in: FS-Hanack, S. 333.

I. Allgemeines

Instanzenweg in der Strafgerichtsbarkeit bei Erwachsenen

BGH – Strafsenat

OLG – Strafsenat

OLG – Strafsenat

Revision

Revision

Revision

LG – Kleine Strafkammer

LG – Große Strafkammer/ Staatsschutzkammer/ Wirtschaftsstrafkammer

LG – Schwurgericht

Berufung

AG – Einzelrichter

AG – Schöffengericht

AG – Erweitertes Schöffengericht

👤 = Berufsrichter   👤 = Laienrichter (Schöffe)

Zahl der erledigten Strafverfahren

		1. Instanz	Berufung	Revision
Amtsgericht	Strafrichter	393 517		
	Schöffengericht	39 998		
	Jugendrichter	115 325		
	Jugendschöffengericht	32 961		
Landgericht	Kleine Strafkammer		28 148	
	Große Strafkammer	9 498		
	Schwurgericht	1 368		
	Wirtschaftsstrafkammer	1 013	593	
	Große Jugendkammer	2 307	2 707	
	Kleine Jugendkammer		1 572	
Oberlandesgericht		54		3 964

Erledigte Verfahren vor den Amts-, Land- und Oberlandesgerichten 2021

Quelle: Statistisches Bundesamt, Statistik der Strafgerichte, Fachserie 10, Reihe 2.3.

2. Die Beschwer

4   Gemeinsame Zulässigkeitsvoraussetzung[5] aller Rechtsmittel ist die **Beschwer**. Beschwert ist nur, wer durch die in Frage stehende Entscheidung in seinen Rechten oder sonst schutzwürdigen Interessen beeinträchtigt ist.[6] Diese Zulässigkeitshürde stellt das Bestehen eines Rechtsschutzbedürfnisses sicher und dient damit der Schonung und effektiven Nutzung der Ressourcen der Justiz.[7]

Der Beschuldigte ist durch für ihn nachteilige Entscheidungen beschwert. Nach der Rechtsprechung kann sich die Beschwer jedoch ausschließlich aus dem Tenor und

---

[5] HM vgl. nur *Meyer-Goßner/Schmitt*, Vor § 296 Rn. 8 mwN; anders: *Ranft*, Strafprozeßrecht, Rn. 1918: Begründetheitsvoraussetzung.
[6] BeckOK-StPO/*Cirener*, § 296 Rn. 7.
[7] BeckOK-StPO/*Cirener*, § 296 Rn. 7.

nicht auch aus den Urteilsgründen ergeben. Mangels Beschwer ist daher insbes. der Freispruch aus Mangel an Beweisen oder wegen Schuldunfähigkeit unanfechtbar.[8]

Mit dem Beschuldigten sind auch seine gesetzlichen Vertreter beschwert. Sie können dementsprechend auch gegen den ausdrücklichen Willen des Angeklagten Rechtsmittel einlegen (§ 298 StPO). Dem Verteidiger ist dieser Weg versperrt (§ 297 StPO).

Die Staatsanwaltschaft ist als der Wahrung des Rechts verpflichtete Institution durch jede unrichtige Entscheidung beschwert, unabhängig von dem Antrag des Sitzungsvertreters in der Hauptverhandlung. Sie kann daher auch zugunsten des Angeklagten Rechtsmittel einlegen (§ 296 Abs. 2 StPO). 2019 erfolgten 6,3 % der von der Staatsanwaltschaft eingelegten Revisionen zum OLG und 1,8 % der von ihr eingelegten Berufungen zugunsten des Beschuldigten.[9]

Privat- und Nebenkläger sind nur durch solche Entscheidungen beschwert, die für sie nachteilig – sprich dem Angeklagten günstig – sind.

3. Möglichkeit der Teilanfechtung

Bei der Berufung (§ 318 S. 2 StPO), der Revision (§ 344 StPO) und dem Einspruch im Strafbefehlsverfahren (§ 410 Abs. 2 StPO) kann die Anfechtung auf einzelne Beschwerdepunkte beschränkt werden. Dies setzt voraus, dass der „Gegenstand der Anfechtung ein solcher Teil der Entscheidung ist, der losgelöst und getrennt von dem nicht angefochtenen Teil des Urteils eine an sich selbstständige Prüfung und Beurteilung zulässt"[10] (sog. Trennbarkeitsformel). Insbesondere muss ausgeschlossen sein, dass sich die Entscheidung des Berufungsgerichts in Widerspruch zu derjenigen des Erstgerichts begibt. Aus diesem Grundsatz der Widerspruchsfreiheit folgt beispielsweise die Unzulässigkeit der Beschränkung des Rechtsmittels auf den Schuldspruch.[11] Nach diesen Kriterien sind zulässig:

- Die Rechtsmitteleinlegung unabhängig vom Mitangeklagten
- Beschränkung auf einzelne Taten im prozessrechtlichen Sinne (sog. **vertikale Beschränkung**), auf einzelne Delikte innerhalb einer Tat, nicht aber auf einzelne Deliktselemente
- Die sog. Strafmaßberufung bzw. -revision: Beschränkung auf das Strafmaß (**horizontale Beschränkung**); an der Teilbarkeit fehlt es jedoch ausnahmsweise bei sog. doppelrelevanten Tatsachen, die sowohl die Schuld- als auch die Rechtsfolgenfrage betreffen.[12]
- Innerhalb des Rechtsfolgenausspruches, nur soweit die Teilaufhebung keinen Einfluss auf die übrigen Sanktionen hätte; Hauptbeispiel: Strafaussetzung zur Bewährung.

Eine nach diesen Grundsätzen unzulässige Rechtsmittelbeschränkung ist unbeachtlich. Gem. § 318 StPO (analog für Revision und Einspruch gegen den Strafbefehl) ist das gesamte Urteil zu überprüfen.

---

8 BGHSt 16, 374; nach aA soll sich bei Ersterem die Beschwer aus der Betroffenheit der Menschenwürde, *Heinrichs*, MDR 1956, 196, bei Letzterem aus der Mitteilung nach § 11 BZRG ergeben, SK-StPO/*Frisch*, Vor §§ 296 ff. Rn. 157.
9 *Statistisches Bundesamt* (Hrsg.), Fachserie 10 Reihe 2.3. – 2019, Strafgerichte, S. 82, S. 122.
10 RGSt 69, 110 (111); BGHSt 10, 100 (101); dazu auch *Beulke/Swoboda*, Strafprozessrecht, Rn. 826.
11 *Altmann*, JuS 2008, 790 (791).
12 BGHSt 46, 257; anders noch BGHSt 7, 283.

Als Folge der Teilanfechtung erwächst der unangefochtene Teil in Rechtskraft, sog. Teilrechtskraft.

4. Rechtsmittelverzicht und -rücknahme

6 Es ist möglich, noch vor Ablauf der Rechtsmittelfrist auf die Einlegung eines Rechtsmittels zu verzichten oder ein eingelegtes Rechtsmittel zurückzunehmen (§ 302 Abs. 1 StPO). Von vornherein unzulässig ist der Verzicht jedoch bei vorausgegangener Verständigung (§ 302 Abs. 1 S. 2 StPO).[13]
Die Form richtet sich nach den entsprechend anzuwendenden §§ 306, 314, 341 StPO. Ein Rechtsmittelverzicht erstreckt sich grundsätzlich auf alle Rechtsmittel. Ein Teilverzicht bzw. eine Teilrücknahme ist in dem Umfang zulässig, in dem eine Teilanfechtung möglich wäre.[14] In der Beschränkung eines Rechtsmittels liegt jedoch noch kein Teilverzicht, das Rechtsmittel kann vielmehr während der Rechtsmittelfrist noch erweitert werden.[15] Erklärt der Angeklagte die Rücknahme eines Rechtsmittels, wird hiervon zugleich das vom Verteidiger eingelegte Rechtsmittel erfasst.[16] Dies erklärt sich daraus, dass der Verteidiger nicht befugt ist, gegen den Willen des Angeklagten Rechtsmittel einzulegen (§ 297 StPO). Da diese Beschränkung für den gesetzlichen Vertreter nicht gilt, bleibt sein Rechtsmittel von der Rücknahmeerklärung des Angeklagten unberührt. Als prozessuale Willenserklärung ist für die Wirksamkeit der Erklärung nicht die Geschäfts-, sondern die Verhandlungsfähigkeit des Erklärenden maßgebend.[17] Der Wirksamkeit des Verzichts steht nicht entgegen, dass eine Rechtsmittelbelehrung unterblieben ist.[18] Unter Umständen bedarf die Rücknahme des Rechtsmittels jedoch der Zustimmung: Legt die Staatsanwaltschaft nur zugunsten des Angeklagten ein Rechtsmittel ein, kann sie dieses nur zurücknehmen, wenn dieser zustimmt (§ 302 Abs. 1 S. 2 StPO). Diese Regelung trägt dem Gedanken Rechnung, dass der Angeklagte möglicherweise im Vertrauen auf das Rechtsmittel der Staatsanwaltschaft die Einlegung eines eigenen Rechtsmittels unterlassen hat.[19] Da dieser Grund in gleicher Weise bei einem vom gesetzlichen Vertreter eingelegten Rechtsmittel greift, muss die Vorschrift hier analoge Anwendung finden.[20] Nach Beginn der Hauptverhandlung bedarf die Rücknahme des Rechtsmittels der Zustimmung des Gegners (§ 303 S. 1 StPO). Nach S. 2 bedarf die Rücknahme des Rechtsmittels des Angeklagten aber nicht der Zustimmung des Nebenklägers.

7 Der Verteidiger bedarf zur Rechtsmittelrücknahme der ausdrücklichen – und von der Verteidigervollmacht getrennt zu erteilenden[21] – Ermächtigung (§ 302 Abs. 2 StPO). Das Zustimmungserfordernis gilt analog § 302 Abs. 2 StPO auch für den Rechtsmittelverzicht.[22] In der Ermächtigung zum Verzicht liegt nicht zugleich die Ermächtigung zur Rücknahme.[23] Aber auch bei Vorliegen der erforderlichen Ermächtigung ist der Vertei-

---

13 Nach BGH NStZ 2010, 409 ist hieraus nicht die Unzulässigkeit einer Rechtsmittelrücknahme nach vorangegangener Verständigung zu folgern; krit. hierzu *Niemöller*, StV 2010, 474 f.
14 KK-StPO/*Paul*, § 302 Rn. 7.
15 BGH NStZ 1993, 96; *Meyer-Goßner/Schmitt*, § 302 Rn. 16.
16 BeckOK-StPO/*Cirener*, § 297 Rn. 7.
17 *Roxin/Schünemann*, Strafverfahrensrecht, § 53 Rn. 23.
18 BGH NStZ 1984, 329.
19 *Roxin/Schünemann*, Strafverfahrensrecht, § 53 Rn. 25.
20 So auch: *Roxin/Schünemann*, Strafverfahrensrecht, § 53 Rn. 25.
21 *Meyer-Goßner/Schmitt*, § 302 Rn. 32.
22 *Roxin/Schünemann*, Strafverfahrensrecht, § 53 Rn. 26.
23 BGHSt 3, 46.

diger nicht zum Rechtsmittelverzicht ohne Rücksprache mit dem Angeklagten befugt.[24] Da die Beschränkung der Anfechtung nicht zugleich einen Teilverzicht darstellt (s. oben), ist sie ohne Ermächtigung möglich.

Verzicht und Rücknahme sind **unwiderruflich** (vgl. § 302 Abs. 1 S. 1 StPO: „wirksam"). Als Prozesshandlungen sind sie zudem unanfechtbar[25] und – von reinen Rechtsbedingungen abgesehen – bedingungsfeindlich.[26] In der Rechtsprechung zeichnet sich jedoch die Tendenz ab, jedenfalls bei schweren Willensmängeln die Unwirksamkeit des Rechtsmittelverzichts anzunehmen.[27]

5. Verbot der reformatio in peius

Das Verbot der reformatio in peius (sog. Verschlechterungsverbot) besagt, dass das angefochtene Urteil in Art und Höhe der Rechtsfolgen nicht zum Nachteil des Angeklagten abgeändert werden darf, wenn das Rechtsmittel ausschließlich zu seinen Gunsten eingelegt wurde – sei es durch ihn selbst, seinen gesetzlichen Vertreter oder die Staatsanwaltschaft. Dahinter steht der Gedanke, dass niemand aus Furcht vor einer Verschlechterung von der Einlegung eines Rechtsmittels abgehalten werden soll. Umgekehrt gibt es kein „Verbesserungsverbot" für das von der Staatsanwaltschaft zulasten des Angeklagten eingelegte Rechtsmittel (§ 301 StPO). Das reformatio-in-peius-Verbot gilt für die Rechtsmittel der Berufung (§ 331 Abs. 1 StPO) und der Revision (§ 358 Abs. 2 StPO) sowie den Rechtsbehelf der Wiederaufnahme (§ 337 Abs. 2 StPO), jedoch nicht im Strafbefehlsverfahren (§ 411 Abs. 4 StPO).

Das Verschlechterungsverbot bezieht sich nach dem Gesetzeswortlaut und dem Willen des Gesetzgebers[28] allein auf die Rechtsfolgen, steht einer Veränderung des Schuldspruchs in der Rechtsmittelinstanz somit nicht entgegen.[29] Abstrakt stehen die möglichen Rechtsfolgen in folgendem Stufenverhältnis: Freiheitsstrafe – Geldstrafe – Verwarnung mit Strafvorbehalt – Absehen von Strafe.[30] Die Verschlechterung wird von der hM nach einem **objektiven Maßstab** bestimmt, so dass an die Stelle der vom Tatgericht verhängten Freiheitsstrafe auf Bewährung auch dann eine Geldstrafe treten kann, wenn diese für den Angeklagten das größere Übel darstellt,[31] weil er sich wegen einer drohenden Zahlungsunfähigkeit der Gefahr einer Ersatzfreiheitsstrafe aussetzt. Da das Verschlechterungsverbot jedoch den Angeklagten schützen soll, ist entgegen der hM ein subjektiver Maßstab vorzuziehen, soweit eine vom objektiven Maßstab abweichende subjektive Bewertung durch den Angeklagten vorliegt.[32]

---

24 OLG Zweibrücken NStZ 1987, 573.
25 HM; vgl. statt aller *Meyer-Goßner/Schmitt*, § 302 Rn. 21 mwN; aA: generelle Beachtung von Willensmängeln zumindest soweit während der Rechtsmittelfrist geltend gemacht, *Roxin/Schünemann*, Strafverfahrensrecht, § 53 Rn. 28; de lege ferenda auch *Dencker*, Willensfehler bei Rechtsmittelverzicht und Rechtsmittelrücknahme im Strafprozess, S. 80.
26 BGH, BeckRS 2001, 30177565.
27 So bei fehlender Mitwirkung eines notwendigen Verteidigers (OLG Hamm StV 2010, 67); auch bei einem freiwilligen Verteidiger, soweit es aufgrund eines Verschuldens des Gerichts unmöglich war, sich mit diesem zu beraten (OLG Schleswig NJW 1965, 312); unzulässige Willensbeeinflussung durch unsachgemäßen Haftantrag (BGH NJW 2004, 1885); unrichtige Aufklärung über beamtenrechtliche Nebenfolgen (BGH NJW 2001, 1435).
28 „Das Verbot der Schlechterstellung [bezieht sich] nur auf Art und Höhe der Strafe, nicht aber auf den Schuldspruch [...]", BT-Drs. 1/530 S. 530.
29 AA *Wittschier*, StV 1986, 173 ff.
30 BeckOK-StPO/*Eschelbach*, § 331 Rn. 21.
31 Vgl. SK-StPO/*Frisch*, § 331 Rn. 17 mwN.
32 So für das Jugendstrafrecht Ostendorf/*Schady*, JGG, § 55 Rn. 15.

11 Die Aussetzung der Strafe zur Bewährung ist technisch betrachtet kein eigener Straftyp, sondern eine besondere Art der Vollstreckung. Ihr Wegfall bedeutet für den Angeklagten jedoch einen derart immensen Nachteil, dass das reformatio-in-peius-Verbot nach seinem Sinn und Zweck auch hier greifen muss.[33] Umstritten ist, ob es eine unzulässige Verschlechterung darstellt, wenn die Strafaussetzung in der Rechtsmittelinstanz zwar wegfällt, im Gegenzug aber die Strafhöhe gemindert wird.[34]

Soweit mehrere Rechtsfolgen verhängt werden, entscheidet eine Gesamtschau, ob eine reformatio in peius vorliegt.[35] Bei Verhängung einer Gesamtstrafe ist allein auf diese abzustellen. Die Erhöhung einzelner Einzelstrafen stellt, soweit die Gesamtstrafe nicht erhöht wird, keinen Verstoß gegen das Verschlechterungsverbot dar.[36] Ebenso ist es zulässig, die Tagessatzhöhe (§ 40 Abs. 2 StGB) zu erhöhen, solange durch gleichzeitige Minderung der Anzahl der Tagessätze (§ 40 Abs. 1 StGB) die Gesamtsumme gleich bleibt.[37] Dies gilt allerdings nicht umgekehrt: Da an die Stelle eines Tagessatzes ein Tag Ersatzfreiheitsstrafe treten kann (§ 43 StGB), stellt die Erhöhung der Anzahl der Tagessätze stets eine Verschlechterung dar.[38]

Das reformatio-in-peius-Verbot kann nur so weit reichen, wie die Rechtskraft reichen würde. Es liegt daher keine unzulässige Verschlechterung vor, wenn nach § 154 StPO ausgeschiedene Taten wieder einbezogen werden oder nach der erstinstanzlichen Verurteilung begangene Tatteile von Dauerstraftaten berücksichtigt werden.[39]

II. Die Berufung

12 Bei der Berufungsinstanz handelt es sich um eine **zweite Tatsacheninstanz**. Sowohl über Rechts- als auch über Tatsachenfragen wird erneut entschieden. Anders als die Revision führt die zulässige Berufung nicht zu einer Überprüfung des erstinstanzlichen Urteils, sondern zu einer völligen Neuverhandlung.[40]

1. Zulässigkeit

a) Statthaftigkeit

13 Die Berufung ist statthaft gegen Urteile des Strafrichters und des Schöffengerichts (§ 312 StPO).

b) Zuständigkeit

14 Berufungsgericht ist die kleine Strafkammer am Landgericht (§§ 74 Abs. 3, 76 Abs. 1 GVG).

c) Annahme

15 In bestimmten Fällen bedarf die Berufung der Annahme (§ 313 StPO). Dies gilt für die Berufung des Angeklagten, wenn er lediglich zu einer Geldbuße oder einer Geldstrafe von höchstens 15 Tagessätzen verurteilt worden ist bzw. eine entsprechende Verwar-

---

33 BayObLG NJW 1962, 1261; Löwe/Rosenberg/*Gössel*, § 331 Rn. 77.
34 Vgl. Löwe/Rosenberg/*Gössel*, § 331 Rn. 78 einerseits und *Roxin/Schünemann*, Strafverfahrensrecht, § 53 Rn. 35 andererseits.
35 SK-StPO/*Frisch*, § 331 Rn. 18.
36 BeckOK-StPO/*Eschelbach*, § 331 Rn. 30.
37 OLG Celle NJW 1976, 121.
38 Löwe/Rosenberg/*Gössel*, § 331 Rn. 45.
39 KK-StPO/*Paul*, § 331 Rn. 6.
40 „Zweite Erstinstanz" *Roxin/Schünemann*, Strafverfahrensrecht, § 54 Rn. 17.

nung mit Strafvorbehalt ausgesprochen wurde. Die Berufung der Staatsanwaltschaft gegen einen Freispruch oder eine Verfahrenseinstellung bedarf dann der Annahme, wenn sie erstinstanzlich lediglich eine Geldstrafe von nicht mehr als 30 Tagessätzen beantragt hatte. Die Annahme ist nur dann zu verweigern, wenn die Berufung offensichtlich unbegründet ist.

Ratio legis des Annahmeerfordernisses ist die Entlastung der Berufungsgerichte. Dieses Ziel wird mit einem Bruch im System der Berufung[41] und weiteren rechtlichen Problemen, wie dem ungeklärten Verhältnis zur Sprungrevision,[42] sehr hoch erkauft, zumal sich der angestrebte Erfolg in der Rechtswirklichkeit nicht eingestellt hat.[43]

d) Aktivlegitimation

Zur Einlegung der Berufung ist nur berechtigt, wer durch das erstinstanzliche Urteil beschwert ist (s. oben). 16

e) Form und Frist der Einlegung

Wie alle strafprozessualen Rechtsmittel ist die Berufung bei dem Gericht, das die angefochtene Entscheidung erlassen hat (**iudex a quo**), einzulegen und zwar binnen einer Woche nach Verkündung des Urteils (§ 314 StPO). Die Einlegung erfolgt schriftlich oder zu Protokoll der Geschäftsstelle. Nicht erforderlich ist, dass die Berufung als solche bezeichnet wird. Obwohl die Gerichtssprache deutsch ist (§ 184 GVG), kann ein deutschunkundiger Ausländer in seiner Sprache Rechtsmittel einlegen, sofern er keinen Wahl- oder Pflichtverteidiger hat.[44] Der Rechtsmittelführer hat bis zum Ablauf der Revisionsbegründungspflicht des § 345 StPO die Möglichkeit, sich zwischen Revision und Berufung zu entscheiden.[45] Er kann sowohl die Bezeichnung zunächst offen lassen als auch nach anfänglicher Bezeichnung als Berufung noch zur Revision übergehen. Da hier die Berufungsinstanz eingespart wird, ergibt sich dies aus dem Gedanken der Prozessökonomie. Diese Begründung greift jedoch nicht im umgekehrten Fall der Umwandlung in die Berufung. Dies wird man jedoch zumindest dann zulassen müssen, wenn der Angeklagte seine Entscheidung vorschnell getroffen hat oder vom Gericht – unter Verletzung der Fürsorgepflicht – hierzu gedrängt wurde.[46] Übt er dieses Wahlrecht nicht aus, wird sein Rechtsmittel als Berufung als das umfassendere Rechtsmittel behandelt.[47] Hieraus folgt, dass, um das Wahlrecht des Rechtsmittelführers nicht zu unterlaufen, die Berufungsverhandlung nicht vor Ablauf der Revisionsbegründungsfrist anberaumt werden darf.[48] 17

Eine Begründung der Berufung ist möglich, aber nicht notwendig. Die Staatsanwaltschaft ist gem. Nr. 156 RiStBV gehalten, ihre Rechtsmittel stets zu begründen.

---

41 *Meyer-Goßner/Schmitt*, § 313 Rn. 2.
42 *Gössel*, ZIS 2009, 539.
43 Zur praktischen Bedeutungslosigkeit der Annahmeberufung vgl. *Gössel*, ZIS 2009, 539 (540 f.) mit empirischen Nachweisen.
44 S. BGH StV 2019, 230 unter Hinweis auf EuGH NJW 2016, 303.
45 BGHSt 2, 63 (66); BGHSt 5, 338 (340).
46 BGHSt 17, 44.
47 BGHSt 2, 63 (71).
48 OLG Frankfurt NStZ 1991, 506.

2. Verfahren

a) Prüfung durch den iudex a quo

18 Das Gericht des ersten Rechtszugs prüft nur die Einhaltung der Rechtsmittelfrist (§ 319 Abs. 1 StPO). Gegen den Beschluss, mit dem es die Berufung als unzulässig verwirft, kann binnen einer Woche das Rechtsmittelgericht angerufen werden (§ 319 Abs. 2 StPO). Dieser Rechtsbehelf weist gewisse Ähnlichkeit zur sofortigen Beschwerde auf, ist allerdings als Rechtsbehelf sui generis zu qualifizieren.[49]

b) Vorprüfung durch das Berufungsgericht

19 Das Berufungsgericht nimmt eine erneute Prüfung der Zulässigkeitsvoraussetzungen vor. An die Feststellungen des iudex a quo ist es dabei nicht gebunden.[50] Das Berufungsgericht kann die unzulässige Beschwerde ohne Hauptverhandlung verwerfen. Dieses Vorgehen ist jedoch nicht zwingend (§ 322 StPO: „kann"). Verbleiben etwa Zweifel an der Zulässigkeit, die eine Hauptverhandlung erforderlich erscheinen lassen, kann das Gericht auch durch Urteil entscheiden. Gegen den verwerfenden Beschluss ist die sofortige Beschwerde statthaft (§ 322 Abs. 2 StPO). Darüber hinaus kann das Gericht auch bereits in diesem Verfahrensstadium das Verfahren aus Opportunitätsgründen (§§ 153 ff. StPO) einstellen. Ob die Einstellung wegen eines Prozesshindernisses noch in diesem Stadium möglich ist, ist umstritten, aber wohl zu verneinen.[51]

c) Hauptverfahren

aa) Vorbereitung der Hauptverhandlung

20 Die Vorbereitung der Berufungshauptverhandlung gleicht im Wesentlichen der der ersten Instanz (§ 323 Abs. 1 StPO). Allerdings kann von der Ladung im ersten Rechtszug vernommener Zeugen und Sachverständigen abgesehen werden, wenn ihre erneute Anhörung nicht zur Aufklärung der Sache erforderlich ist (§ 323 Abs. 2 StPO), also entweder die Aussage die Wahrheitsfindung nicht zu fördern vermag oder ihre Verlesung nach § 325 Abs. 1 StPO ausreichend erscheint. Begründet der Rechtsmittelführer seine Berufung, sind die in der Begründung benannten Personen allerdings zu berücksichtigen (§ 323 Abs. 4 StPO). Neue Beweismittel sind in der Berufungsinstanz unbeschränkt zulässig.

bb) Die Hauptverhandlung

21 Der Ablauf der Hauptverhandlung entspricht mit folgenden Abweichungen dem der ersten Instanz (§ 332 StPO): An die Stelle der Verlesung der Anklage tritt der Vortrag des Berichterstatters (§ 324 StPO). § 325 StPO schränkt den Unmittelbarkeitsgrundsatz dahin gehend ein, dass die Verlesung von Protokollen der erstinstanzlichen Vernehmung von Zeugen und Sachverständigen zulässig ist, soweit auf deren Ladung verzichtet wurde, der Angeklagte keinen entsprechenden Antrag stellt oder die Aufklärungspflicht eine erneute Anhörung gebietet. Bei den Schlussvorträgen erhält zunächst der Rechtsmittelführer das Wort (§ 326 StPO).

cc) Entscheidung des Berufungsgerichts

22 Die unzulässige Berufung verwirft das Gericht durch (Prozess-)Urteil. Ansonsten erfolgt eine neue Beurteilung und keine Überprüfung des erstinstanzlichen Urteils. Neue

---

49 *Meyer-Goßner/Schmitt*, § 319 Rn. 2.
50 *Meyer-Goßner/Schmitt*, § 322 Rn. 1.
51 Vgl. *Meyer-Goßner/Schmitt*, § 206a Rn. 6 mwN zum Meinungsstand; s. auch § 8 Rn. 2.

Beweismittel und neu eingetretene Tatsachen sind zu berücksichtigen. Hält das Gericht die Berufung hiernach für unbegründet, verwirft es sie. Hält es dagegen das erstinstanzliche Urteil für unrichtig und gelangt es hinsichtlich der Rechtsfolgen oder des Schuldspruchs zu einem anderen Ergebnis, hält es die Berufung mithin für begründet, entscheidet es grundsätzlich unter Aufhebung des Urteils in der Sache selbst (§ 328 Abs. 1 StPO). Nur dann, wenn das Amtsgericht seine Zuständigkeit zu Unrecht angenommen hat, hebt das Berufungsgericht das Urteil lediglich auf und verweist an das zuständige Gericht (§ 328 Abs. 2 StPO). Hier ist jedoch zu beachten, dass eine Unterschreitung der Strafgewalt unschädlich (§ 269 StPO) und die Rüge der örtlichen Unzuständigkeit mit Beginn der Vernehmung des Angeklagten zur Sache präkludiert ist (§ 16 StPO). Über den Gesetzeswortlaut hinaus ist eine Zurückverweisung dann zulässig, wenn das AG rechtsirrig von einem Sachurteil abgesehen hat, also beispielsweise ein Prozesshindernis angenommen hat.[52] Der Rechtsmittelführer (also möglicherweise Staatsanwaltschaft *und* Angeklagter) ist im Tenor zu bescheiden. Die Wirkung der Berufung erfasst allein den Angeklagten, der sie eingelegt hat. Eine § 357 StPO vergleichbare „Berufungserstreckung" gibt es nicht.

dd) Ausbleiben des Angeklagten

§ 329 StPO sieht eine besondere Vorgehensweise für den Fall vor, dass der Angeklagte der Verhandlung fernbleibt.

Nach altem Recht hatte das Gericht eine Berufung des Angeklagten ohne Verhandlung zur Sache zu verwerfen, wenn er nicht zur Verhandlung erschienen und sein Ausbleiben nicht genügend entschuldigt ist (§ 329 Abs. 1 StPO aF). Sein Desinteresse an der Berufung wurde auf diese Weise „bestraft". So wurde auch verfahren, wenn ein Verteidiger anwesend war und für den Angeklagten auftrat. Diese Verfahrensweise wurde durch Urteil des EGMR vom 8.11.2012 wegen Verstoßes gegen Art. 6 Abs. 1 und Abs. 3c EMRK für konventionswidrig erklärt.[53] Mit dem „Gesetz zur Stärkung des Rechts des Angeklagten auf Vertretung in der Berufungsverhandlung und über die Anerkennung von Abwesenheitsentscheidungen in der Rechtshilfe"[54] wurde dem Urteil des EGMR in der Weise entsprochen, dass ohne den Angeklagten auf seine Berufung verhandelt wird, wenn er durch einen Verteidiger mit schriftlicher Vollmacht vertreten wird und „die Anwesenheit des Angeklagten nicht erforderlich ist" oder seine Abwesenheit bei Berufung der Staatsanwaltschaft genügend entschuldigt ist (§ 329 Abs. 2 StPO). Umgekehrt ist die Berufung des Angeklagten ohne Verhandlung zur Sache zu verwerfen, wenn weder der Angeklagte noch ein Verteidiger erschienen ist und das Ausbleiben nicht genügend entschuldigt ist (§ 329 Abs. 1 StPO). Entscheidend ist also bei der Berufung des Angeklagten und seinem Nichterscheinen, ob das Gericht seine Anwesenheit für erforderlich hält. In diesem Fall hat das Gericht den Angeklagten zur Fortsetzung der Hauptverhandlung zu laden und sein persönliches Erscheinen anzuordnen. Erscheint der Angeklagte weiterhin nicht ohne genügende Entschuldigung, ist die Berufung zu verwerfen (§ 329 Abs. 4 StPO). Über die Erforderlichkeit der Anwesenheit des Angeklagten ist im Hinblick auf die Amtsaufklärungspflicht des § 244 Abs. 2 StPO zu entscheiden, zB um eine Gegenüberstellung zu ermöglichen. Auch für die Sanktionsentscheidung, insbes. für die Entscheidung über die Strafaussetzung zur

---

52 Meyer-Goßner/Schmitt, § 328 Rn. 4; OLG Koblenz NStZ 1990, 296; OLG Stuttgart NStZ 1995, 302.
53 EGMR NStZ 2013, 350.
54 Gesetz v. 24.7.2015, BGBl. I, S. 1332.

Bewährung kann der persönliche Eindruck bedeutsam sein.⁵⁵ Kann bei Berufung der Staatsanwaltschaft die Hauptverhandlung nicht ohne den Angeklagten abgeschlossen werden, ist die Vorführung oder Verhaftung des Angeklagten anzuordnen (§ 329 Abs. 3 StPO).

24 Nach Zustellung des in Abwesenheit ergangenen Urteils kann der Angeklagte binnen einer Woche Wiedereinsetzung in den vorigen Stand verlangen (§ 329 Abs. 7 StPO). Gegen eine ablehnende Entscheidung ist gem. § 46 Abs. 3 StPO die sofortige Beschwerde statthaft. Gem. § 340 StPO kann eine Revision des Angeklagten nicht darauf gestützt werden, dass seine Anwesenheit im Verfahren gem. § 329 Abs. 2 StPO erforderlich gewesen wäre.

III. Die Revision

25 Das Rechtsmittel der Revision dient der Urteilsüberprüfung **bezüglich Rechtsfragen** (vgl. § 337 StPO: „Gesetzesverletzung"). Die vom Tatgericht getroffenen Sachverhaltsfeststellungen bleiben in der Revision unberührt. Die Revisionsinstanz prüft allein die rechtliche Würdigung. Eine Wiederholung oder Ergänzung der Beweisaufnahme ist unzulässig (**Verbot der Rekonstruktion der Hauptverhandlung**).⁵⁶

Streit herrscht über den Zweck, den das Rechtsmittel der Revision verfolgt. Mit der hM ist davon auszugehen, dass es gleichermaßen der Verwirklichung von Einzelfallgerechtigkeit wie der Wahrung der Rechtseinheit dient.⁵⁷

Der Rechtseinheit dient zusätzlich die **Vorlageverpflichtung** der Oberlandesgerichte beim BGH (§ 121 Abs. 2 GVG) sowie der Strafsenate des BGH beim **Großen Senat für Strafsachen** (§ 132 Abs. 2 GVG), wenn von der Rechtsprechung eines Oberlandesgerichts oder des BGH bzw. von der Rechtsprechung eines anderen BGH-Senats abgewichen werden soll („Vorlagebeschluss").

1. Die Rechtsverletzung

26 Revisibel ist ein Urteil bei Vorliegen einer Gesetzesverletzung, dh bei nicht oder nicht richtiger Anwendung einer Rechtsnorm (§ 337 Abs. 2 StPO). Tauglicher Anknüpfungspunkt ist dabei jede Rechtsnorm, vgl. § 7 EGStPO. Erfasst sind neben formellen und materiellen Gesetzen des Bundes wie der Länder also vor allem auch gewohnheitsrechtliche Normen sowie solche des Völkerrechts.⁵⁸ Als Rechtsnorm eigener Art, deren Missachtung einen revisiblen Fehler darstellt, sind Beweisverwertungsverbote anzusehen. Nach richtiger und heute wohl auch unbestrittener Auffassung⁵⁹ handelt es sich bei der Frage nach dem Vorliegen eines unselbstständigen Beweisverbots nicht bloß um ein Problem der Revisibilität des Verstoßes gegen die verletzte Verfahrensvorschrift. Mangels Rechtsnormqualität stellt der Verstoß gegen Verwaltungsvorschriften keinen Revisionsgrund dar. Dies betrifft insbes. die RiStBV und den Geschäftsverteilungsplan.

---

55 S. *Spitzer*, StV 2016, 48 (54); s. aber auch *Sommer*, StV 2016, 55 (59); sehr weit OLG Hamburg StV 2018, 145: Abwesenheitsverhandlung nur dann zulässig, wenn sich „Fragen der Tatschuld und der Strafe gar nicht oder nicht mehr stellen", abl. *Jansen*, StV 2020, 59 (63). Zur Entwicklung in der Praxis *Franzke*, StV 2019, 363.
56 BVerfGE 112, 185; *Meyer-Goßner/Schmitt*, § 337 Rn. 13.
57 So zB *Meyer-Goßner/Schmitt*, Vor § 333 Rn. 4; *Löwe/Rosenberg/Franke*, Vor § 333 Rn. 7 mwN zum Meinungsstand; anders *Roxin/Schünemann*, Strafverfahrensrecht, § 55 Rn. 8 ff.; ausführlich zu dieser Frage *Langer*, in: FS-Meyer-Goßner, S. 497.
58 *Beulke/Swoboda*, Strafprozessrecht, Rn. 851.
59 Anders noch *Grünwald*, JZ 1966, 489; *Rudolphi*, MDR 1970, 93.

Wobei bei letzterem zugleich der absolute Revisionsgrund des § 338 Nr. 1 StPO vorliegen kann.

Der BGH behandelt auch Denk- und Erfahrungssätze als Rechtsnormen iSd § 337 StPO.[60]

a) Der relative Revisionsgrund des § 337 StPO

Neben dem Vorliegen eines Gesetzesverstoßes ist zudem erforderlich, dass das Urteil auf diesem **beruht** (§ 337 Abs. 1 StPO, sog. **relativer Revisionsgrund**). Das ist gegeben, wenn zumindest nicht ausgeschlossen ist, dass das Urteil ohne den Gesetzesverstoß anders ausgefallen wäre.[61] In der Rechtsprechung sind Tendenzen zu verzeichnen, gewissen Verfahrensfehlern die Relevanz für die Revisibilität abzusprechen.[62] So soll der Angeklagte seine Revision nur auf Verstöße gegen solche Vorschriften stützen können, die seinen Rechtskreis berühren.[63]

27

Zudem soll das Urteil auf einer Verletzung von Vorschriften, denen lediglich der Charakter einer Ordnungsvorschrift zukäme, nicht beruhen können.[64] Auf die Verletzung bestimmter Vorschriften könne die Revision nur dann gestützt werden, wenn der Verstoß bereits vor dem Tatgericht geltend gemacht worden sei.[65] Ein Beweisverwertungsverbot und damit mit seiner Missachtung ein revisibler Fehler liege nur dann vor, wenn der Verwertung bereits in der Hauptverhandlung widersprochen worden sei, ansonsten trete die Präklusionswirkung ein.[66] Schließlich würden bestimmte Vorschriften einen Ermessens- oder Beurteilungsspielraum vermitteln, der der Überprüfung durch das Revisionsgericht entzogen ist.[67]

b) Die absoluten Revisionsgründe des § 338 StPO

§ 338 StPO zählt eine Reihe von Verfahrensverstößen auf, bei denen das Beruhen des Urteils auf dem Verfahrensverstoß vermutet (bzw. fingiert) wird (sog. **absolute Revisionsgründe**). Hierdurch trägt das Gesetz dem Umstand Rechnung, dass in den von § 338 StPO erfassten Verstößen der Nachweis des Beruhens selten gelingen wird. Da es sich um Verstöße gegen zentrale Grundprinzipien des Strafverfahrens handelt, wäre es nicht hinnehmbar, dass diese folgenlos bleiben.[68] Als ungeschriebene Ausnahme hiervon ist die Revision trotz Eingreifen eines absoluten Revisionsgrundes nicht begründet, wenn es denklogisch ausgeschlossen erscheint, dass das Urteil auf dem Verfahrensfehler beruht.[69]

28

§ 338 Nr. 1 StPO erfasst die vorschriftswidrige Besetzung. Die Regelung sichert das Recht auf den gesetzlichen Richter (Art. 101 Abs. 1 S. 2 GG). Unabhängig von der Verletzung expliziter Besetzungsregeln (§§ 21a ff., 59, 70, 76 Abs. 2, 78 Abs. 2, 122 GVG, §§ 18, 19, 28, 29, 37 DRiG) liegt der absolute Revisionsgrund immer dann vor, wenn gegen dieses Grundrecht verstoßen wurde. Dieses ist allerdings nicht bei jeder Fehlbe-

29

---

60 BGHSt 6, 72; *Meyer-Goßner/Schmitt*, § 337 Rn. 31; dagegen Löwe/Rosenberg/*Franke*, § 337 Rn. 11; SK-StPO/*Frisch*, § 337 Rn. 32 mwN.
61 *Meyer-Goßner/Schmitt*, § 337 Rn. 37; KK-StPO/*Gericke*, § 337 Rn. 33.
62 Vgl. *Herdegen*, NStZ 1990, 513; *Frische*, in: FS-Fezer, S. 362 ff.
63 BGHSt 11, 213.
64 BGHSt 11, 213.
65 BGH NJW 2010, 1824.
66 BGH NJW 1992, 1463 zu dieser sog. Widerspruchslösung vgl. bereits § 16 Rn. 91.
67 BGHSt 41, 30 (33); BGH NJW 1999, 1644.
68 Vgl. *Kudlich*, in: FS-Fezer, S. 439 f.
69 BGH NJW 1977, 443; *Meyer-Goßner/Schmitt*, § 338 Rn. 2.

setzung der Fall, sondern nur, wenn diese auf Willkür beruht.[70] Soweit bei erstinstanzlichen LG- oder OLG-Verhandlungen eine Mitteilung der Gerichtsbesetzung erfolgt, muss der Angeklagte Besetzungsfehler nach § 222a StPO binnen einer Woche nach Zustellung der Besetzungsmitteilung bzw. ihrer Bekanntmachung in der Hauptverhandlung rügen, andernfalls ist er mit seinem Revisionsvorbringen präkludiert.

Bis 2019 bestand in diesen Konstellationen die Gefahr, dass die Revision Erfolg hat, wenn das Tatgericht unzutreffend über den Besetzungseinwand entschieden hat. Daher hat der Gesetzgeber 2019 gem. § 222b Abs. 2 StPO ein sog. „Vorabentscheidungsverfahren" eingeführt.[71] Wenn ein Tatgericht einen Besetzungseinwand für nicht begründet hält, hat es diesen spätestens vor Ablauf von drei Tagen dem zuständigen Rechtsmittelgericht vorzulegen, so dass diese Entscheidung aus dem eigentlichen Rechtsmittelverfahren herausgelöst wird. Ein absoluter Revisionsgrund nach § 338 Abs. 1 StPO im Fall der Besetzungsrüge besteht dann nur, wenn sich das Tatgericht über seine eigene Feststellung der vorschriftswidrigen Besetzung oder einer solchen durch das Rechtsmittelgericht hinwegsetzt.

30 § 338 Nr. 2, 3 StPO knüpfen an die Regelung der Befangenheit an (s. § 15 Rn. 8 ff.). Sie greifen ein, wenn ein Richter mitgewirkt hat, der kraft Gesetzes ausgeschlossen war oder auf Antrag ausgeschlossen wurde bzw. hätte werden müssen.

31 Nach § 338 Nr. 4 StPO ist das Urteil als auf der Gesetzesverletzung beruhend anzusehen, wenn ein unzuständiges Gericht entschieden hat. Bezüglich der sachlichen Zuständigkeit hat dieser Revisionsgrund keine Bedeutung, da sie als Verfahrensvoraussetzung von Amts wegen zu prüfen ist.[72] Bezüglich der örtlichen Zuständigkeit und der besonderen Zuständigkeit gleichrangiger Spruchkörper sind die Präklusionsregeln der §§ 16 und 6a StPO zu beachten.

32 Nach § 338 Nr. 5 StPO begründet die Abwesenheit des Staatsanwalts oder einer Person, deren Anwesenheit das Gesetz vorschreibt, die Revision. Keine Bedeutung hat diese Vorschrift für die Abwesenheit der Richter, dies fällt allein unter Nr. 1.[73] Mit „Staatsanwalt" ist die Staatsanwaltschaft als Behörde gemeint, nicht erforderlich ist die durchgehende Anwesenheit desselben Sitzungsvertreters.[74] Aus dem Grundsatz, dass absolute Revisionsgründe dort nicht greifen, wo denklogisch ausgeschlossen ist, dass das Urteil auf dem Verfahrensverstoß beruht, folgt die ungeschriebene Voraussetzung, dass es sich um Abwesenheit während eines *wesentlichen* Teils der Hauptverhandlung handeln muss.[75] Zu der Frage, wann eine solche vorliegt, hat sich eine schwer überschaubare Kasuistik entwickelt.[76]

33 § 338 Nr. 6 StPO erfasst die ungesetzliche Beschränkung der Öffentlichkeit (vgl. § 169 GVG). Hier gilt zu beachten, dass der Verfahrensverstoß auf einem Verschulden des Gerichts beruhen muss,[77] wobei das Gericht Aufsichtspflichten über das Gerichtsper-

---

70 BVerfG NJW 1992, 2075.
71 *Kudlich/Nicolai*, JA 2020, 881 (883).
72 *Meyer-Goßner/Schmitt*, § 338 Rn. 32.
73 BGHSt 44, 361; Löwe/Rosenberg/*Franke*, § 338 Rn. 80.
74 BGHSt 21, 85.
75 Vgl. *Meyer-Goßner/Schmitt*, § 338 Rn. 36.
76 Vgl. die Nachw. bei Löwe/Rosenberg/*Franke*, § 338 Rn. 84 und *Meyer-Goßner/Schmitt*, § 338 Rn. 37.
77 BGHSt 21, 72 (74), *Meyer-Goßner/Schmitt*, § 338 Rn. 49; aA *Roxin/Schünemann*, Strafverfahrensrecht, § 47 Rn. 24; umfassend SK-StPO/*Frisch*, § 338 Rn. 136 ff.

sonal treffen.⁷⁸ Umstritten ist die Beantwortung der Frage, ob dieser Revisionsgrund auch im umgekehrten Fall der gesetzeswidrigen Erweiterung der Öffentlichkeit greift.⁷⁹

Nach § 338 Nr. 7 StPO ist das Urteil aufzuheben, wenn das Urteil keine Entscheidungsgründe enthält und diese nicht innerhalb des Zeitraums, der sich aus § 275 Abs. 1 S. 2 und 4 StPO ergibt, zu den Akten gebracht wird. Hier handelt es sich nicht nur um eine Vermutung, sondern um eine Fiktion des Beruhenserfordernis.⁸⁰ Erforderlich ist das Fehlen der Entscheidungsgründe insgesamt; nach heute einhelliger Auffassung genügt die bloße Unvollständigkeit oder sonstige Mangelhaftigkeit nicht.⁸¹

§ 338 Nr. 8 StPO erfasst die unzulässige Beschränkung der Verteidigung in einem für die Entscheidung wesentlichen Punkt. Unzulässig ist eine Beschränkung, wenn sie nicht von einer Verfahrensvorschrift gedeckt ist, sondern einer solchen zuwiderläuft.⁸² Nach der hM liegt ein für die Entscheidung wesentlicher Punkt vor, wenn sich nicht ausschließen lässt, dass das Urteil ohne die Beschränkung anders ausgefallen wäre.⁸³ Der Sache nach erfordert § 338 Nr. 8 StPO also, dass das Urteil auf dem Verfahrensverstoß beruht, so dass es sich nicht um einen absoluten Revisionsgrund handelt.⁸⁴

2. Verfahrens- und Sachrüge

Im Anschluss an § 344 Abs. 2 StPO ist zwischen der **Sach- und der Verfahrensrüge** zu differenzieren. Während mit Ersterer die falsche Anwendung des materiellen Rechts gerügt wird, macht bei der Letzteren der Rechtsmittelführer den Verstoß gegen Verfahrensvorschriften geltend. Als Verfahrensvorschriften sind dabei solche anzusehen, die den Weg bestimmen, auf dem der Richter zur Urteilsfindung gelangt ist.⁸⁵ Ein Verstoß kann nur durch das Protokoll bewiesen werden (§ 274 S. 1 StPO), wobei allerdings eine Protokollberichtigung zulässig ist, nach umstrittener Rechtsprechung selbst dann, wenn mit der nachträglichen Berichtigung die Verfahrensrüge unbegründet wird (sog. Rügeverkümmerung).⁸⁶

Neben diesen beiden ursprünglichen Revisionstypen hat sich in der Rechtsprechung ein weiterer Revisionstyp („erweiterte Revision") herausgebildet:⁸⁷ die sog. **Darstellungsrüge**. Von der Rechtsprechung als Sachrüge behandelt,⁸⁸ steht sie doch eigentlich der Verfahrensrüge näher⁸⁹ und ist der Sache nach ein Revisionstyp eigener Art.⁹⁰ Auf die Sachrüge hin nehmen die Revisionsgerichte nicht mehr nur eine reine Subsumtionskontrolle vor, wie sie dem Gesetzgeber vorschwebte, sondern prüfen umfangreich die

---

78 BGHSt 22, 297 (231).
79 So *Kudlich*, in: FS-Fezer, S. 446; *Roxin*, in: FS-Peters, S. 400; aA die hM: BGHSt 10, 202 (206 f.); 23, 82 (85); SK-StPO/*Frisch*, § 338 Rn. 127 mwN.
80 *Kudlich*, in: FS-Fezer, S. 436.
81 BGH MDR 1971, 548; Meyer-Goßner/*Schmitt*, § 338 Rn. 53; Löwe/Rosenberg/*Franke*, § 338 Rn. 117; anders noch RGSt 3, 147 (149).
82 BGHSt 30, 131 (135).
83 SK-StPO/*Frisch*, § 338 Rn. 158 mwN.
84 So ausdr. Meyer-Goßner/*Schmitt*, § 338 Rn. 58, 9; Löwe/Rosenberg/*Franke*, § 338 Rn. 125; KK-StPO/ *Gericke*, § 338 Rn. 101.
85 BGHSt 19, 273 (275); 25, 100 (102); Meyer-Goßner/*Schmitt*, § 337 Rn. 7, 8; Löwe/Rosenberg/*Franke*, § 337 Rn. 41.
86 BGHSt 51, 298; BVerfGE 122, 248.
87 Zur geschichtlichen Entwicklung s. *Frisch*, in: FS-Fezer, S. 353 ff.
88 BGHSt 3, 215; 6, 72; 10, 211.
89 Vgl. *Fezer*, in: FS-Hanack, S. 335.
90 In diese Richtung *Roxin/Schünemann*, Strafverfahrensrecht, § 55 Rn. 32.

Urteilsdarstellung.[91] Die tatrichterliche Beweiswürdigung wird auf ihre Schlüssigkeit und ihre Vollständigkeit überprüft.[92]

Die Revisionsgerichte verschaffen sich hiermit die von dem insoweit defizitären Rechtsmittelsystem nicht vorgesehene Möglichkeit zur Gewährleistung der sachlichen Richtigkeit von Gerichtsentscheidungen.[93] Ihre Grenze soll diese Überprüfungsmöglichkeit nach einer in der Literatur vertretenen Ansicht in den begrenzten Möglichkeiten der Revisionsgerichte finden, tatrichterliche Feststellungen zu überprüfen, sog. **Leistungsmethode**.[94] Die Rechtsprechung hat sich dieser Ansicht bisher nicht angeschlossen.

3. Zulässigkeit

a) Statthaftigkeit

38 Die Revision ist statthaft gegen die Urteile aller Tatsacheninstanzen, also des Strafrichters und des Schöffengerichts (im Wege der **Sprungrevision**, § 335 Abs. 1, 312 StPO), der kleinen und großen Strafkammern sowie des OLG, soweit es erstinstanzlich tätig wird (§ 333 StPO).

b) Zuständigkeit

39 Zuständig ist gegen Entscheidungen des AG sowie der kleinen Strafkammer das OLG (§§ 335 Abs. 2 StPO, 121 Abs. 1 Nr. 1 GVG), ansonsten der BGH (§ 135 Abs. 1 GVG). Der mit dieser Zuständigkeitsregelung verbundenen Gefahr einer uneinheitlichen Rechtsprechung bei Delikten, für die erstinstanzlich das Amtsgericht zuständig ist, begegnet das Gesetz, indem es in § 121 Abs. 2 GVG eine Vorlagepflicht für das OLG statuiert, das von der Rechtsprechung des BGH oder eines anderen OLG abweichen will.

c) Form und Frist

40 Die Revision ist binnen einer Woche schriftlich oder zu Protokoll der Geschäftsstelle beim **iudex a quo** einzulegen (§ 341 Abs. 1 StPO). Die Frist zur Revisionsbegründung beträgt grds. einen Monat, sie kann sich jedoch – abhängig von der Dauer der Urteilsabsetzung nach § 275 StPO – auf bis zu drei Monate verlängern, § 345 Abs. 1 S. 2 StPO. Der Einlegung der Revision steht es nicht entgegen, dass der Rechtsmittelführer bereits Berufung eingelegt hat. Eine Beschränkung auf ein Rechtsmittel, wie sie sich in § 55 Abs. 2 S. 1 JGG findet,[95] ist dem Erwachsenenstrafrecht fremd.

d) Begründung

41 Der Revisionsantrag ist zu begründen (§ 344 StPO). Aus der Begründung muss hervorgehen, inwieweit das Urteil angefochten wird und ob es sich um eine Verfahrens- oder Sachrüge handelt. Soweit letzteres der Fall ist, bedarf es keiner darüber hinausgehenden Begründung. Die Sachrüge kann vielmehr **in Form der sog. allgemeinen Sachrüge** erhoben werden, die das gesamte Urteil zum Gegenstand der Überprüfung machte. Eine Spezifizierung ist möglich. Hierbei handelt es sich aber nicht um eine Begrenzung der Revision. Die Staatsanwaltschaft ist nach Nr. 156 RiStBV gehalten, ihr Rechtsmittel zu begründen.

---

[91] *Fezer*, in: FS-Hanack, S. 331.
[92] S. zu den von Revisionsgerichten beanstandeten Mängeln *Fezer*, Die erweiterte Revision.
[93] *Fezer*, in: FS-Hanack, S. 334.
[94] Löwe/Rosenberg/*Franke*, Vor § 333 Rn. 5.
[95] Vgl. hierzu und insgesamt zu den Besonderheiten der Rechtsmittel im Jugendstrafrecht Ostendorf/*Schady*, JGG, § 55 Rn. 32 ff.

Bei einer Verfahrensrüge sind darüber hinaus die den Mangel enthaltenen Tatsachen anzugeben (§ 344 Abs. 2 S. 2 StPO). Diese Regelung trägt dem Gedanken Rechnung, dass eine „allgemeine Verfahrensrüge" kaum handhabbar wäre.[96] Das **Verbot der Rekonstruktion der Hauptverhandlung** (s. § 17 Rn. 25) macht es zudem erforderlich, dass der Antrag die Entscheidung allein auf seiner Grundlage ohne einen Blick in die Akten ermöglicht.[97] Hieraus folgt zunächst nur das **Gebot einer Konkretisierung und Individualisierung des Verfahrensverstoßes**. In der Rechtsprechung des BGH wurde hieraus allerdings das **Gebot des vollständigen Revisionsantrags** entwickelt, das strenge Anforderungen an die Zulässigkeit des Antrags stellt. Aus diesem Gebot folgt insbes. die Pflicht, sog. rügegefährdende oder Negativtatsachen vorzubringen. Der Rechtsmittelführer muss hiernach das Nichtvorliegen von Tatsachen darlegen, die geeignet sind, seine Rüge zu entkräften.[98]

Diese hohen Anforderungen der Rechtsprechung werden in der Literatur scharf kritisiert. Die Einwände reichen von dem pragmatischen Gesichtspunkt der Unübersichtlichkeit des Antrags,[99] über die Vorverlagerung von Begründetheitsfragen in die Zulässigkeit[100] und der fehlenden Prognostizierbarkeit von Entscheidungen[101] bis hin zu einem Verstoß gegen die Rechtsschutzgarantie des Art. 19 Abs. 4 GG.[102] Die Verfassungsmäßigkeit dieser Praxis wurde allerdings vom BVerfG bestätigt.[103]

Besonders hoch sind die Anforderungen, die an die **Rüge einer Verletzung der Aufklärungspflicht** (Aufklärungsrüge) gestellt werden. Hier ist der Rechtsmittelführer verpflichtet, ein bestimmtes Beweismittel sowie eine konkrete Beweistatsache und das zu erwartende Beweisergebnis zu benennen. Zusätzlich muss er darlegen, warum sich dem Gericht die Darlegung hätte aufdrängen müssen und warum das Beweismittel die Beweistatsache beweisen kann.[104] Diese hohen Anforderungen haben zur Folge, dass die Erfolgsaussichten der Aufklärungsrüge marginal sind.[105]

42

4. Verfahren
a) Vorprüfung

Der iudex a quo überprüft die Revision lediglich auf das Einhalten der Form- und Fristerfordernisse. Bei Verstößen verwirft er sie per Beschluss als unzulässig (§ 346 Abs. 1 StPO).

43

Sind die übrigen Zulässigkeitsvoraussetzungen nicht erfüllt, verwirft das Revisionsgericht die Revision selbst als unzulässig (§ 349 Abs. 1 StPO). Die Entscheidung ergeht ebenfalls als Beschluss. Die „Kann"-Formulierung der Vorschrift macht deutlich, dass dem Gericht freisteht, auch gem. § 349 Abs. 5 StPO durch Urteil zu entscheiden.

Ebenfalls kann es auf Antrag der Staatsanwaltschaft Revisionen, die **offensichtlich unbegründet** sind, gem. § 349 Abs. 2 StPO per einstimmigen Beschluss als unzulässig verwerfen. Ratio legis dieser Vorverlagerung der Begründetheitsprüfung in die Zulässig-

---

96 *Fezer*, in: FS-Hanack, S. 342.
97 Kritisch hierzu *Weiler*, in: FS-Meyer-Goßner, S. 578 f.; aM *T. Walter*, ZStW 128 (2016), 824 (833).
98 BGH StV 1996, 530 (531); vgl. auch *Güntge*, JR 2005, 496.
99 *Ventzke*, StV 1992, 338 (341).
100 *Fezer*, in: FS-Hanack, S. 345 f.
101 *Weiler*, in: FS-Meyer-Goßner, S. 586 f.
102 *Roxin/Schünemann*, Strafverfahrensrecht, § 55 Rn. 47.
103 BVerfG JR 2005, 521.
104 BGH NJW 1993, 3337; NStZ-RR 2003, 72; 2010, 316.
105 Vgl. *Barton*, in: FS-Fezer, S. 335: 0,1 %.

keit ist die Entlastung der Revisionsgerichte. Dieser in der Praxis sog. „OU-Beschluss" stellt die häufigste Erledigungsart dar. 2019 wurden auf diesem Wege 72,6 % der Revisionen beim BGH erledigt.[106] Problematisch ist dies im Hinblick darauf, dass der Beschluss ohne Begründung ergehen kann (§ 34 StPO e contrario) und aufgrund der sich ergebenden Friktion mit dem Anspruch auf rechtliches Gehör.[107] Beide Gesichtspunkte hat das BVerfG jedoch verfassungsrechtlich nicht beanstandet,[108] weil der Antrag der Staatsanwaltschaft, der dem Angeklagten zugestellt wird, begründet werden muss.

Bereits in diesem Verfahrensstadium ist eine Aufhebung des Urteils im Beschlusswege möglich. Voraussetzung hierfür ist, dass die Revision ausschließlich zugunsten des Angeklagten eingelegt wurde und der Senat einstimmig von der Begründetheit des Rechtsmittels überzeugt ist (§ 349 Abs. 4 StPO).

44 Zudem kann das Verfahren durch Beschluss auch noch zu diesem Zeitpunkt eingestellt werden. Grundlage hierfür können die §§ 153 Abs. 2, § 154 Abs. 2, 154a StPO sein. Ebenso anwendbar ist § 153a Abs. 2 StPO, jedoch nicht § 153b Abs. 2 StPO, der ausdrücklich bestimmt, dass eine Einstellung nur bis zum Ende bzw. Beginn der Hauptverhandlung möglich ist. § 206a StPO findet nach richtiger Ansicht in diesem Verfahrensstadium keine Anwendung.

b) Hauptverhandlung

45 Den Gang der Hauptverhandlung legt § 351 StPO fest: Sie beginnt mit dem Vortrag des Berichterstatters. Hieran schließt sich zunächst das Plädoyer des Beschwerdeführers, dann das des Beschwerdegegners an. Das letzte Wort hat der Angeklagte. Dessen Anwesenheit ist allerdings nicht erforderlich. Er kann sich durch seinen Verteidiger vertreten lassen. Befindet sich der Angeklagte nicht auf freiem Fuß, hat er grundsätzlich keinen Anspruch auf Anwesenheit, wohl aber auf eine ermessensfehlerfreie Entscheidung über seine Vorführung (§ 350 Abs. 2 S. 3 StPO).[109]

c) Entscheidung des Revisionsgerichts

46 Bei Unzulässigkeit verwirft das Gericht die Revision durch **Prozessurteil**. Bei Vorliegen eines Prozesshindernisses stellt es nach § 260 Abs. 3 StPO ein. Umstritten ist, ob hierfür erforderlich ist, dass die Revision zulässig erhoben wurde. Diese Frage wird insbes. im Zusammenhang mit den hohen Anforderungen an die Begründung des Revisionsantrags bei der Verfahrensrüge aktuell. Der BGH bejaht das Erfordernis des zulässig erhobenen Rechtsmittels mit der Erwägung, dass anderenfalls die Prüfungskompetenz des Revisionsgerichts nicht eröffnet wäre.[110]

Im Fall der Begründetheit der Revision **entscheidet das Gericht regelmäßig nicht selbst** in der Sache, sondern hebt das angefochtene Urteil auf und verweist an einen anderen Spruchkörper des Tatgerichts zurück (§ 354 Abs. 2 StPO). Alternativ kann es auch an ein anderes Gericht gleicher Ordnung verweisen. Dass hierbei das Revisionsgericht das Tatgericht bestimmt, ist verfassungsrechtlich unbedenklich.[111] Soweit der revisible Feh-

---

106 Tätigkeitsbericht des Bundesgerichtshofs für das Jahr 2019. Nach der Untersuchung von *Barton*, Die Revisionsrechtsprechung des BGH in Strafsachen, 1999, S. 49, wurden ca. 85 % der anhängigen Revisionen durch Beschluss gem. § 349 Abs. 2 StPO entschieden.
107 *Schünemann*, JA 1982, 123 (130).
108 BVerfG NJW 1982, 925; NStZ 1987, 334; NJW 2014, 2563 unter Hinweis auf die Rechtsprechung des EGMR.
109 Beck StPO/*Wiedner*, § 350 Rn. 11.
110 BGHSt 16, 115.
111 BVerfGE 20, 336.

ler darin lag, dass ein unzuständiges Gericht entschieden hat, verweist das Revisionsgericht an das zuständige Gericht (§ 355 StPO). Wenn die Revisionsverhandlung ergibt, dass nur noch die Bestrafung wegen eines Delikts in Frage kommt, für das ein Gericht niederer Ordnung zuständig ist, wird an dieses verwiesen (§ 354 Abs. 3 StPO). Das Revisionsgericht kann auch das Verfahren gem. § 153a StPO einstellen.

Mit dem Urteil hebt das Revisionsgericht die diesem zugrunde liegenden tatsächlichen Feststellungen auf, soweit diese von der Gesetzesverletzung betroffen sind.

47

Das Tatgericht, an das zurückverwiesen wurde, hat seinem Urteil die nicht aufgehobenen Tatsachen zugrunde zu legen. Dies gilt im Fall der Sprungrevision allerdings nur für die erste Tatsacheninstanz, nicht für das Berufungsgericht.[112] Zusätzlich ist das Tatgericht an die der Aufhebung zugrunde liegende rechtliche Beurteilung gebunden (§ 358 Abs. 1 StPO). Sollte das Urteil des Tatgerichts erneut mit der Revision angefochten werden, gilt diese Bindung auch für das Revisionsgericht (sog. „Selbstbindung des Revisionsgerichts").[113] Eine weitere Einschränkung des neuen Tatgerichts folgt aus der Geltung des Verschlechterungsverbots (§ 358 Abs. 2 StPO).

Ausnahmen von dem Grundsatz der kassatorischen Entscheidung sind in § 354 Abs. 1, 1a StPO vorgesehen. Hier entscheidet das Revisionsgericht selbst abschließend in der Sache. Eine solche Kompetenz ist zunächst für den Fall vorgesehen, dass nur auf Freispruch, Einstellung oder eine absolut bestimmte Strafe erkannt werden kann (§ 354 Abs. 1 Alt. 1 StPO). Die ratio legis dieser Regelung findet sich im Grundsatz der Prozessökonomie. Aufgrund der Reduzierung des Entscheidungsspielraums des Tatgerichts (auf Null) erscheint der Weg über die Aufhebung und Zurückverweisung überflüssig. Diese Erwägung greift in gleicher Weise im Fall der bloßen Schuldspruchberichtigung. Hier besteht aufgrund der Bindung an die Rechtsauffassung des Revisionsgerichts und die nicht aufgehobenen Tatsachen auch kein Entscheidungsspielraum des Tatgerichts. Man wird hier daher die Sachentscheidung des Revisionsgerichts analog § 354 Abs. 1 Alt. 1 StPO zulassen müssen.[114]

48

Als zweiten gesetzlich vorgesehenen Fall der Sachentscheidungskompetenz des Revisionsgerichts verleiht § 354 Abs. 1 Alt. 2 StPO dem Revisionsgericht die Befugnis, mit der Zustimmung der Staatsanwaltschaft von der Strafe abzusehen oder auf die niedrigste mögliche Strafe zu erkennen. Da hier dem Angeklagten die günstigste mögliche Entscheidung zukommt und die Staatsanwaltschaft ihr Einverständnis erklärt, fehlt es an der Beschwer eines der Beteiligten.

Neben diesen beiden unmittelbar einleuchtenden Fällen der Sachentscheidungskompetenz enthält § 354 Abs. 1a StPO ein Novum im System des Revisionsrechts. Danach kann das Revisionsgericht bei Strafzumessungsfehlern die Revision dennoch als unbegründet verwerfen, wenn die Rechtsfolge angemessen erscheint (§ 354 Abs. 1a S. 1 StPO). Auf Antrag der Staatsanwaltschaft kann es die Strafe auch angemessen herabsenken (§ 354 Abs. 1a S. 2 StPO). Insoweit wird dem Revisionsgericht gestattet, eine eigene Strafzumessung vorzunehmen. Es verlässt somit den ihm klassischerweise zugedachten Aufgabenbereich und betätigt sich auf einem genuin tatrichterlichen Feld. Wie das BVerfG[115] zutreffend festgestellt hat, ist eine solche Vorgehensweise nur solange mit den Grundsätzen eines fairen Verfahrens vereinbar, wie dem Angeklagten hieraus

49

---

112 BGH NJW 1983, 1921.
113 BGHSt 33, 356.
114 So die hM; vgl. statt aller *Roxin/Schünemann*, Strafverfahrensrecht, § 55 Rn. 73 f.
115 BVerfGE 118, 212.

keine Nachteile gegenüber der Vornahme der Strafzumessung durch ein Tatgericht erwachsen. Das Revisionsgericht muss daher beim Vorgehen nach § 354 Abs. 1a StPO über einen zutreffend ermittelten, vollständigen und aktuellen Strafzumessungssachverhalt verfügen,[116] der gegebenenfalls freibeweislich festzustellen ist.[117] Die Erwartung erscheint nicht unbegründet, dass sich die Revisionsgerichte durch diese Anforderungen von dem Vorgehen nach § 354 Abs. 1a StPO abschrecken lassen und zurückverweisen werden.[118]

d) Die Revisionserstreckung gem. § 357 StPO

50 Gem. § 357 StPO erstreckt sich die Aufhebung des Urteils unter folgenden Voraussetzungen auf einen Mitangeklagten, der keine Revision eingelegt hat:

1. dieser ist durch dasselbe Urteil verurteilt worden,
2. es handelt sich um eine Tat im prozessrechtlichen Sinne und
3. der Mitangeklagte ist durch den materiellrechtlichen Fehler gleichermaßen betroffen.

An die Stelle des materiellrechtlichen Fehlers kann – in analoger Anwendung des § 357 StPO – ein beide Angeklagte gleichermaßen betreffendes Verfahrenshindernis treten. § 357 StPO gilt allerdings nicht für Verstöße gegen das Verfahrensrecht, die Revisionserstreckung erfolgt daher **nur im Fall der Sach-, nicht der Verfahrensrüge.**

Entgegen der Auffassung des BGH[119] besteht keine sachliche Rechtfertigung, diese Vorschrift im Jugendstrafverfahren unangewendet zu lassen.[120]

IV. Die Beschwerde

1. Arten

51 Es gibt drei Arten der Beschwerde:

- die einfache Beschwerde (§ 304 StPO)
- die sofortige Beschwerde (§ 311 StPO)
- die weitere Beschwerde (§ 310 StPO).

Anders als im Zivilprozess[121] ist im Strafprozess die „außerordentliche Beschwerde" wegen greifbarer Gesetzeswidrigkeit unbekannt.[122] Der Konflikt zwischen materieller Gerechtigkeit und Rechtssicherheit durch Rechtskraft findet in den außerordentlichen Rechtsbehelfen der StPO vielmehr seine abschließende Regelung.[123]

---

116 BVerfGE 118, 212.
117 *Meyer-Goßner/Schmitt*, § 354 Rn. 28a.
118 So *Meyer-Goßner/Schmitt*, § 354 Rn. 28a.
119 BGHSt 51, 34 zustimmend *Löwe/Rosenberg/Franke*, § 357 Rn. 12; *Meyer-Goßner/Schmitt*, § 357 Rn. 7; OLG Oldenburg NJW 1957, 1450.
120 Ostendorf/*Schady*, JGG, § 55 Rn. 41; OLG Karlsruhe ZJJ 2006, 74; hM in der jugendstrafrechtlichen Literatur, s. *Dallinger*, MDR 1963, 539; *Brunner/Dölling*, § 55 Rn. 29; *Eisenberg/Kölbel*, § 55 Rn. 70; *Streng*, Jugendstrafrecht, Rn. 579; *Laubenthal/Baier/Nestler*, Jugendstrafrecht, Rn. 400; *Satzger*, in: FS-Böttcher, S. 181 ff.; ausführlich *Mohr*, Jugendliche, Heranwachsende und Erwachsene gemeinsam vor dem Strafgericht, S. 107 ff., allerdings mit einem Wahlrecht des Nichtrevidenten.
121 BGHZ 109, 41 (43).
122 BGH NJW 1999, 2290.
123 BGH NJW 1999, 2290.

Die Beschwerde begründet erst dann die Zuständigkeit einer höheren Instanz, wenn der entscheidende Richter nicht selbst abhilft, es kann daher allenfalls von einem eingeschränkten Devolutiveffekt die Rede sein. Über einen Suspensiveffekt verfügt die Beschwerde nicht (§ 307 Abs. 1 StPO). Das Gericht hat aber die Möglichkeit, die Vollstreckung auszusetzen (§ 307 Abs. 2). Bei der Beschwerde handelt es sich somit nicht um ein Rechtsmittel im technischen Sinn.

Das Verbot der reformatio in peius gilt mangels gesetzlicher Regelung im Rahmen der Beschwerde grundsätzlich nicht (s. oben). Eine Ausnahme gilt für Beschlüsse, mit denen Rechtsfolgen endgültig festgelegt werden und die daher eine dem Urteil vergleichbare abschließende Wirkung haben.[124]

2. Die einfache Beschwerde
a) Zulässigkeit
aa) Zuständigkeit

Beschwerdegericht ist

- das LG – in der Besetzung als große Strafkammer (§ 76 Abs. 1 GVG) – gem. §§ 73 Abs. 1, 74a Abs. 3, 74b GVG
- das OLG gem. §§ 120 Abs. 3, 4, 121 Abs. 1 Nr. 2 GVG
- der BGH gem. § 135 Abs. 2 GVG.

bb) Statthaftigkeit

Die Beschwerde ist statthaft gegen Beschlüsse und Verfügungen des Vorsitzenden Richters und des Richters im Ermittlungsverfahren, soweit das Gesetz diese nicht ausdrücklich für unanfechtbar erklärt (§ 304 StPO).

Hierüber hinausgehend sieht das Gesetz teilweise vor, dass Teile des Urteils mit der Beschwerde anfechtbar sind (zB § 464 Abs. 3 S. 1 StPO).

Unanfechtbar sind zunächst Beschlüsse des erkennenden Gerichts, die der Urteilsfindung vorausgehen (§ 305 Abs. 1 StPO). Die Begründung für diese Regelung liegt in der Prozessökonomie: Eine Rechtsmittelverdopplung soll vermieden werden. Entsprechend dieser Zielsetzung darf das Merkmal des Vorausgehens nicht allein zeitlich verstanden werden, sondern es ist vielmehr ein innerer Zusammenhang zwischen Beschluss und Urteil zu fordern.[125] Hiermit sind vor allem solche Entscheidungen einer isolierten Anfechtung entzogen, die der Vorbereitung und Durchführung der Beweisaufnahme sowie der Gestaltung der Verhandlung dienen.[126]

Nach § 304 Abs. 4 S. 1 StPO sind zudem Beschlüsse und Verfügungen des BGH der Anfechtung entzogen. Dies gilt nach S. 2 der Vorschrift auch für Beschlüsse und Verfügungen des erstinstanzlich zuständigen OLG, soweit nicht eine der in § 304 Abs. 4 S. 2 Nr. 1–5 StPO geregelten Ausnahmen greift.

Des Weiteren sind Verfügungen der Ermittlungsrichter von OLG und BGH nur dann mit der Beschwerde angreifbar, wenn sie die Anordnung einer Verhaftung, einer Durchsuchung, einer Beschlagnahme oder einer in § 101 StPO genannten geheimen Er-

---

124 Meyer-Goßner/Schmitt, Vor § 304 Rn. 5 mwN.
125 Vgl. Meyer-Goßner/Schmitt, § 305 Rn. 1.
126 BeckOK-StPO/Cirener, § 305 Rn. 4.

mittlungsmaßnahme zum Inhalt haben (§ 304 Abs. 5 StPO). Diese genannten Maßnahmen sind als Ausnahmeregelung eng auszulegen und nicht analogiefähig.[127]

Zudem erklären einzelne Gesetzesvorschriften Beschlüsse für unanfechtbar (vgl. etwa § 28 Abs. 1 StPO).

cc) Beschwerdebefugnis

55 Beschwerdebefugt sind alle Verfahrensbeteiligten, soweit sie beschwert sind, sowie sonstige Personen, die durch die Entscheidung betroffen, also in ihren Rechten und Interessen beschränkt, sind (§ 304 Abs. 2 StPO).

dd) Form

56 Die Beschwerde ist beim iudex a quo, dh beim Gericht, das die Entscheidung getroffen hat, schriftlich oder zu Protokoll der Geschäftsstelle einzulegen (§ 306 Abs. 1 StPO). Die einfache Beschwerde ist fristlos. Einer Begründung bedarf es nicht.

b) Verfahren
aa) Prüfung durch den iudex a quo

57 Der iudex a quo erhält zunächst die Möglichkeit, die Beschwerde selbst zu prüfen. Hält er sie für (zulässig und) begründet, hilft er ihr selbst ab (§ 306 Abs. 2 Hs. 1 StPO). Hält er sie hingegen für unbegründet, hat er sie binnen dreier Tage dem Beschwerdegericht vorzulegen (§ 306 Abs. 2 Hs. 2 StPO). Die Vorlage erfolgt, indem die Akten über die Staatsanwaltschaft dem Beschwerdegericht zugeleitet werden. Die Dreitagesfrist ist nicht zwingend.[128]

Das Gesetz schweigt für den Fall, dass der iudex a quo die Zulässigkeitsvoraussetzungen für nicht gegeben erachtet. Hieraus folgt jedoch nicht, dass er befugt wäre, die Beschwerde zu verwerfen. Er muss sie als Gegenvorstellung behandeln und prüfen, ob die angegriffene Entscheidung abgeändert werden muss. Ändert er sie nicht ab, hat der Richter die Beschwerde dem Beschwerdegericht vorzulegen.[129]

bb) Verfahren im Fall der Nichtabhilfe

58 Das Beschwerdegericht (iudex ad quem) ist befugt, eigene Ermittlungen anzustellen (§ 308 Abs. 2 StPO). Dem Beschwerdegegner ist die Möglichkeit zur Stellungnahme einzuräumen (§ 308 Abs. 1 StPO). Soweit dies versäumt wird, ist es nachzuholen (§ 311a StPO).

Das Beschwerdegericht entscheidet grundsätzlich ohne mündliche Verhandlung nach Lage der Akten (§ 309 Abs. 1 StPO). Eine Ausnahme bildet die Haftbeschwerde nach § 118 Abs. 2 StPO. Doch auch hier ist die mündliche Verhandlung lediglich fakultativ, der Beschuldigte hat auf ihre Durchführung keinen Anspruch.

Hält das Berufungsgericht die Beschwerde für zulässig und begründet, entscheidet es grundsätzlich in der Sache selbst. Soweit eine Ermessensentscheidung erforderlich ist, tritt das Ermessen des Beschwerdegerichts an die Stelle desjenigen, das den Beschluss erlassen hat. Nur in dem Ausnahmefall, dass der Mangel in der Beschwerdeinstanz nicht zu beheben ist, also beispielsweise ein unzuständiges Gericht entschieden hat, verweist es an das Ausgangsgericht zurück.

---

127 BeckOK-StPO/*Cirener*, § 304 Rn. 27 f.
128 KK-StPO/*Zabeck*, § 306 Rn. 18; BeckOK-StPO/*Cirener*, § 306 Rn. 14.
129 RGSt 43, 179 (180).

c) Die sofortige Beschwerde

Das Gesetz sieht in ausdrücklich geregelten Fällen die sofortige Beschwerde vor (s. §§ 28 Abs. 2 S. 1, 46 Abs. 3, 81 Abs. 4, 231a Abs. 3 S. 3 StPO, § 181 GVG). Im Gegensatz zu der einfachen Beschwerde ist diese fristgebunden: Sie kann nur innerhalb einer Woche eingelegt werden (§ 311 Abs. 2 StPO). Der Grund für diese Besonderheit liegt darin, dass in den Fällen der sofortigen Beschwerde ein besonderes Bedürfnis nach Rechtssicherheit besteht. Ein weiterer Unterschied zur einfachen Beschwerde besteht darin, dass der iudex a quo zur Abhilfe grundsätzlich nicht befugt ist (§ 311 Abs. 3 S. 1 StPO). Anders liegt dies nur in den Fällen der Verletzung des rechtlichen Gehörs (§ 311 Abs. 3 S. 2 StPO).

d) Die weitere Beschwerde

Die weitere Beschwerde ist ein Rechtsbehelf gegen die Entscheidung des Beschwerdegerichts. Sie ist grundsätzlich unzulässig (§ 310 Abs. 3 StPO). Zulässig ist sie allein gegen Beschlüsse des LG oder OLG, die eine Verhaftung, eine Unterbringung oder einen dinglichen Arrest zum Gegenstand haben (§ 310 Abs. 2 StPO).

V. Sonstige Rechtsbehelfe

Die sog. ordentlichen Rechtsbehelfe, die die Rechtskraft einer Entscheidung hindern, werden durch die außerordentlichen Rechtsbehelfe ergänzt, die die bereits eingetretene Rechtskraft durchbrechen (§ 17 Rn. 62 ff.). Weiter lassen sich die Gegenvorstellung, die Dienst- und die Sachaufsichtsbeschwerde unter dem Oberbegriff der formlosen Rechtsbehelfe zusammenfassen (§ 17 Rn. 75 f.). Daneben steht die Möglichkeit einer Urteilsberichtigung (§ 17 Rn. 77). Zum Einspruch im Strafbefehlsverfahren s. § 14 Rn. 1.

1. Außerordentliche Rechtsbehelfe

a) Wiederaufnahme des Verfahrens (§§ 359–373a StPO)

Menschliche Entscheidungen sind stets dem Risiko unterworfen, fehlerhaft und somit ungerecht zu sein. Daher muss Rechtssicherheit grundsätzlich vor Wahrheit und Gerechtigkeit Vorrang haben. Andernfalls gäbe es keine Rechtssicherheit, da ständig in Frage gestellt werden könnte – oder sogar müsste –, ob eine getroffene Entscheidung eventuell fehlerhaft ist. Dieser grundsätzliche Vorrang der Rechtssicherheit gegenüber Gerechtigkeit spiegelt sich im Verbot der Mehrfach- oder Doppelbestrafung gem. Art. 103 Abs. 3 GG wider, der besagt, dass niemand wegen derselben Tat mehrfach bestraft werden darf. In bestimmten Ausnahmesituationen kann eine Entscheidung allerdings so gravierend fehlerhaft sein, dass sie nicht in der Lage ist, auch nur annähernd Rechtsfrieden zu stiften. Diese Szenarien sind grundsätzlich in den Wiederaufnahmegründen festgelegt. Dies bedeutet, dass die Wiederaufnahmegründe der §§ 359 ff. StPO die Fälle regeln, in denen eine strafrechtliche Verurteilung so offensichtlich unrichtig und ungerecht erscheint, dass durch sie kein Rechtsfrieden hergestellt werden kann und eine erneute Entscheidung erforderlich ist. Insoweit sehen die §§ 359 ff. StPO die Möglichkeit vor, ein rechtskräftig abgeschlossenes Verfahren wiederaufzunehmen. Hierin liegt eine Durchbrechung der Rechtskraft. Im Konflikt zwischen Rechtssicherheit und Gerechtigkeit, der mit dem Institut der Rechtskraft grundsätzlich zugunsten ersterem entschieden wird, überwiegt hier der Gesichtspunkt der Gerechtigkeit.[130]

---

[130] Vgl. *Grünewald*, ZStW 120 (2008), 545 (547 f.); *Meyer-Goßner/Schmitt*, Vor § 359 Rn. 1.

§ 17 Rechtsbehelfe

63 Das Gesetz unterscheidet zwischen Wiederaufnahmegründen zugunsten (§ 359 StPO) und zuungunsten (§ 362 StPO) des Angeklagten. Die gesetzlichen Hürden der Wiederaufnahmegründe sind zwar in beiden Fällen streng, jedoch sind die Wiederaufnahmegründe zuungunsten des Verurteilten in § 362 StPO noch strenger, weil es sich um eine zulässige Durchbrechung des ne-bis-in-idem Prinzips handelt.[131] Die umgekehrt weniger strengen Anforderungen an die Wiederaufnahme zugunsten eines Verurteilten ergeben sich auch daraus, dass bei einer Fehlverurteilung nicht nur das Ziel der materiellen Gerechtigkeit verfehlt wird, sondern auch die Grundrechte des unschuldig Verurteilten in erheblichen Maße verletzt werden.

Die in Nr. 1-3 geregelten Wiederaufnahmegründe der §§ 359, 362 StPO kennzeichnen jeweils ein nicht justizförmig geführtes Verfahren. Nr. 1 und Nr. 2 betreffen falsche Beweismittel, dh im Verfahren wurden nachweislich falsche Urkunden, Zeugenaussagen oder Sachverständigenaussagen verwendet. Nr. 3 bezieht sich auf Konstellationen, in denen eine strafbare Amtspflichtverletzung durch einen mitwirkenden Richter oder Schöffen vorliegt. Die Gemeinsamkeit der Nr. 4-5 (bzw. bei § 362 noch Nr. 6) besteht darin, dass sich später herausstellt, dass sich die entscheidungserhebliche Verurteilungsgrundlage anders zugetragen hat, als zunächst angenommen.

Die zwischenzeitliche Ausweitung der Wiederaufnahme eines durch rechtskräftiges Urteil angeschlossenen Verfahrens zuungunsten des Angeklagten bei neuen Tatsachen oder Beweismitteln wurde durch Urteil des BVerfG vom 31.10.2023[132] – zurecht – für unvereinbar mit Art. 103 Abs. 3 GG und damit gem. § 95 Abs. 3 BVerfGG für nichtig erklärt. Art. 103 Abs. 3 GG ist hiernach „abwägungsfest", dh darf nicht zugunsten einer materiellen Gerechtigkeit relativiert werden.[133]

Neben den in §§ 359, 362 StPO geregelten Wiederaufnahmegründen sieht § 79 Abs. 1 BVerfGG die Wiederaufnahme des Strafverfahrens vor, wenn die Verurteilung auf einem vom BVerfG für verfassungswidrig erklärten Gesetz oder einer solchen Gesetzesauslegung beruhte.

64 Die Wiederaufnahme des Verfahrens erfolgt nur auf Antrag. Für die Antragsberechtigung gelten die allgemeinen Grundsätze (§ 365 StPO), so dass insbes. die Staatsanwaltschaft die Wiederaufnahme zugunsten des Verurteilten beantragen kann. Im Fall des Todes des Verurteilten sind seine nächsten Angehörigen antragsbefugt (§ 361 Abs. 2 StPO). Unzulässig ist die Wiederaufnahme allerdings zu dem Zweck, lediglich eine andere Strafbemessung auf derselben gesetzlichen Grundlage oder eine Strafmilderung nach § 21 StGB zu erreichen (§ 363 StPO). Zuständig ist ein Gericht, das von dem Gericht, welches das ursprüngliche Urteil erlassen hat, verschieden ist, aber über dieselbe sachliche Zuständigkeit verfügt (§§ 367 Abs. 1 S. 1 StPO iVm § 140a GVG). Der Antrag hat keinen Suspensiveffekt (§ 360 Abs. 1 StPO), das Gericht kann aber einen Aufschub sowie eine Unterbrechung der Vollstreckung anordnen (§ 360 Abs. 2 StPO).

---

131 KK-StPO/*Schmidt*, § 362 Rn. 1.
132 BVerfG NJW 2023, 3698.
133 Gem. § 362 Nr. 5 StPO aF war eine Wiederaufnahme des Strafverfahrens zuungunsten des Angeklagten zulässig, „wenn neue Tatsachen oder Beweismittel beigebracht werden, die allein oder in Verbindung mit früher erhobenen Beweisen dringende Gründe dafür bilden, dass der freigesprochene Angeklagte wegen Mordes (§ 211 des Strafgesetzbuches), Völkermordes (§ 6 Absatz 1 des Völkerstrafgesetzbuches), des Verbrechens gegen die Menschlichkeit (§ 7 Absatz 1 Nummer 1 und 2 des Völkerstrafgesetzbuches) oder Kriegsverbrechen gegen eine Person (§ 8 Absatz 1 Nummer 1 des Völkerstrafgesetzbuches) verteilt wird."

Das Verfahren vollzieht sich in drei Schritten. Im ersten Schritt wird im sog. **Additions-** 65
verfahren die Zulässigkeit des Antrags auf Wiederaufnahme geprüft (§ 368 StPO). Soweit diese Prüfung erfolgreich verläuft, schließt sich hieran im zweiten Schritt das sog. **Probationsverfahren** an, in dem die Begründetheit des Antrags geprüft wird (§§ 369, 370 StPO). Der Antrag ist begründet, wenn die aufgestellte Behauptung in ihm „genügend Bestätigung" findet (§ 370 StPO). Das ist der Fall, wenn sich aus ihm die hinreichende Wahrscheinlichkeit der Richtigkeit der Behauptung ergibt. Das Gericht ist hierbei nicht auf die im Antrag genannten Umstände beschränkt, sondern vielmehr analog § 244 Abs. 2 StPO dazu verpflichtet, über den Antrag hinausgehende relevante Umstände zu ermitteln.[134] Nach § 369 StPO kann eine Beweisaufnahme durch einen beauftragten Richter vorgenommen werden. Im Rahmen dieser Begründetheitsprüfung soll der Grundsatz „in dubio pro reo" nach ständiger Rechtsprechung keine Anwendung finden.[135]

Soweit das Gericht den Antrag für begründet erachtet, ordnet es per Beschluss die Wiederaufnahme des Verfahrens und eine Erneuerung der Hauptverhandlung an (§ 370 Abs. 2 StPO). Der Beschluss beseitigt die Rechtskraft des ursprünglichen Urteils und damit dessen Vollstreckbarkeit.[136] Die Vollstreckung ist einzustellen. Ein inhaftierter Antragsteller ist freizulassen.[137] Der Beschluss ist unanfechtbar. Andersherum kann der ablehnende Beschluss mit der sofortigen Beschwerde angegriffen werden (§ 372 S. 2 StPO).

Soweit das Gericht die Wiederaufnahme anordnet, schließt sich hieran das dritte Verfahrensstadium an. Im Regelfall erfolgt eine **neue Hauptverhandlung** (§ 370 StPO). Diese folgt allgemeinen Grundsätzen und ist gänzlich unabhängig von der ursprünglichen Verhandlung. Es gilt das Verbot der reformatio in peius (§ 373 Abs. 2 StPO). Mit einem Freispruch ist die Aufhebung des ursprünglichen Urteils zu verbinden (§ 371 Abs. 3 StPO). Das Urteil kann nach allgemeinen Grundsätzen mit der Berufung oder der Revision angegriffen werden.

Ein Freispruch kann allerdings auch ohne erneute Hauptverhandlung erfolgen. Das ist stets dann der Fall, wenn der Verurteilte verstorben ist. Aber auch bei eindeutiger Beweislage kann das Gericht mit Zustimmung der Staatsanwaltschaft ohne erneute Hauptverhandlung entscheiden (§ 371 Abs. 2 StPO). Umstritten ist der Charakter dieser Entscheidung. Nach der Rechtsprechung handelt es sich hierbei um einen Beschluss, so dass der statthafte Rechtsbehelf die sofortige Beschwerde ist.[138]

Die Möglichkeit der Wiederaufnahme des Verfahrens eröffnet iVm den oben dargestellten Rechtsmitteln und Rechtsbehelfen die Möglichkeit, die Strafjustiz in einer Vielzahl von Instanzen und über einen längeren Zeitraum mit einem Fall zu beschäftigen. Ein illustres Beispiel hierfür bietet der Fall der **Monika Böttcher (geschiedene Weimar)**: Die Angeklagte wurde am 8.1.1988 von dem LG Fulda zu lebenslanger Freiheitsstrafe verurteilt.[139] Hiergegen wurde Revision eingelegt. Diese wurde am 17.2.1989 vom

---

134 OLG Zweibrücken GA 1993, 463; aA MüKO-StPO/*Engländer/Zimmermann*, § 369 Rn. 9 ff.
135 OLG Karlsruhe Justiz 1984, 308; OLG Köln NJW 1968, 2119; dagegen: *Schünemann*, ZStW 84 (1972), 870.
136 *Meyer-Goßner/Schmitt*, § 370 Rn. 10, 11.
137 Allerdings ist der Erlass eines Haftbefehls möglich, *Meyer-Goßner/Schmitt*, § 370 Rn. 15.
138 BGHSt 8, 383.
139 LG Fulda, Urt. v. 8.1.1988 – 105 Js 8247/86.

BGH verworfen.[140] Gegen das Urteil des BGH wurde Verfassungsbeschwerde erhoben. Das BVerfG hat diese am 2.5.1989 verworfen. Am 27.11.1992 stellte die Verurteilte Antrag auf Wiederaufnahme des Verfahrens. Begründet wurde der Antrag mit einem neuen Gutachten über Faserspuren (§ 359 Nr. 5 StPO). Das LG Gießen lehnte den Antrag auf Wiederaufnahme ab (27.3.1995). Hiergegen erhob die Verurteilte die sofortige Beschwerde gem. § 372 StPO. Das OLG Frankfurt gab daraufhin dem Antrag auf Wiederaufnahme statt (4.12.1995).[141] Es ordnete die erneute Hauptverhandlung vor dem LG Gießen an. In der erneuten Hauptverhandlung wurde die Angeklagte am 24.4.1997 freigesprochen.[142] Hiergegen legten die Staatsanwaltschaft und der Nebenkläger Revision ein. Der BGH hob das freisprechende Urteil am 6.11.1998 auf und verwies gem. § 354 Abs. 2 StPO an das LG Frankfurt zurück.[143] Dieses verurteilte die Angeklagte am 24.4.1997 zu lebenslanger Freiheitsstrafe.[144] Die hiergegen eingelegte Revision verwarf der BGH am 25.8.2000 als offensichtlich unbegründet gem. § 354 Abs. 2 StPO.[145]

b) Wiedereinsetzung in den vorigen Stand (§§ 44–47 StPO)

66 Der Rechtsbehelf der Wiedereinsetzung in den vorigen Stand ermöglicht es dem Angeklagten, dass bei schuldlosem Versäumen von Fristen die mit dem Fristablauf verbundene Rechtswirkung nicht eintritt, sondern das Verfahren in den Stand vor dem Ablauf der Frist zurückversetzt wird.

c) Verfassungsbeschwerde (Art. 93 Abs. 1 Nr. 4a GG, §§ 13 Nr. 8a, 90 ff. BVerfGG)

67 Die Verfassungsbeschwerde kann im Strafverfahren in vielerlei Konstellationen Bedeutung erlangen.[146] Zwar beschränkt sich das BVerfG auf die Prüfung spezifischen Verfassungsrechts, die enge Verknüpfung von Strafprozess- und Verfassungsrecht, die sich insbes. aus der Grundrechtsrelevanz strafverfahrensrechtlicher Maßnahmen ergibt, führt jedoch dazu, dass für eine Vielzahl strafprozessualer Fragen zugleich die Prüfungskompetenz des BVerfG eröffnet ist. Auch auf diesem Wege kann die Rechtskraft eines Strafurteils durchbrochen werden.

d) Individualbeschwerde zum EGMR (Art. 34 EMRK)

68 Zunehmend gewinnt die in Art. 34 EMRK normierte Individualbeschwerde zum Europäischen Gerichtshof für Menschenrechte (EGMR) mit Sitz in Straßburg an Bedeutung. Die erfolgreiche Individualbeschwerde hat keinen unmittelbaren Einfluss auf die nationale Rechtslage,[147] sie lässt die Rechtskraft des Urteils zunächst unberührt. Die Rechtsfolgenkompetenz des EGMR ist darauf beschränkt, eine Schadensersatzpflicht des Staates auszusprechen (Art. 41 EMRK).

Darüberhinausgehende Bedeutung gewinnt die Individualbeschwerde erst durch die Umsetzungsverpflichtung der Bundesrepublik aus Art. 46 Abs. 1 EMRK. Dieser Umsetzungspflicht wird im Bereich des Strafverfahrens in erster Linie durch die Vorschrift des § 359 Nr. 6 StPO Rechnung getragen, wonach eine vom EGMR festgestellte Men-

---

140 BGHSt 36, 119.
141 OLG Frankfurt BeckRS 1995, 7388.
142 LG Gießen, Urt. v. 24.4.1997 – 105 Js 8247/86.
143 BGH NStZ-RR 1999, 301.
144 LG Frankfurt a. M., Urt. v. 22.12.1999 – 105 Js 8247/86.
145 BGH BeckRS 2011, 22255.
146 Vgl. hierzu umfassend: *Jahn/Krehl/Löffelmann/Güntge*, Die Verfassungsbeschwerde in Strafsachen.
147 MAH/*Eschelbach*, § 32 Rn. 5.

schenrechtsverletzung einen Wiederaufnahmegrund zugunsten des Angeklagten darstellt. In Verbindung hiermit führt die Individualbeschwerde dann doch mittelbar zur Beseitigung der Rechtskraft des nationalen Urteils. Faktisch wird dem EGMR hiermit die Stellung eines „**Superrevisionsgerichts**" eingeräumt.[148] Die praktische Relevanz wird allerdings dadurch begrenzt, dass nur der konkrete Beschwerdeführer das Wiederaufnahmeverfahren betreiben kann.[149] Eine Begrenzung des Wirkungsbereichs folgt darüber hinaus daraus, dass der Wiederaufnahmegrund auf eine Konventionsverletzung durch Urteil begrenzt ist. Soweit ein Verstoß durch Beschluss festgestellt wird, muss die Umsetzung auf anderem Wege erfolgen.[150]

Eine über den Einzelfall hinausgehende Bedeutung erlangt die Individualbeschwerde durch die Orientierungswirkung der Urteile des EGMR.[151] Die Auslegung der Konvention durch den Gerichtshof ist bei der Auslegung und Anwendung des innerstaatlichen Rechts zu beachten.[152]

Neben dem Europäischen Gerichtshof für Menschenrechte gibt es den **Europäischen Gerichtshof (EuGH)**, der seinen Sitz in Luxemburg hat. Er ist zuständig für die Auslegung/Anwendung des Europäischen Vertragsrechts. Insoweit gibt es in den Ländern auch für Strafgerichte die Möglichkeit, im Rahmen eines Strafverfahrens aufgetretene Rechtsfragen zum Gemeinschaftsrecht zur Klärung dem EuGH vorzulegen (s. Art. 35 Europäischer Vertrag).

aa) Zulässigkeit
(1) Zuständigkeit des Gerichtshofs
Die Beschwerde ist statthaft gegen Verletzungen der Konvention und der Zusatzprotokolle durch die hohen Vertragsparteien.

Die Zuständigkeit des EGMR hat eine zeitliche, eine örtliche und eine sachliche Komponente (**ratione temporis, loci et materiae**).

Die Verletzung muss zunächst im zeitlichen Geltungsbereich der Konvention liegen, also nach Ratifizierung durch den betreffenden Mitgliedsstaat erfolgt sein. Deutschland hat die EMRK 1952 ratifiziert. In örtlicher Hinsicht muss die Verletzung auf dem Hoheitsgebiet eines Mitgliedsstaates stattgefunden haben, vgl. Art. 1 EMRK. Hierzu zählen neben dem Hoheitsgebiet im eigentlichen Sinne Gebiete, für die der Staat international verantwortlich (vgl. Art. 65 Abs. 4 EMRK) ist und solche, auf denen er faktische Hoheitsmacht ausübt.[153] Im Rahmen der sachlichen Zuständigkeit prüft der Gerichtshof, ob die Konvention und die Protokolle das geltend gemachte Recht im konkreten Sachverhalt gewährleisten.[154] Es findet hier bereits eine summarische Sachprüfung statt.[155]

---

148 *Roxin/Schünemann*, Strafverfahrensrecht, § 57 Rn. 7.
149 KMR/*Eschelbach*, § 359 Rn. 219.
150 So u.a. in den Fällen der konventionswidrigen Sicherungsverwahrung, vgl. *Kinzig*, NStZ 2010, 233 (238); *Radtke*, NStZ 2010, 537 (542).
151 MAH/*Eschelbach*, § 32 Rn. 7.
152 BVerfGE 111, 307; BVerfG NJW 2011, 1931.
153 *V. Raumer*, ZOV 2010, 83 (84).
154 *Grabenwarter/Pabel*, Europäische Menschenrechtskonvention, § 13 Rn. 58.
155 *Grabenwarter/Pabel*, aaO.

(2) Parteibezogene Zulässigkeitsvoraussetzungen

70 Ebenfalls zur Unzulässigkeit nach Art. 35 Abs. 3 EMRK führt die Unvereinbarkeit der Beschwerde mit der Konvention aus persönlichen Gründen (**ratione personae**). Das ist der Fall, wenn der Beschwerdeführer nicht parteifähig ist oder keine Opfereigenschaft geltend machen kann oder der Beschwerdegegner nicht passiv legitimiert ist.[156] **Parteifähig** ist jede natürliche Person, nichtstaatliche Organisation oder Personengruppe, Art. 34 S. 1 EMRK. Nicht erforderlich ist die Staatsangehörigkeit eines Mitgliedstaates.[157] **Beschwerdebefugt** ist jedoch nur, wer seine **Opfereigenschaft** geltend machen kann. Das setzt voraus, durch die angegriffene Maßnahme selbst, unmittelbar und gegenwärtig betroffen zu sein. Dieses Kriterium bezweckt den Ausschluss von Popularklagen.[158] **Passiv legitimiert** sind nur die Konventionsstaaten. Die angegriffene Maßnahme muss einem solchen zurechenbar sein.[159]

(3) Inhaltliche Unzulässigkeitsgründe, Art. 34, 35 EMRK

71 Die Beschwerde ist unzulässig, wenn sie offensichtlich unbegründet ist (Art. 35 Abs. 3 lit. a Mod. 2 EMRK) oder rechtsmissbräuchlich eingelegt wurde (Art. 35 Abs. 3 lit. a Mod. 3 EMRK). Zudem behandelt der EGMR keine Beschwerden, die im Wesentlichen mit Beschwerden übereinstimmen, die durch ihn oder eine andere internationale Untersuchungs- und Vergleichsinstanz geprüft wurden (Art. 35 Abs. 2 lit. b EMRK). Ebenfalls unzulässig sind Beschwerden, die die Identifizierbarkeit des Beschwerdeführers nicht gewährleisten, Art. 35 Abs. 2 lit. a EMRK. Bei einem berechtigten Interesse an der Anonymität sieht Art. 47 Abs. 3 S. 3 VerfO EGMR die Möglichkeit eines anonymen Verfahrens vor.

(4) Rechtswegserschöpfung, Art. 35 Abs. 1 S. 1 Hs. 1 EMRK

72 Die Beschwerde ist gegenüber innerstaatlichen Rechtsschutzmöglichkeiten subsidiär.[160] Rechtswegerschöpfung erfordert einerseits, dass der Instanzenzug durchlaufen wurde (**vertikale Erschöpfung**) und andererseits, dass die Gerichte auch Gelegenheit hatten, sich mit der behaupteten Möglichkeit einer Konventionsverletzung auseinanderzusetzen (**horizontale Erschöpfung**).[161] Neben fachgerichtlichen Rechtsbehelfen gilt der Grundsatz der Subsidiarität auch gegenüber der Verfassungsbeschwerde.[162]

(5) Form und Frist

73 Die Beschwerde ist schriftlich zu erheben und zu unterzeichnen (Art. 45 Abs. 1 VerfO EGMR). Sie ist binnen sechs Monaten nach der innerstaatlichen Entscheidung zu erheben (Art. 35 Abs. 1 S. 1 Hs. 1 EMRK). Anders als in der späteren Verhandlung muss sich hier nicht zwingend einer der Amtssprachen des Gerichtshofs bedient werden.[163]

---

156 *Grabenwarter/Pabel*, Europäische Menschenrechtskonvention, § 13 Rn. 54.
157 *V. Raumer*, ZOV 2010, 83.
158 Vgl. Löwe/Rosenberg/*Esser*, EGMR Verfahren Rn. 129, 130.
159 *Grabenwarter/Pabel*, Europäische Menschenrechtskonvention, § 13 Rn. 55 mwN.
160 MAH/*Eschelbach*, § 32 Rn. 43.
161 MAH/*Eschelbach*, § 32 Rn. 43 ff.; *Grabenwarter/Pabel*, Europäische Menschenrechtskonvention, § 13 Rn. 27 ff.
162 MAH/*Eschelbach*, § 32 Rn. 44.
163 MAH/*Eschelbach*, § 32 Rn. 55; *Wittinger*, NJW 2001, 1238 (1239).

bb) Verfahren

Die Beschwerde wird einer der vier Sektionen des Gerichtshofs – idR der, dem der nationale Richter angehört[164] – zugewiesen (Art. 52 VerfO EGMR). Der Präsident der Sektion bestimmt einen Berichterstatter, der über das weitere Schicksal der Beschwerde entscheidet (Art. 49 VerfO EGMR). Hält er die Beschwerde für unzulässig, leitet er sie an einen Dreierausschuss weiter.[165] Dieser Ausschuss kann eine Beschwerde einstimmig für unzulässig erklären (Art. 28 EMRK). Hier erlangt der Unzulässigkeitsgrund der offensichtlichen Unbegründetheit eine besondere Bedeutung. Die Entscheidung des Ausschusses erfüllt eine Filterfunktion[166] und ist funktionell dem Erfordernis der Annahme durch eine Kammer des BVerfG und der Möglichkeit der Verwerfung der Revision durch Beschluss nach § 354 Abs. 2 StPO vergleichbar. Die Entscheidung des Ausschusses ist unanfechtbar (vgl. Art. 28 EMRK).

74

Anderenfalls leitet der Berichterstatter die Beschwerde einer mit sieben Richtern besetzten Kammer zu. Diese entscheidet auf Grundlage eines von dem Berichterstatter angefertigten Berichts zunächst über die Zulässigkeit der Beschwerde.[167] Beurteilt die Kammer sie als zulässig, gibt die Kammer den Beteiligten die Möglichkeit zur Stellungnahme (Art. 53 Abs. 2 VerfO EGMR). Eine mündliche Verhandlung findet nicht zwingend statt (vgl. Art. 53 Abs. 3 VerfO EGMR). In der Praxis nimmt die Zahl mündlicher Verhandlungen zunehmend ab.[168] Soweit eine mündliche Verhandlung stattfindet, ist diese weitgehend öffentlich. Das Verfahren folgt der Offizialmaxime, das Gericht ist an Anträge und Vorträge der Parteien nicht gebunden. Es nimmt selbst die erforderlichen Ermittlungen vor.[169] Einem Urteil muss das Scheitern einer vergleichsweisen Regelung vorausgehen (Art. 38 Abs. 1 EMRK).

Das Verfahren vor dem EGMR ist grundsätzlich eininstanzlich ausgestaltet.[170] Mit der Möglichkeit, noch nach Ergehen eines Urteils eine Verweisung an die große Kammer zu beantragen (Art. 43 Abs. 1 EMRK), wurde allerdings eine Art „internes Rechtsmittel" geschaffen.[171] Die mit 17 Richtern besetzte Große Kammer, die ansonsten an Stelle der Kammer tätig wird, wenn schwerwiegende Auslegungsfragen in Rede stehen oder eine Rechtsprechungsänderung bevorsteht (Art. 30 EMRK), übt hier dann eine Kontrollfunktion aus.[172] Voraussetzung ist das Vorliegen einer schwerwiegenden Auslegungsfrage oder eine schwerwiegende Frage allgemeiner Bedeutung (Art. 43 Abs. 2 EMRK). Der Großen Kammer vorgeschaltet ist ein aus fünf der 17 Richter bestehender Ausschuss, der die Zulässigkeit des Antrags prüft (Art. 43 Abs. 2 EMRK). Lehnt der Ausschuss den Verweisungsantrag ab, wird das Urteil endgültig.[173]

---

164 *Wittinger*, NJW 2001, 1238 (1240).
165 *Wittinger*, NJW 2001, 1238 (1240).
166 *Wittinger*, NJW 2001, 1238 (1240).
167 *Wittinger*, NJW 2001, 1238 (1240).
168 *Grabenwarter/Pabel*, Europäische Menschenrechtskonvention, § 13 Rn. 78.
169 *Grabenwarter/Pabel*, Europäische Menschenrechtskonvention, § 13 Rn. 69.
170 *Wittinger*, NJW 2001, 1238 (1240).
171 *Grabenwarter/Pabel*, Europäische Menschenrechtskonvention, § 13 Rn. 69; *Wittinger*, NJW 2001, 1238 (1241).
172 *Wittinger*, NJW 2001, 1238 (1241).
173 *Grabenwarter/Pabel*, Europäische Menschenrechtskonvention, § 13 Rn. 77.

2. Formlose Rechtsbehelfe
a) Gegenvorstellung

75 Die Gegenvorstellung ist als Ausprägung des Petitionsrechts des Art. 17 GG gegen richterliche Entscheidungen zulässig.[174] Sie enthält die Aufforderung an die Staatsanwaltschaft bzw. das Gericht, die eigene Entscheidung aufgrund besserer Einsicht aufzuheben oder abzuändern.[175] Voraussetzung ist, dass die Staatsanwaltschaft bzw. das Gericht befugt sind, die eigene Entscheidung abzuändern.[176] Sie unterliegt keinen Form- oder Fristerfordernissen.[177] Zudem ist sie beschwerunabhängig und kann daher von jedem Verfahrensbeteiligten erhoben werden.[178]

b) Dienst- und Sachaufsichtsbeschwerde

76 Dienst- und Sachaufsichtsbeschwerde sind Instrumente des Beamtenrechts. Richterliche Entscheidungen unterliegen gem. § 26 Abs. 1 DRiG der Dienstaufsicht nur, wenn die richterliche Unabhängigkeit (Art. 97 Abs. 1 GG) nicht beeinträchtigt wird. Dienst- und Fachaufsichtsbeschwerde spielen deshalb im Strafverfahren insbes. im Zusammenhang mit staatsanwaltschaftlichen Entscheidungen eine Rolle. Sie sind frist-, form- und – einem geflügelten Wort zufolge – folgenlos („drei f.").

c) Urteilsberichtigung

77 Die Urteilsberichtigung ist eigentlich kein Rechtsbehelf, hilft aber in der Praxis ein Rechtsmittel zu vermeiden. In der StPO ist sie nicht geregelt (vgl. aber § 319 ZPO). Sie ist zulässig, um offensichtliche Unrichtigkeiten und Schreibfehler zu korrigieren.

78 **Lösung zu den Fällen:**

Fall 1: Die Berufung des A wäre bereits unzulässig, wenn es an der erforderlichen Beschwer fehlte. Diese kann nur aus dem Urteilstenor folgen (ganz hM). Ein Freispruch aus Mangel an Beweisen beschwert daher nicht. Die Berufung des A wäre unzulässig und daher erfolglos.

Abwandlung: Auch hier ergibt sich erst aus den Urteilsgründen, dass der Freispruch auf der Schuldunfähigkeit und nicht auf erwiesener Unschuld beruht. Anders als der Freispruch aus Mangel an Beweisen zieht der Freispruch wegen Schuldunfähigkeit jedoch eine Eintragung im Bundeszentralregister nach sich (§ 12 BZRG). Dies begründet hier nach einer Mindermeinung eine Beschwer. Nach der Rechtsprechung bleibt es jedoch dabei, dass sich die Beschwer nur aus dem Urteilstenor ergeben kann. Hiernach wäre A also nicht beschwert und seine Berufung daher unzulässig.

Fall 2: Gegen Entscheidungen des AG sieht das Gesetz zwar als regelmäßiges Rechtsmittel die Berufung vor, jedoch ist auch die Revision in Form der Sprungrevision (§ 335 Abs. 1 StPO) statthaft.
Für die Begründetheit, müsste ein Revisionsgrund nach §§ 337, 338 StPO vorliegen. In Frage kommt hier der absolute Revisionsgrund des § 337 Nr. 5 StPO: die vorschriftswidrige Abwesenheit einer Person, deren Anwesenheit das Gesetz vorschreibt. Der Verteidiger müsste al-

---

[174] BVerfGE 9, 89 (107); *Meyer-Goßner/Schmitt*, Vor § 296 Rn. 23; krit. zur Zulässigkeit *Werner*, NJW 1991, 19.
[175] *Meyer-Goßner/Schmitt*, Vor § 296 Rn. 23.
[176] *Wölfl*, StraFo 2003, 222.
[177] *Meyer-Goßner/Schmitt*, Vor § 296 Rn. 23; aA *Wölfl*, StraFo 2003, 222 (225): Schriftform.
[178] OLG Schleswig NJW 1978, 1016.

so eine Person sein, deren Anwesenheit das Gesetz vorschreibt. Das ist in Fällen der notwendigen Verteidigung der Fall. A wird eines Verbrechens angeklagt, gem. § 140 Abs. 1 Nr. 2 StPO ist daher die Mitwirkung eines Verteidigers notwendig. Die Voraussetzungen des § 337 Nr. 5 StPO scheinen somit erfüllt.

Aus dem allgemeinen Grundsatz, dass auch bei Vorliegen eines absoluten Revisionsgrundes das Urteil dann nicht als auf dem Rechtsfehler beruhend anzusehen ist, wenn dies denklogisch ausgeschlossen erscheint, folgt allerdings, dass § 338 Nr. 5 StPO nur bei der Abwesenheit während des wesentlichen Teils der Hauptverhandlung eingreift. Nach BGHSt 9, 243 handelt es sich bei der Anklageverlesung um einen solchen wesentlichen Teil. § 338 Nr. 5 StPO greift ein. Die Revision wäre somit begründet und hätte Aussicht auf Erfolg.

Abwandlung:

a) Lautet der Anklagevorwurf lediglich auf Diebstahl und somit auf ein Vergehen, fehlt es an den Voraussetzungen des § 140 Abs. 1 Nr. 2 StPO. Auch ein anderer Grund aus dem Katalog des § 140 StPO greift nicht ein. Es fehlt folglich an einem Fall der notwendigen Verteidigung. Bei dem Verteidiger handelt es sich nicht um eine Person, deren Anwesenheit das Gesetz vorschreibt iSd § 338 Nr. 5 StPO.

Mithin greift dieser Revisionsgrund nicht ein.

b) Die Feststellung der Identität des Angeklagten soll nach OLG Düsseldorf RPfleg 1993, 460 keinen wesentlichen Teil der Hauptverhandlung darstellen. § 337 Nr. 5 StPO greift somit auch hier nicht.

Fall 3:

a) Hier greift die Revisionserstreckung des § 357 StPO.

b) § 357 StPO findet hier analog Anwendung.

c) Auf Verfahrensfehler findet § 357 StPO keine Anwendung.

Abwandlung: Nach Ansicht des BGH findet § 357 StPO im Jugendstrafrecht keine Anwendung.

Fall 4: Die Bestellung eines Pflichtverteidigers erfolgt durch Verfügung des Vorsitzenden (§ 411 Abs. 4 StPO). Statthafter Rechtsbehelf wäre somit grundsätzlich die Beschwerde. Diese wäre allerdings gem. § 305 S. 1 StPO ausgeschlossen, wenn es sich bei der Bestellung eines Pflichtverteidigers um eine der Urteilsfällung vorausgehende Entscheidung iS dieser Vorschrift handelt. Vorausgehen darf hier nicht allein zeitlich verstanden werden. Man wird die Auslegung vielmehr an dem Zweck der Vorschrift, eine Rechtsmittelverdoppelung zu vermeiden, auszurichten haben. Der Ausschluss der Beschwerde kann daher nur solche Beschlüsse erfassen, die mit dem Urteil in einem derartigen inneren Zusammenhang stehen, dass sie mit ihm gemeinsam überprüft werden können. Aus der Bestellung eines Pflichtverteidigers können jedoch Nachteile erwachsen, die durch die Aufhebung des Urteils nicht beseitigt werden (BeckOK/*Cirener* § 305 Rn. 11 mwN.). Man wird die Anfechtbarkeit des Beschlusses daher zu bejahen haben (str., aA OLG Koblenz NStZ-RR 1996, 206). A kann gegen die Pflichtverteidigerbestellung daher mit der Beschwerde vorgehen.

§ 18 Ermittlungsabkürzung (Deal) und Ermittlungshilfe (Kronzeugenregelung)

I. Ausweitung des Opportunitätsprinzips

1 Das Opportunitätsprinzip „greift um sich". Nach *Naucke* hat der Gesetzgeber bei Ausweitung des materiellen Strafrechts die „Flucht ins Prozessrecht" angetreten – aus prozessökonomischen Gründen. Der Arbeitsanfall ist ansonsten für die Strafjustiz nicht mehr zu bewältigen. Hierzu dienen nicht nur vermehrte Einstellungsmöglichkeiten, sondern auch im Weiteren das schriftliche Strafbefehlsverfahren, um mündliche Verhandlungen möglichst zu vermeiden. Hinzu kommen aber auch – gerade auch in Jugendstrafsachen – Begründungen, die den Schutz des Beschuldigten vor unnötigen Belastungen sowie vor Stigmatisierungseffekten und eine effektivere Prävention vor neuen Straftaten im Auge haben.[1] Die klassischen Prozessziele der Wahrheitsfindung und der Verwirklichung von Gerechtigkeit (s. § 2 Rn. 4 f.) treten damit in den Hintergrund. Ob mit „opportunistischen" Verfahrensabschlüssen dem Rechtsfrieden iSd Bestätigung der Rechtsordnung gedient wird, erscheint zweifelhaft. Weitere Ausweitungen des Opportunitätsprinzips erfolgten mit dem Gesetz zur Regelung der Verständigung im Strafverfahren.[2] Damit werden Urteilsabsprachen legalisiert, bei denen grundsätzlich für ein Geständnis des Angeklagten und den Verzicht auf Beweisanträge eine milde Sanktionierung zwischen Gericht, Staatsanwaltschaft und Angeklagtem/Verteidigung vereinbart wird. Das Strafmaß bleibt hierbei regelmäßig erheblich unter dem Strafmaß, das bei „streitiger" Verhandlung im Normalfall ausgeurteilt worden wäre. Auch die Ermittlungshilfe gem. § 46b StGB führt im Kontext mit § 153b StPO zur Ausweitung des Opportunitätsprinzips.

II. Die Ermittlungsabkürzung (Deal)

1. Die Justizpraxis vor dem Gesetz zur Verständigung im Strafverfahren

2 „Verhandelt" über die Sanktionierung wurde schon längst vor der Gesetzesverabschiedung. Schwerpunktmäßig geschah dies in Wirtschaftsstrafsachen.[3] Urteilsabsprachen gehören aber auch in anderen Strafverfahren schon zum Justizalltag.[4] Schätzungen, wonach zwei Drittel aller Strafverfahren mit einem abgesprochenen Ergebnis erledigt werden,[5] entbehren aber einer empirischen Grundlage. Zur Illustration der Praxis folgender Fall:

> Am zweiten von insgesamt drei Hauptverhandlungstagen unterbrach der Vorsitzende die Verhandlung von 14.40 bis 14.50 Uhr, um den Verteidigern Gelegenheit zur Prüfung zu geben, ob sie Beweisanträge stellen wollten. In dieser Pause nahmen die Verteidiger Rücksprache mit dem Sitzungsvertreter der Staatsanwaltschaft. Dieser sagte ihnen, dass er beabsichtige, gegen die Angeklagten S. und R. Freiheitsstrafen von je 3 Jahren und 6 Monaten sowie gegen die Angeklagte M. eine Freiheitsstrafe von 4 Jahren zu beantragen.

---

1 Zur positiven Bewertung der sog. Diversion im Jugendstrafrecht s. *Ostendorf/Drenkhahn*, Jugendstrafrecht, Rn. 105, 106, s. aber auch Rn. 122.
2 Gesetz v. 29.7.2009, BGBl. I, S. 2353.
3 S. *Altenhain/Hagemeier/Haimerl/Stammen*, Die Praxis der Absprachen im Wirtschaftsstrafverfahren.
4 S. hierzu die Ergebnisse einer Befragung durch *Heller*, Das Gesetz zur Regelung der Verständigung im Strafverfahren – No big deal?, S. 300.
5 So der vormalige Präsident des BGH, *Tolksdorf*, laut Süddeutscher Zeitung vom 1.2.2009.

Wenig später wandte sich der Vorsitzende vor dem Sitzungssaal an die Verteidiger und erklärte sinngemäß: »Na, woran hängt's denn noch, haben Sie sich mit dem Staatsanwalt geeinigt?« Daraufhin fragte ihn der Verteidiger der Angeklagten M., ob die Verteidigung davon ausgehen könne, dass nach Übung der Kammer Anträge des Staatsanwalts nicht überschritten würden. Der Vorsitzende antwortete: »Davon können Sie ausgehen«.

Kurz nach Wiederaufruf der Sache bat der Verteidiger der Angeklagten M. erneut um eine Pause, da er sich noch nicht schlüssig sei, ob er nicht doch Anträge stellen solle. Die Verhandlung wurde daraufhin von 14.52 bis 15.05 Uhr unterbrochen. Während dieser Pause erschien der Vorsitzende im Sitzungssaal und trat an den Verteidiger der Angeklagten M. heran, der gerade in der Verteidigerbank saß, um Anträge vorzubereiten. Ihn fragte er sinngemäß, ob dies denn nötig sei, er habe gedacht, man habe sich mit dem Staatsanwalt geeinigt. Der so angesprochene Verteidiger und auch der mitanwesende Verteidiger des Angeklagten S. teilten nun mit, dass der Staatsanwalt die beabsichtigten Anträge offengelegt habe. Darauf erklärte der Vorsitzende — was auch der Verteidiger des Angeklagten R. beim Verlassen des Sitzungssaales noch hörte — sinngemäß: »Na also, dann können wir doch weitermachen«.

Danach wurde die Verhandlung fortgesetzt. Die Verteidigung stellte keine Beweisanträge; sie gab auch keine Erklärungen mehr ab. Nach Schluss der Beweisaufnahme plädierte der Staatsanwalt auf die seiner Ankündigung entsprechenden Strafen. Mit dem angefochtenen Urteil hat das Landgericht jedoch höhere Strafen verhängt.

Der BGH hat in mehreren Entscheidungen versucht, diese Justizpraxis in rechtsstaatliche Bahnen zu lenken, letztendlich aber an den Gesetzgeber appelliert, gesetzgeberisch einzugreifen.

> **BGHSt 50, 40 (63)**
> „Die Urteilsabsprache bewegt sich ... in die Richtung einer quasivertraglichen Vereinbarung zwischen dem Gericht und den übrigen Verfahrensbeteiligten. Die Strafprozessordnung in ihrer geltenden Form ist jedoch am Leitbild der materiellen Wahrheit orientiert, die vom Gericht in der Hauptverhandlung von Amts wegen zu ermitteln und der Disposition der Verfahrensbeteiligten weitgehend entzogen ist. Versuche der obergerichtlichen Rechtsprechung, Urteilsabsprachen, wie sie in der Praxis inzwischen in großem Umfang üblich sind, im Wege systemimmanenter Korrektur von Fehlentwicklungen zu strukturieren oder – wie die vorstehende Lösung zeigt – unter Schaffung neuer, nicht kodifizierter Instrumentarien ohne Bruch in das gegenwärtige System einzupassen, können daher nur unvollkommen gelingen und führen stets von neuem an die Grenzen zulässiger Rechtsfortbildung. Der Große Senat für Strafsachen appelliert an den Gesetzgeber, die Zulässigkeit und, bejahendenfalls, die wesentlichen rechtlichen Voraussetzungen und Begrenzungen von Urteilsabsprachen gesetzlich zu regeln. Es ist primär Aufgabe des Gesetzgebers, die grundsätzlichen Fragen der Gestaltung des Strafverfahrens und damit auch die Rechtsregeln, denen die Urteilsabsprache unterworfen sein soll, festzulegen. Dabei kommt ihm – auch von Verfassungs wegen – ein beachtlicher Spielraum zu."

2. Die gesetzliche Regelung

Der Gesetzgeber hat versucht, den Vorgaben der höchstrichterlichen Rechtsprechung entsprechend einen Kompromiss zwischen den offensichtlichen Praxisbelangen und den traditionellen Verfahrensprinzipien zu erzielen. Dies ist in den §§ 257b, 257c, 243 Abs. 4, 267 Abs. 3 S. 5, Abs. 4 S. 2, 273 Abs. 1 S. 2, Abs. 1a StPO geschehen, wobei – wichtig – § 302 Abs. 1 S. 2 StPO hinzukommt.

§ 18 Ermittlungsabkürzung (Deal) und Ermittlungshilfe (Kronzeugenregelung)

Die Eckpunkte dieser gesetzlichen Regelung sind folgende:
- Grundsätzliche Beibehaltung des kontradiktatorischen Prozesses[6] mit den Grundsätzen der Amtsaufklärungspflicht und der schuldangemessenen Sanktionierung im Unterschied zu einem konsensualen Verfahren[7]
- Verständigung „in geeigneten Fällen" zulässig über die Rechtsfolgen mit Ausnahme der Maßregeln der Besserung und Sicherung sowie über verfahrensbezogene Maßnahmen wie zB U-Haft sowie über das Prozessverhalten der Verfahrensbeteiligten, zB Stellung von Beweisanträgen (§ 257c Abs. 2 S. 1, 3 StPO)
- Keine Verständigung über den Schuldspruch (§ 257c Abs. 2 S. 3 StPO)
- Grundlage soll ein Geständnis sein (§ 257c Abs. 2 S. 2 StPO)
- Herstellung von Publizität und Transparenz (§§ 160b S. 2, 202a S. 2, 243 Abs. 4, 267 Abs. 3 S. 5, Abs. 4 S. 2, 273 Abs. 1 S. 2, Abs. 1a StPO)[8]
- Keine Bindungswirkung bei rechtlichen und tatsächlichen Abweichungen (§ 257c Abs. 4 StPO) mit entsprechenden Belehrungspflichten (§ 257c Abs. 5 StPO)
- Ausschluss eines Rechtsmittelverzichts (§ 302 Abs. 1 S. 2 StPO).

3. Bewertung

4 Urteilsabsprachen haben für den Angeklagten häufig Vorteile, wie z.B. mildere Strafen, die Vermeidung einer langwierigen und öffentlichkeitswirksamen Hauptverhandlung und die Verkürzung der Untersuchungshaft. Es können aber auch Nachteile entstehen, insbesondere wenn Staatsanwaltschaft und Gericht zunächst eine zu hohe Strafe in Aussicht stellen, was den Angeklagten zu einem Geständnis veranlassen kann, um eine mildere Strafe zu erreichen. Zudem kann der Druck der Situation zu voreiligen Absprachen führen, deren Tragweite erst nach Ablauf der Rechtsmittelfrist voll bewusst wird. Auch die Strafjustiz profitiert von solchen Absprachen durch eine effizientere Prozessführung und Entlastung der Gerichte, was wiederum persönliche Vorteile für Richter, Staatsanwälte und Verteidiger durch eine effektive Prozessführung mit sich bringen kann. Nachteile müssen hinsichtlich der Aufklärung der Tatvorwürfe („Wahrheitsermittlung") und einer gerechten Sanktionierung befürchtet werden. Die Amtsaufklärungsmaxime (§ 244 Abs. 2 StPO) wird faktisch trotz formaler Weitergeltung (§ 257c Abs. 1 S. 2 StPO) aufgegeben, wenn nur noch das nicht überprüfbare bzw. überprüfte Geständnis Grundlage des Urteils ist. Dementsprechend kritisch bzw. zurückweisend sind vielfache Stimmen in der Rechtslehre.[9] Nach dem BVerfG sind die verfassungsrechtlichen Vorgaben allerdings „derzeit" noch gewahrt.[10] Zwar ahnt das BVerfG die auflösbare Widersprüchlichkeit, die die Absprachregelungen mit sich bringen, versucht aber dennoch die Verständigung in das geltende Strafprozessrechtssystem

---
6 S. Gesetzesbegründung BT-Drs. 16/12310, S. 8.
7 S. hierzu *Weichbrodt*, Das Konsensprinzip strafprozessualer Absprachen, S. 110 ff., 409 ff.; *Hauer*, Geständnis und Absprache, S. 220 mwN.
8 Zu den Mitteilungspflichten bei verständigungsbezogenen Erörterungen s. BGH StV 2018, 1 ff.; 2019, 374 ff.; 2021, 1, 3, 4, 6; 2022, 425, 426, 427.
9 S. *Fezer*, NStZ 2010, 177 (182); *Murmann*, ZIS 2009, 526 (534); *Meyer-Goßner/Schmitt*, § 257c Rn. 3; *Heller*, Das Gesetz zur Regelung der Verständigung im Strafverfahren – No big deal?, S. 325 ff.; *Schünemann*, ZRP 2009, 104: „Ein deutsches Requiem auf den Strafprozess des liberalen Rechtsstaats"; moderater: *Volk/Engländer*, Grundkurs StPO, § 30 Rn. 1 ff. und *Niemöller/Schlothauer/Weider*, Teil A. Rn. 31. S. auch *Nahrwold*, Die Verständigung im Strafverfahren, S. 328 ff. mit dem Vorschlag eines eigenständigen Verständigungsverfahrens.
10 BVerfG StV 2013, 353.

zu integrieren. Insoweit verweist das BVerfG auf die Schutzvorschriften, die der Gesetzgeber implementiert hat, wissend, dass hier ein „epidemische[s] Ausmaß des justiziellen Rechtsbruchs"[11] vorliegt. Demgegenüber hat der österreichische Oberste Gerichtshof (OGH) „wegen des eklatanten Widerspruchs zu den tragenden Grundprinzipien des österreichischen Strafverfahrensrechts" Absprachen zu Straffragen prinzipiell abgelehnt und die Beteiligten auf disziplinare und strafrechtliche Konsequenzen hingewiesen.[12] Hinzu kommen Ungleichbehandlungen anderer Angeklagter sowie der Verdacht, dass gerade gut verteidigte Angeklagte, dh in der Praxis auch häufig finanziell gut betuchte Angeklagte vor Gericht „besser davonkommen". Der Verdacht wird zusätzlich dadurch genährt, dass Urteilsabsprachen in Zwiegesprächen zwischen den Hauptbeteiligten angebahnt werden, häufig unter Ausschluss von Schöffen und regelmäßig unter Ausschluss des Verletzten, auch von Nebenklägern. Schließlich ist zu befürchten, dass der Ausschluss des Rechtsmittelverzichts faktisch unterlaufen wird, indem die Beendigung der Rechtsmittelfrist einvernehmlich abgewartet wird. Ein Rechtsmittelverzicht kann auch wie folgt hergestellt werden: In der Entscheidung des Ersten Strafsenats des BGH[13] war die Angeklagte nach einer Verständigung zu einer Freiheitsstrafe von zwei Jahren ohne Bewährung verurteilt worden. Wie mit der Staatsanwaltschaft zuvor abgestimmt, legte der Pflichtverteidiger noch am Tag der Urteilsverkündung Revision gegen das Urteil ein, um diese anschließend keine Stunde später wieder zurückzunehmen. Innerhalb der Rechtsmittelfrist legitimierte sich dann ein neuer Wahlverteidiger und legte auf ausdrücklichen Wunsch der Angeklagten erneut Revision ein. Diese Revision wurde vom Senat als unzulässig verworfen, weil die erste Revision durch den Pflichtverteidiger wirksam zurückgenommen wurde.[14] Die Unzulässigkeit gründet sich auf der ständigen Rechtsprechung des BGH, dass die Zurücknahme der Revision zum Verlust des Rechtsmittels führt.[15] Ein anderer Weg zum Verzicht auf die vom Gesetzgeber vorgeschriebenen Förmlichkeiten und zum Ausschluss des Rechtsmittelverzichts ist die „konkludente Verständigung".[16]

Im Ergebnis ist das Verständigungsgesetz **„ein fauler Kompromiss"** von Praxisbedürfnissen und Verfahrensprinzipien, der aus dogmatischer Sicht nicht befriedigen kann. Auch bleibt abzuwarten, ob damit einer ausufernden Praxis Grenzen gesetzt werden.[17] Die das Gesetz vernichtende Kritik („So nicht") muss sich allerdings fragen lassen: „Wie denn?". Positiv sind die neuen Regeln der §§ 202a, 257b StPO, da damit das Tor für ein kommunikatives, transparentes Prozedieren aufgestoßen wird.

III. Ermittlungshilfe (Kronzeugenregelung)

Die mit § 46b StGB animierte Ermittlungshilfe mit der Folge des Absehens von Strafe bzw. der Strafmilderung wird auch als „große" oder allgemeine Kronzeugenregelung bezeichnet: Der Täter als Zeuge der „Krone", dh des Staates zur Aufklärung oder Verhinderung von schweren Straftaten. Diese Kronzeugenregelung wurde durch das 43.

---

11 *Stuckenberg*, ZIS 2013, 212 (218).
12 OGH ÖJZ 2005, 275.
13 BGH NStZ 2010, 409.
14 Zur Kritik s. *Fischer*, ZRP 2010, 250: ein von Bauernschläue geprägter Trick.
15 BGHSt 10, 245 (247); vgl. zuletzt BGH NStZ-RR 2010, 55.
16 S. hierzu BGH StV 2014, 201.
17 Zur die gesetzlichen Vorgaben missachtenden Verständigungspraxis s. die repräsentative empirische Erhebung von *Altenhain*, wiedergegeben bei BVerfG StV 2013, 357 (358). S. Beschluss des 68. Dt. Juristentags Ziff. II. 6.a; veröffentlicht in StV 2011, 55 (56); Ergebnisse des 35. Strafverteidigertages II. 1, StV 2011, 321.

§ 18 Ermittlungsabkürzung (Deal) und Ermittlungshilfe (Kronzeugenregelung)

Strafrechtsänderungsgesetz vom 29.7.2009 eingefügt. Daneben gibt es „kleine" Kronzeugenregelungen gem. §§ 129 Abs. 6 Nr. 2, 129a Abs. 7 StGB und § 31 BtMG. Die Regelung in § 261 Abs. 10 StGB ging im Anwendungsbereich der neuen Kronzeugenregelung auf und wurde daher gestrichen. Diese Sanktionsbestimmungen gewinnen strafprozessual unmittelbar über § 153b StPO Bedeutung, da eine solche Ermittlungshilfe bereits zur Einstellung des Verfahrens führen kann. Im Hinblick auf die Wahrheitsermittlung ist die Kronzeugenregelung nicht unproblematisch, da naturgemäß ein Täter, der in den „Genuss" einer Strafmilderung oder eines Strafverzichts kommen kann, geneigt ist, Tatverantwortlichkeiten auf andere Tatbeteiligte abzuschieben. Hinzu tritt das Problem einer unvoreingenommenen Beweiswürdigung bei einem späteren Verfahren gegen die vom Kronzeugen belasteten Angeklagten, wenn ein Gericht, eventuell dasselbe Gericht, seinen Ausführungen bereits rechtskräftig Glauben geschenkt hat.[18] Auch wenn die Kronzeugenregelung in der Praxis selten angewendet wird, werden damit die Prozessziele „Wahrheitsermittlung" und „Gerechtigkeitsverwirklichung" untergraben (s. auch § 20 Rn. 6).

---

18 Zur kritischen Bewertung s. *Frank/Titz*, ZRP 2009, 137; *König*, NJW 2009, 2481. Umfassend und mit einem Reformvorschlag zur „Bändigung des entfesselten Kronzeugen" *Frahm*, Die allgemeine Kronzeugenregelung, S. 346 ff.

§ 19 Die Perversion: Der Strafprozess im NS-Staat

I. „Maßnahmenstaat" und „Normenstaat"

Von dem deutsch-amerikanischen Juristen und Politologen *Ernst Fraenkel* (1898– 1975) stammt die Klassifizierung des NS-Staates in „Maßnahmenstaat" und „Normenstaat". Im „Normenstaat" wurde, laut *Fraenkel*, eine rechtsstaatliche Fassade aufrecht erhalten, in der die Justiz unter Hinweis auf vom Staat erlassene Gesetze (Normen) urteilte und damit nach 1945 auch ihre „Unrechtsurteile" rechtfertigte. Mit dem Begriff „Maßnahmenstaat" bezeichnete *Fraenkel* die Beseitigung dieser rechtsstaatlichen Fassade im NS-Staat. Jedes Handeln außerhalb der weiterhin bestehenden Normen gegen von den Nationalsozialisten als Regimefeinde klassifizierte Menschen wurde erlaubt. So wurden bestimmte staatliche Unrechtsmaßnahmen der justiziellen Kontrolle entzogen. Dies galt insbes. für die Verhängung der „Schutzhaft", also die Einweisung in die Konzentrationslager, und für die Verfolgungspraxis, die in den Lagern herrschte. Der Holocaust fand außerhalb des Rechtssystems statt. Mit der „Euthanasie-Konferenz" vom 23./24.4.1941 wurden die Oberlandesgerichtspräsidenten und Generalstaatsanwälte auf die Nichtverfolgung der Mordaktionen an Behinderten und Kranken eingeschworen. Eine strafgesetzliche Kontrolle wurde ausgeschlossen.

II. Die Unrechtsgesetze

Soweit Strafjustiz im NS-Staat weiterhin zuständig war, wurde zT bisheriges Strafrecht angewendet – allerdings mit einer härteren Sanktionierung. Soweit neues NS-Strafrecht angewendet wurde, das materiellrechtlich gegen Menschenrechte und prozessual-rechtlich gegen das Fairnessprinzip im Verfahren verstieß, wurde „im Namen des Deutschen Volkes" Unrecht gesprochen.

1. Materielles Strafunrecht[1]

Beispiele für materielles Strafunrecht:

Gesetz zur Änderung des Strafgesetzbuchs vom 28.6.1935, RGBl. I, S. 839

> Gesetz zur Änderung des Strafgesetzbuchs.
> Vom 28. Juni 1935.
>
> Die Reichsregierung hat das folgende Gesetz beschlossen, das hiermit verkündet wird:
>
> Artikel 1
> Rechtsschöpfung durch entsprechende Anwendung der Strafgesetze
>
> Die §§ 2 und 2a des Strafgesetzbuchs erhalten folgende Fassung:
> § 2
> Bestraft wird, wer eine Tat begeht, die das Gesetz für strafbar erklärt oder die nach dem Grundgedanken eines Strafgesetzes und nach gesundem Volksempfinden Bestrafung verdient. Findet auf die Tat kein bestimmtes Strafgesetz unmittelbar Anwendung, so wird die Tat nach dem Gesetz bestraft, dessen Grundgedanke auf sie am besten zutrifft.

---

[1] S. auch *Ostendorf*, Dokumentation des NS-Strafrechts, 2000.

Gesetz zum Schutz des deutschen Blutes und der deutschen Ehre vom 15.9.1935, RGBl. I, S. 1146

Gesetz zum Schutze des deutschen Blutes und der deutschen Ehre.
Vom 15. September 1935.

Durchdrungen von der Erkenntnis, daß die Reinheit des deutschen Blutes die Voraussetzung für den Fortbestand des Deutschen Volkes ist, und beseelt von dem unbeugsamen Willen, die Deutsche Nation für alle Zukunft zu sichern, hat der Reichstag einstimmig das folgende Gesetz beschlossen, das hiermit verkündet wird:

§ 1

(1) Eheschließungen zwischen Juden und Staatsangehörigen deutschen oder artverwandten Blutes sind verboten. Trotzdem geschlossene Ehen sind nichtig, auch wenn sie zur Umgehung dieses Gesetzes im Ausland geschlossen sind.

(2) Die Nichtigkeitsklage kann nur der Staatsanwalt erheben.

§ 2

Außerehelicher Verkehr zwischen Juden und Staatsangehörigen deutschen oder artverwandten Blutes ist verboten.

§ 3

Juden dürfen weibliche Staatsangehörige deutschen oder artverwandten Blutes unter 45 Jahren in ihrem Haushalt nicht beschäftigen.

§ 4

(1) Juden ist das Hissen der Reichs- und Nationalflagge und das Zeigen der Reichsfarben verboten.

(2) Dagegen ist ihnen das Zeigen der jüdischen Farben gestattet. Die Ausübung dieser Befugnis steht unter staatlichem Schutz.

§ 5

(1) Wer dem Verbot des § 1 zuwiderhandelt, wird mit Zuchthaus bestraft.

(2) Der Mann, der dem Verbot des § 2 zuwiderhandelt, wird mit Gefängnis oder mit Zuchthaus bestraft.

(3) Wer den Bestimmungen der §§ 3 oder 4 zuwiderhandelt, wird mit Gefängnis bis zu einem Jahr und mit Geldstrafe oder mit einer dieser Strafen bestraft.

§ 6

Der Reichsminister des Innern erläßt im Einvernehmen mit dem Stellvertreter des Führers und dem Reichsminister der Justiz die zur Durchführung und Ergänzung des Gesetzes erforderlichen Rechts- und Verwaltungsvorschriften.

§ 7

Das Gesetz tritt am Tage nach der Verkündung, § 3 jedoch erst am 1. Januar 1936 in Kraft.

Nürnberg, den 15. September 1935,
am Reichsparteitag der Freiheit.

Der Führer und Reichskanzler
Adolf Hitler

Der Reichsminister des Innern
Frick

Der Reichsminister der Justiz
Dr. Gürtner

Der Stellvertreter des Führers
R. Heß
Reichsminister ohne Geschäftsbereich

II. Die Unrechtsgesetze

Verordnung über die Strafrechtspflege gegen Polen und Juden in den eingegliederten Ostgebieten („Polenstrafrechtspflegeverordnung") vom 4.12.1941, RGBl. I, S. 759

> (2) Auf Todesstrafe wird erkannt, wo das Gesetz sie androht. Auch da, wo das Gesetz Todesstrafe nicht vorsieht, wird sie verhängt, wenn die Tat von besonders niedriger Gesinnung zeugt oder aus anderen Gründen besonders schwer ist; in diesen Fällen ist Todesstrafe auch gegen jugendliche Schwerverbrecher zulässig.

2. Prozessuales Unrecht

Beispiele für ein prozessuales Unrecht:

Gesetz zur Änderung von Vorschriften des Strafverfahrens und des Gerichtsverfassungsgesetzes vom 28.6.1935, RGBl. I, S. 844

> **3. Freieres Ermessen des Gerichts bei Beweiserhebungen**
>
> § 245
>
> In Verhandlungen vor dem Amtsrichter, dem Schöffengericht und dem Landgericht in der Berufungsinstanz darf das Gericht einen Beweisantrag ablehnen, wenn es nach seinem freien Ermessen die Erhebung des Beweises zur Erforschung der Wahrheit nicht für erforderlich hält. Dies gilt auch in anderen Verhandlungen für den Beweis durch Augenschein oder durch Sachverständige.
>
> Im übrigen kann in der Verhandlung vor den Gerichten, bei denen nach dem Gesetz allgemein die Berufung ausgeschlossen ist, die Erhebung eines Beweises nur abgelehnt werden, wenn die Erhebung des Beweises unzulässig ist, wenn wegen Offenkundigkeit eine Beweiserhebung überflüssig ist, wenn die Tatsache, die bewiesen werden soll, für die Entscheidung ohne Bedeutung oder schon erwiesen ist, wenn das Beweismittel völlig ungeeignet oder wenn es unerreichbar ist, wenn der Antrag zum Zwecke der Prozeßverschleppung gestellt ist oder wenn eine erhebliche Behauptung, die zur Entlastung des Angeklagten bewiesen werden soll, so behandelt werden kann, als wäre die behauptete Tatsache wahr.
>
> Die Ablehnung eines Beweisantrages bedarf eines Gerichtsbeschlusses.

Verordnung über die Strafrechtspflege gegen Polen und Juden in den eingegliederten Ostgebieten („Polenstrafrechtspflegeverordnung") vom 4.12.1941, RGBl. I, S. 759

VI.

(1) Jedes Urteil ist sofort vollstreckbar; jedoch kann der Staatsanwalt gegen Urteile des Amtsrichters Berufung an das Oberlandesgericht einlegen. Die Berufungsfrist beträgt zwei Wochen.

(2) Auch das Beschwerderecht steht allein dem Staatsanwalt zu; über die Beschwerde entscheidet das Oberlandesgericht.

VII.

Polen und Juden können deutsche Richter nicht als befangen ablehnen.

XII.

Gericht und Staatsanwalt gestalten das Verfahren auf der Grundlage des deutschen Strafverfahrensrechts nach pflichtgemäßem Ermessen. Sie können von Vorschriften des Gerichtsverfassungsgesetzes und des Reichsstrafverfahrensrechts abweichen, wo dies zu schnellen und nachdrücklichen Durchführung des Verfahrens zweckmäßig ist.

3. Standgerichtliches Verfahren

XIII.

(1) Der Reichsstatthalter (Oberpräsident) kann in den eingegliederten Ostgebieten mit Zustimmung des Reichsministers des Innern und des Reichsministers der Justiz für seinen Verwaltungsbereich oder einzelne Teile davon anordnen, daß Polen und Juden wegen schwerer Ausschreitungen gegen Deutsche sowie wegen anderer Straftaten, die das deutsche Aufbauwerk ernstlich gefährden, bis auf weiteres von Standgerichten abgeurteilt werden können.

(2) Als Strafe wird von den Standgerichten die Todesstrafe verhängt. Die Standgerichte können auch von Strafe absehen und statt dessen die Überweisung an die Geheime Staatspolizei aussprechen.

(3) Das Nähere über die Besetzung der Standgerichte und ihr Verfahren regelt der Reichsstatthalter (Oberpräsident) mit Zustimmung des Reichsministers des Innern.

Verordnung über die weitere Vereinfachung der Strafrechtspflege vom 13.8.1942, RGBl. I, S. 139

Artikel 1
Beseitigung des Eröffnungsbeschlusses

(1) Eine besondere Entscheidung über die Eröffnung des Hauptverfahrens findet nicht mehr statt. An die Stelle des Eröffnungsbeschlusses tritt die Anordnung der Hauptverhandlung durch den Vorsitzer. Hat dieser gegen die Anordnung Bedenken, so führt er die Entscheidung des Gerichts herbei. Das Gericht kann die Anordnung der Hauptverhandlung, außer wegen Unzuständigkeit, nur ablehnen, wenn nach seiner Überzeugung aus tatsächlichen oder rechtlichen Gründen mit Sicherheit zu erwarten ist, daß der Angeschuldigte in der Hauptverhandlung nicht verurteilt wird.

(2) Der Vierte Abschnitt des Zweiten Buches der Reichsstrafprozeßordnung »Entscheidung über die Eröffnung des Hauptverfahrens« und die sich darauf beziehenden Vorschriften werden durch Verordnung des Reichsministers der Justiz neu gefaßt.

Artikel 7
Umgestaltung der Rechtsbehelfe
§ 1
Einschränkung der Rechtsmittel

(1) Berufung und Beschwerde des Angeklagten, Privatklägers und Nebenklägers gegen eine nach dem Inkrafttreten dieser Verordnung ergangene Entscheidung bedürfen einer besonderen Zulassung. Sie wird erteilt, wenn ihre Versagung unbillig wäre.

(2) Über die Zulassung der Beschwerde entscheidet der Vorsitzer des erkennenden Gerichts. Über die Zulassung der Berufung entscheidet der Vorsitzer der Berufungsstrafkammer; er kann auch die Entscheidung des Gerichts herbeiführen. Die Entscheidungen bedürfen keiner Begründung und sind unanfechtbar.

Dreizehnte Verordnung zum Reichsbürgergesetz vom 1.7.1943, RGBl. I, S. 372

§ 1

(1) Strafbare Handlungen von Juden werden durch die Polizei geahndet.

(2) Die Polenstrafrechtsverordnung vom 4. Dezember 1941 (Reichsgesetzbl. I S. 759) gilt nicht mehr für Juden.

Verordnung zur weiteren Anpassung der Strafrechtspflege an die Erfordernisse des totalen Krieges vom 13.12.1944, RGBl. I, S. 339

> **Artikel 2**
>
> **§ 5**
> **Erlaß von Haftbefehlen durch den Staatsanwalt**
>
> (1) Vor Erhebung der öffentlichen Klage kann auch der Staatsanwalt, der für das Vorverfahren zuständig ist, einen Haftbefehl erlassen. Wird der Beschuldigte vorläufig festgenommen, so kann er auch dem nächsten Staatsanwalt zum Erlaß des Haftbefehls vorgeführt werden.
>
> **§ 6**
> **Anordnung von Beschlagnahmen und Durchsuchungen durch den Staatsanwalt**
>
> (1) Vor Erhebung der öffentlichen Klage steht auch dem Staatsanwalt die Anordnung von Beschlagnahmen und Durchsuchungen zu, selbst wenn keine Gefahr im Verzug ist.
>
> (2) Eine richterliche Bestätigung der Anordnung findet nicht statt; eine richterliche Entscheidung gegen die Anordnung kann nicht nachgesucht werden.

Nach der Radbruch'schen Formel vom „Gesetzlichen Unrecht und übergesetzlichen Recht"[2] kommt derartigen Unrechtsgesetzen keine Geltung zu:[3]

Radbruch'sche Formel

„Wenn Gesetze den Willen zur Gerechtigkeit bewusst verleugnen, zB Menschenrechte Menschen nach Willkür gewähren und versagen, dann fehlt diesen Gesetzen die Geltung, dann schuldet das Volk ihnen keinen Gehorsam, dann müssen auch Juristen den Mut finden, ihnen den Rechtscharakter abzusprechen."

III. Die Unrechtspraxis

5   Entsprechend diesen Unrechtsvorgaben sah die Strafpraxis aus, auch weil manche Richter sich nur noch als Hinrichter iSd NS-Ideologie betätigten (vgl. Adalbert Rückerl, NS-Verbrechen vor Gericht, Heidelberg 1982, S. 84):

---

2 *Radbruch*, Süddeutsche Juristenzeitung 1946, 105; s. auch BVerfGE 95, 96 zur Strafbarkeit der DDR-Mauerschützen.

3 *Radbruch*, Fünf Minuten Rechtsphilosophie, 1945, veröffentlicht in *Radbruch*, Rechtsphilosophie, Anhang 1.

III. Die Unrechtspraxis

Jahr	Volksgerichtshof (VGH)					Gesamtzahl der Todesurteile deutscher Gerichte	Davon Todesurteile des VGH in %
	Angeklagte	Todesurteile		Freisprüche			
1934	80	4	(5,0 %)	-		102	3,9
1935	532	9	(1,4 %)	-		98	9,1
1936	625	10	(1,6 %)	-		76	13,1
1937	618	32	(5,2 %)	52	(8,4 %)	86	37,2
1938	614	17	(2,8 %)	54	(8,8 %)	85	20,0
1939	470	36	(7,6 %)	40	(8,5 %)	139	25,9
1940	1091	53	(4,8 %)	80	(7,3 %)	250	21,2
1941	1237	102	(8,2 %)	70	(5,6 %)	1292	7,9
1942	2572	1192	(46,3 %)	107	(4,7 %)	4457	26,7
1943	3338	1662	(49,7 %)	181	(5,4 %)	5336	31,1
1944	4379	2097	(47,8 %)	489	(11,2 %)	4264	49,2

Neuere historische Forschungen kommen zu dem Ergebnis, dass von den zivilen Strafgerichten ca. 16.000 Todesurteile und von den militärischen Strafgerichten weit über 30.000 Todesurteile gefällt wurden.

Auszug aus „Nürnberger Juristenurteil"
(*Ostendorf/ter Veen*, 1985, S. 140)

„Einfacher Mord und Einzelfälle von Greueltaten bilden nicht den Anklagepunkt für die Beschuldigung. Die Angeklagten sind solch unermeßlicher Verbrechen beschuldigt, daß bloße Einzelfälle von Verbrechenstatbeständen im Vergleich dazu unbedeutend erscheinen. Die Beschuldigung, kurz gesagt, ist die der bewußten Teilnahme an einem über das ganze Land verbreiteten und von der Regierung organisierten System der Grausamkeit und Ungerechtigkeit unter Verletzung der Kriegsgesetze und der Gesetze der Menschlichkeit, begangen im Namen des Rechts unter der Autorität des Justizministeriums und mit Hilfe der Gerichte. Der Dolch des Mörders war unter der Robe des Juristen verborgen."

NZWehrr 1992, 37 (41)
(Auszug aus dem Urteil des Bundessozialgerichts vom 11.09.1991)

„In diesem System, das dem Gesetzgeber bei der Schaffung des § 1 Abs. 2 Buchstabe d BVG vor Augen stand, was aber das BSG in einigen Urteilen nicht berücksichtigt hat. wurden nach inzwischen gewonnenen Forschungsergebnissen im Zweiten Weltkrieg von Wehrmachtgerichten etwa 30. 000 Todesurteile (hochgerechnet, einschließlich standrechtlicher Erschießungen sowie der Urteile gegen Zivilisten und Kriegsgefangene sogar 50.000) verhängt und mehr als 20.000 Todesurteile vollstreckt. zunehmend wegen Fahnenflucht oder „Zersetzung der Wehrkraft" (Messerschmidt/Wüllner, S. 63 - 168 und Messerschmidt in: Festschrift für M. Hirsch, 1981, S. 111, 124 ff., 136 ff.; Henni-

> cke, Zeitschrift für Militärgeschichte 1965, 715, 717, 720; vgl. auch Wüllner, die NS-Militärjustiz und das Elend der Geschichtsschreibung, 1991, S. 227; 446 ff.; 503; 843; 852). Die rechtsstaatswidrige Enttarnung der Todesurteilspraxis wird im Vergleich zu den anderen kriegsführenden Nationen deutlich: Amerikaner, Engländer und Franzosen haben im ganzen Zweiten Weltkrieg zusammen etwa 300 Todesurteile vollstreckt. Die Vereinigten Staaten verhängten während des Zweiten Weltkrieges insgesamt 763 Todesurteile, wovon 146 vollstreckt worden sind; vollstreckt wurde nur eines wegen Fahnenflucht, die anderen wegen Vergewaltigung und Mordes; Großbritannien vollstreckte im gesamten Zweiten Weltkrieg 40 Todesurteile an den Angehörigen seiner Streitkräfte, davon 36 wegen Mordes und 3 wegen Meuterei (vgl. Messerschmid/Wüllner, a.a.O., S. 29; Messerschmidt in: Festschrift für Martin Hirsch. S. 111, 112). Hingegen hatte die deutsche Militärjustiz schon bis September 1940 519 Todesurteile vollstreckt (Messerschmidt/Wüllner. a.aO., S. 70); am Ende des Krieges waren es vermutlich mehr als 20. 000 (vgl. auch Wüllner, a.a.O., S. 192 ff.; 2001.; 231 ff.).
>
> Diese Terrorjustiz, zu der speziell auch die vom Festungskommandanten in Breslau 1945 geschaffene Standgerichtsbarkeit gehörte, sollte in aussichtsloser Lage rücksichtslos die Kampfkraft aufrechterhalten. Sie ist in einem früheren Urteil des Senats, das eine Hinrichtung in Breslau betraf, dargestellt (BSGE 57, 266, 271 f.). Die Todesstrafenpraxis läßt vermuten, daß grundsätzlich die Todesurteile der Wehrmachtgerichte offensichtlich unrechtmäßig iS des § 1 Abs. 2 Buchstabe d BVG sind."

> **NJW 1996, 2742 (2744)**
> (Auszug aus dem Beschluss des LG Berlin wegen Aufhebung des Urteils des SS-Standgerichts in Flossenburg gegen Dietrich Bonhoeffer und andere)
>
> „Der Zweck des Standgerichtsverfahrens bestand somit nicht darin, die Wahrheit zu erforschen und Recht und Gerechtigkeit walten zu lassen. Zweck des Verfahrens war es vielmehr ausschließlich, die aufgrund ihrer Widerstandstätigkeit unbequem gewordenen Häftlinge unter dem Schein eines gerichtlichen Verfahrens, das de facto unter Missachtung aller Grundsätze eines rechtsstaatlichen Verfahrens stattgefunden hatte, beseitigen zu können. Dies gilt um so mehr, als zum Zeitpunkt der Hinrichtung eine Niederschlagung des nationalsozialistischen Regimes durch die Alliierten ohnehin unmittelbar bevorstand: Dennoch war Hitler in Kenntnis dieses Umstandes bis zum Schluss bestrebt, sich politisch Andersdenkender zu entledigen. Damit hat allein der Machterhalt und die Rache der führenden Nationalsozialisten wegen der Ereignisse am 20. Juli 1944 den Erlaß der gegen die Betroffenen ergangenen Todesurteile bestimmt."

IV. Ein Unrechtsbeispiel: Der Fall Katzenberger

6   Leo Katzenberger war ein angesehener jüdischer Kaufmann in Nürnberg. Ihm wurde vorgeworfen, mit der „deutschen" Frau Irene Seiler geschlechtlichen Umgang gehabt zu haben. Katzenberger war zu diesem Zeitpunkt 66 Jahre alt, Seiler 29 Jahre alt. Katzenberger wurde nach den §§ 2 und 5 Abs. 2 des „Blutschutzgesetzes"[4] iVm den §§ 2 und 4 der Volksschädlingsverordnung vom 5.9.1939 wegen „Rassenschande" zum Tode verurteilt. Das Urteil wurde vollstreckt. Frau Seiler konnte sich zwar nicht wegen „Rassenschande" strafbar machen – bestraft wurde nur der Mann (s. § 5 Abs. 2 „Blutschutzgesetz") –, sie wurde aber wegen Meineids zu zwei Jahren Zuchthaus verurteilt. Sie hatte im Ermittlungsverfahren als Zeugin geschlechtliche Beziehungen abgestritten und diese Aussage beeidet. Als Entlastungszeugin konnte Seiler in der Hauptverhandlung nicht auftreten, da sie zusammen mit Katzenberger angeklagt war. Obwohl beide

---

4   S. oben § 19 Rn. 3.

IV. Ein Unrechtsbeispiel: Der Fall Katzenberger

Angeklagte die Vorwürfe abstritten und kein sonstiger Beweis vorlag, gelangte das Sondergericht aufgrund folgender Ausführungen zur Verurteilung:[5]

Urteil des Sondergerichts Nürnberg vom 13.3.1942

„Das Gericht ist aufgrund des wiederholt charakterisierten Verhaltens der Angeklagten zueinander davon überzeugt, daß es sich bei dem 10 Jahre lang gepflogenen Verhältnis des Katzenberger zur Seiler um Beziehungen ausschließlich geschlechtlicher Natur handelte. Nur so kann deren vertrauter Umgang erklärt werden. Bei der Unmenge von verführerischen Gelegenheiten kann kein Zweifel bestehen, daß der Angeklagte Katzenberger mit der Seiler in fortgesetzter Geschlechtsverbindung stand. Die gegenteiligen Behauptungen des Katzenberger, er habe kein geschlechtliches Interesse an der Seiler gehabt, hält das Gericht für unwahr; die den Angeklagten Katzenberger in seiner Verteidigung unterstützenden Angaben der Angeklagten Seiler erachtet das Gericht jeder Lebenserfahrung widersprechend; sie sind offenbar in der Absicht gemacht, den Angeklagten Katzenberger der Strafe zu entziehen.

Das Gericht ist deshalb überzeugt, daß Katzenberger mit der Seiler nach Inkrafttreten der Nürnberger Gesetze bis zum März 1940 an nicht mehr feststellbaren Tagen und in nicht bestimmter Zahl wiederholt Geschlechtsverkehr hatte.

Unter außerehelichem Geschlechtsverkehr im Sinne des Blutschutzgesetzes ist neben dem Beischlaf jede Art geschlechtlicher Betätigung mit einem Angehörigen des anderen Geschlechts zu verstehen, die nach der Art ihrer Vornahme bestimmt ist, an Stelle des Beischlafes der Befriedigung des Geschlechtstriebes mindestens des einen Teiles zu dienen. Die von den Angeklagten zugegebenen Handlungen, die bei Katzenberger darin bestanden, daß er die Seiler an sich heranzog, küsste, an den Schenkeln über den Kleidern tätschelte und streichelte, charakterisieren sich dahin, daß Katzenberger damit das an Seiler in gröblicher Form ausgeführt hat, was der Volksmund als „Abschmieren" bezeichnet. Daß nur in geschlechtlichen Beweggründen der Ausgangspunkt für solches Handeln zu suchen ist, ist offenkundig. Hätte der Jude an der Seiler nur diese sogenannten „Ersatzhandlungen" vorgenommen, so hätte er schon dadurch den vollen gesetzlichen Tatbestand der Rassenschande erfüllt.

Darüber hinaus ist aber das Gericht überzeugt, daß Katzenberger, der zugegebenermaßen noch heute in der Lage ist, den normalen Beischlaf auszuüben, während der gesamten Dauer des Verhältnisses regelmäßig mit der Seiler den Beischlaf ausgeführt hat. Es ist nach der Lebenserfahrung ausgeschlossen, daß Katzenberger im Laufe von fast 10 Jahren bei dem oft bis zu einer Stunde währenden Zusammensein mit der Seiler es bei solchen das Gesetz für sich allein schon erfüllenden Ersatzhandlungen hat bewenden lassen."

Eine konstruierte Beweisführung, eine gewollte Verurteilung![6] Der Vorsitzende des Sondergerichts Rothaug wurde u.a. wegen dieses Urteils vom amerikanischen Militärgerichtshof 1947 im „Nürnberger Juristenprozess", einem Nachfolgeprozess zum Hauptkriegsverbrecherprozess, zu lebenslänglicher Gefängnisstrafe verurteilt.[7] In dem Urteil gegen Rothaug ist folgende Aussage von ihm zitiert: „Wenn so ein Saukerl sagt, daß ein deutsches Mädchen auf seinem Schoß gesessen hat, dann genügt mir's.".[8] Historisch betrachtet ist das Urteil ein Kuriosum. Zu dieser Zeit wurden bekanntlich

---

5 Urteil v. 13.3.1942, Sondergericht, für den Bezirk des OLG Nürnberg bei dem LG Nürnberg-Fürth (abrufbar unter: https://www.ns-archiv.de/system/justiz/katzenberger.php).
6 Wie hier *Spendel*, Rechtsbeugung durch Rechtsprechung, 1984, S. 38.
7 Die beiden Beisitzer wurden im Übrigen im Jahre 1970, also 23 Jahre später, in erster Instanz wegen Totschlags zu 3 bzw. 2 Jahren Freiheitsentzug verurteilt. Auf die Revision hin zog sich das Verfahren in die Länge und wurde 1976 wegen alters- und krankheitsbedingter Verhandlungsunfähigkeit eingestellt.
8 S. *Ostendorf/terVeen*, Das „Nürnberger Juristenurteil", 1985, S. 227.

Juden, nur weil sie Juden waren, in die Konzentrationslager verschleppt und durch die nationalistische industrielle Tötungsmaschinerie vergast. Der Strafprozess war unnötig. Offensichtlich wollte die Justiz ihren Beitrag an der Vernichtung der jüdischen Mitbürger leisten. Der Strafprozess diente nicht der Wahrheit und Gerechtigkeit, sondern der Vernichtung.

§ 20 Die Wandlung vom klassischen Strafprozess zum ökonomischen Strafprozess

Die Grundsätze des klassischen kontradiktorischen Strafprozesses mit den Zielen „Wahrheitsermittlung" und „Gerechtigkeitsverwirklichung" (s. § 2 Rn. 4 ff.) werden zunehmend von der Gesetzgebung sowie von der Justizpraxis aufgegeben.[1] Dies geschieht primär aus Gründen der Arbeitsentlastung der Justiz sowie der Effektivitätssteigerung iS eines Sicherheitsstrafrechts (mit verblassender Rechtsstaatlichkeit) (s. § 18 Rn. 1), zusammengefasst aus prozessökonomischen Gründen.[2] Der klassische Strafprozess mutiert zum ökonomischen Strafprozess. Dabei gehört auch die strafbefreiende Selbstanzeige von Steuerstraftaten (§ 371 AO) zu dem Instrumentarium eines ökonomischen Strafprozesses. Zwar wird mit der Anzeige zunächst ein neues Verfahren zur Prüfung der Voraussetzungen der Strafbarkeit eingeleitet. Bei Bejahung erfolgt die Einstellung gem. § 170 Abs. 2 StPO, die zur – umstrittenen – Selbstbegünstigung des Steuerpflichtigen führt, die aber auch den ökonomischen Interessen des Staates – Nachzahlung von Steuern – dient. Zwar widerspricht die Ausweitung der Opferrechte (s. § 3 Rn. 7) der Arbeitsökonomie im Strafprozess. Eine Wandlung des klassischen zu einem ökonomisch geprägten Strafprozess lässt sich aber anhand sonstiger aktueller Entwicklungen im Strafverfahrensrecht belegen.

1

I. Ersetzung des Legalitätsprinzips durch das Opportunitätsprinzip

Das Legalitätsprinzip iS einer Anklageerhebung bei hinreichendem Tatverdacht wird in der Praxis weitgehend durch das Opportunitätsprinzip ersetzt. Die vom Gesetzgeber angebotenen Einstellungsmöglichkeiten werden großzügig genutzt, wobei die Geldbußenauflagen gem. § 153a Abs. 1 S. 2 Nr. 2 StPO durchaus Strafcharakter haben.[3] Umgekehrt werden verpflichtende Verfahrenseinstellungen gem. § 170 Abs. 2 StPO mangels hinreichenden Tatverdachts nach Praxisberichten auch aus Opportunitätsgründen eingestellt. Zu den Argumenten Pro und Contra von Opportunitätseinstellungen (s. § 12 Rn. 23).

2

II. Verlagerung der Verfahrenshoheit im Ermittlungsverfahren von der Staatsanwaltschaft auf die Polizei

Die Verfahrenshoheit der StA im Ermittlungsverfahren hat sich weitgehend auf die Polizei verlagert, die ohne Richtungsvorgabe und Kontrolle durch die Staatsanwaltschaften die Ermittlungen durchführt und insoweit die Weichen für das weitere Strafverfahren stellt (Verpolizeilichung des Ermittlungsverfahrens, s. § 7 Rn. 8). Selbst richterliche Entscheidungskompetenzen werden im Wege der sogenannten Eilkompetenz von der Polizei (sog. Ermittlungspersonen) wahrgenommen (s. § 11 Rn. 9, 45). Im Jugendstrafrecht gibt es Tendenzen zur sogenannten Polizeidiversion, dh die Polizei übernimmt faktisch die Einstellungskompetenz.[4]

3

---

1 S. auch *Albrecht*, Kriminologie, S. 181 ff., 275 ff.
2 S. dazu auch *Sinner*, Der Vertragsgedanke im Strafprozessrecht, S. 121 ff.
3 Man spricht von „eigenständigen Sanktionen nicht strafrechtlicher Art", s. § 12 Rn. 19.
4 S. *Ostendorf/Drenkhahn*, Jugendstrafrecht, Rn. 122.

III. Zunahme verdeckter Polizeiarbeit zulasten offener Polizeiarbeit

4 Der Grundsatz der offenen Polizeiarbeit wird zunehmend im Rahmen der Verfolgung schwerwiegender Kriminalität durchlöchert. Hier setzt die Polizei VE ein und arbeitet mit V-Personen zusammen (§ 11 Rn. 40 ff.). Telekommunikationsüberwachung bis hin zur Online-Durchsuchung des Computers, sog. Lauschangriffe auch in Privatwohnungen gehören zum Arsenal moderner Ermittlungsmethoden (s. § 11 Rn. 53 ff.).

IV. Aufgabe des Mündlichkeitsprinzips zugunsten eines schriftlichen Verfahrens

5 Das schriftliche Strafbefehlsverfahren hat in einem großen Bereich der Strafverfolgung das Mündlichkeitsprinzip ersetzt. Vielfach sehen weder ein Staatsanwalt noch ein Richter im Rahmen der Strafverurteilung (s. § 410 Abs. 3 StPO) den Beschuldigten, eine Hauptverhandlung findet bei Einspruchsverzicht nicht mehr statt (s. § 14 Rn. 1). Bezeichnend sieht der Gesetzgeber in dem Strafbefehlsverfahren „eines der wichtigsten Institute der Strafprozessordnung zur ökonomischen Verfahrenserledigung".[5] Auch beim Selbstleseverfahren (s. § 16 Rn. 55) wird das Mündlichkeitsprinzip aufgegeben.

V. Aufgabe der freien Beweiswürdigung

6 Mit der sogenannten Verständigung im Strafverfahren (§ 257c StPO) und mit der Kronzeugenregelung (§ 46b StGB) werden die klassischen Prozessziele von Wahrheitsermittlung und Gerechtigkeitsverwirklichung in den Hintergrund gedrängt (s. § 18 Rn. 4, 5).

VI. Auflösung der Rechtskraftwirkung

7 Auch nach Rechtskraft des Strafurteils werden nachträglich Änderungen hinsichtlich der Sanktionierung ermöglicht. Das Strafvollstreckungsrecht macht durch diese Abänderungsmöglichkeiten den Rechtskraftgedanken disponibel und schafft dadurch neues Recht.[6] Diese Änderungen sind zT für den Verurteilten vorteilhaft, so wenn die Ersatzfreiheitsstrafe (§ 43 StGB) durch Arbeit (Art. 293 EGStGB) abgewendet werden kann. Die Auflösung der Rechtskraftwirkung erfolgt aber auch zum Nachteil des Verurteilten, so bei der vorbehaltenen und nachträglichen Sicherungsverwahrung sowie der Führungsaufsicht nach „Vollverbüßung" der Strafe (§ 68f StGB). Im Jugendstrafrecht soll nach hM der „Ungehorsamsarrest" bei Nichterfüllung von Weisungen und Auflagen nicht diese ausgeurteilten Weisungen und Auflagen ersetzen, sondern neben diese treten.[7]

VII. Auswirkungen auf das materielle Strafrecht

8 Die zunehmende Bedeutung einer pragmatischen Verfahrensökonomie hat auch Auswirkungen für das materielle Strafprogramm, für die Beantwortung der Straffrage (s. § 2 Rn. 5):

---

5 Begründung zum „Entwurf eines Gesetzes zur Entlastung der Rechtspflege" vom 27.9.1991, BT-Drs. 12/1217, S. 42.
6 SK-StPO/*Paeffgen/Greco*, Vor §§ 449 ff. Rn. 3.
7 S. *Ostendorf/Drenkhahn*, Jugendstrafrecht, Rn. 333.

- Je mehr auf die Wahrheitsermittlung, dh auf die Schuldfeststellung verzichtet wird, um so weniger kann die absolute Straftheorie des Schuldausgleichs verwirklicht werden.

- Auch die negative Generalprävention, potenzielle andere Straftäter durch in öffentlichen Verhandlungen ausgeurteilte harte Strafen abzuschrecken, muss in einem ökonomischen Strafprozess mit Opportunitätseinstellungen, schriftlichen Verurteilungen (Strafbefehlen) und ausgehandelten Strafmilderungen leiden, wenn sie denn überhaupt funktioniert.[8]

- Die Individualprävention kann umgekehrt an Gewicht zunehmen, wenn Stigmatisierungseffekte[9] vermieden und im Wege einer kooperativen Sanktionierung Schuldeinsicht und Strafakzeptanz vermittelt werden.[10]

- Für die positive Generalprävention bleibt unverzichtbar, dass ein faires Verfahren – auch durch Wahrung strafjustizieller Zuständigkeiten – gewährleistet wird und die Strafjustiz ihre „ökonomischen" Entscheidungen der Öffentlichkeit gegenüber begründet. Wenn damit gleichzeitig medial angestachelte Strafbedürfnisse domestiziert werden, kann auch der ökonomische Strafprozess zur Wahrung der Strafkultur beitragen.

---

8 In der kriminologischen Forschung konnte insoweit zumindest kein Beweis erbracht werden, umgekehrt werden derartige Effekte ganz überwiegend bezweifelt, s. zusammenfassend NK-StGB/*Villmow*, Vor §§ 38 ff. Rn. 76 ff.
9 S. hierzu *Walter/Neubacher*, Jugendkriminalität, Rn. 567 ff.
10 S. *Ostendorf/Drenkhahn*, Jugendstrafrecht, Rn. 56.

Literaturverzeichnis

Ahlbrecht, H. u.a., Internationales Strafrecht – Auslieferung – Rechtshilfe – EGMR – internationale Gerichtshöfe, 2. Aufl., Heidelberg 2018.

Ahlbrecht, H. u.a., Internationales Strafrecht, 2. Aufl., Heidelberg 2017.

Albrecht P.-A., Kriminologie: Eine Grundlegung zum Strafrecht, 4. Aufl., München 2010.

Albrecht, H. J. u. a., Rechtstatsachenforschung zum Strafverfahren, Köln 2005.

Albrecht, Heiko/ Fleckenstein, Lennart, Unterlassene Belehrung und Verwertungsverbot (Ls), StV 2019, 661–664.

Albrecht, P.-A. u.a., Strafrecht – ultima ratio: Empfehlungen der Niedersächsischen Kommission zur Reform des Strafrechts und des Strafverfahrensrechts, Baden-Baden 1992.

Altenhain, K./Hagemeier, I./Haimerl, M./Stammen, K.-H., Die Praxis der Absprachen im Wirtschaftsstrafverfahren, Baden-Baden 2007.

Alternativ-Entwurf Beweisaufnahme – Entwurf eines Arbeitskreises deutscher, österreichischer und schweizerischer Strafrechtslehrer, GA 2014, 1–72.

Altmann, S., Die Teilanfechtung von Urteilen im Strafprozess, JuS 2008, 790–794.

Ambos, K., 14 examensrelevante Fragen zum neuen Internationalen Strafgerichtshof, JA 1998, 988–992.

Amelung, K, Die Entstehung des Grundrechtsschutzes gegen willkürliche Verhaftung, Jura 2005, 447–455.

Amelung, K, Entwicklung, gegenwärtiger Stand und zukunftsweisende Tendenzen der Rechtsprechung zum Rechtsschutz gegen strafprozessuale Grundrechtseingriffe, in: 50 Jahre Bundesgerichtshof/Festgabe aus der Wissenschaft, 2000, Band IV, S. 911–932.

Arnold, W., Die Wahlbefugnis der Staatsanwaltschaft bei Anklageerhebung, Baden-Baden 2007.

Asholt, M., Die Debatte über das „Feindstrafrecht" in Deutschland, ZIS 2011, 180–192.

Backes, O./Gusy, C., Wer kontrolliert die Telefonüberwachung? Eine empirische Untersuchung zum Richtervorbehalt bei der Telefonüberwachung, Bern 2003.

Baier, H., Verfassungsunmittelbare Zeugnisverweigerungsrechte bestimmter Berufsgruppen als Gebot des Persönlichkeitsschutzes?, JR 1999, 495–500.

Barton, S., Die erweiterte Revision in der Rechtsprechung des Bundesgerichtshofes. Rechtstatsächliche Befunde: 1970 und 2005, in: Festschrift für Gerhard Fezer, 2008, S. 333–351.

Barton, S., Die Revisionsrechtsprechung des BGH in Strafsachen, Neuwied 1999.

Barton, S., Wenn Aussage gegen Aussage steht – die justizielle Bewältigung von Vergewaltigungsvorwürfen in: Festschrift für Heribert Ostendorf zum 70. Geburtstag, Baden-Baden 2015, S. 41–56.

Beccaria, C., Über Verbrechen und Strafen: Nach der Ausgabe von 1766, übersetzt von Wilhelm Alff, Frankfurt a. M. 1998.

Beichel, S./Kieninger J., Gefahr im Verzug auf Grund Selbstausschaltung des erreichbaren, jedoch unwilligen Bereitschaftsrichters?, NStZ 2003, 10–13.

Benfer, J., Die molekulargenetische Untersuchung (§§ 81 e, 81 g StPO), StV 1999, 402–404.

Benfer, J., Die Hausdurchsuchung im Strafprozess, Bochum 1980.

Beukelmann, S., Neues von der Vorratsdatenspeicherung, NJW-Spezial 2020, 696.

Beukelmann, S., Das Hauptverhandlungsdokumentationsgesetz – what else?, StV 2023, 719–723.

Beulke, W., Anmerkung zu BGH: Strafverfahren wegen betrügerischer Kapitalanlagevermittlung: Strafklageverbrauch nach gerichtlicher Einstellung von Verfahrensteilen wegen Geringfügigkeit, Täuschung und Schädigungsvorsatz, JZ 2004, 737–743.

Beulke, W., Beweiserhebungs- und Beweisverwertungsverbote im Spannungsfeld zwischen den Garantien des Rechtsstaates und der effektiven Bekämpfung von Kriminalität und Terrorismus, Jura 2008, 653–666.

Beulke, W., Der Beweisantrag, JuS 2006, 597–602.

Beulke, W., Die unbenannten Auflagen und Weisungen des § 153a StPO, in: Festschrift für Hans Dahs, Köln 2005, S. 209–227.

Beulke, W., Die Vernehmung des Beschuldigten – Einige Anmerkungen aus der Sicht der Prozessrechtswissenschaft, StV 1990, 180–184.

Beulke, W., Fernwirkungen des § 148 StPO – Ein Plädoyer wider den „gläsernen Strafverteidiger", in: Festschrift für Gerhard Fezer zum 70. Geburtstag, Berlin 2008, S. 3–18.

Beulke, W., Hypothetische Kausalverläufe im Strafverfahren bei rechtswidrigem Vorgehen von Ermittlungsorganen, ZStW 103 (1991), 657–680.

Beulke, W./Fahl, C., Anmerkung zu BGH: Bestechlichkeit: Vereinbarung eines Rabatts als materieller Vorteil auch wenn die Gesamtleistung des Bestechenden nicht wirtschaftlich vorteilhaft ist, NStZ 2001, 426–428.

Beulke, W./Swoboda, S., Strafprozessrecht, 16. Aufl., Heidelberg 2022.

Bleckmann, A., Verbotene Diskriminierung von EG-Ausländern bei der Untersuchungshaft, StV 1995, 552–555.

Bloy, R., Zur Systematik der Einstellungsgründe im Strafverfahren, GA 1980, 161–183.

Boberach, H., Richterbriefe. Dokumente zur Beeinflussung der Deutschen Rechtsprechung 1942–1944, Boppard am Rhein 1975.

Bohlander, M., Anmerkung zu BGH: Verletzung der Belehrungspflicht durch die Polizei, NStZ 1992, 504–506.

Böhm, K. M., Auswirkungen des Zusammenwachsens der Völker in der Europäischen Gemeinschaft auf die Haftgründe des § 112 II StPO, NStZ 2001, 633–637.

Börner, R., Die Verschleppungsabsicht im Grenzbereich von Beweisantragsrecht und Rügepräklusion, NStZ 2020, 460–463.

Börner, R., Die Dogmatik des Verwertungsverbots im Siegel der Mühlenteichtheorie, StV 2022, 806-814.

Bosch, Die Rechtsstellung des Strafverteidigers, Jura 2012, 938–946.

Bosch, Grundzüge der Untersuchungshaft, Jura 2017, 43–53.

Böttcher, R./Mayer, E., Änderungen des Strafverfahrensrechts durch das Entlastungsgesetz, NStZ 1993, 153–158.

Brahms, K./Gut, T., Zur Umsetzung der Richtlinie Europäische Ermittlungsanordnung in das deutsche Recht - Ermittlungsmaßnahmen auf Bestellschein?, NStZ 2017, 388–395.

Braum, S., Europäisches Strafrecht im administrativen Rechtsstil – Zur kriminalpolitischen Konzeption des „EU-Grünbuchs Europäische Staatsanwaltschaft", ZRP 2002, 508–514.

Britz, G./Jung, H., Anmerkung zur Flexibilisierung des § 153a StPO, in: Festschrift für Lutz Meyer-Goßner, München 2001, S. 307–320.

Brodowski, D., Die Europäische Staatsanwaltschaft – eine Einführung, StV 2017, 684–692.

Brüning, J., Das Verhältnis des Strafrechts zum Disziplinarrecht, unter besonderer Berücksichtigung der verfassungsrechtlichen Grenzen staatlichen Strafens, Baden-Baden 2017.

Brüning, J., Der Richtervorbehalt im strafrechtlichen Ermittlungsverfahren, Baden-Baden 2005.

Brüning, J., Die Einstellung nach § 153a StPO – Moderner Ablasshandel oder Rettungsanker der Justiz?, ZIS 2015, 586–592.

Brüning, J., Zur unzulässigen Kombination der Rechtsfolgen- und Vollstreckungslösung bei rechtsstaatswidrigen Verfahrensverzögerungen, ZJS 2011, 409–414.

Brunner, R./Dölling, D., Kommentar zum Jugendgerichtsgesetz, 14. Aufl., Berlin 2023.

Bruns, I., Liechtenstein oder das Beweisverwertungsverbot, StraFo 2008, 189–191.

Burghardt, B., Der Rechtsschutz gegen Zwangsmittel im Ermittlungsverfahren, JuS 2010, 605–609.

Busch, R., Die Zulässigkeit molekulargenetischer Reihenuntersuchungen, NJW 2001, 1335–1337.

Callies, C./Ruffert, M., EUV/AEUV. Das Verfassungsrecht der Europäischen Union mit Europäischer Grundrechtecharta. Kommentar, 6. Aufl., München 2022.

Conen, S., Neuere BGH-Entscheidungen zur Tatprovokation – Provokation auch des EGMR?, StV 2019, 358–362.

Dahs, H., § 153a StPO – ein „Allheilmittel" der Strafrechtspflege, NJW 1996, 1192–1193.

Dahs, H., Das „Anti-Terroristen-Gesetz" – eine Niederlage des Rechtsstaats, NJW 1976, 2145–2151.

Dahs, H., Stellung und Grundaufgaben des Strafverteidigers, NJW 1959, 1158–1162.

Dallinger, W., § 357 StPO und Rechtsmittelbeschränkungen des § 55 Abs. 2 JGG, MDR 1963, 539–541.

Dallmeyer, J., Beweisführung im Strengbeweisverfahren, 2. Aufl., Norderstedt 2008.

Deckers, R., Verteidigung in Haftsachen, NJW 1994, 2261–2266.

Deckers, R./Köhnken, G., Die Erhebung und Bewertung von Zeugenaussagen im Strafprozess, Band 3, Berlin 2018.

Delvo, M., Der Lügendetektor im Strafprozess der USA, Frankfurt a. M. 1981.

Dencker F., Gefährlichkeitsvermutung statt Tatschuld? – Tendenzen der neueren Strafrechtsentwicklung, StV 1988, 262–266.

Dencker, F., Willensfehler bei Rechtsmittelverzicht und Rechtsmittelzurücknahme im Strafprozess, Bonn 1972.

Detter, K., Der Zeuge vom Hörensagen – eine Bestandsaufnahme, NStZ 2003, 1–9.

Diwald, H., Luther – Eine Biographie, 5. Aufl., Bergisch-Gladbach 1982.

Doege, F., Die Bedeutung des nemo-tenetur-Grundsatzes in nicht von Strafverfolgungsbehörden geführten Befragungen, Frankfurt a. M. 2016.

Doege, F./Frahm, L. N., Die Verwertbarkeit sog. „Beinahetreffer" bei DNA-Reihenuntersuchungen – de lege lata und de lege ferenda, in: Festschrift für Heribert Ostendorf zum 70. Geburtstag, Baden-Baden 2015, S. 227–241.

Dölling, D./Duttge, G./König, S./Rössner, D., Handkommentar zum gesamten Strafrecht, 5. Aufl., Baden-Baden 2022.

Dörr, D., Anmerkung zu EMRK: Brechmitteleinsatz, JuS 2007, 264-268.

Dörr, D., Rechtsprechungsbericht: Brechmitteleinsatz – Verbot unmenschlicher und erniedrigender Behandlung – Selbstbelastungsfreiheit – Folterverbot – Verwertungsverbote von Beweismitteln – Recht auf ein faires Verfahren, JuS 2007, 264–268.

Dose, N., Der Sitzungsvertreter und der Wirtschaftsreferent der Staatsanwaltschaft als Zeuge in der Hauptverhandlung, NJW 1978, 349–354.

Drohsel, F., Der Lügendetektor vor Gericht – ein Problem in Sachsen, StV 2018, 827–830.

Duttge, G./Neumann, S., „Wir übernehmen jeden Fall!", HRRS 2010, 34–38.

Edda, W., Gefährdungen des Datenschutzes durch den Einsatz neuer Medien im Strafprozess, ZStW 113 (2001), 681–708.

Eidam, L., Anmerkung zu BVerfG: Überwachung der Internetnutzung im Ermittlungsverfahren, NJW 2016, 3508-3512.

Eisenberg, U., Beweisrecht der StPO, 10. Aufl., München 2017.

Eisenberg, U./Kölbel, R., Kommentar zum Jugendgerichtsgesetz, 25. Aufl., München 2024.

Ellbogen, K., Die Fluchttagebücher Frank Schmökel und ihre Verwertbarkeit im Strafprozess, NStZ 2001, 462-465.

El-Ghazi, M./Merold, A., Die Reichweite des Beweisverwertungsverbotes nach § 252 StPO, JA 2012, 44–48.

Elsner, B., Entlastung der Staatsanwaltschaft durch mehr Kompetenzen für die Polizei?, Göttingen 2008.

Elsner, B., Entlastung der Staatsanwaltschaft durch Übertragung von Einstellungsbefugnissen auf die Polizei?, ZRP 2010, 49–53.

Engländer, A., Die Rechtsbehelfe gegen strafprozessuale Zwangsmaßnahmen, Jura 2010, 414–418.

Erb, V., Verbotene Vernehmungsmethoden als staatlich veranlasste Beeinträchtigungen der Willensfreiheit, in: Festschrift für Manfred Seebode zum 70. Geburtstag, Berlin 2008, S. 867–877.

Eschelbach, R., Rechtsfragen zum Einsatz von V-Leuten, StV 2000, 390–398.

Eser, A./Hassemer, W./Burkhardt, B., Die deutsche Strafrechtswissenschaft vor der Jahrtausendwende, München 2000.

Esser, R., Die Europäische Staatsanwaltschaft: Eine Herausforderung für die Strafverteidigung, StV 2014, 494–504.

Esser, R., Eurojust vor neuen Aufgaben? – Die künftige Zusammenarbeit mit der EUStA auf der Grundlage der Verordnungen (EU) 2018/1727 und (EU) 2017/1939, StV 2020, 636–644.

Esser, R., Vom endgültigen Ende der Strafzumessungslösung bei der Tatprovokation – und der Notwendigkeit einer gesetzlichen Regelung ihres Verbots, StV 2021, 383-392.

Esser, R./Lubrich, F., Anspruch des Verletzten auf Strafverfolgung Dritter: Der Kunduz-Beschluss des Bundesverfassungsgerichts, StV 2017, 418–424.

Expertenkommission zur effektiveren und praxistauglicheren Ausgestaltung des allgemeinen Strafverfahrens und des jugendgerichtlichen Verfahrens, hrsg. vom Bundesministerium der Justiz und für Verbraucherschutz, Berlin 2015 (abrufbar unter www.bmjv.bund.de).

Fahl, C., Relative Beweisverwertungsverbote, NStZ 2021, 261–264.

Fezer, G., Die erweiterte Revision, Tübingen 1974.

Fezer, G., Gesetzeswidrige Fristsetzung für die Stellung von Beweisanträgen, HRRS 2009, 17–19.

Fezer, G., Inquisitionsprozess ohne Ende? – Zur Struktur des neuen Verständigungsgesetzes, NStZ 2010, 177–185.

Fezer, G., Pragmatismus und Formalismus in der revisionsgerichtlichen Rechtsprechung, in: Festschrift für Ernst-Walter Hanack zum 70. Geburtstag, Berlin 1999, S. 331–353.

Fezer, G., Vereinfachte Verfahren im Strafprozess, ZStW 106 (1994), 1–59.

Fezer, G., Zur Frage, ob Äußerungen verwertet werden dürfen, die der Beschuldigte in der Vernehmung durch einen Polizeibeamten gemacht hat, ohne von diesem gemäß StPO § 136 Abs. 1 S. 2 in Verbindung mit StPO § 163a Abs. 4 S. 2 belehrt worden zu sein, JR 1992, 385–387.

Finger, T., Prozessuale Beweisverbote – Eine Darstellung ausgewählter Fallgruppen, JA, 2006, 529–539.

Fischer, J., Zum Rollentausch zwischen Zeugen und Angeklagten, StV 1981, 85–89.

Fischer, T., Ein Jahr Absprache-Regelung, ZRP 2010, 249–251.

Fischer, T., Strafgesetzbuch mit Nebengesetzen, 71. Aufl., München 2024.

Fischer, T./Kudlich, H., Ausschluss und Ablehnung von Richtern im Strafverfahren, JA 2020, 641–648.

Frahm, L. N., Die allgemeine Kronzeugenregelung, Berlin 2014.

Frank, C./Titz, A., Die Kronzeugenregelung zwischen Legalitätsprinzip und Rechtsstaatlichkeit, ZRP 2009, 137–140.

Franzke, K., Die Vertretung des abwesenden Angeklagten in der Berufungshauptverhandlung – Kritische Anmerkungen zur Entwicklung der Rechtsprechung seit Inkrafttreten von § 329 StPO n. F., StV 2019, 363–367.

Frisch, W., Wandel der Revision als Ausdruck geistigen und gesellschaftlichen Wandels, in: Festschrift für Gerhard Fezer zum 70. Geburtstag, Berlin 2008, S. 353–392.

Fröhling, M., Der moderne Pranger, Marburg 2014.

Gaede, K., Deutscher Brechmitteleinsatz menschenrechtswidrig: Begründungsgang und Konsequenzen der Grundsatzentscheidung des EGMR im Fall Jalloh, HRRS 2006, 241–249.

Gaede, K., Schranken des fairen Verfahrens gemäß Art. 6 EMRK bei der Sperrung verteidigungsrelevanter Informationen und Zeugen, StV 2006, 599–607.

Geiter, H., Untersuchungshaft in Nordrhein-Westfalen, Berlin 1998.

Geppert, K., Das Beweisverbot des § 252 StPO, Jura 1988, 305–314, 363–371.

Geppert, K., Der Zeugenbeweis (I), Jura 1991, 80–81.

Gercke, B., Grenzen zulässiger Strafverteidigung aus anwaltlicher Sicht, StV 2020, 201- 206.

Gercke, B./Julius, K.-P/Temming, D./Zöller, M. (Hrsg.), Heidelberger Kommentar zur Strafprozessordnung, 7. Aufl., Heidelberg 2023.

Gerhold, S., Der Einsatz von Lügendetektorsoftware im Strafprozess – aufgrund des technischen Fortschritts in Zukunft doch rechtmäßig?, ZIS 2020, 431–439.

Gerson, O.H., „Man höre auch die andere Seite!" – oder lieber doch nicht?, NK 2023, 29-45.

Gerst, H.-J., Die Konventionsgarantie des Art. 6 III c und die Anwesenheitsverwerfung gemäß § 329 I 1 StPO – Ein kleiner Schritt für Straßburg, ein zu großer für Deutschland?, NStZ 2013, 310–312.

Giehring, H., Das Recht des Verletzten auf Strafverfolgung und dessen Bedeutung für das Ermittlungsverfahren, in: Festschrift für Heribert Ostendorf zum 70. Geburtstag, Baden-Baden 2015, S. 353–370.

Glaser, M., Der Rechtsschutz gegen „verdeckte" strafprozessuale Grundrechtseingriffe – gegenwärtige Rechtslage und Perspektiven, JR 2010, 423–432.

Glaser, M., Der Rechtsschutz nach § 98 Abs. 2 S. 2 StPO, Tübingen 2008.

Gössel, K. H., Möglichkeiten zur Entlastung der Berufungskammern – Zugleich eine Kritik der Annahmeberufung, ZIS 2009, 539–541.

Gössel, K. H., Strafverfahrensrecht Band 1, Stuttgart 1977, S. 204.

Götz, V., Europäische Gesetzgebung durch Richtlinien – Zusammenwirken von Gemeinschaft und Staat, NJW 1992, 1849–1856.

Grabenwarter, C./Pabel, K., Europäische Menschenrechtskonvention, 7. Aufl., München 2021.

Grabitz, E./Hilf, M./Nettesheim, M., Das Recht der Europäischen Union, Band I, EUV/AEUV, 71. Ergänzungslieferung, Stand: August 2020.

Graf, J. P. v., Beck'scher Online-Kommentar zur StPO mit RiStBV und MiStra, hrsg. von Jürgen-Peter Graf, 50. Edition, Stand: 1.10.2024.

Griesbaum, R./Wallenta, F., Strafverfolgung zur Verhinderung terroristischer Anschläge – Eine Bestandsaufnahme, NStZ 2013, 369–379.

Grote, C./Niehoff, K., Das Beschleunigungsgebot in Haftsachen in Zeiten der Corona-Pandemie, JA 2020, 537-544.

Großmann, S., Telekommunikationsüberwachung und Online-Durchsuchung: Voraussetzungen und Beweisverbote, JA 2019, 241–248.

Grünwald, G., Beweisverbote und Verwertungsverbote im Strafverfahren, JZ 1966, 489-501.

Grünewald, A., Die Wiederaufnahme des Strafverfahrens zuungunsten des Angeklagten, ZStW 120 (2008), 545–579.

Gunder, T., Der Umgang mit Kindern im Strafverfahren: Eine empirische Untersuchung zur Strafverfolgung bei Sexualdelinquenz, Frankfurt 1999.

Güntge, G.-F., Die initiativ tätig werdende V-Person, in: Festschrift für Heribert Ostendorf zum 70. Geburtstag, Baden-Baden 2015, S. 387–397.

Güntge, G.-F., Die Pflicht des Revisionsführers zur Darlegung rügegefährdender Tatsachen und Thematisierung von Ausnahmetatbeständen bei Erhebung der Verfahrensrüge (§ 344 Abs. 2 Satz 2 StPO), JR 2005, 496–499.

Gusy, C., Anmerkung zu BVerfG: Nichtannahmebeschluß: Anordnung der Entnahme einer Blutprobe nach StPO § 81a für eine DNA-Analyse bei Tatverdacht iSv StPO § 152 Abs 2 verfassungsrechtlich nicht zu beanstanden, JZ 1996, 1175–1176.

Haffke, B., Zwangsverteidigung – notwendige Verteidigung – Pflichtverteidigung – Ersatzverteidigung, StV 1981, 471–486.

Hamm, R./Hassemer, W./Pauly, J., Beweisantragsrecht, 3. Aufl., Heidelberg 2019.

Hannich, R. (Hrsg.), Karlsruher Kommentar zur Strafprozessordnung, 9. Aufl., München 2023.

Hassemer, W., Die Voraussetzungen der Untersuchungshaft, StV 1984, 38–42.

Hassemer, W., Gründe und Grenzen des Strafens, in: Die Strafrechtswissenschaften im 21. Jahrhundert. Festschrift für Dionysius Spinellis zum 70. Geburtstag, Athen 2001, S. 399–424.

Hassemer, W., Legalität und Opportunität im Strafverfahren, in: Festschrift zum 125jährigen Bestehen der Staatsanwaltschaft Schleswig-Holstein, Köln 1992, S. 529–540.

Hassemer, W., Reform der Strafverteidigung, ZRP 1980, 326–332.

Hauer, J., Geständnis und Absprache, Berlin 2007.

Hecker, B., Europäisches Strafrecht, 6. Aufl., Berlin/Heidelberg 2021.

Heger, M./Pohlreich, E., Strafprozessrecht, 2. Aufl., Stuttgart 2018.

Heghmanns, M., Anmerkung zu BGH: Strafverfahren wegen betrügerischer Kapitalanlagevermittlung: Strafklageverbrauch nach gerichtlicher Einstellung von Verfahrensteilen wegen Geringfügigkeit; Täuschung und Schädigungsvorsatz, NJW 2004, 375–380.

Heghmanns, M., Kein Strafklageverbrauch in § 153 Absatz 2 StPO?, NStZ 2004, 633–635.

Heghmanns, M., Strafverfahren, Berlin/Heidelberg 2014.

Heine, M., Beweisverbote und Völkerrecht: Die Affäre Liechtenstein in der Praxis, HRRS 2009, 540–547.

Heine, M., Wirtschaftsrecht in Theorie und Praxis, in: Festschrift für Roland von Büren, München 2009, S. 917–940.

Heine, S., Zur Verwertbarkeit von Aussagen im Ausland möglicherweise gefolterter Zeugen, NStZ 2013, 680–683.

Heinicke, G., Das Gemeinsame beim „gemeinschaftlichen Verteidiger" iS des § 146 StPO, NJW 1978, 1497–1503.

Heinrich, M., Surfen im Internet und Cloud Computing zwischen Telekommunikationsüberwachung und Online-Durchsuchung, ZIS 2020, 421–430.

Heinrichs, W., Freispruch und Menschenwürde, MDR 1965, 196–201.

Heintschel-Heinegg, B. v., Beck'scher Online-Kommentar zum StGB, hrsg. von Bernd von Heintschel-Heinegg, 60. Edition, Stand: 01.02.2024.

Heintschel-Heinegg, B. v./Stöckel, H. (Hrsg.), KMR-Kommentar zur Strafprozessordnung, Loseblattwerk in 8 Ordnern, 125. Aktualisierung, Stand: Dezember 2023.

Heinz, W., Das deutsche Strafverfahren, Konstanz 2004.

Heinz, W., Die Abschlussentscheidung des Staatsanwalts aus rechtstatsächlicher Sicht, in: Das Ermittlungsverhalten der Polizei und die Einstellungspraxis der Staatsanwaltschaften, Wiesbaden 1999, S. 126–206.

Heinz, W., Der Strafbefehl in der Rechtswirklichkeit, in: Festschrift für Heinz Müller-Dietz zum 70. Geburtstag, 2001, S. 271–313.

Heller, M. S., Das Gesetz zur Regelung der Verständigung im Strafverfahren – No big deal?, 2012.

Hengstenberg, A., Die Frühentwicklung von Beweisverboten – Eine Untersuchung der Bedeutung der Beweisverwertungsverbote für die strafprozessuale Verdachtsbeurteilung, Hamburg 2007.

Henkel, H., Strafverfahrensrecht, Stuttgart 1953.

Herdegen, G., Bemerkungen zum Beweisantragsrecht, NStZ 1984, 337–343.

Herdegen, G., Das Beweisantragsrecht, NStZ 1999, 176–181.

Herdegen, G., Die Beruhensfrage im strafprozessualen Revisionsrecht, NStZ 1990, 513–519.

Herrnfeld, H.-H./Esser, R. (Hrsg.), Europäische Staatsanwaltschaft Handbuch, Baden-Baden 2022.

Hilgendorf-Schmidt, S., Über den Referentenentwurf eines Gesetzes zur Änderung und Ergänzung des Strafverfahrensrechts, wistra 1989, 208–213.

Hilger, H., Neues Strafverfahrensrecht durch das OrgKG, NStZ 1992, 457–463.

Hillenkamp, T., Der praktische Fall – Strafrecht – Das Aufnahmeritual und seine Folgen, JuS 2001, 159–167.

Hillenkamp, T., Der praktische Fall – Strafrecht – Ein besonderes Silvesterfeuerwerk, JuS 1997, 821–831.

Hillenkamp, T., Verfahrenshindernisse von Verfassungs wegen, NJW 1989, 2841-2849.

Hippel, R. v., Zum Beweiswert der DNA-Analyse im Strafverfahren, JR 1993, 124–125.

Holstein, W., Technik und Methodik bei Wahrheits-Tests, Kriminalistik 1990, 155–157.

Holtfort, W., Strafverteidiger als Interessenvertreter, Berufsbild und Tätigkeitsfeld, Darmstadt 1979.

Hombert, T., Der freiwillige genetische Massentest, Göttingen 2003.

Hörnle, T., Verbreitung der Auschwitzlüge im Internet, NStZ 2001, 309–311.

Hoven, E., Die Erweiterung der Wiederaufnahme zuungunsten des Freigesprochenen – Eine Kritik der Kritik, JZ 2021, 1154-1162.

Huber, B., Das Corpus Juris als Grundlage eines europäischen Strafrechts, Freiburg im Breisgau 2000.

Hüls, S., Polizeiliche und staatsanwaltliche Ermittlungstätigkeit, Berlin 2007.

Jahn, M./ Gazeas, N.Hübner, Y., Notwendigkeit und Ausgestaltung einer gesetzlichen Regelung der Tatprovokation im deutschen Strafprozess, StV 2020, 207–213.

Jahn, M./Schmitt-Leonardy, C., Unumstößliches Unmittelbarkeitsprinzip im Strafprozess?, NJW 2022, 2721–2725.

Jahn, M., Konnexitätsdoktrin und „Fristenlösungsmodell" – Die verfassungsrechtlichen Grenzen der Fremdkontrolle im Beweisantragsrecht der Verteidigung durch den Bundesgerichtshof, StV 2009, 663–669.

Jahn, M./Krehl, C./Löffelmann, M./Güntge, G.-F., Die Verfassungsbeschwerde in Strafsachen, 2. Aufl., Heidelberg 2017.

Jakobs, G., Kriminalisierung im Vorfeld einer Rechtsgutverletzung, ZStW 97 (1985), 751–785.

Jansen, S., Strafprozessuale Beweisverwertung von privatem Videomaterial, insbesondere von Dash- und Bodycams, StV 2019, 578–585.

Jansen, S., Verwerfung der Berufung trotz Verteidigung des abwesenden Angeklagten nach § 329 StPO n. F. – nunmehr konventionskonform?, StV 2020, 59–65.

Jescheck, H.-H., Der Internationale Strafgerichtshof nach der Resolution des Sicherheitsrats der Vereinten Nationen vom 12. Juli 2002, in: Festschrift für Christiaan Frederik Rüter zum 65. Geburtstag, Amsterdam 2003, S. 125.

Jhering, R. v., Geist des Römischen Rechts auf den verschiedenen Stufen seiner Entwicklung: Theil 2, Abtheilung 2, Boston 2003.

Joecks, W./Jäger, C., Studienkommentar StPO, 5. Aufl., 2022.

Karstedt-Henke, S., Diversion – Ein Freibrief für Straftaten? Wie Jugendliche Sanktionserfahrungen einschätzen und welche Schlüsse sie daraus ziehen, DVJJ 1991, 108–113.

Kaspar, J., Wiederaufnahme zu Ungunsten des rechtskräftig Freigesprochenen bei neuen Beweismitteln gemäß § 362 Nr. 5, JZ 2022, 1003-1006.

Kaul, H.-P., Der Internationale Strafgerichtshof nach fünf Jahren – Ein Erfahrungsbericht aus richterlicher Sicht, ZIS 2007, 494–499.

Kausch, E., Der Staatsanwalt – ein Richter vor dem Richter?, Berlin 1980.

Kazele, N., Untersuchungshaft: Ein verfassungsrechtlicher Leitfaden für die Praxis, Baden-Baden 2008.

Kelnhofer, E./Krug, B., Der Fall LGT Liechtenstein – Beweisführung mit Material aus Straftaten im Auftrag des deutschen Fiskus?, StV 2008, 660–668.

Kemme, S./Dunkel, B., Strafbefehl und Fehlurteil – Erkenntnisse zu einer wenig beachteten Verbindung, StV 2020, 52–59.

Kempf, E., Zur Rechtswidrigkeit so genannter legendierter Kontrollen, in: Festschrift für Thomas Fischer, München 2018, S. 673–688.

Kempf, E./Corsten, J., Interne Ermittlungen und das Bundesverfassungsgericht: Die Beschränkung aufs Allernötigste, StV 2019, 59–64.

Kielwein, A., Die prozessuale Fürsorgepflicht im Strafverfahren: Beitrag zur inhaltlichen und systematischen Erfassung eines umstrittenen Rechtsbegriffs, Konstanz 1985.

Kindhäuser, U./ Schumann, K., Strafprozessrecht, 7. Aufl., Baden-Baden 2023.

Kindhäuser, U./Neumann, U./ Paeffgen, H.-U. (Hrsg.), Strafgesetzbuch: NK-StGB, 6. Aufl., 2023.

Kinzig, G./Vester, T., Der Freispruch, StV 2015, 261–264.

Kinzig, J., Das Recht der Sicherungsverwahrung nach dem Urteil des EGMR in Sachen M. gegen Deutschland, NStZ 2010, 233–239.

Kipper, O., Schutz kindlicher Opferzeugen im Strafverfahren, Freiburg 2001.

Knapp, W., Der Verteidiger – ein Organ der Rechtspflege?, Köln 1974.

Knauer, C./Kudlich, H./Schneider, H. (Hrsg.), Münchener Kommentar zur Strafprozessordnung, Band 1, 2023, Band 2, 2016, Band 3/1, 2019, Band 3/2, 2018.

Kölbel, R., (Vorbeugender) Rechtsschutz gegen Ermittlungsverfahren?, JR 2006, 322–328.

Kölbel, R., Zur Verwertbarkeit privat-deliktisch beschaffter Bankdaten, NStZ 2008, 241–244.

Koller, C., Die Staatsanwaltschaft – Organ der Judikative oder Exekutivbehörde?, Frankfurt a. M. 1997.

König, S., Fristsetzung für Beweisanträge, StV 2009, 171–173.

König, S., Wieder da: Die „große" Kronzeugenregelung, NJW 2009, 2481–2484.

Krahl, M., Der Anwendungsbereich der polizeilichen Beobachtung nach § 163e StPO als strafprozessuale Ermittlungsmaßnahme, NStZ 1998, 339–342.

Krehl, C./Eidam, L., Die überlange Dauer von Strafverfahren, NStZ 2006, 1–10.

Krekeler, W./Löffelmann, M./Sommer, U, (Hrsg.), Anwaltkommentar Strafprozessordnung, 2. Aufl., Bonn 2010.

Kreß, C., Nationale Umsetzung des Völkerstrafgesetzbuches, ZIS 2007, 515–525.

Kretschmer, J., Die nichteheliche Lebensgemeinschaft in ihren strafrechtlichen und strafprozessualen Problemen, JR 2008, 51–56.

Kretschmer, J., Ein Blick auf die Anschlussdelikte – Schwerpunkte: die §§ 258 und 259 StGB – Teil II, JA 2023, 469–475.

Krey, V./Heinrich, M., Deutsches Strafverfahrensrecht, 2. Aufl., Stuttgart 2019.

Krumm, C., Geldbußenzuweisung im Strafverfahren – oder: wer bekommt das Geld des Angeklagten?, NJW 2008, 1420–1422.

Krümpelmann, J., Die Bagatelldelikte – Untersuchungen zum Verbrechen als Steigerungsbegriff, Berlin 1966.

Kuckein, J.-D., Revisionsrechtliche Kontrolle der Mangelhaftigkeit von Anklage und Eröffnungsbeschlüssen, StraFo 1997, 33–38.

Kudlich, H., Strafprozessuale Probleme des Internet – Rechtliche Probleme der Beweisgewinnung in Computernetzen, JA 2000, 227–234.

Kudlich, H., Wie absolut sind die absoluten Revisionsgründe?, in: Festschrift für Gerhard Fezer zum 70. Geburtstag, Berlin 2008, S. 435–453.

Kudlich, H./Nicolai, F., Immer wieder Neuigkeiten im Strafprozessrecht – Das Gesetz zur Modernisierung des Strafverfahrens, JA 2020, 881–888.

Kühne, H.-H., Die Rechtsprechung des Europäischen Gerichtshofes für Menschenrechte (EGMR) zur Verfahrensdauer in Strafsachen, StV 2001, 529–536.

Kühne, H.-H., Strafprozessrecht – Eine systematische Darstellung des deutschen und europäischen Strafverfahrensrechts, 9. Aufl., Heidelberg 2015.

Kühne, H-H., Tatgegenstand als Basis für die Sperrwirkung des Art. 54 SDÜ, JZ 2006, 1019–2021.

Kunisch, W., Zur Frage der Besetzung des Schöffengerichts und der Strafkammer bei Entscheidungen über die Untersuchungshaft während laufender Hauptverhandlung, StV 1998, 687–689.

Kunkel, P.-C./Rosteck, H./Vetter, H., Schweigepflicht und Sozialdatenschutz versus Zeugnispflicht, StV 2017, 829–835.

Kunz, K.-L./Singelnstein, T., Kriminologie: Eine Grundlegung, 8. Aufl., Stuttgart 2021.

Künzel, M., Erfahrungen eines Zwangsverteidigers, StV 1981, 464–466.

Küper, W., Der „agent provocateur" im Strafrecht, GA 1974, 321–335.

Küpper, G., Tagebücher, Tonbänder, Telefonate, JZ 1990, 416–424.

Lamshöft, A., Das Modell des vereinfachten Ablehnungsverfahrens – Ein Gegenentwurf zur strafprozessualen Fristenlösung des Bundesgerichtshofs, Frankfurt a. M. 2013.

Langer, W., Zu den Zielen der Revision in Strafsachen; in: Festschrift für Lutz Meyer-Goßner, München 2001, S. 497–521.

Larenz, K., Methodenlehre der Rechtswissenschaft, 6. Aufl., Berlin 1991.

Laubenthal, K./Baier, H./Nestler, N., Jugendstrafrecht, 3. Aufl., Berlin 2015.

Laue, C., Die Rechtsprechung des Europäischen Gerichtshofs für Menschenrechte zum strafrechtlichen Beschleunigungsgebot, Jura 2005, 89–97.

Laufhütte, H. W./Tiedemann, K./Rissing-van Saan, R. (Hrsg.), Leipziger Kommentar StGB, Band 4: §§ 38-55, 13. Aufl., Berlin 2020.

Lenckner, T., Mitbeschuldigter und Zeuge, in: Festschrift für Karl Peters zum 70. Geburtstag, Tübingen 1974, S. 333–348.

Lenk, M., Vertrauen ist gut, legendierte Kontrollen sind besser ..., StV 2017, 692–699.

Lesch, H., Der Beschuldigte im Strafverfahren – über den Begriff und die Konsequenzen der unterlassenen Belehrung, JA 1995, 157–166.

Ligeti, K., Strafrecht und strafrechtliche Zusammenarbeit in der Europäischen Union, Berlin 2005.

Lind, D., Der Haftgrund der Fluchtgefahr nach § 112 II Nr. 2 StPO in der Praxis: Zur rechtstatsächlichen Überprüfung von Fluchtprognosen, StV 2019, 118–132.

Linke, A., Diversionstage in Nordrhein-Westfalen: Ergebnisse der Evaluation eines neuen Diversionsmodells im Jugendstrafrecht, Münster 2011.

Liszt, F. v., Strafrechtliche Aufsätze und Vorträge, Band 2, Berlin 1905.

Löffelmann, M., Die normativen Grenzen der Wahrheitserforschung im Strafverfahren, Berlin 2008.

Löffelmann, M., Zum Übergang der Zuständigkeit zur Entscheidung über Rechtsbehelfe gegen Ermittlungsmaßnahmen auf das erkennende Gericht und anderen Absonderlichkeiten des Rechtsschutzsystems im Ermittlungsverfahren, ZIS 2009, 495–502.

Löwe, E./Rosenberg, W. (Hrsg.), Die Strafprozessordnung und das Gerichtsverfassungsgesetz. Großkommentar, 27. Aufl., Berlin 2019.

Lüderssen, K., Rollenkonflikte im Verfahren: Zeuge oder Beschuldigter, wistra 1983, 231–233.

Luhmann, N., Legitimation durch Verfahren, 10. Edition, Berlin 1983.

Maier, S./Percic, M., Aus der Rechtsprechung zur Verletzung des Beschleunigungsgebots aus Art. 6 I 1 EMRK – 2. Teil, NStZ-RR 2009, 329–335.

Maiwald, M., Zufallsfunde bei zulässiger Telefonüberwachung, JuS 1978, 379–385.

Malt, M./Hatz, A., Die Vorratsdatenspeicherung im Lichte der EuGH-Rechtsprechung, StV-S 2023, 126–131.

May, L./Schneider, T., Falsche Geständnisse in polizeilichen Vernehmungen: Wie oft, warum und mit welchen Folgen gestehen Beschuldigte falsch?, StV 2022, 469–476.

Meier, B.-D., Kriminologie, 6. Aufl., München 2021.

Meier-Scherling, A., Die eheähnliche Lebensgemeinschaft, DRiZ 1979, 296–301.

Meyer, F., Die Stellung des § 101 Abs. 7 StPO innerhalb der strafprozessualen Rechtsbehelfe, JR 2009, 318–323.

Meyer, F./Rettenmaier, F., Zur Praxis des nachträglichen Rechtsschutzes gegen strafprozessuale Zwangsmaßnahmen – Rückkehr der prozessualen Überholung?, NJW 2009, 1238–1243.

Meyer, T., Die Vernehmung der richterlichen Verhörperson trotz § 252 StPO, StV 2015, 319–325.

Meyer-Goßner, L./Schmitt, B., Strafprozessordnung mit GVG und Nebengesetzen, 67. Aufl., München 2024.

Meyer-Goßner, L., Videoaufzeichnung in der Hauptverhandlung – notwendige Reform oder Irrweg?, in: Festschrift für Gerhard Fezer zum 70. Geburtstag, Berlin 2009, S. 135–151.

Meyer-Lohkamp, J., Beweisaufnahme short to go – Überlegungen zum Selbstleseverfahren, StV 2014, 121–123.

Michalke, R., Anmerkung zu BGH: Strafverfahren: Ablehnung eines zum Zweck der Prozessverschleppung gestellten Beweisantrags; Nachweis der Absicht der Prozessverschleppung, StV 2008, 228–320.

Mittermaier, C. J. A., Anleitung zur Vertheidigungskunst im deutschen Criminalprocesse und in dem auf Oeffentlichkeit und Geschwornengerichte gebauten Strafverfahren, mit Beispielen, Landshut 1828.

Mohr, C., Jugendliche, Heranwachsende und Erwachsene gemeinsam vor dem Strafgericht, Aachen 2005.

Montenbruck, A., Tatverdächtiger Zeuge und Aussagenotstand, JZ 1985, 976–985.

Mosbacher, A., Straßburg locuta – § 329 I StPO finita?, NStZ 2013, 312–315.

Möstl, M./Schwabenbauer, T. (Hrsg.), Beck'scher Online-Kommentar zum Polizei- und Sicherheitsrecht Bayern, 23. Edition, Stand: 01.01.2023.

Mroß, A., Realität und Rechtswidrigkeit der gegenwärtigen Transporthaft, StV 2008, 611–615.

Müller, E., Strafverteidigung, NJW 1981, 1801–1807.

Müller-Gabriel, W., Die Rechtsprechung des BGH zum Ausschluss des „Zeugen-Staatsanwalts", StV 1991, 235–237.

Murmann, U., Reform ohne Wiederkehr? – Die gesetzliche Regelung der Absprachen im Strafverfahren, ZIS 2009, 526–538.

Müssig, B., Grenzen der Beweisverwertung beim Einsatz „Verdeckter Ermittler" gegen den Verdächtigen, GA 2004, 87–103.

Nagel, K.-F., Beweisaufnahme im Ausland – Rechtsgrundlagen und Praxis der internationalen Rechtshilfe für deutsche Strafverfahren, Freiburg im Breisgau 1988.

Nagel, M., Rechtsschutz gegen verfahrenseinleitende und -fortführende Maßnahmen der Strafverfolgungsbehörden im Ermittlungsverfahren, StV 2001, 185–192.

Nahrwold, F., Die Verständigung im Strafverfahren, Baden-Baden 2014.

Naucke, W., Konturen eines präventiven Strafrechts, 1999, S. 336–354.

Naucke, W., Strafrecht: Eine Einführung, 10. Aufl., München 2002.

Nelles, U., Kompetenzen und Ausnahmekompetenzen in der Strafprozessordnung, Berlin 1980.

Nelles, U./Velten, P., Anmerkung zum Cannabis-Beschluß des BVerfG: Einstellungsvorschriften als Korrektiv für unverhältnismäßige Strafgesetze?, NStZ 1994, 366–370.

Neu-Berlitz, M., Bestandskraft der Einstellungsverfügung nach § 170 II 1 StPO, Münster 1982.

Niederreuther, T., Der Privatkläger als Zeuge, DStR 1941, 160–163.

Niemöller, M., Sofortige Rücknahme eines eingelegten Rechtsmittels bei Verständigung, StV 2010, 474–475.

Niemöller, M./Schlothauer, R./Wieder, H.-J., Gesetz zur Verständigung im Strafverfahren, München 2010.

Nürnberger, S., Die zukünftige Europäische Staatsanwaltschaft – Eine Einführung, ZJS 2009, 494–505.

Oellerich, R., Voraussetzungen einer notwendigen Verteidigung und Zeitpunkt der Pflichtverteidigerbestellung, StV 1981, 433–442.

Ollinger, T., Die Entwicklung des Richtervorbehalts im Verhaftungsrecht, Berlin 1997.

Ostendorf, H., § 34 StGB – Der neue Notstandsartikel des Grundgesetzes, RuP 1978, 137–140.

Ostendorf, H., Bewährungshilfe – Ein Widerpart zu Entpersönlichkeitstendenzen in der Sanktionierung, BewH 2002, 302–312.

Ostendorf, H., Der Missbrauch von Opfern zum Zwecke der Strafverschärfung, Praxis der Rechtspsychologie, 2008, 82–96.

Ostendorf, H., Die Bedeutung unbedeutender Straftaten, in: Gedächtnisschrift für Jörn Eckert, Baden-Baden 2008, S. 639–651.

Ostendorf, H., Die Beschuldigtenrechte beim Einsatz eines verdeckten Ermittlers, in: Festschrift für Claus Roxin, Berlin/New York 2011, S. 1329–1340.

Ostendorf, H., Dokumentation des NS-Strafrechts, Baden-Baden 2000.

Ostendorf, H., Europol – ohne Rechtskontrolle?, NJW 1997, 3418–3420.

Ostendorf, H., Gekaufte Strafverfolgung – Die Strafbarkeit des Erwerbs von „geklauten" Steuerdaten und ihre Beweisverwertung, ZIS 2010, 301–308.

Ostendorf, H., Gerichtshilfe – ein Eckpfeiler der Sozialen Strafrechtspflege/Wider Privatisierungstendenzen in der Strafjustiz, BewH 2006, 26–28.

Ostendorf, H., Jugendgerichtsgesetz, 11. Aufl., Baden-Baden 2021.

Ostendorf, H., Strafvereitelung durch Strafverteidigung, NJW 1978, 1345–1350.

Ostendorf, H., Untersuchungshaft und Abschiebehaft, München 2012.

Ostendorf, H., Verteidigung am Scheideweg, JZ 1979, 252–256.

Ostendorf, H., Verteidigung von zwei Angeklagten durch je einen Sozius derselben Sozietät, AnwBl 1979, 193.

Ostendorf, H./Brüning, J., Die gerichtliche Überprüfbarkeit der Voraussetzungen von „Gefahr im Verzug" – BVerfG, NJW 2001, 1121, JuS 2001, 1063–1067.

Ostendorf, H./Drenkhahn, K., Jugendstrafrecht, 11. Aufl., Baden-Baden 2023.

Ostendorf, H./Meyer-Seitz, C., Die strafrechtlichen Grenzen des polizeilichen Lockspitzel-Einsatzes, StV 1985, 73–80.

Ostendorf, H./Radke, M., Zum Verfahrenshindernis der überlangen Verfahrensdauer, JZ 2001, 1094–1096.

Ostendorf, H./ter Veen, H., Das Nürnberger Juristenurteil, Frankfurt a. M./Berlin 1985.

Otto, H., Grenzen und Tragweite der Beweisverbote im Strafverfahren, GA 1970, 289–305.

Papier, H.-J., Umsetzung und Wirkung der Entscheidungen des Europäischen Gerichtshofes für Menschenrechte aus der Perspektive der nationalen deutschen Gerichte, EuGRZ 2006, 1–3.

Paradissis, A., Tabu Verteidigungsunterlagen, NStZ 2023, 449–455.

Park, T., Anmerkung zu BVerfG: Gewährleistung des Richtervorbehalts vor Wohnungsdurchsuchung, StV 2016, 67–70.

Park, T., Durchsuchung und Beschlagnahme, 5. Aufl., München 2022.

Peres, H., Strafprozessuale Beweisverbote und Beweisverwertungsverbote und ihre Grundlagen im Gesetz, Verfassung und Rechtsfortbildung, München 1988.

Peters, K., Strafprozess, Heidelberg 1985.

Pilgram, A./Prittwitz, C., Jahrbuch für Rechts- und Kriminalsoziologie 2004, Baden-Baden 2005.

Prittwitz, C., Der Mitbeschuldigte – ein unverzichtbarer Belastungszeuge?, NStZ 1981, 463–469.

Prittwitz, C., Der Mitbeschuldigte im Strafprozess, Frankfurt a. M. 1984.

Putzke, H./Scheinfeld, J./Klein, G./Undeutsch, U., Polygraphische Untersuchungen im Strafprozess, ZStW 121 (2009), 607–644.

Radbruch, G., Gesetzliches Unrecht und übergesetzliches Recht, Süddeutsche Juristenzeitung 1946, 105–108.

Radbruch, G., Rechtsphilosophie, 1945.

Radtke, H., Bestandskraft staatsanwaltlicher Einstellungsverfügungen und die Identität des wiederaufgenommenen Verfahrens, NStZ 1999, 481–485.

Radtke, H., Der Europäische Staatsanwalt. Ein Modell für Strafverfolgung in Europa mit Zukunft?, GA 2004, 1–21.

Radtke, H., Konventionswidrigkeit des Vollzugs erstmaliger Sicherungsverwahrung nach Ablauf der früheren Höchstfrist?, NStZ 2010, 537–546.

Radtke, H., Strafklageverbrauch durch rechtskräftigen Freispruch, NStZ 2001, 662–665.

Radtke, H., Zur Systematik des Strafklageverbrauchs verfahrenserledigender Entscheidungen im Strafprozeß, Frankfurt a. M. 1994.

Radtke, H./Busch, D., Transnationaler Strafklageverbrauch in der Europäischen Union, NStZ 2003, 281–288.

Ranft, O., Strafprozeßrecht, 3. Aufl., Bayreuth 2005.

Raumer, S. v., Zulässigkeitsvoraussetzungen einer Individualbeschwerde, ZOV 2010, 83–84.

Reidel, M./Semmelmayer, L., Die Widerspruchslösung – ein „Evergreen" des BGH, JA 2022, 859–864.

Richter II, C., Schuld und Buße – Irrungen und Wirrungen um einen bekannt gewordenen Paragraphen, in: Festschrift für Peter Riess zum 70. Geburtstag, Berlin 2002, S. 439–450.

Rieß, P., Entwicklungstendenzen in der deutschen Strafprozessgesetzgebung seit 1950, ZIS 2009, 466–483.

Rieß, P., Kurzreferat, NJW 1981, 1358–1358.

Rieß, P., Pflichtverteidigung – Zwangsverteidigung – Ersatzverteidigung, Reform der notwendigen Verteidigung, StV 1981, 460–464.

Rodenbeck, J., Lügendetektor 2.0 - Der Einsatz von Künstlicher Intelligenz zur Aufdeckung bewusst unwahrer Aussagen im Strafverfahren, StV 2020, 479–483.

Rogall, K., Gegenwärtiger Stand und Entwicklungstendenzen der Lehre von den strafprozessualen Beweisverboten, ZStW 91 (1979), 1–44.

Rogall, K., Über die Folgen der rechtswidrigen Beschaffung des Zeugenbeweises im Strafprozess, JZ 1996, 944–955.

Roger, B., Europäisierung des Strafverfahrens – oder nur der Strafverfolgung?, GA 2010, 27–43.

Roggan, F., Die strafprozessuale Quellen-TKÜ und Online-Durchsuchung: Elektronische Überwachungsmaßnahmen mit Risiken für Beschuldigte und die Allgemeinheit, StV 2017, 821–829.

Römbke, U., Der Ablehnungsgrund wegen Prozessverschleppung gem. § 244 Abs. 3 Satz 2 6. Fall StPO: eine empirische Untersuchung, Münster 1995.

Rönnau, T., Beweiserleichterungen im kommenden Vermögensabschöpfungsrecht?, in: Festschrift für Heribert Ostendorf zum 70. Geburtstag, Baden-Baden 2016, S. 707–724.

Rose, F., Konnexität zwischen Beweismittel und Beweistatsache, NStZ 1998, 633–634.

Rösler, L. S., Datenschutz im Jugendstrafrecht, Berlin 2018.

Roxin, C., Aktuelle Probleme der Öffentlichkeit im Strafverfahren, in: Festschrift für Karl Peters zum 70. Geburtstag, Tübingen 1974, S. 393–409.

Roxin, C., Anmerkung zu OLG Hamm: Wiedereinsetzung: Versäumung der Berufungseinlegungsfrist durch Eltern eines Jugendlichen, die nicht an der Hauptverhandlung teilgenommen haben, NStZ 2009, 44–46.

Roxin, C., Das Recht des Beschuldigten zur Verteidigerkonsultation in der neuesten Rechtsprechung, JZ 1997, 343–347.

Roxin, C., Erstreckung des Beweisverwertungsverbotes auf polizeiliche Vernehmungen ohne Belehrung über das Aussageverweigerungsrecht, JZ 1992, 923–925.

Roxin, C., Strafrecht Allgemeiner Teil Band II, München 2003.

Roxin, C., Zu den Auswirkungen der staatlich veranlassten Verleitung einer nicht tatgeneigten Person auf die Strafverfolgung, JZ 2000, 369–371.

Roxin, C., Zur Rechtsstellung der Staatsanwaltschaft damals und heute, DRiZ 1997, 109–121.

Roxin, C./Schünemann, B., Strafverfahrensrecht, 30. Aufl., München 2022.

Roxin, I., Die Rechtsfolgen schwerwiegender Rechtsstaatsverstöße in der Strafrechtspflege, 5. Aufl., München 2022.

Rückert, C., Anmerkung zu BGH: „Stille SMS", NStZ 2018, 613–614.

Rudolphi, H.-J., Die Revisibilität von Verfahrensmängeln im Strafprozeß, MDR 1970, 93–100.

Ruffert, M., Die Europäische Menschenrechtskonvention und innerstaatliches Recht, EuGRZ 2007, 245–255.

Safferling, C., Die zwangsweise Verabreichung von Brechmitteln: Die StPO auf dem Prüfstand, Jura 2008, 100–108.

Saliger, F., Grenzen der Opportunität – § 153a StPO und der Fall Kohl, GA 2005, 155–176.

Saliger, F./Sinner, S., Abstraktes Recht und konkreter Wille – Anmerkungen zur Einstellung des „Mannesmann"-Verfahrens nach § 153a StPO, ZIS 2007, 476–482.

Sannwald, A., Verfassungsrechtsprechung zu § 146 StPO, AnwBl 1980, 10–14.

Satzger, H., Der Staat als „Hehler"? – Zur Strafbarkeit des Ankaufs rechtswidrig erlangter Bankdaten durch deutsche Behörden, in: Festschrift für Hans Achenbach, Heidelberg 2011, S. 447–462.

Satzger, H., Gefahren für eine effektive Verteidigung im geplanten europäischen Verfahrensrecht, StV 2003, 137–142.

Satzger, H., Internationales und Europäisches Strafrecht, 10. Aufl., Baden-Baden 2022.

Satzger, H., Überlegungen zur Anwendbarkeit des § 357 StPO auf nach Jugendstrafrecht Verurteilte – gibt es einen abweichenden Maßstab für Gerechtigkeit gegenüber Jugendlichen?, Recht gestalten – dem Recht dienen, in: Festschrift für Reinhard Böttcher zum 70. Geburtstag, Berlin 2007, S. 175–189.

Satzger, H./ Maltitz, N. v., Wissenswertes zum neugeschaffenen »Europäischen Staatsanwalt«: (Prüfungs-)Fragen zum Schwerpunkt im Europäischen Strafrecht, JA 2018, 153–159.

Satzger, H./Schluckebier, U./Widmaier, G., Strafprozessordnung mit GVG und EMRK, 5. Aufl., München 2022.

Sauer, D., Das Strafrecht und die Feinde der offenen Gesellschaft, NJW 2005, 1703–1705.

Sauer, D., Die Entwicklung des Ablehnungsgrundes der Wahrunterstellung bei Beweisanträgen, Köln 2000.

Scheu, M./Härdle, L., Materielle Gerechtigkeit versus Grundgesetz – Verfassungsrechtliche Probleme des neuen Wiederaufnahmegrundes in § 362 Nr. 5 StPO, JA 2023, 395–400.

Schäfer, C., Grundlagen des Europäischen Haftbefehls, JuS 2019, 856–859.

Schäfer, G./Sander, G. M./van Gemmeren, G., Praxis der Strafzumessung, 7. Aufl., München 2024.

Scharbius, V., „Aussage gegen Aussage" in der Rechtsprechung des Bundesgerichtshofs in Strafsachen, Hamburg 2017.

Schäuble, J., Anforderungen an die Beweisantragstellung gem. § 244 Abs. 3 S. 1 StPO nF, NStZ 2020, 377–382.

Schild, W., Alte Gerichtsbarkeit, München 1985.

Schlegel, S., Online-Durchsuchung light – Die Änderung des § 110 StPO durch das Gesetz zur Neuregelung der Telekommunikationsüberwachung, HRRS 2008, 23–30.

Schlothauer, R., Die Auswahl des Pflichtverteidigers, StV 1981, 443–460.

Schlothauer, R., Zur Besetzung des Gerichts bei Haftprüfungsentscheidungen, StV 1998, 44–146.

Schlüchter, E., Das Strafverfahren, Köln/Berlin 1986.

Schmidt, E., Anmerkung zu BGH: Freibeweis bei Feststellung der Unverwertbarkeit eines mit verbotenen Vernehmungsmethoden erlangten Geständnisses, JR 1962, 109–111.

Schmidt, E., Die Verletzung der Belehrungspflicht gemäß § 55 II StPO als Revisionsgrund, JZ 1958, 596–601.

Schmidt, W., Prozessuale Fürsorgepflicht und fair trial, Hamburg 2010.

Schmidt-Jortzig, E., Möglichkeiten einer Aussetzung des strafverfolgerischen Legalitätsprinzips bei der Polizei, NJW 1989, 129–138.

Schmitt-Leichner, E., Strafverfahrensrecht 1975 – Fortschritt oder Rückschritt, NJW 1975, 417–422.

Schmitt-Leonardy, C./Klarmann, M.: Examensrelevantes Strafverfahrensrecht – 13 strafprozessuale (Zusatz-)Fragen, JuS 2022, 304–311.

Scholz, J. M., §§ 154, 154a – Dogmatische Probleme und Rechtspraxis, Hamburg 2010.

Schomburg, W., Internationales „ne bis in idem" nach Art 54 SDÜ, StV 1997, 383–385.

Schroeder, F.-C./Verrel, T., Strafprozessrecht, 8. Aufl., München 2022.

Schubarth, M., Zur Problematik des Verbots der Mehrfachverteidigung, in: Festschrift zur 150-Jahr-Feier des Rechtsanwaltsvereins Hannover e. V. (1831–1981), Hannover 1981, S. 241.

Schumann, K. H., Brechmitteleinsatz ist Folter?, StV 2006, 661-665.

Schüler-Springorum, H., Kriminalpolitik für Menschen, Berlin 1991.

Schünemann, B., Bürgerrechte ernst nehmen bei der Europäisierung des Strafverfahrens!, StV 2003, 116–122.

Schünemann, B., Das strafprozessuale Wiederaufnahmeverfahren propter nova und der Grundsatz „in dubio pro reo", ZStW 84 (1972), 870–908.

Schünemann, B., Die Liechtensteiner Steueraffäre als Menetekel des Rechtsstaats, NStZ 2008, 305–310.

Schünemann, B., Die parlamentarische Gesetzgebung als Lakai von Brüssel? Zum Entwurf des Europäischen Haftbefehlsgesetzes, StV 2003, 531–533.

Schünemann, B., Ein deutsches Requiem auf den Strafprozess des liberalen Rechtsstaats, ZRP 2009, 104–107.

Schünemann, B., Grundfragen der Revision im Strafproceß (Teil 2), JA 1982, 123–131.

Schwind, H.-D., Kriminologie und Kriminalpolitik, 24. Aufl., Heidelberg 2021.

Schwörer, A., Schranken grenzüberschreitender Beweisnutzung im Steuer- und Strafverfahren, wistra 2009, 452–458.

Seebode, M./Sydow, F., „Hörensagen ist halb gelogen" – Das Zeugnis vom Hörensagen im Strafprozeß, JZ 1980, 506–516.

Seibert, C., Der arme Privatkläger, MDR 1952, 278.

Senge, L., Die Neuregelung der forensischen DNA-Analyse, NJW 2005, 3028–3033.

Sieber, U., Ermittlungen in Sachen Liechtenstein – Fragen und erste Antworten, NJW 2008, 881–886.

Siegismund, C., Der Schutz gefährdeter Zeugen in der Bundesrepublik unter besonderer Berücksichtigung des Gesetzes zur Harmonisierung des Schutzes gefährdeter Zeugen (Zeugenschutz-Harmonisierungsgesetz ZSHG), Osnabrück 2009.

Singelnstein, T., Die Erweiterung der Wiederaufnahme zuungunsten des Freigesprochenen, NJW 2022, 1058-1061.

Singelnstein, T., Rechtsschutz gegen heimliche Ermittlungsmaßnahmen nach Einführung des § 101 VII 2–4 StPO, NStZ 2009, 481–486.

Singelnstein, T./Derin, B., Das Gesetz zur effektiveren und praxistauglicheren Ausgestaltung des Strafverfahrens, NJW 2017, 2646–2652.

Sinner, S., Der Vertragsgedanke im Strafprozessrecht, Frankfurt a. M. 1999.

Solbach, G., Der Verstoß eines Polizeibeamten gegen die Pflicht, den Beschuldigten auf sein Schweige- und Verteidigungsrecht hinzuweisen, JA 1992, 222–224.

Sommer, K., Gespenstergeschichten – Wann ist die Anwesenheit eines Angeklagten in der Berufungsverhandlung „erforderlich" –, StV 2016, 55–60.

Sonnen, B.-R., „Neue" Gerichtshilfe, in: Festschrift zum 125jährigen Bestehen der Staatsanwaltschaft Schleswig-Holstein, Köln 1992, S. 431–445.

Sowada, C., Die Gerichtsbesetzung bei Haftentscheidungen während einer anhängigen Hauptverhandlung, NStZ 2001, 169–175.

Spatscheck, R., Wird Gauner, wer mit Gaunern dealt?, in: Festschrift für Klaus Volk zum 65. Geburtstag, München 2009, S. 771–788.

Spendel, G., Beweisverbote im Strafprozeß, NJW 1966, 1102–1108.

Spendel, G., Rechtsbeugung und Rechtsprechung, Berlin 1984.

Spitzer, A., Das Recht des Angeklagten auf Vertretung in der Berufungsverhandlung, StV 2016, 48–55.

Spitzer, A., Anmerkung zu BGH: Pflichtverteidigung im Ermittlungsverfahren, StV 2022, 554-561.

Sprenger, W./Fischer, T., Sächsisches Modell zur verbesserten Verfolgung des Ladendiebstahls, DRiZ 2000, 111–117.

Sprenger, W./Fischer, T., Verbesserte Verfolgung des Ladendiebstahls – Eine Zwischenbilanz des sächsischen Verfahrensmodells, ZRP 2001, 241–245.

Stab, U., Forum des Deutschen Anwaltvereins – Recht der Untersuchungshaft, NJW 1983, 1039.

Stahl, R./Demuth, R., Strafrechtliches Verwertungsverbot bei Verletzung des Steuergeheimnisses, DStR 2008, 600–604.

Stelly, W./Thomas, J., Im Zweifel für den Angeklagten – Der Freispruch im Strafverfahren, NK 2016, 426–437.

Steinbach, Nicht offen ermittelnde Polizeibeamte (NoeP), Kriminalistik 2022, 396–399.

Streinz, R. (Hrsg.), Kommentar zum EUV/AEUV, 3. Aufl., München 2018.

Streng, F., Jugendstrafrecht, 6. Aufl., Heidelberg 2024.

Stuckenberg, C.-F., Untersuchungen zur Unschuldsvermutung, Berlin 1998.

Thier, S., Gerichtshilfe in Schleswig-Holstein, in: Festschrift zum 125jährigen Bestehen der Staatsanwaltschaft Schleswig-Holstein, Köln 1992, S. 447–458.

Tenckhoff, J., Die Wahrunterstellung im Strafprozess, Berlin 1980.

Triltsch, C., Die Zwangsmittel des § 230 Abs. 2 StPO unter besonderer Berücksichtigung des Haftbefehls, Bonn 2008.

Trüg, G., Beweisantragsrecht – Disziplinierung der Verteidigung durch erhöhte Anforderungen?, StraFo 2010, 139–147.

Trüg, G./Habetha, J., Beweisverwertung trotz rechtswidriger Beweisgewinnung – insbesondere mit Blick auf die Liechtensteiner Steueraffäre, NStZ 2008, 481–492.

Trüg, G./Habetha, J., Die Liechtensteiner Steueraffäre – Strafverfolgung durch Begehung von Straftaten?, NJW 2008, 887–890.

Ventzke, K.-U., § 344 Abs 2 Satz 2 StPO – Einfallstor revisionsrechtlichen Gutdünkens?, StV 1992, 338–342.

Ventzke, K.-U., Neues vom Selbstleseverfahren (§ 249 Abs. 2 StPO), StV 2014, 114–121.

Vogel, H., Das öffentliche Interesse an der Strafverfolgung, Bamberg 1966.

Vogel, H., Erfahrungen mit dem Zeugenschutzgesetz – zur praktischen Bedeutung des Zeugenschutzgesetzes, insbesondere des Einsatzes der Videotechnik im Strafverfahren, München 2002.

Volk, K./Engländer, A., Grundkurs StPO, 10. Aufl., München 2021.

Volkmann, V./Vogel, S.T., Die Besorgnis der Befangenheit gegenüber der Staatsanwaltschaft, StV 2021, 537–543.

Vormbaum, T., Moderne deutsche Strafrechtsdenker, Berlin 2010.

Wächtler, H., Ersatzverteidigung – eine Alternative zur Zwangsverteidigung?, StV 1981, 466–470.

Wagner, J., Richter ohne Gesetz: Islamische Paralleljustiz gefährdet unseren Rechtsstaat, Berlin 2011.

Walter, M./Neubacher, F., Jugendkriminalität, 4. Aufl., Stuttgart 2011.

Walter, T., Verfahrensrügen, Sachrügen und das Wesen der Revision. Eine Abhandlung unter besonderer Berücksichtigung des § 329 StPO, ZStW 128 (2016), 824–847.

Wasserburg, K., Das Einsichtsrecht des Anwalts in die kriminalpolizeilichen Spurenakten, NJW 1980, 2440–2446.

Waßmer, M., Rechtsstaatswidrige Verfahrensverzögerungen im Strafverfahren als Verfahrenshindernis von Verfassungs wegen, ZStW 118, 159–201.

Wehnert, A., Europäischer Haftbefehl, StraFo 2003, 356–360.

Weichbrodt, K., Das Konsensprinzip strafprozessualer Absprachen, Berlin 2006.

Weigend, T., Echte Verfahrensrechte für angebliche Opfer?, in: Gedächtnisschrift für Michael Walter, Berlin 2014, S. 249–256.

Weigend, T., Folterverbot im Strafverfahren, StV 2011, 325–329.

Weigend, T., Gutachten zum 62. Deutschen Juristentag, 1998.

Weigend, T, Unzulässige Tatprovokation durch staatliche Ermittler – Voraussetzungen und Folgen, KriPoz 2022, 13–134.

Weiler, E., Medienwirkung auf das Strafverfahren, ZRP 1995, 130–136.

Weiler, E., Strafverfahrensrecht in Theorie und Praxis, in: Festschrift für Lutz Meyer-Goßner, München 2001, S. 571–593.

Wenninger, G., Lexikon der Psychologie Band 4, Heidelberg 2001.

Wessels, J./Beulke, W./Satzger, H., Strafrecht Allgemeiner Teil, 53. Aufl., Heidelberg 2023.

Weßlau, E., „Strafgeld"… und kein Ende, DRiZ 2000, 118–121.

Wickert, B., Der DNA-Massentest nach § 81h StPO. Freiwilliger Beitrag zur Verbrechensaufklärung oder versteckte Zwangsmaßnahme?, Hamburg 2011.

Widmaier, G. (Begr.)/Müller, E./Schlothauer, R. (Hrsg.), Münchener Anwaltshandbuch Strafverteidigung, 3. Aufl., München 2022.

Willms, G., Zur Problematik der Wahrunterstellung, in: Festschrift für Karl Schäfer, Berlin 1979, 275–283.

Wittinger, M., Die Einlegung einer Individualbeschwerde vor dem EGMR, NJW 2001, 1238–1243.

Wittschier, J., Das Verbot der reformatio in peius und der Schuldspruch, StV 1986, 173–178.

Woesner, H., Rechtliches Gehör und Sitzungspolizei, NJW 1959, 866–868.

Wolf, L., Die Fluchtprognose im Untersuchungshaftrecht, Baden Baden 2017.

Wölfl, B., Die Gegenvorstellung im Strafprozess, StraFo 2003, 222–228.

Wölfl, B., Vorermittlungen der Staatsanwaltschaft, JuS 2001, 478–482.

Wollmann, S., Mehr Opferschutz ohne Abbau liberaler Strukturen im Verständnis der Prinzipien der Strafprozessordnung, Baden-Baden 2009.

Wolter, J. (Hrsg.), Systematischer Kommentar zur Strafprozessordnung, 5. Aufl., Köln 2023.

Wolter, J. (Hrsg.), Systematischer Kommentar zum Strafgesetzbuch, 10. Aufl., Köln 2023.

Wolter, J., Repressive und präventive Verwertung tagebuchartiger Aufzeichnungen, StV 1990, 175–180.

Wolter, J., Zur Theorie und Systematik des Strafprozessrechts, Köln 1995.

Zeyher, L., Grundsätze der Verwertbarkeit der von Privaten beschafften Beweismittel im Strafprozess, JA 2022, 467–471.

Zimmermann, T., Der strafprozessuale Zugriff auf E-Mails, JA 2014, 321–327.

Repetitorium

(Die Antworten finden sich bei den angegebenen Randnummern.)

1.	Gilt die StPO auch im Ordnungswidrigkeitenrecht?	§ 1 Rn. 3
2.	Was sind Justizgrundrechte?	§ 1 Rn. 5
3.	Was sind die Ziele des Strafverfahrens?	§ 2 Rn. 1 ff.
4.	Was versteht man unter Schuldfrage?	§ 2 Rn. 4
5.	Was versteht man unter Straffrage?	§ 2 Rn. 5
6.	Was beinhalten die Straftheorien?	§ 2 Rn. 5
7.	Gibt es eine Strafverfolgung um jeden Preis?	§ 2 Rn. 14
8.	Warum werden die Begriffe „Täter"-Prävention und „Opfer"-Befriedigung in Anführungszeichen gesetzt?	§ 3 Rn. 2, 6
9.	Gibt es eine Fürsorgepflicht des Gerichts	
	– für das Opfer?	§ 3 Rn. 7, § 16 Rn. 26 ff.
	– für den Beschuldigten/Angeklagten?	§ 4 Rn. 12
10.	Welche Bedeutung hat der Täter-Opfer-Ausgleich im Strafverfahren?	§ 3 Rn. 8
11.	Was sind Verfahrensprinzipien?	§ 4 Rn. 1 ff.
12.	Was versteht man unter „Waffengleichheit"?	§ 4 Rn. 12
13.	Was bedeutet die Unschuldsvermutung?	§ 4 Rn. 2
14.	Wie unterscheiden sich die Begriffe „Beschuldigter" und „Angeschuldigter"?	§ 4 Rn. 2, § 10 Rn. 3
15.	Was bedeuten Legalitätsprinzip und Opportunitätsprinzip?	§ 4 Rn. 5
16.	Was bedeutet „rechtliches Gehör"?	§ 4 Rn. 7
17.	Kann die Öffentlichkeit von der Hauptverhandlung ausgeschlossen werden?	§ 4 Rn. 8, § 15 Rn. 5
18.	Was sind Ausprägungen des fair-trial-Prinzips?	§ 4 Rn. 12
19.	Was versteht man unter dem „Nemo-tenetur"-Grundsatz?	§ 4 Rn. 10
20.	Welche Bedeutung hat die EMRK im Hinblick auf das Grundgesetz?	§ 5 Rn. 6
21.	Was ist der Europäische Haftbefehl?	§ 5 Rn. 11, 12, § 11 Rn. 90
22.	Gibt es eine Europäische Staatsanwaltschaft?	§ 5 Rn. 24, 25
23.	Welche Funktion hat der Internationale Strafgerichtshof?	§ 5 Rn. 26 ff.
24.	Wie ist der Ablauf des Strafverfahrens?	§ 6 Rn. 1 ff.
25.	Was versteht man unter „Täterschwund"?	§ 6 Rn. 3
26.	Worin unterscheiden sich Strafanzeige und Strafantrag?	§ 7 Rn. 2
27.	Was bedeutet „Recht des ersten Zugriffs"?	§ 7 Rn. 3
28.	Was bedeutet „Doppelnatur" der Polizei?	§ 7 Rn. 5

29.	Was sind Vorfeldermittlungen?	§ 7 Rn. 8
30.	Benennen Sie einige Prozessvoraussetzungen!	§ 8 Rn. 5 ff.
31.	Erläutern Sie den Begriff „ne bis in idem" und seine Reichweite!	§ 4 Rn. 9, § 5 Rn. 18, 19, § 8 Rn. 8 ff.
32.	Unter welchen Umständen liegt eine Tatprovokation vor und welche Rechtsfolgen löst das Vorliegen einer Tatprovokation aus?	§ 8 Rn. 21 ff.
33.	Welche Rolle hat die StA im deutschen Strafverfahren?	§ 9 Rn. 2
34.	Was ist die Funktion von Strafverteidigung?	§ 9 Rn. 11
35.	Wann hat ein Beschuldigter einen Anspruch auf einen Pflichtverteidiger?	§ 9 Rn. 13
36.	Ab wann wird eine Person zum Beschuldigten?	§ 10 Rn. 3
37.	Was bedeutet „informatorische Befragung" und welche Konsequenzen hat sie?	§ 10 Rn. 3, 17
38.	Darf ein Beschuldigter bei richterlichen Vernehmungen lügen?	§ 10 Rn. 5
39.	Muss ein Beschuldigter vor der Polizei aussagen?	§ 10 Rn. 6
40.	Hat ein Beschuldigter das Recht, zum Beweis seiner Unschuld einen Lügendetektor einzusetzen?	§ 10 Rn. 14
41.	Welche Konsequenzen hat eine unkorrekte Belehrung über die Beschuldigtenrechte?	§ 10 Rn. 6, 8, § 16 Rn. 91, 103
42.	Darf die Polizei den Beschuldigten vor oder in der Vernehmung darauf hinweisen, dass ein Geständnis bei den Gerichten zur Strafmilderung führt?	§ 10 Rn. 10
43.	Darf die Polizei eine Blutprobenentnahme anordnen?	§ 11 Rn. 9, 13
44.	Muss man bei einer polizeilichen Verkehrskontrolle in das Prüfröhrchen eines Atemalkoholkontrollgerätes pusten?	§ 11 Rn. 9
45.	Müssen Bürger an einem Reihengentest teilnehmen?	§ 11 Rn. 10, 17
46.	Was ist der „Große Lauschangriff" und unter welchen Voraussetzungen ist er zulässig?	§ 11 Rn. 30, 31
47.	Was versteht man unter Kernbereichsschutz?	§ 11 Rn. 30, 31, 53, 57, § 16 Rn. 21, 79, 81, 92 ff., 107
48.	Worin unterscheiden sich ein VE, eine V-Person und ein nicht offen ermittelnder Polizeibeamter?	§ 11 Rn. 38 ff., § 16 Rn. 53
49.	Wer muss im Regelfall eine Durchsuchung anordnen?	§ 11 Rn. 45
50.	Auf welcher Rechtsgrundlage darf auf E-Mails zugegriffen werden?	§ 11 Rn. 54, 56
51.	Ist eine Überwachung der Internettelefonie zulässig?	§ 11 Rn. 54

52.	Aus welchem Umstand ergibt sich der Bedarf einer Quellen-TKÜ?	§ 11 Rn. 59
53.	Welche Arten der Quellen-TKÜ gibt es und in welche Grundrechte greifen diese ein?	§ 11 Rn. 59
54.	Worin unterscheiden sich die „kleine Online-Durchsuchung" nach § 100a Abs. 1 S. 3 StPO und die Online-Durchsuchung nach § 100b StPO?	§ 11 Rn. 59 f.
55.	Was versteht man unter einer anlasslosen Vorratsdatenspeicherung und ist diese zulässig?	§ 11 Rn. 62
56.	Ist eine Standortermittlung von Mobiltelefonen zulässig?	§ 11 Rn. 64 ff.
57.	Darf die Polizei „verhaften"?	§ 11 Rn. 73, 78
58.	Was sind die drei materiellen Voraussetzungen für die U-Haft?	§ 11 Rn. 82
59.	Was sind die Haftgründe?	§ 11 Rn. 84
60.	Was versteht man unter dem Haftgrund der „kochenden Volksseele"?	§ 11 Rn. 86
61.	Was kann das Gericht unternehmen, wenn der Angeklagte nicht zur Hauptverhandlung erscheint?	§ 11 Rn. 84, 103
62.	Was ist die Hauptverhandlungshaft?	§ 11 Rn. 100
63.	Gibt es eine zeitliche Begrenzung für die U-Haft?	§ 11 Rn. 88 f., 98
64.	Was bedeutet Haftverschonung?	§ 11 Rn. 93
65.	Worin unterscheiden sich Haftprüfung und Haftbeschwerde?	§ 11 Rn. 93
66.	Unter welchen Voraussetzungen darf die Fahrerlaubnis vorläufig entzogen werden?	§ 11 Rn. 104
67.	Wer entscheidet über den Abschluss des Ermittlungsverfahrens?	§ 12 Rn. 2
68.	Welche Entscheidungsmöglichkeiten bestehen zum Abschluss des Ermittlungsverfahrens?	§ 12 Rn. 2
69.	Wenn Zweifel an der Täterschaft des Beschuldigten bestehen, wie lautet dann die Abschlussentscheidung?	§ 12 Rn. 3
70.	Wer hat die Einstellungskompetenz aus Opportunitätsgründen?	§ 12 Rn. 9
71.	Wie gestaltet sich das Privatklageverfahren?	§ 12 Rn. 2, § 14 Rn. 4
72.	Wie gestaltet sich das Strafbefehlsverfahren?	§ 12 Rn. 2, § 14 Rn. 1
73.	Wie gestaltet sich das beschleunigte Verfahren?	§ 12 Rn. 2, § 14 Rn. 2
74.	Welche praktische Bedeutung haben Opportunitätseinstellungen?	§ 12 Rn. 22 f.
75.	Welche Funktion hat das Klageerzwingungsverfahren?	§ 14 Rn. 6

76.	Welchen Rechtsschutz gibt es gegen Ermittlungsmaßnahmen?	§ 13 Rn. 1 ff., 17
77.	Wie erfährt ein Betroffener von verdeckten Ermittlungsmaßnahmen?	§ 13 Rn. 8
78.	Welche Rechte hat ein Nebenkläger?	§ 14 Rn. 3
79.	Was bedeutet das Adhäsionsverfahren?	§ 14 Rn. 5
80.	Wie ist der Ablauf der Hauptverhandlung?	§ 15 Rn. 1 ff.
81.	Kann ein Staatsanwalt wegen Besorgnis der Befangenheit abgelehnt werden?	§ 15 Rn. 9
82.	Wie unterscheiden sich das Freibeweis- und das Strengbeweisverfahren?	§ 16 Rn. 3
83.	Welche sind die gesetzlich zulässigen Beweismittel?	§ 16 Rn. 2
84.	Muss ein Zeuge bei der Polizei erscheinen?	§ 16 Rn. 13
85.	Wie unterscheiden sich Zeugnisverweigerungsrechte vom Auskunftsverweigerungsrecht?	§ 16 Rn. 17, 23
86.	Welche Zeugenschutzmaßnahmen kennen Sie?	§ 16 Rn. 24 ff.
87.	Was versteht man unter einem Kronzeugen?	§ 16 Rn. 30, § 18 Rn. 5
88.	Was bedeutet der Amtsaufklärungsgrundsatz?	§ 16 Rn. 39
89.	In welchem Fall kann die Aussage eines Zeugen, der sich erst in der Hauptverhandlung auf sein Zeugnisverweigerungsrecht beruft, trotz § 252 StPO (mittelbar) in die Hauptverhandlung eingeführt werden? Was spricht für diese Ausnahme?	§ 16 Rn. 48
90.	Ist im deutschen Strafprozessrecht der Zeuge vom Hörensagen zulässig?	§ 16 Rn. 50 ff., 106
91.	Aus welchen Gründen kann ein Beweisantrag abgelehnt werden?	§ 16 Rn. 67 ff.
92.	Weshalb darf ein Beweisantrag mit Hinweis auf die Wahrunterstellung abgelehnt werden?	§ 16 Rn. 74
93.	Wo findet das Gebot der Wahrheitsermittlung seine Grenze?	§ 16 Rn. 78
94.	Mit welchen Theorien werden ungeschriebene Beweisverwertungsverbote begründet?	§ 16 Rn. 82 ff.
95.	Dürfen Tagebuchaufzeichnungen im Strafprozess verwertet werden?	§ 16 Rn. 94, 107
96.	Dürfen unter Folter durch ausländische Behörden erlangte Informationen im deutschen Strafprozess verwertet werden?	§ 16 Rn. 97 f.
97.	Wie ist es zu erklären, dass die höchstrichterliche Rechtsprechung zu Vergehenstatbeständen, zB § 303 StGB, in der Regel von OLG-Entscheidungen geprägt wird?	§ 9 Rn. 7, § 17 Rn. 3

98.	Kann die Staatsanwaltschaft gegen eine Verurteilung des Angeklagten Rechtsmittel einlegen, obwohl der Sitzungsvertreter in der Hauptverhandlung selbst eine Verurteilung beantragt hat?	§ 17 Rn. 4
99.	Ist ein Rechtsmittelverzicht nach vorangegangener Verständigung zulässig?	§ 17 Rn. 6
100.	Gilt das Verbot der reformatio in peius auch im Strafbefehlsverfahren?	§ 17 Rn. 9
101.	Worin unterscheiden sich Berufung und Revision?	§ 17 Rn. 12, 25
102.	Welche Gerichte fungieren als Revisionsgerichte?	§ 17 Rn. 39
103.	Was bedeutet „relativer Revisionsgrund"?	§ 17 Rn. 27
104.	Welche Beschwerdearten kennen Sie?	§ 17 Rn. 51 ff.
105.	Mit welchen Rechtsmitteln kann die Rechtskraft durchbrochen werden?	§ 17 Rn. 62 ff.
106.	Wie verträgt sich die Verständigung im Strafverfahren (Deal) mit den Grundsätzen des Strafprozesses?	§ 18 Rn. 4
107.	Wie veränderte sich der Strafprozess zur NS-Zeit?	§ 19 Rn. 1 ff.
108.	Was ist unter einem ökonomischen Strafprozess zu verstehen?	§ 20 Rn. 1 ff.

Stichwortverzeichnis

Die Angaben verweisen auf die Paragrafen des Buches (**fette Zahlen**) sowie die Randnummern innerhalb der einzelnen Paragrafen (magere Zahlen).
Beispiel: § 9 Rn. 10 = **9** 10

Ablauf des Strafverfahrens **6** 1 ff.
Ablehnung von Beweisanträgen **16** 67 ff., **19** 4
Absolute Revisionsgründe **17** 28 ff.
Absprachen **2** 9, **18** 2 ff.
Abwägungslehre **16** 85
Adhäsionsverfahren **14** 5, **16** 10
Agent provocateur **11** 40
Akkusationsprinzip **4** 4
Akteneinsicht **9** 17
Aktenwahrheit und Aktenvollständigkeit **7** 9
Akustische Wohnraumüberwachung **11** 29
Amtsanwälte **9** 5
Amtsaufklärungsgrundsatz **16** 39
Anfangsverdacht **4** 5, **6** 2, **7** 3, 4
Anfragebeschluss **16** 48
Anklage **4** 3
Anklagemonopol **4** 4, **7** 2
Anklageschrift **8** 17
Anlasslose Datenspeicherung **11** 65
Anonyme Anzeige **7** 2
Antrag auf gerichtliche Entscheidung **13** 6 ff., 18
Anwesenheit des Angeklagten **15** 1, **17** 23
Anwesenheitsrecht **10** 7
Apokryphe Haftgründe **11** 85
Audiovisuelle Protokollierung **10** 6, **15** 2
Aufklärungsrüge **17** 42
Augenscheinsbeweis **16** 37
Auskunftsverweigerungsrecht **16** 23
Aussagegenehmigung **16** 22
Aussageverweigerungsrecht **10** 17, **16** 103
Ausschluss des Verteidigers **9** 24
Ausschluss- und Ablehnungsgründe **15** 9

Beccaria **1** 2, **16** 2
Befangenheit, Besorgnis der **15** 9, 10
Beinahetreffer **11** 17, **16** 81
Belehrungspflichten gegenüber dem Beschuldigten **10** 6, 8, 17
Berufung **17** 12 ff.

Beschlagnahme **11** 48 ff., 105
– Postbeschlagnahme **11** 51
– Zur Sicherung der Einziehung oder Unbrauchbarmachung **11** 50
Beschleunigtes Verfahren **11** 100, **14** 2
Beschleunigungsgebot **8** 26, **11** 89, 98
Beschuldigtenbegriff **10** 3
Beschuldigtenpflichten **10** 16
Beschuldigtenrechte **10** 5 ff.
Beschuldigter **8** 18 ff., **10** 2 ff.
Beschwer **17** 4
Beschwerde **17** 51 ff.
Bestandsdatenauskunft **11** 68
Bewegungsprofil **11** 22
Beweisanträge **16** 57 ff.
Beweisaufnahme **15** 3
Beweiserhebungsverbote **16** 79
Beweisermittlungsantrag **16** 57, 64
Beweismittel **16** 2, 4 ff.
Beweisverfahren **16** 1 ff.
Beweisverwertungsverbote **10** 10, 11, 17, **16** 80 ff.
– Fernwirkung **16** 88 f.
– gesetzliche **16** 81
– ungeschriebene **16** 82
Bildaufnahmen **11** 35
Blutprobe **11** 7 ff., 10
Bundeskriminalamt **7** 6

Chatnachrichten **11** 54
Cloud Computing **11** 54
Constitutio Criminalis Carolina **2** 7, **16** 2
Corpus Juris **5** 22
Cybergrooming **11** 39

Darstellungsrüge **17** 37
Daschner (Fall) **10** 12
Datenabgleich **11** 20
Deal **2** 9, **18** 2 ff.
Deutsche Gerichtsbarkeit **8** 5
Devolutiveffekt **13** 7, **17** 2
Dienst- und Sachaufsichtsbeschwerde **17** 76

Stichwortverzeichnis

Disziplinierungstheorie 16 86
DNA-Analyse 11 14 ff.
DNA-Analysedatei 11 16
Dolmetscher 10 5
Doppelrelevante Tatsachen 16 3
Dringender Tatverdacht 11 83
Dunkelfeld 1 1
Durchsuchung 11 11
- Beim Verdächtigen 11 44 ff.
- Bei nicht verdächtigen Personen 11 46
- Personen 11 44
- Wohnung 11 44
- Zur Nachtzeit 11 47

Eilkompetenz
- der StA 11 34, 57
- der StA und ihren Ermittlungspersonen 11 9, 15, 27, 39, 45, 49

Einfache Beschwerde 17 52 ff.
Einleitung des Strafverfahrens 7 1 ff.
Einsatz von Brechmitteln 5 9, 10 13
Einstweilige Unterbringung 11 101, 102
Einwilligung 11 9, 15
Emminger-Verordnung 9 7
Erkennungsdienstliche Maßnahme 11 4
Ermittlungspersonen 7 5
Ermittlungsverfahren 7 4
Eröffnungsbeschluss 6 2
Eröffnungserklärung 15 3
Eurojust 5 16
Europäische Ermittlungsanordnung 5 14
Europäische Menschenrechtskonvention 5 6 ff., 8 26
Europäische Menschenrechtskonvention (EMRK) 8 21
Europäischer Gerichtshof für Menschenrechte (EGMR) 1 5, 5 6 ff., 8 21, 17 23, 68 ff.
Europäischer Haftbefehl 5 11, 12, 11 94
Europäische Union 5 3, 5
Europarat 5 2
Europol 5 15
Fair-trial-Prinzip 4 12, 8 21, 26, 11 1
Feindstrafrecht 5 9
Festnahme
- Ausschreibung zur Festnahme 11 27
- Festnahmegrund 11 76
- Vorläufige Festnahme 11 3, 73 ff.

Folterverbot 5 7, 10 11, 12, 16 2, 89, 97, 98

Freibeweisverfahren 16 3, 105
Freie Beweiswürdigung 16 56
Früchte des verbotenen Baumes 16 88 f.
Funkzellenabfrage 11 63 ff.
Fürsorgepflicht des Gerichts 3 7, 4 12
Gefahr im Verzug 11 9, 15, 23, 27, 34, 39, 45, 47, 49, 57, 78, 90
Gegenvorstellung 17 75
Generalbundesanwalt 9 2, 4
Generalstaatsanwalt 9 2, 4
Gerichtshilfe 9 5
Gerichtsorganisation 9 7
Gerichtszuständigkeiten 9 7 ff.
Gesetzlicher Richter 4 6, 9 6
Geständnis 16 2
Grenzen der Gerechtigkeitsverwirklichung 2 9 ff., 20 1 ff.
Grenzen der Wahrheitserforschung 2 9 ff., 20 1 ff.
Großer Lauschangriff 5 9, 11 27 ff., 30, 32, 37, 54
Großer Senat 17 25
Grünbuch 5 23
Grundrechtseingriff 11 1

Haftausschließungsgrund 11 88
Haftbefehl
- Inhalt 11 91
- Rechtsmittel 11 93
Haftgründe 11 84 ff., 97
- Fluchtgefahr 11 85, 99
- Schwere des Delikts 11 86
- Wiederholungsgefahr 11 87
Haftverschonung 11 93
Häufigkeitszahlen 1 1
Hauptverhandlung 15 1, 3
Hauptverhandlungshaft 11 100
Hellfeld 1 1
„Herrin des Ermittlungsverfahrens" 7 9, 9 1
Honecker, Erich (Fall) 8 25
Hörfallenentscheidung 10 15, 16 95
Hypothetischer Ersatzeingriff 16 90
Identitätsfeststellung 11 2 ff.
- Tatverdächtiger 11 4
- Unverdächtiger 11 5
Immunität 8 20
IMSI-Catcher 11 69 f.

Stichwortverzeichnis

Individualbeschwerde 17 68 ff.
in dubio pro reo 4 11, 8 4, 16 39, 56, 74, 98, 17 1
Informatorische Befragung 10 3, 17
Instanzenzug 17 3
Internationaler Strafgerichtshof 5 26 ff.
Internettelefonie 11 54
IP-Adresse
– dynamische 11 68
judex a quo 17 17, 18, 40, 43, 56, 57
Justizgrundrechte 1 5
Katzenberger (Fall) 19 6
Kernbereichsschutz 11 30 f., 39, 57, 61, 16 21, 79, 81, 92 ff.
Klageerzwingungsverfahren 14 6
Kleiner Lauschangriff 11 30, 33 ff.
Kommissarische Vernehmung 16 42
Konfliktbewältigung 3 4
Konfliktverteidigung 9 11, 15 9
Kontaktsperregesetz 9 16
Körperliche Durchsuchung 11 7 ff.
Körperliche Untersuchung 11 10
Kronzeuge 16 30, 18 5
Legalitätseinstellungen 12 3, 4
Legalitätsprinzip 4 5, 8 19, 20 2
Legendierte Kontrolle 7 8
Liszt, Franz v. 1 1, 2 1
Lockspitzel 18 1 ff.
Luftsicherheitsgesetz 5 9
Lügendetektor 10 14
Mündlichkeitsgrundsatz 16 55, 20 5
Nachtragsanklage 15 3
Nebenklage 3 7, 14 3
ne bis in idem 4 9, 8 8 ff.
Nemo-tenetur-Grundsatz 4 10, 11 9
Nicht offen ermittelnde Polizeibeamte 11 41, 16 53
Observation 11 26
Öffentliche Fahndung 11 27
Öffentliches Interesse an der Strafverfolgung 12 7
Öffentlichkeit der Hauptverhandlung 4 8, 15 5
Öffentlichkeitsprinzip 15 4 ff.

Offizialprinzip 4 3
OLAF 5 17
Online-Durchsuchung 5 9, 11 60 ff.
Opfer-Befriedigung 3 6 ff.
Opferbeistand 3 7, 16 26, 28
Opferschutzrechte 3 7, 16 26, 28
Opportunitätseinstellungen 12 5 ff.
Opportunitätsprinzip 4 5, 18 1, 20 2
Ordnungsmaßnahmen 15 7
Organ der Rechtspflege 9 11
Pflichtverteidiger 9 13, 11 92
Polizei 7 3, 5 ff.
Polizeiliche Beobachtung 11 22, 23
Polizeiliche Kontrollstellen 11 23
Präklusion 16 91, 17 27
Prangerwirkung 8 27
Präsente Beweismittel 16 77
Privatklage 4 4, 12 2, 4, 14 4
Protokoll 15 2, 17 36
Protokollverlesung 16 44 ff., 49, 99
Prozesshindernisse 8 1 ff.
Prozessvoraussetzungen 8 1 ff.
Qualifizierte Belehrung 10 3, 11, 16 48, 89
Quellen-TKÜ 11 59
Rasterfahndung 5 9, 11 20, 21
Rechtliches Gehör 4 7
Rechtsbehelfe 17 2 ff.
Rechtskreistheorie 16 83
Rechtsmittelrücknahme 17 6
Rechtsmittelverzicht 17 6
Rechtsschutzbedürfnis 13 3, 4, 10, 17 4
Rechtsschutz gegen verdeckte Ermittlungsmaßnahmen 13 6 ff.
Rechtsschutz im Ermittlungsverfahren 13 1 ff.
reformatio in peius 17 9 ff.
Reihengentest 11 10, 17
Rekonstruktionsverbot 15 2, 17 25, 41
Relative Revisionsgründe 17 27
Revision 17 25 ff.
Revisionserstreckung 17 50
Richtervorbehalt 11 9, 13, 15, 21, 23, 26, 27, 31, 34, 39, 45, 49, 57, 61, 81, 90, 102
Rollentausch von Beschuldigten und Zeugen 10 4

Stichwortverzeichnis

Römisches Statut 5 26 ff.
Rügeverkümmerung 17 36
Sachrüge 17 36, 37
Sachverständiger 16 31 ff.
Schengener Durchführungsübereinkommen 5 4, 18 ff.
Schleppnetzfahndung 11 18, 19
Schöffen 9 7, 10
Schuldfrage 2 4
Schutzzwecktheorie 16 84
Schweigen 10 6
Schwurgericht 9 7
Selbstanzeige 20 1
Selbstbegünstigungsprinzip 4 10
Selbstgespräch 16 94
Selbstleseverfahren 16 55, 20 5
Sicherstellung 11 48
Sicherungshaft 11 84, 103
Simultanübertragung der Hauptverhandlung 15 5
Sitzungspolizeiliche Befugnisse 15 7
Sofortige Beschwerde 17 59
Sphärentheorie 16 92
Spontanäußerung 10 8, 17, 16 99
Sprungrevision 17 38
Staatsanwaltschaft 4 3, 9 1 ff., 16 7
Staatstrojaner 11 58
Standortbestimmung 11 69 ff.
Steuerdatenkauf 16 96
Stille SMS 11 72
Strafantrag 7 2, 8 16
Strafanzeige 7 2
Strafbann 9 7
Strafbarkeit 8 19
Strafbefehl 8 14, 12 2, 22, 23, 14 1
Straffrage 2 5
Strafklageverbrauch 8 13, 12 9, 17
Strafmündigkeit 8 19
Strafprozess im „Dritten Reich" 19 1 ff.
Straftheorien 2 5
Strafverteidiger 9 11 ff., 16 8
Strengbeweisverfahren 16 2
Subjektive Überzeugung des Gerichts 2 4, 11, 16 56
Subsidiaritätsgrundsatz 11 23, 27, 57, 61

Suspensiveffekt 17 2
Tagebuchaufzeichnungen 16 94, 107
Täter-Opfer-Ausgleich 3 8
Täter-Prävention 3 1 ff.
Täterprofil 11 17
Tatprovokation 8 21 ff.
Täuschungsverbot 11 40
Teilanfechtung 17 5
Telekommunikationsüberwachung 11 54 ff.
Traube (Fall) 11 30
Überlänge 8 26
Unabhängigkeit der Gerichte 9 6
Ungebühr 15 7
Unmittelbarkeitsgrundsatz 16 40 ff.
Unschuldsvermutung 2 10, 3 8, 4 2, 5 7, 7 4, 8 4, 11 1, 80, 12 12
Untersuchungsgrundsatz 4 4
Untersuchungshaft 11 79 ff.
- Anordnung 11 82
- Belegungssituation 11 96
- Praxis 11 95
- Verhältnismäßigkeit 11 88
Urkunden 16 36 ff.
Urteilsberichtigung 17 77
Verbot der Doppelbestrafung 4 9, 8 8 ff.
Verbot der reformatio in peius 17 9 ff.
Verbotene Vernehmungsmethoden 16 98
Verdacht 7 4
Verdachtsstrafe 11 87
Verdeckte Ermittler 5 9, 8 21, 11 38 ff., 41, 16 53
Verfahrensprinzipien 4 1 ff.
Verfahrensrüge 17 36
Verfassungsbeschwerde 17 67
Verhandlungsleitung 15 7
Verjährung 8 15
Verkehrsdaten 11 63 ff.
Vermögensarrest 11 105
Vernehmungsmethoden
- verbotene 10 10 ff.
Verpolizeilichung des Ermittlungsverfahrens 7 8, 20 3
Verständigung im Strafverfahren 18 2 ff.
Verwertbarkeit 11 12
Videoaufnahmen von Vernehmungen 10 6, 16 26, 44, 46

Stichwortverzeichnis

Videosimultanübertragung 16 43
Völkerrecht 5 26 ff.
Vorfeldermittlungen 7 8
Vorhalt von Vernehmungsprotokollen 16 49
Vorlagebeschluss 17 25
Vorläufige Entziehung der Fahrerlaubnis 11 104
Vorratsdatenspeicherung 5 9, 11 65
Vorverurteilung 8 27
V-Personen 5 9, 11 42, 16 52, 53

Waffengleichheit 4 12, 9 13, 10 8
Wahrheitspflicht
– von Beschuldigten 10 5
– von Zeugen 16 16
Weisungsabhängigkeit der Staatsanwaltschaft 9 2

Weitere Beschwerde 17 60
Widerspruchslösung 16 91
Wiederaufnahme des Verfahrens 17 62 ff.
Wiedereinsetzung in den vorigen Stand 17 66
Wohnungsdurchsuchung 16 104

Zeugen 16 4 ff.
Zeugenschutzmaßnahmen 16 24 ff.
Zeuge vom Hörensagen 16 4, 50 ff., 106
Zeugnisverweigerungsrechte 16 17 ff., 48
Zufallsfunde 16 34, 93
Zwangseingriffe im Strafverfahren 11 1 ff.
Zwischenverfahren 6 2, 15 1

313